An Introduction to

Seventh Edition

BUSINESS ETHICS

Joseph DesJardins

기업윤리 7e

| 이환우 • 박준형 • 최혜란 공역 |

Mc Graw Hill

한 경 사

An Introduction to Business Ethics, 7th Edition

1 2 3 4 5 6 7 8 9 10 HKS 20 25

Original: An Introduction to Business Ethics, 7th Edition © 2024
By Joseph R. DesJardins
ISBN 978-1-266-15069-2

This authorized Korean translation edition is jointly published by McGraw-Hill Education Korea, Ltd. and Hankyungsa. This edition is authorized for sale in the Republic of Korea.

This book is exclusively distributed by Hankyungsa.

When ordering this title, please use ISBN 978-89-6844-512-5

Printed in Korea.

II 차례

3장 기업의 사회적 책임 81

4장 기업 문화, 거버넌스, 그리고 윤리적 리더십 119

5장 일의 의미와 가치 141

|| 역자 머리말

기업의 지속 가능한 성장을 위해 조직을 구성하는 개인과 조직 자체의 윤리적 수준에 대한 관심이 높아지고 있다. 기업 윤리(Business Ethics)에 대한 우리의 관심을 반영하듯, 경영학 매니지먼트(Management) 학계에서도 기업 윤리는 지속적인 연구 주제로 다뤄지고 있으며, 많은 대학에서 학부 및 대학원 과정을 통해 관련 수업이 개설되고 있다.

역자는 매니지먼트의 다른 세부 분야를 전공했기에 초기에는 기업 윤리 자체에 대한 관심이 크지 않았던 것이 사실이다. 그러나 대학에 임용되어 기업 윤리 수업을 강의하게 되면서 여러 기업 윤리 원서와 국내 교재를 참조하며 이 분야의 광범위함과 중요성을 깊이 인식하게 되었다. 기업 윤리가 다루는 주제들은 매니지먼트의 다양한 분야와 밀접하게 연결되어 있으며, 마케팅, 재무, 회계 등 경영학의 다른 영역에서도 기업 윤리 이론과 실제가 적용될 수 있음을 깨닫게 되었다.

기업 윤리 과목을 강의할수록 이 과목의 학문적, 실무적 매력은 더욱 커졌다. 하지만 강의를 진행하며 아쉬웠던 점은 국내에서 사용할 수 있는 좋은 번역 교재가 부족하다는 사실이었다. 그러던 중 한경사로부터 Joseph DesJardins의 원서 교과서를 번역해 달라는 의뢰를 받게 되어 기쁜 마음으로 수락하였다.

본 역서는 기업 윤리가 다루어야 할 주요 주제를 충실히 반영하고 있으며, 깊이 있는 내용으로 학부와 대학원 강의 교재로서 손색이 없다고 생각한다. 번역 과정에서 기업 윤리 전문 용어의 한국어 표현에 대해 많은 고민을 했으며, 미흡한 부분이나 오류가 있을 수 있다. 이러한 점은 전적으로 역자의 책임이며, 향후 개정판을 통해 수정할 기회를 갖게 되리라 믿는다.

마지막으로, 기업 윤리 분야의 훌륭한 교재인 Joseph DesJardins의 원서를 번역할 기회를 주신 한경사 이계남 대표에게 깊은 감사를 드리며, 역서 편집에 많은 도움을 주신 편집실 관계자분들께도 감사의 인사를 전한다.

역자 이환우, 박준형, 최혜란

|| 저자 머리말

이 책의 7판에서 저자인 내가 가장 중시하는 목표는 1판과 마찬가지로 '비즈니스에서 우리에게 제공되는 윤리적 선택에 대한 명확하고 간결하며 상당히 포괄적인 서론적 개요를 제공하는 것'이다. 이 책은 내가 비즈니스 윤리를 가르치는 데 직면한 과제에서 생겨났다. 수년에 걸쳐 나는 다양한 환경과 형식으로 비즈니스 윤리를 가르쳤다. 내 수업은 때로는 다양한 읽을거리에 의존했고, 때로는 사례 연구에 의존했다. 나는 인문학 환경에서 학부생에게 대규모 강의 과정과 소규모 세미나로 비즈니스 윤리를 가르쳤고, EMBA 과정에서는 기업 임원에게 가르쳤다. 기업 윤리만큼이나 다양한 배경과 목표를 가진 교수진이 다양한 형식과 맥락으로 가르치는 다학제적인 다른 학문을 상상하기는 어렵다.

그러나 학생, 수업 형식, 교육학 및 교육 목표가 바뀌더라도 이 분야의 기본적인 철학적 및 개념적 구조는 비교적 안정적으로 유지되고 있다. 기업이 상호 작용하는 이해관계자에는 직원, 고객, 공급업체, 정부, 사회 등 다양한 이해관계자가 있다. 이러한 관계 각각은 윤리적 책임을 발생시키고 모든 성인은 불가피하게 이러한 역할 중 여러 가지에서 기업과 상호 작용한다. 따라서 기업 윤리 과정에서는 학생들에게 직원, 고객, 시민의 관점과 기업 관리자 또는 임원의 관점에서 이러한 책임 범위를 조사하도록 요구해야 한다. 학생들은 자신이 살고 싶어하는 삶의 유형과 기꺼이 지원할 기업을 관리하는 공공 정책의 유형 측면에서 이러한 문제를 고려해야 한다.

나는 이 책이 비즈니스 맥락에서 발생하는 다양한 윤리적 문제를 조사하기 위한 기본 프레임워크를 제공할 수 있기를 바란다. 이러한 기본 프레임워크가 제공되면 개별 강사는 다양한 방식으로 과정을 개발할 수 있다. 나는 이 책이 다양한 환경에서 사용되고 있다는 사실에 감사한다. 많은 사람들이 강사의 강의를 보완하거나, 자료를 모아서 정리하거나, 일련의 사례 연구로 사용하거나, 이 세 가지를 조합하여 사용하기도 했다. 어떤 사람들은 이 책을 사용하여 경영, 리더십, 마케팅, 회계, 인적 자원과 같은 비즈니스 관련 분야의 다른 과정의 윤리 구성 요소를 다루기로 했다. 이 책은 또한 전문 혹은 응용 윤리 수업보다 일반적인 과정에서 비즈니스 관련 주제를 다루는 데 사용되기도 했다. 나는 이러한 다양한 용도로의 쓰임을 통해 이 책의 초판이 목표를 달성하는 데 상당히 성공적이었다고 생각하고 있다.

7판의 새로운 내용

이 새로운 판의 주요 목적은 사례를 보다 현대적인 사례와 데이터로 업데이트하고, 학생들의 명확성과 접근성을 위해 본문을 계속 수정하는 것이다. 이러한 목적을 위해 독자는 7판에 대한 다음과 같은 주요 변경 사항을 발견할 수 있다.

학생 학습을 지원하기 위해 두 가지 새로운 기능은 학생들에게 새롭고 익숙하지 않은 개념을 소개하는 데 도움이 되는 'REALITY CHECK'가 추가되었다. 이는 실제 사례와 상황에서 윤리적, 철학적 논의를 기반으로 하는 데 도움이 된다. 또한 다음과 같은 주제와 회사에 대한 새롭거나 업데이트된 토론과 사례들로 본 책은 업데이트되었다.

- 페이스북
- 애플
- 윤리적이고 효과적인 리더십
- 미국의 제230조 법률 조항과 소셜 미디어 회사의 윤리적 책임
- 브레인 해킹과 기술 회사의 윤리적 책임
- 다크 패턴과 디지털 마케팅
- 의미 있는 일과 재택근무
- 팬데믹 중의 일과 삶의 균형
- 직원 개인 정보 보호 및 직장 모니터링
- 백신 의무화와 직원 권리
- 최저 임금
- 줌을 통한 해고
- 대리인 문제
- 디지털 네이티브와 합리적인 소비자
- 사실 확립을 위한 가이드라인
- 트리플 바텀 라인
- 신뢰
- 이해 상충과 의회의 주식 소유

언제나 그렇듯이 새로운 판은 자료를 업데이트할 수 있는 기회일 뿐만 아니라 더 접근하기 쉬운 스타일로 표현할 수 있는 기회를 제공한다. 이러한 목표를 위해 계속 노력하면서, 나는 일부 장을 다시 쓰고, 오래된 사례와 자료를 삭제하고, 더 철학적인 장의 명확성을 개

선하기 위해 노력했다.

이전 판의 독자라면 이 판에서도 익숙한 형식을 발견할 것이다. 각 장은 실제 사건에서 개발된 토론 사례로 시작한다. 이러한 사례의 의도는 질문을 제기하고 학생들이 장에서 소개될 윤리적 문제에 대해 생각하고 이야기하게 하는 것이다. 그런 다음 각 장의 본문은 세 가지를 시도한다.

- 관련된 윤리적 문제를 식별하고 설명한다.
- 다양한 이해 관계자의 관점에서 이러한 문제를 조사하도록 학생들을 이끈다.
- 이러한 문제에 대한 철학적 분석의 몇 가지 초기 단계를 통해 학생들을 이끈다.

이러한 시도는 답변을 제공하거나 특정 결론을 촉진하는 것보다 학생의 사고, 추론 및 의사 결정을 장려하는 것에 초점을 두고 있다. 이를 위해 1장의 끝에 있는 윤리적 의사 결정에 대한 장은 본문의 나머지 부분에서 유용할 수 있는 의사 결정에 대한 한 가지 모델을 제공한다.

감사의 말

이전 판과 마찬가지로, 이 책을 집필하는 데 있어 가장 큰 도움을 얻은 사람은 기업 윤리 연구에 헌신한 학자들이다. 이 책에서 그들의 연구를 참조할 때마다 이를 명시하려고 노력했으나, 혹시 누락된 경우가 있다면 이 일반적인 감사의 말이 기업 윤리 커뮤니티에 대한 나의 빚을 일부라도 갚는 데 도움이 되기를 바란다. 또한 특별히 언급하고 감사드려야 할 세 명의 커뮤니티 구성원이 있다. 나의 기업 윤리 연구는 35년 이상 John McCall, Ron Duska, Laura Hartman과의 친교에서 큰 혜택을 받아 왔다. 35년간의 친교와 협업은 원작자의 경계를 모호하게 하지만, 내가 John, Ron, Laura에게 배운 것이 그들이 나에게서 배운 것보다 훨씬 많다는 점은 분명하다. 이 책의 일부 자료는 Laura Hartman, Chris MacDonald와 함께 McGraw Hill에서 출간한 Business Ethics: Decision Making for Personal Integrity and Social Responsibility에서 내가 작성한 부분을 바탕으로 개발되었다. 이 자료를 이곳에서 다시 사용할 수 있도록 허락해 준 Laura, Chris, 그리고 McGraw Hill에 깊은 감사를 드린다.

1장

왜 윤리를 공부하는가

학습 목표

이 장을 읽고 나면,

- 윤리학 공부가 왜 중요한지 확인할 수 있다.
- 기업 윤리의 학제 간 성격을 설명할 수 있다.
- 윤리적 의사 결정 활동을 설명할 수 있다.
- 윤리와 법을 명확히 구분할 수 있다.
- 윤리적 상대주의가 왜 불합리한지 설명할 수 있다.
- 윤리, 도덕, 사회 정의를 구별할 수 있다.
- 사례 연구에 의사 결정 모델을 적용할 수 있다.

토론 사례:

페이스북

2004년에 설립된 페이스북(Facebook)은 현재 거의 30억 명의 활성 사용자와 19억 명의 일일 사용자를 보유하고 있다. 시가총액은 8,500억 달러, 연간 수익은 860억 달러로 상장 기업 중 6위이며 포춘 500대 기업 목록에서 34위를 차지한다.

페이스북의 윤리적 문제는 회사 초창기부터 사용자의 개인 정보를 존중하지 않는다는 비판을 받았던 때로 거슬러 올라간다. 이러한 비난은 오늘날에도 계속해서 페이스북을 괴롭히고 있다. 페이스북이 창립된 지 불과 2년 만에 많은 사용자들은 페이스북의 뉴스 피드 기능이 사용자가 의도하거나 승인하지 않은 방식으로 정보를 사용했다고 불평했다. 이 논란이 있은 지 1년 이내에 페이스북은 비콘(Beacon) 광고 시스템으로 인해 비난을 받았고 나중에 소송을 당했다. 이 사건은 페이스북이 제3자 웹사이트에서 사용자 데이터를 수집한 후 사용자의 검색 활동을 기반으로 페이스북 사용자와 그 친구를 타깃팅하는 광고주에게 판매한 것과 관련이 있다. 미국 연방거래위원회(FTC)는 페이스북의 소비자 데이터 사용 및 소비자 개인 정보 보호에 대한 조사를 시작했으며, 그 결과 2011년 페이스북이 사용자 데이터 사용을 제한하도록 요구하는 법적 합의가 이루어졌다. 이 법적 합의 이후에도 페이스북에 큰 변화가 없었다는 비판이 존재한다.

사용자 개인 정보 보호에 대한 페이스북의 입장은 2021년 페이스북과 애플(Apple) 간의 매우 공개적인 분쟁 중에 다시 헤드라인을 장식했다. 이 분쟁에서는 페이스북의 마크 저커버그(Mark Zuckerberg)와 애플의 팀 쿡(Tim Cook)이 매우 중요한 공개 역할을 했다. 애플의 운영 체제인 iOS 14.5에 대한 2021년 업데이트에는 사용자의 개인 정보가 처리되는 방식에 대한 중요한 변경 사항이 포함되었다. 이 업데이트부터 iOS 운영 체제를 사용하는 모든 앱은 사용자에게 활동 추적을 거부할 수 있는 명시적이고 명확한 선택권을 제공해야 한다. 애플은 이 정책을 '앱 추적 투명성'이라고 부르고 이 새로운 기능은 "앱이 당신의 데이터를 사용하고 공유하는 방법에 대한 선택권(나이, 위치, 건강 정보, 지출 습관, 검색 기록 등)을 포함한다."라고 사용자에게 설명했다. "앱은 당신에 대한 수천 개의 정보를 수집하여 다른 사람에게 판매하는 디지털 프로필을 만듭니다. 이는 당신의 지식이나 허가 없이 진행되었습니다. 당신의 정보는 판매되며 당신은 제품이 되었습니다. 그래서 아이폰(iPhone) 사용자는 이제 하나의 간단한 질문을 받게 됩니다. '앱이 당신을 추적하도록 허용할 것인가?' 우리는 당신이 이를 선택할 수 있어야 한다고 생각합니다. 앱 추적 투명성 — 당신의 데이터를 다시 당신의 통제하에 두는 간단한 새로운 기능입니다."

문제는 바로 이러한 유형의 데이터를 수집하고 판매하는 것이 페이스북 비즈니스 모델의 핵심이며 애플이 페이스북에 대해 이야기하고 있다는 것이 모든 사람에게 매우 분명하다는 것이다. 2018년 인터뷰에서 애플의 CEO인 팀 쿡은 사용자 개인 정보 보호에 대한 페이스북의 정책에 대한 자신의 비판을 페이스북을 둘러싼 또 다른, 아마도 훨씬 더 심각한 윤리적 스캔들과 연결하기 위해 노력한 것처럼 보였다. 당시 페이스북의 마크 저커버그는 2016년 미국 대통령 선거에서 잘못된 정보를 조장하는 페이스북의 역할과 관련해 미국 의회로부터 심각한 질문을 받고 있었다. 면접관은 쿡에게 자신이 저커버그의 입장이라면 어떻게 할 것인지 물었다. 쿡은 "저는 그런 상황에 처하지 않을 겁니다."라고 대답했다. 그는 페이스북과 달리 애플은 "당신의 사생활을 침해하지 않을 것입니다. 저는 그것이 사생활 침해라고 생각합니다. 우리에게 사생활은 인권입니다. 그것은 시민적 자유입니다."라고 설명했다.

소비자의 개인 정보를 존중하는 것은 광범위한 윤리적 비판을 불러일으킨 영역 중 하나일 뿐이다. 2016년 선거에서 페이스북의 역할, 그리고 최근에는 코로나19의 대유행, 백신 접종, 미국 정치에 관한 잘못된 정보와 음모론에 관한 페이스북의 정책이 강렬하고 지속적인 비판의 초점이 되어 왔다.

2016년 선거의 1년 후인 2017년 10월, 트위터(Twitter), 구글(Google), 페이스북의 임원들은 미국 선거에 대한 러시아의 개입을 조사하고 있던 미국 하원과 미국 상원 정보위원회에서 증언했다. 위원회에는 러시아 요원이 게시한 수천 개의 광고, 트윗 및 게시물이 제시되었다. 페이스북에서만 3,000개가 넘는 광고가 위원회에 제출되었다. 일부 광고는 이민, 흑인 인권 운동(Black Lives Matter), 연방, 무슬림, 총기 권리와 같은 주제에 관해 미국 내 사회적 긴장을 악화시키는 것을 목표로 했다. 한 광고는 미국의 '이슬람화'에 반대하는 집회를 홍보하는 반면, 다른 광고는 같은 시간과 장소에서 이슬람을 옹호하는 반대 집회를 홍보했다. 다른 광고는 후보자를 지지하거나 반대하는 특정 입장을 취했는데, 그중 대부분은 힐러리 클린턴(Hillary Clinton)을 비판하고 도널드 트럼프(Donald Trump)를 지지했다. 예를 들어, 한 광고에서는 악마가 "힐러리 클린턴이 이기면 나도 승리한다."고 약속하는 모습을 묘사했고, 예수의 초상화에서는 그가 악마와 클린턴을 모두 물리치는 데 도움을 주겠다고 약속했다.

유료 광고는 러시아인이 자신들의 의제를 홍보하기 위해 페이스북을 사용한 한 가지 방법에 불과했다. 그들은 또한 다른 페이스북 사용자들처럼 간단히 정보를 게시할 수 있는 허위 계정과 가상 그룹을 만들었다. 러시아인들은 디지털 마케팅 담당자가 페이스북에서 운영하는 것과 동일한 방식으로 광고, 게시물 및 의제를 홍보했다. 그들은 페이스북 데이터를 활용하여 자신이 판매하는 제품을 '구매'하려는 경향이 있는 개인과 그룹을 타깃팅했다. 그들은 이 사람들의 관심을 끌 수 있는 광고를 만든 다음 페이스북에 비용을 지불하여 타깃 고객의 페이지에 광고를 게재했다. 그들은 수천 명의 다른 사용자를 끌어들이는 계정과 그룹을 만들었고 페이스북 사용자는 '좋아요'를 누르고 광고와 게시물을 그들의 페이스북 친구에게 전달하여 순환을 늘리기 위한 나머지 작업의 대부분을 수행했다.

페이스북은 처음에 의회에 약 3,000개의 광고가 천만 명의 미국인에게 도달했다고 밝혔다. 이후 증언에서 그 숫자는 바뀌어서, 2,900만 명이 본 항목(광고 및 게시물)이 8만 개로 바뀌었고, 이후 1,000만 명 이상의 사람들에게 전달되었다고 수정했다. 2018년까지 페이스북은 2015년부터 2017년 사이에 러시아 관련 광고나 게시물에 노출된 사람이 무려 1억 2,600만 명에 달하는 것으로 추산했다.

많은 관찰자들은 페이스북, 특히 창립자이자 CEO인 마크 저커버그와 COO인 셰릴 샌드버그(Sheryl Sandberg)가 이러한 활동으로 인해 제기된 문제에 대한 대응이 느리다고 생각했다. 저커버그의 첫 번째 공개 성명은 페이스북의 가짜 정보가 선거에 영향을 미칠 수 있다는 이야기를 '아주 말도 안되는 아이디어'로 설명했다. 페이스북은 나중에 러시아의 활동을 인정했지만, 공범이라기보다는 러시아 개입의 피해자에 더 가깝다고 주장하며 책임을 부인했다. 그들은 러시아의 간섭 사실을 몰랐고, 콘텐츠 검열을 하지 않고서는 할 수 있는 일이 별로 없었으며, 이러한 검열을 취하고 싶지도 않고 이를 할 수도 없다고 주장했다.

이러한 초기 반응의 바탕에는 자신들이 케이블 제공 업체나 신문사와 비교할 수 있는 미디어 회사가 아니라 단순히 사람들이 소통하는 데 사용할 수 있는 플랫폼을 제공하는 회사라는 페이스북의 믿음이 있었다. 그들은 당시 그들의 우선순위가 해당 통신 플랫폼의 신뢰성과 보안을 보장하는 것이라고 주장했다. 페이스북은 사기성 콘텐츠나 손상된 콘텐츠보다 계정 보안을 보호하고 콘텐츠 도난을 방지하는 데 더 중점을 두고 있다고 주장했다.

러시아의 캠페인 개입에 대한 책임에 대해 페이스북이 어떤 주저함을 가지고 있었든 2018년 봄에 두 번째 스캔들이 공개되면서 이는 무너졌다. 두 번째 물결은 2016년 선거에도 참여한 또 다른 회사와 해당 회사인 캠브리지 애널리티카(Cambridge Analytica)가 페이스북 데이터에 액세스할 수 있는 권한에 초점을 맞췄다.

언뜻 보면 사용자 데이터에 대한 액세스를 판매하는 것은 광고를 타깃팅하려는 마케팅 담당자와 페이스북의 작업에서 자연스러운 진행으로 보일 것이다. 페이스북과 같은 플랫폼이 전통적인 대중 매체에 비해 갖는 경쟁 우위는 수집되는 엄청난 양의 사용자 데이터이다. 이러한 데이터를 통해 광고주와 개발자는 개인 수준에서도 잠재 고객을 매우 정확하게 타깃팅할 수 있다. 따라서 광고주와 개발자 모두 광고와 앱을 위한 플랫폼으로서만 페이스북에 매력을 느끼는 것이 아니라 자신의 제품을 더 효과적으로 타깃팅할 수 있도록 사용자 정보에 대한 액세스 권한도 구매하고 있었다.

그러나 데이터에 대한 액세스 판매를 통해 이익을 얻으려는 목표와 사용자 계정의 보안 및 개인 정보를 보호하려는 페이스북의 명시된 목표 사이에는 명백한 긴장이 존재한다. 이러한 잠재적인 문제를 해결하기 위해 페이스북은 페이스북 데이터에 대한 액세스 권한을 부여한 회사가 수집된 데이터로 무엇을 할 수 있는지를 규제하는 정책을 개발했다. 이러한 액세스를 규제하는 데 사용된 기본 정책은 해당 데이터를 저장하고 더 나은 대상 제품 이외의 다른 이유로 사용하는 것을 금지하는 것이었다. 그러나 페이스북 비즈니스 모델에는 또 다른 긴장감이 내재되어 있다. 페이스북에서 사용자를 유도하고 유지하는 데 더 성공적인 앱은 광고를 보고 정보를 제공하는 데 더 많은 시간을 소비하기 때문에 더 가치가 있다. 따라서 페이스북의 정책이 개발자의 낙담을 방해하지 않도록 하는 것이 페이스북의 재정적 이익이다. 페이스북이 이러한 정책을 시행하고 해당 회사를 모니터링하지 못했다는 사실은 캠브리지 애널리티카에 대한 공개를 통해 분명해졌다.

2018년에는 2016년 선거에서 일어난 일의 일반적인 개요가 명확해졌다. 영국 캠브리지 대학교에서 일하는 심리학 연구원인 알렉산드르 코간(Aleksandr Kogan)은 캠브리지에서 개발된 것과 유사한 성격 테스트를 관리하는 앱을 개발하는 회사를 설립했다. 코간의 회사는 캠브리지 애널리티카에서 수십만 달러를 사용하여 이 앱을 페이스북에 배치하고 홍보했다. 25만 개가 넘는 페이스북 계정이 이 앱을 사용했다. 사용자들은 자신의 데이터를 수집하는 데 동의했지만 해당 데이터가 학술 연구 목적으로 사용된다는 말을 들었다. 그러나 페이스북의 정책은 앱이 앱을 직접 사용하는 사람들뿐만 아니라 해당 사용자의 '친구'로 등록된 모든 사람에 대한 데이터를 수집할 수 있도록 허용했으며, 이 사람들은 자신의 정보 수집에 대해 알지도 못했고 동의하지도 않았다. 전체적으로 5,000만 명 이상의 사람들로부터 데이터가 수집되었다. 그런 다음 이러한 데이터는 캠브리지 애널리티카로 전송되거나 판매되었다. 이는 데이터 수집의 저장 및 상업적 판매를 금지하는 페이스북 정책을 위반하는 것이다.

결과적으로, 캠브리지 애널리티카는 코간이 제공한 데이터를 사용하여 페이스북 사용자에 대한 약 3,000만 개의 '심리학적' 프로필을 개발한 후 정치 컨설팅 사업의 일부로 사용했다. 캠브리지 애널리티카는 3,000만 명의 잠재적 유권자에 대한 상세하고 표적화된 프로필을 제공할 수 있는 정치 컨설턴트로 스스로를 홍보했다. 캠브리지 애널리티카는 이전에 테드 크루즈(Ted Cruz) 대선 캠페인에서 일한 후 트럼프 대선 캠페인에 고용되었다. 영국에서는 캠브리지 애널리티카가 영국의 유럽연합(EU) 탈퇴를 요구하는 '브렉시트(Brexit)' 캠페인의 컨설턴트로도 참여했다.

페이스북은 2020~2022년의 글로벌 팬데믹 기간 동안 자사 플랫폼에서 발견된 잘못된 정보와 음모론에 대해 비판을 받았을 때 비슷한 방어적 입장을 취했다. 페이스북은 전염병의 원인과 심각성, 그리고 백신의 효과에 관한 잘못된 정보, 허위 정보, 터무니없는 음모론을 퍼뜨리는 주요 수단이었다. 그들은 자신의 플랫폼에 게시된 내용에 대한 책임을 다시 부인하고 허위 정보를 인지한 후 조치를 취했지만 모든 게시물의 내용을 단속하는 것은 거의 불가능한 작업이라고 주장했다.

페이스북의 방어력은 내부 고발자의 행동과 2021년 9월 월스트리트 저널이 발행한 일련의 기사로 인해 약화되었다. 저널의 보고서는 전직 페이스북 직원으로부터 얻은 「연구 보고서, 온라인 직원 토론 및 고위 경영진에 대한 프레젠테이션 초안을 포함한 페이스북 내부 문서」를 기반으로 작성되었다. 2021년 10월 프란세스 호건(Frances Haugen)은 뉴스 프로그램 「60분」에 출연하여 자신이 월스트리트 저널 보고서에 사용된 문서 공개에 대한 책임이 있는 내부 고발자임을 밝혔다. 호건은 나중에 미국 증권거래위원회(SEC), 미국 의회, 영국 의회, 유럽연합 의회에 증거와 증언을 제공했다.

호건은 페이스북의 시민 청렴 부서에서 관리자로 일했기 때문에 회사가 잘못된 정보와 선거 간섭에 어떻게 대응하는지 직접 확인할 수 있는 위치에 있었다. 저널의 보고서에는 성매매, 마약 카르텔, 선거 간섭, 코로나19 관련 잘못된 정보, 잘못된 백신 정보, 증오심 표현, 어린이에게 미치는 유해한 영향 등의 문제에 대한 페이스북의 지식과 조치가 기록되어 있었다. 호건은 기자들에게 "페이스북에서 계속해서 본 것은 대중에게 좋은 것과 페이스북에 좋은 것 사이에 이해 상충이 있었다는 것입니다. 그리고 페이스북은 더 많은 돈을 버는 것과 같이 자신의 이익을 위해 최적화하는 방법을 계속해서 선택했습니다."

페이스북의 윤리에 대한 비판을 공개적으로 밝힌 내부자의 결정으로 인해 페이스북에 대중과 법적 관심이 집중된 것은 이번이 처음이 아니다. 2018년부터 페이스북의 초기 투자자 중 한 명인 기업가 로저 맥나미(Roger McNamee)는 주요 언론 매체에 일련의 논평과 인터뷰를 게재하여 자신이 '정말 끔찍한 행동'이라고 묘사한 것에 대해 연방 규제에 대응할 것을 촉구했다. 2019년 5월, 페이스북의 공동 창립자이자 마크 저커버그의 대학 룸메이트인 찰스 휴즈(Charles Hughes)는 뉴욕 타임스에 페이스북을 해체해야 한다고 주장하는 사설을 썼다. 휴즈는 페이스북을 '전례 없는 비미국적' 권력을 가진 독점 기업으로 묘사했으며, 스스로 개혁할 수 없다고 믿었다. 2020년, 페이스북 계정을 조사하는 직책을 맡은 데이터 과학자 소피 장(Sophie Zhang)은 페이스북이 외국 정부가 자사 플랫폼을 사용하여 자국 시민을 오도하고 조종한다는 사실을 오랫동안 알고 있었다고 밝혔다. 그녀는 페이스북이 이러한 문제를 해결할 의도가 없다고 확신하게 되자 문제를 설명하는 긴 메모를 작성하고 직장을 그만뒀다. 이 메모는 처음에는 페이스북 내부 사이트에 게시되었지만 나중에 언론에 공개되었다.[1]

토론 질문

1. 재정적인 측면에서 페이스북이 매우 성공적인 회사였으며 CEO인 마크 저커버그가 효과적인 리더라는 점에는 의심의 여지가 없다. 여러분이 알고 있는 바에 따르면, 페이스북을 좋은 회사로 묘사하겠는가, 아니면 저커버그를 윤리적 리더로 묘사하겠는가? 그

이유는 무엇인가?

2. 페이스북(또는 구글 또는 트위터)은 플랫폼에 게재된 정치적 광고를 단속하는 데 어떤 책임이 있는가?
3. 대부분의 설명에 따르면 페이스북은 이러한 상황에서 불법적인 행위를 하진 않았지만 그들의 윤리적 의무 이행 여부는 어떠한가?
4. 자신들은 출판사가 아니라 사람들을 하나로 모으기 위한 플랫폼일 뿐이라는 페이스북의 주장은 나이키(Nike)가 몇 년 전 공급망에서 아동 노동을 사용한다는 비판을 받았을 때 했던 주장을 연상시킨다. 나이키의 경영진은 나이키는 제조사가 아닌 마케팅 회사일 뿐이라고 주장하며 스스로를 변호했다. 마찬가지로 우버(Uber)는 최근 자사가 운송 회사가 아니라 독립 계약자와 고객을 하나로 모으기 위한 플랫폼일 뿐이라고 주장하여 운전자를 학대했다는 혐의에 대해 스스로를 변호했다. 이러한 모든 답변은 서로 다른 회사가 기업 목적에 따라 서로 다른 책임을 가지고 있다는 기본 가정을 공유한다. 기업의 목적은 윤리적 책임과 어떻게 관련되어 있는가?
5. 회사가 사업을 운영하는 국가에 대해 특별한 충성심이나 추가적인 책임을 갖고 있는가? 그렇다면 페이스북은 어떤 의미에서 '미국' 회사인가?
6. 자신의 비판을 공개하기로 결정한 페이스북 내부자들의 결정을 어떻게 설명하겠는가? 어떤 압력과 가치가 그들이 자신의 폭로를 대중에게 알리게 만들 수 있는가? 이 정보를 공개하는 데 어떤 압력과 가치가 작용할 수 있는가?

1.1 기업 윤리: 내용과 이유

대부분의 사람들은 페이스북의 결정을 읽으면서 그에 대해 판단을 내리지 않을 수 없다. 이 사례를 검토한 후 일부 사람들은 페이스북이 지속적으로 비윤리적인 결정을 내렸다고 결론을 내리고 플랫폼을 보이콧하기로 결정할 수 있다. 다른 사람들은 페이스북이 특별히 잘못한 것은 없다고 판단하고 페이스북의 성공적인 비즈니스 모델을 칭찬할 수도 있다. 또 다른 사람들은 엇갈린 반응을 보일 수도 있다. 사용자의 개인 정보를 판매하는 것은 윤리적으로 허용되지만 선거 간섭을 방지하기 위해 더 많은 조치를 취하지 않은 것은 잘못된 것이라 할 수도 있다. 어떤 사람들은 판결을 내리기 전에 더 많은 정보를 원할 수도 있다.

물론 이러한 종류의 결정을 내리는 데 있어 페이스북만이 유일한 것은 아니다. 매일 모든 비즈니스에서는 소비자, 직원, 주주, 비즈니스 파트너 및 비즈니스가 운영되는 더 넓은 사회 등 관련된 모든 사람의 안녕에 영향을 미치는 결정이 내려진다. 소비자, 직원, 주주 및 시민이 영향을 받기 때문에 우리는 자연스럽게 한 발 물러나 그러한 결정을 판단하려는 경향이 있다. 본질적으로 기업 윤리는 다음과 같은 비즈니스 결정을 평가하기 위해 한발 물러나는 프로세스의 체계적인 버전이다. 기업이 내린 결정은 옳은가? 틀린가? 그들이 책임을 져야 하는가? 누가 책임을 져야 하는가? 어떤 해악이 있었는가? 어떤 좋은 일이 이루어졌는가? 어떤 결정을 피해야 하는가? 어떤 결정을 본받아야 하는가?

단지 비즈니스 결정에 대해 의견을 갖고 판단하는 것만으로는 기업 윤리의 자격을 갖추기에 충분하지 않다. 누구나 의견을 가질 수 있지만 모든 의견이 합리적이거나 정확하거나 사려 깊거나 적절하거나 공정한 것은 아니다. 이 책의 목표이자 기업 윤리 수업의 목표는 여러분이 윤리적 문제를 보다 체계적이고 심의적인 과정으로 생각하도록 돕는 것이다. 이를 통해 여러분의 의견과 판단, 그리고 비즈니스에서 내리는 여러분 자신의 결정이 합리적이고, 정확하고, 사려 깊고, 적절하고, 공정하게 될 수 있다. 우리의 목표는 책임감 있는 윤리적 결정을 내리고 무책임한 의견을 피하는 것이다. 기업 윤리 과정의 목표를 설명하는 데 도움이 되도록 이 시작 부분에서 이러한 아이디어를 좀 더 자세히 살펴보자.

'**윤리**'라는 단어는 일반적으로 서로 다르지만 관련된 두 가지를 가리키는 데 사용된다. 한편 윤리는 개인의 삶과 결정을 안내하는 의견, 신념 및 가치를 의미한다. 이것이 우리가 일상생활에서 경험하는 윤리의 실천적 측면이다. 이런 의미에서 우리는 페이스북 경영진이 윤리가 없다고 말할 수도 있고, 페이스북 내부 고발자들이 높은 윤리적 기준을 갖고 있다고 말할 수도 있다. 이러한 윤리의 의미는 개인뿐만 아니라 조직, 심지어 사회 전체에도 적용될 수 있다. 페이스북에는 강력한 윤리 문화가 부족하다고 결론을 내릴 수 있다.

다른 한편, 윤리는 그러한 의견, 신념, 가치들을 연구하고 그 합리성에 대해 결론을 내리는 학문 분야를 지칭하는 데 사용된다. 이러한 의미에서 사람은 사람들이 매일 내리는 실제 결정에서 물러나 이를 성찰하고 평가함으로써 윤리 규율에 참여하게 된다. 그 사람들이 맞는가? 왜 그런가? 그것이 우리의 결정을 이끌어야 할까? 왜 그런가? 그렇다면 우리는 어떤 결정을 내려야 할까? 이와 같은 질문을 통해 평가하는 것이다.

철학 초기부터 윤리학을 공부하는 목적은 실제로 행동을 이끄는 의견, 신념, 가치를 설명하는 것뿐만 아니라 개인과 조직이 보다 윤리적이 되도록 영향을 미치려는 것이었다. 기업 윤리 수업은 기업과 윤리에 관한 다양한 정보를 배우는 데 도움을 줄 뿐만 아니라 윤리를 실천하고 윤리적이 되도록 돕는 것을 목표로 한다. 즉, 기업 윤리의 목표는 단순히 윤리학 분야(철학자들이 **서술 윤리**라고 부르는 것)에 대해 가르치고 배우는 것 이상이다. 기업 윤리의 목표는 우리 각자가 더욱 윤리적이 되도록 돕고, 더욱 윤리적으로 책임감 있는 결정을 내리도록 돕고, 철학자들이 **규범 윤리**라고 부르는 윤리적 제도를 만들고 촉진하도록 돕는 것이다.

윤리의 세계는 처음 보이는 것보다 더 복잡하다. 때때로 윤리적 문제는 캠브리지 애널리티카가 개인 데이터를 오용하기 위해 페이스북과의 계약 조건을 위반했을 때처럼 명백할 수 있다. 때때로 우리는 어떤 것이 윤리적으로 잘못된 것인지 확인하기 위해 신중하게 생각할 필요가 있다. 예를 들어, 백신 회의론자들이 오해의 소지가 있는 정보를 게시하도록 허용했을 때 페이스북이 무엇을 잘못했는가? 플랫폼에 게시된 콘텐츠에 대해 과학적 판단을 내리는 것이 페이스북의 역할이나 전문 지식이 아닌 경우가 있을 수 있다. 이 책에서 우리가 검토하는 많은 문제에는 윤리적 결정과 책임이 명확하지 않은 상황이 포함된다. 기업 윤리 수업은 윤리적 문제를 식별하고 평가하는 데 필요한 기술을 개발하는 데 도움이 될 수 있다.

하지만 잘못이 명백하고 널리 잘못으로 이해되는 경우에도 개인과 기업은 여전히 비윤리적인 행동을 저지른다. 슬프게도, 더 잘 알아야 할 사람들이 윤리적인 일을 하지 못하는 경우가 너무나 많다. 기업 윤리 수업은 사람들이 비윤리적으로 행동하는 방식과 이유를 이해하는 데 도움이 될 수 있다. 또한 어떤 유형의 직원, 소비자 또는 관리자가 되어야 하는지 생각하는 데 도움이 될 것이다. 이 과목을 통해 여러분이 윤리적 행동을 장려하거나 억세하는 사회적 조건을 이해하기를 바란다. 물론, 비윤리적 행동이 발생하는 이유의 이해뿐 아니라 이러한 행동이 미래에 발생하지 않도록 예방하고 싶기도 하다. 따라서 기업 윤리 수업의 세 번째 목표는 윤리적 조직을 이해하고 만드는 데 도움이 되는 것이다.

이 점은 윤리적 결정과 행동이 여러 수준에서 발생한다는 점을 상기시켜 준다. 페이스북 사례에서 알 수 있듯이 기업 윤리에는 개인, 조직, 정부 수준 및 더 넓은 사회의 결정과 행동이 포함된다. 개인으로서 우리 각자는 고객과 직원으로서 가장 즉각적으로 여러 가지 방법으로 기업과 상호 작용하게 된다. 기업 윤리 수업은 우리가 페이스북에서 데이터를 오용한 사용자라면 무엇을 해야 할지, 또는 페이스북의 잘못된 행동을 알고 있는 개별 직원이었다면 무엇을 했을지 이해하는 데 도움이 될 수 있다.

하지만 개인은 진공 상태로 존재하지 않는다. 페이스북 내부 고발자의 예에서 알 수 있듯이 부패한 조직 내에서 선량한 사람들이 윤리적 기준을 준수하는 것은 어려울 수 있다.

마찬가지로, 높은 윤리적 기준을 장려하고 이에 따라 생활하는 조직 내에서 나쁜 사람들이 비윤리적으로 행동하는 것은 어려울 수 있다. 이 책의 뒷부분에서 살펴보겠지만 이와 관련하여 조직, 기업 문화, 기업 리더십이 중요한 역할을 한다.

마지막으로, 비즈니스 조직 자체는 진공 상태로 존재하지 않는다. 모든 기업은 하나 이상의 사회적, 경제적, 정치적 구조 내에 위치하고 있다. 개인의 결정과 행동이 주변 조직의 영향을 받는 것처럼, 개별 기업과 전체 산업의 결정도 사회, 경제, 정치 환경의 영향을 받는다. 전염병과 효과적인 백신에 대한 허위 정보를 허용하는 것은 우리가 그 결정을 평가하는 방법에 영향을 미치는 매우 특정한 사회적, 정치적 맥락에서 발생했다. 분명히 법 자체는 사회가 기업에 대한 표준과 기대를 부과하는 주요 수단이며, 사회적, 경제적, 정치적 환경에서 가치는 매우 중요하다. 기업 윤리 수업은 또한 우리가 이러한 사회적, 경제적, 정치적 가치와 더 넓은 맥락에서 기업의 역할을 생각하는 데 도움이 될 것이다.

이러한 설명을 보면 기업 윤리가 여러 학문 분야에 걸쳐 있음이 분명해진다. 첫째, 기업 윤리 분야에는 철학적 윤리라는 보다 일반적인 규율이 포함된다. 수천 년 동안 철학자들은 권리와 의무, 미덕과 가치, 사회 정의, 책임, 자유, 평등, 공동선과 같은 것들에 대해 생각하고 이론화해 왔다. 철학적 윤리에 대해 배우는 것은 기업 윤리에 대한 우리 자신의 연구를 위한 지식 기반을 제공하므로 우리는 이를 활용할 수 있다. 이 책은 기업 윤리에 대한 이러한 철학적 접근 방식을 채택한다.

기업 윤리에는 심리학, 경영학, 조직 행동, 리더십 연구, 사회학과 같은 분야도 연결된다. 사람들이 어떻게 그리고 어떤 이유로 행동하는지, 조직 환경이 어떻게 행동을 장려하고 방해하는지, 그리고 조직 내의 개인과 조직이 윤리적 행동이 번창하는 문화를 어떻게 만들 수 있는지는 이러한 다양한 사회 과학 그룹에서 발생하는 질문이기 때문이다.

비즈니스 조직이 더 넓은 사회적, 정치적 맥락에 어떻게 적응하는지 생각하면 법, 경제, 정치 과학과 같은 더 넓은 사회 분야가 비즈니스 윤리에 기여하기도 한다.

요약하면, 기업 윤리는 개인, 조직, 사회적 또는 정치적 수준에서 발생하는 윤리적 문제를 조사한다. 윤리적으로 책임 있는 사람으로서 우리 각자는 개인 소비자나 직원, 관리자와 임원, 시민으로서 기업과 어떻게 상호 작용하는지 고려해야 한다. 이 책은 기업 윤리학 분야에 학문적인 기여이기도 하다. 이 책의 목표는 비즈니스 환경에서 발생하는 윤리적 문제를 설명, 조사 및 평가하고 우리 각자가 보다 윤리적인 개인이 되도록 돕고 보다 윤리적인 기관을 만들도록 돕는 것이다. 따라서 기업 윤리 수업에는 다음을 포함하여 많은 목표가 있다.

1. 기업 윤리 수업은 윤리적 문제를 식별하는 데 필요한 지식 기반과 기술을 개발하는 데 도움이 될 수 있다.
2. 기업 윤리 수업은 사람들이 비윤리적으로 행동하는 방식과 이유를 이해하는 데 도움이 될 수 있다.
3. 기업 윤리 수업은 우리가 어떻게 행동해야 하는지, 무엇을 해야 하는지, 개인으로서 어떤 사람이 되어야 하는지를 결정하는 데 도움이 될 수 있다.
4. 기업 윤리 수업은 윤리적인 조직을 만드는 데 도움이 될 수 있다.
5. 기업 윤리 수업은 우리가 시민으로서 지지해야 할 사회적, 경제적, 정치적 정책을 깊이 생각하는 데 도움이 된다.

1.2 윤리, 도덕, 그리고 사회 정의

윤리를 가르치는 친구는 그의 학생들에게 자신이 매일 윤리 활동에 참여한다고 말한다. 그는 윤리가 우리 각자가 매일 아침 일어날 때 묻는 질문의 기초라고 설명한다. 오늘은 무엇을 할 것인가? 단순한 질문이지만 아마도 인간이 물을 수 있는 가장 근본적인 질문일 것이다. 나는 내 인생에서 무엇을 할 것인가? 어떻게 살아야 할까? 어떻게 해야 할까? 나는 어떤 유형의 사람이 되어야 할까?

아마도 대부분의 사람들은 이러한 질문에 대해 깊이 생각하지 않고 자동적으로 대답할 것이다. 우리는 단순히 문화의 정신과 관습을 따른다. 우리는 우리가 하는 방식대로 행동하고, 일반적인 유형의 사람이 된다. 왜냐하면 그것이 우리 가족, 문화, 종교가 우리에게 기대하는 것이기 때문이다. 아침에 일어나서 수업을 듣는 게 학생이 하는 일인 것처럼 말이다.

고대 그리스 시대로 거슬러 올라가 그 전통에 따르면, 윤리, 즉 우리가 무엇을 해야 하고 어떻게 살아야 하는지에 대한 질문은 에토스(ethos), 즉 우리 문화가 우리에게 기대하는 바에 대한 질문에 호소함으로써 답할 수 있다. 우리는 우리 자신의 에토스(우리가 평소에 행동하는 방식, 평소에 믿는 것, 평소에 우리가 삶을 사는 방식)를 우리의 기본 입장이라고 생각할 수 있다. 이러한 '규범'은 우리의 문화적 가치, 우리의 에토스이다. 우리가 양육되고 교육받은 규범은 가족, 종교, 지역사회, 더 넓은 사회에서 나온다.

그러나 우리 모두는 때때로 자신의 규범을 반성하고 그에 대해 그것이 맞느냐는 의문을 품은 적이 있다는 것은 사실일 것이다. 우리는 부모님이 우리에게 무엇을 가르쳤는지, 우리의 종교가 무엇을 가르치는지, 학교에서 무엇을 배웠는지 의문을 가질 수 있다. 이 시점에서 우리는 스스로 생각하기를 시작하게 된다. 어떤 의미에서 이것이 우리가 철학을 시작하는 지점인 것이다.

철학적 윤리는 우리의 에토스와 문화적 규범에서 한 걸음 물러나서 그것을 조사하고 평가하고 그것을 우리 자신의 것으로 받아들이거나 거부하도록 권장한다. 철학적 윤리는 문화적 규범에 대한 순응과 순종이 우리가 어떻게 살아야 하는지에 대한 최고의 지침이라는 점을 부인한다. 예를 들어, 페이스북 기업 문화의 기대에 부응하려면 많은 직원이 자신의 정직성을 위반해야 했다. 고대 아테네의 소크라테스 시대부터 철학은 윤리의 원천인 권위에 대한 순응을 거부했다. 그것은 윤리의 기초로서 에토스에 대한 순응을 거부한다. 대신, 철학적 윤리학은 윤리의 기초로서 이성의 사용을 옹호하고, 에토스에 대한 합리적인 분석과 우리가 어떻게 살아야 하는지에 대한 합리적인 방어를 추구한다. 이 수행에 참여하는 것은 스스로 생각하는 것이다. 소크라테스는 그의 전형적인 아이러니를 사용하여 이러한 목표를 "사소한 일이 아니다."라고 말했다.

철학적 윤리는 우리에게 일반적으로 또는 전형적으로 행해지는 것에서 우리 자신을 추상화하고 행해진 것이 행해져야 하는지, 가치 있는 것이 가치 있게 여겨지는지에 대해 성찰할 것을 요구한다. 가치 있는 것과 가치 있게 여겨야 하는 것의 차이는 에토스와 윤리의 차이이고, 앞서 서술 윤리와 규범 윤리로 설명한 것의 차이이다.

이러한 관찰은 또한 기업 윤리를 둘러싼 회의론을 설명하는 데도 도움이 된다. 기업 윤리에 대한 철학적 초점은 일반적으로 또는 관례적으로 비즈니스에서 수행되는 작업에 대한 불만이나 의심을 암시하는 경향이 있다. 현재 수행되고 있는 작업을 수행해야 하는지 의심할 이유가 없다면 일반적으로 수행되는 작업에서 물러나서 생각해 볼 이유가 무엇일까? 철학적 윤리는 각 결정에 대한 이유를 요구한다는 점에서 중요하지만, 관습적인 규범과 표준을 거부하거나 동의하지 않는다는 점에서 굳이 비판적일 필요는 없다.

철학적 윤리의 한 분야인 기업 윤리는 우리에게 일상적인 결정에서 한발 물러나고, 비즈니스 정신에서 한발 물러나고, 비즈니스 결정이 우리 삶에 어떤 영향을 미치는지 성찰할 것을 요구한다. 기업 내에서 이루어지는 관행과 결정은 어떤 방식으로 인간의 복지를 촉진하거나 훼손할까? 이러한 질문을 제기한다고 해서 일반적으로 수행되는 작업이 비윤리적이라는 의미는 아니다. 사업상의 윤리적 문제를 조사한 후에 우리는 원래 가졌던 것과 동일한 가치를 옹호하고 동일한 결정을 내리게 될 수도 있는 것이다. 그러나 철학적 윤리는 우리가 행동하는 신념과 가치에 대한 의식적인 성찰과 분석을 요구한다. 다시 말하지만, 소크라테스의 지혜에 의존하여 철학적 윤리는 "검토되지 않은 삶은 살 가치가 없다."라고 가정한다. 우리가 기업 윤리에 대한 검토를 진행하면서 실제로는 일상적인 사건을 반성하고 소크라테스의 질문인 '우리는 어떻게 살아야 하는가?'를 되새기는 것 이상의 일을 하고 있지는 않을까?

그렇다면 우리는 어떻게 살아야 할까? 이 질문에는 약간의 모호함이 있다. 왜냐하면 '우리'는 우리 각자를 개별적으로 지칭할 수도 있고 우리 모두를 함께 지칭할 수도 있기 때문이다. 첫 번째 개인적인 의미에서 이것은 내가 어떻게 인생을 살아야 하는지, 어떻게 행동해야 하는지, 무엇을 해야 하는지, 어떤 사람이 되어야 하는지에 대한 질문이다. 집단적 의미에서 이것은 사회가 어떻게 구조화되어야 하는지에 대한 질문이다.

이 첫 번째 윤리 영역, 즉 우리 각자가 어떻게 살아야 하는지에 대한 관심은 때때로 **도덕성**이라고 불린다. 도덕성의 한 부분은 우리가 무엇을 해야 할지 결정하는 데 도움이 될 수 있는 원칙과 규칙을 검토하는 것을 포함한다. 도덕성의 또 다른 중요한 부분은 살 가치가 있는 삶을 구성하는 성격적 특성 또는 **미덕**을 검토하는 것을 포함한다. 이러한 구분은 때때로 우리가 어떻게 행동해야 하는지, 그리고 우리가 어떤 사람이 되어야 하는지를 결정하는 측면에서 이루어진다. 두 번째, 더 집단적인 윤리 영역은 때때로 **사회 윤리**라고 불리며, 조직 행동, 공공 정책, 법, 시민적 미덕, 정치철학에 대한 의문을 제기한다.

기업 윤리는 이러한 두 가지 질문을 모두 다룬다. 개인의 도덕성에 대한 질문이 이 본문 전반에 걸쳐 주요 주제가 될 것이다. 기업 윤리의 가장 근본적인 목표 중 하나는 우리들이 일상생활의 즉각적인 관심사에서 물러나서 "나는 어떤 사람이 되어야 하는가?"라고 질문할 수 있는 기회를 제공하는 것이다. 나는 어떻게 해야 하는가? 나는 어떤 삶을 살 것인가? 내가 페이스북에서 일하면서 선거의 공정성, 정보의 정확성, 민주적 절차 보호 등을 다루는 부서를 담당했다면 어떻게 했을까?

의심할 여지 없이 우리 대부분은 삶의 대부분의 순간에 할당된 업무를 완료하고, 청구서를 내고, 재미있게 지내는 것과 같은 더 즉각적인 문제에 너무 몰두하여 의식적으로 한 걸음 물러나 우리가 하는 일의 의미와 가치를 묻는 법이 없다. 그러나 이것이 바로 철학적 윤리가 요구하는 것이다. 도덕성에 대한 생각은 더 큰 관점을 취한다. 인생의 후반기에 자신이 살아온 삶을 되돌아보며 "이 삶은 살 만한 가치가 있었는가?"라고 묻는 모습을 상상해 보라. 나는 내 삶이 자랑스러운가? 나는 내가 지금까지 살아온 사람을 자랑스러워하는가, 아니면 부끄러워하는가? 지금까지 완전하고 의미 있는 삶을 살았는가? 이러한 질문들은 도덕성의 근본적인 질문 중 하나이다.

기업 윤리는 사회 윤리와 공공 정책 문제도 다루고 있다. 이러한 관점을 이해하는 것은 기업 제도는 인간의 창조물이며, 이는 인간이 기업에 대한 책임을 피할 수 없다는 것을 인식하는 것에서 출발할 수 있다. 페이스북 사례에서 알 수 있듯이 기업들은 많은 개인의 삶에 막대한 영향을 미친다. 우리는 직업, 음식, 건강 관리, 집, 생계 등을 기업들에게 의존한다. 공공 정책 관점은 실제 기업 관행에서 한 걸음 물러나 "기업은 어떻게 구조화되어야 하는가?"라는 질문을 하도록 유도한다. 만약 우리가 이 모든 일을 다시 해야 한다면 우리 사회의 기업 제도를 어떻게 마련할 것인가? 이러한 의미에서 공공 정책 질문은 사회와 사회의 일부인 기업 기관이 어떻게 조직되고 운영되어야 하는지를 결정하는 시민의 관점을 취하도록 요구한다. 많은 관찰자들은 페이스북의 문제가 개인의 문제라기보다는 기관과 '비즈니스 모델'의 윤리적 실패에 훨씬 더 가깝다고 지적할 것이다. 이러한 질문을 하면 개인이 직면한 특정 결정이 명백해 보일 때에도 중요한 윤리적 질문이 남아 있다는 것을 알 수 있다. 소셜 미디어 회사에서 일하는 개인은 사용자 데이터 판매 전략을 추구하도록 선택할 수 있지만, 그러한 관행을 규제할지 여부와 기업이 사용자 개인 정보를 존중하도록 법적으로 요구할지 여부는 시민들이 결정하게 되는 것이다.

요약하면, 철학적 윤리는 우리가 어떻게 살아야 하는지에 대한 문화적 기대인 에토스에 의존하는 것이 우리가 어떻게 삶을 살아야 하는지에 대한 근본적인 질문에 대한 불완전하고 부적절한 대답이라는 인식에서 발전했다. 우리는 우리의 선택에 대한 책임을 피할 수 없다. 그러나 우리가 어떻게 살아야 하는지에 대한 윤리적 질문은 두 가지 수준에서 발생한다. 개인 도덕 수준에서 윤리는 내가 어떻게 살아야 하는지, 무엇을 해야 하는지, 어떤 유형의 사람이 되어야 하는지에 대해 묻는다. 사회 정의 수준에서 윤리는 우리가 살아야 할 사회, 공동체, 조직의 유형에 대해 묻는다.

1.3 책임 있는 의사 결정으로서의 기업 윤리

첫 번째 섹션에서 우리는 기업 윤리 수업의 목표 중 하나가 윤리적인 사람이 되도록 돕는 것이라고 제안했다. 비즈니스에서 발생하는 비윤리적 행동 유형을 줄이려는 노력이 아니라면 경영대학원에서 종종 그렇듯이 윤리 수업을 요구하는 이유는 무엇일까? 그러나 실제로 윤리적 행동은 가르치기가 매우 어렵다. 철학자들은 플라톤이 바로 이 질문으로 대화를 시작한 이래로 이 문제로 어려움을 겪어 왔다. 윤리학을 가르칠 수 있는가? 가능하더라도 가르쳐야 할까? 누구의 윤리인가? 이러한 질문들을 보면 윤리가 무엇을 요구하는지에 대해서는 의견이 분분함을 알 수 있다.

하지만 이는 윤리에 공통된 목표, 개념, 원칙 및 틀이 없다는 의미는 아니다. 윤리에 대한 학문적 연구는 적어도 2,500년 전 고대 그리스 철학자 소크라테스, 플라톤, 아리스토텔레스 시대까지 거슬러 올라간다. 모든 학문 분야와 마찬가지로 윤리를 공부하려면 몇 가지 기본 아이디어, 개념 및 범주에 익숙해져야 한다. 회계사를 위한 일반적으로 인정되는 회계 원칙과 경제 및 금융과 같은 분야의 공식 용어가 있는 것처럼 기업 윤리에도 공통적인 일련의 원칙, 표준, 개념 및 언어가 있다. 윤리에 대해 배우는 것은 권리, 의무, 자율성, 성격과 같은 개념, 정직, 충성, 성실, 신뢰성과 같은 가치, 공정성, 사람들을 존중하는 것, 공동의 이익을 위해 봉사하는 것과 같은 원칙을 이해하는 것을 의미한다. 이 책의 2장에서는 기업 윤리에 상당한 영향을 미치는 몇 가지 일반적인 윤리 이론과 원칙을 소개할 것이다.

기업 윤리 자체에 관한 많은 학술 문헌이 있으며, 기업 윤리 수업의 중요한 요소는 해당 학술 문헌에 익숙해지는 것이다. 다음 각 장에서 우리는 처음부터 시작하는 것보다 더 발전된 수준에서 기업 윤리 대화에 참여할 수 있도록 이 학문적 내용 중 일부를 활용하여 다양한 윤리적 문제를 검토할 것이다. 오래된 격언이 우리에게 상기시켜 주듯이, 잘 굴러가는 바퀴를 재발명할 이유가 없는 것이다.

정보를 배우는 이러한 학문적 측면을 넘어서, 기업 윤리는 판단, 행동, 행동을 목표로 한다는 점에서 실천적 목표도 가지고 있다. 우리 모두는 기업 윤리에 관한 책이나 수업이 기업 실무자들 사이에서 보다 윤리적인 결정과 행동으로 전환되기를 바란다.

불행하게도 이 목표는 어려운 과제도 야기한다. 첫째, 윤리적 판단과 윤리적 행동 사이에는 엄청난 격차가 있다. 적어도 플라톤과 아리스토텔레스 시대부터 서양 철학은 어떤 행위를 옳다고 판단하는 것과 그것을 따르고 실행하는 것 사이에 실질적인 불연속성이 있음을 인정해 왔다. (현대 언어에서는 이것이 '말한 대로 실천'하는 도전이다.) 선과 악, 옳고 그름의 차이를 아는 것마저 충분히 어렵다. 그러나 아는 것은 행동하는 것과 다르며, 모든 사람이 우리가 가장 잘 알고 있는 방식으로 행동할 용기, 강인한 성격, 동기를 갖고 있는 것은 아니다. 예를 들어, 윤리 강좌를 페이스북의 직원들에게 한다고 해서 그것이 어떤 변화를 가져올지는 불명확하다.

두 번째 문제는 우리 모두가 윤리적 행동을 장려하기를 희망하지만, 학생들에게 올바른 답을 말하거나 그들이 생각해야 할 것과 어떻게 살아야 하는지를 선포하는 것이 자신의 역할이라고 생각하는 교사가 거의 없다는 것이다. 사실 그건 교육이라기보다는 세뇌나 설교에 더 가깝다. 윤리 수업의 역할은 수동적인 청중에게 정보를 전달하는 것이어서는 안 되며, 학생들을 무엇을 믿고 어떻게 행동해야 하는지 알려주는 어린이로 대해서도 안 된다. 윤리 수업의 목표는 학생들을 적극적인 학습자로 대우하고 사고하고 질문하는 적극적인 과정에 참여시키는 것이다. 소크라테스를 모델로 삼는 철학적 윤리학은 권위에 대한 맹목적인 복종이나 관습적 규범의 단순한 수용이 적절한 윤리적 관점이라는 견해를 거부한다. 이러한 관점에서 윤리를 가르치는 것은 학생들이 스스로 생각하는 것을 포함해야 한다. 소크라테스의 주장처럼 성찰하지 않는 삶은 살 가치가 없다.

물론 문제는 사람들이 스스로 생각할 때 항상 서로 동의하는 것은 아니며, 확실히 다른 사람들이 윤리적이라고 판단할 방식으로 행동하지 않는다는 것이다. 윤리 수업에서 학생들에게 정답을 가르치지 않는다면, 많은 학생들은 정답이 없다고 결론을 내릴 것이다. 따라서 기업 윤리의 주요 과제는 수동적인 청취자에게 독단적인 진리를 설교하는 것과 모든 의견이 서로 동일하다는 회의론자의 결론을 장려하는 것 사이에서 중간 지점을 찾는 것이다.

대부분의 기업 윤리 수업의 공통 목표는 결론이 아닌 윤리적 추론 과정을 강조함으로써 이러한 어려움을 해결하고자 한다. 기업 윤리는 답변보다 추론에 더 초점을 둔다. 책임감 있는 추론은 사실에 대한 정확하고 공정한 설명으로 시작해야 한다. 열린 마음으로 모든 측면의 의견을 들어야 하고, 관련된 모든 이슈에 익숙해져야 하며, 각 이슈에 대한 논리적 분석을 지적인 엄격함으로 충분히 추구해야 한다. 또한 윤리의 언어와 기본 개념, 그리고 이전의 사고방식에 익숙해야 한다. 기업 윤리는 본질적으로 이러한 윤리적 분석 과정을 포함한다. 이것이 없다면 윤리를 독단주의로 바꿀 위험이 있다. 이러한 분석 과정이 있다면 상대주의를 물리치기 위해 가능한 한 멀리 나아간 것이라고 볼 수 있다. 이 과정을 통해 우리는 독단주의와 상대주의의 딜레마를 피할 준비를 마친 것이다.

이 딜레마는 학문적 환경에서의 기업 윤리에 직면할 뿐만 아니라 기업 환경 내의 윤리에도 해당된다. 윤리적 교리를 선언함으로써 윤리적 문제에 접근할 수 있다고 하더라도 이를 수행하고 싶어하는 기업 관리자는 거의 없다. 훌륭한 교사와 마찬가지로 훌륭한 기업 관리자와 리더는 직원들이 스스로 결정을 내릴 수 있도록 권한을 부여하려고 한다. 책임감 있는 기업은 무엇이든 가능하다거나 모든 가치가 동등하다고 제안하지 않는다. 직장에서의 가치 상대주의는 권력 투쟁과 갈등으로 이어질 가능성 또한 크다.

요약하면, 기업 윤리의 주요 목표는 사람들이 책임 있는 의사 결정을 위한 기술을 개발하도록 돕는 것이다. 책임 있는 결정은 항상 동일한 결론에 도달하지 않을 수 있으며, 이는 윤리적 문제의 복잡성을 고려할 때 그 자체가 합리적으로 보이기도 한다. 하지만 책임 있는 결정을 내리기 위한 표준은 있다. 모든 결정이 다른 결정만큼 합리적이거나 책임이 있는 것은 아니다. 좋은 결정과 나쁜 결정, 합리적인 결정과 불합리한 결정, 책임 있는 결정과 무책임한 결정이 있는 것이다. 우리는 이 책이 이러한 책임 있는 의사 결정 과정에 도움이 되기를 바란다.

1.4 회의적인 도전 I: 법만으로 충분하지 않은가

아마도 방금 설명한 어려움으로 인해 기업 윤리는 때때로 학생, 교사, 기업 실무자들 사이에서 진정한 회의론에 직면할 것이다. 비즈니스 결정에서 윤리적 고려 사항을 배제해야 한다는 일반적인 믿음이 존재한다. 일부 사람들이 '**분리론**'이라고 부르는 것은 기업 활동이 일반적인 윤리와 분리되어야 한다는 것이다. 이러한 회의론은 다양한 형태로 나타나지만 다음의 두 가지를 자세히 고려해 볼 가치가 있다.

기업 윤리에 대한 첫 번째 회의적인 도전은 기업 윤리는 불필요하다는 것이다. 이러한 관점에서는 기업이 법을 준수하는 것만으로도 충분하다. 윤리는 불필요하며 비즈니스의 주요 목적을 방해하기까지 한다. 다음 섹션에서 검토할 두 번째 회의적 도전은 앞서 언급한 회의론을 바탕으로 한다. 이러한 관점에 따르면 윤리는 개인적인 의견에 지나지 않으며 논쟁이 되는 윤리적 문제에 대해 합의에 도달할 수 있다고 생각하는 것은 어리석다. 이 관점에서도 다시금 윤리는 불필요하고 비즈니스의 실제 목적을 방해하는 것으로 여겨진다. 이 두 가지 회의적인 도전으로부터 도달되는 결론은 우리가 기업 윤리에 대한 연구를 무시할 수 있다는 것이다.

어떤 사람들은 윤리를 무시하고 법적 준수에만 집중할 수 있다고 믿는다. 많은 사업가들에게 윤리는 법 준수와 동일시된다. 따라서 윤리적인 기업에는 법적 및 직업적 행동 기준의 준수를 모니터링하는 윤리 담당자 또는 일반적으로 변호사로 구성된 윤리 부서가 있어야 한다.

하지만 법을 준수하는 것만으로는 윤리적으로 책임 있는 사업을 하기에는 충분하지 않다. 이러한 법 준수의 관점에서 볼 때, 법은 사람이 명확하게 준수하거나 위반할 수 있는 일련의 규칙으로 생각하기 쉽다. 예를 들어, 교통 법규에서는 빨간 신호등에 정지할 것을 요구하고 특정 한도 이상의 속도를 금지한다. 그러나 이는 아래와 같은 여러 가지 이유로 법에 대한 매우 불완전하고 오해의 소지가 있는 생각이다.

첫째, 특정 행위를 요구하거나 금지하는 특정 규정이 있는 경우에도 해당 규정을 적용하는 데에는 항상 모호성이 있을 수 있다. 예를 들어, 저자가 최근 참여한 경영 교육 프로그램에서 두 명의 기업 변호사가 미국 장애인법에 따른 관리자의 법적 책임 중 일부를 설명하고 있었다. 이 법은 기업이 장애가 있는 근로자를 위해 '합리적인 편의'를 제공하도록 요구한다. 이 법은 계속해서 장애로 간주되는 조건 중 전부는 아니지만 일부를 명시한다. 질문 시간 동안 한 관리자는 자신에게 천식을 앓는 직원이 있는데 천식이 장애인지 궁금하다고 질문했다. 두 변호사는 잠시 대화를 나눈 후 "상황에 따라 다릅니다."라고 간단히 대답했다. 장애에 대한 법의 정의에는 부분적으로 장애가 얼마나 심각한지, 근로자의 생활 활동이 얼마나 제한되는지, 약물 치료로 쉽게 교정되는지 여부가 포함된다. 이러한 모호함을 고려하여 관리자는 이 직원을 어떻게 대해야 할지 판단해야 하는 것이다. 이 관리자가 윤리적으로 올바른 일을 하기 위해 최선을 다하고 있지만 개인의 윤리적 책임은 법을 준수하는 것이라고 믿는다고 가정해 보자. 이 관리자는 어떻게 해야 할까? 이 경우 법의 지배를 간단하고 명확하게 적용할 수 없기 때문에 개인의 판단에 따른 결정이 내려진다. '합리적인 편의 제공'이라는 법의 조항은 모호하므로 관리자는 무엇을 해야 하는지에 대한 개인의 판단을 내려야만 하는 것이다.

보다 일반적으로, 비즈니스를 규율하는 민법의 대부분은 특정 법령이나 규정보다는 판례법의 판례를 기반으로 한다. 판례법은 성문법과 달리 근본적으로 모호하다. 실제로 많은 행위는 법원이 불법이라고 판결할 때까지는 불법이 아니다. 예를 들어, 유명한 엔론(Enron) 부패 사건의 변호사와 감사인 모두 경영진으로부터 합법성의 한계를 뛰어넘으라는 지시를 받았다. 엔론의 금융 관행 중 상당수가 문자 그대로 전례가 없는 일이었음을 감안할 때, 엔론의 변호사와 회계사는 법정에서 옹호될 수 있다고 믿는 조언을 제공했다. 이러한 행위가 법정에서 이의를 제기하기 전까지는 이러한 행위가 완벽하게 합법적이라는 실질적인 의미가 있었던 것이다. 회계 및 세무 규정에 한계를 두는 것은 인정하지만, 그들이 한 일은 당시에는 분명히 불법이 아니었다.

최근의 많은 사례, 특히 정보 기술과 관련된 사례에서 유사한 상황이 발생한다. 예를 들어, 소비자 개인 정보 보호와 관련된 많은 법적 보호 장치는 컴퓨터, 인터넷, 디지털 마케팅이 존재하기 이전에 개발되었다. 종이 파일과 기록 시대에 작성된 개인 정보 보호법은 디지털 파일과 클라우드 컴퓨팅 시대에 무엇을 의미할까? 우버는 택시 회사를 규제하기 위해 작성된 법적 규정을 따라야 할까, 아니면 독립 계약자를 규제하기 위해 작성된 법률 규정을 따라야 할까? 페이스북은 고객 개인 정보 보호 및 기록과 관련하여 통신 회사와 동일한 윤리적 의무를 갖고 있는가?

이러한 질문은 법률조차도 기업에 명확한 방향을 제시하는 데 상당한 어려움에 직면해 있다는 사실을 강조한다. 더욱이, 우리가 조사할 많은 사례에서 알 수 있듯이, 법이 명백하더라도 법을 무시할 큰 동기와 기회가 있을 수 있으며, 특히 관리자와 고위 경영진이 공모하는 것처럼 보이는 경우에는 더욱 그렇다. 이는 무엇이 옳고 그른지 결정하기 위해 항상 법에 의존할 수는 없다는 것을 의미한다. 직원이 천식을 앓고 있는 관리자는 개인의 결정을 내려야 하며, 법은 이 관리자를 위해 결정을 내려 주지는 않는다. 사기성 은행 계좌 개설이 잘못되었다고 생각하는 직원은 관리자가 어쨌든 그렇게 하도록 권장할 때 어떻게 해야 할지 개인적으로 결정해야 한다.

법적 요구 사항을 벗어나는 윤리적 문제는 여전히 광범위하다. 때로는 법이 특정 행동을 금지하기도 하고, 때로는 광범위한 행동을 허용하기도 한다. 특히 개인의 자유를 중시하는 사회에서는 합법이라고 해서 모두 윤리적으로 옳은 것도 아니고, 윤리적으로 잘못되었다고 해서 모두 불법인 것도 아니다. 법은 개인과 조직이 무엇을 해야 할지, 어떻게 살아야 할지 스스로 결정할 수 있는 큰 자유를 부여한다. 예를 들어, 2018년 2월 플로리다주 파크랜드에서 발생한 비극적인 학교 총격 사건 이후 딕스 스포팅 굿즈(Dick's Sporting Goods)는 미국 내 700개 매장에서 돌격 소총 판매를 중단하기로 기업 결정을 내렸다. 딕스의 이사회 의장이자 CEO인 에드 스택(Ed Stack)은 법에서 요구하지 않더라도 회사가 올바른 일을 해야 한다고 발표했다. 21세 미만의 사람들에게 그러한 소총을 판매하는 것을 일방적으로 중단하기로 결정한 이 결정을 월마트(Walmart)를 포함한 다른 소매업체들도 뒤따랐다. 이러한 사례는 법만으로는 기업이 해야 할 일과 하지 말아야 할 일을 결정하는 데 결코 충분하지 않음을 보여 준다.

코로나19 팬데믹 기간 동안 많은 직원이 재택근무를 했던 또 다른 헤드라인 사례 또한 살펴보자. 2021년 12월 1일, 온라인 주택 융자 전문 회사 베터닷컴(Better.com)의 직원 900명은 CEO 비샬 가르그(Vishal Garg)와의 온라인 줌(Zooom) 통화에 참석해 달라는 요청을 받았다. 가르그는 "좋은 소식이 없습니다."고 발표하면서 회의를 시작했다. "우리는 시장 효율성, 성과, 생산성 등 여러 가지 이유로 회사 인원의 약 15%를 해고하고 있습니다. 당신이 이 통화에 참여하고 있다면 당신은 해고되는 불운한 그룹의 일원입니다. 여기서 귀하의 고용은 즉시 종료됩니다."

해당 영상의 통화 사본이 소셜 미디어에 퍼지자 가르그는 그의 행동에 대해 광범위한 비판을 받았다. 일주일도 지나지 않아 그는 사과문을 발표하고 나머지 직원들에게도 이를 공유했다. "저는 영향을 받은 개인과 우리 회사에 대한 그들의 기여에 대해 적절한 존경심과 감사를 표시하지 못했습니다. 제가 이 소식을 전한 방식이 어려운 상황을 더욱 악화시켰다는 것을 깨달았습니다. 진심으로 사과드리며 이 상황을 교훈 삼아 여러분이 기대하시는 리더가 되기 위해 더 많은 노력을 기울이겠습니다." 가르그가 900명의 직원을 해고할 수 있는 법적 권한이 있다는 사실에 대해 이의를 제기하는 사람은 거의 없지만 그의 방법이 윤리적으로 옳다고 생각하는 사람은 거의 없다. (법이 허용하는 것이 항상 윤리적이지 않은 상황에 대한 보다 자세한 조사는 이 책의 3장 시작 부분의 도입 사례를 참조.)

윤리를 공부하는 가장 큰 이유는 윤리적 문제를 명시적으로 검토하든 하지 않든, 우리가 살아가면서 매일매일 그 질문에 대한 답을 얻게 되기 때문일 것이다. 아마도 페이스북 경영진은 어느 날 아침에 일어나서 백신 허위 정보를 조장하거나 선거 간섭을 조장하기로 결정한 것은 아니지만, 그들이 취한 행동과 그들이 내린 결정은 같은 결과를 가져왔다. 우리가 취하는 행동과 우리가 이끄는 삶은 우리가 어떻게 살아야 하는지에 대한 근본적인 윤리적 질문에 대한 실질적인 답을 제공한다. 우리의 유일한 실제 선택은 이러한 질문에 의식적으로 대답하느냐, 아니면 무의식적으로 대답하느냐 하는 것이다. 따라서 우리는 왜 윤리학을 공부해야 하는지에 대한 철학적 대답을 다시 한 번 언급하고자 한다. 소크라테스는 2000년 전에 이미 "반성하지 않는 삶은 살 가치가 없다."라고 말했다.

1.5 회의적인 도전 II: 윤리적 상대주의

기업 윤리에 대한 두 번째 회의적인 도전은 윤리적 상대주의이다. 이 견해는 윤리적 가치는 개인의 의견이나 문화적 규범과 관련되어 있으므로 윤리적 판단을 내리는 데 공통적이고 합리적인 근거가 없다고 주장한다. 앞서 언급되었듯이 상대주의는 에토스와 윤리 사이에 차이가 없다고 주장한다. 상대주의 관점에서는 가치는 너무 개인적이고, 너무 개별적이며, 너무 상대적이어서 객관적인 지침을 제공할 수 없다고 여겨진다. 사업에서 윤리에 대한 광범위한 의견 불일치가 발생할 수 있으므로 이러한 견해는 처음에는 그럴듯해 보일 수 있지만, 면밀히 분석해 보면 그렇지 않다.

저자가 원래 이 장을 쓴 날의 아침은 기업 윤리 수업으로 시작되었다. 수업이 끝난 후, 한 학생이 남아서 이전 수업 회의에서 돌려준 과제에 대해 몇 가지 질문을 했다. 그녀는 내가 자신의 과제를 어떻게 채점했는지, 특히 자신이 예기치 않게 낮은 성적을 받은 이유를 알고 싶어했다. 나와 학생은 제출물을 함께 검토하였고 나는 제출물의 많은 내용이 단순히 학생의 의견 이상은 제공하지 않는다고 피드백을 주었다. 그때 그녀는 많은 윤리 교사들에게 친숙한 질문을 던졌다. "제 의견이 틀렸다고 어떻게 말할 수 있어요? 모든 사람은 자신의 의견을 가질 권리가 있지 않나요?" 나는 사람들이 원하는 어떤 의견이라도 가질 권리가 있지만 모든 의견이 평등하지는 않다고 대답했다. 어떤 의견은 옳고 어떤 의견은 그르고, 어떤 의견은 합리적이고 어떤 의견은 불합리하며, 어떤 의견은 사려 깊고 어떤 의견은 덜 사려 깊은 것이다. "그러나 이것은 윤리에요."라고 그 학생은 대답했다. "옳고 그름을 누가 말할 수 있나요?" 나는 누구나 이유가 있다면 의견에 대해 옳고 그름을 말할 수 있다고 대답하며 그녀에게 본인의 의견을 뒷받침할 이유가 있는지 질문했다. 그녀는 왜 본인이 쓴 것을 믿었을까? 그녀는 그 이유는 정확히 모른다며 "그저 제가 그렇게 느꼈어요."라고 대답했다.

이 학생의 반응은 윤리적 상대주의의 완벽한 예이며 이러한 회의적인 반응은 많은 학생들에게 친숙할 것이다. 윤리는 수학, 과학, 회계와는 다르다. 정답을 찾을 수도 없고 수학적 정확성으로 답을 계산할 수도 없다. 기하학에서 증명을 제공할 수 있는 방식으로는 윤리적 판단의 진실성을 증명할 수 없다. 윤리적 의견을 지지하거나 반박하는 실험을 실행할 수는 없다. 이렇듯 다른 학문과 달리 윤리는 단순한 의견에 기초하는 것처럼 보이기조차 한다. 사람들은 윤리적 판단은 서로 다르며, 상충되는 결론 사이에서 결정할 합리적인 방법은 없는 것처럼 느낄 수도 있다. 윤리적 문제는 개인적인 감정과 감정에 기초한 것처럼 보이기까지 한다.

윤리적 상대주의는 윤리적 가치와 판단이 궁극적으로 개인의 문화나 개인적 감정에 의존하거나 상대적이라고 주장한다. 이런 의미에서 윤리는 진정으로 단순한 의견의 문제일 뿐이다. 그것이 자신의 의견이든 문화, 사회, 종교의 의견인지는 상관없다. 윤리적 상대주의는 우리가 합리적이거나 객관적인 윤리적 판단을 내릴 수 있다는 것을 부정하기 때문에 윤리를 고려하는 데 심각한 도전을 제시한다. 특정 문화나 사회를 제외하고는 옳고 그름, 도덕적이거나 부도덕한 것은 존재하지 않는다. 수업 후에도 남아 있던 그 학생은 암묵적으로 윤리적 상대주의를 가정하고 있었다. 그녀의 견해로는 윤리적 판단은 의견의 문제이며, 두 사람의 의견이 다를 경우 둘 사이에서 결정을 내릴 수 있는 합법적인 방법이 없다고 생각했다.

REALITY CHECK:
당신은 윤리적 상대주의자인가

당신은 윤리적 상대주의인가? 윤리적 상대주의는 윤리적 가치가 특정한 사람, 문화, 시대와 관련이 있다고 주장하며, 합리적으로 정당화되거나 객관적인 윤리적 판단이 있을 수 있다는 점을 부정한다. 사람이나 문화 사이에 윤리적 불일치가 있을 때, 윤리적 상대주의자는 그 분쟁을 해결하고 한쪽이 옳거나 다른 쪽보다 더 합리적이라는 것을 증명할 방법이 없다고 결론을 내린다.

종종 사람들은 자신이 승인하지 않는 행동을 "불쾌하다"고 묘사한다. 일반적으로 우리는 취향의 문제를 개인적이고 주관적인 것으로 생각한다. 어떤 사람은 매운 인도 음식을 좋아하지만 어떤 사람은 햄버거와 감자튀김을 더 좋아한다. 이러한 것들은 모두 개인적인 취향의 문제이다. 어떤 사람들은 너무 높은 임원 급여가 불공평하다고 생각할 수도 있지만, 다른 사람들은 그 급여가 마땅하다고 생각한다. 윤리적 상대주의자들은 윤리적 가치가 음식의 맛과 매우 유사하다고 믿는다. 그것은 모두 자신의 배경, 문화, 개인적 의견에 달려 있거나 상대적인 것이다.

대부분의 윤리학자들은 윤리적 상대주의가 신뢰할 만한 관점이 아니라고 믿지만, 많은 사람들은 여전히 그것에 유혹된다.

무엇이 윤리적으로 옳고 그른지 결정할 수 있는 방법이 없다고 생각하는가? 교수가 F학점으로 여러분 과제를 돌려준다고 상상해 보라. 교수에게 설명을 요청하면 그는 솔직히 '당신과 같은' 사람들(예: 남성 혹은 기독교인 혹은 동양인)이 이 수업 분야(과학 혹은 공학 혹은 수학이나 금융 분야)에서 잘할 수 있다고 믿지 않는다라고 대답한다. 여러분이 이것이 불공평하고 잘못되었다고 반대하자 교수는 상대주의적 설명을 내놓는다. "공정성은 개인의 의견 문제입니다."라고 교수가 대답하기에 "그럼 공정하거나 불공평한 것을 결정할 수 없나요?"라고 당신이 묻자, 그 교수는 공정함에 대한 자신의 견해는 타당하다고 주장한다. 모든 사람이 자신의 개인적 의견을 가질 권리가 있기 때문에, 그 교수는 여러분을 낙제시킬 권리가 있는 것이다. 그의 개인적 의견에 따르면 여러분은 성공할 자격이 없기 때문이다.

1. 여러분은 이 설명을 받아들이고 여러분의 낙제 성적에 만족하겠는가? 그렇지 않다면, 자신의 반대 견해를 어떻게 변호하겠는가?
2. 여러분의 주장을 뒷받침할 수 있는 관련 사실이 있는가?
3. 이 분쟁에는 어떤 가치가 관련되어 있는가?
4. 여러분은 어떤 대안을 이용할 수 있는가?

5. 여러분과 교수 외에 이 상황에 참여하거나 참여해야 하는 다른 이해관계자가 있는가?
6. 성적을 변경해 달라고 항소할 때 학과에 어떤 이유를 제시하겠는가?
7. 이 교수의 관행이 교육에 어떤 영향을 미칠까?
8. 추리와 논리적 설득이 통하지 않는다면 이 분쟁을 어떻게 해결할 수 있을까?

다시 말해 각 개인은 자신의 의견을 가질 권리가 있으며, 어느 의견도 다른 의견보다 더 정당하거나 더 정확할 수는 없는 것이다.

상대주의는 기업 윤리를 포함한 윤리에 대한 심각한 도전을 나타낸다. 이러한 상대주의가 옳다면 비즈니스에서 윤리적 판단을 평가하려는 시도는 사실 의미가 없다. 상대주의가 옳다면 기업 윤리는 기껏해야 우리의 윤리적 판단의 기초가 되는 문화적, 사회적 가치를 설명하는 데 도움이 될 수 있지만, 그것이 옳고 그름을 평가하는 데는 거의 도움이 되지 않게 된다. 상대주의적 관점에서 볼 때 철학적 윤리는 우리의 가치를 명확히 하고 명료화할 수 있지만 어떠한 결정을 정당화할 수는 없는, 그저 가치 명료화 과정에 지나지 않게 된다.

상대주의는 국제 비즈니스와 관련된 윤리적 문제를 생각할 때 특히 중요하다. 아동 노동으로 인해 제기되는 문제를 생각해 보자. 일부 서구 기업은 운동화나 디자이너 의류와 같은 고가의 소비재를 생산하기 위해 장시간 가혹한 조건과 매우 낮은 임금에서 일하는 아동 노동자에 의존하는 공급 업체를 이용하는 것에 대해 비판을 받아 왔다. 그러한 비판에 대한 공통된 반응은 그러한 노동 조건이 수용국에서 용인되기 때문에 경제적으로 발전한 국가의 비판자들이 자신의 문화적 규범을 다른 사람들에게 강요할 정당성이 없다는 점이다. 한마디로 윤리적 상대주의다.

성희롱의 예를 들어, 상대주의 관점을 지닌 학생이 이를 어떻게 면밀히 조사할 수 있는지 고려해 보자. 성희롱의 한 형태는 성적 호의에 대한 복종이 고용 조건이 되는 경우에 발생한다. (이것을 대가성 괴롭힘이라고 하며, 여러 여성이 영화 제작자인 하비 와인스타인(Harvey Weinstein)을 상대로 주장한 괴롭힘 유형이다.) 남성 임원이 여성 구직자에게 자신의 성적 접근을 수용해야만 채용될 것이라고 말하는 것을 상상해 보자. 이제 우리의 상대주의자가 괴롭힘에 대한 비판은 단순히 의견의 문제이고 모든 의견은 동등하게 타당하며 여성은 괴롭힘이 잘못되었다고 느낄 수 있지만 관리자는 그것이 옳다고 느낄 수 있다고 결론을 내렸다고 상상해 보자. (그는 내 학생처럼 "그저 그렇게 느꼈다."고 대답할 수도 있다.)

상대주의적 관점에서, 각각의 의견이나 감정은 동등하게 타당하다. 상대주의적 관점하에서 미투(#MeToo) 운동이 성적인 괴롭힘은 합리적이고 객관적으로 비윤리적이라는 견해를 방어할 방법이 있을까? 다른 것들보다 성희롱은 여성을 불공정한 직장 차별에 노출시킨다고 주장할 수 있다. 이 상황에서 권력의 불평등은 여성을 생계와 자신의 성적 도덕성 중에서 하나를 선택해야 하는 용납할 수 없는 입장에 놓고 그러한 선택은 근본적으로 강압적이고 위협적이다. 또한 남성 관리자는 고용주가 직원들에게 그러한 굴욕적인 행위에 복종하도록 강요하기 위해 위협을 사용하는 것이 정당하다는 원칙을 일반적으로 받아들일 가능성이 낮다고 지적할 수 있다. 이러한 주장을 전개하고 기준과 원칙에 호소하면서 우리는 토론을 단순한 의견에서 더 합리적인 결론으로 옮겨 가고 있는 것처럼 보인다.

물론 상대주의자는 평등, 공정성, 성실성, 자존심, 강압과 위협으로부터의 자유 등의 가치가 모두 개인적 또는 사회적 의견의 문제라고 주장할 수 있다. 상대주의적 관점에서 지금까지 밝혀진 것은 사람들이 차별과 위협이 없는 직장을 마땅히 받아야 하는 가정이 있다면 괴롭힘은 잘못된 일이라는 것이다. 하지만 헌신적인 상대주의자는 그러한 가정 자체를 누가 말할 수 있겠냐고 대답할 것이다. 우리가 논쟁을 어느 정도 진전시켰을지는 모르지만, 우리는 여전히 상대주의자에게 괴롭힘이 잘못되었다는 것을 증명하지 못했다.

이 논쟁이 어떻게 진행되었는지 생각해 보자. 나의 학생처럼 우리가 단순한 의견과 감정으로 시작한다면, 이 논쟁은 그 의견을 정당화하고 합법화하는 특정 가치와 원칙에 호소함으로써 단순한 의견을 넘어섰다. 이것은 더 이상 단순한 의견이 아니라 원칙에 따른 의견이다. 이 주장을 전개하면서 우리는 구직자와 고용주 사이에 존재하는 불균형한 권력 관계와 같은 특정 사실을 지적할 것이다. 우리는 직업이 우리 삶에 미치는 결정적인 중요성과 직업 상실로 인해 발생할 수 있는 피해를 지적한다. 우리는 자존심의 심리적 이점을 설명하고, 성실성과 그 가치에 대한 개념적 분석을 제공하고, 개인 자율성의 중요성에 대해 논의할 수 있다. 직장 내 여성의 현재 지위와 차별로 인해 발생할 수 있는 사회적 피해를 사회적 관점에서도 생각해 볼 수 있다. 그리고 매우 중요한 것은 추론 전반에 걸쳐 신중하고 엄격한 논리 규칙을 적용한다는 것이다. 이 과정을 거쳐 도달한 결론은 단순한 의견보다 확실히 더 합리적이고 타당하다.

그러한 추론에 직면하여 상대주의자는 계속해서 증명을 주장할 수 있고 이러한 요구는 무한정 계속될 수도 있을 것이다. (물론 내가 나의 학생에게 지적하고 싶은 것처럼, 위에 제안 된 노선에 따라 추론하여 괴롭힘에 반대하는 제출물은 단순히 괴롭힘이 잘못되었다는 의견을 주장하는 제출물보다 더 합리적이므로 더 높은 점수를 받을 것이다. 내가 "그저 그렇게 느끼니까.") 그러나 이 시점에서 상대주의자는 원래의 결론(성희롱은 잘못된 것)뿐만 아니라 다양한 다른 신념과 가치(모든 사람은 평등하게 존중받아야 하고, 사람들은 강압과 위협으로부터 자유로워야 하고, 자존감은 높아야 하고, 존엄성의 상실은 해롭다는 믿음들)도 거부해야 한다는 점에 유의해야 한다. 상대주의의 비용(상대주의를 유지하기 위해 포기해야 할 것)은 훨씬 더 높아지게 된다. 상대주의자가 상당히 결의적이고, 그들의 증명 기준이 높다면, 아마도 우리는 증명에 대한 요구를 결코 충족시킬 수 없을 것이다.

우리는 이 교재에 대해 좀 더 적당한 목표를 설정할 것이다. 이 책 전체에서 우리는 윤리를 특정 신념이나 결론의 집합이라기보다는 사고와 추론의 과정으로 다룰 것이다. 나는 우리가 윤리적인 문제에 대해 추론할 수 있고 다른 견해에 대해 일부 견해를 합리적으로 방어하는 것이 가능하다고 가정할 것이다. 나는 평등, 공정성, 강압으로부터의 자유, 진실성, 피해로부터의 자유, (다른 어느 가치보다) 정직과 같은 가치에 호소하여 옹호되는 결론이 단순히 문제로 주장되는 것보다 더 합리적인 결론이라고 가정할 것이다. 신중한 논리적 분석과 추론을 통해 도달한 결론은 단순히 개인적인 의견으로 주장한 것보다 합리적으로 더 낫다. 평등, 공정성, 강압으로부터의 자유와 같은 가치를 설명하는 주장은 더욱 합리적이다.

우리는 가장 흥미롭고 도전적인 윤리적 논란은 두 가지 이상의 가치 사이의 충돌을 포함한다는 것을 발견할 수 있다. 예를 들어, 딕스 스포팅 굿즈와 월마트가 내린 결정 이후, 19세 소년이 21세 미만의 사람들에게 총기 판매를 중단하기로 한 선택으로 인해 평등한 대우를 받을 권리가 침해되었다는 이유로 두 회사를 상대로 소송을 제기했다. 이 경우, 우리는 선택의 자유에 대한 두 가지 주장 사이에 갈등을 발견할 수 있다. 우리는 이러한 갈등에서 더 엄격하고 신중한 추론이, 덜 필요한 것이 아니라 더 필요하다고 가정할 것이다. 예를 들어, 어떤 사람들은 소년이 다른 곳에서 총을 살 수 있는 한, 딕스 스포팅 굿즈와 월마트가 내린 결정으로 인해 소년의 권리가 침해되지 않았다고 주장할 수 있다. 다른 사람들은 사기업이 기업의 개인적 가치에 따라 소년의 선택을 제한하려고 할 때 소년의 자유가 침해된다고 주장할 수 있다. 그러한 근본적 가치의 의미와 범위에 대한 논쟁은 추론 과정으로서의 윤리의 필요성에 대한 더욱 큰 정당성을 제공한다.

그렇다면 우리는 윤리적 상대주의에서 교훈을 얻고, 그것을 우리 자신의 안일함과 게으름에 대한 도전으로 받아들일 수 있을 것이다. 우리가 포기하고 우리 자신의 의견이 충분하다고 가정할 준비가 될 때마다 상대주의적 질문을 도전으로 떠올려 보자. "누가 무엇이 옳다고 말할 것인가?" 이는 대답할 가치가 있는 도전이 될 것이다.

상대주의자에게 대답을 제공하는 것은 오랫동안 철학적 윤리를 차지해 왔다. 다음 장에서 검토할 윤리 이론은 상대론자에게 보다 근본적인 답을 제공하려는 철학적 시도로 간주될 수 있다. 그러나 이러한 이론으로 전환하기 전에, 그리고 윤리적 상대주의에 대한 고찰을 마치기 전에, 종종 학생들을 상대주의 함정에 빠뜨리는 몇 가지 혼란에 주의를 환기시키고 싶다. 우리의 교육 경험에 따르면, 이러한 함정을 피하지 않는 많은 학생들은 결국 기본적으로 상대주의적 결론에 도달하게 된다.

첫 번째 함정은 이미 언급되었다. 우리는 윤리를 너무 높은 증거 기준으로 삼지 않도록 주의해야 한다. 윤리적 판단이 절대적으로 확실하고 의심할 여지없이 입증되어야 한다는 가정에서 출발한다면 윤리는 분명히 이 기준을 충족하지 못할 것이다. 수학과 물리학, 공학, 화학의 보다 이론적인 학문이 이 기준을 충족할 수 있지만, 다른 지적 분야에서는 이러한 테스트를 통과하는 경우가 거의 없다. 모든 인문학, 사회과학(경제학 포함), 생물과학, 의학, 기상학, 물리학, 화학, 공학의 응용 측면에서의 추론은 대부분의 결론에서 이 기준을 충족하지 못할 것이다. 경영, 마케팅, 재무, 회계 등 비즈니스 관련 학문은 의심의 여지없이 확실한 결론을 내리지 못한다. 따라서 윤리를 단순한 의견에 불과한 것으로 거부하기 전에, 인간 지식의 대부분의 다른 영역에 대해 유사한 결론을 내리는 기준을 사용하지 않도록 주의해야 한다.

두 번째 함정은 가치에 관해 폭넓은 의견 차이가 있다는 사실과 합의가 불가능하다는 결론을 혼동하는 것이다. 종종 **문화 상대주의**라고 불리는 첫 번째 관점은 다양한 문화와 사회에 대한 사실적 설명을 제공한다. 사람들은 윤리적인 문제에 대해 항상 동의하는 것은 아니다. 실제로 일부 문화권에서는 어린이가 노예 노동에 불과하다고 믿을 수도 있다. 그러나 의견의 불일치라는 사실 자체가 이러한 다양한 의견이 모두 동등하게 타당하다고 결론을 내릴 이유를 제공하지는 않는다. 이 점을 이해하려면 과학적 문제에 대한 광범위한 의견 차이를 고려해 보라.

COVID-19 팬데믹 동안 일부 사람들은 백신 자체가 감염을 일으킬 수 있다고 믿었다. 하지만 누군가가 무언가를 믿는다고 해서 그들의 믿음이 진실하거나 합리적이거나 타당하다는 것을 의미하지는 않는다. 사실, 지구가 평평하다, 지구의 나이가 수천 년에 불과하다, 진화는 결코 일어나지 않았다, 외계인이 정기적으로 방문한다, 사람들이 행성과 별의 경로를 차트로 표시하여 미래를 예견할 수 있다는 것 등과 같은 널리 퍼진 믿음의 예를 많이 찾을 수 있다. 물론, 세상이 평평하다고 믿는다고 해서 세상이 평평해지는 것은 아니고 외계인이 존재한다고 믿는다고 해서 외계인이 존재한다는 것을 의미하는 것은 아니다. 윤리도 마찬가지이다. 사람들이 서로 다른 의견을 가지고 있다는 사실 자체로 이러한 의견이 모두 동등하게 타당하다는 것을 의미하지는 않는다. 또한 근본적인 윤리적 가치에 관해 폭넓은 의견 차이가 있다고 너무 성급하게 가정하지 않도록 주의해야 한다. 확실히, 문화적 신념, 관습, 가치, 관행은 매우 다양하다. 그러나 많은 가치에 대해서도 폭넓은 동의가 있다. 아동 학대, 고문, 집단 학살, 노예제 등은 윤리적 근거로 인해 보편적으로 비난받는 일부의 관행일 뿐이다. 의심할 바 없이 개인이나 심지어 사회가 그러한 잔학 행위에 가담하는 사례를 찾을 수 있지만, 이러한 행위가 정당하거나 단순히 개인적인 의견의 문제라고 심각하게 옹호하는 사람은 거의 없다. 일부 문화에서는 아동 노동을 합법화하는 것처럼 보일 수도 있지만, 그러한 상황은 불행하지만 기아에 대한 필요한 대안으로 간주될 가능성이 더 높다. 개탄스러운 상황을 대안 중 가장 덜 해로운 것으로 받아들이는 것은 그것을 윤리적으로 타당한 것으로 받아들이는 것과는 다르다.

세 번째 함정은 존중, 관용, 공정성과 같은 가치를 상대주의와 혼동하는 것과 관련이 있다. 타인에 대한 존중은 기본적인 윤리적 가치이다. 누군가를 존중한다는 것은 그들의 의견을 경청하고 자신과 다른 의견에 대해 관용을 보이는 것을 의미한다. 그러나 다양한 의견과 가치를 용인하는 것이 윤리적 상대주의와는 다르다. 관용의 가치에 대한 상대주의적 도전을 다시 시작해 보자. 관용(그리고 존중과 공정성)은 단지 의견의 문제일까? 그렇다면 편협한 사람들은 자신의 견해를 바꿀 이유가 없다. 편협함을 비난하는 것은 단순히 당신의 의견일 뿐이게 된다. 반면에 관용이 단지 의견의 문제가 아니라, 즉 정당한 사회적 가치로 제시된다면, 우리는 상대주의적 비판을 벗어난 적어도 하나의 가치, 즉 관용을 갖게 되는 것이다.

1.6 윤리적 의사 결정 모델

이 장에서는 윤리를 일련의 답변보다는 추론 과정과 관련된 것으로 소개했다. 이 장의 첫 페이지에서는 기업 윤리의 목표가 엄격한 규칙을 제시하고 도덕적인 설교를 하는 것이 아니라 책임 있는 의사 결정 과정이라고 말했다. 어떻게 행동하고, 어떻게 살고, 누가 될 것인지를 결정하는 것은 윤리적인 삶을 사는 데 있어 근본적인 도전이다. 다음의 의사 결정 모델이 이 프로세스에 도움이 될 수 있다.[2]

책임 있는 결정을 내리려면 상황에 대한 공정하고 정확한 이해부터 시작해야 한다. 우리는 사실을 알아야 한다. 윤리적 문제는 종종 복잡하고 감정적으로 고조된 상황과 관련되어 있기 때문에 사실을 밝히고 편견 없이 완전한 이해를 얻는 것이 생각보다 어려울 수 있다. (사실을 확인하려는 시도가 때때로 직면할 수 있는 어려움을 고려하려면 다음의 REALITY CHECK를 참조하라.)

책임 있는 의사 결정의 두 번째 단계는 관련 윤리적 문제를 파악하는 것이다. 특정 사례가 윤리적 사례인지 여부에 대해 사람들이 동의하지 않는 것은 드문 일이 아니다. 한 사람이 단순히 경제적 또는 법적 문제로 보는 것이 다른 사람에게는 주요 윤리적 문제로 간주되는 경우가 많다. 예를 들어, 누군가는 페이스북의 행동이 그저 그들의 비즈니스 모델을 수행하는 것뿐이라고 생각할 수도 있다. 다른 사람들은 이것을 비윤리적인 행동의 사례로 볼 수도 있다. 무엇이 문제를 윤리적 문제로 만드는지 설명하는 것은 윤리적 의사 결정에 있어 중요한 단계이다.

윤리적 문제가 확인되면 다음 단계는 상황의 영향을 받는 사람들을 식별하고 그들이 어떻게 영향을 받을 수 있는지 이해하는 것이다. 의사 결정의 이해관계자는 누구인가? 그들은 어떻게 해를 입거나 이익을 얻을 것인가? 예상되는 결과는 무엇인가? 다양한 이해관계자들에게 빚진 것은 무엇인가?

다음 단계는 대안적인 행동 방침을 고려하는 것이다. 어떤 선택이 가능한가? 이 단계에 대한 유용한 행동은 자신을 다른 사람의 입장에 두고 그들의 관점에서 상황이 어떻게 나타날지, 어떻게 느낄지 상상하는 것이다. 다양한 대안 선택과 가치를 탐구하기 위해 소위 '도덕적 상상력'을 사용해 보자. 여러분의 결정이 다른 관점에서 어떻게 해석될지 생각해 보자. 결정을 내릴 때 한발 물러서서 '뉴욕 타임즈 테스트'라고 부르는 방법을 사용해 보라. 여러분의 결정이 뉴욕 타임즈의 첫 페이지에 자세히 소개된다면 대중의 반응은 어떨까? 이는 본인의 결정이 대중의 조사를 어떻게 견딜 수 있는지 스스로에게 물어보는 방법이다. 여러분의 결정은 공개적으로 설명하고 옹호할 수 있는 결정인가, 아니면 그냥 조용히 유지하고 싶었던 결정인가? 투명성은 책임 있는 의사 결정을 위한 좋은 테스트가 되는 경우가 많다.

궁극적으로 우리는 결정을 내려야 한다. 사실을 이해하고, 모든 이해관계자를 고려하고, 대안을 생각한 후 행동 방침을 선택해야 한다. 하지만 결정을 내린 후에도 책임감 있는 의사 결정을 위해서는 결과를 모니터링하고 그로부터 배우는 것이 필요하다. 책임감 있는 의사 결정은 '생각하기 — 선택하기 — 행동하기 — 생각하기'라는 반복적인 과정이다.

검토해 보면, 책임감 있는 윤리적 결정에는 다음이 포함된다.

- 사실을 이해하고 판단한다.

REALITY CHECK:
대체 사실, 가짜 뉴스, 그리고 백신 음모론

미국 혁명 이전, 향후의 미국 대통령 존 아담스(John Adams)는 보스턴 대학살 당시 미국 식민지 주민 일부를 살해한 혐의로 기소된 몇몇 영국군을 변호해 달라는 요청을 받았다. 미국 배심원이 영국군에 대해 편견을 가질 것을 두려워한 아담스는 배심원들에게 다음과 같이 상기시켰다. "사실은 완고한 것입니다. 그리고 우리의 소망, 성향, 열정의 지시가 무엇이든 사실과 증거의 상태를 바꿀 수는 없습니다." 물론 아담스의 요점은 공정하고 합리적인 결정은 우리의 감정이나 편견이 아니라 사실에 확고히 뿌리를 두어야 한다는 것이었다.

사실은 완고하지만 어려울 수도 있다. 식별하기 어렵고, 이해하기 어렵고, 의사소통하기 어렵고, 동의하기 어려울 수 있다. 사실은 부정되고, 조작되고, 훼손되고, 거짓말을 하고, 무시될 수도 있다. 사실은 강력한 경제적, 정치적 세력과 충돌할 때 특히 심각한 도전에 직면할 수 있다. 사실은 완고할 수 있지만 모든 사람에게 항상 분명한 것은 아니다.

사실을 판단하고 신뢰할 수 있는 출처를 신뢰하는 대중의 능력에 대한 전례 없는 공격을 최근의 사건들을 통해 우리는 목격했기 때문에 아담스의 관점이 너무 낙관적이지 않았나는 생각을 하게 된다. 이러한 어려움은 2020~2022년 전 세계적인 유행병 기간 동안 전면적으로 드러났다. 광범위한 허위 정보 캠페인과 음모론은 페이스북과 기타 소셜 미디어 플랫폼에서 홍보되었으며 수백만 명의 사람이 생명을 구하는 백신 접종을 피하도록 설득하는 데 쓰이기도 했다.

이에 대한 맥락으로 도널드 트럼프 행정부 시절 추진된 두 가지 아이디어, 즉 '대안적 사실'과 '가짜 뉴스'를 생각해 보자. 2016년 1월 행정부 출범일에 션 스파이서(Sean Spicer) 대변인은 취임식을 역사상 가장 많은 군중이 지켜봤다고 주장했다. NBC 뉴스의 척 토드(Chuck Todd)가 이것이 사실이 아니라는 증거를 제시하자 대통령 고문 켈리앤 콘웨이(Kellyanne Conway)는 스파이서가 '대체 사실'을 사용하고 있다고 설명했다. 토드는 "대체 사실은 사실이 아닙니다. 그것은 거짓입니다."라고 대응했다.

가짜 뉴스는 중요하고 적합하게 쓰이기까지 했다. 역사적으로 선전과 잘못된 정보에 불과한 많은 정보와 뉴스 출처 등이 사용되어 왔다. 권위주의 정부는 종종 가짜 뉴스 출처에 의존하여 자신의 의제를 홍보하고 사악함을 숨겼다. 2차 세계대전 중 독일의 나치는 파시스트 의제를 홍보하고 유대인에 대한 나치의 대량 학살을 합리화하려는 시도에서 중심적인 역할을 한 공식 선전부를 두었다. 소련의 주요 신문인 프라우다(Pravda)는 소련 공산당이 소유했으며 거짓말과 허위 정보로 유명했다. (흥미롭게도 'Pravda'는 러시아

어로 '진실'을 뜻한다.) 우크라이나 침공 당시 부차(Bucha)와 마리폴(Maripol)에서의 학살을 부인하는 러시아 언론 보도는 최근의 가짜 뉴스 사례이다. 지난 10년 동안 가짜 뉴스는 더욱 교활한 방식으로 등장했다. 첫째, 미국 대통령 도널드 트럼프는 자신을 비판하는 모든 뉴스 매체의 신용을 떨어뜨리기 위해 이 아이디어를 사용했다. 뉴욕 타임즈(The New York Times), 워싱턴포스트(The Washington Post), CNN, NBC 등 주류 언론은 '가짜 뉴스'로 폄하됐다. 이전에는 뉴스와 정보에 대해 신뢰할 수 있는 출처였던 것이 미국 인구의 대다수에게 신뢰할 수 없고 기만적인 출처가 되었다.

둘째, 소셜 미디어 플랫폼은 신뢰할 수 있고 믿을 수 있는 뉴스의 출처라고 주장한 적이 없지만, 특히 2016년 미국 대선부터 소셜 미디어 플랫폼은 가짜 뉴스와 허위 정보에 대한 비옥한 토양을 제공했다. (2016년 선거에서 페이스북이 허위 정보를 어떻게 처리했는지에 대한 이 장의 토론 사례를 참조하라.) 이러한 문제는 2020~2022년 COVID 팬데믹 동안 정점에 도달했으며, 광범위한 허위 정보, 조작된 가짜 정보, 음모론이 팬데믹에 대한 대중의 반응과 백신에 대한 대중의 수용을 훼손했다.

건강 관리 연구에 전념하는 독립적이고 초당파적인 재단인 카이저 패밀리 재단(Kaiser Family Foundation)은 2021년 11월에 연구 결과를 발표했다. 이 연구에 따르면 대중의 78%가 코로나19 백신에 대해 다음 '신화' 또는 잘못된 진술 중 하나 이상을 믿는 것으로 나타났다.

- 백신으로 인한 사망은 정부에 의해 대중에게 숨겨졌다.
- 백신은 불임을 유발한다.
- 회충 및 기생충 치료에 사용되는 약물인 이베르멕틴(Ivermectin)은 코로나19에 대한 안전하고 효과적인 치료법이다.
- 백신 자체가 코로나19를 유발한다.
- 백신에는 사람을 추적하는 데 사용되는 마이크로칩이 포함되어 있다.
- 백신은 DNA를 변화시킨다.

이러한 결과는 대중이 의존하는 뉴스 매체와 상관관계가 있었다. 이러한 허위 진술 중 4개 이상을 믿었던 사람들 중 약 10%는 지역 TV 방송국, CNN 또는 NPR과 같은 주요 방송국 소스에 의존했다. 폭스 뉴스(Fox News)나 원어메리카뉴스(One America News)를 이용하는 사람들의 경우 그 수가 3배 이상 증가했으며, 뉴스맥스(Newsmax)를 이용하는 사람들의 경우 거의 절반(46%)에 달했다.[3]

1. 위에 나열된 신화의 타당성을 어떻게 확인하겠는가? 어떤 출처에 의존하겠는가?

2. 허위 또는 오해의 소지가 있는 정보인 '잘못된 정보'와 의도적으로 홍보되는 허위 또는 오해의 소지가 있는 정보인 '허위 정보'는 종종 구별된다. 위의 신화 중 어느 것이 잘못된 정보라고 생각하는가? 어떤 것이 허위 정보인가?
3. 백신 회의론자들은 종종 사람들에게 백신을 접종하기 전에 "스스로 조사해 보십시오."라고 조언했다. 대중이 수행하는 연구는 의학자들이 수행하는 연구와 어떻게 다른가?
4. 뉴욕 타임즈나 CNN과 같은 주류 뉴스 매체에 게시된 '뉴스'는 페이스북의 뉴스 피드에 표시되는 '뉴스'와 어떻게 유사하거나 다른가?
5. '대체 사실'과 '사실에 대한 대체 설명'의 차이점은 무엇인가?

- 관련된 윤리적 문제를 식별한다.
- 모든 이해관계자를 식별한다.
- 해당 이해관계자가 어떤 영향을 받을지 이해한다.
- 대안적 결정을 이해하기 위해 도덕적 상상력을 사용한다.
- 다른 사람들이 여러분의 결정을 어떻게 판단할지 고려한다.
- 결정을 내리고 그 결과를 모니터링하고 학습한다.

토론 사례에 대한 성찰

이 장 서두의 토론 사례를 되돌아보는 것은 각 요점을 강화하는 데 유용할 수 있다. 페이스북 활동의 사실은 무엇인가? 이 장에서는 매우 간단한 사례 설명만 제공했다. 이 사건에 대해 판결을 내리기 전에 알아야 할 사실이 있는가? 누락된 정보가 있는가? 논쟁의 여지가 있는 사실이 있는가?

다음으로, 사건과 관련된 윤리적 문제의 범위를 고려하자. 사용자들은 페이스북이 사용자에 대해 수집한 데이터를 사용하는 방식에 대해 오도되었다. 개인 정보 보호권의 본질과 범위는 여전히 논쟁 중이다. 수백만 명의 페이스북 사용자는 외국 요원과 음모 이론가가 게시한 기만적이고 사기적인 정보를 접하게 되었다. 페이스북 내의 일부 임원은 대중을 오도하는 반면, 일부 임원은 진실성을 유지하는 대가로 자신의 경력을 희생했다. 페이스북의 관행은 도움이 되었지만 전체 미국 선거의 진실성에 의문이 제기되었다.

우리는 또한 소비자, 직원, 경쟁자, 정부, 금융 시장 자체 등 페이스북의 결정에 이해관계가 있는 다양한 사람을 생각해 보아야 한다. 페이스북의 결정으로 피해를 입은 사람은 누구이며, 혜택을 입은 사람은 누구인가? 더 일반적으로 말하면, 우리는 기업 내에서 내리는 결정이 소규모 가족 운영 기업에서 세계 최대 기업에 이르기까지 다양한 기업에서 내리는 결정에 의존하는 매일 수백만 명의 사람들의 삶과 복지에 영향을 미친다는 점을 이해해야 한다.

우리는 또한 페이스북에게 공개된 가능한 대안도 고려해야 한다. 수익성에 부정적인 영향을 주지 않으면서 플랫폼의 콘텐츠를 모니터링할 수 있는 방법이 있는가? 사용자 개인 정보 보호를 강화하는 데 있어 애플의 선도를 따르는 것은 어떤 의미를 갖는가? 페이스북 외에도 인터넷 플랫폼을 사이트에 게시된 내용에 대한 책임으로부터 보호하는 미국의 제230조 법률을 변경하여 사회가 이용할 수 있는 대안이 있는가?

3장의 토론 사례에서 우리는 일부 사람들이 우리가 알고 있는 인터넷을 창안했다고 주장하는 법을 조사할 것이다. 미국의 제230조 법률을 비판하는 사람들은 이 법이 페이스북과 기타 모든 소셜 미디어 및 온라인 플랫폼의 윤리적 결점 대부분에 책임이 있다고 주장한다. 페이스북에 대한 윤리적 판단은 비윤리적인 결정을 허용하고 장려하는 정치적, 법적 환경에 대한 논의와 분리될 수 없다.

복습 문제

1. "회계사가 되고 싶은데 내가 왜 윤리를 공부해야 합니까?"라고 묻는 사람에게 어떻게 대답하겠는가?
2. 윤리와 에토스의 차이점은 무엇인가?
3. 왜 법을 준수하는 것만으로는 윤리적인 사람이나 윤리적인 사업을 하는 데 충분하지 않는가?
4. 이 장에서는 윤리, 도덕, 사회 윤리의 구분을 소개했다. 각각을 어떻게 설명하겠는가?
5. 윤리적 상대주의가 불합리하다고 누군가를 설득하기 위해 어떤 이유를 제시하겠는가?

6. 사업 관리자와 소유자 외에 사업 결정에 이해관계를 가질 수 있는 다른 이해관계자는 누구인가?

미주

[1] "The Facebook Files," The Wall Street Journal (October 1, 2021), https://www.wsj. com/articles/the-facebook-files-11631713039 (accessed December 12, 2021); "Facebook whistleblower Frances Haugen calls for urgent external regulation," The Guardian (October 21, 2021), https:// www.theguardian.com/technology/2021/oct/24/frances-haugen-i-never-wanted-to-be-awhistleblower-but-lives-were-in-danger (accessed December 12, 2021); "Facebook Will not Fix Itself," by Roger McNamee, Time (October 7, 2021), https:// time.com/6104863/facebook-regulation-roger-mcnamee/(accessed December 12, 2021); Zucked; Waking up to the Facebook Catastrophe, Penguin Books, New York, 2019; Christopher Hughes, "Its Time to Break Up Facebook," New York Times (May 9, 2018), https://www.nytimes.com/2019/05/09/opinion/sunday/chris-hughes-facebookzuckerberg.html(accessed December 12, 2021); "Whistleblower says Facebook Ignored Global Political Manipulation," Buzz Feed News (September 14, 2020), https://www.buzzfeednews.com/article/craigsilverman/facebook-ignore-political-manipulationwhistleblower-memo (accessed December 12, 2021)

[2] This decision-making model is adapted from a more detailed version offered in *Business Ethics: Decision Making for Personal Integrity and Social Justice*, by Laura Hartman, Joseph DesJardins and Chris MacDonald (McGraw-Hill, 6th ed., 2022).

[3] KFF Covid Vaccine Monitor: Media and Misinformation, https://www.kff.org/coronavirus-covid-19/poll-finding/kff-covid-19-vaccine-monitor-media-and-misinformation/(accessed January 6, 2022.)

2장

윤리 이론과 경영

학습 목표

이 장을 읽고 나면,

- 윤리의 기본 개념과 범주를 이해할 수 있다.
- 윤리적 미덕을 설명할 수 있다.
- 여러 가지 미덕과 악덕을 식별할 수 있다.
- 공리주의의 윤리이론을 설명할 수 있다.
- 공리주의 윤리가 어떻게 시장 경제와 비즈니스 정책을 뒷받침할 수 있는지 설명할 수 있다.
- 공리주의 윤리에 대한 여러 가지 도전을 설명할 수 있다.
- 원칙, 권리, 의무를 바탕으로 윤리를 설명할 수 있다.

토론 사례:

CEO 보상과 최저임금

2022년 초, 애플은 CEO 팀 쿡이 2021년 연봉으로 총9,870만 달러를 받았다고 보고했다. 미국 증권거래위원회에 제출된 법적 서류에 포함된 보고서에서는 이 수치가 애플 직원 평균 급여인 68,254달러의 1,447배에 달한다고 인정했다. 연봉을 포함하여 CEO와 평균 직원 급여 간의 격차는 모두 지난 수십 년 동안 크게 증가하는 추세를 이어가고 있다.

임원 급여와 최저임금 또는 직원 평균 임금 간의 격차는 임원 급여가 과도한지 여부를 판단하는 일반적인 척도이다. 특히 미국 내에서 그 격차는 불과 수십 년 전만 해도 상상할 수 없었던 수준으로 커졌다. 경제적 평등 문제에 초점을 맞춘 초당파적 연구 그룹인 경제정책연구소(Economic Policy Institute)의 연구에 따르면 1960년 CEO의 세후 평균은 공장 근로자가 받는 평균 급여의 12배였다. 1965년에는 20배로 늘어났고, 1989년에는 61배로 늘어났다. 포춘지(Fortune)는 1998년 '위대한 CEO 급여 강탈'이라는 기사를 통해 그 격차가 182배에 달했고, 2007년에는 그 격차가 근로자 평균 연봉의 275배에 이르렀고, 2020년에는 351배에 달했다고 추정했다.

2019년 4월, 미국 최대 은행 7곳의 CEO들이 미국 하원 금융서비스위원회에서 증언하기 위해 소환되었다. 2008~2009년의 경기 침체 이후 금융 구제 금융을 포함한 미국 정부의 조치는 이들 은행 중 다수가 파산을 포함한 심각한 재정적 어려움을 피하는 데 도움이 되었다. 당시 정부의 논리는 이들 은행 중 다수가 '망하기에는 너무 크다'는 것이었다. 그 위기가 있은 지 10년 후, 의회 위원회는 은행의 실적을 조사하고 있었다.

이 청문회에서 큰 관심을 받은 주제 중 하나는 과도한 CEO 급여였다. 뉴욕의 니디아 벨라스케스(Nydia Velázquez) 의원은 시티그룹(Citigroup)의 CEO인 마이클 코뱃(Michael Corbat)에게 2018년 연봉 2,400만 달러에 대해 질문했다. 벨라스케스 의원은 코뱃의 급여가 시티그룹 직원의 평균 급여보다 486배 높다고 지적했다. 캘리포니아주 케이티 포터(Katie Porter) 의원은 JP모건(J.P. Morgan)의 CEO인 제이미 디몬(Jamie Dimon)에게 의원 그녀의 고향인 캘리포니아 어바인에 있는 JP모건 직원이 은행의 시급 16.50달러로 어떻게 살아남을 수 있는지 설명해 달라고 요청했다. 포터는 이러한 시급으로는 직원이 어바인의 일반 생활비로 매달 500달러 이상 부족할 것이라고 계산했다. 이에 반해 디몬은 2018년에 3,100만 달러를 받았는데, 이는 시급 16.50달러 직원의 급여의 900배 이상이다. 디몬이 의회에서 증언한 바로 그날 JP모건은 2019년 1분기에 기록적인 수익과 이익을 보고했다. 2018년 디몬과 일반 직원들과의 급여 차이는 949 : 1이었다.

의회에 제출된 또 다른 사건은 사용하기 쉬운 자동 주사 의료 기기인 에피펜(EpiPen)을 제조하는 미국 제약 회사 마일란(Mylan)의 CEO인 브레쉬(Bresch)의 증언이다. 에피펜은 사람의 호흡 통로를 닫고 사망을 초래할 수 있는 심각한 알레르기 반응인 아나필락시스에 안전하고 효과적으로 대응하는 약물인 에피네프린의 적절한 용량을 전달한다. 에피펜은 장치를 피부에 대고 버튼을 누르기만 하면 본인, 동료, (학생이라면) 교사, 주변 사람 등 누구나 적절한 용량을 환자에게 빠르게 전달할 수 있기 때문에 특히 효과적이다. 사용이 간편하기 때문에 에피펜은 어린이의 심각한 알레르기 치료에 특히 인기가 있다.

이들의 장치 자체는 간단하고 저렴하며 제조 비용도 몇 달러 미만에 불과하다. 에피네

프린이라는 약물도 가격이 저렴하여 1회 복용량당 1달러 미만이다. 마일란이 2007년에 에피펜에 대한 권리를 구입했을 때 에피펜은 개당 60달러 미만의 가격으로 판매되었으며 연간 매출은 2억 달러에 달했다. 경쟁사가 거의 살아남지 않고 마일란이 시장 점유율 90%를 차지했던 2016년에는 에피팬 2팩 가격이 600달러 이상으로 올랐다. 2016년 에피펜의 매출은 15억 달러에 가까운 수익을 올린 것으로 추산된다. 같은 기간 동안 마일란 CEO의 연봉은 230만 달러에서 1,900만 달러로 671% 증가했고, 에피펜의 평균 도매 가격은 461% 증가했다. 같은 해 전 CEO인 로버트 쿠리(Robert Coury)는 회사로부터 9,000만 달러 이상의 보상금을 받은 것으로 알려졌다.

브레쉬의 증언에서 존 던컨(John Duncan) 의원은 브레쉬에게 "탐욕은 놀랍고 구역질 나고 역겹습니다. 저는 매우 보수적이고 친기업적인 공화당원입니다. 하지만 오늘 제가 들은 내용과 이 상황에 대해 이전에 읽은 내용으로 인해 정말 구역질이 났습니다. 내 생각에는 실제로 연간 1,900만 달러를 벌거나 받을 자격이 있는 사람은 아무도 없습니다."

일부 사람들은 CEO의 높은 급여 수준을 옹호하며, 가장 높은 수준의 보상은 스톡 옵션을 통해 달성되므로 CEO가 좋은 성과를 거두는 것은 회사 주식 가치가 올라갈 때 뿐이며, 이는 CEO가 실제로 좋은 일을 하고 있다는 신호라고 지적한다. 따라서 높은 CEO 급여는 높은 성과를 낼 수 있는 인센티브를 창출한다. 그러나 다른 사람들은 이에 회의적이다. 블룸버그 기사에서 지적한 바와 같이, "주식 옵션은 한때 주가가 오르면 주주들이 좋아하기 때문에 임원과 주주를 연결한다고 믿었지만, 지금은 장기 계획을 희생하고 단기 금융 계획을 장려한다는 이유로 비난받고 있다." 즉, 스톡 옵션은 비록 그러한 움직임이 회사와 주주의 장기적인 이익에 부합하지 않더라도 CEO가 단기적으로 주가를 높일 수 있는 방법(예: 직원 감축을 통한 비용 절감)을 찾도록 장려한다. (이 책 4장의 시작 부분에 설명된 웰스 파고(Wells Fargo) 사례는 비윤리적인 수단으로 조작된 주가로부터 CEO가 어떻게 이익을 얻을 수 있는지에 대한 예를 제공한다.)

가장 높은 임금에서 가장 낮은 임금으로 초점을 바꾸면, 2022년 미국에서 지불된 연방 최저임금은 시간당 7.25달러로, 이는 2009년 이래로 변하지 않았다. 인플레이션을 감안하면 7.25달러의 구매력은 20% 이상 감소했다. 지난 12년 동안 평균 CEO 급여는 거의 40% 증가했다. 코로나19 팬데믹으로 인한 경제적 여파를 해결하기 위한 제안을 놓고 의회에서 논의가 진행되는 동안 최저임금과 실업 보험으로 지급되는 금액에 대한 논쟁이 극에 달했다. 많은 대표자들은 정부 경제 회복법을 활용하여 연방 최저임금을 시간당 15달러로 인상하고 연방 실업 수당을 연장하기를 원했다. 지지자들은 돈을 소비자의 손에 쥐어 주면 경제 성장을 촉진하고 경기 침체로 가장 큰 피해를 입은 사람들에게 도움이 될 것이라고 주장했다. 반대론자들은 임금 인상은 경제가 고용 증가를 필요로 하는 바로 그 시점에 고용주가 더 적은 수의 근로자를 고용하게 할 것이며 저숙련 일자리에 더 높은 임금을 요구하는 것은 사업주에게 불공평한 부과가 될 것이라고 주장했다. 일부 반대자들은 또한 실업 수당을 연장하면 사람들이 직장에 복귀하려는 의욕을 잃게 되고 직장보다 집에 머무르는 것을 선호하는 사람들에게 보상을 줄 것이라고 주장했다.[1]

토론 질문

1. 위에 제시된 설명 외에 CEO 급여 윤리를 판단하기 전에 여러분이 알고 싶은 다른 사실은 무엇인가? 최저임금 윤리에 대해 판단을 내리기 전에 그 밖에 어떤 사실을 알고 싶은가?
2. CEO 급여에 대한 논쟁에는 어떤 윤리적 문제가 걸려 있는가? 최저임금 인상에 어떤 윤리적 문제가 걸려있나?
3. 애플 이사회는 팀 쿡의 보상을 정당화하기 위해 어떤 이유를 제시할 수 있는가? 이를 비판할 수 있는 이유는 무엇인가?
4. 비평가들은 팬데믹 기간 동안 실업 수당을 연장하면 실업자들이 직장에 복귀하려는 의욕을 잃게 될 것이라고 주장했다. 이는 근로자의 동기에 대해 무엇을 가정하는가? 실업 수당 및 직장 복귀에 관한 사실에 대해 직접 조사해 보자. 실업 수당이 종료되면 사람들이 직장으로 복귀했는가? 이 질문에 대해 어떤 출처를 찾을 수 있나? 이 출처를 믿을 수 있는가? 어떻게 여러분은 이 주제에 대해 의견을 결정하였는가?
5. 시의회나 주 의회가 최저임금을 시간당 15달러로 인상하는 것을 고려하고 있다고 상상해 보자. 여러분의 회사 대표에게 무엇을 추천하고 싶은가? 이러한 추천을 지지하는 이유는 무엇인가?

2.1 서론

CEO 보상 사례는 비즈니스 활동이 어떻게 공정성, 정의, 권리, 의무 및 미덕에 대한 근본적인 질문을 제기할 수 있는지를 보여 준다. 이 책 1장의 시작 부분에 나오는 페이스북 사례처럼, 윤리라는 언어를 사용하지 않고는 이러한 사례에 대해 이야기하는 것이 불가능할 것이다. 윤리라는 언어는 비즈니스와 분리될 수 없는 개념이기 때문에 철학적 윤리와 관련된 기본 개념, 용어 및 범주에 대한 간략한 소개로 비즈니스 윤리에 대한 검토를 시작하는 것이 합리적이다. 책임 있는 비즈니스 결정을 내리려면 경제 및 경영의 언어와 개념에 익숙해야 하는 것처럼 윤리에 대한 기본적인 지식도 필요하다. 이 장에서는 윤리의 핵심 개념 중 일부가 비즈니스 연구에 어떻게 관련되고 필요한지 보여 줄 것이다.

1장에서는 인간이 할 수 있는 가장 중요한 질문인 '나는 어떻게 인생을 살아야 하는가?'에 대해 추론하는 과정으로 윤리를 소개했다. 물론 이 질문이 새로운 것은 아니다. 인류 역사의 모든 주요 철학적, 문화적, 정치적, 종교적 전통이 이 문제와 씨름해 왔다. 이러한 관점에서 볼 때, 비즈니스의 윤리적 문제를 조사할 때 이러한 전통을 무시하는 것은 실수이다. 그럼에도 불구하고 윤리적 '이론'과 철학에 대한 논의는 너무 추상적이어서 비즈니스와 많은 관련성을 지니지 못할 수 있다. 이 장에서 우리는 기업인들이 직면한 실제 문제에 대한 실용적이고 실리적인 적용을 밝힐 수 있는 윤리에 대한 보다 접근 가능한 이해를 제안하고자 한다.

윤리 이론, 즉 윤리 틀은 근본적인 윤리적 질문인 인간은 어떻게 삶을 살아야 하는가에 대한 체계적 답변을 제공하려는 시도에 지나지 않는다. 윤리 이론은 우리가 어떻게 살아야 하는지에 대한 질문에 답하려고 시도하지만, 그 답을 뒷받침할 이유도 제시한다. 윤리는 우리가 왜 특정한 규정된 방식으로 행동하고 결정해야 하는지에 대한 합리적인 정당성을 제공하려고 한다. 무엇을 해야 하는지, 어떻게 행동해야 하는지에 대한 조언은 누구나 할 수 있지만, '왜?'에 대한 답과 질문은 철학적이고 이성적인 윤리가 있어야 한다.

첫 번째 단계로 마일란사의 에피펜 사건의 행동을 지지하고 비판하기 위해 제시된 추론을 생각해 보자. 토론 사례에서 설명했듯이 사건을 설명하는 이유는 세 가지 일반적인 범주로 분류된다. 일부 이유는 관련된 사람들의 개인적인 성격에 호소한다. 경영진은 '탐욕스럽거나' 무관심한 것으로 묘사되었다. 다른 이유는 에피펜 가격 책정의 결과와 공익을 제공하는 정치 및 경제 시스템 내 실패에 호소했다. 공정성, 정의, 권리 등 특정 원칙에 호소하는 다른 이유도 존재한다.

결론적으로, 우리가 이 본문에서 의지할 세 가지 주요 윤리 전통은 이 세 가지 범주에 반영된다. 철학의 윤리적 전통은 우리가 어떻게 살아야 하고 무엇을 해야 하는지에 대해 생각하고 추론하는 일반적인 방식을 반영하기 때문에 이는 놀라운 일이 아니다. 개인적 성격, 전반적인 사회적 결과, 원칙의 윤리는 우리가 이 책의 대부분에서 의지할 전통이다.

이 장에서는 기업 윤리의 발전에 영향을 미쳤으며 현대 기업에서 윤리적 문제를 평가하는 데 매우 실질적인 관련성이 있는 세 가지 윤리적 전통을 소개한다. **미덕 윤리**는 개인의 도덕적 성격과 다양한 성격 특성이 가치 있고 좋은 인간의 삶에 어떻게 기여하거나 방해할 수 있는지 고려하도록 지시한다. 과도한 임원 급여나 가격 인상이 탐욕스럽거나 이기심에 의해 동기가 부여된다고 비판하는 추론은 윤리에 대한 미덕 기반 관점에서 나온 해석이다. 탐욕스럽고 불쾌하고 이기적인 일을 하는 사람은 만족스럽고 좋은 인간의 삶을 살 수 없다는 것이다. 게으르고 의욕이 없는 근로자가 보상받을 것이라는 이유로 실업 보험에 반대하는 것도 미덕(또는 이 경우 악덕)의 윤리에 근거한 관점이다. 이 관점에서 좋은 사람은 일할 의욕이 있고 정부의 구호에 의존하지 않는 사람이다.

미덕 윤리는 특히 개인의 도덕성과 개인의 성격의 윤리에 초점을 맞춘다. 이 사람이 좋은 사람인가? 이 사람은 명예로운 사람인가? 나는 어떤 사람인가? 나는 내 아이들이 어떤 사람이 되기를 바라는가? 미덕 윤리는 개인의 성격에 대한 언어를 말한다. 미덕 또는 성격 특성은 정직, 성실, 신뢰성, 연민, 겸손, 우정, 친절, 충성심과 같은 자질이다. 미덕의 반대인 악덕으로 식별되는 것에는 누군가를 탐욕스럽고, 이기적이며, 거만하고, 거만하고, 사기꾼이며, 위선적이라고 묘사하는 것이 포함된다.

두 번째 윤리적 전통은 **공리주의**로, 윤리적 결정은 행위의 전반적인 사회적 결과에 따라 결정된다고 주장한다. 공리주의는 가장 유익한 결과를 낳는 행위를 윤리적으로 옳은 일로 판단한다. 공리주의는 개인의 도덕성과 개인적 결정(나는 무엇이든 전반적으로 가장 큰 이익을 가져오는 일을 해야 한다)에도 적용될 수 있지만, 사회 및 정책 결정에 가장 적절하게 적용된다. 따라서 마일란의 경우 공리주의자들은 정부 규제를 줄이는 것보다 자유 시장에 대한 의존도를 더 많이 줄이는 것이 전체적 사회적 이익을 최대화할지 여부에 대해 논쟁을 벌일 것이다.

마지막으로, **윤리적 원칙과 권리**의 중요성에 기반한 윤리적 전통은 모든 사람이 건강한 삶을 살 수 있는 평등하고 공정한 기회를 가져야 한다는 것, 일부 개인이 취약한 다른 사람을 희생하여 과도한 이익을 얻어서는 안 된다는 것, 그리고 우리 모두가 사업적 이익을 추구하기 전에 인간의 욕구를 충족시킬 의무가 있다는 것과 같은 도덕적 원칙에 따라 결정하도록 지시한다. 원칙, 약속, 정의, 공정성, 권리, 의무는 원칙 기반 윤리의 핵심 개념이다.

우리는 이 장의 뒷부분에서 이러한 주장을 더 깊이 검토할 것이다. 현재로서는 윤리 언어가 불가피하게 (비즈니스 상황에서) 사용되어야 한다는 점을 인식하는 것이 중요하다. CEO 보상을 둘러싼 논쟁은 근본적으로 윤리에 관한 논쟁이었다. 사람들은 무엇을 받을 자격이 있는가? 어떤 정책이 전반적으로 유익한 결과를 가져오는가? 사람의 의무는 무엇인가?

공정한 것과 불공정한 것, 정의로운 것과 불의한 것은 무엇인가? 욕심을 부리는 게 왜 문제인가?

2.2 미덕 윤리

이미 설명한 것처럼 미덕 윤리는 개인의 성격 윤리에 중점을 둔다. 미덕 윤리는 인간의 삶을 선하고 의미 있고 잘 사는 삶으로 만드는 성격 특성, 즉 '미덕'에 대한 완전하고 상세한 설명을 추구하는 철학적 윤리 내의 전통이다. 우리가 누군가를 정직한 사람, 충성스러운 친구, 도움이 되는 이웃, 배려심이 많고 관대한 시민이라고 묘사하거나, 누군가를 정직한 사람이라고 말하거나, 직원이 신뢰할 수 있고, 신뢰할 수 있고, 근면하고, 규율을 지킨다고 말할 때, 우리는 미덕의 언어를 말하고 있는 것이다. 이 장의 토론 사례에서처럼 누군가를 탐욕스럽다고 묘사할 때, 우리는 미덕의 언어를 말하고 있거나, 미덕의 반대인 경우인 악덕의 언어를 말하고 있는 것이다. 이기적이고, 비열하고, 거만하고, 자기애적이며, 신뢰할 수 없고, 부정직하고, 겸손하지 않다고 묘사된 사람은 미덕이 부족하고 비윤리적인 삶을 살고 있는 것이다.

우리는 이 책의 여러 부분에서, 특히 리더십과 기업 문화에 대한 논의에서 미덕 윤리의 언어를 찾을 것이다. 무엇이 좋은 리더를 만드는가? 이 질문에 어떻게 답할 것인지 생각해 보자. 결단력 있고, 투명하고, 신뢰할 수 있고, 정직하고, 성실하고, 비전이 있고, 공정하고, 힘을 실어 주고, 존중하고, 영감을 주고, 용기 있고 등의 단어들이 우리에게 떠오른다. 각각의 단어는 인간의 미덕, 즉 그 사람의 성격에 깊이 뿌리박혀 있기 때문에 다른 사람들이 의지할 수 있는 특성을 설명한다. 미덕은 사람이 어느 날 채택했다가 다음 날에는 잊어버리고 버리는 특성이 아니다. 미덕은 그 사람이 진정 누구인지 설명하기 때문에 지속된다. 나쁜 리더는 그러한 특성이 부족할 뿐만 아니라 자기중심적이고, 이기적이며, 비열하고, 소심하고, 신뢰할 수 없고, 규율이 없는 등의 악덕으로 묘사될 수도 있다.

마찬가지로, 훌륭하고 윤리적인 직원을 어떻게 묘사할 수 있는지 생각해 보자. 이번에도 미덕이라는 단어가 떠오르는데, 믿음직하다, 충성스럽다, 창의적이다, 근면하다, 의욕이 있다, 믿음직하다, 정직하다 등의 특성이다. 나쁜 직원은 게으르고, 부정직하고, 신뢰할 수 없고, 쉽게 주의가 산만해지는 특징을 가질 수 있다.

미덕 윤리는 초창기부터 두 가지 근본적인 문제, 즉 실용적인 문제와 비판적인 문제와 씨름해 왔다. 플라톤이 자문했던 실천적 도전은 '덕을 가르칠 수 있는가?'이다. 사람들은 어떻게 정직하고, 신뢰할 수 있고, 믿을 수 있으며, 친절해지는가? 왜 어떤 사람은 비열해지고 다른 사람은 친절해지고, 어떤 사람은 자기중심적이 되고, 다른 사람은 이타적이 되는가? 이것이 가르칠 수 있는 것인가? 그렇다면 어떻게 가르칠 수 있는가? 이러한 질문은 기업이 윤리적 행동을 장려하고 비윤리적 행동을 억제하는 방법을 모색함에 따라 기업 윤리에서 제기되었다. 4장의 토론 사례에서 설명하겠지만, 웰스 파고의 기업 문화는 정직이라는 미덕이 억제되고 탐욕이라는 악덕이 표준이 되는 환경을 조성했다. 비즈니스 내에서 어떻게 고결하고 윤리적인 행동이 장려될 수 있는지에 대한 질문은 기업 문화, 즉 기업의 기대, 행동 및 규범을 설정하는 사회적 환경에 대한 아이디어에 초점을 맞춘 4장에서 검토될 것이다.

중요한 과제는 왜 미덕이 있어야 하는지 묻는 것이다. 왜 이기적이고 신뢰할 수 없고 게으른 사람이 아니라 정직하고 친절하며 열심히 하는 사람이 되어야 할까? 이는 미덕의 합리적 정당화를 추구하는 철학적 도전이다. 비평가들에 따르면, 미덕이 되는 이유를 제시하는 합리적인 정당화가 없다면 미덕 윤리는 그저 좋은 이름을 붙이는 행위나 논리학자들이 (악덕에 대해서) 인신공격이라고 부르는 것에 지나지 않는다.

이 두 가지 과제 둘 다 비즈니스 세계에게 공감을 얻는 청중을 찾았다. 이러한 과제는 종종 인간 본성에 대한 특정한 견해에서 비롯되는데, 이 견해는 철학보다 경제학에 더 적합하다. **심리적 이기주의**로 식별되는 이 견해는 인간은 본성적으로 이기적이라고 가정한다. 이것이 사실이고 모든 인간이 항상 자기 이익을 위해 행동한다면, 사람들에게 다르게 행동하도록 가르치기를 바라는 사람에게는 상당한 과제가 될 것이다. 그러한 행동이 인간 본성에 어긋난다면 어떻게 누군가에게 이타적이고, 친절하고, 관대하고, 도움이 되는 사람이 되도록 가르칠 수 있을까? 게다가, 실제로 그것이 인간 본성에 어긋난다면, 어떻게 누군가가 자신의 자기 이익에 반하는 행동을 할 이유를 제공할 수 있을까?

철학적 윤리와 경제학의 오랜 전통은 이 관점에서 발전해 왔다. 윤리에서 사회계약 전통은 다른 사람에 대한 윤리적 책임과 의무는 사회계약에 기반해야 한다고 주장한다. 이는 본질적으로 나는 상대에게 윤리적일 것이라고 말하는 합의이다. 즉, 상대가 나에게 똑같이 하기로 동의하는 한, 나는 상대를 돕고 해치지 않을 것이다. 따라서 윤리적 의무는 자기 이익에 기반을 두고 있으며 다른 사람의 이익을 위해 행동하는 것처럼 보일 수 있는 것이 실제로는 나 자신의 이익을 위해 행동하는 것이다. 경제 이론에서 자유 시장 옹호자들은 인간의 본성이 이기적이기 때문에 경제 시스템은 그 이기심을 전반적인 사회적 이익으로 전환하

REALITY CHECK:

심리적 이기주의 — 사람들은 본성적으로 이기적일까

윤리와 비즈니스의 관련성에 대한 일부 회의론의 배경과 종종 분리 논제의 이면에 있는 추론의 일부에는 심리적 이기주의라는 이론이 있다. 이 이론은 인간의 동기에 대한 설명으로, 인간은 근본적으로 그리고 불가피하게 자기 이익에 의해 동기가 부여된다고 주장한다. 즉, 우리가 하는 모든 일은 우리 자신의 이기주의적인 이익을 위한 것이다. 이것은 인간 본성의 '사실'로 간주되기 때문에 우리가 다른 사람의 이익을 위해 행동할 것을 기대하는 윤리적 고려는 비현실적이다. 따라서 비즈니스 규칙을 일반적인 윤리와 별도로 유지하는 것이 현실적이게 된다.

심리적 이기주의자들은 인간은 이타적인 동기로 행동할 수 없기 때문에 우리의 유일한 합리적인 선택은 개인의 이기주의를 사회적 선으로 연결하는 방식으로 제도를 마련하는 것이라고 결론지었다. 예를 들어, 토마스 홉스와 관련된 정치철학의 사회계약 전통은 이기적인 개인의 현실을 인정하지만 협력적인 사회적 행동은 개인의 사리를 위한 것이라고 주장한다. 애덤 스미스의 이론은 이러한 접근법의 또 다른 변형을 제공한다. 스미스는 개방적이고 경쟁적인 시장에서 행동하고 사기와 강압에 대한 금지로 제약을 받는 합리적인 이기주의자들은 마치 '보이지 않는 손'에 의해 인도되는 것처럼 더 큰 사회적 선을 촉진할 것이라고 주장한다.

그러나 심리적 이기주의가 인간 동기에 대한 정확한 이론일까? 심리적 이기주의가 비즈니스 윤리를 수행하는 데 심각한 도전을 제기하는가? 가장 먼저 주목해야 할 점은 이것이 윤리에 대한 도전이라면 옹호자들은 이기주의가 단순한 인간 경향 이상의 것이라고 주장해야 한다는 것이다. 인간이 어떤 때는 이기적으로 행동했지만 다른 때는 이타적인 행동을 할 수 있었다면(애덤 스미스가 결론을 내린 것처럼), 우리는 윤리학을 포기할 이유가 없고 분리 이론을 채택할 이유도 없다. 사실 이것이 윤리의 주요 요점일 수 있다. 사람들은 이기적으로 행동하는 경향이 있다. 그러므로 윤리는 이러한 이기적인 행동에 대한 제약을 설정하기 위해 존재한다.

심리적 이기주의가 윤리의 타당성을 위협하기 위해 옹호자들은 인간이 이기적으로 행동하는 일반적인 경향을 가지고 있을 뿐만 아니라 항상 그리고 오로지 사리사욕에 따라 행동해야 한다고 주장해야 한다. 그러나 표면적으로 그러한 주장은 명백히 거짓이다. 부모와 친구는 다른 사람의 행복을 위해 규칙적으로 행동하는 인간의 두 가지 일상적인 예이다. 더 일반적으로, 심리적 이기주의가 사실이라면, 우리는 우정, 사랑, 자선, 자원 봉사, 희생, 관대함, 충성심 등 이타적 동기를 가정하는 수많은 행위와 같은 개념을 근본적으로 수정하거나 완전히 버려야 할 것이다.

이기주의자들은 이러한 사실에 대답하는 두 가지 방법을 가지고 있다. 첫째, 그들은 사람들이 그런 식으로 행동할 때 여전히 자신이 원하는 것을 하고 있고 따라서 여전히 이기적으로 행동하고 있다고 주장할 수 있다. 그러나 이 방법은 매우 잘못된 생각이다. 이 방법이 인간 행동에 대한 경험적 주장으로 의도된 것이라면 그것은 명백히 거짓이다. 사람들은 항상 하고 싶지 않은 일을 한다. (예를 들어, 치과에 가거나 철학 숙제를 하는 것을 고려해 보라!) 반면에 이것이 경험적 주장으로 의도된 것이 아니라면, 즉 개인이 원하는 것은 무엇이든 하는 것으로 자기 이익을 정의하려는 시도라면 이기주의자는 윤리에 대한 공격을 포기한 것이다. 즉, 이기주의자가 사람들이 두 가지 유형의 이기적 행동, 즉 자기에게 이로운 행동과 다른 사람에게 이로운 행동을 할 수 있다는 것을 인정한다면, 윤리가 때때로 전자보다 후자를 요구할 여지가 여전히 남게 된다.

이기주의자들이 일반적으로 취하는 두 번째 반응은 희생과 자선의 경우에도 사람들은 윤리적 행위에서 만족을 얻는다고 주장하는 것이다. 이는 가장 자비로운 행위에도 이기심이 깔려 있음을 시사한다. 그래서 아기를 위해 희생하는 엄마도 그 행위에서 아기를 사랑스럽게 보살피는 만족감을 얻기 때문에 이기적인 것이다. 그러나 이 반응은 행동에 대한 의도나 동기(윤리와 관련된 것 중 하나)를 행동에 따른 감정이나 반응과 혼동하기 때문에 실패작이다. 내가 아이들을 돕는 이유(또는 의도나 동기)가 나 자신에 대해 좋은 느낌을 주기 위한 것일 경우에만 나는 이기적인 자기중심적인 사람이다. 내 친구를 도우려는 의도가 단지 이 행위를 통해 개인적인 이익을 얻기 위한 것이라면 나는 이기적이다. 그러나 그것은 부모나 친구, 또는 우리 중 많은 사람들에게 동기를 부여하는 것이 아니다. 우리의 이유와 동기는 다른 사람들을 돕는 것이며, 그 사실에 대해 기분이 좋다고 해서 그 행위의 윤리적 성격이 감소하지는 않는다.

심리적 이기주의에 대한 친숙함은 기업 윤리를 연구하는 데 도움이 될 것이다. 윤리는 때때로 기업 경영자들이 윤리적 책임을 다하기 위해 종종 이익의 형태로 자신의 이기심을 희생하도록 요구한다. 사람들이 그러한 요구 사항이 비현실적이고 비합리적이라고 생각하는 것은 드문 일이 아니다. 이는 특히 특정 경제 이론에 의해 인간은 본질적으로 이기적이라고 배운 사람들에게 해당될 수 있다. 그러나 심리적 이기주의는 그러한 결론을 뒷받침하지 않는다.

도록 구성되어야 한다고 주장한다. 애덤 스미스까지 거슬러 올라가는 전통에 따르면, 일부 경제학자들은 경쟁적인 시장, 강압과 사기로부터의 자유, 정부 통제로부터의 자유가 '마치 보이지 않는 손에 이끌리는 것처럼' 이기적인 행동을 사회적 선으로 바꿀 것이라고 주장한다. 사회계약 전통과 경제학의 자유 시장 관점은 모두 우리가 이 책 전체에서 검토하는 많은 논쟁의 배경이 될 것이다. 특히, 자유 시장 경제 관점은 다음 장에서 자세히 검토할 기업의 사회적 책임에 대한 주요 이론 중 하나에 깊이 내재되어 있다.

그러나 미덕 윤리 전통은 최근 몇 년 동안 일종의 부활을 경험했으며 심리적 이기주의가 더 이상 선호되지 않았기 때문에 이러한 일이 일어난 것은 아마도 우연이 아닐 것이다. 철학자와 심리학자들이 항상 알고 있듯이, 인간의 동기는 심리적 이기주의로 묘사되는 것보다 더 복잡하다. 행동경제학의 전체 분야는 인간이 추상적이고 수학적 경제학 모델이 예측하는 편협한 자기 이익에 부합하는 방식으로 행동하는 경우가 거의 없다는 이러한 인식에서 성장했다. 확실히 어떤 사람들은 이기적인 이유로만 동기를 부여받는 반면, 다른 많은 사람들은 그렇지 않다. 어떤 사람들은 다른 사람들에 대한 깊은 관심, 동정심, 공감, 존중에 의해 동기를 부여받는다. 우리 대부분은 시기에 따라 이기적이면서도 자비롭게 행동한다. 중요한 점은 (아이를 키운 모든 부모가 알고 있듯이) 그러한 동기 부여 요인은 가르치고 배울 수 있다는 것이다. 인간은 천성적으로 친절하고 동정심이 없는 것과 마찬가지로 천성적으로 이기적이고 탐욕스럽지도 않다. 인간에게는 이기적이면서도 친절하고, 탐욕스럽고 자비로운 능력이 있다.

일단 우리가 이 사실을 인식하면(적어도 플라톤과 아리스토텔레스 시대의 철학자들은 이를 인식했다), 우리는 우리를 행복하고 좋은 삶으로 이끌 가능성이 있는 동기와 불행한 삶으로 이끌 가능성이 있는 동기를 분리하기 시작할 수 있다. 첫 번째 동기/성격 특성은 미덕이라고 하며, 후자는 악덕이다. 미덕의 윤리는 우리가 의미 있고 행복한 삶을 살 수 있도록 이끌어 줄 성격 특성과 습관을 개발하고자 한다. 미덕 윤리학자들은 미덕을 행복하고 선한 삶과 연결함으로써 앞서 제기한 정당화라는 중요한 질문에 대답한다. 우리는 정직하고, 친절하고, 우호적이어야 하며, 그렇게 하면 더 좋고, 더 행복하고, 더 만족스러운 삶을 살게 될 것이기 때문이다.

미덕 윤리에서는 위에서 설명한 실천적 과제에 대한 답이 될 이러한 특성을 어떻게 획득하는가가 윤리의 중요한 과제가 된다. 사람들에게 정직하고, 신뢰할 수 있고, 충성스럽고, 예의 바르고, 온건하고, 존중하고, 동정심을 갖도록 가르칠 수 있는가? 이것이 어려울 수도 있지만, 심리학적 이기주의자가 주장하는 것처럼 불가능한 것은 아니다. 미덕 윤리학자들은 미덕을 가르치는 방법에 대한 통찰력을 얻기 위해 심리학, 교육, 조직 행동, 사회학과 같은 분야를 연구한다.

사실 부모들은 매일 이 질문에 직면한다. 내 아이들이 정직하고, 존중하고, 쾌활하고, 온건하다면, 또한 탐욕스럽고, 부러워하고, 우울하고, 오만하고, 이기적이지 않다면 더 행복하고 의미 있는 삶을 살게 될 것임을 알고 있다. 하지만 단순히 아이들에게 정직하고 탐욕을 피하라고 말하는 것만으로는 충분하지 않다. 나는 수동적으로 내 아이들을 대하며 이러한 특성이 자연스럽게 발전할 것이라고 가정할 수만은 없다. 이러한 성격 특성과 습관을 심어주는 것은 시간이 지남에 따라 발전하는 장기적인 과정이다.

사업 기관에서도 구성원들의 인성 형성이 어렵고 피할 수 없다는 사실을 인식하게 되었다. 직원들은 특정한 성격 특성과 습관을 갖고 업무에 임하며, 이러한 특성과 습관은 직장에서 형성되고 강화될 수 있다. 잘못된 성격 특성을 가진 사람을 고용하면 앞으로 문제가 생길 것이다. 직장을 디자인하고, 기업 문화를 조성하고, 미덕을 강화하고 악덕을 억제하는 것은 윤리적인 기업의 큰 과제 중 하나이다.

미덕 윤리는 사람이 무엇을 해야 하는지에 대한 질문에서 그 사람이 어떤 유형의 사람인지에 대한 질문으로 초점을 옮긴다. 이러한 변화는 윤리에 대한 다른 관점뿐만 아니라 적어도 우리 자신에 대한 다른 관점을 요구한다. 이러한 구별에는 개인으로서의 정체성이 부분적으로 우리의 욕구, 신념, 동기, 가치 및 태도에 의해 구성된다는 인식이 내재되어 있다. 사람의 성격, 즉 일반적으로 '성격'이라고 불리는 성향, 관계, 태도, 가치관 및 신념은 그 사람의 정체성과 독립적으로 유지되는 일부 특징이 아니다. 성격은 마음대로 입고 벗을 수 있는 옷과는 다르다. 오히려 자아는 개인의 가장 근본적이고 지속적인 성향, 태도, 가치 및 신념과 동일하다.

예를 들어, 이 장의 토론 사례에서 논의된 임원 보상 문제를 생각해 보자. 모든 CEO가 엄청난 급여를 요구하는 것은 아니라는 점을 기억하는 것이 중요하다. 미덕과 악덕의 언어는 우리가 관련된 동기를 생각할 때 매우 관련성이 있어 보인다. 왜 어떤 사람들은 의학적으로 필요한 의료 기기 판매에 연간 수천만 달러를 기대하고 요구하는 반면, 다른 사람들은 훨씬 적은 금액에 만족할까? 과도한 급여를 받을 수는 있지만 받지 않는 CEO를 생각할 때 겸손, 절제, 자제력, 비이기심, 겸손과 같은 미덕이 떠오른다. 과도한 급여를 받는 CEO를 생각할 때는 방종, 탐욕, 무정함, 경쟁심, 이기심과 같은 특성이 떠오른다. 제한된 욕망을 가진 사람에게는 엄청난 급여는 단순히 선택 사항이 아니며 그를 수용하는 것은 그들의 성격에 어긋나는 행동일 것이다.

미덕 윤리는 우리에게 비즈니스 내에서의 삶에 대한 보다 완전한 이해를 제공할 수 있다. 단순히 사람들을 선함과 악함, 옳음과 그름으로 묘사하는 것이 아니라 미덕 윤리는 더 완전한 묘사를 장려한다. 예를 들어, 비즈니스 리더는 비전이 있고 용기 있고 정직하며 직원들에게 공감하고 그들의 행복에 관심을 갖는 사람으로 묘사할 수 있다. 다른 경영진은 탐욕스럽거나 무자비하거나, 자랑스럽거나 경쟁심이 강한 사람으로 묘사될 수도 있다. 어려운 딜레마에 직면했을 때라면, 우리는 성실한 사람이라면 어떻게 할 것인지 물을 수 있다.

우리 각자에게 비즈니스 세계에서 일하는 것은 관대하거나 탐욕스럽고, 무자비하거나 자비로우며, 공정하거나 조작적인 행동을 할 기회를 제공할 것이다. 이러한 기회가 주어지면 우리 각자는 어떤 성격 특성이 우리가 좋은 삶을 사는 데 도움이 될 가능성이 있고 어떤 특성이 이를 방해할 가능성이 있는지 질문해야 한다. 우리는 어떤 유형의 사람이 되어야 할까? 정직한 사람은 무엇을 말하고 행동할까? 나는 내 신념에 대해 용기를 갖고 있는가?

우리가 성인이 되면 우리 성격의 대부분은 부모, 학교, 교회, 친구, 사회와 같은 요소에 의해 형성된다. 그러나 기업, 특히 직장과 같은 강력한 사회 기관과 그 안에서의 우리가 맡게 되는 특정한 사회적 역할(예: 관리자, 전문가, 훈련생)은 우리의 성격을 형성하는 데 심오한 영향을 미칠 수 있다. 절반도 안 되는 사람만 유지되고 아주 소수의 사람만 파트너가 될 것이라고 기대하며 연수생 그룹을 고용하는 회계 회사는 더 적은 사람을 고용하지만 모두에게 장기적으로 성공할 수 있는 더 큰 기회를 제공하는 회사와는 매우 다른 동기와 행동을 장려한다. 비현실적인 판매 목표를 설정하는 회사는 판매를 고객 서비스로 이해하는 회사와는 다른 판매 팀들을 만든다는 것을 알게 될 것이다. 미덕 윤리는 우리가 비즈니스 세계에서 발견하는 실제 관행을 살펴보고 이러한 관행으로 어떤 유형의 사람들이 만들어지는지 자문하도록 상기시킨다. 비즈니스 윤리 내에서 발생하는 많은 개인적인 도덕적 딜레마는 우리가 되고자 하는 사람의 유형과 비즈니스가 우리에게 기대하는 사람의 유형 사이의 긴장에서 발생하는 것으로 가장 잘 이해할 수 있다.

마케팅 회사와 광고 대행사에서 발견되는 가치에 대한 실증적 연구를 수행하는 한 여성 직원과 대화를 한 적이 있었다. 그녀는 광고 대행사가 그들의 회사에서 제작하는 텔레비전 프로그램과 광고를 그들의 자녀가 시청하는 걸 절대 허용하지 않을 것이라고 여러 차례 그녀에게 말했다고 말했다. 그들이 스스로 인정한 바에 따르면, 그러한 프로그램의 광고는 실제 가치가 거의 또는 전혀 없는 제품을 어린이가 구매하거나 부모가 구매하도록 유도하는 것을 목표로 한다. 어떤 경우에는 광고가 맥주를 마시는 것을 홍보했고 광고주 스스로가 자신의 '더러운 작은 비밀'로서 자신들이 10대 시장을 목표로 삼았다고 인정했다. 더 나아가, 그들은 자체 조사를 통해 광고가 매출 증가에 얼마나 성공적이었는지 보여 주었다.

어린이를 대상으로 한 광고에 대해 우리가 물을 수 있는 윤리적 질문과는 별도로, 미덕 윤리적 접근 방식은 자신의 일에서 자신과 자신의 가치를 분리할 수 있는 사람의 유형과 이를 장려하는 사회 제도 및 관행을 살펴볼 것이다. 자신의 자녀에게는 받아들이고 싶지 않은 마케팅 관행을 자녀에게 기꺼이 맡기는 사람은 누구인가? 그러한 사람에게는 가장 기본적인 형태의 개인적 성실성조차 부족한 것 같다. 어떤 종류의 기관이 사람들이 외설적이라고 기꺼이 인정하는 방식으로 아이들을 대하도록 장려하는가? 그런 기관에서 일하면 어떤 사람이 되는가?

미덕 윤리는 비즈니스에서 인간의 광범위한 가치에 대해 이야기하고 검토할 수 있는 언어와 틀을 제공한다. 그것은 다양성을 지닌 좋은 사람들과 다양성을 지닌 나쁜 사람들을 이해하는 데 도움이 된다. 그것은 우리가 조직을 평가하고 그들이 어떻게 윤리적 행동을 장려하고 방해할 수 있는지, 그리고 우리가 전자를 더 많이 얻고 후자를 덜 얻도록 조직이 어떻게 변화할 수 있는지를 평가하는 데 도움이 된다.

2.3 공리주의 윤리

공리주의는 비즈니스 윤리를 이해하는 데 매우 중요한 두 번째 윤리적 전통이다. 공리주의는 현대 세계에 큰 영향을 미쳤으며 특히 정치, 경제, 공공 정책 형성에 큰 영향을 미쳤다. 다시 말해 이 윤리관은 비즈니스에 막대한 영향을 미쳤으며 계속해서 영향을 미치고 있다. 공리주의가 현대 정치와 경제에 미치는 영향 때문에 역사적 맥락에서 공리주의를 찾는 것부터 고려를 시작하는 것이 도움이 될 것이다. 공리주의적 사고의 뿌리는 토마스 홉스(1588~1679), 데이비드 흄(1711~1776), 애덤 스미스(1723~1790)의 저작에서 찾을 수 있지만 고전적인 공식은 제레미 벤담(1748~1832)과 존 스튜어트 밀(1806~1873)의 저작에서 찾을 수 있다. 이들 사회 철학자들은 각각 17세기와 18세기의 대민주주의 혁명을 배경으로 글을 쓰고 있었다.

공리주의는 우리가 어떤 행동의 결과를 살펴봄으로써 어떤 행동의 윤리적 중요성을 결정할 수 있다고 말한다. 공리주의는 일반적으로 '전체 이익의 극대화' 정책, 또는 약간 다른 버전에서는 '최대 다수를 위한 최대 이익'을 생산하는 정책으로 식별된다. 이 목적을 달성하는 행위는 좋은 것이며 그렇지 않은 것은 나쁜 것이다. 따라서 공리주의는 수단과 목적의 관점에서 생각될 수 있다. 어떤 행위나 결정은 그것이 전체적, 최대 행복이라는 윤리적으로 좋은 목적을 달성하기 위한 효과적인 수단인지 여부에 따라 윤리적인 것으로 판단된다.

18세기와 19세기에 공리주의가 등장하면서, 전체 이익과 최대 다수를 위한 최대 이익을 강조하는 이러한 강조는 정치 엘리트의 이익을 목표로 하는 권위주의 정책에 정면으로 반대되었다. 따라서 공리주의는 민주적 제도와 정책에 강력한 지지를 제공했다. 정부와 모든 사회 제도는 군주, 귀족 또는 소수의 이익을 증진하기 위해 존재하는 것이 아니라 모든 사람의 복지를 위해 존재한다. 마찬가지로, 경제는 소수의 특권층을 위한 부를 창출하기 위해 존재하는 것이 아니라, 최대 다수의 사람들에게 최고의 생활 수준을 제공하기 위해 존재한다.

이들 초기 공리주의자들은 예외적인 상황을 제외하면 행복을 가장 잘 판단하는 사람은 바로 개인 자신이라고 믿었다. 자신에게 이로운 것이 무엇인지 판단할 자유가 있어야 하기 때문에 왕이나 제사장이 아니라 각 사람이 판단할 자유가 있어야 하는 것이다. 또한 공리주의는 시민적 자유와 시민권에 대한 강력한 지지를 제공했다. 사회 정책은 가장 큰 전체적 선을 목표로 해야 하고 개인은 자신의 선이 무엇인지 스스로 결정할 자유가 있어야 한다는 것이 결합된 견해는 자유 시장과 자유 경제에 대한 지지를 포함하여 서유럽과 미국에서 발전한 자유 민주주의 형태의 정부에 대한 강력한 철학적 지지를 제공했다.

따라서 공리주의는 결과주의 윤리이다. 결정과 행동은 그 결과에 따라 결정된다. (우리는 행동을 어떻게 판단할 수 있을까? 때때로 우리는 결과에 관계없이 원칙에 따라 어떤 일을 해야 할지 말아야 할지 결정한다. 다음 장에서 이 접근 방식을 더 자세히 살펴보자.) 이런 식으로, 공리주의자는 실용적인 사상가인 경향이 있다. 어떤 행동도 모든 상황에서 모든 경우에 옳고 그름은 없다. 그것은 모두 결과에 달려 있는 것이다. 예를 들어, 거짓말은 모든 상황에서 항상 옳지도 그르지도 않다. 거짓말이 진실을 말하는 것보다 전반적으로 더 큰 이익을 가져다 주는 상황이 있을 수 있으며 그러한 상황에서는 거짓말을 하는 것이 윤리적으로 옳을 것이다.

이 장의 시작 부 토론 사례에서 발생할 수 있는 질문을 생각해 보자. 미국 정부는 마일란이 에피펜에서 얻을 수 있는 이익의 양을 제한하는 법안을 통과시켜야 하는가? 이 질문에 대한 공리주의적 접근 방식은 두 가지 대안 중 가능한 결과를 고려할 것이다. 제품 가격을 제한하면 제품이 필요한 사람들, 특히 자원이 제한된 사람들이 제품을 더 쉽게 이용할 수 있게 된다. 일반적으로 이는 생명을 구하고 건강을 증진할 수 있다. 반면, 가격이 낮아지면 제약 회사 간의 연구개발 유치가 더욱 어려워질 수 있다. 이는 소비자를 포함한 모든 사람에게 해를 끼칠 수 있다. 공리주의는 결과나 예상되는 결과가 알려질 때까지 판단을 보류한다. 어느 쪽이든, 결정에 대한 윤리적 판단은 사실 이후에 일어나는 일에 달려 있다.

우리의 행동을 결과, 수단과 목적의 관점에서 판단한다면, 좋은 결과와 나쁜 결과, 좋은 목적과 나쁜 목적을 결정하는 기준이 있어야 한다. 이러한 결과는 좋지만 다른 결과는 나쁘다는 것을 어떻게 알 수 있을까? 매우 일반적인 용어로 말하면, 모든 공리주의 사상가들은 전반적인 선을 극대화해야 한다는 데 동의하지만, 공리주의자들 사이에서는 이 '선'이 무엇을 의미하는지에 대해 서로 다른 해석이 있다.

일반적으로 공리주의적 입장은 개별적으로나 공공 정책의 문제로서 윤리의 목표는 전반적인 행복을 극대화하는 것이어야 한다는 것이다. 그런데 행복이란 정확히 무엇인가? 제레미 벤담은 즐거움만이, 적어도 고통이 없는 것이 본질적으로 선하다고 주장했다. 벤담에 따르면 행복은 즐거움과 고통의 부재라는 측면에서 이해되어야 한다. 불행은 고통이나 즐거움의 박탈로 이해된다. 벤담의 견해에 따르면 쾌락과 고통은 인간 본성의 두 가지 근본적인 동기 부여 요소이다. 그의 다음과 같이 말했다.

> 자연은 인류를 고통과 쾌락이라는 두 주권자의 통치 아래 두었습니다. 우리가 무엇을 해야 하는지를 지적하고 무엇을 해야 할지 결정하는 것은 오직 그들만의 몫입니다. … 그것들은 우리가 하는 모든 일, 우리가 말하는 모든 것, 우리가 생각하는 모든 것에서 우리를 지배합니다.[2]

그렇다면 벤담의 공리주의적 추론을 생각해 보자. 오직 즐거움과 고통의 부재만이 그 자체로 가치가 있다. 그러므로 오직 즐거움과 고통의 부재만이 본질적으로, 객관적으로, 그리고 의심의 여지 없이 선한 것이다. 즐거움과 고통의 부재가 좋다면 즐거움이 많을수록(또는 고통이 적을수록) 좋고, 최대의 즐거움(혹은 고통이 최소일 때)이 가장 좋다. 그러므로 즐거움의 극대화(공리주의 원칙)는 근본적이고 객관적이며 논쟁의 여지가 없는 윤리 원칙이 된다.

즐거움을 극대화하라는 명령은 이기주의로의 복귀처럼 들리지만, 공리주의는 중요한 면에서 이기주의와 다르다. 이기주의는 개인의 행복에 초점을 맞춘다. 공리주의적 행위는 일반 및 전반적인 이익에 대한 결과에 따라 판단된다. 그러나 민주적 평등에 대한 공리주의자들의 헌신과 일관되게, 일반적인 선에는 행동의 영향을 받는 각 개인의 복지가 포함된다.

존 스튜어트 밀은 벤담의 공리주의의 일반적인 틀에 동의하면서도 행복에 대한 다른 이해를 옹호했다. 밀은 벤담의 쾌락에 대한 초점에서 놓친 행복의 질적 측면이 있다고 믿었다. 인간의 행복은 단순한 쾌락주의가 아니다. 밀에 따르면 인간은 행복을 만들어 내는 다양한 경험을 즐길 수 있다. 벤담이 언급한 감각의 쾌락 외에도 인간은 단순한 감정과는 질적으로 다르며 우월한 사회적, 지적 쾌락도 경험한다. 밀의 유명한 구절은 "만족한 돼지보다 불만족한 인간이 되는 것이 낫다. 만족한 바보가 되기보다는 불만족한 소크라테스가 되는 것이 낫다."라는 것이다.[3] 그러나 쾌락의 감각보다 질적으로 더 나은 행복의 형태가 있다는 주장은 논란의 여지가 있다. 만족한 바보보다 불만족한 소크라테스가 되는 것이 더 낫다는 것을 어떻게 알거나 증명할 수 있는가? 밀의 대답은 중요한 윤리적, 사회적 영향을 미친다. 밀에 따르면, 어떤 즐거움과 어떤 유형의 행복이 더 나은지 결정하려면 두 가지 모두를 경험한 사람과 상담해야 한다. 이러한 경험 많고 유능한 심판관들은 최고의 행복을 결정하는 최고의 기준이다.

> 두 가지 즐거움 중에서, 두 가지 즐거움을 모두 경험한 사람 전체 또는 거의 모두가 확실히 선호하는 것이 있다면, … 그것이 더 바람직한 즐거움이다.[4]

이에 대해 의견 불일치가 이 이상으로 계속된다면 밀은 다음을 제안한다.

> 유일하게 유능한 심판관들만의 판결에 따르면, 항소가 있을 수 없을 것 같다. 두 가지 즐거움 중 어느 것이 가장 가치 있는지에 대한 문제에서 … 두 가지 모두에 대한 지식으로 자격을 갖춘 사람들의 판단, 만약 의견이 다르다면 그들 중 다수의 판단이 최종적인 것으로 받아들여져야 한다.[5]

따라서 밀은 모든 의견이 동일하지는 않다는 점을 인정한다. 그에 따르면 어떤 사람들은 무엇이 좋은지 판단하는 데 있어 다른 사람들보다 더 유능하고 자격이 더 뛰어나다. 밀의 공리주의는 선에 대한 모든 의견이 동등하게 유효한 것으로 간주되는 무비판적 다수의 법칙을 지지하지 않는다. 하지만 그렇다고 해서 민주주의를 포기해서는 안 된다. 유능한 심판관들을 양성하는 방법은 경험과 교육을 통해서이다. 사람들은 판단할 수 있기 전에 다양한 즐거움에 대해 교육받고 경험해야 한다. 일단 경험해 보면 다수결 민주주의가 결정을 내리는 가장 좋은 방법이 되는 것이다.

따라서 존 스튜어트 밀의 저작에서 우리는 자유 민주주의와 자유 교육에 대한 고전적인 방어 중 하나를 발견한다. 가장 근본적인 윤리 원칙은 우리가 최대 다수의 행복을 극대화하는 방식으로 사회를 조직하도록 약속한다. 이 목표를 달성하는 가장 좋은 방법은 교육받은 시민이 다수결 민주주의를 통해 결정을 내리는 것이다. 교육받은 시민을 확보하는 가장 좋은 방법은 개인에게 자신의 목적을 추구할 수 있는 선택의 자유를 허용하는 것이다. 그러한 선택이 현명하지 못하더라도 개인은 좋은 것과 나쁜 것, 더 높은 것과 낮은 것, 즐거움을 구별하는 데 필요한 경험을 얻게 된다.

이러한 견해는 비즈니스와 경제에 중요한 영향을 미친다. 고전적인 자유 시장 경제에서는 소비자 수요가 주권적이다. 경제적 거래는 개인이 자신이 요구하는 것을 얻는 것으로 이해되는 자신의 행복을 추구할 때 발생한다. 개인이 실수를 하고 만족하지 못하는 제품을 구매하면 실수로부터 배우고 더 이상 제품을 구매하지 않게 되며, 수요와 공급에 따라 시장의 힘은 결국 불만족스러운 제품을 제거하게 된다.

아마도 공리주의가 사회적, 정치적 사상에 가장 큰 기여를 한 것은 경제학에 대한 영향을 통해서였을 것이다. 애덤 스미스는 물론 벤담과 밀의 저작에 뿌리를 둔 20세기 신고전주의 경제학의 윤리(본질적으로 우리가 자유 시장 자본주의라고 생각하는 것)는 확실히 공리주의적이다. 이런 식으로 공리주의는 기업과 기업 윤리에 압도적인 영향을 미쳤다.

자유 시장 경제에서의 경제 활동은 소비자 수요를 충족시키는 것을 목표로 한다. 수요와 공급의 법칙에 따르면 경제는 소비자가 원하는(수요) 재화와 서비스를 생산(공급)해야 하며 건강한 경제는 그렇게 해야 한다. 희소성과 경쟁으로 인해 모든 사람이 원하는 것을 모두 얻을 수 없기 때문에 자유 시장 경제의 목표는 욕구를 최적으로 충족시키는 것이다. 자유 시장은 개인이 자신이 가장 원하는 것이 무엇인지 스스로 결정하고 자유롭고 경쟁적인 시장에서 이러한 상품을 흥정할 수 있도록 함으로써 이러한 목표를 달성한다. 개인이 자신의 선호도를 설정하고 시장에서 입찰하도록 허용하는 이러한 프로세스는 시간이 지남에 따라 올바른 조건에서 최적의 욕구 충족을 보장한다.

이 간략한 설명은 자유 시장 경제가 공리주의적 틀에 어떻게 부합하는지를 제시한다. 경제학자들이 종종 효용이나 후생이라고 부르는 경제 활동의 목적이나 목표는 소비자 수요의 최대 만족이다. 우리는 가능한 한 많은 사람들이 원하는 것을 최대한 많이 얻을 때 최대 다수를 위해 가장 좋은 일을 하게 된다. '좋은 것'은 자신의 욕구를 충족시키는 것으로 정의된다. 그러나 희소성과 경쟁으로 인해 우리가 원하는 모든 것을 얻을 수 없기 때문에 개인은 자신이 원하는 것을 순위에 매기거나, 다른 말로 자신의 선호도를 정해야 한다. 따라서 자유 시장 경제학은 선호 공리주의의 한 버전으로 생각될 수 있는데, 여기서 공리주의 목표는 선호의 최대 만족이다.

이러한 목표를 고려할 때 자유 시장 경제학은 그 목표를 달성하는 가장 효율적인 방법은 자유 시장 자본주의 원칙에 따라 경제를 구조화하는 것이라고 조언한다. 우리는 개인

이 개방적이고 자유롭고 경쟁적인 시장에서 스스로 교섭할 수 있는 자유를 허용해야 한다. 이기적인 개인(그리고 주류 경제학에서는 이것이 적어도 인간 동기 사이의 강한 경향이라고 가정한다)은 항상 자신의 입장을 개선할 방법을 모색할 것이다. 합의(계약)는 양 당사자가 거래를 통해 자신의 입장이 개선될 것이라고 믿는 상황에서만 발생한다. 그러한 상황에서 합리적이고 이기적인 개인들 사이의 경쟁은 지속적으로 최대의 전체 이익을 증진하기 위해 노력할 것이다. 한 명 이상의 개인이 다른 사람의 행복을 잃지 않고 자신의 행복을 향상시킬 수 있는 상황이 발생할 때마다 시장의 힘은 이러한 일이 발생하도록 보장한다. 따라서 시장은 행복 극대화라는 공리주의적 목적을 달성하는 가장 효율적인 수단으로 간주된다.

2.4 공리주의에 대한 도전

우리는 3장에서 자유 시장 버전의 공리주의가 기업 윤리에 어떻게 사용되는지를 둘러싼 좀 더 구체적인 논쟁을 검토할 것이다. 지금은 공리주의 윤리에 대한 몇 가지 일반적인 도전을 고려해 보자. 우리는 이러한 도전을 두 그룹, 즉 방어 가능한 공리주의 버전을 찾는 것과 관련된 공리주의 관점 내에서 제기된 문제와 전체 공리주의 프로젝트의 타당성에 도전하는 외부에서 제기된 문제로 분류할 수 있다.

공리주의 전통 내에서 제기되는 문제

우리는 공리주의적 관점에서 논의되는 두 가지 과제를 언급할 것이다. 첫째, 모든 공리주의자들은 행복을 측정하는 방어 가능한 방법을 찾아야 한다. '전체적 이익의 극대화' 및 '최대 다수의 최대 이익'과 같은 문구에는 어떤 형태의 측정과 비교가 필요하다. (다른 상황이 아닌 이 상황이 이익을 극대화했다는 것을 어떻게 알 수 있는가?) 벤담은 즐거움을 정량화하는 데 도움이 되는 '쾌락주의적 계산법'을 개발하기 위해 많은 노력을 기울였다. 밀은 이를 박식하고 유능한 심판관 대다수의 판단에 맡겼다. 경제학자들은 전반적인 행복을 결정하기 위해 이러한 척도를 국민총생산(GDP)으로 대체한다.

벤담, 밀, 신고전주의 경제학은 모두 과학적이고 측정 가능한 윤리를 추구했다. 그러나 공리주의자들 사이에는 전반적인 선을 측정하고 결정하는 방법에 대한 합의가 없다. 이 문제는 공리주의자들이 영향을 받는 모든 당사자에 대한 모든 결과를 고려하는 데 전념한다는 사실로 인해 더욱 복잡해진다. 많은 기업 윤리 문제는 이것이 얼마나 어려울 수 있는지를 강조한다. 재생 불가능한 에너지원을 사용하고 에너지를 위해 화석연료를 태우는 결과를 고려해 보자. 공리주의자가 재생 불가능한 자원에 투자하는 것과 현재의 석탄과 석유에 대한 의존을 계속하는 것 사이의 선택의 결과를 어떻게 계산하기를 바랄 수 있는지 이해하기 어렵다. 그러나 이것이 바로 공리주의 원칙이 요구하는 것이다. (경제학자들이 자주 하는 것처럼 행위의 '기대되는' 유용성에 초점을 맞추려는 시도는 공리주의를 포기하는 것이다. 그 시점에서 우리는 결과가 아닌 의도의 윤리를 채택했으며 그것은 더 이상 공리주의가 아니다. 우리는 이 관점을 다음 장에서 전개시킬 것이다.)

공리주의적 관점의 두 번째 문제는 선의 다양한 버전과 인간 자유에 대한 의미를 다루고 있는 것이다. 역사적으로 공리주의자는 사회적, 정치적 자유주의자이다. 즉, 그들은 모두 개인의 선택의 자유에 매우 높은 가치를 두었다. 그러나 선에 대한 객관적인 설명과 개인의 자유 사이에는 긴장이 존재한다. 간단히 말해서, 자유로운 개인이 항상 자신에게 좋은 일을 선택하는 것은 아니다. 공리주의자들이 자유를 더 많이 강조할수록 그들은 선에 대해 더 상대주의적인 설명을 할 가능성이 더 높다. 이 관점에서 선은 단순히 의견, 즉 개인의 욕구, 선호, 욕구의 문제에 불과하다. 그러나 결국 사람들은 종종 사소하고 부도덕하며 나쁜 것을 욕망하기 때문에 이것은 윤리의 전체 프로젝트를 포기하는 것처럼 보인다. 반면, 공리주의자들이 좋은 삶에 대한 구체적인 내용을 기꺼이 명시할수록 개인의 자유에 대한 헌신을 포기할 필요성은 더욱 커진다. 무엇이 진정으로 좋은지 안다면, 개인은 원하지 않더라도 특정한 방식으로 (선을 극대화하기 위해) 행동해야 한다. 개인의 자유와 전반적인 이익 사이의 균형을 찾는 것은 대부분의 공리주의가 직면한 과제이다.

공리주의 전통에게 제기되는 문제

마지막 과제는 공리주의 관점에서 제기되는 것이 아니라 공리주의의 핵심으로 직접적으로 다가간다. 공리주의의 본질은 결과주의이다. 좋은 행동과 나쁜 행동은 그 결과에 따라 판단된다. 한마디로 목적이 수단을 정당화한다는 것이다. 그러나 이는 우리 중 많은 사람들이 배운 가장 초기의 가장 근본적인 윤리 원칙 중 하나를 부정하는 것 같다. 즉, 목적이 수단을 정당화하지 않는다는 것이다.

이 도전은 규칙이나 원칙의 관점에서 설명될 수 있다. 목적이 수단을 정당화하지 못한다고 말할 때 우리가 자주 말하는 것은 결과가 어떠하든 따라야 할 특정 규칙이나 원칙이 있다는 것이다. 다르게 말하면, 우리는 순종해야 할 특정 의무나 의무가 있는데, 그렇게 해도 전반적인 행복이 순증가하지 않는 경우에도 마찬가지이다. 그러한 의무의 예로는 정의, 충성, 존중과 같은 원칙에서 요구되는 의무뿐만 아니라 부모, 배우자, 친구, 시민으로서의 역할에서 나오는 의무가 있다. 우리는 다음 장에서 이러한 윤리적 전통을 더 자세히 살펴볼 것이다.

이러한 비판을 설명하기 위해 몇 가지 예를 사용할 수 있다. 공리주의는 전반적인 결과에 초점을 맞추기 때문에 더 큰 전체 이익을 위해 개인의 이익을 기꺼이 희생하는 것처럼 보인다. 예를 들어, 자유 시장에 따라 의료 서비스를 할당하면 전반적인 행복이 증가할 수 있다. 공리주의자들은 원칙적으로 에피펜과 같은 의료 서비스가 필요한 사람을 거부하는 것에 반대할 수 있지만 소수의 사람들에게 의료 서비스를 거부하는 것이 전체적인 이익을 손상시키는 경우에만 반대할 수 있다. 그러한 행동이 전반적인 순 행복을 증가시키는 것으로 밝혀지면 공리주의는 이를 뒷받침해야 할 것이다. 많은 사람들의 판단에 따르면 그러한 결정은 정의, 평등, 존중의 원칙에 위배되는 것이다. 다음 절에서 전개되는 것을 볼 수 있듯이, 원칙 기반 윤리는 공리주의를 비판하면서 윤리적 권리 개념에 호소할 것이다. 그러한 관점에서 볼 때, 개인은 전체 사회적 행복을 증가시키더라도 침해해서는 안 되는 특정한 기본권을 보유하고 있다. 예를 들어, 어떤 사람들은 모든 사람이 필요한 의료 서비스를 받을 권리가 있다고 주장할 수 있다. 또는 임원 보상을 제한하는 법률을 비판하는 사람들은 기업이 임원에게 급여를 지급할 금액을 스스로 자유롭게 결정할 수 있어야 한다고 주장한다. 임원에게 지급되는 소득은 정부가 아닌 기업의 것이므로 그러한 법률은 임원의 재산권을 침해하는 것이다. 권리는 더 큰 전체 행복을 위해 특정 핵심 이익이 희생되는 것을 방지하는 기능을 한다. 공리주의자들은 권리가 전반적인 선에 기여하는 정도까지만 권리를 옹호할 수 있다.

공리주의에 반대하여 제기될 수 있는 또 다른 예는 우리 모두가 맺는 구체적인 관계와 약속에 대한 것이다. 예를 들어, 부모로서 우리는 자녀를 사랑하며 자녀에 대한 특정한 의무를 가지고 있다. 자녀의 생명을 구하는 것과 재능 있는 헌신적인 뇌외과 의사의 생명을 구하는 것 사이에서 선택해야 하는 상황을 상상해 보자. 공리주의자들은 각 선택의 전체적인 결과를 계산하고 전반적인 이익을 극대화할 수 있는 모든 조치를 취함으로써 윤리적 결정을 내리는 데 전념한다. 뇌 외과 의사를 구하는 것이 분명히 전반적인 이익에 기여하는 방식으로 예를 정리할 수 있다. 그러나 그러한 계산을 시작하는 부모에 대해 우리는 어떤 윤리적 판단을 내려야 할까?

공리주의자들은 그러한 사랑과 의무가 전반적인 선에 기여하는 정도까지만 부모의 사랑과 의무에 헌신하는 것처럼 보인다. 부모는 자녀를 사랑해야 한다. 왜냐하면 이것이 사회 전체의 이익에 기여하기 때문이다. 그러나 이것은 분명히 부모의 사랑의 본질을 잘못 표현하고 모욕하는 것이다. 나는 이것이 사회에 미칠 수 있는 결과 때문에 내 아이들을 사랑하는 것은 아니다. 원칙 기반 윤리학자들은 우리가 하는 특정 약속, 우리가 갖고 있는 특정 의무가 있으며, 그렇게 하면 전체 행복이 증가하더라도 이를 위반해서는 안 된다고 주장한다. 그러한 약속과 의무를 위반하려면 개인은 공동선을 위해 자신의 성실성을 희생해야 한다. 따라서 과도한 경영진 보상을 비판하는 사람들은 급여의 총 불평등이 원칙적으로 불공평하고 부당하다고 주장할 수 있다. 우리는 이후 장에서 비즈니스 기관 내에서 전문적 책임의 역할을 검토할 때 전문적 약속과 의무에 대한 유사한 주제를 고려할 것이다.

2.5 공리주의와 기업 정책

원칙 기반 윤리로 넘어가기 전에 공리주의 윤리를 기업 윤리의 일반적인 관심사와 연결하는 것이 도움이 될 것이다. 가장 기본적으로 공리주의는 기업이나 경제와 같은 사회 제도의 기본 구조를 결정하는 기준을 제공하는 사회 철학이다. 공리주의는 사회 제도가 전반적인 이익을 극대화할 수 있는 방식으로 구성되어야 한다고 주장한다. 비즈니스와 관련된 현대의 많은 정책 논쟁에 각각 반영된 두 가지 중요한 사고 학파가 이 목표를 가장 잘 달성하는 방법을 결정하기 위해 공리주의 내에서 등장했다.

공리주의 공공 정책의 한 버전에서는 다양한 정책의 결과를 예측하고 목적을 달성할 정책을 수행할 수 있는 전문가가 있다고 주장한다. 일반적으로 경제학과 같은 사회과학 분야에서 훈련을 받은 이들 전문가는 사회가 어떻게 작동하는지에 대한 구체적인 내용을 잘 알고 있으므로 어떤 정책이 전반적인 이익을 극대화할지 결정할 수 있다. 공공 정책에 대한 이러한 접근 방식은 정부의 전체 행정적, 관료적 측면에 대한 하나의 이론의 기초가 된다. 이러한 견해에 따르면 입법부(의회에서 지방의회까지)는 공공 목표를 설정하고, 행정 측(대통령, 도지사, 시장)은 이러한 목표를 달성하기 위한 정책을 실행(행정)한다. 행정부 내에서 일하는 사람들, 즉 고전적인 정부 관료들은 사회, 정치 시스템이 어떻게 작동하는지 알아야 하고, 이 지식을 활용하여 입법부의 임무를 수행해야 한다. 정부는 일반적으로 경제학,

법률, 사회과학, 공공 정책, 정치학 등의 분야에서 훈련을 받은 사람들로 가득 차 있다. 예를 들어, 이러한 접근 방식은 그러한 규제가 기업 활동이 전반적인 이익에 기여하도록 보장한다는 근거로 광범위한 정부 규제를 정당화할 것이다. 예를 들어, 다음에 나오는 REALITY CHECK에 설명된 대로 미국에서 연방준비은행이 어떻게 기능하는지 생각해 보자.

공리주의 정책의 두 번째 영향력 있는 버전은 애덤 스미스의 전통을 인용하고 경쟁 시장이 공리주의 목표를 달성하기 위한 최선의 수단이라고 주장하는 것이다. 이 버전은 민간 산업의 규제를 완화하고, 재산권을 보호하고, 자유로운 교환을 허용하고, 경쟁을 장려하는 정책을 장려한다. 그러한 상황에서는 합리적인 개인의 사리사욕이 마치 애덤 스미스의 표현대로 '보이지 않는 손'에 이끌려 개인의 행복을 최대한 만족시키는 결과를 낳게 된다.

우리가 '전문가' 버전과 '시장' 버전이라고 부를 수 있는 이 두 가지 공리주의 정책 버전 사이의 논쟁은 공공 정책과 비즈니스 윤리 분야의 많은 논쟁을 특징으로 한다. 의료 정책에 관한 미국 내 최근의 논쟁을 생각해 보라. 어떤 사람들은 한 국가의 의료 서비스는 정부가 직접 제공하지는 않더라도 그가 규제하고 관리할 때 가장 잘 제공된다고 주장한다. 다른 이들은 건강 관리 결정을 개인들이 자유 시장 내에서 스스로 결정하는 것이 가장 좋다고 주장하며, 사람들이 자신이 지불할 의향이 있는 적절한 수준의 건강 관리를 선택한다고 주장한다. 양측 모두 궁극적인 목표가 대부분의 사람들에게 최고의 의료 서비스를 제공하는 것이라는 점에는 동의할 수 있지만, 그 목표를 달성하기 위한 적절한 수단에 대해서는 의견이 크게 다르다.

기업 윤리 내에서 이러한 논쟁의 또 다른 예는 안전하지 않은 직장의 규제와 관련이 있다. 한 쪽은 안전과 위험에 대한 문제는 전문가가 결정해야 하며, 전문가는 기업이 충족해야 하는 기준을 수립해야 한다고 주장한다. 그 후에 정부 규제 기관(이 경우 직업 안전 및 건강 관리국(OSHA))이 직장에서 안전 기준을 시행할 책임이 있다. 다른 쪽은 허용 가능한 위험과 안전에 대한 가장 좋은 판단자는 근로자 자신이라고 주장한다. 자유롭고 경쟁적인 노동 시장은 사람들이 원하는 수준의 안전을 얻을 수 있도록 보장할 것이다. 개인은 안전을 달성하기 위해 감수하고자 하는 위험과 감수할 의향이 있는 타협을 스스로 계산한다. 위험을 감수할 의향이 있는 근로자는 안전한 작업 환경을 요구하는 근로자보다 더 많은 급여를 받을 가능성이 높다. 따라서 시장 기반 솔루션은 이러한 다양하고 경쟁적인 이익을 최적으로 충족하는 데 가장 좋다.

공리주의적 추론이 정책 입안자와 정책 행정가들 사이에서 지배적이라는 점에는 의심의 여지가 없다. 모든 수준의 정책 전문가는 결과와 작업 완료에 중점을 둔다. 이는 결과에

REALITY CHECK:
공리주의로서의 연방준비제도에 대한 실제 사례

경제 정책이 시장 기반 정치 시스템에서 많이 채택되는 맥락에서, 공리주의를 암묵적인 윤리적 틀로 간주할 수 있다는 주장은 충분히 타당하다. 중앙은행(예: 미국 연방준비제도이사회 또는 영란은행)이 이자율을 설정하는 방법을 고려해 보자. 은행은 국가를 위해 가장 큰 이익이 되는 확고한 목표, 즉 '좋은' 공공 정책으로 시작한다. (이 목표는 최소한의 인플레이션과 양립할 수 있는 가장 높은 지속 가능한 경제 성장률과 같은 것이다.) 중앙은행은 관련 경제 데이터를 조사하고 경제의 현재와 미래 상태에 대해 판단을 내린다. 경제 활동이 둔화되는 것처럼 보이면 중앙은행은 경제 성장을 촉진하기 위한 수단으로 금리를 낮추기로 결정할 수도 있다. 경제가 너무 빠르게 성장하고 인플레이션율이 증가하는 것처럼 보이면 금리 인상을 선택할 수도 있다. 금리를 낮추거나 높이는 것 자체는 좋은 것도 나쁜 것도 아니다. 행위의 정당성은 결과에 달려 있다.

이와 매우 유사한 현상은 미국 연방준비제도이사회(연준)의 지속적인 조치에서 볼 수 있다. 2007년 경기 침체를 시작으로 연준은 금리를 0%에 가까운 사상 최저치에 근접할 정도로 대폭 낮추는 과정을 시작했다. 2015년 미국 경제가 회복되기 시작하면서 연준은 2019년 최근 최고치인 2.4%에 도달할 때까지 금리를 인상하기 시작했다. 연준의 목표는 경제 성장을 계속 지원하되 인플레이션 상승을 막는 것이었다.

2020년에 코로나19 대유행이 닥치고 경제가 다시 붕괴되기 시작하자 연준은 경기 부양책을 기대하며 즉시 금리를 거의 사상 최저치인 0%로 인하했다. 그러다가 2021년 고용이 증가하고 경제가 팬데믹에서 벗어나기 시작하면서 연준은 인플레이션이 점점 더 우려되고 있다고 결론을 내렸고, 그 결과 다시 한 번 금리를 인상하기 시작했다.

이 과정 전반에 걸쳐 연준이 공리주의적으로 행동하는 것을 볼 수 있다. 경기 침체로 인해 전반적인 이익이 위협받을 때 올바른 결정은 금리를 낮추어 경제 성장을 돕는 것이다. 사실이 바뀌고 성장(인플레이션)이 너무 빨라지기 시작하면 인플레이션 압력이 감소하고 더 큰 이익이 되도록 이자율을 인상하기로 결정된다. 미국 연방준비제도와 같은 공무원의 역할은 자신의 전문 지식을 활용하여 예상되는 결과를 판단하고 대중 전체를 위해 최선의 결과를 가져올 가능성이 가장 높은 결정을 내리는 것이다.

대한 공리주의적 강조를 경제, 비즈니스, 정부와 같은 분야에 특히 매력적으로 만든다. 정책 문제가 결과와 결과에 따라 판단되어야 한다는 것은 분명한 것 같다. 측정, 비교, 정량화에 대한 공리주의적 강조는 정책 입안자가 중립적인 관리자가 되어야 한다는 견해를 강화한다.

표준적인 견해는 정책 목표는 국민의 민주적 결정에 맡겨야 한다는 것이다. 사람들은 자신이 원하는 것과 자신을 행복하게 만드는 것이 무엇인지 결정한다. 사회 정책의 임무는 단순히 가능한 한 효율적인 방식으로 그러한 목표를 달성하도록 돕는 것이다. 효율성은 행복 극대화의 또 다른 말일 뿐이다.

공리주의와 공공 정책 사이의 이러한 긴밀한 연관성에도 불구하고 심각한 윤리적 문제는 여전히 남아 있다. 이제 우리는 공리주의 윤리에 대한 주요 대안인 원칙 기반 윤리로 전환해 보자.

2.6 권리, 의무 및 원칙에 기반한 윤리

원칙 기반 윤리, 또는 때때로 권리와 의무의 윤리라고도 불리는 것은 올바른 길이 때로는 결과가 아니라 특정 원칙이나 의무에 의해 결정된다는 사실을 강조한다. 의무에 대해 더 친숙한 동의어에는 순종, 약속, 책임이 포함된다. 이러한 원칙 기반 접근 방식은 우리의 행위가 항상 전반적인 이익에 대한 결과에 따라 판단되어야 한다고 생각하는 공리주의를 잘못 판단하게 한다. 이러한 윤리적 전통은 목적이 수단을 정당화한다는 공리주의적 믿음을 부정하며 결과에 관계없이 우리가 해야 할 일과 하지 말아야 할 일이 있다고 주장한다. 일반적으로 권리와 의무는 결과에 관계없이 원칙적으로 우리가 무엇을 해야 하는지를 결정한다.

목적이 수단을 정당화하지 못하는 이유를 이해하려면 공리주의적 목적이 집단적 또는 집합적 이익에 초점을 맞추고 있다는 점을 강조해야 한다. 공리주의는 전체의 안녕에 관심을 갖는다. (이것은 공공 정책 입안자들에게 공리주의를 매력적으로 만드는 것 중 하나이다.) 그러나 우리 중 많은 사람들은 개인의 존엄성에 대한 깊은 헌신을 가지고 있다. 우리는 개인이 더 나은 전체 이익을 위한 단순한 수단으로 사용되어서는 안 된다고 믿는다. 이를 설명하는 대표적인 방법은 개인에게는 단순히 집단 이익의 순증가를 창출하기 위해 희생되어서는 안 되는 권리가 있고, 다른 사람들도 그러한 권리를 존중할 의무가 있다고 말하는 것이다.

개발도상국의 아동 노동에 관한 논쟁을 생각해 보자. 빈곤한 국가의 일부 정책 입안자들은 자국 내 생활 수준을 높이는 가장 좋은 방법은 수출을 늘리는 것이라고 믿는다. 이는 국가가 식량, 의약품, 교육비를 지불할 수 있는 (그리고 빚을 갚을 수 있는) 경화를 가져온다. 수출이 증가하면 모든 시민의 생활 수준이 향상되고 이를 통해 공동 이익을 향상시키려는 실용적인 목표를 달성할 수 있다. 그러나 수출을 늘리려면 국가는 경쟁 국가보다 낮은 가격으로 상품을 판매할 수 있어야 한다. 인건비는 주요 생산비용이므로 인건비를 낮게 유지하는 것이 국가 전체에 도움이 된다. 불행히도 낮은 인건비를 유지하는 한 가지 방법은 어린 아이들을 고용하는 것이다. (운동화와 의류 제조 과정에서 발생하는 아동 노동 사례는 너무나 흔한 현상 중 널리 알려진 사례일 뿐이다.)

그러한 상황에서 어린 아이들을 이용하는 것이 윤리적인가? 이 관행을 옹호하는 사람들은 일반적으로 좋은 공리주의적 근거를 바탕으로 아이들이 직업이 없는 것보다 직업이 있는 것이 더 좋고, 가족의 수입에 기여하며, 사회의 전반적인 복지에 기여한다고 주장한다. 비평가들은 원칙에 근거하여 유익한 결과가 있더라도 어린 아이들을 이런 식으로 대하는 것은 비윤리적이라고 주장한다. 이러한 관점에서 아동 노동은 윤리적으로 아동 학대 및 노예 제도와 동일하다. 이는 원칙적으로 뭔가 잘못된 것이다.

한 전통 내에서 우리의 윤리적 의무는 독일 철학자 임마누엘 칸트가 정언 명령이라고 불렀던 원리의 관점에서 설명된다. (명령은 지시 또는 의무이고, 정언은 예외가 없다는 것을 의미한다.) 칸트에 따르면, 우리의 주된 의무는 우리 행위의 준칙이 보편적 법칙이 될 수 있는 방식으로만 행동하는 것이다. 이것은 상당히 직관적인 것을 말하는 매우 추상적인 방법이다. 우리 행위의 '준칙'은 우리 행위의 이면에 있는 의도로 생각될 수 있다. 준칙은 "내가 무엇을 하고 있는가?"라는 질문에 답한다.

칸트는 우리가 보편적으로 받아들여지고 행동할 수 있는 격률에 따라서만 행동해야 한다고 말한다. (모든 인간의 행동은 자신의 이익을 위한 것이라는 이기주의적 견해에 칸트가 어떻게 반응할지 생각해 보라.) 예를 들어, 칸트는 진실을 말하는 것은 가능하지만 거짓말은 보편적인 법칙이 될 수 없다고 믿었다. 모두가 자신에게 좋을 때마다 거짓말을 한다면 합리적인 의사소통은 불가능할 것이다. 그러므로 거짓말은 비윤리적이다. 황금률과 다르지 않은 이러한 보편성 조건은 우리 자신의 개인적인 관점에 다른 사람의 관점보다 특권적인 지위를 부여하는 것을 금지한다. 이는 윤리에 대한 공정성과 평등에 대한 강력한 요구 사항이다.

칸트는 또한 이 정언명령에 대해 덜 추상적인 두 가지 다른 버전을 제공했다. 그는 윤리는 모든 사람을 목적으로 대해야 하며 결코 수단으로만 대하지 말 것을 요구한다고 주장했다. 또 다른 공식에서는 사람을 객체가 아닌 주체로 대해야 한다는 것을 강조했다. 이러한 공식은 사람들을 스스로 생각하고 선택할 수 있는 존재로 대하겠다는 약속을 다시 한 번 명시한다. 인간은 주체이다(행동을 받기보다는 행위를 수행하는 존재이다). 그들은 자신만의 목적과 목적을 갖고 있으므로 단순히 다른 사람의 목적을 위한 수단으로 취급되어서는 안 된다. 이 책의 3장에서는 기업 경영자들이 기업 활동의 영향을 받는 모든 당사자(이해관계자)에 대해 직접적인 윤리적 책임을 진다는 칸트적 근거를 바탕으로 기업의 사회적 책임에 대한 '도덕적 최소' 모델을 검토할 것이다.

따라서 이 이론에 따르면 우리의 근본적인 윤리적 의무는 사람들을 존중하고, 자율적인 삶을 살 수 있는 능력을 동등하게 대하는 것이다. 모든 사람은 다른 사람에 대해 동일한 기본 의무를 갖고 있기 때문에 우리 각자는 존중받을 권리, 결코 수단으로만 취급되지 않고 목적으로 대우받을 권리가 있다고 말할 수 있다. 내가 다른 사람들을 나의 목적을 위한 수단으로 대하지 않는 한, 나는 자율적으로 선택한 목적을 추구할 권리가 있다.

이는 권리와 의무를 이해하는 공통된 방식을 가리킨다. 철학자들은 때때로 권리와 의무가 상호 연관되어 있다고 주장할 것이다. 즉, 나의 권리는 다른 사람의 의무를 확립하고 나의 의무는 다른 사람의 권리에 상응한다는 것을 의미한다. 원칙에 기초한 전통은 의무에 초점을 맞추고 있으며, 이는 내 행동의 윤리적 한계를 설정하는 것으로 생각할 수 있다. 내 관점에서 볼 때, 의무는 내가 다른 사람에게 빚진 것이다. 다른 사람들은 나의 행동에 대해 어떤 주장을 할 수 있다. 즉, 그들은 나에 대해 특정한 권리를 가지고 있다.

따라서 이전 사례로 돌아가서, 칸트주의자는 아동 노동이 아동을 존중해야 하는 우리의 의무를 위반하기 때문에 반대할 것이다. 우리가 아동을 생산과 경제 성장의 목적을 위한 단순한 수단으로 취급할 때 우리는 아동의 권리를 침해하는 것이다. 아동을 단지 수단으로 대하는 사람들은 아동이 아직은 합리적이고 자유롭게 자신의 목적을 선택할 수 없기 때문이다.

이러한 시작점에서, 윤리에 대한 원칙 기반 또는 권리 기반 접근 방식은 더욱 복잡해진다. 완전한 이론은 우리가 가지고 있는 권리와 그것이 어떻게 정당화되는지, 권리의 범위와 범위, 권리의 우선순위를 정하고 서로 다른 권리 사이의 갈등을 해결하기 위한 관련된 프로세스를 명시해야 한다. 앞으로 있을 많은 논쟁을 평가하기 위한 준비로서 우리는 이러한 질문을 간략하게 살펴보겠다.

권리를 이해하는 한 가지 방법은 권리를 이해를 보호하는 것으로 생각하는 것이다. 우리는 종종 사람의 욕구와 이해를 구별한다. 욕구(또는 욕망)는 개인의 심리적 상태이며, 개인이 추구하는 것 바로 그것이 욕구이다. 개인은 자신이 원하는 것이 무엇인지 알기 때문에 특권적인 지위를 누린다는 의미에서 욕구는 주관적으로 알려져 있다. (무언가를 원한다는 사람의 주장에 동의하지 않는다고 상상해 보라.) 이해는 사람의 이익을 위해 작용하며 객관적으로 그 사람에게 좋은 것과 연결되어 있다. 사람들이 항상 자신에게 유익한 것을 원하는 것은 아니다.

예를 들어, 선택권이 주어진다면 많은 아이들은 매일 아침 설탕이 코팅된 시리얼을 먹고 싶어할 것이다. 그들의 부모는 그러한 음식을 먹는 것이 그들에게 유익하지 않다는 이유로 이를 거부한다. 이 경우 욕구와 이해관계가 충돌한다. 마찬가지로, 많은 대학생들이 수업을 빼먹고 싶어하지만 그렇게 하는 것은 그들에게 이익이 되지 않는다. 한편 어떤 때에는 욕구와 이해는 일치할 수 있다. 여러분은 좋은 교육과 좋은 건강을 원하며, 이 두 가지 모두 여러분의 이익에 부합한다.

우리가 살펴본 것처럼 일부 공리주의 버전은 욕구 충족으로 이해되는 행복을 윤리의 최종 목표로 삼는다. 이 버전은 욕구와 이해 사이의 구별을 부정하거나(이해는 단순히 강한 욕구라고 치부), 누군가의 이익이 무엇인지 결정하는 가장 좋은 방법은 그들이 스스로 결정하도록 하는 것이라고 주장한다(즉, 그들이 자신의 욕구를 추구하도록 놔두는 것). 어느 쪽이든, 공리주의자들은 모든 욕구/이해가 동등하게 행복을 만들어 내는 정도에 따라 동등하게 충족될 자격이 있다고 믿는다. 안전하지 않은 작업장으로부터 보호하려는 당신의 욕구가 높은 임금에 대한 나의 욕구와 같다면, 모두 똑같이 만족할 가치가 있다. 이러한 평등을 고려할 때 가능한 한 많은 욕구를 충족시키려는 공리주의적 노력은 합리적인 전략으로 보인다.

원칙 기반 윤리는 이에 동의하지 않으며 원하는 것과 이익이 동일하지 않다고 주장한다. 그들은 적어도 일부 이익은 개인의 행복에 매우 중요하므로 단순히 전반적인 행복의 순증가를 위해 희생되어서는 안 된다고 주장한다. 권리는 이러한 이익이 희생되지 않도록 보호하는 역할을 한다.

인터넷을 통해 음악과 영화 파일을 다운로드하고 공유하는 경우를 생각해 보자. 무한대 및 무제한 다운로드를 허용하는 공공 정책을 채택함으로써 우리가 더 큰 전반적인 행복을 증진할 수 있다는 그럴듯한 사례가 만들어질 수 있다. 그들에 따르면 이 정책으로 인해 주로 공연 예술가와 제작자인 상대적으로 소수의 사람들만이 불행할 것이다. 공리주의적 관점에서는 규제되지 않은 다운로드를 허용함으로써 공익에 가장 부합하는 것으로 보인다. 그러나 예술가와 제작자는 그러한 정책을 금지해야 하는 재산권이 있다고 주장한다. 대중이 무료 음악을 듣거나 무료 비디오를 시청하는 데 갖는 이익은 개인이 자신의 재산을 관리하는 데 갖는 이익과 동등하지 않다.

권리는 카드 게임에서 '트럼프 수트'가 기능하는 방식으로 작동하는 것으로 생각된다. 트럼프는 다른 슈트의 카드 액면가보다 우선한다. 권리는 다른 사람의 단순한 행복보다 인간 복지에 더 중요하고 핵심적인 특정 이익을 보호하기 때문에 이러한 방식으로 기능한다. 권리와 이익 사이의 연결은 우리가 어떤 권리를 갖고 있는지 결정하는 방법을 제공하기 때문에 중요하다. 핵심적이고 중요한 이해관계를 파악하고 이를 단순한 욕구와 구별함으로써 우리는 인권의 범위를 결정할 수 있다.

그렇다면 우리에게는 어떤 권리가 있을까? 우리의 도전 과제는 권리가 너무 많지도, 너무 적지도 않도록 적절히 규명하는 것이다. 지역 커뮤니티의 예로 이를 설명해 보겠다. 도시계획가들은 지역 전체의 도로 건설에 대한 청사진을 가지고 있으며 계획된 도로 중 하나는 도시 내의 희귀한 참나무 숲을 가로질러 파괴할 것이다. 계획이 발표되자 지역 주민들은 다양한 환경적 이유로 도로 건설에 반대했다. 지역계획단장은 시위대에 대해 "지역 주민들은 혼잡하지 않은 도로를 이용할 권리가 있다."고 주장했다. 확실히 이 권리 이론은 너무 광범위하다.

앞서 언급한 권리와 의무의 연관성은 이에 대한 좋은 테스트이다. 권리가 의무를 의미하고 사람들이 혼잡하지 않은 도로에 대한 권리를 갖고 있다면 누군가(아마도 지방 정부)가 사람들이 교통 체증에 시달리지 않도록 충분한 도로를 제공할 의무가 있는 것처럼 보일 것이다. 세금을 인상하고, 이웃을 파괴하고, 재산을 빼앗는 등의 방법으로 많은 사람들의 복지를 파괴하지 않고 이것이 어떻게 이루어질 수 있는지 알기는 어렵다.

이는 우리가 단순히 어떤 것을 매우 원한다고 해서 '권리'를 얻을 수 없다는 것을 의미한다. (비평가들은 이것이 권리 기반 윤리의 문제라고 비난한다. 그들에 따르면 이는 사람들을 자기 중심적인 개인주의로 부추기고, 사람들은 자신의 이기적인 욕구를 권리라고 부르면서 특권을 부여하려고 한다. 누군가 원하는 것은 무엇이든 결국 권리라고 불리게 되고 그에 따라 사람들은 그를 기대하게 되며 사회가 그들에게 이러한 것들을 제공할 것이다.) 하지만 우리는 또한 권리에 대해 너무 좁은 시각을 갖고 싶지는 않다. 설명이 너무 약하거나 권리가 너무 적으면 공리주의에 대한 전체 이론이 붕괴된다. 우리는 최소한 존중이라는 원래 개념과 그것이 기반을 두고 있는 자율성과 존엄성의 요소로 돌아가서 권리에 대한 일반적인 설명을 스케치할 수 있다. 인간이 특별한 존엄성을 가지고 있다는 가정을 정당화하는 인간의 특성은 무엇인가? 인간을 목적이나 주체가 아니라 단순한 수단이나 객체로 대하는 것이 잘못된 이유는 무엇인가?

서구 윤리 전통을 통해 제시되는 가장 일반적인 대답은 합리적인 선택을 하는 인간의 능력이 인간 특유의 특성이라는 것이다. 인간은 본능과 조건에 의해서만 행동하는 것이 아니라, 삶의 방식과 목적에 대해 자유로운 선택을 한다. 이런 의미에서 인간은 자율성을 갖고 있다. 인간은 자신의 목적을 위해 행동을 시작하고, 선택하고, 행동한다는 의미에서 주체이다. 누군가를 수단이나 대상으로 대하는 것은 그 사람의 독특하고 본질적인 인간 특성을 부정하는 것이다. 그것은 그들에게 그들의 인간성을 부정하는 것이 될 것이다.

이것으로부터 우리는 두 가지 관련 권리가 철학 윤리학 내에서 어떻게 기본으로 등장했는지 확인할 수 있다. 자율성, 즉 자치권이 인간 본성의 근본적인 특징이라면, 스스로 선택할 수 있는 자유는 기본권으로서 특별한 보호를 받을 가치가 있다. 그러나 모든 인간은 이러한 기본적 특성을 갖고 있기 때문에 평등한 대우(또는 평등한 고려)도 기본권이다. 따라서 많은 사람들은 개인의 자유와 평등을 기본적인 인권으로 간주한다.

요약하자면, 권리는 특정 인간의 핵심 이해를 보호하며, 단지 전반적인 행복의 순증가를 제공하기 위해 이러한 이익을 희생하는 것을 금지한다고 말할 수 있다. 그러나 욕망과 달리 이해는 객관적인 방식으로 인간의 행복과 연결된다. 자유롭고 자율적인 선택을 할 수 있는 능력으로 특징지어지는 인간 본성은 핵심 이해와 단순한 욕구를 구별하는 기반을 제공한다.

2.7 요약 및 검토

의심할 바 없이 철학적 윤리는 매우 추상적이고 비즈니스 세계와 동떨어져 보일 수 있다. 이러한 외관에도 불구하고 이러한 프레임워크는 윤리적 문제에 대해 생각하기 위한 기본 개념과 범주를 제공함으로써 비즈니스의 일상적인 문제에 대해 생각하는 데 유용한 방법을 제공한다. 우리는 이러한 이론을 특정 결정을 내리는 방식으로 상황에 적용할 수 있는 외부 규칙으로 취급하려는 유혹에 저항해야 한다. 이러한 이론을 일반적인 사고방식에 이미 존재하는 기본 원리를 명확하게 표현하려는 시도로 생각하는 것이 가장 좋을 것이다. 그러한 원리가 명확하게 설명되면 철학자의 역할은 그 의미를 끌어내고 정당화하는 것이다. 그러면 그 원칙을 다시 실제 의사 결정에 반영할 수 있게 된다. 이런 식으로 이해하면 윤리 이론은 처음에 보이는 것처럼 추상적이고 모호하지 않게 된다. 그들은 우리의 사고방식을 안내하기 위해 의도된 만큼 일반적인 사고방식에서 나타난다.

미덕 윤리는 우리가 특정한 결정과 행동에서 한발 물러나 매우 심오하고 개인적인 질문을 하도록 격려한다. 나는 누구인가? 나는 어떤 유형의 사람이 될까? 삶의 과정에서 우리 각자는 우리가 믿는 것, 가치 있게 여기는 것, 바라는 것, 행동하는 방식에 반영되는 개인적인 성격을 발전시킨다. 이 성격은 우리의 습관, 성향, 성격에서 나타난다. 미덕의 윤리는 그러한 습관과 성격 특성 중 어떤 것이 의미 있고 행복한 인간 삶의 일부가 될 수 있는지를 분명히 밝히려고 노력한다. 정직, 진실성, 겸손, 신뢰와 같은 미덕이나 탐욕, 물질주의, 호전성, 무례함과 같은 악덕에 대한 일상적인 언어에 반영되어 있듯이, 미덕 윤리는 일상적인 비즈니스 생활에서 중요한 역할을 한다.

공리주의를 생각해 보자. 공리주의적 사고의 근본적인 통찰은 무엇을 할지 결정하기 전에 우리 행동의 결과, 즉 모든 결과를 고려해야 한다는 것이다. 합리적인 원칙은 우리의 행위가 우리 자신에게 미칠 수 있는 결과뿐만 아니라 그 행위로 인해 영향을 받는 모든 당사자에 대한 행위의 결과도 고려해야 한다는 것이다. 공리주의의 윤리 이론은 이러한 통찰의 의미를 밝혀내려고 노력한다. 그렇게 함으로써 이 이론은 근본적인 윤리적 질문인 '우리는 어떻게 삶을 살아야 하는가?'에 답하는 강력한 접근 방식을 제시했다.

많은 경제적 결정이 공리주의적 근거에 따라 암묵적으로 정당화된다고 말하는 것이 타당하다. 공리주의의 강점과 약점을 이해하는 것은 많은 경제 문제에 대한 합리적인 관점을 개발하는 데 필요하다. 애덤 스미스의 저작에서 발견된 시장 기반 경제에 대한 원래의 이론적 근거부터 유한 책임 기업을 창설하기 위한 원래의 법적 근거에 이르기까지 많은 공공 정책 및 법률 관리 금융, 고용, 소비주의 및 세계 무역, 공리주의에 이르기까지 공리주의의 고려 사항은 결정적인 역할은 아니더라도 중요한 역할을 했다.

마찬가지로, 윤리에 대한 원칙적인 접근 방식은 '목적이 수단을 정당화하지 않는다'와 같은 일반적인 관찰에서 인식되는 또 다른 통찰력을 포착한다. 공리주의 윤리가 결과의 관점에서 판단한다면, 원칙적 접근 방식은 결과에 관계없이 어떤 일을 해야 하거나 하지 말아야 한다고 요구한다. 일부 행위는 원칙적으로 옳거나 그름이 있으며, 유익한 결과가 달리 제시되더라도 그에 따라 행동하는 것이 우리의 의무이다. 개인의 권리를 존중하고 윤리적 의무를 이행하면 좋은 결과를 얻기 위한 결정에 제한이 생길 수도 있다.

권리와 의무에 관한 언어는 이후의 모든 논의에서 중요한 역할을 할 것이다. 칸트의 윤리가 직원을 어떻게 대우해야 하는지에 대한 논의에 많은 기여를 할 것이라는 점을 보려면 '인적 자원 관리' 및 '생산 요소로서의 노동'과 같은 문구를 숙고하면 된다. 직원을 생산성 향상을 위한 단순한 수단으로 취급하는 것은 유익한 결과 측면에서는 유용할 수 있지만 원칙 기반 윤리에서는 거부하는 것이다. 마찬가지로 회계사, 감사인, 변호사, 재무 분석가, 이사회 등의 전문적 직무의 결정권자가 어떤 정보를 보도할지 취사선택하는 것도 비즈니스 활동에 대한 윤리적 제한으로 작용한다.

이 장에 설명된 윤리에 대한 기본 접근 방식은 기업 윤리를 이해하고 기업에서 책임감 있는 윤리적 결정을 내리는 데 필수적인 도구를 제공한다.

토론 사례에 대한 성찰

이번 장의 토론 사례에 설명된 엄청난 CEO 급여의 예에 대한 가능한 응답 범위를 고려해 보자. 의심할 바 없이 어떤 사람들은 '욕심이 놀랍다', '구역질 나고 역겹다'고 결론을 내린 그 의원처럼 격한 감정을 가지고 반응할 것이다. 다른 사람들은 비평가들이 부러워하거나 질투한다고 결론을 내릴 수도 있다. 그러나 그러한 즉각적인 감정적 의견을 넘어서게 되면 우리는 윤리적 언어 없이는 이 문제를 논의하는 것이 불가능할 것이다. 그 언어를 조금만 살펴보면 대부분의 사람들이 윤리적 문제에 대해 생각하는 방식의 패턴을 발견할 수 있다.

많은 사람들이 CEO 급여의 윤리를 결과 측면에서 판단한다. 어떤 사람들은 높은 급여, 특히 성과에 따라 지급되는 보너스를 기반으로 하는 경우 기업 리더가 좋은 일을 하도록 동기를 부여한다고 주장한다. 즉, 높은 임금은 전반적으로 유익한 결과를 가져오는 것이다. 다른 사람들은 블룸버그 뉴스에서 인용된 이야기에 동의하지 않고 이러한 인센티브가 보상 증가를 목표로 하는 단기 전략에 의해 회사의 장기적인 이익이 손상되는 비뚤어진 결과를 낳는다는 결론을 내린다. 이러한 판단의 패턴은 행동의 전반적인 결과에 기초하여 윤리적 결론에 도달하는 것이다.

이러한 판단 사이에서 결정을 내리려면 적어도 부분적으로 그러한 정책으로 인해 발생하는 실제 결과를 조사해야 한다. 윤리적 분석에는 때때로 다음과 같은 실증적 조사가 필요하다. 성공적인 작업에 대해 높은 보상을 약속하는 보상 패키지가 더 나은 경영진 성과를 가져오는가? 사실을 결정하는 것은 종종 윤리적 분석에서 중요한 역할을 하며, 이는 분석 과정에서 취하는 데 도움이 되는 첫 번째 단계가 될 것이다.

이 토론 사례는 또한 경험적 결과를 수반하지 않는 원칙과 기준의 윤리적 문제를 제기한다. 임원들은 월급을 받았는가? 그들은 매년 수천만 달러를 받을 자격이 있는가? 소유권과 수탁 의무는 결과주의적 사고에 윤리적 제약을 가하는 또 다른 요소이다. 예를 들어, 많은 사람들은 경영진의 보상이 계약, 즉 약속의 결과이므로 마땅한 것이라고 주장한다. 다른 사람들은 자신이 열심히 일하고 급여를 받았다고 주장할 수도 있다. '자격이 있다', '받았다'와 같은 단어는 정의와 권리라는 윤리적 원칙을 나타낸다. 원칙과 의무를 식별하는 과정에서 도움이 되는 단계는 대체 결정으로 인해 누가 혜택을 받고 누가 피해를 입을 수 있는지 묻는 것이다.

비평가들은 CEO 계약이 종종 다른 회사의 CEO이자 고위 임원인 소규모 이사회 구성원과 동료 사이에서 이루어진다는 점을 지적할 수 있다. 그러한 계약은 진정으로 공정하지 않을 것이며 이사회 구성원이 주주와 회사 자체에 대해 갖는 의무를 이행하지 않을 것이다. 다시 한 번, '공정성' 및 '의무'와 같은 단어는 이러한 판단의 기초가 되는 윤리적 원칙을 나타낸다. 다른 비평가들은 CEO 급여와 일반 근로자의 임금 차이를 강조한다. 어떤 사람들은 이러한 엄청난 불평등이 불공평하며 노동자들이 자신의 이익을 대변할 힘이 부족하기 때문에 무시당하고 착취당하고 있다고 주장할 것이다.

이러한 사고방식 역시 공통된 패턴을 공유한다. 그것들은 모두 우리의 결정을 안내해야 하는 어떤 원칙이나 규칙에 호소한다. "사람은 자신이 벌었거나 받을 자격이 있는 만큼 받아야 합니다." "사람은 공정하고 존중받아야 합니다." 우리는 약속을 지켜야 합니다." "모든 사람은 동등하게 대우받아야 합니다."

임원 보수 문제는 또한 개인적인 미덕과 악덕에 대한 의문을 제기한다. 언뜻 보기에 이것은 설명적인 활동일 수 있다. 돈을 너무 갈망하여 아픈 사람들에게 필요한 제품에 대해 가격을 인상하는 사람을 묘사해 보라. 매년 수백만 달러의 급여로는 충분하지 않은 사람을 설명해 보라. 그러나 이러한 설명에는 규범적이고 평가적인 구성 요소가 있다. 탐욕스럽다고 묘사되는 사람은 실제 성격에 결함이 있다. 성실한 사람은 칭찬과 존경을 받아야 한다. 물론 그러한 설명에 대한 한 가지 과제는 "그래서 무엇인가?"라는 질문에 대답하는 것이다. 질문. 그럼 내가 욕심이 많으면 어떡하지? 진실성이 부족하다면 왜 걱정해야 할까? 이러한 질문은 윤리적 동기 부여의 핵심이다. 기업 윤리는 선하고 올바른 행동을 정당화할 뿐만 아니라 사람들이 그에 따라 행동하도록 동기를 부여하는 것도 추구한다. 이는 현대 비즈니스 관리자가 직면한 가장 중요한 윤리적 문제 중 하나이다.

복습 문제

1. 윤리에 대한 공리주의적, 원칙 기반, 미덕 기반 접근 방식을 구별하라. 각각의 강점과 약점은 무엇인가?
2. 공리주의 윤리는 비즈니스와 어떤 관련이 있는가? 공리주의 윤리에 대한 적어도 두 가지 과제를 설명하라.
3. 원칙에 기초한 윤리는 개인의 권리와 인간의 본성을 어떻게 연결하는가?
4. 미덕과 악덕의 목록을 작성하라. 시작하는 데 도움이 필요하다면, 보이스카우트와 걸스카우트가 하는 서약을 생각해 보라. "스카우트는 신뢰할 수 있고 충성스럽고 도움이 됩니다. …" 이러한 다양한 미덕이 어떤 면에서 통합되어 있는가?
5. 미덕이 있는 삶이 미덕이 없는 삶보다 윤리적으로 더 낫다고 생각하는가? 이 질문에 대답할 때 구체적인 미덕을 언급하라(예: 신뢰할 수 있는 삶이 신뢰가 없는 삶보다 어떤 면에서 더 나은가? 인색한 삶보다 관대한 삶이 더 나은가?).

미주

[1] Figures on pay differential taken from Economic Policy Institute, https://www.epi.org/publication/ceo-pay-in-2020/ (accessed Jan 12, 2021). Bloomberg quotes from Caleb Melby, "Executive Pay: Valuing CEOs (March 15, 2015)," Bloomberg.com, www.bloomberg.com/quicktake/executive-pay (accessed June 26, 2016). Fortune story from "The Great CEO Pay Heist: Executive compensation has become highway robbery—we all know that. But how did it happen? And why can't we stop it?" by Geoffrey Colvin, June 25, 2001.

[2] Jeremy Bentham, *An Introduction to the Principles of Morals and Legislation* (Oxford: Clarendon Press, 1907), p. 1.

[3] John Stuart Mill, *Utilitarianism*, ed. George Sher (Indianapolis: Hackett Publishing Co., 1979), p. 10.

[4] Ibid., p. 8.

[5] Ibid., p. 11.

3장

기업의 사회적 책임

학습 목표

이 장을 읽고 나면,

- 기업의 사회적 책임에 대한 경제적 모델, 도덕적 최소 모델, 이해관계자 모델 및 전략적 모델을 식별할 수 있다.
- CSR의 경제 모델에 대한 공리주의적, 사유 재산 기반의 정당성을 설명하고 평가할 수 있다.
- 도덕적 최소 모델이 어떻게 경제적 모델과 이해관계자 모델 사이의 중간 지점인지 설명할 수 있다.
- CSR 이해관계자 모델의 윤리적 기반을 설명할 수 있다.
- CSR의 전략 모델을 설명하고 공익 법인이 기존 기업과 어떻게 다른지 설명할 수 있다.

토론 사례: 제230조: 그것이 합법적이라면, 윤리적으로 책임이 있는가

"No provider or user of an interactive computer service shall be treated as the publisher or speaker of any information provided by another information content provider. (대화형 컴퓨터 서비스의 제공자 또는 사용자는 다른 정보 콘텐츠 제공자가 제공한 정보의 게시자 또는 발표자로 취급되어서는 안 됩니다.)"

이 문장은 '인터넷을 만든 26개의 단어'이자 기술 산업에서 중요한 단어라 불려왔다.[1] 이 문장은 미국 연방법인 1996년 통신품위법(Communications Decency Act) 제230조에 근거하며 일반적으로 간단히 제230조라고 한다. '대화형 컴퓨터 서비스'라는 문구는 사용자가 정보를 게시하고 데이터 및 비디오를 업로드할 수 있도록 허용하는 인터넷 기반 회사를 의미한다. 여기에는 지역 인터넷 서비스 제공 업체(ISP)부터 페이스북, 구글, 트위터, 유튜브, 틱톡 및 인스타그램에 이르는 모든 기술 회사가 포함된다. 제230조가 없었다면 오늘날과 같은 인터넷은 존재하지 않았을 것이라고 해도 과언이 아니다. 제230조는 무엇을 의미하며, 왜 그렇게 중요한가? 이 법에 따르면 사용자가 자신의 웹사이트에 정보를 게시하거나 업로드하도록 허용하는 회사는 자신이 해당 정보를 말하거나 게시한 것처럼 취급될 수 없다. 예를 들어, 인쇄하거나 방송하는 콘텐츠의 발행자로 간주되는 신문이나 텔레비전 방송국과 달리, 이 법에서는 인터넷 회사가 '출판자 또는 발표자'가 아니라고 규정한다. 따라서 게시되거나 업로드된 내용에 대해 법적 책임을 질 수 없다. 간단히 말해서, 게시된 내용이 중상, 비방, 오해, 허위, 사기, 유해 또는 음란물이라 할지라도 게시된 모든 것에 대해 폭넓은 법적 면책권을 갖는다. 민간 기업으로서 회사는 게시된 내용과 게시자를 검열할 수 있지만 대부분의 콘텐츠를 허용할 자유와 게시된 모든 내용에 대한 법적 면제를 모두 갖는다.

이 법이 작성되었던 1990년대 중반에는 인터넷이 초기 단계였으며 위에 언급된 회사 중 어느 것도 존재하지 않았다. 세계는 이제 막 이 기술을 이해하기 시작했으며, 이 법은 새롭게 성장하는 산업을 돕기 위한 것이었다. 법은 인터넷 회사가 통신 회사와 유사하게 대우되도록 결정했다. 이러한 관점에서 볼 때 인터넷 회사는 단순히 다른 사람들이 의사소통을 위해 사용하는 플랫폼을 제공하는 것뿐이다. 통신 회사가 사람들이 전화로 말하는 내용에 대해 책임을 질 수 없는 것처럼(물론 이것은 휴대폰이 존재하기 훨씬 전이었다!), 인터넷 회사는 누군가가 게시한 내용에 대해 책임을 질 수 없다. 무책임한 정보를 게시한 이용자는 비방, 사기 등의 불법 행위로 인해 처벌을 받을 수도 있지만, 인터넷 플랫폼을 소유한 회사는 그렇지 않다. 편집자와 제작자가 방송이나 인쇄의 문지기 역할을 하는 방송국이나 신문과 달리, 인터넷 제공 업체는 사용자가 자신의 사이트에 게시하는 내용을 통제하지 않는다. 그러므로 그들은 책임을 져서는 안 된다.

1990년대에 이 법이 처음 통과되었을 때 거의 논쟁이 없었지만, 제230조는 오늘날 미국에서 논란이 많은 법 중 하나이다. 그 이유를 이해하려면 이들 회사 대부분의 비즈니스 모델을 기억하는 것이 도움이 된다. 페이스북, 트위터, 구글 등과 같은 인터넷 플랫폼 및 웹사이트는 우리에게 아무것도 판매하지 않는다. 사용자는 고객이 아니다. 회사는 우리가 플랫폼에서 시간을 보내고, 광고를 보고, 링크를 클릭하고, 우리의 정보와 콘텐츠를 게시함으로써(이를 상품으로 사용할 수 있음) 수익을 창출한다. 우리가 해당 사이트에서 더 많은 시간을 보내고 우리로부터 더 많은 클릭을 얻을수록 그들은 광고 및 이 데이터를 다른 사람에게 판매하여 더 많은 돈을 벌게 된다. 이들의 비즈니스 모델은 사용자를 사이트로 끌어들이고 온라인 상태를 유지하는 콘텐츠에 깊은 관심을 갖고 있다.

어떤 콘텐츠가 가장 많은 조회 수를 끌어낼 것인지 깨닫는 데는 오랜 시간이 걸리지 않았다. 예를 들어, 인터넷 기업가들은 음란물이 많은 시청자를 끌어들일 것이라는 점을 이해했다. 인터넷 시대 이전에는 음란물을 원하면 찾아내야 하고(이는 쉽게 구할 수 없었음) 그에 대한 비용을 지불해야 했다. 오늘날에는 마우스 클릭만으로 누구나 무료로 사용할 수 있다. 제230조가 콘텐츠에 대한 책임으로부터 플랫폼을 보호한다면 아동 포르노, 폭력 포르노, 보복 포르노가 사이트에 업로드될 때 플랫폼도 면제되어야 할까?

다른 인터넷 기업가들에게는 매춘이 많은 시청자를 끌어들이는 또 다른 영역이라는 것이 분명했다. 크레이그리스트(Craigslist)와 백페이지(Backpage)는 매춘을 위한 인터넷 광고의 주요 제공자였던 두 개의 웹 플랫폼이었다. 두 회사 다 법적 문제에 직면했으며, 그들은 제230조에 의해 그들이 보호를 받는다고 주장했다.

예를 들어, 2000년대 초반 크레이그리스트는 호위를 위한 노골적인 광고를 포함하는 '에로틱 서비스' 섹션을 선보였다. 비평가들은 이러한 광고 중 일부가 성매매와 아동 매춘을 홍보하는 내용이라고 비난했다. 크레이그리스트는 이러한 광고를 제거하고 해당 광고에 대한 책임이 있는 사람들을 노출시키기 위해 법적 당국과 협력하기로 자발적으로 동의했지만, 제230조가 특히 합의된 성인 매춘과 관련된 광고에 대해 법적 책임으로부터 그들을 보호한다고 주장했다. 크레이그리스트는 결국 CEO 짐 벅미스터(Jim Buckmaster)가 법적 싸움의 번거로움을 겪을 가치가 없다고 판단하여 원칙의 타협이라고 설명하면서 웹사이트의 성인용 섹션을 폐쇄하기로 결정했다. 그는 "오랫동안 우리는 마음속에 원칙이 있는 일을 하려고 노력했습니다. 대신에 우리는 실용적인 일을 하게 되었습니다."라고 말했다.

크레이그리스트가 이러한 광고에서 멀어짐에 따라 백페이지의 매춘 목록이 크게 늘어났다. 주로 아동 매춘 및 성매매 사건을 다루는 소송 및 형사 기소로 인해 결국 백페이지가 폐쇄되었고 그 과정에서 제230조에 대한 제한이 설정되기 시작했다. 성매매나 아동 매춘 광고를 개발하거나 이에 대한 비용을 지불하거나 고의로 무시하는 행위는 민사소송과 형사소송 모두에서 법적 책임을 질 수 있다.

다른 논란은 불법이 아니라 부도덕하고 사악한 활동과 관련된 콘텐츠에 대한 제230조 보호에 초점을 맞췄다. 더더티닷컴(TheDirty.com)은 비방적인 가십, 루머, 빈정거림으로 가장 잘 설명되는 콘텐츠를 전문으로 하는 웹사이트이다. 더더티는 특히 깨끗한 이미지를 투영하려는 사람들에 대한 진실을 폭로하는 데 전념한다고 주장한다. 사기나 기만 행위에 이 사명을 적용하면, 무해하거나 심지어 칭찬할 만한 것처럼 보인다. 그러나 실제로 웹사이트에서는 검증 없이 다른 사람을 '욕하고 수치스럽게' 하려는 의도로 사진을 포함하여 누구나 무엇이든 게시할 수 있도록 허용한다. 비행, 음주, 간음, 특히 성적으로 당황스러운 자료에 대한 주장이 웹사이트에 정기적으로 게재된다. 이 책을 쓰는 시점(2022년 5월)에서 현재 더더티는 여전히 존재하지만 구글은 검색 엔진에서 해당 항목의 색인을 해제하여 찾기가 어렵다.

4찬(4chan)과 8찬(8chan) 플랫폼은 무제한 게시물을 호스팅하는 극단적인 예 중 하나이다. 이 사이트에서는 살인 피해자, 대량 총격 사건, 나치 및 인종 차별주의 선전 사진의 익명 게시를 허용했으며, 해당 사진을 삭제하기 전 일정 기간 동안 아동 포르노의 애니메이션 묘사를 허용했다.

더 큰 정치적 논란은 페이스북, 유튜브, 트위터와 같은 주요 플랫폼과 관련되어 있다. 2019년 3월, 뉴질랜드의 크라이스트처치 도시의 이슬람 사원 두 곳에서 백인 우월주의자가 51명을 살해했다. 테러범은 자신의 공격을 17분 넘게 페이스북을 통해 실시간 스트리밍했다. 페이스북은 동영상 스트림이 종료된 지 12분이 지나도록 이 사실을 알지 못했지만, 이내 이를 웹사이트에서 삭제하고, 범인의 계정을 삭제했으며, 해당 동영상이 더 이상 공유 및 업로드되는 것을 막고, 지지하거나 칭찬하는 것으로 보이는 모든 게시물을 금지했다. 페이스북의 AI 필터가 라이브 스트리밍을 막는 데 실패했다는 것을 인정하면서도, CEO 마크 저커버그는 라이브 방송을 지연시키는 정책을 시행하는 것을 거부하면서, 그것이 라이브 스트리밍의 이점을 '근본적으로 깨뜨릴 것'이라고 주장했다. 아마도 '이점'에는 페이스북이 시청자를 라이브 스트리밍으로 유치함으로써 벌어들이는 돈이 포함될 것이다.

크라이스트처치 살인 사건은 2014년 테러조직 ISIS가 미국 언론인을 참수하는 동영상과 사진을 유튜브와 트위터에 올렸던 사건과 유사했다. 두 플랫폼 모두 게시물을 신속하게 제거했지만 원래 게시되는 것을 방지하는 정책은 없었다.

크라이스트처치 총격 사건은 페이스북이 2016년 미국 대통령 선거를 방해하려던 러시아 요원들이 페이스북 플랫폼을 사용했다는 이유로 널리 비판을 받은 지 2년 후에 발생했다. 이 책 1장의 토론 사례에서 설명했듯이 페이스북은 결국 해당 선거가 있기 전 해에 무려 1억 2,600만 명에 달하는 사람들이 러시아 관련 광고나 게시물에 노출되었다는 사실을 공개했다. 러시아와 관련된 광고 중 상당수는 이민, 흑인 인권 운동(Black Lives Matter), 연방, 무슬림, 총기 권리와 같은 주제에 관해 미국 내 사회적 긴장을 악화시키는 것을 목표로 했다. 한 광고는 미국의 '이슬람화'에 반대하는 집회를 홍보하는 반면, 다른 광고는 같은 시간과 장소에서 예정된 이슬람 수호 반대 집회를 홍보했다.

러시아인들은 트위터와 구글에서 광고를 샀을 뿐만 아니라, 이 모든 플랫폼에서 허위 계정을 만들고, 봇을 사용해 허위 트윗을 게시하고, 구글의 유튜브에 동영상을, 페이스북의 인스타그램에 사진을 게시했다. 러시아인들은 디지털 마케팅 담당자가 페이스북에서 운영하는 것과 동일한 방식으로 광고, 게시물 및 의제를 홍보했다. 그들은 페이스북 데이터를 활용하여 자신이 판매하는 제품을 '구매'하려는 경향이 있는 개인과 그룹을 타깃팅했다. 그들은 이러한 사람들의 관심을 끌 수 있는 광고를 만든 다음 페이스북에 비용을 지불하여 타깃 고객의 페이지에 광고를 게재했다. 그들은 수천 명의 다른 사용자를 끌어들이는 계정과 그룹을 만든 다음 페이스북 사용자가 '좋아요'를 누르고 광고와 게시물을 '친구'에게 전달하여 순환을 늘리기 위해 나머지 작업의 대부분을 수행하게 만들었다.

최근에는 페이스북이 코로나19 팬데믹과 코로나19 백신에 관한 잘못된 정보, 허위 정보, 음모론을 퍼뜨리는 데 사용되었다. 2021년에 페이스북은 유해하고 허위인 코로나19 정보 게시에 대한 회사 정책을 위반한 일부 사용자를 제거했지만, 금지된 사용자의 팔로워는 계속해서 음모론을 퍼뜨리고 공유했다. 페이스북 임원인 앤드류 보스워스(Andrew Bosworth)는 플랫폼이 게시한 개인의 행동에 대해 책임을 질 수 없다는 일반적인 주장을 반복했다. "사람들은 어떤 것을 믿거나 믿지 않기로 선택합니다. 그들은 어떤 것을 공유하거나 공유하지 않기로 선택합니다. … 그것이 그들의 선택입니다. 그들은 그렇게 하는 것이 허용됩니다. 그 사람들에게 문제가 있으며 페이스북에는 문제가 없습니다. 우리에게 그 책임을 전가할 수는 없습니다."

이러한 논란이 진행되는 동안 페이스북 및 기타 유사한 플랫폼은 원래 작성된 제230조 법률에 대한 주장에 항소했다. 인터넷 플랫폼에 게시된 게시물의 엄청난 양으로 인해 (적어도 비즈니스 모델 내에서는) 인터넷 회사가 신문이나 TV 방송국처럼 콘텐츠를 모니터링하는 것이 불가능하다는 것이다.

마지막으로, 제230조에 따르면 업로드된 내용에 대해 회사에 법적 보호를 부여하지만, 회사 자체가 게시물을 검열, 제한, 삭제하거나 사용자를 플랫폼에서 제외하는 것은 항상 가능하다. 민간 기업으로서 자체적인 이용 약관 및 정책을 자유롭게 수립하고 이를 게시물, 영상, 이용자 삭제의 근거로 삼을 수 있다. 모든 플랫폼은 어느 정도 콘텐츠 조정에 참여해 왔다. 유명한 사례로 트위터는 2021년 1월 도널드 트럼프 전 대통령을 플랫폼에서 금지했다. 트위터의 결정은 "도널드 트럼프 계정(@realDonaldTrump)의 최근 트윗과 그 주변 상황을 면밀히 검토한 후 추가 폭력 선동과 같은 위험 때문에 계정을 영구적으로 정지했습니다."라고 발표되었다. 트럼프의 계정이 금지되었을 때 그의 계정에는 이미 8,800만 명 이상의 팔로워가 있었다.

이 책을 쓰는 시점(2022년 5월)에 기업가 일론 머스크(Elon Musk)는 트위터를 440억 달러에 인수하기로 잠정 합의했다. 머스크는 무제한 언론의 자유에 대한 자신의 신념을 솔직하게 밝혔으며 트위터를 사람들이 자유롭게 모여 의견을 교환해야 하는 새로운 '마을 광장'으로 묘사했다. 그러나 위에서 설명한 유형의 사례를 고려할 때 트위터가 진정으로 무제한 언론의 자유의 본거지가 될 것이라고 상상하기는 어렵다. 트위터를 상장 기업에서 개인 소유 기업으로 바꾸려는 머스크의 계획은 트위터가 콘텐츠 조정에 어느 정도 참여할지 결정하는 데 더 큰 자유를 줄 것이다.

제230조 보호가 적용되더라도 콘텐츠 조정은 모든 소셜 미디어 플랫폼에서 항상 피할 수 없는 측면이다. 법은 거대한 플랫폼에 게시되는 내용에 대한 상당한 자유를 허용하기 때문에 표현의 자유와 콘텐츠 조정 사이의 경계에는 필연적으로 가치 판단이 포함된다. 마지막 예로, 200만 명이 넘는 팔로워를 보유한 틱톡 사용자가 입소문이 난 예술 및 공예 동영상을 게시한 2022년 초의 사례를 생각해 보자. 의도된 프로젝트는 어린이 놀이 프로젝트를 슬라임(액체 장난감. — 역자 주)으로 만드는 것이었지만 포스터에는 네이팜탄과 유사한 가연성이 매우 높은 혼합물의 제조법이 나와 있었다. 네이팜은 군대에서 폭탄과 화염방사기에 사용하는 방화 젤이다. 틱톡은 해당 게시물을 발견하자마자 삭제했지만, 다른 소셜 미디어 플랫폼에서 입소문이 퍼지고 난 후에야 이를 삭제했다.

토론 질문

1. 제230조에 따라 제공되는 법적 보호를 고려할 때 더더티나 4찬과 같은 인터넷 웹사이트를 운영하는 것은 일반적으로 합법적이다. 이는 바뀌어야 하는가? 그러한 웹사이트를 운영하는 것이 윤리적인가? 소비자로서 그러한 웹사이트를 이용하는 것은 윤리적인가? 그런 웹사이트에 광고를 하는 것은 윤리적인가?
2. 음란물이나 성매매를 게시하는 웹사이트를 판단하는 데에는 두 가지 관점이 있다. 우리는 개인의 사업 기회의 관점에서 판단할 수도 있고, 사회 전체의 관점에서 판단할 수도 있다. 음란물이나 성매매 서비스를 전문으로 하는 인터넷 회사에서 일하거나 창설할 기회가 있다면, 여러분은 그렇게 하겠는가? 그런 기업은 사회에 좋은 것인가? 좀 더 엄격하게 규제해야 하는가?
3. 페이스북 및 기타 웹 기반 플랫폼은 사이트에 게시된 콘텐츠를 사전에 감시하는 것이

거의 불가능하다고 주장한다. 그들의 AI 기술은 기껏해야 게시된 일부 콘텐츠에 플래그를 지정하고 제거할 수 있지만, 그럼에도 불구하고 그들은 검열을 꺼린다. 그들의 결정에 동의하는가?

4. 제230조가 폐지되고 인터넷 플랫폼이 자신의 사이트에 게시된 콘텐츠에 대해 법적 책임을 지게 된다면 세상은 어떻게 변할까? 제230조가 어떻게 수정되어야 할까?
5. 단순히 통신 플랫폼을 제공한다는 점에서 인터넷 플랫폼은 통신 회사와 어떻게 유사한가? 어떻게 다른가? TV 방송국이나 신문과 어떻게 유사하거나 다른가?
6. 소셜 미디어 플랫폼은 어떤 기반으로 콘텐츠 조정에 참여해야 하는가? 어디에 선을 그어야 하는가? 어떤 근거로 일부 사용자를 플랫폼에서 제거하거나 검열해야 하는가? 회사가 비공개적으로 거래하는지 공개적으로 거래하는지가 중요한가?

3.1 서론

이 장을 여는 토론 사례는 비즈니스 결정이 어떻게 사회적, 정치적 결정과 깊고 불가분하게 연결되어 있는지 보여 준다. 제230조가 법으로 제정되지 않았다면 전체 기술 산업이 어떻게 달라질지 상상해 보라. 예를 들어, 페이스북 페이지에 명예훼손적인 내용이 게시될 때마다 페이스북이 명예훼손으로 고소당할 수 있다면 세상이 얼마나 달라질지 상상해 보라.

이번 장의 주제는 **기업의 사회적 책임**(CSR)이다. 일반적인 질문은 기업이 사업을 운영하는 사회에 대해 어떤 책임을 지는가 하는 것이다. 아마도 기업 윤리의 다른 어떤 주제보다 CSR은 이 책 1장에서 설명한 기업 윤리의 세 가지 수준을 연결한다. CSR은 개인, 조직 및 사회 수준의 윤리를 다룬다. CSR의 경쟁 모델은 직원, 고객, 시민으로서 개인이 비즈니스에 대해 정당하게 기대할 수 있는 것에 영향을 미친다. 조직 수준에서 이러한 모델은 기업 및 비즈니스 조직의 구조와 관리 방법에 직접적인 영향을 미친다. 마지막으로, 사회적, 정치적 차원에서 CSR의 모든 모델은 사회 내에서 기업과 사업체의 역할에 관한 특정한 철학적, 정치적 이론에 뿌리를 두고 있다.

이 장의 앞서 토론 사례는 또한 1장에서 검토한 또 다른 주제를 강조한다. 많은 기업 관찰자들에게는 기업이 법을 준수하는 것만으로도 윤리적으로 충분하다. 우리는 그러한 관점을 기업 윤리에 대한 회의적인 도전으로 식별했다. 그 이유는 법이 비윤리적인 결정을 예방하기에 충분하다고 가정했기 때문이다. 그러나 제230조 사건은 비즈니스 의사 결정과 관련된 윤리적 복잡성을 보여 준다. 이 경우 법은 테크 회사에 어떤 것도 요구하지 않고 대신 법적 책임을 제한함으로써 의사 결정에 더 큰 자유를 허용한다. 실제로 법은 선택의 폭을 더욱 넓혔고, 윤리적 성찰과 의사 결정의 필요성도 더욱 커졌다. 이 장에서 검토된 CSR 모델은 그러한 성찰과 의사 결정을 위한 다양한 지침을 제공한다.

3.2 기업의 사회적 책임의 경제 모델

우리가 기업의 사회적 책임에 대한 경제 모델이라고 부르는 것은 자유 시장, 즉 신고전주의 경제 이론에 뿌리를 두고 있다. 이 모델은 기업의 일차적 책임이 주주들에게 있다고 주장하기 때문에 일반적으로 비즈니스 관리에 대한 '**주주 우선주의**' 접근 방식으로 식별된다. 이러한 관점은 아마도 지난 세기 기업의 책임에 관한 가장 영향력 있는 이론일 것이며 특히 경영대학원 교육에 큰 영향을 미쳤다. 본질적으로 이 모델은 기업 경영이 법률 내에서 이익을 극대화하도록 지시한다.

이러한 CSR의 경제 모델은 경제적 공리주의에 철학적, 윤리적 뿌리를 두고 있다. 이러한 공리주의적 관점에서 경제의 윤리적 목표는 행복을 극대화하는 것이며, 개인의 선호나 욕구에 대한 만족을 최적화하는 것으로 이해된다. 애덤 스미스를 따라 이 모델은 이러한 윤리적 목표를 달성하기 위한 최선의 수단은 자유 시장 경제 시스템을 채택하는 것이라고 주장한다. 경쟁 시장은 상품과 서비스를 할당하고 배포하는 가장 효율적인 수단으로 간주된다. 따라서 특정 비즈니스 및 비즈니스 관리 모델이 해당 시스템에서 나오게 된다. 이러한 CSR의 경제 모델 내에서 비즈니스 관리자는 법률 내에서 이익을 극대화하려고 노력해야 한다. 왜냐하면 이익은 상품과 서비스를 최적으로 분배한다는 전반적인 목표를 달성하기 위한 다양한 수단의 효율성을 측정하는 것이기 때문이다.

아마도 기업의 사회적 책임이라는 경제 모델의 가장 잘 알려진 옹호자는 노벨상을 수상한 경제학자 밀튼 프리드먼일 것이다. 프리드먼은 자신의 저서 자본주의와 자유에서 경제 모델에 대해 다음과 같이 명확하게 설명한다.

이러한 견해는 기업 관계자들의 폭넓은 수용을 얻고 있습니다. … 주주의 이익을 넘

> 어서는 사회적 책임을 갖고 있습니다. … 이러한 견해는 자유 경제의 성격과 본질에 대한 근본적인 오해를 보여 줍니다. 그러한 경제에서 기업의 사회적 책임은 단 하나뿐입니다. 즉, 게임의 규칙을 준수하는 한 자원을 사용하고 이익을 늘리기 위해 고안된 활동에 참여하는 것입니다. 기만이나 사기가 없는 자유 경쟁. … 기업 임원들이 주주들을 위해 가능한 한 많은 돈을 버는 것 외에 사회적 책임을 수용하는 것만큼 우리 자유 사회의 기반을 철저히 훼손할 수 있는 경향은 거의 없습니다.[2]

이는 일부 비평가들에게는 비즈니스에 대한 협소하고 이기적인 이해로 보일 수 있다. 그러나 자세히 분석해 보면 프리드먼의 인용문에서 이러한 견해의 윤리적 뿌리를 볼 수 있다. (이 인용문에 비추어 1장에서 검토한 기업 윤리에 대한 회의적인 도전을 검토하는 것도 유용할 것이다.) 관리자의 사회적 책임은 '주주들을 위해 가능한 한 많은 돈을 버는 것'이다. 이러한 책임은 '자유 경제의 성격과 본성'에서 나온다. 따라서 단순화를 위해 자유 시장 이론이라고 부르는 특정 경제 이론이 이러한 관리 역할에 대한 근거를 제공한다.

그런데 왜 우리는 이 경제 이론을 받아들여야 하는가? 위의 인용문에서 프리드먼은 이러한 확실한 윤리적인 질문에 어떻게 대답할 것인지에 대한 힌트를 제공한다. 자유 시장 이론이 기업 경영에 부여하는 역할을 무시한다면 우리는 '자유 사회의 기반 자체를 훼손'하게 될 것이다. 관리자는 이러한 심각한 윤리적 잘못을 피하기 위해 이익을 극대화할 윤리적 의무가 있는 것이다.

이 짧은 구절은 기업 윤리에 대한 시장 접근 방식에 내재된 다양한 사회적, 정치적, 윤리적, 경제적 문제를 암시할 뿐이다. 실제로 '시장'을 현대사에서 가장 영향력 있는 공공 정책 철학 중 하나로 묘사하는 것이 타당할 것이다. 환경 보호에서 의료 서비스 할당에 이르기까지, 그리고 기업 윤리에 관한 거의 모든 논란에 대해 우리는 일반적으로 '시장이 결정하도록 하라'는 권고를 찾을 수 있다. 이 장에서만 우리는 직원의 건강과 안전, 기만적인 광고, 제품 안전, 직원의 권리와 책임, 환경 보호와 같은 다양한 문제에 대한 시장 기반 권장 사항을 검토할 것이다. 이 견해를 깊이 검토해 보는 것은 가치 있는 일이 될 것이다.

이 모델을 채택한 사람이 제230조 법안에 어떻게 반응할지 일반적인 관점에서 고려해 보자. 거의 예외 없이 인터넷 회사가 자사 플랫폼에 어떤 게시물이라도 허용하는 것은 법적으로 허용된다. 법의 범위 내에서 '기만과 사기'가 없는 이익 추구는 기업가가 사용자를 끌어들이고 플랫폼에 머물게 하는 게시물을 찾도록 장려할 것이다. 실제로 이러한 인센티브는 인터넷 음란물, 매춘, 중상 모략, 가십 및 기타 사회적으로 바람직하지 않은 서비스 및 제품에 대한 광범위한 시장을 창출했다. 이러한 시장을 추구할지 여부를 결정하는 것은 피할 수 없는 윤리적 결정이었다.

좀 더 구체적으로, 기업의 사회적 책임이라는 경제 모델의 관점에서 페이스북을 고려해 보자. 페이스북의 엄청난 재정적 성취는 경영진이 시장에서 성공했다는 좋은 증거이다. 페이스북의 사용자 기반은 2008년 1억 명에서 2022년 거의 30억 명의 활성 사용자로 크게 성장했다. 페이스북의 수익은 2008년 2억 7,200만 달러, 순 영업 손실 5,600만 달러에서 1,170억 달러 이상, 수입 460억 달러로 증가했다. 처음 공개적으로 매각된 지 불과 한 달 만인 2012년 선거일에 페이스북의 주가는 주당 20달러 미만으로 책정되었다. 2016년 선거일 주가는 120달러였고, 캠브리지 애널리티카 스캔들 중에는 주가가 160달러까지 떨어졌다. 2022년 4월 이 책을 쓰는 시점에서 주가는 주당 220달러였다. 어떤 면에서 보아도 페이스북은 시장이 매우 높이 평가하는 서비스를 제공해 왔다.

'시장'은 이 기업 전략을 어떻게 평가할 것인가? 페이스북은 프리드먼의 모델이 구상한 사회적 책임 기업의 유형과 정확히 일치하는 것 같다. 지난 10년 동안 페이스북의 투자 수익은 놀라울 정도였다. 소셜 미디어 산업이 자유롭고 경쟁에 개방되어 있다고 가정하고(마이스페이스(Myspace)를 기억하는가?) 페이스북이 사기, 기만, 불법 행위에 가담하지 않았다고 가정하면(적지 않은 부분은 제230조 덕분에) 페이스북의 기업 전략은 시장 관점에서 볼 때 몇 가지 중요한 윤리적 목표를 달성했다. 아마도 가장 중요한 것은 30억 명의 사용자가 전 세계적으로 활동하는 소셜 미디어 플랫폼에 무료로 액세스할 수 있다는 것이다. 광고주와 기타 사람들은 수십억 명의 청중에게 다가갈 수 있는 귀중한 수단을 찾았다. 주주들은 투자에 대해 놀라운 수익을 얻었다. 페이스북과 관련된 모든 사람이 이 사업으로 이익을 얻은 것 같아 보인다. 주주 우선주의 기준으로 볼 때 페이스북이 경제 모델에 따른 기업의 사회적 책임을 다하지 못했다고 단정하기는 어렵다.

자유 시장에 대한 이러한 정당화는 분명히 전체적인 이익을 극대화하도록 행동해야 한다는 공리주의적 윤리 원칙에 기초하고 있다. 그러나 공리주의 외에도 자유 시장에 대한 또 다른 윤리적 방어가 있다. 이 접근 방식은 시장의 좋은 결과에 호소하기보다는 사유 재산의 권리에 호소한다.

다시 한 번, 밀튼 프리드먼은 이 원칙에 대해 다음과 같이 간결하게 설명한다.

> 자유 기업, 사유 재산 시스템에서 기업 임원은 사업 소유자의 직원입니다. 그는 고용주에 대해 직접적인 책임을 집니다. 그 책임은 그들의 희망에 따라 사업을 수행하는

> 것이며, 일반적으로 법에 구현된 것과 윤리적 관습에 구현된 사회의 기본 규칙을 준수하면서 가능한 한 많은 돈을 버는 것입니다. … 핵심은 기업 임원으로서 관리자는 기업을 소유한 개인의 대리인이라는 것입니다. … 그의 주된 책임은 그들에 대한 것입니다.[3]

이러한 관점에서 기업은 사유 재산으로 이해되며, 여타 사유 재산과 마찬가지로 소유자는 이를 어떻게 할지 결정할 권리가 있다. 개인 사업체의 소유자가 자신의 재산을 직원이나 지역사회에 혜택을 주기 위해 사용하려는 경우는 문제가 없다. 그러나 페이스북과 같은 상장 기업의 경영진이 직원과 지역사회의 이익을 위해 주주 재산을 사용하기로 결정한다면 무책임하게 행동하는 것이다. 이익의 극대화가 아닌 사회적 목적을 추구하는 것은 자신의 목적을 위해 다른 사람의 돈을 쓰는 것이다. 경제 모델 옹호자들에 따르면 이는 중요한 윤리적 원칙을 위반하며 윤리적으로 절도와 동일하다.

따라서 CSR의 경제 모델은 기업 경영이 최대 이익을 추구하도록 지시한다. 이는 기업 경영의 주요 윤리적 책임이며 공리주의적 권리와 개인 권리를 바탕으로 옹호된다. 이와 동일한 윤리적 고려 사항은 정부가 비즈니스에 대해 자유방임적 접근 방식을 채택하도록 지시한다. 기업은 정부의 규제와 통제로부터 자유로워야 하며 시장이 가장 효율적으로 기능할 수 있어야 한다.

3.3 경제 모델에 대한 비판적 평가: 공리주의적 방어

기업의 사회적 책임이라는 경제적 모델은 비즈니스와 경제에 큰 영향을 미쳤기 때문에 그 윤리적 기반에 대해 신중하게 생각하는 것이 중요하다. 이러한 CSR의 경제적 모델은 다양한 근거에서 심각한 도전을 받아 왔다.[4] 우리는 이 책 2장에서 설명한 공리주의와 권리의 윤리적 틀에 뿌리를 둔 윤리적 도전에 초점을 맞출 수 있다.

경제 모델에 대한 공리주의적 옹호는 2장에서 발견된 공리주의에 대한 논의로 되돌려 보자. 공리주의 윤리는 수단과 목적, 행위와 결과의 관점에서 설명되었다. 관리자는 자유 시장 경제에서 특정한 역할을 맡게 되는데, 그 역할을 수행함으로써 유익한 결과를 창출하는 데 기여하기 때문이다. 이러한 방식으로 보면 우리는 두 가지 일반적인 유형의 문제를 제기할 수 있다. 하나는 소비자 수요를 최대한 만족시키기 위한 수단으로서 자유 시장의 적절성에 초점을 맞추는 것이고, 다른 하나는 합법적인 윤리적 목표로서 이러한 목적의 적절성에 초점을 맞추는 것이다. 더 간단히 말하면, 자유 시장은 우리의 윤리적 목적을 위한 적절한 수단인가? 그 목적은 윤리적으로 적절한가?

경제학자들은 이윤 추구가 전반적인 소비자 만족도의 순증가로 이어지지 않는 다양한 상황에 대해 잘 알고 있다. 실제로 이러한 상황을 시장 실패라고 부르는 이유는 이러한 경우 시장이 원래 의도한 대로 작동하지 않기 때문이다. 정의에 따르면, 시장 실패는 시장이 목적을 달성하기 위한 수단으로 실패할 때 발생한다. 경제학에서 흔히 볼 수 있는 세가지 일반적인 시장 실패 사례를 언급해 보자. 오염이나 자원 고갈과 같은 외부 요인은 아마도 시장 실패의 가장 잘 알려진 사례일 것이다. 외부 효과는 효율적으로 기능하는 시장이 최적의 결과를 달성하지 못하는 사례를 제공한다. 외부 효과의 일반적인 예로는 대기 오염, 온실가스 배출, 지하수 오염 및 고갈, 토양 침식, 핵폐기물 처리 등이 있다. 그러한 문제의 비용은 판매자와 구매자 사이의 교환에 참여하지 않는 당사자(예: 피해를 받는 사람, 그들의 이웃, 미래 세대)가 부담한다. 그러한 당사자들은 경제적 교환의 외부에 있다. 이러한 문제의 '비용'은 외부 당사자가 부담하므로 교환 가격은 실제 비용과 이익 간의 균형을 나타내지 않는다. 이러한 외부 비용(또는 이익)은 시장 교환이 해당 균형으로 표시되는 비용과 이익의 최적 분배를 달성하지 못한다는 것을 의미한다. 즉, 시장은 의도한 결과를 달성하지 못한다. 최적의 분배를 달성하려면 이러한 외부 효과를 내부화할 수 있도록 시장을 규제하고 통제해야 한다.

시장 실패의 두번째 사례는 공공재의 경우이다. 안정적인 기후, 깨끗한 공기, 지하수, 해양 어업, 아름다운 전망, 우호적이고 지지적인 이웃과 공동체, 안전한 거리 등 가격 책정 메커니즘이 존재하지 않는 많은 사회적 재화가 있다. 경제적 가격이 없으면 이러한 상품이 가장 가치 있는 사람들에게 할당되도록 시장에 수단이 제공되지 않는다. 따라서 시장이 공공재와 관련하여 공익을 최적으로 만족시킨다는 보장은 없다. 그러한 상품을 보존하고 보호하려면 경제 시장 이외의 정책 메커니즘이 필요할 것이다.

페이스북의 사례에서, 민주적 선거의 온전함을 보존한다는 공익은 페이스북의 자유 시장 이익 추구에 의해 제공되지 않았다는 사례가 만들어졌다. 선거의 진실성을 중요시하는 사람들은 페이스북이 운영되는 시장의 당사자가 아니었다. 따라서 모든 이해관계와 마찬가지로 진정으로 실용적인 계산의 일부가 되어야 하는 이러한 이해관계는 무시되었다.

세 번째 유형의 시장 실패는 개인의 합리적 자기 이익 추구(경쟁 시장에서 요구되는 행동 유형)가 당사자의 행동이 협력이나 규제를 통해 조정되었을 경우보다 더 나쁜 결과를 가져오는 상황에서 발생한다. 소위 죄수의 딜레마 사례는 협력이 경쟁보다 더 최적의 결과를 가져오는 상황의 예이다.[5] 하지만 아마도 더 흔한 상황은 개인의 합리성이 공공의 피해를 초래하는 상황일 것이다.

정책 결정을 전적으로 개인의 결정 결과에 맡긴다면 중요한 윤리적, 정책적 문제를 놓칠 수 있다. 이 문제는 많은 기업 윤리 문제, 특히 일터 내 화학 물질 노출, 살충제나 식품 첨가물로 처리된 음식 섭취, 질산염과 화학 잔류물이 포함된 식수, 또는 수많은 소비자의 개별 선택으로 인한 오염과 같은 건강 위험에 대해 발생한다. 특정 예로, 저마일리지 스포츠 유틸리티 차량을 운전하기로 선택하는 결정을 생각해 보자.

이러한 차량을 운전하면 주행 거리당 배출되는 대기 오염물질의 양이 증가한다. 13mpg SUV는 124,000마일의 수명 동안 134톤의 CO_2를 배출한다. 36mpg 소형차는 같은 거리에서 48톤을 배출한다. 자유 시장 경제에 전제된 합리적으로 이기적인 개인으로 행동한다면, 우리는 SUV 운전의 이점을 계산하고 오염으로 인해 직면하는 비용 증가 및 건강 위험과 비교하여 평가할 것이다. 소형차가 아닌 SUV를 운전할 때 우리(또는 그러한 선택에 직면한 모든 개인)에게 증가되는 위험은 극히 작기 때문에 SUV를 운전하려는 우리의 이기적인 선택은 개인의 합리성에 대한 시장 개념에 따라 합리적이게 된다.

이와 동일한 사실을 개인의 관점이 아닌 로스앤젤레스 인구의 관점에서 생각해 보자. 우리의 개별 계산에 따르면 모든 개인이 SUV를 선택하는 것이 합리적일 수 있으므로 시장 솔루션에 내재된 개인주의적 접근 방식은 로스앤젤레스 오염률을 합리적인 정책으로 받아들일 것이다. 그러한 개별 계산의 전반적인 사회적 결과는 오염과 천식 및 알레르기와 같은 오염 관련 질병의 상당한 증가로 이어질 수 있다. 오염 및 오염 관련 질병을 해결할 수 있는 다양한 대안 정책(예: SUV 판매 제한, 휘발유에 대한 세금 인상, 기업 자동차 연비 기준 계산 시 SUV를 경트럭 대신 자동차로 취급)이 있다. 그러나 이러한 대안은 개인주의적 관점이 아닌 사회적 관점에서 이 문제를 검토하는 경우에만 고려될 수 있다.

코로나19 백신에 관해 일부 사람들이 내린 계산에서도 비슷한 딜레마를 볼 수 있다. 2021년 말 코로나19 대유행이 최고조에 달했을 때, 미국에서 백신을 접종하지 않은 개인의 사망률은 10만 명당 20명 수준이었다. 백신을 완전히 접종한 사람의 사망률은 10만 명 중 1명이 조금 넘었다. 개인으로서 이러한 숫자를 고려할 때, 특히 젊고 건강한 경우에는 위험 증가가 10만 분의 1에서 10만 분의 20으로 너무 작아서 미미하다고 판단할 수 있다. 현실은 코로나19로 사망할 가능성이 낮다는 점이다.

그러나 다시 한 번 이러한 위험을 개인의 관점이 아닌 3억 5,000만 명의 미국 인구 전체를 바라보는 공중 보건 공무원의 관점에서 생각해 보자. 예방 접종을 받은 사람의 사망률이 10만 명 중 1명이라는 것은 인구 3억 5,000만 명 중 3,500명이 사망한다는 것을 의미한다. 그 수를 20배로 늘리면 아무도 예방 접종을 받지 않으면 7만 명이 사망하게 된다. 다양한 정책 옵션을 통해 사망자 수를 7만 명에서 3,500명 사이로 줄일 수 있으므로 공중 보건 정책을 개인의 결정에 맡기는 것은 현명하지 못한 접근 방식으로 보인다.

이것들은 중요한 윤리적 문제이며, 시장 거래에서는 제기되지 않기 때문에, 우리는 시장이 전반적인 사회적 이익을 달성하는 수단으로써 (최소한으로라도) 불완전하다는 결론을 내릴 수밖에 없다. 즉, 개인에게 좋고 합리적인 것이 반드시 사회에도 좋고 합리적인 것은 아니다. 다시 한 번, 사회가 이러한 문제를 해결하려면 민간(즉, 시장)이 아닌 공공의 의사 결정 메커니즘에 의존해야 한다.

이러한 과제의 결과는 경제 시장이 너무 복잡해서 이익 극대화와 같은 단일하고 단순한 지침이 모든 경우와 모든 상황에서 더 큰 총체적 이익을 창출할 가능성이 극히 낮다는 것이다. 이 책 2장에서 살펴본 것처럼 공리주의는 매우 실용적인 이론이다. 특정 행위에 대한 윤리적 판단은 항상 행위 이후에 일어나는 일에 달려 있다. 공리주의자들은 원하는 결과를 얻을 때, 그리고 그 정도까지만 특정 원칙을 고수한다. 복잡하고 끊임없이 변화하는 세상에서 우리는 미래를 결코 알 수 없기 때문에 공리주의자들은 항상 변화하는 결과에 비추어 자신의 원칙을 수정할 준비가 되어 있다. 기업의 사회적 책임이라는 경제 모델이 기업 경영에 요구하는 것과 같은 무조건적인 윤리적 지침은 공리주의 이론에 적합하지 않다. 공리주의에 기초한 경영 원칙을 보다 정확하게 공식화하면 다음과 같다. 최대 다수의 사람들에게 최대의 전반적 이익을 제공할 때마다 이윤을 극대화해라. 따라서 이 원칙에 따라 경영진은 단순히 재정적이 아닌 다양한 방식으로 결정이 미칠 영향을 고려해야 한다.

물론 시장 솔루션을 옹호하는 사람들은 이러한 문제에 대한 대응을 준비하고 있다. 자유 시장 옹호자들도 기업이 외부 효과를 내부화하도록 요구하는 규제를 지지할 수 있다. 아마도 그들은 가격이 책정되지 않은 사회적 재화에 대해 잠재 가격을 생성하거나 국립공원과 야생 지역이 공유지로 지정되는 경우와 같이 시장에서 그러한 재화를 면제하는 법안을 지지할 것이다. 법은 또한 개인의 선택을 통해서는 달성할 수 없는 사회적 이익을 해결하기 위한 적절한 메커니즘이기도 하다. 요컨대, 법은 시장 실패로 인한 사회적 피해에 대한 명백한 구제책이다.

다시 한 번, 프리드먼이 말했듯이 기업이 법을 준수하는 한 시장의 소비자 요구에 부응하여 사회적 책임을 다한다. 그러나 시장 실패를 복구하려는 그러한 임시적인 시도가 사회적으로 부적절하다고 생각하는 데에는 충분한 이유가 있다. 첫 번째는 내가 1세대 문제라고 부르는 것이다. 시장은 시장 실패로 인해 제공되는 정보를 통해서만 피해를 방지하도록 작동할 수 있다. 북대서양의 어류 개체 수가 붕괴된 후에야 우리는 소유하지 않은 공공재를 두고 세계 수산업 간의 자유롭고 공개적인 경쟁이 대구, 황새치, 대서양 연어, 바다가재 개체 수 감소를 막지 못했다는 사실을 알게 되었다. 근로자가 석면, 석탄 먼지와 같은 작업장 오염 물질에 노출되어 사망하고 소비자가 연료 탱크 폭발과 오염된 식품으로 사망한 경우에만 사회는 이러한 상황의 위험성에 대해 알게 되었다. 즉, 우리는 시장 실패에 대해 배우고 이 정보를 얻기 위한 수단으로 1세대를 희생함으로써만 미래의 피해를 예방할 수 있다. 공공 정책이 공중 보건 및 안전과 같은 대체할 수 없는 공공재와 관련되어 있는 경우 그러한 반동적인 전략은 바람직하지 않게 된다.

그러나 정부 규제가 비즈니스에 대한 사회적 표준을 확립하도록 허용하더라도 우리는 여전히 정부 규제와 소비자 수요 모두에 영향을 미칠 수 있는 비즈니스의 능력에 직면해 있다. 기업의 사회적 책임이라는 경제 모델은 기업의 책임을 법을 준수하고 소비자 요구에 대응하는 것으로 제한한다. 이 모델에서는 시장 실패를 예방하고 보상하는 것이 정부의 책임이다. 시장 실패가 적절하게 해결되면 기업은 법을 준수하고 시장에 대응하기만 하면 된다. 그러나 이는 기업이 법률에 부적절하게 영향을 미칠 수 없거나 영향을 미치지 않는다고 가정한다. 이 모델에서 '부적절한' 영향력은 전반적인 이익(결국 시장의 목표)을 최적화하는 것이 아니라 기업의 이익을 보호하는 것을 목표로 하는 영향력이다. 한 가지 예는 자동차 산업이 SUV를 승용차가 아닌 트럭으로 취급하도록 로비 활동을 성공적으로 벌인 것이다. 이를 통해 제조업체는 법률에 의해 정해진 승용차에 대한 기업 자동차 연비(CAFE) 표준을 충족할 수 있게 되었다.

그러나 우리는 기업이 정부 정책에 영향을 미칠 수 있는 능력을 인식해야 하는 것처럼 소비자에게도 영향을 미칠 수 있는 능력도 인식해야 한다. 기업이 소비자의 요구에 부응할 때 사회적 책임을 다한다고 결론을 내리는 것은 기업이 여론 형성에서 할 수 있는 역할을 과소평가하는 것이다. (이 문제는 8장에서 더 자세히 살펴볼 것이다.) 광고 산업은 미국에서만 연간 2,000억 달러 규모이다. 기업이 소비자의 욕구에 수동적으로 반응하고 소비자가 기업이 전달하는 메시지에 영향을 받지 않는다고 주장하는 것은 솔직하지 않다. 기업이 자사 제품 광고나 정부 로비 활동을 중단하지 않을 것이라고 가정하면 기업의 사회적 책임이라는 경제 모델에 내재된 시장 기반 접근 방식은 부적절하게 된다.

경제 모델에 대한 이러한 공리주의적 방어에 대한 두 번째 윤리적 도전은 효율적으로 작동하는 시장에 의해서도 달성되는 목적이 윤리적 근거에서 만족스럽지 않다고 주장한다. 이 장 전반에 걸쳐 우리는 시장의 목적이나 목표를 '전반적인 행복 극대화', '소비자 수요의 최적 만족', '가장 큰 전체적 이익', '최대 다수의 최대 이익', '욕망을 최대로 충족', '소비자 선호도의 만족' 등으로 다양하게 언급했다. 2장에서 논의한 내용으로 돌아가서 효율적으로 작동하는 시장의 목적을 더욱 정확하게 분석해 보자.

공리주의 윤리는 우리에게 행복을 극대화하도록 지시한다. 시장은 이 목표를 어떻게 달성할 것인가? 언뜻 보면 사람들은 원하는 것을 얻을 때마다 행복해 보이고 시장은 소비자의 욕구를 충족시키기 위해 기능하는 것 같다. 그러나 더 정확하게 말하면 시장은 시장 내에서 표현되는 욕구만을 해결한다. 그러한 욕구를 소비자 수요 또는 소비자 선호라고 부르는 것이 더 나을 것이다. 물론, 사람들이 소비자로서 요구하는 것과 그들을 행복하게 만드는 것이 항상 동일하지는 않다. 우정, 심리적 건강, 사랑은 행복한 삶의 중요한 요소이지만, 시장에서는 그 어떤 것도 살 수 없다. 마약, 음란물, 담배는 소비자가 요구하는 것 중 윤리적인 측면에서 볼 때 사람들을 행복하게 하지 않는다. 사실, 풍문과 사회과학적 증거를 모두 종합해 보면, 소비재를 많이 구매하는 사람은 소비재를 적게 구매하는 사람보다 행복하지 않은 경우가 많다는 것을 알 수 있다. 다시 말하면, 사람들이 소비자로서 원하는 모든 재화와 서비스를 받았다고 해도 그들이 행복할 것이라는 보장은 없게 된다.[6]

자유 시장 옹호자는 소비자 만족이 인간 행복의 전체 이야기를 말해 주지는 않더라도 적어도 일부를 말해 준다고 주장할 수 있다. 어떤 좋은 물건은 살 수 없더라도, 살 수 있는 물건을 적게 사는 것보다 많이 사는 것이 여전히 인간의 행복에 기여한다. 이 문제의 중요성을 인식하기 위해 한 걸음 물러서 생각해 보자. 시장 경제와 이를 둘러싼 많은 정치 제도는 경제적 생산성과 경제 성장의 가치를 (종종 무비판적으로) 가정한다. 경제 성장이라는 표현은 단순히 더 많은 사람들이 자신이 원하는 것을 더 많이 얻고 있다는 것을 줄여서 표현한 것이다. 구체적으로 말하면, 시장에서 표현될 수 있는 욕구를 더 많이 충족시키는 것이다. 하지만 시장에서 원하는 것을 더 많이 얻는 것이 좋다는 것이 사실인가? 소비자 선호도를 좌절시키는 것보다 만족시키는 것이 항상 윤리적으로 더 나은가? 경제 성장은 항상 좋은 것인가?

그러나 확실히 이 질문에 대한 대답은 경제 성장 자체가 항상 윤리적으로 좋은 것은 아니라는 것이다. 경제 성장은 소비자가 지출하는 양만 측정할 뿐, 해당 지출로 구매하는 제품의 질을 평가하지는 않는다. 엄격한 시장 관점에서 볼 때, 자동차 사고로 인한 의료비에 지출된 만 달러와 사고를 예방할 수 있는 개선된 안전 장비에 지출된 만 달러 사이에는 차이가 없다. 그러나 윤리적으로는 이 두 가지 서로 다른 소비자 선택에 의해 달성된 이익과 그 결과로 이어지는 이유 사이에는 큰 차이가 있어 보인다.

경제 성장은 소비자가 시장에서 지출하는 금액에 따라 원하는 것을 더 많이 얻는다는 것을 의미할 뿐이다. 그러나 영양가 있는 음식, 교육, 건강 관리와 같이 소비자가 원하는 일부 것들은 좋고 가치가 있다. 사람들이 원하는 것 중 일부는 어리석고, 공허하고, 사소한 것이다. 일부는 부끄럽거나 부도덕하기까지 하다. 몇 가지 예가 이 점을 이해하는 데 도움이 될 수 있다. 안타깝게도 유아를 사고파는 시장이 있지만, 유아를 사고파는 것은 윤리적으로 잘못된 것이다. 이 장을 열었던 제230조 논의 사례에서 보았듯이 아동 음란물과 아동 매춘 시장이 있지만 이는 심각한 도덕적 잘못이다. 마약, 핵무기, 화학 무기, 군사 기밀 등을 거래하는 경제 시장도 있다. 한 국가의 민주적 선거를 방해할 목적으로 정치 광고를 구매하는 시장도 있다. 즉, 시장은 소비자 선택의 윤리적 내용이나 품질을 평가하기 위한 실질적인 윤리적 기반을 제공하지 않는다. 이론상으로도 소비자 선택을 최적으로 만족시키는 것 외에는 아무것도 달성할 수 없는 효율적인 시장은 윤리적으로 가치 있는 결과가 달성되었다는 보장을 제공하지 않는다.

따라서 경제 모델에 대한 공리주의적 근거를 의심할 이유가 있다. 다양한 시장 실패의 확립된 존재는 시장이 목표로 하는 공리주의적 목표를 달성한다는 보장이 없음을 보여 준다. 효율적으로 작동하는 시장의 결과에 대한 면밀한 고려는 이러한 결과가 시장과 그에 따른 관리 역할에 대한 결정적인 윤리적 근거를 제공할 수 없음을 시사한다.

3.4 경제 모델에 대한 비판적 평가: 사유 재산권 방어

경제 모델의 두 번째 윤리적 방어는 시장의 유익한 결과보다는 개인 소유자의 권리에 호소한다. 이러한 관점에서 관리자는 이익을 극대화해야 하는 최우선 의무가 있다. 왜냐하면 회사의 소유자인 고용주가 회사 자원을 사용하여 이를 수행하기를 원하기 때문이다. 모든 대안은 해당 소유자의 재산권에 대한 불법적인 제한을 구성한다.

다시, 윤리 이론의 일반적인 검토 맥락 내에서 권리의 본질을 검토했던 이 책 2장에서 소개된 몇 가지 주제로 돌아가 보자. 우리는 경제 모델의 사유 재산권 방어에 대한 두 가지 중요한 과제를 지적할 수 있다.

첫째, 재산권은 절대적인 것이 아니라는 점을 인식해야 한다. 최소한 개인의 재산 사용 권리는 다른 사람의 권리에 의해 제한된다. 분명한 예로는 내가 (그러고 싶다고 해서) 총으로 타인을 쏠 수 없다는 것이다. 재산권은 훨씬 덜 극적인 방식으로도 제한된다. 구역법은 공동선을 위해 재산권이 제한되는 풍부한 예를 제공한다. 예를 들어, 내가 살고 있는 동네의 주거 구역에서는 상업적 용도를 금지하고 있기 때문에 그러한 이웃의 이익을 고려하여 나는 내 집을 사업용으로 사용할 수 없다. 또는 나는 내 집을 4명 이상의 관련 없는 지역 대학생에게 거주지로 임대할 수 없으며 뒷마당을 폐차나 기타 쓰레기 보관소로 사용할 수 없다. 우리 동네의 주민들이 맺은 계약 때문에 집에 있는 천연 목재 마감재를 비닐이나 강철 마감재로 바꿀 수도 없다. 자유 민주주의 사회 전반에 걸쳐 사유 재산에 대한 그러한 제한이 널리 받아들여지고 있는 것 같다.

물론 경제 모델을 옹호하는 사람들은 그러한 한계가 존재한다는 점을 인정하면서도 그것이 틀렸다고 주장할 수 있다. 그러나 옹호자들은 기업 관리자가 항상 주주를 위한 이익을 추구해야 한다는 원칙을 성공적으로 방어하려면 이익 추구를 위한 사유 재산의 사용이 다른 경쟁 상품 및 기타 권리보다 항상 우선시된다는 점을 주장해야 한다. 다시 말하지만, 밀턴 프리드먼이 언급한 자격을 고려하면 그조차도 이런 극단적인 주장을 하고 싶지 않은 것 같다. 프리드먼도 재산권이 '법과 윤리적 관습'에 구현된 사회의 기본 규칙과 충돌할 경우 이를 제한한다.

두 번째 도전은 이러한 변론이 암시하는 주주들의 이해에 의문을 제기한다. 우리는 역사적으로 기업의 재산권이 개인의 재산과 다르다는 점을 인식할 필요가 있다. 주주의 권리와 책임은 특정한 사회적 목표를 염두에 두고 법적으로 창출된 것이다. 주주에게는 기업 자산의 행위에 대해 제한된 법적 책임이 부여된다. 이는 주주가 회사에 대한 판결로 인해 개인 재산을 잃지 않도록 보호한다. 이러한 보호에 대한 대가로 사회는 유익한 경제적 도구, 즉 주요 경제 활동에 자금을 조달하기 위해 많은 양의 자본을 조달할 수 있는 효율적인 수단을 얻었다. 이는 기업 소유권이 개인 재산 소유권에 포함된 모든 권리와 특권을 포함하지 않을 수도 있음을 의미한다. 특히, 개인 재산에 존재하는 소유권과 통제 사이의 연관성은 기업 재산에 대해 법적으로 존재하지 않는다.

이러한 도전은 소유자와 투자자를 구별함으로써 이해될 수 있다. 일부 기업에서는 소수의 개인이 개인적으로 주식을 소유하고 있다. 그러나 상장 기업의 주식 소유권은 수억 주에 걸쳐 나누어질 수 있으며 이들 기업의 주주는 소유자보다는 투자자로 더 잘 이해된다. 많은 투자자들은 프리드먼이 말했듯이 투자 수익을 극대화할 희망을 가지고 주식을 구매한다. 그러나 모든 투자자가 '최대한 많은 돈을 벌기'를 추구한다고 주장하는 것은 단순하고 오해의 소지가 있다. 많은 투자자들은 낮은 위험에 대한 대가로 낮은 수익률에 만족한다. 경영진, 특히 대형 상장 기업의 임원의 관점에서 투자자는 소유자라기보다는 균형을 맞춰야 할 많은 유권자 중 하나이다. 기업은 직원이 제공하는 노동력과 창의성, 공급 업체가 제공하는 재료 및 기타 자원, 금융 기관, 회계사 및 변호사가 제공하는 조언 및 자원, 소비자가 제공하는 시장 수요가 필요한 것처럼 투자자가 제공하는 자본이 필요하다. 시장 압력은 경영진이 투자자가 자본을 회사 주식에 유지하도록 충분히 높은 투자 수익을 제공하도록 요구한다. 마찬가지로 시장 압력은 경영진이 자격을 갖춘 직원을 회사에 유지하기 위해 충분히 높은 급여와 복리 후생 패키지를 지불하도록 요구한다. 노동 시장이 있는 것처럼 자본 시장도 존재한다. 투자자는 투자에 대한 경쟁력 있는 수익률을 받을 자격이 있고 직원은 경쟁력 있는 임금과 복리 후생 패키지를 받을 자격이 있다. 투자자가 경영진의 결정에 동의하지 않으면 자본을 다른 곳으로 옮길 수 있다. 직원이 경영진의 결정에 동의하지 않으면 노동력을 다른 곳으로 옮길 수도 있다. 둘 중 어느 쪽이든 충분히 동의하면 경영진은 시장 힘에 따라 정책을 그에 맞게 조정해야 한다.

이는 경영진이 기업 자원으로 원하는 모든 것을 할 수 있다는 의미는 아니다. 우리는 이 책 전반에 걸쳐 경영권의 윤리적 한계를 검토할 것이다. 하지만 이러한 윤리적 한계는 주주들의 이익뿐만 아니라 직원, 소비자, 사회 전체의 이익에서도 비롯된다고 경제 모델 비판자들은 주장한다. 기업 사회적 책임의 경제 모델은 주주 이익을 다른 모든 것보다 우선시한다.

고려할 가치가 있는 프리드먼의 에세이에서의 마지막 주제는 법을 준수하는 것이 이윤 추구에 대한 유일한 합법적인 제약이라는 제안이다. 이러한 철학적 결론은 윤리 프로그램과 윤리 담당자를 설립한 많은 기업의 실천에 반영되어 있다. 윤리 담당관은 훌륭한 업무를 많이 수행하지만, 그들의 업무 대부분이 법률 준수 문제에 중점을 두고 있다고 말하는 것이 타당하다. 즉, 실제로 기업 윤리의 대부분은 법률 준수로 확인된다. 그러나 이 책 1장에서 설명했듯이 법률 준수만으로는 윤리적 행동을 보장하기에 충분하지 않다.

실질적인 차원에서 기업에게 기업의 윤리적 책임은 법 준수로 끝난다고 말하는 것은 점점 더 많은 법적 규제를 불러일으킬 뿐이다. 21세기 첫 10년 동안 사베인스-옥슬리(Sarbanes-Oxley) 법과 기타 많은 법적 개혁을 초래한 것은 엔론이나 월드콤(WorldCom) 같은 기업들의 개인 윤리 실패였다. 2008년 금융 불황을 초래한 은행 및 금융 산업의 윤리적 실패로 인해 정부 규제와 법률이 더 많아졌다. 제230조에 대한 지속적인 정치적 논쟁과 마이크로소프트, 애플, 페이스북, 구글과 같은 회사에 대한 잠재적인 독점 금지 조치가 보다 최근의 사례를 제공한다. 기업이 윤리적 책임을 법 준수로 제한한다면 이전에는 자발적인 행동을 요구하는 새로운 정부 규정이 등장하는 것도 놀랄 일이 아니다.

더 중요한 것은 규정 준수만으로 윤리적 책임이 충분하다는 관점이 법률에 대한 잘못된 이해에 기초하고 있다는 점이다. 이러한 관점은 법이 쉽게 적용될 수 있는 명확하고 모호하지 않은 규칙임을 시사한다. 이 책 1장에서 주장했듯이, 이 법의 규칙 모델은 매우 일반적이지만 정확하지는 않다. 법이 명확하고 모호하지 않다면 변호사와 법원의 역할은 많지 않을 것이다. 더욱이, 제230조에서 알 수 있듯이 때로는 법이 무엇이 금지되고 불법인지보다는 무엇이 허용되고 허용되는지를 결정한다.

이 책 1장에서 설명한 몇 가지 사항을 기억해 둘 필요가 있다. 기업 스캔들에 연루된 사람들 중 상당수는 변호사였다. 예를 들어, 유명한 엔론 사례에서 기업 변호사와 회계사들은 합법적인 것의 한계를 뛰어넘도록 장려되었다. 2016년 대선 당시 페이스북의 행위나 음란물 등의 게시물 게시에 대해 불법적인 내용은 없는 것으로 보인다. 특히 과거의 선례에 의해 많은 것이 확립된 민법에서는 법을 적용하는 데 항상 모호함이 있다. 결국 모든 새로운 사건은 어떤 면에서 과거와 다르다. 게다가 민법에서는 법원에서 불법이라고 판결하기 전까지는 불법적인 일을 한 것이 아니라는 실질적인 의미가 있으며, 이는 아무도 어떤 행동에 이의를 제기하기 위해 소송을 제기하지 않으면 합법적이라는 것을 의미한다.

프리드먼이 제안한 것처럼 기업 관리자에게 법 내에서 이익을 극대화할 사회적 책임이 있다는 말을 들으면 책임 있는 관리자는 기업 변호사와 회계사에게 가서 법이 허용하는 것이 무엇인지 물어볼 것이다. 유능한 변호사나 회계사는 명백히 불법적인 일을 하기 전에 합리적으로 어느 정도까지 갈 수 있는지 조언해 줄 것이다. 이런 상황에서는 관리자가 이익을 추구하기 위해 합법성의 한계를 뛰어넘음을 책임이 있는 것처럼 보인다. 프리드먼의 견해에 따르면 명백히 불법이 아닌 것은 모두 사회적으로 책임 있는 행동이다. 최근 몇 년 동안 발생한 대부분의 기업 스캔들은 변호사와 회계사가 고객에게 자신이 하고 있는 일이 법정에서 변호될 수 있다고 조언하는 것과 관련이 있었다. 엔론과 아서 앤더슨(Arthur Andersen)의 몰락의 핵심이었던 그들의 비밀 파트너십은 만약 이의가 제기된다면 적어도 법정에서 승소할 수 있는 합리적인 기회가 있다고 생각한 변호사들의 조언을 바탕으로 설계되었다. 이 시점에서 한계를 뛰어넘겠다는 결정은 법이나 윤리의 문제라기보다는 위험 평가와 비용-편익 분석의 문제가 된다. 이 모델에는 법정에서 이의를 제기할 가능성, 사건에서 패소할 가능성, 금전적 손해 배상 가능성을 평가하고 해당 비용을 조치를 취함으로써 얻을 수 있는 금전적 이익과 비교하려는 강력한 동기가 있다.

법은 모호하기 때문에, 많은 경우 법이 요구하는 것이 무엇인지 명확하지 않기 때문에, 법은 때때로 행동을 금지하기보다는 허용하기 때문에 기업 관리자는 종종 자신의 윤리적 판단에 의존하는 결정에 직면하게 된다. 다르게 제안하는 것은 단순히 기업 및 법적 현실에 대한 잘못된 그림을 유지하는 것이다. 따라서 법을 준수하기 위해 최선을 다하는 사업가라도 근본적인 윤리적 문제에 직면하게 된다. 우리는 어떻게 해야 하는가? 어떻게 살아야 할까?

3.5 경제 모델의 수정 버전: 도덕적 최소치

이론적으로 경제 모델은 여전히 매력적인 이상으로 남아 있다. 이는 공리주의, 자유, 사유 재산과 같은 중요한 윤리적 규범에 호소하는 우아한 이론이다. 그것은 자유 기업 체제, 자유 시장, 자본주의와 연관되어 강력한 수사적 힘을 지닌다. 그러나 문제의 사실은 가장 확고한 옹호자조차도 그 한계를 인정한다는 것이다. 이익 극대화의 필요성은 항상 '법의 범위 내에서', '기만이나 사기 없이', '법에 구현된 것과 윤리적 관습에 구현된 사회의 기본 규칙을 준수하면서'와 같은 문구에 의해 조건화된다. 이러한 제한은 단순히 이익 추구에 윤리적 제한을 가하는 정당성을 인정하는 것뿐이다. 여러 면에서 남은 유일한 논쟁은 그러한 한계를 어디에서 설정해야 하는지에 관한 것이다. 다음 CSR 모델은 이러한 한계를 점점 더 확장하는 것으로 생각할 수 있다.

아마도 철학자 노먼 보위(Norman Bowie)가 "기업의 사회적 책임에 관해 어느 정도 합의가 이루어졌다."라고 주장하게 된 것도 바로 이러한 고려 때문이었을 것이다. 보위는 이러한 합의를 CSR의 신고전주의 모델이라고 부른다. 이 모델에서 이익 추구는 법에 대한 순종뿐만 아니라 도덕적 최소치를 준수해야 하는 의무에 의해서도 제약을 받는다. 기업 관리자는 먼저 특정 도덕적 의무를 충족해야 하며, 일단 충족되면 이익 추구의 문이 열린다.[7]

이러한 도덕적 최소치 개념을 설명하기 위해 보위는 일부 전통적인 윤리 이론에서 상당히 표준적인 의무 구분 프레임워크에 호소한다. 사실 보위는 이 접근 방식을 칸트의 기업 윤리 이론으로 식별하며, 이는 이 책 2장에서 소개한 원칙 기반 윤리의 명확한 예이다. 간단히 말해서, 이 프레임워크는 해를 끼치지 않는 것, 해를 예방하는 것, 선을 행하는 것의 윤리적 책임을 구분한다. 보위는 사람들이 해를 끼치지 않는 강력하고 우선적인 윤리적 의무가 있으며 해를 끼치지 않거나 선을 행하는 것은 표면상의 의무일 뿐이라고 주장한다. 보위의 견해에 따르면 해를 끼치지 않는 의무는 이익을 위해 자신의 재산을 사용하고 관리할 권리를 포함한 다른 윤리적 고려 사항보다 우선한다. 합법적으로 이익을 추구하는 것은 다른 사람에게 해를 끼치지 않는 이러한 윤리적 의무에 의해 제한될 수 있다. 보위에 따르면 이는 모든 사람에게 요구할 수 있는 '도덕적 최소치'이다. 그러나 선을 행하는 것은 사람들이 하도록 격려하고 그렇게 하는 것에 대해 칭찬해야 할 일이다. 하지만 그것은 사람들이 윤리적으로 해야 할 일이 아니다. 그러한 의무는 사람들에게 불합리한 부담과 제한을 안겨 주기 때문이다. 이 견해를 설명하기 위해 제230조로 돌아가 보자. 보위는 누군가의 권리를 침해하는(예를 들어, 개인 정보를 침해하거나 평판을 훼손하는 등) 인터넷 콘텐츠를 게시하는 것은 엄밀히 말하면 법적으로 허용되더라도 비윤리적이라고 주장한다. 마찬가지로 보위의 이론은 성매매나 아동 성 학대를 조장하는 콘텐츠의 금지를 정당화하는 간단한 방법을 가지고 있다. 그러나 허위 정보 및 음모론에 대응하기 위해 백신에 대한 정확한 정보를 게시함으로써 해를 예방하거나, 긍정적인 이익을 주는 콘텐츠를 게시하는 것은 허용되지만 이러한 행동들이 윤리적으로 요구되는 것은 아니다.

보위는 관리자가 주주-소유자의 대리인이므로 주주의 이익을 증진할 의무(두 사람 사이의 계약에서 파생됨)가 있다는 경제 모델의 관점을 받아들인다. 따라서 관리자가 피해를 예방하거나 선을 행하는 것은 윤리적으로 좋지만, 주주에 대한 의무는 이러한 우려보다 우선한다. 관리자는 최소한의 도덕적 기준을 준수하고 해를 끼치지 않는 한 이익을 극대화할 책임이 있다. 이런 식으로 보위의 '도덕적 최소' 모델은 기업의 사회적 책임에 대한 경제 모델을 수정한 버전이다.

피해를 입히는 것, 피해를 예방하는 것, 선을 행하는 것 사이의 구별은 처음에는 명확할 수 있지만 이러한 사례를 일관되게 구별하는 것은 큰 어려움을 안겨 준다. 해를 끼치는 것과 예방하는 것의 차이는 생각만큼 윤리적으로 중요하지 않을 수 있다. 또한 해로움과 유익함을 구별하는 것도 항상 명확하고 쉬운 것은 아니다. 신고전파 모델이 경제 모델과 얼마나 크게 다른지는 이러한 차이를 어떻게 해석하느냐에 달려 있다. '해를 끼치지 말라'는 명령을 협소하게 해석하면 보위의 신고전주의 모델에서 경영진이 직면하는 의무의 범위는 밀튼 프리드먼이 옹호하는 경제 모델과 크게 다르지 않다. 원인과 예방, 해로움과 선함을 엄격하고 빠르게 구분하지 않으면 관리 업무의 범위가 늘어나고 이 두 모델의 차이도 그에 따라 달라진다. 이 문제를 살펴보기 위해 페이스북 사례로 돌아가 보자.

예를 들어, 러시아 댓글 부대가 페이스북에 오해의 소지가 있는 광고와 게시물을 게시함으로써 선거 과정의 성실성에 어떤 피해가 가해졌다고 가정해 보자. 문제는 페이스북이 그런 피해를 일으킬 만한 일을 했는가 하는 것이다. 원인은 무엇일까? 인과 관계에 대한 시초의 그럴듯한 설명은 어떤 피해의 원인은, 그 원인이 없었다면 피해가 발생하지 않았을 것이라는 것이다. 다시 말해 원인은 피해의 필수 조건이다. 하지만 이런 방식으로 이해하면 무한한 수의 원인이 있다. 러시아인 댓글 부대, 광고를 보고, '좋아요'를 누르고, 전달한 페이스북 사용자, 인터넷 자체(인터넷이 없었다면 페이스북도 없었을 것이기에), 그리고 플랫폼을 제공하고 광고를 더 철저히 감시하지 못한 페이스북 회사이다.

요점은 해를 입히는 행위와 해를 막는 행위의 구분은 행위 자체의 본질적 특성보다는 행위에 대한 우리의 설명에 더 많이 의존할 수 있다는 것이다. (이와 동일한 질문이 안락사에 관한 윤리적 논쟁의 핵심이다. 인공호흡기를 제거하기로 한 결정이 환자의 사망을 실제로 초래하는 것인가, 아니면 사망을 막기 위한 조치를 취하지 않음으로써 환자가 죽도록 수동적으로 방치하는 것인가? 선을 행하는 것과 해를 끼치는 것을 예방하는 것의 구별에 대해서도 비슷한 문제가 제기될 수 있다. 하이브리드 전기 자동차나 연료전지 자동차에 투자하는 자동차 제조업체의 사례를 생각해 보자. 이 결정은 칭찬할 만하지만 요구되지 않는 윤리적 '선'인가, 아니면 오염과 자원 고갈을 통해 타인에게 해를 끼치지 않는 것이 윤리적으로 요구되는 의무인가?)

이러한 예시들의 요점은 해로움과 유익함, 해를 끼치는 것과 해를 끼치지 않는 것 사이에 차이가 없다는 것을 암시하는 것이 아니다. 오히려 기업의 사회적 책임 이론으로서 수정된 경제 모델은 기업의 사회적 책임의 구체적인 한계에 정면으로 직면할 수밖에 없다. 수정된 이론은 왜 특정 사건이 해를 끼치는 문제이고, 따라서 이는 윤리적으로 금지된 일이거나, 혹은 이는 선을 행하는 일이며, 따라서 자선 활동과 더 유사한 일인지에 대한 합리적인 설명을 제공해야 한다. 곰곰이 생각해 보면 이는 기업의 사회적 책임 범위에 대한 원칙적인 결정을 포기하고 사례별로 결정해야 함을 의미한다. 이것이 의미하는 바는 주주의 이익이 직원, 소비자, 공급 업체 또는 사회의 이익과 충돌하는 것으로 보이는 모든 경우에 대해 기업 경영진은 윤리적 책임을 결정하기 위해 상황을 주의 깊게 분석해야 한다는 것이다.

도덕적 최소 접근 방식의 중요성은 법을 준수하는 것만으로는 윤리적으로 책임 있는 기업이 되기에는 불충분하다는 인식에 있다. 기업의 사회적 책임에 대한 적절한 이론은 윤리적 의무를 인정하기 위해 법을 넘어서 확장되어야 한다. 회사의 관리자와 경영진은 규정 준수 담당자를 고용하는 것이 윤리를 비즈니스에 통합하는 과정의 첫 번째 단계일 뿐이라는 점을 이해해야 한다. 그러나 윤리적 의무가 비즈니스 관리자를 구속하고 이익 추구에 제약을 가한다는 점을 인식하면서 도덕적 최소 접근 방식은 윤리적 책임에 대한 더 넓은 이해의 문을 열었다. 이제 우리는 기업의 사회적 책임에 대한 이해관계자 이론을 살펴보겠다. 이는 도덕적 최소치를 논리적 결론에 도달시키는 접근 방식이다.

3.6 기업의 사회적 책임에 대한 이해관계자 모델

기업의 사회적 책임에 대한 이해관계자 모델은 모든 비즈니스 의사 결정이 다양한 사람들에게 영향을 미치며 일부에게는 이익을 주고 일부에게는 비용을 부과한다는 통찰에서 시작된다. 웰스 파고나 페이스북과 같은 사례에서 보았듯이 비즈니스 관리자의 결정은 사회 전반에 걸쳐 광범위한 결과를 낳는다. 실제로 경제학자들이 오랫동안 인식해 온 것처럼, 모든 비즈니스 결정에는 다른 기회가 상실된다는 의미에서 비용이 부과된다. 윤리적 기반을 주장하는 모든 기업의 사회적 책임 이론은 다음 질문에 대한 답변을 방어해야 한다. 각 비즈니스 결정에 대해 누가 혜택을 받고 누가 비용을 지불해야 하는가? 경제 모델과 도덕적 최소 모델은 모두 이 질문에 대한 답에서 주주들에게 특권적인 위치를 제공한다. 최소한의 법적 혹은 도덕적 제약이 충족되면 주주는 비즈니스 결정의 주요 수혜자가 되어야 한다.

경제 모델과 도덕적 최소 모델이 가정하는 철학적 요점은 기업과 그 관리자의 행동이 타인의 권리에 의해 제한될 수 있고 제한되어야 한다는 것이다. 이해관계자 이론은 이 점을 논리적 결론으로 전달한다. 모든 사람은 동등한 권리를 가지고 있다. 따라서 기업과 그 관리자의 행동은 '이해관계자', 즉 그러한 결정에 의해 영향을 받는 모든 사람의 정당한 권리에 의해 동등하게 제한되어야 한다. 이해관계자 모델은 주주들이 경영 결정에 대한 윤리적 주장을 갖고 있으며 그러한 주장이 경영 의무를 확립한다는 점에 동의한다. 그러나 주주의 윤리적 주장은 경영 결정의 영향을 받는 다른 사람의 윤리적 주장과 균형을 이루어야 한다. 즉, 이전 CSR 모델의 논리는 경영상의 결정이 타인의 윤리적으로 정당한 주장에 의해 제약을 받아야 한다는 점을 인정한다. 이해관계자 이론은 이러한 논리를 받아들이지만 오직 주주만이 경영자에게 윤리적으로 정당한 권리를 주장할 수 있다는 결론을 거부한다. 논리에 따르면 다른 당사자의 윤리적 주장이 주주의 주장과 비교될 수 있다면 관리자는 다른 당사자에 대해 의무를 져야 한다. 이해관계자 모델은 윤리적으로 타당한 주장이 많이 존재한다고 주장한다.

이해관계자 이론은 주주를 소유자로 보는 것에서 투자자나 금융가로 보는 것으로 전환된다. 투자자는 기업의 성공에 필요한 중요한 요소인 자본을 제공하지만, 이는 노동, 공급품, 사회 기반 시설, 시장만큼이나 필요한 것일 뿐이다. 관리자의 역할은 회사가 모든 이해관계자에게 계속 가치를 제공하는 방식으로 종종 경쟁하는 이해관계의 균형을 맞추는 것이다. 이해관계자 이론가인 에드워드 프리먼(Edward Freeman)은 이 점을 간결하게 설명한다.

> 기본 아이디어는 기업과 이를 관리하는 임원이 실제로 고객, 공급 업체, 직원, 지역사회, 금융 기관(또는 주주)을 위한 가치를 창출하고 창출해야 한다는 것입니다. … 경영진의 주요 책임은 이해관계자들에게 가능한 한 많은 가치를 창출하는 것이며, 어떤 이해관계자의 이익도 다른 이해관계자들과 분리되어 존재할 수 없습니다.[8]

페이스북 사례로 돌아가 보자. CSR의 경제 모델은 페이스북 경영진과 관리자가 (법률에서 허용하는 대로) 주주에게 이익이 되는 결정을 내리도록 지시한다. 이에 대한 윤리적 근거는 그러한 접근 방식이 전반적으로 더 유익한 사회적 결과를 가져오고 소유자로서 주주가 그러한 혜택을 받을 권리가 있다는 믿음이다. 그러나 이 장의 이전 섹션에서 논의한 것처럼 이러한 근거 중 어느 것도 설득력이 없다. 따라서 우리는 결정의 영향을 받는 모든 당사자의 이익이 해당 결정에서 동등하게 고려되어야 한다는 보다 기본적인 윤리적 가정을 갖게 된다. 이해관계자의 관점에서 볼 때, 우리는 다른 당사자의 이익을 고려할 때 광범위한 관리 책임을 인식한다. 이해관계자 이론에 따르면 페이스북 경영진은 주주에 대한 책임과 윤리적으로 동일하며 사용자, 유권자, 사회에 대한 윤리적 책임도 가지고 있다고 주장한다.

에드워드 프리먼은 자신의 책 『이해관계자를 위한 관리』에서 이해관계자 모델을 옹호했다. 프리먼은 경제 모델이 비즈니스 관리에 대한 정확한 설명과 합리적인 규범적 설명 모두에서 실패한다고 주장한다. 비즈니스를 설명하는 경제 모델은 판례법과 입법 제정에서 비롯된 100년이 넘는 법적 판례를 무시한다. 100여 년 전에는 경영진이 주주에 대해 최우선적인 의무를 갖고 있다는 것이 사실이었을지 모르지만, 이제 법은 소비자, 직원, 경쟁자, 환경 및 장애인과 같은 이해관계자에 대한 광범위한 경영 의무를 인정한다. 따라서 법적으로 경영진이 주주를 제외한 모든 사람에 대한 의무를 무시할 수 있다는 주장은 단순히 거짓이다.

우리는 또한 이러한 법적 판례가 단순히 하늘에서 떨어진 것이 아니라는 점을 인식할 필요가 있다. 기업 경영진은 기업 의사 결정에 영향을 받는 다양한 구성원의 권리와 이익을 위해 수탁 의무를 주주에게 제한해야 한다는 것이 민주 사회의 가장 기본적인 기관인 법원과 입법부의 신중한 판단이다. 경제적 고려는 또한 경제 모델의 타당성을 감소시킨다. 경제학에서 잘 알려진 다양한 시장 실패는 경영자들이 이익을 추구하더라도 그들이 주주나 대중의 이익에 봉사할 것이라는 보장이 없다는 것을 보여 준다. 시장이 목표를 달성하지 못할 때 사회는 주주에 대한 수탁 의무의 우선권을 승인할 이유가 없다.

그러나 아마도 이해관계자 모델을 지지하는 가장 중요한 주장은 윤리적 고려에 있을 것이다. 우리가 살펴본 바와 같이, 경제 모델은 그 정당화를 위해 두 가지 근본적인 윤리 규범, 즉 사회적 복지와 개인 권리에 대한 공리주의적 고려에 호소한다. 그러나 이러한 규범적 설명 각각에 대해서는 영향을 받는 모든 당사자를 적절히 고려해야 한다. 모든 공리주의 이론의 핵심은 관련된 모든 사람의 이익의 균형을 맞추고 각 사람에게 동등한 배려를 제공하겠다는 약속이다. 이해관계자 이론은 경영진이 영향을 받는 모든 당사자의 윤리적 이해관계의 균형을 맞추도록 요구함으로써 이 사실을 단순히 인정한다. 때로는 경제 모델이 유지하는 것처럼 균형을 맞추려면 경영진이 주주 이익을 극대화해야 한다. 하지만 때로는 그렇지 않을 때도 있다. 공리주의는 경영진이 영향을 받는 모든 집단의 복지를 위해 결정의 결과를 고려할 것을 요구한다. 이해관계자 이론도 동일한 것을 요구한다.

마찬가지로, 도덕적 권리에 관한 모든 이론은 모든 사람의 평등한 권리를 보장한다. 칸트적 공식에서 이 윤리 이론은 최우선적인 도덕적 명령은 모든 사람을 목적으로 대하고 결코 수단으로만 대하지 않는 것이라고 주장한다. 이익을 추구하는 데 있어서 직원과 기타 관련 집단의 권리를 제대로 고려하지 않는 기업 경영자들은 이들을 주주들의 목적을 위한 수단으로 취급하고 있다. 칸트의 전통에서 이것은 부당하다. (물론 주주들의 이익을 무시하는 것도 마찬가지로 부당하다.)

따라서 이해관계자 이론은 경제 모델을 정당화하는 데 사용되는 것과 동일한 근거에서 CSR에 대한 더 넓은 이해관계자 이론이 윤리적으로 우월하다는 것이 입증되었다고 주장한다. 프리먼은 "이해관계자 이론은 한 이해관계자 그룹이 다른 이해관계자 그룹에 우선권을 부여하지 않지만, 한 그룹이 다른 그룹을 희생하여 이익을 얻을 때가 있을 것입니다. 그러나 일반적으로 경영진은 이해관계자 간의 관계에 균형을 유지해야 합니다."라고 말했다.[9]

이해관계자 이론에 대해 두 가지 일반적인 유형의 문제가 제기될 수 있다. 첫 번째 유형은 실질적인 근거에 대한 논쟁에 참여하고 주주 이익의 우선권을 주장한다. 두 번째는 이해관계자 이론이 너무 일반적이고 모호해서 경영진에 실질적인 지침을 거의 제공할 수 없다고 주장한다.

실질적인 근거로 이해관계자 이론을 무너뜨리기 위해 경제 모델 옹호자는 주주에 대한 책임이 항상 영향을 받는 다른 당사자에 대한 윤리적 책임보다 우선한다고 주장해야 한다. 공리주의적 근거에서 이 주장은 이익 극대화의 순 사회적 결과가 다른 사람의 이익을 고려하여 이익을 제한하는 결정의 순 사회적 결과보다 항상 더 크다고 주장해야 한다. 자유

REALITY CHECK:

선도적인 CEO들은 주주 우선주의와 이해관계자 모델에 대해 어떻게 생각할까?

"이해관계자 자본주의는 정치에 관한 것이 아닙니다. 이는 사회적, 이념적 의제가 아닙니다. '깨어난' 것이 아닙니다. 이는 귀하와 귀하의 회사가 번영하기 위해 의존하는 직원, 고객, 공급 업체 및 커뮤니티 간의 상호 이익이 되는 관계에 의해 주도되는 자본주의입니다. 이것이 자본주의의 힘입니다. 블랙록, 우리의 신념은 기업이 사회에서 자신의 역할을 숙고하고 직원, 고객, 지역사회 및 주주의 이익을 위해 행동할 때 더 나은 성과를 낼 수 있다는 것입니다."

— 2022년 2월, 블랙록 캐피털 CEO 래리 핑크

블랙록(BlackRock) CEO 래리 핑크(Larry Fink) 이외에도 많은 CEO가 기업이 다양한 이해관계자에 대한 책임을 갖고 있다는 점에 동의한다. 2019년 8월, 세계 최대 기업의 CEO들로 구성된 조직인 비즈니스라운드테이블은 기업의 목적에 대한 성명을 발표했다. 20년 넘게 비즈니스라운드테이블은 주주 우선주의 원칙을 근본적인 기업 목적으로 승인해 왔다. 물론 주주 우선주의는 이 장에서 CSR의 경제 모델, 즉 경영 자본주의로 식별하는 관점을 표현하는 또 다른 방법이다. 밀튼 프리드먼의 인용문에서 포착했듯이, 이 관점은 기업의 주요 목적이 이익을 극대화하여 주주들에게 봉사하는 것이라고 주장한다.

기업 목적에 대한 개정된 성명은 그러한 관점에서 벗어난 극적인 변화를 나타낸다. 새로운 성명서는 주주 우선권을 모든 이해관계자에게 봉사하겠다는 '기본적인 약속'으로 대체한다. 새로운 성명서는 기업의 목적이 고객, 직원, 공급 업체, 지역사회를 포함한 모든 이해관계자를 위한 가치를 창출하는 것이라는 원칙을 확증한다. 물론 주주는 모든 이해관계자에 포함되지만 더 이상 기업 책임의 주요 초점으로 기능하지 않다. 이 성명서는 모든 이해관계자가 기업이 존재하는 데 필수적이며 따라서 기업 관리자가 모든 이해관계자에 대해 동일한 책임을 진다는 점을 인식하고 있다.

이 성명서는 기업 지도자들이 '고객의 기대를 충족하고 초과'함으로써 고객에게 서비스를 제공할 것을 약속한다. 공정한 급여와 혜택, 적절한 교육, 다양하고 존중받는 직장을 제공함으로써 직원에게 봉사한다. 공급 업체를 '공정하고 윤리적으로' 대우함으로써 서비스를 제공한다. 환경을 보호하고 지속 가능한 관행에 참여함으로써 지역사회에 봉사한다. 장기적인 가치와 투명한 의사소통을 제공함으로써 주주들에게 봉사한다.

성명서는 '자유 시장 체제'에 대한 약속을 재확인했지만, 자유 시장 체제가 사회 전체에 봉사하도록 보장하는 데 기업이 중심적인 역할을 해야 한다는 점을 인정했다. 비즈니스라운드테이블 의장이자 JP모건 체이스의 CEO인 제이미 디몬(Jamie Dimon)은 성명을 발표하면서 다음과 같이 말했다. "이러한 현대화된 원칙은 모든 미국인에게 도움이 되는 경제를 계속 추구하려는 비즈니스 커뮤니티의 확고한 의지를 반영합니다."

이번 성명에는 아마존의 제프리 베조스(Jeffrey Bezos), 애플의 팀 쿡을 비롯해 GM, 포드, 베스트바이(Best Buy), 타겟(Target), 월마트, 3M, 제록스, 비자, 마스터카드, UPS, IBM 등과 같은 세계 최대 기업 181개의 CEO들이 서명했다.[10]

주의/재산권을 근거로 하여, 이 주장은 다른 개인의 권리보다 재산의 우선권을 확립해야 할 것이다. 우리가 살펴보았듯이 두 주장 모두 심각한 철학적 도전에 직면해 있다.

이해관계자 이론에 대한 실제적인 도전에는 두 가지 유형이 있다. 이해관계자와 그들의 이익을 식별하는 문제, 그리고 이해관계자 이익의 균형을 맞추기 위해 어떤 조치를 취해야 하는지 결정하는 문제이다. 이해관계자의 의미를 영향을 받는 당사자로 폭넓게 해석하면 관리자는 모든 결정에 의해 누가 영향을 받을지 결정해야 하는 불가능한 부담을 갖게 되는 것 같다. 좁은 해석이 보다 실용적인 선택을 제공하는 것처럼 보이지만 윤리적으로 관련된 당사자를 무시하는 대가를 치르게 될 수도 있다.

관련된 모든 당사자와 그들의 이해관계를 파악할 수 있다 하더라도, 이해관계자 모델은 회사의 관리자들에게 구체적인 실질적인 조언을 거의 제공하지 못하는 듯하다. 관리자는 영향을 받는 모든 당사자의 다양하고 경쟁적인 주장의 균형을 맞추기 위해 정확히 어떻게 해야 할까? 일부 비평가들의 견해에 따르면 이해관계자 이론이 이 질문에 답할 수 없다는 것은 이 이론의 명백한 결함이다.

그럼에도 불구하고 아마도 이러한 비평가들은 이해관계자 이론에 대해 너무 많은 것을 요구하고 있는 것 같다. 관리 책임에 대한 규범적 이론이 구체적이고 실질적인 지침을 제공해야 한다고 생각하기 쉽다. 그러한 이론은 기업이 관리되는 방식에 변화를 가져올 것이다. 그러나 우리는 그러한 이론이 제공하는 실질적인 지침이 모든 잠재적 상황에서 일관되고 구체적인 조언을 제공해야 한다고 결론을 내리는 실수를 해서는 안 된다.

CSR의 경제 이론과 이해관계자 이론에서 파생된 두 가지 일반적인 규범 원칙을 비교해 보자. 경제 모델은 관리자가 이익을 극대화해야 한다고 요구하는 반면, 이론은 관리자가 이해관계자의 경쟁 주장 사이에서 균형을 유지하도록 요구한다. 어느 것이 더 실용적이고 구체적인 조언을 제공하는가? 경제 모델조차도 비즈니스 관리자에게 의사 결정에 상당한 권한을 부여한다. 이익 극대화의 필요성은 일반적인 지침을 제공하지만 정확한 실제 지침을 제공하지는 않는다. 결국, 관리 권한은 관리자가 주주와의 신탁 관계에 제공하는 전문 지식에 호소함으로써 이 이론 내에서 정당화된다. 관리자를 위한 이러한 전문가 역할은 관리자의 의사 결정에 대한 상당한 재량권을 가정할 때만 의미가 있다. 가장 단순한 비즈니스 의사 결정, 즉 관리자의 전문가 판단에 의존하는 의사 결정을 제외한 모든 의사 결정에서 어떤 과정이 실제로 이익을 극대화할지 미리 알 수는 없다. 어떤 특정 결정이 이익을 극대화했다는 사실을 입증하려면 반대 사실을 입증해야 한다. 즉, 관리자가 다른 결정을 내렸다면 이익은 더 낮아졌을 것이다. 단, 가장 간단한 경우에는 이것이 어떻게 확립될 수 있는지 알기가 어렵다. 실제로 이익 극대화에 대한 경영 효율성은 한 가지로 측정된다. 주주가 이 회사에 돈을 계속 투자하기로 선택하는가?

이해관계자 이론이 제공하는 실제 지침에 대해서도 유사한 결론에 도달해야 한다. 불가능하지는 않더라도 어떤 특정 결정이 이해관계자 이익의 균형을 적절하게 유지하는지 미리 결정하는 것은 어렵다. 이를 측정하는 가장 좋은 방법은 다음과 같은 유사한 질문을 하는 것이다. 다양한 이해관계자가 경영진과의 관계를 계속 유지하기로 선택하는가? 불만을 품은 직원, 불만을 품은 고객, 주가 하락은 경영진이 이해관계자 이익의 균형을 맞추지 못하고 있다는 좋은 증거이다. 마찬가지로 수많은 성공적인 기업에서 입증되었듯이 경영진이 이러한 경쟁적 이해관계의 균형을 적절하게 유지할 수 있다는 좋은 증거가 있다.

물론, 이 반응은 이해관계자 이론이 경영상의 의사 결정을 안내하는 능력에 있어 비효율적이라는 비판을 반박하지 못했다. 그러나 이는 이해관계자 이론이 이 점에서 특이하지 않다는 것을 암시한다. 경제 모델과 마찬가지로 몇 가지 대안을 배제하여 실용적인 조언을 제공하며 경제 모델과 마찬가지로 시장에서 테스트할 수 있다. 아마도 그것은 충분히 실용적일 것이다.

3.7 기업의 사회적 책임의 전략적 모델: 혜택 기업

우리가 고려할 최종적인 기업 사회적 책임 모델 관점에서는, 사회적 책임을 기업의 사명 또는 전략적 비전의 일부로 생각한다. 이런 경우 사회적 책임은 기업의 구조에 맞춰져 있다. 즉, '사회적 목적'과 사적 목적의 구분이 무너지고, 사회적 목적을 위해 주주들의 목적을 달성하는 것이다. 이는 주주들의 재정적 목적을 위해 사회적 목적을 달성하는 경제 모델과는 정반대이다.

우리는 이 범주에 속하는 두 가지 유형의 조직을 구별할 수 있다. 우리 모두 사회적 목적을 달성하는 것을 임무로 하는 많은 비영리 조직에 대해 잘 알고 있다. 자선단체, NGO, 교육·의료·건강 관리 기관이 이 범주에 속한다. 그러나 일부 영리 조직도 조직의 전략적 임무의 핵심 부분으로 사회적 목표를 갖고 있다는 인식이 점차 커지고 있다. 특히 사회적 기업가 정신과 지속 가능성이라는 두 가지 영역에서 우리는 이익과 사회적 책임 사이의 긴장을 가정하지 않는 영리 기업을 발견할 수 있다. 그러한 기업은 '이익을 추구하지 않는다'라기보다는 '이윤 이상을 추구한다'는 특징이 있다.

CSR에 대한 대부분의 논의는 다음과 같은 논쟁의 관점에서 구성된다. 기업은 사회적 목적을 위해 이익을 희생해야 하는가, 아니면 희생해서는 안 되는가? CSR 문헌의 대부분은 이익 추구와 사회적 책임 사이의 긴장을 전제로 한다. 하지만 주주 스스로 이익 극대화에 더하여, 어쩌면 그보다 더 나은 사회적 책임 목표를 선택한다면 어떨까? 20개 이상의 주에서 만든 새로운 법적 모델인 **공익 법인**은 바로 이를 목표로 한다.

일부 영리 조직도 조직의 전략적 임무의 핵심 부분으로 사회적 목표를 갖고 있다는 인식이 커지고 있다. 예를 들어, 사회적 기업가 정신과 지속 가능성 분야에서 우리는 이익과 사회적 책임 사이의 긴장을 가정하지 않는 영리 기업을 찾는다. 다른 기업과 마찬가지로 공익 법인은 유한 책임, 소유자 자산 보호, 세금 혜택 달성 등 모든 기업의 일반적인 혜택을 달성하기 위해 설립된 법적 권리와 의무를 가진 법인체이다. 중요한 점은 공익 법인은 비영리 단체가 아니라는 것이다. 이들은 다양한 이해관계자를 위한 가치 창출의 부산물로서 주주를 위한 가치를 창출하는 영리 기업이다. 공익 법인은 이사회와 관리자에게 기업이 일반적으로 추구하는 재정적 목표 외에도 사회적, 환경적 목표를 추구할 수 있는 법적 권한이 부여된다는 점에서 기존 기업과 다르다. 이는 공익 법인이 자유롭게 사회적, 환경적 목표를 기업의 사명과 정체성의 일부로 삼을 수 있으며, 따라서 이사회와 관리자가 더 넓은 사회적 목표에 책임을 지게 된다는 의미이다. 따라서 주주가 추구하는 이익은 다양한 기업 이해관계자가 추구하는 동등하게 정당한 목표 중 하나가 된다. 공익 법인 모델에서는 사회적 목적과 이익 사이에 존재한다고 생각되는 긴장이 사라지게 된다.

유익한 사회적 목적을 달성하고자 하는 많은 사회적 기업가들은 공익 법인을 자신의 꿈을 추구할 수 있는 완벽한 법적 모델로 여긴다. 전략적 임무의 일부로 지속 가능성을 채택한 기업들 역시 공익 법인이 유용한 모델임을 알게 되었다. 한 추정에 따르면 2015년 미국에는 2,000개 이상의 활성한 공익 법인이 존재하였다.[11] 가장 잘 알려진 회사로는 킹 아서 플라워(King Arthur Flour), 파타고니아(Patagonia), 킥스타터(Kickstarter), 세븐쓰 제너레이션 (Seventh Generation) 및 플럼 오가닉스(Plum Organics)가 있다. 이러한 영리 기업은 수익성이 없으면 사업을 계속할 수도 없고 성장에 필요한 투자를 유치할 수도 없다는 것을 인식한다. 그러나 이익은 그 자체가 목적이 아니라 수단으로 인식된다. 이익은 기업이 사회적 목표를 추구할 수 있도록 재정적으로 지속 가능하게 함으로써 사회적 책임을 다하는 목적을 달성한다.

법인 설립으로 인한 일반적인 금전적 혜택 외에도 공익 법인에 대해 주장되는 여러 가지 이점이 있다. 아마도 가장 중요한 것은 사회적으로 책임 있는 사명을 가진 기업이 관리자와 이사회 모두에게 이익보다 사명을 우선시할 수 있는 법적 능력을 부여함으로써 그 사명을 보호할 수 있다는 것이다. 특히 기업과 그 관리자가 단기, 분기별 수익 보고서로 판단되는 시기에는 일반적인 기업 헌장으로 인해 관리자가 단기 이익을 늘리기 위해 사회적 임무에서 물러나도록 압력을 가할 수 있다. 수익성을 향한 다양한 경로가 있을 수 있다는 점을 인식한 공익 법인은 경영진에게 사회적으로 책임 있는 사명 목표를 달성하는 경로를 찾는 책임을 묻는다.

공익 법인의 옹호자들은 또한 공익 법인이 직원을 유치하는 데 이점이 있다고 주장한다. 특히 급여 및 지위와 같은 전통적인 혜택만큼 직장의 질에 관심이 있는 젊은 세대 사이에서 더욱 그렇다. 한 연구에서는 명확한 사회적 사명과 사회적 혜택 창출에 대한 평판을 갖춘 기업이 밀레니얼 세대 직원을 유치하고 유지하는 데 더 성공적이라고 보고했다.[12]

또한 공익 법인은 사회적으로 동기가 부여된 고객과 투자자를 유치할 수 있는 더 나은 위치에 있다. 사회적으로 의식이 있는 소비자들 사이에서 공익을 위해 봉사하는 기업에 대한 시장이 성장하고 있다. 사회적 책임 투자를 추구하는 기관 및 개인 투자자들 사이에서도 자본 시장이 성장하고 있다. 사회적으로 책임 있는 목적을 추구하는 것은 공익 법인의 법적 헌장의 일부이며 단순히 홍보 전략으로 행해지는 것은 아니다.

다른 좋은 비즈니스 관행과 마찬가지로 공익 법인은 공인법인으로 참여하는 비즈니스를 측정, 평가 및 인증하려는 움직임을 촉진했다. 일부 공인법인은 독립적인 비영리 단체인 비-랩스(B-Labs)와 협력하여 사회적으로 책임 있는 목표를 달성하는 데 있어 전략의 효율성을 평가함으로써 추가 단계를 거쳐 공인법인 인증을 받기로 선택한다. 인증된 공인법인이 되는 것은 회사가 임무를 성공적으로 수행하고 있음을 소비자, 투자자, 직원 및 일반 대중에게 확신시킬 수 있는 수단을 제공한다. 그러나 전통적인 기업이 공익 법인의 기본 법적 구조 없이 인증을 받는 것도 가능하다.

이들 기업은 사회적 목표를 비즈니스 모델의 핵심 전략에 완전히 통합하기 때문에 이를 CSR의 전략적 모델이라고 부를 수 있다. 얼핏 보면 전략 모델을 채택한 기업은 특별한 윤리적 문제를 제기하지 않는다. 밀튼 프리드먼과 같이 CSR의 경제 모델을 옹호하는 사람들도 기업 소유주가 자유롭게 사회적 목표를 비즈니스 모델의 일부로 추구할 수 있다는 점에 동의할 것이다. 그들은 이러한 사회적 목표가 모든 기업의 사명의 일부가 되어야 한다는 데 동의하지 않을 것이다.

모든 기업이 사회적 기업가의 원칙을 채택하고 모든 활동을 사회적 목표 달성에 바칠 것이라고 기대하는 것은 분명 지나친 일일 것이다. 기껏해야 사회적 기업가는 이윤이 선을 행하는 것과 양립할 수 없으며, 선을 이윤 있게 행할 수 있다는 점을 보여 준다. 그러나 지속 가능성과 관련된 윤리적 책임은 모든 비즈니스 문제와 관련이 있다고 주장하는 사람들도 있다. 어떤 면에서 지속 가능성은 윤리적 목표가 모든 기업 사명의 핵심이 되어야 한다고 제안하는 CSR 모델을 제공한다. 지속 가능성이 CSR에 대한 논의와 함께 점점 더 중요해지는 개념이 될 것이라고 생각할 이유가 있는 것이다.

그러나 공익 법인 모델을 명시적으로 채택하지 않는 기업의 경우에도 많은 기업은 사회적, 환경적 목표를 전략적 사명의 일부로 삼고 있다. 지난 10년 동안 수천 개의 기업이 환경 및 사회 문제에 대한 회사 성과의 개요를 제공하는 기업 지속 가능성 보고서로 재무 연차 보고서를 보완했다. 어떤 경우에는 지속 가능성 보고서가 재무, 환경, 사회적 성과 평가를 하나의 종합 보고서에 통합하여 재무 보고를 완전히 대체하고 있다.

널리 받아들여지는 지속 가능성 보고 프레임워크를 만드는 데 중요한 역할을 한 비영리 조직인 글로벌 리포팅 이니셔티브(Global Reporting Initiative)에 따르면 지속 가능성 보고는 조직의 경제적, 환경적, 사회적 성과를 공개적으로 공개하는 프로세스이다. 많은 조직에서는 재무 보고만으로는 전체 조직 성과에 대한 정보에 대한 주주, 고객, 지역사회 및 기타 이해관계자의 요구를 더 이상 충족할 수 없다는 사실을 알고 있다. '지속 가능성 보고'라는 용어는 시민 의식 보고, 사회적 보고, 삼중 수익 보고 및 조직 성과의 경제적, 환경적, 사회적 측면을 포괄하는 기타 용어와 동의어이다.[13]

3.8 요약 및 검토

이 장에서는 기업의 윤리적 책임을 이해하기 위한 몇 가지 기본 모델과 이론을 소개했다. 이러한 이론은 비즈니스 운영 방식을 이해하기 위한 규범적인 모델을 제공한다. 그것들은 규범적인 모델이기 때문에 그것이 현대 비즈니스를 얼마나 정확하게 묘사하는지만으로 판단되어서는 안 된다. 이 책 1장에서 설명한 규범윤리 모델과 일관되게 이 장에서는 이러한 모델을 지지하는 이유와 반대하는 이유에 대한 초기 분석도 제공한다.

소비자 요구에 부응하여 이익을 증대 시키려는 일반적인 목표에 대한 윤리적 제약이 확대되는 연속체를 따라 CSR의 이러한 경쟁 모델을 생각할 수 있다. 극단적인 측면에서 우리는 밀턴 프리드먼 및 신고전파 경제학과 관련된 CSR에 대한 매우 좁은 견해를 발견한다. 기업의 사회적 책임은 소비자의 요구를 충족시켜 이윤을 극대화하는 것이다. 이익 추구에 대한 유일한 제약은 법을 준수하는 것이다. 물론 가장 자유주의적인 극단적인 관점에서는 재산을 보호하고 사기와 강압을 금지하는 법만이 적절한 법이라고 주장할 수도 있다.

CSR 이론은 이익 추구에 대한 제약의 범위를 확대함으로써 더욱 온건해졌다. 예를 들어, 노만 보위는 기업이 법을 준수하는 것 이상으로 해를 끼치지 않아야 하는 윤리적 의무가 있다는 칸트적 근거를 주장한다. 가장 극단적인 경우, 윤리적으로 합법적이라고 인정되는 유일한 피해는 다른 사람의 권리를 침해하는 것뿐이지만, 피해에 대한 더 넓은 이해는 비즈니스 책임에 대한 더 넓은 개념으로 이어질 것이다. 이해관계자 이론은 본질적으로 투자자가 아닌 윤리적으로 합법적인 이해관계자를 식별하고 그들에게 부여된 특정 의무를 명시함으로써 이러한 개념을 발전시킨다.

따라서 우리는 이러한 이론을 공리주의 윤리와 원칙 기반 윤리의 균형을 맞추는 주제의 변형으로 특징지을 수 있다. 이윤 추구는 기업이 소비자 수요를 충족시켜 전반적인 이익을 극대화하려는 공리주의적 목표를 달성하는 것으로 생각되는 메커니즘이다. 그러나 이러한 공리주의적 목표 자체는 이러한 활동의 영향을 받는 사람들에 대한 의무로 인해 제약을 받는다. 채택하는 권리와 의무 이론에 따라 이러한 제약은 법을 준수하는 최소한의 의무부터 이해관계자 이론과 관련된 보다 광범위한 의무 설명까지 다양하다.

마지막으로 이해관계자 모델이 비즈니스의 성격과 목적을 이해하는 데 미치는 영향을 고려해 볼 수 있다. 주주 우선주의 모델에서와 같이 주주가 경영진의 윤리적 책임에 있어 특권적인 위치를 차지할 때, 소유자를 위해 사유 재산이 관리되는 모델로 비즈니스를 개념화하는 것이 일반적이다. 그러나 주주의 이익이 경영상의 결정에 의해 영향을 받는 다른 모든 이해관계자의 이익과 동등한 윤리적 지위를 갖게 되면 사유 재산으로서의 비즈니스 모델은 설득력이 낮다. 관리자가 모든 이해관계자의 윤리적 이익의 균형을 맞출 책임이 있다면, 우리는 회사를 사회적 목표를 달성하기 위해 사회가 만든 독립적인 실체로 이해하기 시작할 수 있다.

기업의 목적이 이윤을 극대화하는 것이라는 밀튼 프리드먼의 저작에 매우 명확하게 반영된 주장은 이윤의 수혜자인 주주에게 독특한 윤리적 지위가 부여될 때만 의미가 있다. 하지만 이익을 극대화하는 것이 아니라면 사업의 목적은 무엇일까? 다양하고 종종 경쟁하는 이해관계자의 요구 사항의 균형을 맞추려고 노력할 때 경영진의 지침이 되는 목표는 무엇일까?

수십 년 전 하버드 비즈니스 스쿨에서 오랫동안 마케팅 교수로 재직한 시어도어 레빗(Theodore Levitt)이 그럴듯한 대안을 제안했다. 레빗의 인용문은 이 장의 생각을 자극하는 마무리를 제공할 수 있을 것이다.

> 비즈니스의 목적은 고객을 창출하고 유지하는 것입니다. 그러기 위해서는 사람들이 원하고 가치를 부여하는 상품과 서비스를 합리적으로 매력적인 가격과 조건에서 생산하고 제공해야 합니다. … 얼마 전까지만 해도 많은 기업이 비즈니스 목적에 대해 상당히 다른 것을 가정했습니다. 그들은 사업의 목적이 돈을 버는 것이라고 아주 간단하게 말했습니다. 그러나 그것은 인생의 목적이 먹는 것이라고 말하는 것만큼 공허한 것으로 판명되었습니다. … 이익이 사업의 목적이라고 말하는 것은 단순히 도덕적으로 천박합니다. … 더 큰 목적이 식별되거나 정당화될 수 없다면 기업은 도덕적으로 그 존재를 정당화할 수 없습니다. 그것은 역겹고 시대가 지나간 생각입니다. … 결국 그것은 공허한 생각입니다. 이익은 다양하고 일시적인 방법으로 창출될 수 있습니다. … 사람들이 정말로 원하고 가치 있게 여기는 것이 무엇인지 파악하고, 그런 욕구와 가치에 부응해야 하는 필요성에 직면하여 고객을 유치하고 유지해야 한다고 말합니다. 이는 구체적인 지침을 제공하며 도덕적 가치가 있습니다.[14]

토론 사례에 대한 성찰

2016년 미국 대선과 2015년 영국 '브렉시트' 선거 이후 페이스북에 일어난 일은 현대 기업이 직접적인 사회적 또는 정치적 책임이 없는 단순한 경제적 또는 재정적 기관으로 자신을 생각하는 것이 얼마나 어려운지를 보여 준다. 모든 기업은 자신이 운영하는 사회에 깊이 뿌리를 두고 있다. 기업은 그 사회에 의존하여 기업의 존재를 가능하게 하는 법적, 재정적,

정치적 틀을 구축하고, 그 사회에 의존하여 직원과 고객을 구축한다. 따라서 사회가 기업이 상품과 서비스를 공급한다는 단순한 경제적 기대를 넘어서 기업에 기대는 것은 어떤 기업이든 놀랄 일이 아니다.

하지만 2016년 선거 이후 페이스북의 자체 성명 내용은 놀라운 일이었다. 미국 의회와 영국 의회 의원, 그리고 두 나라의 많은 시민들은 페이스북이 플랫폼에 게시된 광고와 게시물을 모니터링하고 데이터 접근 및 사용을 규제하는 자체 정책을 감시하는 데 훨씬 더 공격적인 역할을 할 것으로 기대했다. 미국에서는 제230조를 없애거나 실질적으로 변경해야 한다는 요구가 많았다. 미국과 영국은 모두 페이스북과 다른 소셜 미디어 플랫폼이 소비자 개인 정보를 존중해야 하는 방식을 규제하는 추가 규정을 고려했다. 이러한 규정이 발전할 수 있는 잠재적 방향 중 일부는 2018년 4월 마크 저커버그가 미국 의회에서 증언했을 때 드러났다. 저커버그는 페이스북이 미국 선거에 대한 외국의 간섭으로 인한 위협에 느리게 대응했다는 것을 인정하고 사과하면서 증언을 시작했다.

> 제가 회사를 운영하면서 매우 후회되는 점 중 하나는 2016년 러시아 정보 사업 파악이 더디었다는 것입니다. … 그건 제 실수였고, 죄송합니다. 저는 페이스북을 시작했고, 운영하고 있으며, 여기서 일어나는 일에 대한 책임은 저에게 있습니다. 이제 이러한 도구가 해를 끼치는 데 사용되는 것을 방지하기 위해 충분한 조치를 취하지 않았다는 것이 분명해졌습니다. 이는 가짜 뉴스, 선거에 대한 외국의 간섭, 증오심 표현은 물론 개발자와 데이터 개인 정보 보호에도 적용됩니다.

상원 의원들의 몇 가지 질문에 대한 응답으로 저커버그는 페이스북이 플랫폼의 콘텐츠에 대해 어느 정도 책임을 져야 한다는 점을 인정했다. 이는 페이스북을 신문이 아닌 통신 회사와 비교했던 이전의 관점과 달라진 것이다. 그는 또한 다른 미디어 회사와 마찬가지로 페이스북에도 콘텐츠를 모니터링하고 통제할 책임이 있음을 인정했다. 결과적으로 제230조가 정확히 어떻게 개정될 수 있는지는 명확하지 않다. 저커버그는 페이스북이 개인 정보 보호를 위해 어떻게 움직일지에 대해 거의 답변하지 않았다.

물론 이것은 이 책 1장의 토론 사례로도 다시 연결된다. 이 경우 애플 CEO 팀 쿡이 사용자 개인 정보 보호에 대한 애플의 약속을 설명했던 것을 기억할 것이다. 2021년부터 애플은 자사의 아이폰이 더 강력한 개인 정보 보호 기능을 제공한다고 공격적으로 홍보하기 시작하여 자사의 비즈니스 모델을 페이스북과 확실히 차별화했다. 일부에서는 이를 애플의 기업 윤리 및 가치 측면에서 보았지만, 다른 일부에서는 이를 정부 규제 강화에 대한 정치적 요구에 앞서기 위한 전략적 조치로 여겼다.

이러한 사례는 비즈니스 결정과 윤리적, 사회적, 정치적 결정이 분리될 수 없음을 상기시켜 준다. 우리는 분리 논제, 즉 윤리가 비즈니스 결정과 분리되어야 한다는 회의적인 견해가 잘못되었다고 생각하는 철학적인 이유를 제시했다. 그러나 아마도 더 설득력 있는 주장은 제230조와 법인 설립법과 같은 법률이 실제로 비즈니스 조직을 창설하는 현실 세계에서는 이것이 불가능하다는 것이다.

복습 질문

1. 기업의 사회적 책임이라는 경제 모델과 '자유 시장' 또는 '신고전파' 경제 이론 사이의 연관성을 설명하라.
2. 기업의 사회적 책임이라는 경제 모델에 대한 두 가지 윤리적 정당화는 무엇인가? 이러한 정당화가 직면한 가장 중요한 과제는 무엇인가?
3. 기업의 사회적 책임에 대한 자선 모델을 설명하라. 경제 모델과 어느 정도 다르다고 생각하는가?
4. '도덕적 최소' 개념을 포함하는 수정된 경제 모델은 기업의 사회적 책임이라는 경제 모델과 어떻게 다른가?
5. 기업의 사회적 책임에 대한 이해관계자 이론, 윤리적 근거, 이에 대한 두 가지 과제를 설명하라.
6. 이해관계자 가치 창출에 대한 이해관계자의 강조는 경제 모델과 어떻게 다른가?
7. 지속 가능성이 비즈니스의 전략적 목표인 이유는 무엇인가?

미주

[1] The following sources were used in preparing this Discussion Case. The Twenty-Six Words That Created the Internet, Jeff Kosseff (Cornell University Press, 2019). What is Section 230? An expert on internet law and regulation explains the legislation that paved the way for Facebook, Google and Twitter, by Abbey Stemler, The Conversation, August 2, 2021, https://theconversation.com/what-is-section-230-an-expert-on-internet-law-and-regulation-explains-the-legislation-that-paved-the-way-for-facebook-google-and-twitter-164993 (accessed January 14, 2022). Jim Buckmaster: Craigslist put up an ad for a programmer.

It got a chief executive, by Graham Snowdon The Guardian, October 6, 2011, https://www.theguardian.com/business/2011/oct/06/craigslist-jim-buckmaster-interview (accessed January 13, 2022). "I Am Jane Doe" Takes on Backpage, by Tad Friend, The New Yorker, January 8, 2017. Danielle K. Citron & Benjamin Wittes, The Problem Isn't Just Backpage: Revising Section 230 Immunity, 2 Georgetown Law Technology Review 453 (2018). Available at: https://scholarship.law.bu.edu/faculty_scholarship/631Zuckerberg resists pressure to alter Facebook's livestream feature after Christchurch attacks, by Chloe Taylor, The Guardian, April 4, 2019. https://www.cnbc.com/2019/04/04/zuckerberg-resists-pressure-to-alter-facebooks-livestream-feature-after-christchurch-attacks.html (accessed January 15, 2022). "Facebook exec blames society for COVID misinformation," by Ina Fried, Axios December 12, 2021 https://www.axios.com/facebook-bosworth-covid-misinformation-89a751dc-6875-4ad3-8103-33cd10b9972c.html Accessed January 17, 2022.

[2] Milton Friedman, *Capitalism and Freedom* (Chicago: University of Chicago Press, 1962), p. 133.

[3] Milton Friedman, "The Social Responsibility of Business Is to Increase Its Profits," The *New York Times Magazine* (September 13, 1970), reprinted in *Contemporary Issues in Business Ethics*, 4e., edited by Joseph R. DesJardins and John McCall (Belmont, CA: Wadsworth Publishing, 2000), p. 9.

[4] For example, in an article analyzing the earlier business scandals of Enron and Arthur Andersen cases, *Fortune* magazine called this Friedman-like view the "cult of the shareholder" and attributed much of the blame for several corporate bankruptcies and financial falls to the "God-awful" accounting games played by executives seeking only to increase their company's stock price. Differing from the ethical criticisms of the Friedman view considered in this chapter, Fortune's criticisms are that this view adopts an unrealistic and inadvisable model of corporate control and ownership. See "Dirty Numbers" by Andy Serwer, *Fortune* (February 18, 2002), pp. 75–84.

[5] This classic case is represented by a grid in which two prisoners who are accused of a crime are offered two options by the police: confess or not. If one prisoner confesses while her partner does not, she is set free and her partner gets a ten-year prison sentence. If both confess, they each get a five-year sentence. If neither confesses, they each get six months in jail. What would rational, self-interested individuals do in such a situation? If I am prisoner A, then I look at my options: Whichever choice my partner makes, it will be better for me to confess. If she confesses and I don't, then I get ten years in jail. So, if she confesses it is preferable for me to confess as well. If she doesn't confess and I confess, then I go free. Either way, it is rational for me to confess. But, since exactly the same reasoning will lead prisoner B to reach the same conclusion, the "rational" choice for two self-interested noncooperating individuals results in a suboptimal outcome for both. On the other hand, if the two prisoners cooperated, trusted each other, and kept their word, the reasonable thing to do would be for both not to confess and settle for a six-month sentence. But, this suggests that the ideal market situation should be abandoned in favor of a more cooperative, or at least coordinated, relationship.

[6] Many useful discussions of happiness and consumption, by social scientists as well as philosophers, can be found in *The Ethics of Consumption*, edited by David Crocker and Toby Linden (Lanham, MD: Rowman & Littlefield, 1998). An entertaining and informative video presentation of these issues is found in *Affluenza*. "Affluenza" is the contagious disease that accompanies affluence.

[7] Norman Bowie, "New Directions in Corporate Social Responsibility," in *Business Horizons*, July–August 1991, p. 56. Bowie's views are developed further in his *Business Ethics: A Kantian Perspective*, 2e (Cambridge University Press, 2017).

[8] "Managing for Stakeholders" by R. Edward Freeman reprinted in *Business Ethics: Decision-Making for Personal Integrity and Social Justice*, by Laura Hartman and Joseph DesJardins, 2e (McGraw-Hill, 2010).

[9] "A Stakeholder Theory of the Modern Corporation: Kantian Capitalism," by William Evan and R. Edward Freeman, in *Contemporary Issues in Business Ethics*, 4e, edited by Joseph R. DesJardins and John

McCall (Belmont, CA: Wadsworth Publishing, 2005), p. 89. Freeman's views are developed more fully in R. Edward Freeman, *Strategic Management: A Stakeholder Approach* (Marshfield, MA: Pitman, 1984).

[10] Source: Business Roundtable, "Business Roundtable Redefines the Purpose of a Corporation to Promote 'An Economy That Serves All Americans,'" press release (August 19, 2019), https://www.businessroundtable.org/business-roundtable-redefines-the-purpose-of-a-corporation-to-promote-an-economy-that-serves-all-americans.

[11] Ellen Berrey, How Many Benefit Corporations Are There? (May 5, 2015). Available at SSRN: http://ssrn.com/abstract=2602781.

[12] Deloitte Millennial Survey, January 2014, http://www2.deloitte.com/content/dam/Deloitte/global/Documents/About-Deloitte/gx-dttl-2014-millennial-survey-report.pdf (accessed April 14, 2015).

[13] Source: http://www.globalreporting.org.

[14] This quote is taken from "Marketing and the Corporate Purpose: The Purpose Is to Create and Keep a Customer," by Theodore Levitt, a speech delivered at New York University, March 2, 1977, available from *Vital Speeches of the Day.* Similar claims can be found in chapter 1, "Marketing and the Corporate Purpose," of *The Marketing Imagination*, by Theodore Levitt (New York: Free Press, 1983), pp. 5, 7.

4장

기업 문화, 거버넌스, 그리고 윤리적 리더십

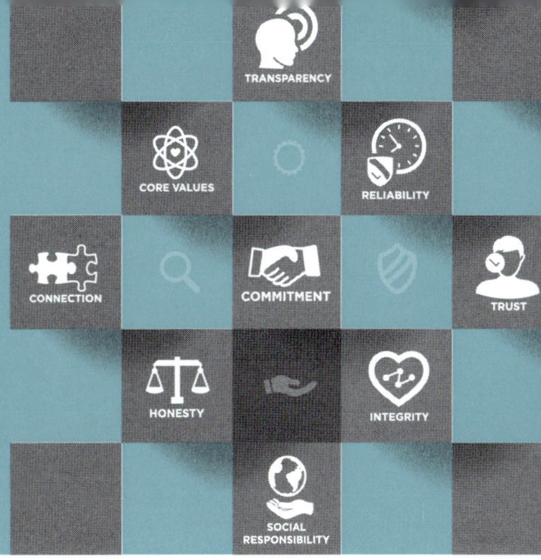

학습 목표

이 장을 읽고 나면,

- 기업 문화를 정의할 수 있다.
- 기업 문화가 어떻게 윤리적 의사 결정에 영향을 미치는지 설명할 수 있다.
- 기업 문화를 형성하는 데 있어 기업 리더십의 역할에 대해 논의할 수 있다.
- 효과적인 리더와 윤리적 리더의 차이점을 설명할 수 있다.
- 윤리적 기업 문화를 형성하는 데 있어 사명 선언문과 윤리 강령의 역할에 대해 논의할 수 있다.
- 윤리 위반 신고 핫라인과 옴부즈맨과 같은 다양한 보고 메커니즘이 기업 내 윤리를 통합하는 데 어떻게 도움이 될 수 있는지 설명할 수 있다.
- 기업 문화와 윤리 프로그램의 평가, 모니터링, 감사의 역할에 대해 논의할 수 있다.
- 정부 규제가 기업 문화를 어떻게 강제할 수 있는지 설명할 수 있다.

토론 사례:

웰스 파고의 사기 행각

웰스 파고(Wells Fargo)는 세계적인 규모의 은행 및 금융 서비스 회사 중 하나로, 30개국 이상에서 운영되고 있으며 25만 명이 넘는 직원과 7,000만 명의 고객을 보유하고 있다. 19세기 중반에 설립되어 미국에서 오래 지속적으로 운영되고 있는 금융 기관 중 하나이다.

웰스 파고는 오랫동안 기존 고객에게 추가 금융 상품을 마케팅하는 교차 판매(cross-selling)라는 비즈니스 전략으로 잘 알려져 있다. 전통적으로 은행과 금융 서비스 회사는 변호사나 회계사가 고객에게 전문 서비스를 제공하는 것과 마찬가지로 고객에게 자문 서비스를 제공하는 전문가로 자처했다. 이 모델에서 성공은 고객의 이익 달성, 즉 위험 관리, 투자 수익률 등으로 측정될 수 있다. 이 **신인**(信認, fiduciary) **모델**은 기업과 고객의 이익을 일치시키는 것을 목표로 하여, 고객이 성공하면 기업도 성공하게 된다.

하지만 최근 수십 년 동안 많은 은행과 금융 기관들은 이 신인 모델에서 벗어나 고객을 단순히 상품을 판매하는 대상으로 보는 더욱 거래 중심적인 소비자 모델(transactional, consumerist model)을 채택했다. 이 모델에서는 회사의 성공은 판매된 상품의 수와 그 판매로부터 얻은 이익이 얼마인지로 측정된다. 물론, 이러한 변화의 부작용 중 하나는 고객과 기업의 이익이 항상 일치하지 않을 수 있다는데, 기업은 고객이 성공하든 실패하든 수익을 낼 수 있다는 점이다. 웰스 파고는 이 방향으로 공격적으로 나아간 초기 은행들 중 하나였다.

웰스 파고가 교차 판매에 얼마나 공격적이었는지는 2016년 9월 미국 연방소비자금융보호국(Consumer Financial Protection Bureau)의 발표를 통해 명백히 드러났다. 당국은 웰스 파고 직원들이 기존 고객의 명의를 도용하여 수백만 개의 신용카드와 예금계좌를 무단으로 개설했다고 밝혔다. 웰스 파고는 이러한 부정행위를 인정하고 주 및 연방 당국에 1억 8,500만 달러의 벌금을 지불하기로 동의했다. 이 벌금을 지불함으로써 웰스 파고는 고객이 몰랐거나 동의하지 않은 상품을 판매했다고 인정했다. 이로 인한 스캔들은 오늘날까지도 웰스 파고를 괴롭히고 있다.

웰스 파고는 발표 당시 2011년부터 2016년 사이에 직원들이 150만 개 이상의 유령 계좌와 50만 개 이상의 승인 받지 않은 신용카드 신청을 기존 고객의 이름을 도용하여 개설했다고 인정했다. 2011년 이전 활동을 검토한 추가 조사를 통해 50만 개 이상의 온라인 자동 이체 결제 계좌가 허위로 개설되었고 수십만 개의 보험 상품이 의심 없는 고객들에게 허위로 판매되었다는 것이 밝혀졌다. 2018년 봄 웰스 파고는 350만 건 이상의 고객의 승인 없이 금융 제품을 고객들에게 판매했다고 인정했다.

이 사기 행위를 저지르는 과정은 상대적으로 쉬웠다. 대부분 직원들은 막 졸업한 대학 졸업자가 맡게 되는 초급 직책의 직원들로 새 계좌에 필요한 정보(이름, 주소, 사회 보장 번호 등)에 쉽게 접근할 수 있었다. 기존 고객을 위한 새로운 상품을 신청하고 판매하는 것은 몇 번의 마우스 클릭만으로 할 수 있었다. 조사 결과 수천 명의 직원이 이 부정행위에 가담했다는 것이 드러났다. 사기가 발각되었을 때 5,000명이 넘는 직원이 해고되었다.

물론 이렇게 광범위한 사기가 해당 직원들을 감독하는 관리자들이 눈치채지 못하게 이루어질 수 없다. 중간 관리자들이 어떻게 사기를 저지르는 방법과 고객에게 발각되지 않는 방법에 대한 지침을 제공하는 등 이러한 활동에 적극적으로 참여했다는 사실이 드러났다. 직원들은 서명을 위조하고 가짜 비밀번호를 만드는 방법에 대해 조언을 받았다. 관리자들은 사기 당한 고객들이 후속 정보나 새로운 신용카드와 직불카드를 받지 못하도록 직원들에게 자신의 개인 정보 일부나 가짜 이메일 주소를 사용하도록 지시했다. 또한 사기에 참여하기를 꺼리거나 내부 고발을 시도한 직원들을 해고하거나 부정적인 업적 평가 등급을 주어 은행업계에서 재취업하지 못하게 하는 식으로 처벌하였던 것으로 보인다. 간접적이지만 훨씬 더 효과적인 방법으로, 경영진은 높은 판매 목표를 설정하고 시행함으로써 이러한 부정행위에 가담했다. 교차 판매 목표를 달성하지 못한 직원들은 야간 및 주말 근무를 해야 했고, 승진에 타락되었으며, 임금 인상을 받지 못했다.

처음엔 CEO 겸 이사회 의장인 존 스텀프(John Stumpf)를 포함한 웰스 파고의 고위 경영진은 '부정직한' 개인에게 책임이 있다고 주장하는 것처럼 보였다. 스텀프는 미국 상원 은행위원회에 출석하여 다음과 같이 주장했다. "회사가 조직적으로 사기를 지시하거나 일부가 주장하는 바와 같은 사기를 계획한 일이 없었음을 분명히 하고 싶습니다. 우리는 우리의 팀원이라고 부르는 직원들에게 고객이 원치 않거나 필요로 하지 않는 상품과 서비스를 고객에게 제공하도록 지시하지 않았습니다." 스텀프는 이러한 광범위한 사기가 직원들이 서로 대화하면서 나타난 결과로 발생했을 가능성이 높다고 설명했다.

하지만 좀 더 사건을 면밀히 분석한 결과 최고 경영진 수준에서 내린 결정, 행동 및 태도가 이러한 광범위한 사기가 만연할 수 있는 기업 문화를 조성하는 데 기여했다는 사실이 드러났다. 스텀프는 고객당 8개의 상품을 팔도록 하는 그의 모토인 '8은 훌륭하다'로 유명했다. 사실 업계 평균은 8개의 절반도 되지 않았다. 사기가 만연했던 모든 분기별 실적 보고하는 어닝 콜(earnings call)에서 스텀프는 투자자들에게 기록적인 교차 판매 수준이 계속 증가하고 있다고 자랑했다. 부분적으로 이 결과로, 스텀프 자신의 주식 소유 가치는 사기가 만연했던 5년 동안 2억 달러 이상 증가했다.

또한 고위 경영진이 이 사태가 대중에게 알려지기 훨씬 이전부터 사기 판매에 대해 알고 있었다는 증거도 있었다. 정부 조사를 촉발시켜 사기를 밝혀내는 데 일조한 2013년 로스앤젤레스 타임스 기사는 이러한 관행에 대한 혐의에 대해서 밝히고 있다. 웰스 파고 자체 교육 매뉴얼에는 고객의 명시적인 동의 없이 제품을 판매하지 말라는 주의 사항이 포함되어 있었는데, 이 주의 사항이 재차 강조되었던 것으로 봐서 이미 사기 관행이 알려져 있다는 것을 시사하고 있었다. 웰스 파고 경영진은 교차 판매의 꾸준한 증가와 고객이 사용하지 않는 계좌 수의 증가 사이에 관련성이 있음을 보여 주는 내부 보고서를 가지고 있었다.

더욱이, 웰스 파고의 조직 문화는 속임수를 장려하고 정직한 판매 행위를 저해하도록 설계된 것처럼 보였다. 예를 들어, 시간제 노동자의 판매 목표부터 임원의 보너스에 이르기까지 웰스 파고의 인센티브 시스템은 모든 직원이 공격적으로 교차 판매를 하도록 기대하고 있음을 분명하게 보여 준다. 판매 부문을 직접 감독하던 임원은 스캔들이 드러나기 직전에 은퇴하면서 1억 2,500만 달러 이상을 받았다. (웰스 파고는 임원의 성과 보수에 관한 환수 과정을 통해 나중에 이 금액의 절반을 되찾았다.) 직원들은 내부 윤리 핫라인을 통해 보고한 내용이 무시되었다고 밝혔다. 미국 연방법에 의해 요구되는 감독 기능을 제대로 수행하지 못했다는 주장에 대해, 이사회 구성원들은 이 사실에 대해서 전혀 감지하지 못했고, 사기 스캔들에 대해 언론을 통해 알게 되었다고 주장했다. 많은 기업들처럼 웰스 파고의 CEO는 이사회 의장직도 겸임했다.

이 사건을 밝히는 데 여러 정부 기관이 참여하였다. 로스앤젤레스 시와 캘리포니아 주 수사관들이 사기를 밝히는 데 중요한 역할을 했다. 연방소비자금융보호국도 조사에 참여했으며, 웰스 파고에 큰 벌금을 부과했다. 미국 상원 은행위원회는 여러 차례 청문회를 열어 웰스 파고의 경영진과 이사회를 공개적으로 비판했다. 2018년 2월, 미국의 주요 은행 규제 기관인 연방준비은행(Federal Reserve Bank)은 웰스 파고와 이사회에 대해 강력한 처벌을 가했다. 전례 없는 처벌로 연방준비은행은 웰스 파고의 미래 성장을 제한하고 감독 의무를 다하지 못한 여러 이사회 구성원의 교체할 것을 요구했다. 하지만 이 사건에서 보여 주듯, 사기 방지를 목적으로 한 여러 정부 조치, 예를 들어, 사기 방지법, 내부 고발자 보호, 이사회의 윤리 준수 및 감독을 요구하는 법률 등이 광범위하게 수년 동안 계속되어 온 사기를 막는 데는 효과적이지 못했다.

토론 질문

1. 1장에서 설명한 바와 같이, 모든 윤리적 분석에서 할 수 있는 유용한 첫 번째 단계는 해악과 이익을 파악하는 것이다. 이 사기 행각으로 인해 어떤 피해가 발생했는가? 윤리적으로 잘못된 점을 정확히 설명할 수 있는가? 소비자 이외에 누가 피해를 입었는가? 누가 이익을 보았나? 이익을 얻은 당사자들은 그 이익을 받을 자격이 있었나? 이익 중 불공정하거나 비윤리적인 것이 있었나?
2. 이 사례에서 이해관계자들은 누구인가?
3. 이 스캔들에 대한 주요 책임을 누구에게 있는가? 고객의 계좌를 위조한 개별 직원들,

그 직원들을 감독한 관리자들, 최고 경영진, 이사회 구성원, 아니면 기업 자체일까?

4. 때로 책임을 물을 때, 우리는 비난할 누군가, 잘못을 저지른 사람을 찾는다. 이 사례에서 누구를 비난하겠는가? 때때로 책임에 묻는 것은 원인을 파악하고, 이를 통해 같은 일이 재발하지 않도록 방지하기 위한 목적도 있다. 이러한 일이 다시 발생하지 않도록 어떤 권고를 하겠는가?
5. 기업과 고객 간의 관계에서 신인 모델과 거래-중심적/소비자 모델의 차이를 어떻게 이해하고 있는가? 신인 모델에는 어떤 이유가 있는가? 두 모델 사이에 윤리적 차이가 있는가?
6. 지점 관리자나 회계사와 같은 전문직이든, 초급 판매직이든, 직원들이 비윤리적이라고 생각하는 지시에 대해 경영진에게 맞서 이의를 제기하는 것을 기대할 수 있을까?

4.1 서론

웰스 파고 사례는 1장에서 소개된 기업 윤리의 중요한 요소를 상기시켜 준다. 비즈니스에 영향을 끼치는 윤리적 결정은 여러 수준에서 발생할 수 있다. 개인 수준의 결정은 초급 판매 직원과 지점 관리자부터 CEO에 이르기까지 다양하며, 조직 수준의 결정은 성과 기준과 이사회 정책과 같은 것들로 나타나고, 사회 및 정치적 수준에서는 공공 저널리즘의 활동, 정부 규제, 주 및 연방 정책 결정을 통해 나타난다. 웰스 파고의 사례를 이해하고 평가하기 위해서는 세 가지 수준 모두에서 윤리를 고려해야 한다.

3장에서 살펴본 기업의 사회적 책임을 둘러싼 많은 문제들은 기업을 사회 기관으로 보고, 그런 점에서 외부적 관점에서 기업을 분석한다. 시민으로서 우리는 기업이 상품과 서비스, 일자리 창출, 이윤 창출의 경제적 책임을 넘어서 사회적 책임이 있는지를 묻고 논쟁한다. 하지만 웰스 파고 사례는 내부적 관점에서 윤리적 결정에 대한 분석을 요한다. 웰스 파고에서 이처럼 광범위한 사기 행위가 그토록 오랜 시간 동안 일어날 수 있었던 이유는 무엇이었을까?

이 장은 내부적 관점에서 기업의 윤리적 책임을 살펴본다. 기업이 어떻게 조직, 운영, 및 관리되어야 회사 내에서 윤리적 행동과 윤리적 의사 결정을 이끌어 낼 수 있을까? 이사회, 임원, 관리자와 같은 다양한 조직 구성원이 윤리적 행동을 촉진하고 강화시키는 데 있어 어떤 역할을 해야 할까? 이러한 책임은 개인에게 있을까, 아니면 제도적 구조에 있을까? 문제가 발생했을 때, 누가 책임을 져야 하며 누가 그 책임을 물어야 하는가?

3장에서 소개했던 기업의 사회적 책임의 경제적 모델은 윤리를 기업 외부에서 부여된 제약 조건으로 보며, 마치 기업이 사회적으로 책임 있는 방식으로 행동을 하도록 외부적인 이유가 필요한 것처럼 다룬다. 그러나 많은 기업들은 사회적 책임을 그들의 비즈니스 모델의 본질적 요소로 받아들인다. 이것이 놀라운 일은 아니다. 결국 기업에서 일하는 개인들도 다른 사람들과 마찬가지로 윤리적이기 때문이다. 그러므로 이번 장은 기업이 사회적으로 책임 있고 윤리적인 방식으로 운영하고자 한다고 가정하고, 윤리적으로 책임 있는 기업을 만들고 유지하기 위한 전략을 살펴본다.

이 장에서는 특히 기업이 개인으로 하여금 윤리적으로 책임 있는 의사 결정을 내리도록 장려하고 지원하는 윤리적 문화를 형성할 수 있는 방법을 살펴볼 것이다. 윤리에 대한 일반적인 생각은 기업 활동에서 내리는 의사 결정에 대한 개인의 책임을 강조하기 쉽다. 이러한 결정들은 개인 자신의 정직성뿐만 아니라 기업 조직이 상호 작용하는 많은 이해관계자들에게도 영향을 미친다.

그러나 1장에서 설명한 바와 같이, 개인의 의사 결정과 윤리적 행동은 진공 상태에서 이루어지는 것이 아니다. 기업 내의 의사 결정은 기업 문화에 의해 영향을 받거나, 장려되고 형성되기도 하고, 억제되고 제한되기도 하며, 경우에 따라서는 사실상 기업 문화가 결정하게 된다. 개인은 그들이 속해 있는 조직이 지닌 기대치, 가치, 구조에 의해 올바른(또는 잘못된) 결정을 내리는 데 방해를 받거나 도움을 받을 수 있다. 웰스 파고에서 발생한 사례를 통해 이러한 현상을 볼 수 있었다. 또한 페이스북에서 내부 고발자들이 그 기업 문화 내에서 직면한 어려움을 토로했던 것을 보았다. 이 장에서는 기업 문화의 형성, 영향 및 관리와 기업의 리더가 윤리적 문화를 형성하고 유지하는 역할에 대한 주요 이슈들을 살펴본다.

4.2 기업 문화란 무엇인가

그렇다면, '**기업 문화**'라는 용어는 무엇을 의미할까? 모든 조직에는 조직의 구성원들의 사고와 행동을 영향을 주고 지침을 주는 공유된 신념, 기대, 의미의 패턴에 의해 형성된 문화가 있다.

REALITY CHECK:
당신만의 문화는 무엇인가

문화가 공유된 신념, 기대, 의미의 패턴을 관련이 있다면, 우리는 사람들이 다음과 같은 특징을 공유하는 모든 사회적 수준에서 문화를 발견할 수 있을 것이다.

- 종교, 인종, 언어적 소속
- 세대
- 성별
- 사회 계층
- 지리적 또는 국가적 출신
- 조직/기업
- 가족

당신의 신념, 태도, 가치를 돌아보자. 그것들은 어떻게 당신만의 문화에 의해 형성되었나? 같은 종교, 민족 배경, 성별을 공유하지 않는 친구들과 당신의 신념과 기대는 어떻게 비슷하고 다를까? 수업에서 다른 주나 다른 국가 출신의 동료와 대화를 나누어 보자. 일이나 성별에 따른 역할과 같은 것들에 대한 기대와 규범이 다른가? 일과 성별에 따른 역할에 대한 기대는 부모와 어떻게 다른가? 당신의 고향이나 가족의 일반적인 기대와 어떻게 다른가? '이곳에서 하는 방식'을 따르거나, 맞추라는 어떤 압력을 받은 적이 있는가?

이 문화가 바로 조직을 '조직화'하는 것이다. 조직 문화는 조직의 구성원들을 빚어내고 통합시킨다. 당신이 속한 조직(예를 들어, 학교, 기숙사, 동아리)이 비슷한 다른 조직과 어떻게 다른지 생각해 보자. 당신의 조직, 기숙사, 동아리에는 전형적인 '유형'의 사람이 있는가? 말로 직접적으로 표현하지 않지만, 당신의 학교 학생들만의 모습을 빚어내는 꽤 영향을 주는 그러한 기준과 기대가 있는가? 다른 학교를 선택했거나, 다른 동아리에 가입했거나, 다른 조직에 참여했다면 당신은 어떻게 달라졌을까?

기업도 말로 표현되지 않지만 직원들에게 영향을 주는 기준과 기대를 가지고 있다. IBM은 한때 주로 남성주의 문화였는데, 빳빳이 다려진 흰 셔츠와 넥타이 착용이 요구되는 복장 규정을 가지고 있던 문화로 유명했다. 이에 비해 애플은 비격식 문화로 유명하다. 일부 기업은 9시부터 5시까지 정해진 근무 시간을 가지고 있고, 다른 기업은 직원들에게 장시간 근무와 주말에도 일할 것을 기대한다. 9시부터 5시까지 근무하는 스타일을 가진 사람이 두 번째 유형의 회사에 들어가서 오후5시 정각에 퇴근하려고 한다면, 그 조직에서 적응하고 성공하기 어려울 것이다. 이것은 회사가 지닌 가치(value)도 마찬가지일 것이다. 자신이 받아들이기 편하게 여기는 가치와 전혀 다른 가치를 중시하는 문화를 가진 회사에 입사하면 좋든 나쁘든 가치 충돌을 경험하게 될 것이다.

기업이나 다른 어떤 곳에서도, 문화는 고정되어 있지 않다. 문화는 변화한다. 하지만 문화를 수정하거나 문화에 어떤 영향을 주는 것은 마치 빙산을 움직이려는 것과 같다. 빙산은 항상 움직이며, 만약 이를 무시하면 현재 지배적인 조류에 따라 계속 떠다닐 것이다. 한 사람이 혼자서 그 경로를 바꿀 수 없지만 강력한 리더는 문화에 상당한 영향을 미칠 수 있고, 기업의 강력한 리더는 분명히 기업 문화에 중대한 영향을 미칠 수 있다.

기업의 문화는 지속 가능하게 하는 가치가 될 수 있다. 즉 힘든 시기에 방향과 안정성을 제공해 줄 수 있다. 윤리적으로나 재무적 측면에서 뛰어난 기업들은 창의성, 독립성, 성실성, 정직성, 충성심과 같은 미덕을 촉진하는 강력한 기업 문화를 가진 것으로 유명하다. 그러나 기업 문화는 또한 "여기서는 항상 이런 식으로 해 왔어요." 또는 "그것이 우리 회사의 기풍이지요."라고 하며 관습적인 방식으로 관리하도록 제약할 수 있다. 어떤 때에는 이점이 될 수 있는 문화의 안정성이 다른 때에는 성공의 장애물이 될 수 있다.

그렇다면 기업 문화가 정말 중요할까? 베스트셀러인 『성공하는 기업들의 여덟 가지 습관』에서 저자인 제임스 콜린스(James Collins)와 제리 포라스(Jerry Porras)는 수십 개의 성공한 기업들을 연구하며 그들의 성공을 설명할 수 있는 공통적인 기업 경영의 원칙을 찾고자 했다. 이들 기업은 재정적으로 경쟁사들보다 탁월했을 뿐만 아니라 장기적인 측면에서도 그들을 경쟁에서 앞섰다. 연구 대상의 기업들의 평균 설립 연도는 1897년이었다. 그들이 발견한 주요 연구 결과 중 하나는 진정으로 탁월하고 장수한 기업들은 모두가 핵심 가치에 큰 중점을 두었다는 사실이었다. 이 핵심 가치들은 '필수적이고 영속적인 원칙'으로 우리 회사가 어떤 회사인지를 규정해 주고, '경제적 이익이나 단기적 편의'를 위해 타협하지 않도록 해 준다.[1]

콜린스와 포라스는 IBM, 존슨앤존슨, 휴렛 팩커드, P&G, 월마트, 머크, 모토로라, 소니, 월트 디즈니, GE와 같은 성공적인 기업의 창립자와 CEO들이 핵심 가치를 명시하고 장려하는 수많은 예를 인용했다. 일부 기업은 고객에 대한 헌신을 그들의 핵심 가치로 삼았고, 직원, 제품, 혁신 또는 심지어 위험 감수에 중점을 둔 기업들도 있었다. 공통된 테마는 조직의 핵심 이데올로기로써 핵심 가치와 명확한 기업의 목적, 이 두 가지가 지속적이고 재정적으로 성공적인 기업의 필수 요소라는 것이었다.

우리가 기업의 '문화'에 대해 설명할 때는 기업이 인식 가능한 일련의 가치들을 가지고 있다고 말하고 있는 것이다. 이러한 가치들은 개인의 의사 결정과 기업 정책 및 관행에서 나타난다. 물론, 앞에서 소개된 웰스 파고에 대한 사례가 시사하는 바와 같이, 기업이 내세우는 가치 자체가 윤리적 비판의 대상이 될 수도 있다.

4.3 문화와 윤리

문화라는 개념이 윤리와 어떻게 연결될까? 보다 구체적으로 기업의 문화가 기업 윤리에서 어떤 역할을 할까? 이 질문에 대해 우리는 이전에 소개된 여러 주제를 되돌아보면서 답할 수 있다.

1장에서 법과 윤리의 관계를 고찰하였고, 법을 준수하는 것만으로는 윤리적 행동을 보장하기에는 불충분하다는 결론을 내렸다. 1장의 예시로, 장애 직원을 위한 합당한 편의 시설을 제공하도록 하는 미국 장애인법(The Americans with Disabilities Act: ADA)을 언급했다. 하지만 다른 법률과 마찬가지로 ADA를 실제로 적용하는 데 애매모호한 부분이 있을 수 있다. 알레르기, 우울증, 난독증, 관절염, 청각 손실 또는 고혈압을 가진 직원을 위한 합당한 편의 시설을 마련해야 하는지를 결정하는 경우를 예로 들 수 있다. 법이 윤리적 의사 결정에 대해 지침을 주기에는 불완전할 경우, 조직 문화는 어떤 선택을 내려야 할지를 결정하는 주요 요인이 된다. 어떤 기업 문화는 직원에 대한 너그럽고 관용적인 태도를 장려할 수 있고, 다른 기업 문화는 엄격하고, 인색한 접근 방식을 취할 수 있다.

다른 예로, 3장에서 소개된 제230조에 관한 사례를 생각해 보자. 두 개의 소셜 미디어 기업을 떠올리고, 소셜 미디어의 사용자가 상품 및 서비스에 대한 광고를 게시할 수 있다고 가정해 보자. 법은 각 기업에게 웹사이트에 무엇을 올릴지 결정할 때, 넓은 범위의 재량권을 준다. 한 회사는 포르노, 매춘, 백신에 대한 잘못된 정보 등을 홍보하는 게시물을 허용하기로 결정한다. 또 다른 회사는 그렇지 않는다. 두 기업 모두 수익을 낼 수 있고, 법적으로 문제가 없다. 기업의 문화는 어떤 결정이 내려지는지, 각 회사가 어떤 유형의 사업을 뛰어들 것인지를 결정하는 요인일 가능성이 높다.

COVID-19 팬데믹 기간 동안 많은 직원이 재택근무를 해야 했을 때, 기업 문화가 어떤 역할을 했는지 생각해 보자. 이러한 변화에 있어서 기존부터 독립성과 유연성을 장려하는 문화를 가진 기업들은 권위주의적이고 엄격한 감독 체제를 가진 기업들보다 더 쉽게 적응할 수 있었다. 이미 독립적이고 유연한 근무 방식에 익숙했던 직원들과 기업들은 다른 기업들이 직면했던 혼란을 겪지 않았다.

따라서 윤리적인 문화 안에서는 법이 어떤 것을 요구하지 않을 때에도 직원들이 윤리적으로 책임 있는 방식으로 행동하도록 권한을 부여하고, 그렇게 행동하게끔 기대하게 한다. 조직 문화는 어떤 선택을 내려야 하는지를 결정하는 기준과 규범을 만든다. 이 장의 후반부에서는 조직 문화의 유형과 윤리적 행동을 장려하는 문화를 기업이 조성할 수 있는 다양한 방법을 살펴볼 것이다.

기대와 습관의 개념은 조직 문화에 대한 논의와 관련이 있는 이전에 다루었던 주제를 떠올리게 한다. 2장에서 미덕 윤리를 소개했고, 미덕을 성격 특성과 습관으로 묘사했다. 윤리적 미덕을 함양하는 것을 포함하여, 한 사람의 습관을 들이는 것은 그 사람이 사는 문화에 의해 크게 좌우된다.

우리가 윤리적 의사 결정과 행동에 대해 이야기할 때, 사람들이 행동하기 전에 각 대안을 의식적으로 숙고하고 평가한 후에 결정하는 과정을 밟는다고 생각하기 쉽다. 그러나 미덕 윤리의 전통은 우리의 결정과 행동이 그렇게까지 신중하지는 않다는 것을 상기시킨다. 우리는 신중하게 숙고한 후에 행동하는 것만큼 습관적으로 또는 성격에 따라 행동할 가능성이 높다. 따라서 우리의 습관과 성격이 어디에서 비롯되는지에 대한 질문은 매우 중요하다.

이 질문에 대한 부분적인 답변으로 어떤 습관을 의도적으로 개발할 수 있다. 예를 들어, 매일 운동하는 습관이나 저녁에 공부하는 습관을 어떻게 들일 수 있는지를 생각해 보면 알 수 있다. 하지만 우리의 습관은 교육과 훈련, 즉 문화에 의해 형성되고 만들어진다는 것도 분명하다. 이러한 교육은 가정과 종교로부터 전체 사회와 문화에 이르기까지 모든 사회적 환경에서 이루어진다. 또한 직장에서도 개인은 적절하고 기대되는 행동을 빠르게 배우게 된다.

다시 한 번 웰스 파고 사례를 생각해 보자. 신입 사원들은 곧 동료, 직속 상사, 또는 임금 및 보상 정책, 그리고 CEO의 '8은 훌륭하다'라는 구호에 관한 이야기 등을 통해 기대되는 행동과 규범이 무엇인지 배우게 되었다. 의도적이든 아니든, 기업은 습관이 형성되고 덕, 또는 악덕이 뿌리내리는 환경을 제공한다. 이러한 환경에 대해 이야기하는 것이 바로 윤리적 기업 문화에 대해 이야기하는 것이다.

이러한 추상적인 것 외에도, 윤리적 기업 문화는 기업의 실적에 직접적인 영향을 미칠 수 있다. 지속적으로 관심을 주고 지지받는다면, 강력한 윤리적 문화는 이해관계자의 피해를 방지하고 기업의 지속 가능한 수익성을 개선하는 역할을 할 수 있다. 반대로 무시된다면, 대신 '무엇이든 허용된다'는 인식과 '더 나은 실적을 위한 어떤 방법도 허용된다'는 인식을 강화할 수 있으며, 이는 장기적으로 지속 가능성을 무너뜨릴 것이다. 이러한 윤리적인 기업 문화를 창출하고 유지하는 책임은 기업의 리더들에게 있다.

페이스북, 애플, 웰스 파고와 같은 사례를 살펴보면, 기업 문화가 조직에서 일하는 개인에게 끼치는 영향력에 놀라지 않을 수 없다. 개인이 조직을 형성할 수 있으며, 특히 카리스마 넘치는 리더가 이를 더 잘 할 수 있다는 것처럼, 조직도 개인을 형성한다. 같은 직장에서 20년, 30년, 심지어 40년 동안 근무한다고 상상해 보자. 예를 들어, 다른 은행의 지점 관리자들이 신입 사원들이 고객 계좌를 사기로 개설한 경우에 어떻게 반응했을지 생각해 보자. 웰스 파고에서 작은 지역 은행으로 옮겨간 그런 사람을 상상해 보자.

당신이 어떤 사람이 될지, 즉 어떤 태도, 가치관, 기대, 사고방식, 습관을 가질지는 모두 당신이 근무하는 기업 문화에 의해 크게 좌우된다. 이것은 의식적으로 생각하든 그렇지 않든 발생하게 된다. 윤리적인 기업은 윤리적으로 책임 있는 의사 결정을 장려하고 구체화하며 허용하고자 한다. 기업 문화를 특정 유형의 결정을 장려하고 구체화하며 허용하고 다른 유형의 의사 결정을 억제하는 모든 기업 관행의 총합으로 이해할 수 있다.

4.4 윤리적 리더십과 기업 문화

의심할 여지없이 개인 의사 결정과 조직 문화 사이에는 지속적인 상호 작용이 있다. 문화는 개인이 생각하는 방식과 행동하는 방식에 큰 영향을 미칠 수 있지만, 개인 역시 문화를 형성하는 데 영향을 끼칠 수 있다. 이는 특히 임원들의 리더십의 경우 그러하다. 기업 문화의 목표가 윤리적 의사 결정을 내리는 것에 효과적으로 뒷받침하는 가치관, 기대, 믿음 및 행동 패턴을 구축하는 것이라면, 기업의 리들은 이러한 노력을 주도해야 할 책임이 따른다. 왜냐하면 조직 전체의 이해관계자가 대체로 최고 경영진 또는 임원들의 태도에 의해 영향을 받기 때문이다.

기업 문화 자체도 조직에 적합한 리더십 유형에 영향을 미칠 수 있다. 예를 들어, 2003년에 머크(Merk)의 CEO 레이먼드 길마틴(Raymond Gilmartin)은 머크의 윤리적 리더십 접근 방식에 대해 다음과 같이 설명했다. "기업의 리더는 자신의 생각과 언어 그리고 행동에서 명확하고 모호함 없이 윤리적 행동을 지지하고 모범을 보여야 합니다."[2] 이와 같은 CEO 행동의 기준을 2017년에 잘 보여 주는 사례가 있다. 당시 머크의 CEO 케네스 프레이저(Kenneth Frazier)는 버지니아 샬롯츠빌에서 백인 국수주의자들과 인종차별주의자들의 시위에 대한 트럼프 대통령의 논란적인 발언에 항의하여 대통령의 제조업 협의회에서 사임했다. 프레이저는 성명에서 다음과 같이 밝혔다. "그 순간, 대통령의 반응은 제 관점과 일치하지 않았으며, 우리가 국가로서 지지한다고 주장하는 견해와도 일치하지 않는다고 생각했습니다. 이것은 나의 개인적 가치과 회사의 가치에서 나오는 주장이라는 것을 말하고 싶었고, 이사회에서는 100% 전폭적인 지지가 있었습니다."

반면, 리더가 자신의 의무를 회피하거나, 기업 자산을 남용하고, 기업의 역량을 왜곡하거나, 기타 부적절한 행동에 연루된 것으로 인식되면, 이해관계자들은 이러한 유형의 행동이 허용될 뿐만 아니라 아마도 그렇게 행동하길 기대되는 것이며, 또한 그러한 행동이 그 조직에서 남들보다 앞서 나가는 방법이라는 메시지로 받아들이게 된다. 하지만 만약 리더가 자신의 윤리적 행동을 다른 모든 고려 사항보다 명확히 우위에 두는 경우, 이해관계자들은 그러한 롤모델을 따르고 그 우선 순위 체계를 따라가게 된다.

웰스 파고의 CEO 스텀프가 기업 스캔들이 공개된 직후 보여 준 행동은 평소 직원들에 대해 그들이 어떠한 태도를 가졌는지를 추측할 수 있게 한다. 스텀프가 광범위한 사기를 벌이기 위해 서로 이야기를 나눈 '부정직한' 직원들을 비난한 것을 기억하자. 직원들이 공격적인 교차 판매를 부추기고 엄격하고 위계적인 관리 스타일로 알려진 CEO의 위선을 알아차리지 못할 정도로 바보가 아니다.

개인적인 행동을 넘어서, 리더십은 자원의 투입이나 정책 및 보상 체계의 구축과 같은 다른 메커니즘을 통해 분위기를 조성한다. 윤리적인 기업 리더는 윤리에 대해 이야기하고 개인적인 수준에서 윤리적으로 행동할 뿐만 아니라, 윤리적 행동을 지원하고 촉진시키기 위해 기업의 자원을 사용한다. 경영의 오랜 신조에는 "예산을 어디에 책정하는지가 어디에 가치를 두는지 보여 준다(Budgeting is all about values)."라는 말이 있다. 더 일반적인 표현으로는 "자기가 한 말을 실제 행동으로 보여 줘라."와 "말이 아닌 행동으로 보여라."가 있다.

1장에서 소개된 리더십의 두 가지 사례를 생각해 보자. 2016년 미국 대선에 대한 러시아의 개입 가능성이 제기되었을 때, 페이스북 CEO는 그것을 '정말 미친 소리'라고 하며 책임을 전면 부인했다. 저커버그는 의회 증언에서 개인 정보 보호가 '페이스북에 있어 가장 중요한 원칙'이라고 말했으며, "페이스북에 공유되는 모든 콘텐츠는 사용자 본인이 소유하며 누가 그것을 보고, 어떻게 공유하는지, 언제든지 삭제할 수 있는 완전한 권한을 가지고 있습니다."라고 말했다. 하지만 이후에 나온 증거는 페이스북이 150개 이상의 기업에게 페이스북 이용자의 정보에 접근하는 것을 허용했음을 보여 주었다.

물론, 내부자들은 처음부터 저커버그의 답변이 사람들을 오도하고 있었다는 것을 알고 있었다. 저커버그의 증언은 2021년 월스트리트 저널에 내부 고발자들이 밝힌 문서를 바탕으로 한 일련의 기사에 의해 나중에 허위로 드러났다. 월스트리트 저널에 따르면 문서들을 통해 페이스북 연구원들이 플랫폼의 부작용을 반복적으로 확인했음을 보여 준다. 의회 청문회, 페이스북 자체의 약속 및 수많은 미디어 폭로에도 불구하고, 회사는 이 문제들을 해결하지 않았다. 이 문서들은 페이스북의 문제가 얼마나 회사 내부에서, 최고 경영자에게 까지 널리 알려져 있는지 잘 보여 준다.

저커버그가 의회에서 증언하던 같은 시기에 애플의 CEO 팀 쿡이 했던 말을 생각해 보자. 쿡은 iOS 운영 시스템의 새로운 기능에는 앱이 어떻게 사용자의 데이터를 이용하고 공유하는 방식에 대해 사용자에게 선택권을 준다고 설명했다. "앱들은 나이, 위치, 건강 정보, 지출 습관, 브라우징 기록 등, 여러분의 대한 수천 개의 정보를 수집하여 다른 사람에게 판매하는 디지털 프로필을 만듭니다. 이와 같은 것은 여러분이 알지 못하는 상황에서 허락 없이 일어납니다. 여러분의 정보가 판매되고 있습니다. 여러분은 하나의 제품이 되었습니다. 그래서 이제 아이폰 사용자에게 간단한 질문을 하나 할 것입니다. '앱이 귀하를 추적하도록 허용할 것인가요?' 우리는 여러분이 선택권을 가져야 한다고 믿습니다. 앱 추적 투명성은 여러분의 데이터를 다시 당신의 통제 하에 두는 간단한 새 기능입니다."

마크 저커버그가 페이스북이 허위 정보를 조장하는 것에 대해 미국 의회로부터 심각한 질문을 받던 당시, 쿡은 만약 자신이 저커버그의 위치에 있었다면 어떻게 하겠냐는 질문을 받았다. 쿡은 '저는 애초에 그런 상황에 처하지 않을 것'이라고 답했다. 그는 이어서 페이스북과 달리 애플은 "사용자의 개인적인 삶을 상업적으로 이용하지 않을 것입니다. 저는 그것이 사생활 침해라고 생각하고, 우리에게 있어서 사생활 보호는 인권이며, 시민의 자유입니다."라고 말했다.

잠시 저커버그나 쿡의 윤리에 대한 판단을 접어 두고, 그들의 발언과 행동이 그들의 회사 문화에 어떤 영향을 미칠지 생각해 보자. 우리는 이미 일부 페이스북 직원들이 회사를 떠났고, 일부는 심지어 그들이 목격한 위법 사항에 알리기 위해 내부 고발자가 되었다는 것을 알고 있다. 그러나 일반적으로, 저커버그와 쿡처럼 대중의 시선을 끌고 영향력 있는 CEO의 행동은 회사 전체의 직원들에게 깊은 영향을 미친다.

저커버그와 쿡은 특별한 사례일 수 있다. 모든 CEO가 이 두 사람처럼 대중의 많은 관심과 감시를 받지는 않을 것이다. 그러나 모든 CEO는 행동과 말을 통해 기업 문화를 만들고 확산시키는 데 주요한 역할을 할 것이다. 하지만 앞서 언급했듯이, 이러한 특성과 행동은 눈에 띄게 드러나야 한다. 만약 임원이 최고 경영진 내에서 '소리 없이 윤리적'이어서 직원들이 그것을 알지 못한다면, 그는 윤리적 리더로 인식될 가능성이 낮다. 특성과 행동이 주목을 받고 인식에 영향을 미치기 위해서는 사회적으로 눈에 띄고 이해될 수 있어야 한다. 사람 — 직원, 고객, 투자자, 관리자 — 들은 최고 경영진의 말과 행동을 일치하고, 공동의 선, 사회 전체, 장기적인 이익을 위해 행동할 때 주목한다. 최고 경영진은 재무적 실적과 투자 분석가들의 단기적 요구에 중점을 두어야 한다는 기대가 있기 때문에, 이러한 광범위하고, 장기적인 관심사에 집중을 하게 되면 사람들은 주목하게 된다. 마지막으로, 어려운 상황에서 용기 있는 결정을 내리는 것은 윤리적 리더가 주목받는 또 다른 방법이다. 윤리적 리더는 "자신의 가치와 일치하지 않는 행동에 '아니요'라고 말할 만큼 용기가 있다."[3]

4.5 효과적인 리더십과 윤리적 리더십

리더라고 여겨지는 것은 리더가 윤리적인 기업 문화로 탈바꿈하고 변화시키는 것에서 중요한 역할을 한다. 주요 최고 경영진은 기업의 문화를 개선하거나 악화시킬 수 있는 능력을 가지고 있다. 조직 문화가 회사 내에서 윤리적 의사 결정에 중대한 영향을 미친다면, 리더는 윤리적 의사 결정을 보다 쉽게 내릴 수 있도록 그 환경을 조성할 책임이 있다. 모든 이해관계자는 조직의 리더십에 의해 내려진 결정에 의존하기에, 이러한 리더들이 그들에게서 신뢰를 얻는 것이 필요하다.

그러나 '리더'가 된다는 것은 무엇을 의미하는가? 더 나아가 '윤리적인' 리더가 무엇을 의미할까? 좋은 리더와 윤리적 리더를 구분하는 것이 중요하다. 좋은 리더는 단순히 리더의 역할을 잘 수행하는 사람이다. 좋은 리더는 부하 직원들을 목적지로 성공적으로 또는 효율적으로 인도하고, 지휘하고, 호위한다. 그러나 모든 좋은 리더가 윤리적인 리더는 아니며, 모든 효과적인 리더가 신뢰할 만한 것은 아니다.

기업이라는 환경에서, 애플의 스티브 잡스는 매우 뛰어나고 효과적인 리더였다. 그는 애플을 선도적인 기술 및 미디어 거대 기업으로 변모시켰다. 잡스는 『포춘』지로부터 '세기의

CEO'로 선정되었다. 어떻게 보아도 그는 상상력과 창의력이 풍부한 리더로서 직원들에게 큰 충성심을 심어 주었다. 수억 달러의 고객 사기를 저지른 것으로 유죄 판결을 받은 증권 거래인 버나드 매이도프(Bernard Madoff)도 영감을 주고 창의적인 리더였지만 비윤리적이었다. 그렇다면 효과적인 리더와 윤리적 리더의 차이는 무엇일까?

한 가지 주요 차이점은 다른 사람들을 동기 부여하고 목표를 달성하는 데 사용되는 수단에서 찾을 수 있다. 스티브 잡스는 매우 까다로운 상사였다고 알려져 있다. 효과적인 리더는 위협, 협박, 괴롭힘, 강압을 통해 목표를 달성할 수 있다. 또한 보다 매력적인 수단, 예를 들어, 윤리적 행동을 모델링하거나 설득을 통해, 또는 단순히 자신의 제도적 역할의 힘으로 리더십을 발휘할 수도 있다.

리더십에 관한 분야의 논의에서 윤리적 리더십이 리드하는 방식으로 결정된다고 제안하는 경우가 많다. 특정 리더십 스타일의 옹호자들은 자신의 스타일이 다른 스타일보다 우수하다고 제안하고 싶어한다. 그 결과, 그들은 리더십을 윤리적 의미에서 '진정한' 리더십과 리드하는 방법과 동일시하는 경향이 있다. 예를 들어, 로버트 그린리프(Robert Greenleaf)의 책 『서번트 리더십』은 최고의 리더는 위계적이지 않은 수평적인 스타일로, 다른 사람들을 섬기는 모범을 보인다고 한다. 다른 논의에서도 마찬가지로 '변혁적' 또는 '거래적' 리더는 부하 직원이 주도적으로 문제를 해결할 수 있도록 권한을 부여하는 방법을 사용하며, 이것이 최고의 윤리적 리더십 스타일을 구성한다고 주장한다.

물론 윤리적으로 적절한 리더십 방식은 윤리적 리더가 되기 위한 핵심 요소이다. 직원들이 윤리적으로 책임 있는 결정을 내리도록 권한을 부여하고 기대하는 기업 문화를 조성하는 것은 윤리적인 비즈니스 리더가 되기 위한 필수적인 부분이긴 하다. 하지만 어떤 방식이 다른 것보다 윤리적으로 더 나을 수는 있지만(예: 강압보다는 설득), 그것이 리더를 윤리적으로 만드는 것은 아니다. 다른 사람들을 리드하는 윤리적 방식만으로는 윤리적 리더십을 확립하기 위해 필요하긴 하지만 그것만으로는 충분하지 않다. 윤리적 리더십의 다른 요소는 리더가 이끄는 목표 또는 목적에 관한 것이다.

목표나 지향점이 없이는 리더나 추종자가 있을 수 없다. 비즈니스 상황에서 생산성, 효율성, 수익성은 최소한의 목표이다. 회사를 파산으로 이끄는 경영자는 효과적이거나 좋은 리더로 간주되기 어렵다. 기업을 생산적이고 효율적이며 수익성 있게 변모시킨 경영자는 효과적인 비즈니스 리더로 평가될 것이다. 이러한 변화를 부하 직원들을 존중하거나 창의적이고 성공적이 될 수 있도록 권한을 부여하는 방식으로 수행하는 사람은 (적어도 언뜻 보기에는) 효과적이고 윤리적인 리더이다. 그러나 윤리적인 수단을 통해 수익성과 효율성을 달

REALITY CHECK:

마크 저커버그는 효과적인 리더일까, 윤리적인 리더일까

마크 저커버그는 2000년대 초 하버드 대학교 재학 시절 페이스북을 만들기 시작했다. 원래 하버드 학생들을 위한 소셜 미디어 플랫폼으로 설계되었던 이 아이디어는 빠르게 다른 대학들을 포함하는 것으로 확장되었고, 마침내 2006년에 일반 대중에게 개방되었다. 일년 내에 페이스북은 다른 소프트웨어 개발자들에게 페이스북 플랫폼을 이용하도록 허용했고, 짧은 시간 내에 수만 개의 앱이 플랫폼에서 사용되었다. 2010년에 페이스북은 5억 명 이상의 사용자를 보유하고 있다고 주장했으며, 2012년 10월에는 10억 명의 활성 사용자(active user)가 있다고 발표했다.

페이스북은 2012년에 첫 주식 공모를 했고, 초기 주가는 38달러로, 총평가액은 1,040억 달러였다. 1장의 토론 사례에서 보았듯이, 페이스북은 20년도 채 되지 않아 세계적인 기업 중 하나가 되었다. 2022년 초 페이스북의 주가는 335달러로, 20년 전 대비 거의 10배가 상승했다. 2021년 페이스북은 월간 사용자 29억 명 이상, 시가총액 8,500억 달러, 수익은 860억 달러를 기록했으며, 상장사 중 여섯 번째로 큰 회사이자 포춘 500대 기업 중 34위에 올랐다. 저커버그 자신도 큰 성공을 거두었는데, 그는 2008년부터 매년 타임지에 세계적으로 영향력 있는 인물로 선정되었고, 2010년에는 올해의 인물로 선정되었다. 2021년에 그의 자산은 1,150억 달러로 추정되었고, 블룸버그 뉴스에 따르면 그는 세계에서 여덟 번째로 부유한 사람이 되었다.

1. 당신이 알고 있는 바를 바탕으로 마크 저커버그의 리더십을 어떻게 평가할 것인가? 그는 좋은 리더인가? 효과적인 리더인가? 윤리적인 리더인가? 당신의 의견을 더 확신하려면, 어떤 정보가 추가적으로 필요한가?
2. 효과적인 리더십과 윤리적 리더십을 어떻게 구분할 것인가? 비효과적이지만 윤리적인 리더를 어떠한 예가 있을까? 윤리적이지 않지만 효과적인 리더의 예는 누구일까?

성하는 것만으로 윤리적 리더라고 할 수 있을까?

부하 직원들에게 권한을 부여하고, 의견을 구하고 경청함으로써 그들의 자율성을 존중하는 비즈니스 리더를 상상해 보자. 하지만 그러한 리더가 환경을 오염시키거나 극단주의적 단체에게 무기를 판매하는 비즈니스를 이끌고 있다면, 단순히 리더십 방식만으로 그러한 리더를 윤리적이라 할 수 있을까? 리더가 충분히 윤리적이라고 결론짓기 전에 수익성의 목표 외에도, 다른 사회적 책임 목표가 필요할 수 있다.

이 책의 나머지 장에서는 윤리적인 비즈니스 리더의 비전의 일부가 될 수 있는 다른 목표를 고찰해 본다. 단순히 효과적인 리더가 아닌 완전히 윤리적인 리더에게는 직원의 법적 권리, 소비자 안전성, 윤리적 마케팅, 다양성 및 환경 책임과 같은 주제들이 중요한 사명과 목표의 한 요소가 될 수 있다.

4.6 가치 기반 기업 문화 구축

앞서 조직 문화를 설명하는 데 들었던 빙산의 비유와 유사하게, 조직의 모든 개인은 조직 문화에 영향을 미치지만, 어떤 개인도 혼자서 문화를 구축하거나 변화시킬 수 없다. 문화는 리더십에서 비롯되지만 통합, 평가, 모니터링과 같은 요소들로부터도 파생한다. 이 장을 윤리 문화를 만들고 유지하기 위해 어떠한 다양한 경영 전략과 방법을 사용할 수 있는지 설명하면서 마무리하도록 하겠다.

사명 선언문, 행동 강령 및 가치 선언문

윤리적 리더십을 나타내는 데 중요한 것 중 하나는 조직의 가치를 명확히 하는 것이다. 고위 경영진십이 특정 가치를 제시할 수 있지만, 많은 기업들은 이러한 가치를 만드는 데 조직 전체의 광범위한 참여가 더 효과적인 전략이라는 것을 인식하고 있다. 하지만 직원들의 의사 결정에 지침이 되는 일련의 원칙이 존재해야 하고, 그러한 조직의 원칙에 의해 기업이 운영되도록 하는 것은 결국에 리더의 책임이다.

넓은 의미에서 조직은 사명 선언문이나 다른 목적 선언문에서 조직의 가치를 명시한다. 이러한 선언들은 종종 이상적이지만, 그럼에도 불구하고 규범과 기대를 확립시킬 수 있다. 예를 들어, 벤앤제리스(Ben and Jerry's)의 사명(mission)에는 '세상을 더 좋은 곳으로 만들기'라는 목표가 포함하고 있다. 구글은 '전 세계의 정보를 조직해 누구나 쉽게 접근하고 사용할 수 있도록 하는 것'이라는 사명을 가지고 있지만, 오랫동안 더 단순한 모토인 '사악해지지 말자'를 선전했다. HP는 '지속적으로 최고의 품질과 가치를 제공함으로써 고객의 존경과 충성도를 얻는 것'을 그들의 사명으로 걸었다. 데이비드 팩커드(David Packard)가 세상을 떠났을 때, 그의 비즈니스 파트너인 빌 휴렛(Bill Hewlett)은 "회사와 관련하여 그가 남긴 가장 위대한 것은 'HP 방식'으로 알려진 윤리 강령입니다."고 언급했다.[4]

『성공하는 기업들의 여덟 가지 습관』과 『좋은 기업을 넘어 위대한 기업으로』의 저자 짐 콜린스(Jim Collins)에 따르면 사명과 가치 선언문은 영감을 줄 수 있어야 한다고 했다. "비즈니스 스쿨의 교리와는 반대로, 우리는 대부분의 선구적 기업들의 역사를 통해 '주주 이익 극대화'나 '이윤 극대화'를 회사를 이끄는 지배적인 주요 원동력이라거나 주요 목적이 아님을 발견했습니다. 이들 회사에게는 이윤이나 돈은 여러 목표 중 하나에 불과하고, 반드시 주요 목표는 아닙니다."[5] 기업의 근간이 되는 핵심 원칙을 (특히 참여적인 프로세스를 통해) 확립함으로써, 기업의 리더는 모든 의사 결정의 기초와 목표에 대한 규칙을 효과적으로 만들어 갈 수 있다.

2000년대 초반에 일어난 일련의 기업 스캔들로 인해 의회와 규제 조치에 대한 기업의 대응의 일환으로 기업 윤리 강령이 대거 도입되고 확산되었다. 일반적으로 윤리 강령은 조직의 사명 선언문과 종종 연계된 일반적인 가치에 대한 선언으로 시작하여 행동 지침을 제공한다. 이러한 강령이 얼마나 성공적인지는 대부분 그것들이 고안되고 성문화되는 과정과 그 실행 방법에 달려 있다. 개인의 강령이나 사명을 구축할 때와 마찬가지로 먼저 자신이나 회사가 진정으로 지지하는 가치가 무엇인지 먼저 스스로에게 물어보는 것이 중요하다. 회사는 왜 존재하며, 그 목적은 무엇이며, 이 목표들을 어떻게 구현할 것인가? 존재의 목적에 대해서 결정을 한 후, 어떻게 이를 공유하고 동료 및 부하 직원들에게 이에 대한 헌신을 장려할 것인가?

행동 강령이 윤리적 문화를 만드는 데 얼마나 효과적일까? 엔론은 회사에 퍼져 있던 비윤리적인 활동으로 인한 스캔들로 무너지기 전에는, 자사의 윤리 강령을 자랑스럽게 내세웠다. 윤리자원센터(Ethics Resource Center)의 회장인 스튜어트 길먼(Stuart Gilman)은 엔론의 윤리 강령의 경우를 언급하며 단순히 '인쇄하고, 게시하고, 기대하는' 것만으로는 충분하지 않다고 했다. 후속 조치를 취하고, 실제로 이행하는 것이 매우 중요하다. 마지막으로, 조직 문화에 성공적으로 영향을 미칠 수 있는 효과적인 강령을 갖기 위해서는, 조직 전체에 이러한 문화가 실제로 가능하고 달성 가능하다는 믿음이 있어야 한다. 실현하는 데 방해가 될 만큼의 갈등이 여전히 남아 있거나 주요 리더십이 적극적으로 동참하지 않는다면, 멋들어지게 표현된 강령을 아무도 믿지 않을 것이다.

기업 윤리 핫라인, 옴부즈맨, 그리고 윤리적 문화의 통합

앞서 언급한 '인쇄하고, 게시하고, 기대하는' 것만으로는 불충분하다는 길먼의 경고에서 보듯이, 기업들은 직원들이 비윤리적 행동에 대한 문제를 제기하고, 우려를 표하고, 정보를 요구할 수 있는 메커니즘을 갖추고 있어야 한다. 윤리적 문화를 기업 전반에 통합시키고 윤리 관련 회사 내 규정을 집행할 수단을 제공하는 것은 문화적 변화의 성공과 모든 이해관계자에게 미치는 영향 모두에 있어 매우 중요하다. 비윤리적 행동에 대해서 제대로 제재가 되지 않는다면, 강령과 규칙은 의미가 없어질 것이다. 예를 들어, 웰스 파고의 판매 사기가 밝혀진 후, 일부 직원들은 판매 관행에 대해 윤리 핫라인과 옴부즈맨에 이전에 보고했던 사항이 무시되었다고 한탄했다.

윤리적 문화를 위한 통합은 조직 문화와 프로세스의 궁극적인 목표에 따라 여러 가지 형태를 취할 수 있다. 통합의 결정적 요소 중 하나는 커뮤니케이션이다. 커뮤니케이션이 없다면 목적, 우선순위 또는 프로세스의 명확성이 결여되기 때문이다. 문화의 커뮤니케이션은 회사 생활, 의사 결정 및 성공 결정의 필수 요소가 되기 위해 기업의 어휘, 습관, 태도에 통합되어야 한다.

기업의 통합 프로세스가 효과적으로 이루어지고 있는지를 알기 위해서는 윤리적 의사결정을 장려하기 위한 적절한 인센티브가 있는지, 윤리적 행동이 직원의 성과 평가에 반영되는지를 살펴볼 필요가 있다. 경비에 대한 보고서를 꾸밈이 없이 정확하게 작성하는 것과 같은 올바른 일에 대해 보상하는 것은 어렵지만, 표창을 수여하거나 긍정적인 평가와 인정과 같은 비금전적 인센티브를 사용할 수 있다. 하지만 윤리적 문제에 대한 의사소통은 어떻게 이루어질까? 사실 윤리적으로 의심이 되는 행동을 보고하는 것이 쉬운 일이 아니다. 개인이 비윤리적 행위를 보고할 때 특히 관련된 사람이 직장 상사일 경우, 그것에 대한 실질적인 부담을 지게 된다.

다시 한 번, 웰스 파고와 페이스북은 윤리적 행동을 못하게 하는 저해 요인을 무엇인지를 보여 주는 좋은 예가 된다. 웰스 파고는 비윤리적인 방식으로 금융 상품을 판매했더라도 엄청나게 높은 판매 목표를 달성했다면, 그 직원을 보상했다. 웰스 파고는 이러한 관행에 대해 불만을 제기하거나 보고서를 제출한 직원을 징계하거나 해고했다. 페이스북의 내부 고발자들은 회사 내부에서 윤리적 문제에 대해 주의를 환기하려고 할 때 이를 방해하는 심각한 장벽을 직면했던 경험을 설명했다.

'내부 고발'은 기업 윤리에서 일반적인 주제이다. 이에 대해서는 7장에서 더 자세히 검토할 것이다. 내부 고발은 부정행위를 방지하거나 처벌할 수 있는 위치에 있는 사람에게 비윤리적이거나 불법적인 활동을 알리는 것을 말한다. 내부 고발은 비윤리적인 행위를 고발하고 중단시킬 수 있지만, 배신자로 낙인 찍힐 수 있고, 비즈니스에 해를 끼칠 수 있으며, 내부 고발자에게 상당한 비용을 초래할 수 있다. 내부 고발은 웰스 파고 직원이 판매 관행에 대해 윤리 핫라인에 불만을 제기한 것과 같이 내부적으로 이루어질 수도 있고, 프랜시스 하우겐이 월스트리트 저널에 페이스북 내부 문서를 공개하고 나중에 CBS의 '60분'에 인터뷰를 한 경우와 같이 외부적으로도 이루어질 수 있다.

언론과 법적 기관과 같은 외부 그룹에 내부 고발하는 것이 내부 고발자와 회사 자체에 해로울 수 있기 때문에, 부정행위를 보고할 수 있는 내부 메커니즘이 선호된다. 그러나 내부 메커니즘은 효과적이어야 하며, 익명성을 보장해야 하며, 또한 피고발자의 권리도 보호해야 한다. 윤리 업무 담당자와 준법 감시인(compliance officers)의 책임의 일부로, 많은 기업들은 윤리 옴부즈맨과 윤리 핫라인을 만들었다. 이러한 메커니즘은 직원들이 부정행위를 보고하고 후속 조치 및 집행 절차를 만들 수 있게 한다.

기업 문화에 대한 평가 및 모니터링: 감사

안타깝지만, 어떤 것을 측정할 수 없다면 그 중요성이 감소할 수밖에 없다. 기업 문화도 마찬가지다. 문화를 측정하고 평가하며 모니터링할 수 없다면, 조직 전체의 구성원들에게 이에 주의를 기울이도록 장려하기 어렵다. 하지만 모니터링과 지속적인 윤리 감사를 통해 조직은 나중에 회사에 문제를 일으킬 수 있는 잠재적인 취약성을 발견하여 위험 평가 및 예방에 필수적인 요소로 활용될 수 있다. 지속적인 평가를 통해, 조직은 다른 이해관계자들(내부 및 외부 모두)이 발견하기 전에 이러한 영역을 더 잘 파악할 수 있다. 그러나 잠재적으로 해롭고 윤리적으로 문제가 있는 기업 문화, 즉 독성 문화를 어떻게 감지할 수 있을까? 첫 번째 명백한 신호는 앞에서 논의한 것처럼 조직에 일반적으로 받아들여지는 기본 가치의 부재일 것이다. 또한, 조직의 다양한 구성 요소 영역에서 경고 신호가 있다. 회사는 고객, 공급 업체, 클라이언트, 노동자를 어떻게 대하고 있는가? 내부 및 외부 관계를 어떻게 관리하고 있는지는 기업이 내세우고 있는 가치를 잘 나타내는 중요한 증거이다. 회사는 재정을 어떻게 관리하고 있는가? 물론, 회사는 비윤리적 행위를 하나도 저지르지 않고도 재정적 어려움에 처할 수 있다(그 반대의 경우도 마찬가지이지만). 그러나 어떠한 방식으로 재무 환경을 관리하고 소통하는 지는 우리에게 시사해 주는 바가 많다.

토론 사례에 대한 성찰

웰스 파고에서의 사기에는 입사한지 얼마 안 된 직원부터 고위 경영진, 심지어 이사회 구성원에 이르기까지 관련되었다. 최소한 눈을 감고 넘겼거나, 최악의 경우에는 부정행위와 사기를 적극적으로 장려하는 기업 문화 없이는 이렇게 비윤리적인 행동이 널리 퍼져 있었다는 것을 상상할 수 없다.

다른 많은 회사들이 이러한 문제를 해결하고 재발 방지를 위해 내부 방책을 쓰려고 하기에, 이 사례에서 무엇이 효과가 있었는지 성찰하는 것은 의미가 있다. 결국, 사기가 발견되어 중단되었고, 개인과 조직은 책임을 졌다. 효과가 있었던 것을 배우면 미래의 일들을 예방할 수 있다.

일부 경우에서는 용감한 내부 고발자들이 비윤리적 행위를 신고하기 위해 나섰다. 페이스북과 웰스 파고의 내부 고발자들은 비윤리적 행위를 밝혀내는 데 역할을 했으므로, 내부 보고를 지원하고 장려하는 내부 메커니즘은 효과적일 수 있다. (내부 고발의 윤리에 대해서는 7장에서 자세히 다룰 것이다.) 그러나 보다 일반적으로, 정부 기관은 종종 언론인과 소비자 옹호자(consumer advocates)와 같은 민간 그룹과 협력하여 이러한 잘못된 행위를 먼저 발견하고 기소했다. 우리는 이러한 예를 명심하고, 3장에서 제시된 정부 규제 및 이해관계자 책임에 대한 논의를 되돌아봐야 한다. 이해관계자의 참여와 정부의 규제 없이 시장에서의 압력만으로 이러한 잘못된 행동을 효과적이고 시기 적절하게 제거할 수 있었을까 생각해 보자.

복습 문제

1. 조직 문화를 이해하기 위해 당신이 속한 조직을 생각해 보자. 당신의 회사나 학교, 혹은 동아리나 클럽에는 고유한 문화가 있는가? 그 문화를 어떻게 묘사하겠는가? 그 문화는 개인의 의사 결정과 행동에 어떤 영향을 미치는가? 다른 학교에 다니거나 다른 동아리나 클럽에 소속되어 있었다면 지금과는 다른 사람이 되었을까? 당신이 속한 조직의 문화를 바꾸려면 어떻게 해야 할까?
2. 기업이 '좋은 기업'인지 아닌지를 어떻게 평가할 수 있는지 생각해 보자. 그런 결정을 내리기 위해 무엇을 고려해야 할까? 꽤 괜찮다고 여기거나 윤리적이라고 생각하는 기업

을 하나 선택하고, 왜 그렇게 생각한지에 대해서 근거를 적어 보자. 그런 다음 윤리적이지 않거나 회사가 지향하는 가치가 의심스러운 두 번째 기업을 선택하고, 왜 그와 같은 평가를 내렸는지에 대해 근거를 적어 보자. 이제 인터넷과 기타 관련 자료를 사용하여 기업의 문화와 의사 결정에 대해서 조사하고, 당신의 원래의 생각이 얼마나 정확했는지 확인해 보자.

3. 기업 문화를 바꾸는 것은 매우 어렵다. 당신이 웰스 파고와 비슷하게 최근 스캔들을 겪은 기업을 더 윤리적인 문화로 변화시키도록 도움을 요청받았다고 상상해 보자. 이러한 변화를 위해 어떻게 시작할 것인가? 변화의 필요성을 설득하기 위해 어떤 이유를 들 것인가? 태도와 가치를 어떻게 바꿀 수 있을까?
4. 기업 문화에 확실히 영향을 미치는 요소 중 하나는 그 기업의 직원 구성이다. 기업의 문화가 직원의 태도와 습관을 형성시킬 수 있지만, 처음부터 그러한 태도와 습관을 가진 사람들을 고용하는 것이 더 쉬울 수 있다. 특정 문화에 가장 적합한 최고의 직원을 고용할 수 있는 채용 및 선발 프로세스를 어떻게 개발할 수 있을까? 조직 문화를 공유하지 않는 직원을 어떻게 회사에서 퇴사하도록 있을까? 꼭 그렇게 해야 할까?
5. 한 회사를 처음부터 설립한 사람의 입장이 되어 보자. 어떤 유형의 리더가 되고 싶은가? 그러한 리더의 이미지로 보이거나 그러한 유형의 리더로 여겨질 수 있는 방법은 무엇인가? 회사의 사명 선언문이나 행동 강령을 만들 것인가? 그렇게 하기 위해 어떤 과정을 거쳐야 할까? 윤리 프로그램이나 컴플라이언스 프로그램을 만들고 조직 전체에 그 사명 선언문과 프로그램을 어떻게 통합할 것인가? 어떤 성공과 도전이 있을까?

미주

[1] James Collins and Jerry Porras, *Built to Last: Successful Habits of Visionary Companies* (New York: HarperCollins, 1994), p. 73.

[2] Raymond Gilmartin, "Ethics and the Corporate Culture," *Raytheon Lectureship in Business Ethics* (November 10, 2003).

[3] Ibid.

[4] James Collins and Jerry Porras, "Building Your Company's Vision," *Harvard Business Review* (September–October 1996).

[5] James Collins and Jerry Porras, *Built to Last: Successful Habits of Visionary Companies* (New York: HarperCollins, 1994).

5장

일의 의미와 가치

학습 목표

이 장을 읽고 나면,

- 자신의 경력 및 직장 선택에 대한 목표와 가치를 검토할 수 있다.
- 일에 부여된 다양한 의미와 가치를 설명할 수 있다.
- 기업이 직원에게 의미 있는 일을 제공해야 할 책임이 있음을 설명할 수 있다.
- 직원에 대한 기업의 윤리적 책임을 평가하기 위한 체계를 설명할 수 있다.
- 직원의 권리와 책임을 평가하기 위한 체계를 설명할 수 있다.

토론 사례: 팬데믹 이후의 일과 삶의 균형

2022년 초 기업 CEO들에게 보낸 서한에서 블랙록(BlackRock)의 CEO 래리 핑크(Larry Fink)는 다음과 같이 말했다. "팬데믹으로 인해 가장 큰 변화를 겪은 것은 고용주와 직원 간의 관계입니다." 블랙록은 10조 달러 이상의 자산을 보유한 세계 최대 자산 운용 회사이며, 핑크의 발언은 블랙록이 주요 주주로 있는 회사들의 CEO들에게 보낸 연례 서한의 일부였다. 이 서한에서는 현재 경제 환경에 대한 블랙록의 비전을 제시하고, 투자 대상 기업들의 CEO들에게 블랙록이 그들에게 기대하는 바를 전하였다.

핑크는 고용주와 직원 간의 관계 변화가 현재 경제에서 중요한 트렌드 중 하나로 인정했다. 그러한 변화의 상당 부분은 '대퇴직(Big Quit)' 또는 '대퇴사(Great Resignation)'이라 불리는 현상과 관련이 있다. 이것은 역사상 가장 불확실한 노동 시장에서도 기록적인 수의 직원들이 직장을 떠난 현상을 말한다. 2021년 4월부터 9월 사이에 사상 최대인 2,400만 명 이상의 미국인이 직장을 그만두었다.[1]

고용주와 직원 간의 관계가 '변화하고' 있음을 인정하는 것은 그 관계가 어떠해야 하는지에 대한 질문을 제기한다.

경제학과 윤리학 모두에서 이 관계에 대한 전통적인 모델은 서로 이익이 되는 계약이다. 두 당사자는 가치 교환을 위해 협력하기로 동의하고, 노동은 임금과 교환된다. 경제적으로는 두 당사자가 협력하는 것이 생산 효율성을 높이기 때문에 타당하다. 윤리적으로는 두 당사자가 교환에 자유롭게 동의하는 한, 즉 자율성의 윤리 원칙을 존중하는 한 의미가 있으며, 결과적으로 이익을 두 당사자 모두 혜택을 받는 결과를 달성하며, 이익 극대화라는 공리주의적 목표를 달성하게 된다.

핑크는 이 모델이 노동자들이 더 많은 것을 요구하는 이러한 평범하지 않은 때에도 적용된다고 보는 듯하다. "노동자들이 고용주에게 더 많은 것을 요구하는 것은 효과적인 자본주의의 필수적인 특징입니다. 이는 호황을 이끌고, 인재 획득에 대한 경쟁적인 환경을 조성하여, 회사가 직원들을 위해 더 나은 혁신적인 환경을 조성하도록 촉구합니다. 이는 주주들을 위해 더 큰 이익을 달성하는 데 도움이 될 것입니다. 더 나은 환경을 실질적으로 조성하는 회사들은 성과를 거두고 있습니다. 우리의 연구에 따르면, 직원들과 강한 유대 관계를 구축한 회사들은 팬데믹 기간 동안 이직률이 낮고 수익률이 더 높았습니다."

그러나 노동자들은 노동에 대한 대가로 무엇을 요구하고 있는가? 언뜻 보기에는 임금 인상이라고 생각할 수 있다. 인플레이션을 고려한 실질 임금 상승은 지난 40년간 거의 개선되지 않았으므로 노동자들이 더 높은 임금에 관심을 갖는 것은 당연하다. 하지만 더 높은 임금은 노동자들이 바라는 일부에 불과하다고 연구 결과는 말한다.

핑크는 CEO들에게 노동자들이 또 다른 무엇을 요구하는지에 대해서 말하였다. 직원들은 '더 많은 유연성과 더 의미 있는 일'을 기대한다. 여러 연구도 이러한 주장을 뒷받침한다. MIT 슬론 매니지먼트 리뷰에 발표된 연구에 따르면, 다음의 다섯 가지 요소가 낮은 임금보다 자발적 퇴직에 대해서 더 잘 설명한다. 직원들이 존중받지 못한다고 느끼게 하는 유독성의 나쁜 기업 문화, 고용 불안정 및 구조 조정, 고강도의 혁신 및 조직 변화, 성과 및 기여도를 인정하지 않음, 그리고 COVID-19 팬데믹에 대한 부적절한 대응. 다른 연구에서는 재택근무, 보육 지원의 부재, COVID-19에 대한 두려움에서 비롯된 긴장감과 같은 요소들로 인한 스트레스와 불안의 증가등을 지적했다.

팬데믹 이전에도, 기업이 직원들이 더 나은 일과 삶의 균형을 달성할 수 있도록 도움을 주는 데 더 큰 책임을 져야 한다는 요구가 커지고 있었다. 더 나은 일과 삶의 균형에 대한 요구는 20세기 후반 여성이 노동 시장 점점 더 진출하던 시기에 널리 주목을 받기 시작했다. 그 당시에 여성들은 여전히 가정에서 전통적인 여성 역할을 수행하면서도 동시에 직장에서의 업무를 이행해야 한다는 강한 문화적 요구를 있었으며, 그 결과 초기의 더 나은 일과 삶의 균형에 대한 많은 요구는 뚜렷한 젠더적 요소를 지녔다. 여성들은 가정을 꾸려나가고 자녀를 양육하는 주된 책임을 계속 지면서 이러한 가정의 일와 직장에서의 일을 균형 있게 조정하는 것이 거의 불가능했다.

1980년대 후반, 이 논의는 종종 '엄마 트랙(mommy track)'이라는 용어로 표현되었다. 가정과 직장의 상충되는 요구 사항을 균형 있게 조정하려는 여성들을 편의를 도모해 줄 수 있는 방법을 기업이 찾아야 한다는 요구가 있었다. 일부 기업은 여성을 위해 근무 일정을 유연하게 조정할 수 있고 근무 시간이 적은 직책을 만들어 이러한 일과 삶의 균형에 대한 요구에 대응했다. 그러나 당시 이를 비판적으로 보는 사람들은 유연 근무제를 제공한다는 명목하에 여성들을 승진 기회가 적고 저임금 일자리로 편입시키게 된다고 지적했다.

최근의 일과 삶의 균형에 대한 요구는 현대의 직장이 모든 직원에게 점점 더 많은 시간을 요구한다는 주장을 뒷받침한다. 특히 업무 관련 이메일, 문자 메시지, 스마트폰, 온라인 회의의 등장으로, 고용주들은 이제 직원들이 깨어 있는 거의 모든 시간 동안 업무 관련한 활동을 할 수 있을 것을 기대한다고 어떤 이들은 주장했다. 이러한 현실은 팬데믹 기간 동안 수백만 명의 직원이 재택근무 모델로 전환하면서 더욱 두드러졌다. 이러한 직장 내 요구 사항의 증가는 직원들의 스트레스와 불인김을 증가시킬 수 있다.

이에 따라 일부 기업에서는 직원들이 더 나은 일과 삶의 균형을 이룰 수 있도록 지원하는 정책을 개발했다. 일부 기업에서는 직원들에게 주말 시간에는 업무에 관한 이메일을 사용하지 않도록 권고하거나 요구한다. 어떤 회사는 부모가 자녀의 학교나 스포츠 활동에 참석하기 위해 일찍 퇴근할 수 있도록 유연 근무제를 도입했다. 원격 근무와 재택근무일은 보다 유연하게 근무 일정을 조정할 수 있는 또 다른 수단이다. 많은 회사에서 직장 내 웰니스(wellness) 프로그램을 만들어 영양 교육, 운동 또는 요가 프로그램, 건강 관리 클리닉 및 예방 접종, 상담 서비스 등을 통해 직원들을 지원하고 있다. 휴가 시간을 늘리는 것도 일과 삶의 균형을 위한 또 다른 방안으로 장려되고 있다. 일부 기업에서는 근무 시간 중 종교적 명상이나 기도를 위한 시간을 허용하기도 한다.

그러나 이러한 일과 삶의 균형 제도에 대해 여러 비판이 제기되고 있으며, 이러한 비판의 상당 부분은 윤리적 요소를 포함하고 있다. 일부 비평가들은 일과 삶의 균형을 추구하는 움직임이 모든 직장인과 직장에 유효하지 않는 일(work)에 대한 가정을 전제로 하고 있다고 주장한다. 이러한 가정에는 일이 바람직하지 않고 불쾌한 것이거나 어떤 면에서 더 바람직하고 유익하며 건강한 것으로 여겨지는 '삶(life)'에 위협이 된다는 생각이 포함되어 있다. '더 나은' 일과 삶의 균형은 대개 일을 줄이고 '삶'에 더 많은 시간을 할애하는 것을 의미한다. 하지만 많은 사람들에게 일은 곧 그들의 삶이고 그것이 반드시 나쁜 것만은 아니다. 일은 어떤 이들에게는 정체성의 중심이 될 수 있으며 상당한 이점을 가져다줄 수 있다. 직장 밖의 '삶'은 직장안에서의 삶만큼이나 건강하지 않거나 스트레스를 받을 수 있으며, 일이 여가 시간만큼이나 즐거울 수 있다.

일부 비평가들은 일과 삶의 균형을 추구하는 움직임이 동료, 고용주, 그리고 이를 요구할 협상력이 부족한 저임금 및 저숙련 직종에 종사하는 사람들에게 불공평할 수 있다고 우려하기도 한다. 팬데믹 기간 동안 많은 전문직 직원들과 숙련 인력들은 유연하게 재택근무를 할 수 있었기에 코로나19에 노출될 가능성이 줄어들었다. 하지만 많은 다른 직종의 저임금 직위에서 종사하는 이들을 '필수 노동자'라고 불리며, 직장에 출근할 것이 요구되었기 때문에 바이러스에 노출될 가능성이 더 높았다.

다른 비판은 이와 같은 관행이 고용주에게 미칠 수 있는 불공정한 측면에 초점을 맞추고 있다. 이 관점에서 이러한 일과 삶의 균형에 대한 제도적 요구는 모든 것을 원하는 직원들의 이기적인 요구처럼 비칠 수 있다. 일부 고용주들은 이러한 정책을 수립하는 데 노동 시장이 역할을 해야 한다고 지적한다. 고용주는 특정 업무에 대한 기대치를 가지고 일자리를 제공하고 그 대가로 급여와 복리 후생 패키지를 제공한다. 노동 시장이 이러한 정책에 대한 수요를 만든다면 현명한 고용주는 정책을 만들 것이다. 그러나 시장이 이러한 정책을 필요로 하지 않는다면, 즉 고용주가 정책 없이도 충분한 노동자를 고용할 수 있다면 일과 삶의 균형에 관한 정책에 대한 요구는 고용주에게 부당한 부담만을 안겨 줄 것이다. 예를 들어, 근무 유연성이나 더 나은 휴가 정책을 요구하는 직원은 그 대가로 급여와 복리 후생이 줄어들거나 승진 기회가 줄어들 수 있음을 고려해야 한다.

그럼에도 불구하고, 일과 삶의 균형에 관한 프로그램이 이미 상대적으로 꽤 괜찮은 복리 후생을 누릴 수 있는 직급의 사람들에게 특혜를 주는 경향이 있다는 비판도 있다. 일부 업무는 유연 근무제나 재택근무를 통해 수행할 수 있지만, 그렇지 않은 경우도 많다. 부서 관리자나 전문직은 쉽게 유연 근무를 할 수 있지만, 식료품점의 계산원이나 재고 담당자, 관리인은 재택근무가 불가능하다.

토론 질문

1. 자신의 인생에서 은퇴 전이라 상상해 보자. 더 많은 여가 시간을 위해 임금과 수입을 기꺼이 포기할 수 있는가? 육아를 위해 직장을 그만두는 것 외에, 그러한 결정을 고려하게 되는 이유는 무엇인가? 이런 선택을 한 사람을 알고 있는가?
2. 연봉 외에 직장을 선택하거나, 바꾸거나 그만두게 하는 것에 영향을 미치는 다른 요인은 무엇인가? 당신이 직장을 구할 때 연봉 외에 중요하다고 생각하는 세 가지 요소는 무엇인가? 연봉 때문이 아니라면 왜 일할까? 매일 여분의 시간이 주어진다면 그 시간을 직장에서 보낼 것인가?
3. 당신에게 무엇이 일을 더 '의미 있게' 만들어 줄 것이라 생각하는가?
4. 재택근무가 일을 더 매력적이거나 덜 매력적이게 할까? 팬데믹 이후 직원들이 가장 필요로 하는 변화는 무엇이라고 생각하는가?
5. 당신이 신규 채용을 하려는 회사의 인사 팀에서 근무하고 있다면, '대퇴사' 기간 동안 일을 그만 둔 사람들을 유치하기 위해 어떤 방법을 추천하겠는가?
6. '의미 있는 일'을 제공하는 것이 고용주의 의무여야 한다고 생각하는가? 아니면 고용주가 원할 경우 제공할 수 있는 하나의 혜택 정도로만 간주되어야 한다고 생각하는가?
7. 보다 의미 있고 유연한 업무 환경을 제공하는 고용주가 더 큰 경제적 성과를 거둘 수 있다는 래리 핑크의 의견에 동의하는가? 이런 일이 일어날 가능성이 더 높거나 낮은 직업군이나 산업군이 있을까?

5.1 서론

1장에서 설명한 바와 같이, 철학은 우리로 하여금 일상에서 한 발짝 물러나 우리의 결정을 성찰하고 검토하도록 요구한다. 우리는 일을 왜 할까? 1장은 매우 자기 성찰적인 질문으로 시작하였다. 왜 기업 윤리를 공부하는가? 하지만 이러한 질문은 더 확장될 수 있다. 당신은 왜 그 과목을 수강하고 있나? 학교를 다니는 이유는 무엇인가? 이러한 질문에 답하기 위해 많은 학생들은 다음과 같이 생각한다. 이 과목이 전공 필수 과목이기 때문에 수강하고 있다. 이 전공에 선택한 이유는 졸업 후 좋은 직장을 구하는 데 도움이 될 것 같기 때문이다. 좋은 직장을 바라는 것은 돈을 많이 벌 수 있기 때문이다. 돈을 많이 벌기 원하는 것은 그러면 행복해질 수 있다고 생각하기 때문이다.

전부는 아니더라도 일상적인 사고의 대부분은 이러한 수단-목적 추론 패턴(means-ends reasoning pattern)에 부합한다. 우리는 어떤 목적(대학 학위, 직업, 돈, 행복)을 위한 수단으로 어떤 일(수강 신청, 특정 과목 전공, 특정 직업의 선택)을 한다. 일에 대한 생각도 이 모델에 부합하는 경우가 많다. 우리는 소득, 건강 보험, 명성, 존경과 같은 목적을 위한 수단으로 일을 한다. 일과 삶의 균형에 관한 대부분의 논의는 목적이 '삶'이고 일은 그 목적을 위한 수단에 불과하다고 가정하는 것 같다. 하지만 일 자체가 수단이 아니라 목적이 될 수 있을까? 일의 본질은 무엇이고, 또 무엇이어야 하며, 일을 통해 어떤 가치를 실현할 수 있을까? 일터로서 기업의 책임은 무엇인가?

이전 장에서는 매우 일반적인 의미의 '기업'을 살펴봤다. 이 장부터는 기업의 구체적인 운영에 대한 윤리적 책임을 좀 더 면밀히 살펴볼 것이다. 우리 대부분에게 아마도 가장 중요한 것은 기업이 우리가 일하는 곳이라는 점일 것이다. 재화와 서비스를 생산하는 것과 함께 고용 기회를 제공하는 것은 기업의 중요한 사회적 기능이다. 5, 6, 7장에서는 직장 내에서 발생하는 다양한 윤리적 문제를 살펴본다.

이 장에서는 일과 가치에 관한 두 가지 기본적인 주제를 살펴본다. 각 주제는 일과 고용에 대한 다양한 윤리적 질문을 제기한다. 우선 일의 의미에 대한 다양한 이해 또는 모델을 살펴볼 것이다. 일의 가치, 즉 목적 또는 결과는 무엇인가? 이후에는 의미 있는 일이란 무엇인가에 대한 질문을 생각해 볼 것이다. 업무 활동이 어떻게 삶에 의미와 가치를 가져다줄 수 있을까? 기업은 직원들에게 의미 있는 일을 제공하기 위해 어떤 책임을 져야 할까?

수백만 달러의 복권 당첨금을 받고도 현재 직장에서 계속 일하겠다고 하는 사람들에 관한 이야기를 잘 알고 있다. 우리 대부분은 이러한 이야기를 흥미롭게 생각하는데, 그 이유는 이러한 태도가 우리가 돈을 벌기 위해서만 일한다는 일반적인 통념에 반하는 것이기 때문이다. 일반적인 통념의 태도에 관해서 몇 년 전 시카고 트리뷴(Chicago Tribune)의 칼럼니스트 마이크 로이코(Mike Royko)의 발언에서 발견할 수 있었다.

> 복권이 왜 그렇게 인기가 있다고 생각하나요? 복권 당첨의 결과가 육류 포장 공장에서 야간 근무를 하는 일이라면 누가 복권을 살까요? 사람들은 복권에 당첨되면 부자가 되어 한가롭게 놀 수 있기 때문에 복권을 삽니다. 몇 년 전에 말씀드린 것처럼 일이 그렇게 좋다면, 왜 고용주는 우리에게 돈을 주고 일을 시킵니까?[2]

많은 사람이 이러한 모순적인 감정을 가지고 일을 생각한다. 일은 우리 삶에서 매우 중요한 부분이고, 쉽게 떠나거나 버릴 수 있는 것이 아니다. 하지만 일이라는 개념 자체가 고되고 힘든 일로서 가능한 한 피해야 할 것임을 암시하는 것 같다. 일은 필요악처럼 보인다.

역사적으로 인간은 일의 본질과 의미에 대해 지속적인 매력을 느끼고 있었다. 이러한 매력은 종종 영광과 경멸로 나뉜다. 일은 우리를 고상하게 하고 행복감을 주고 성취감을 주기도 하지만, 비하하고 따분하게 하며 번거롭게 하기도 한다. 성경의 창세기에서 일은 원죄에 대한 저주와 형벌로 여겨졌지만, 인간은 땅을 일구고 지구를 정복하고 동산을 가꾸고 지키도록 부름을 받았다.[3] 그리스 철학자 아리스토텔레스는 일을 좋은 삶을 위해 필요하다고 인정했지만, 일의 절대적인 필요성과 이에 따라 '노예적인' 면모 때문에 폄하하기도 했다.[4] 마틴 루터, 존 칼빈, 벤자민 프랭클린은 모두 노동의 고단함을 인정했지만, 이 고생스러운 면이 어떻게 더 높은 목적을 위해 사용할 수 있음을 강조했다.[5] 장-자크 루소가 가졌던 인간의 창의성을 발전시키는 자립적인 장인에 대한 낭만적인 견해는 사회 내에서 인류가 '모든 곳에서 사슬에 묶여 있다'는 인식에 의해 경감되었다. 칼 마르크스에게 노동은 인간성을 표현할 수 있는 잠재력을 가지고 있었지만, 적어도 현대 자본주의 사회에서 노동은 이러한 목적으로부터 소외되어 있다.[6]

이러한 모순의 양면성은 기업 윤리에 대한 뚜렷한 문제점을 제기한다. 일은 가치 있고 의미 있으며 인간을 고양시키는 활동의 기회를 제공할 수도 있고, 비인간적이고 모멸적이며 억압적일 수도 있다. 일이 행복감을 높일 수 있는 만큼, 기업 윤리는 좋은 일과 좋은 직장에 대한 비전을 명확히 제시해야 한다는 도전을 받는다. 일이 우리 모두가 감내해야 하는 부담이 될 수 있는 만큼, 기업 윤리는 일이 덜 부담스럽고 보다 더 공정하고 정의롭고 인간적으로 이루어질 수 있는 조건을 명시하고 옹호해야 하는 과제를 안고 있다. 일과 삶의 균형에 대한 논의의 대부분은 바로 이와 같은 질문들과 관련이 있다. 노동자의 삶에 부담을 덜 주도록 업무를 어떻게 구조화할 수 있을까?

이 장에서는 일의 의미와 가치에 관한 다양한 이론을 살펴본다. 우리가 일을 어떻게 개념화하는지는 직장을 구성하고 조직하는 방식에 큰 영향을 미친다. 다음 장에서는 다양한 직장 내 권리를 살펴볼 것이다. 직원의 권리는 일의 필수성으로 인해 이러한 권리가 위협받는 상황에서 중요한 인류의 이익을 보호할 수 있다.

5.2 일의 의미

일의 본질에 대한 우리의 이해는 개인으로서 우리 자신과 직장이라는 조직에 큰 영향을 미칠 수 있다. 심리학적으로 우리의 태도는 일 전반에 대한 이해, 특히 자신의 직무에 대한 이해에 따라 크게 영향을 받을 수 있다. 직원의 경우, 일에서 찾은 의미와 가치는 신체적, 정신적 건강뿐만 아니라 자존감에도 크게 도움이 될 수 있다. 관리자의 입장에서는 직원들이 일에 대해 어떻게 생각하는지가 성과와 생산성에서부터 임금과 복리 후생, 이직, 결근에 이르기까지 모든 것에 영향을 미친다. 이러한 질문의 중요성을 증명하듯, 경영 관리 및 인적 자원 관리 분야에서 직무 만족도, 일과 삶의 균형, 사기 진작 같은 주제에 대한 논의가 많이 되고 있다.

그렇다면 일이란 무엇을 의미할까? 우리는 '일(work)'이라는 단어를 동사와 명사의 형태로 모두 다양한 의미로 사용될 수 있음을 인식해야 한다. 동사로서 일이란 어느 정도의 진지함과 집중력을 가지고 수행되는 인내, 훈련, 수고를 수반하는 활동을 의미한다. 일한다는 동사는 게으름, 휴식, 노는 것과 대비된다. 컴퓨터 앞에 앉아 책을 쓰기 위해 애쓰거나 단순히 인터넷을 할 수도 있다. 오늘 오후에는 골프를 치러 나가거나 연습장에 가서 골프를 잘 치기 위해 노력하며 연습할 수 있다.

명사로써의 일은 특정 성과(예를 들어, 예술 작품), 일반적인 사업 또는 과제(예: 숙제), 직업 또는 고용을 지칭할 수 있다. 이 책에서는 임금을 받고 하는 일, 즉 직업 또는 고용의 의미에서 '일'에 초점을 맞출 것이다.

그러나 이러한 것에 초점을 맞추더라도 일의 다양성을 무시해서는 안 된다. 사람들은 대기업의 임원으로, 공장의 생산 라인에서, 임시직 또는 정규직으로, 또는 여러 직종에서 일한다. 정부 기관에서 일하거나 예술가나 장인으로서 일하기도 하고, 건설업 또는 교육 분야에서 일하는 사람들도 있다. 일부는 기업에서 일하고, 일부는 자영업을 하고, 대부분은 중소기업에서 일하며, 일부는 직장으로 통근하거나 출장을 계속 다니며, 또 일부는 재택근무를 한다. 특히 일의 가치와 중요성을 고려할 때 너무 좁은 범위의 일만 생각하지 않는 것이 중요하다.

예를 들어, 사회 보장 제도 및 실업 보험과 같은 사회 프로그램과 결혼 및 이혼과 관련된 많은 공공 정책은 가사 노동과 육아의 가치를 철저히 저평가하거나 무시해 왔다. 일반적으로 이러한 역할을 맡은 여성은 임금을 위한 일에 종사하지 않았기 때문에 사회 보장 제도 및 세법상 지위는 남편의 고용 여부에 따라 달라졌다. 육아와 가사에 전념하는 여성은 일하지 않는 것으로 종종 폄하되기도 했다. 반면에 여성이 직장에 일하는 경우, 여성이 육아와 가사의 '일'에 대한 책임이 있다는 사회적 기대치가 존재한다. 일과 삶의 균형에 대한 앞에서 소개된 토론 사례에서 언급했듯이, 여성은 풀타임으로 일하면서도 가정도 돌봐야 하는 '슈퍼맘'이 되기를 기대받는다.

'일'을 임금과 보수를 받고 수행하는 활동만을 지칭하는 경우에 여러 다르고, 다양한 의미를 쓰일 수 있다. '일'은 직업, 전문직, 경력, 직업, 노동, 사업, 천직 또는 소명 등을 의미할 수 있다. 미국 문화와 가치에 대한 중요한 연구를 한 『마음의 습관(Habits of the Heart)』의 공동 저자인 사회학자 로버트 벨라와 그의 동료들은 일의 다양한 의미와 그 관계에 관하여 통찰력을 제공한다. 그들은 일을 직업(job), 경력(career), 소명(calling)을 구분한다.[7] 각각은 그 역할을 수행하는 사람의 정체성에 따라 구별되고, 그 정체성은 일에서의 역할에 의해 결정이 된다.

자신의 정체성이 일에 의해 결정된다는 것은 무엇을 의미할까? "무슨 일을 하세요?"라는 질문은 우리가 누군가를 처음 만났을 때 매우 흔히 묻는 질문이다. 사람들은 자신의 일로 다른 사람에게 자신을 소개한다. "저는 회계사입니다." "저는 중소기업을 운영합니다." "저는 대학교수입니다." "저는 사회복지 부서에서 일합니다." 우리가 하는 일이 우리가 누구인지 결정한다. 당신이 자신을 컴퓨터 프로그래머라고 소개할 때, 당신은 자신의 일을 통해 자신을 정의한 것이다. 우리는 다른 사람이 어떠한 일을 하는지 아는 것으로 다른 사람을 알게 된다. 그런데 우리는 또한 우리 자신에 대해 생각해 보게 되고, 일의 관점에서 우리 자신의 자아상을 만든다. "저는 대기업의 마케팅 담당 부사장입니다."라고 자신을 소개하는 사람처럼, 때때로 우리의 일이 매우 긍정적인 자아상을 형성하는 데 기여할 수 있다. 때로는 "저는 실직 상태입니다." 또는 "육류 포장 공장에서 야간 근무를 하고 있습니다."라고 소개할 때, 우리의 일이 혹은 일이 없는 상황은 우리의 자존감을 낮아지게 할 수 있다.

『마음의 습관』에서 직업(job)은 자기 정체성이 업무의 활동과 무관한 일로 묘사된다. 일자리는 단순히 돈을 벌기 위한 수단에 불과한 것이다. "지금은 패스트푸드점에서 일하고 있지만 내일은 직업을 바꿔 건설 현장에서 일할 수도 있습니다."라는 식이다. 일자리는 임금을 벌기 위한 수단으로서의 도구적 가치 외에는 아무런 의미가 없다.

경력(career)은 자신과 업무의 활동 사이의 발전하는 관계를 나타낸다. "졸업 후 홍보 분야에서 경력을 시작하려고 합니다." 또는 "부동산 분야에서 경력을 쌓고 있습니다."라고 말할 수 있다. 경력은 업적 달성과 승진의 기준을 설정하는 더 넓은 사회 제도의 관점에서 정의되는 지속적인 활동을 의미한다. 한 사람이 경력을 통해 발전한다는 것은 한 직업에서 다른 직업으로 이동한다는 의미가 아니라 다양한 여러 단계를 마스터하고 새로운 단계로 나아간다는 의미이다. 이러한 성장 또는 발전의 의미는 경력이 직업과는 다르게 사회적 지위와 자존감을 수반한다는 것을 의미한다. 경력은 견습생에서 장인으로 성장하고 이러한 발전을 통해 지위와 자존감을 얻는 전통적인 장인 제도 시스템과 유사하다.

소명(calling)은 또한 개인의 정체성과 업무의 활동이 '도덕적으로 분리될 수 없는' 이전의 일의 전통으로 돌아간다. 자신이 누구인지는 자신이 하는 일에 의해 전적으로 결정되었다. 전통적으로 전문직, 장인, 농업은 이런 식으로 이해되었다. "나는 목사입니다." "나는 음악가 입니다." "나는 농부입니다."라는 말은 그 사람과 그 사람이 하는 일에 대해 많은 것을 말해준다. 과거에 비해 오늘날에는 덜 흔하지만, 개인은 자신을 의사, 군인 또는 교직의 삶에 '소명'을 받았다고 생각했다.

이러한 분류(직업, 경력, 소명)는 절대적이거나 완전한 것이 아니라 업무의 복잡성을 이해하는 데 도움이 되는 방법이다. 일은 좋든 나쁘든 우리의 가장 깊은 가치와 밀접하게 연결될 수 있다. 훗날 인생 전체를 회고해 보고 인생의 가치를 평가할 때, 무슨 일을 어떻게 했는지가 인생을 얼마나 가치 있게 살았는지를 결정하는 데 중요한 역할을 한다. 따라서 실제적이든 잠재적이든 일의 의미와 가치는 일터의 구조와 운영에 중요한 영향을 미치게 된다.

5.3 일의 가치

일의 다양한 모델(또는 관점)을 살펴보기 전에, 일이 지닐 수 있는 몇 가지 가치를 생각해 보는 것이 유용할 것이다. "왜 일하는가?" "일은 무엇에 좋은가?"라는 질문은 누군가에겐 뻔하거나 사소한 질문처럼 보일 수 있지만, 조금만 생각해 보면 일과 관련된 다양한 가치를 발견할 수 있다.

분명 일은 소득을 얻기 위한 수단으로서 중요한 가치를 지니고 있으며, 그 소득을 통해 우리가 필요로 하고 원하는 다른 많은 목적을 달성할 수 있다. 음식을 사고, 주택 대출금을 갚고, 옷을 사고, 자녀의 교육비를 위해 일을 한다. 필자는 건강 및 생명 보험, 교육 관련 복리 후생, 퇴직 지원 프로그램을 제공하는 직업을 가지고 있어 운이 좋은 편이다. 일을 통해 다른 많은 재화를 얻을 수 있다는 점에서 일은 도구적 가치가 높다. 다른 많은 재화를 얻기 위해 일이 필요하기 때문에 일은 매우 중요한 도구적 가치를 지닌다고 할 수 있다.

일의 도구적 가치의 정도는 다른 모든 재화를 얻은 후에도 일을 계속할 것인지 물어보면 알 수 있다. 도구적 가치만 있는 어떤 활동에 대해 더 효율적인 대체물을 찾을 수 있다면, 우리는 그 활동을 계속할 이유가 없다. 예를 들어, 돈을 벌기 위해서만 일한다면, 아주 많은 재산을 상속받게 된다면 일을 그만두게 될 것이다. 그러나 일이 목적의 수단이 아니라 목적 그 자체라는 점에서 일을 통해서만 얻을 수 있는 가치도 있다.

일에 다른 가치가 있는지 알아보기 위해, 필자는 학생들에게 수백억 원의 복권에 당첨된다면 무엇을 할 것인지 종종 물어본다. 한 수업에서 한 학생이 온종일 골프를 치며 시간을 보내겠다고 대답했다. 필자가 학생에게 단순히 골프를 칠 것인지, 아니면 실력 향상을 위해 골프 연습을 할 것인지 물었다. 그는 계속 높은 스코어를 기록하고, 골프 실력이 더 이상 향상되지 않는다면 굉장히 지루해질 것이라고 인정했다. 그는 결국 파(par, 한 홀에 몇 번을 쳐서 공을 넣어야 하는지에 대한 기준 타수)를 치는 것을 목표로 게임을 연습할 것이라고 주저함 없이 인정했다. 학생은 골프 게임을 연습하겠지만 생계를 위해 계속 일하지는 않을 것이라고 했다.

그런 다음 학생들에게 빌 게이츠(Bill Gates), 워렌 버핏(Warren Buffett), 제프 베조스(Jeff Bezos), 마크 저커버그(Mark Zuckerberg)와 같은 사람들이 상상할 수 없는 부를 얻은 후에도 왜 계속 일했는지 생각해 보라고 했다. 이들이 부를 계속해서 늘리기 위해서만 일했다고 주장하는 냉소적인 이들에게 필자는 그들 각자가 (거의 모든 막대한 부를 가진 사람들이 그러하듯이) 상당한 금액을 기부했다는 점을 알려주었다. 금전적 욕심이 일하는 유일한 동기였다면, 그들은 돈을 기부하는 것을 그만두고 일을 덜 할 수도 있었을 것이다.

분명히 일에는 단순히 돈을 버는 것 이상의 것이 있다. 골프 예시에서 알 수 있듯이 사람들은 도전적인 목표를 달성했을 때 느끼는 만족감을 포함하여 다양한 목적을 달성하기 위해 일한다. 고용이 이러한 여러 다른 것을 제공해 준다면, 사람들은 소득이 더 이상 필요하지 않더라도 일을 계속할 것이다. 따라서 일의 도구적 가치에는 임금과 복리 후생 외에 다른 많은 재화를 포함된다. 마라톤을 뛰기 위해 연습하고, 학습 장애가 있는 아이를 가르치고, 죽어가는 환자를 돌보고, 자신의 사업을 운영하거나 경찰관이 되기 위해 사람들이 왜 그런 일을 하는지 생각해 보자.

임금과 복리 후생 외에 일을 통해 얻을 수 있는 재화에는 어떤 것이 있을까? 모든 것을 다 포괄할 수는 없지만, 몇 가지 재화를 일반적으로 분류할 수 있다. 첫째, 일은 소득 이외의 재화를 얻기 위한 수단이 된다. 이러한 재화의 대부분은 가격을 매길 수 없는 가치를 지니고 있기 때문에 일을 통해 번 돈만으로는 얻을 수 없다. 이러한 재화를 우리는 일과 관련된 다양한 심리적 재화라고 부를 수 있다. 여기에는 개인적인 만족감과 자존감, 성취감, 자부심, 행복감 등이 포함된다.

일은 또한 한 사람의 가장 깊은 태도와 기질을 표현하는 것이기도 하다. 일은 우리의 삶을 가치 있게 만드는 인격적 특성 또는 미덕의 표현이 될 수 있다. 많은 사람들이 일을 하는 이유는 단순히 자신이 그런 유형의 사람이기 때문이며, 많은 사람들에게는 일을 통해 자신의 성품이 드러난다. 사람들은 부지런하고 의욕적이며 성실하고 적극적이며 창의적이다. 창의적이고 부지런한 사람이 일을 하지 않는 것은 무기력하고 게으른 사람이 열정적으로 일하러 나가는 것만큼이나 드문 일이다.

일은 또한 많은 사람들에게 사회적 의미를 가질 수 있다. 일을 통해 사회적 지위, 명예, 존경, 우정, 동료애 등을 얻을 수 있다. 아리스토텔레스는 인간을 사회적 존재로 묘사했으며, 일은 우리의 사회적 본성이 표현하는 주요 활동 중 하나일 수 있다고 했다. 회계사 대신 교사가 되거나 영업 사원 대신 사회복지사가 되기를 선택하게 된 여러 가지 이유를 생각해 보자. 때로 일은 농사나 군대에서의 일과 같이 생활 방식 전반에 관련되어 있을 수도 있다.

필자의 개인적인 이야기를 통해 일이 어떻게 사회적으로 깊은 의미와 가치를 가질 수 있는지를 보여 줄 수 있다. 나의 아내는 4대째 내려오는 소기업을 소유하고 운영하고 있다. 그녀는 이전 직장인 대기업에서 승승장구했다. 그녀의 아버지가 은퇴할 시기가 가까이 되어 사업을 매각하려고 했을 때, 아내는 고위급 임원 승진이 확실해 보였다. 증조부가 시작한 이 사업은 100년 가까이 이어져 온 사업이었다. 그녀는 사업을 그만두거나 낯선 사람에게 매각하는 대신 회사 생활을 그만두고 가업을 잇기로 결정했다.

단순히 도구적 가치로만 본다면, 이러한 선택에는 낮은 급여(아쉽게도), 훨씬 더 긴 근무 시간, 더 많은 골칫거리와 스트레스, 더 큰 책임감 등 많은 대가가 따랐다. 하지만 이 일에는 다른 중요한 가치도 있는데, 그중에서도 증조할아버지가 시작한 기업을 이어가고 있다는 사실이 가장 중요했다. 이것이 바로 일이 가질 수 있는 '사회적 가치'라 할 수 있다. 빌 게이츠나 마크 저커버그가 자신이 설립한 회사에 대한 헌신도 마찬가지로 그들이 금전적 필요가 없는데도 일을 계속하는 이유를 설명할 수 있다.

마지막으로, 어떤 일은 다른 일보다 사회에 더 가치 있고 보람 있는 것일 수 있다. 많은 사람들이 간호사, 보육교사, 사회복지사, 경찰 또는 군인으로 일하기를 선택하는 이유는 이러한 직업이 지역사회에 중요한 기여를 할 수 있기 때문이다. 이러한 직업은 안정적인 지역사회를 위해 반드시 있어야 하는 중요한 직업이다. 많은 이에게 이것만으로도 그러한 일에 종사하는 충분한 이유가 된다. 예술가나 음악가의 공연, 공예나 농업과 같은 다른 일들도 그 자체로 가치가 있거나 그 결과물로서도 가치가 있다. 이러한 일의 대부분은 결과물뿐만 아니라 결과물의 품질에도 가치가 있다.

예를 들어, 도예가인 친구가 있다. 그는 하루 종일 젖은 흙을 만지느라 매우 더럽고 가마 안에서 활활 타오르는 불을 지피느라 땀을 흘리며 일한다. 근무 시간은 매우 길고 급여는 그다지 많지 않다. 그럼에도 불구하고, 그는 상상할 수 있는 가장 아름답고 정교한 도자기를 만들어 낸다. 또한 그는 환경 친화적이고 지속 가능한 방식으로 도자기를 제작한다. 그가 하는 일은 무엇을 만드는지와 어떠한 방식으로 생산되는지 때문에 중요한 가치를 지닌다. 이 일은 그의 정체성의 중요한 부분이다. 이러한 가치는 그가 이 일을 통해 얻는 수입을 훨씬 뛰어넘는다.

고전적인 에세이에서, 더글라스 맥그리거(Douglas McGregor)는 일을 통해 얻을 수 있는 다양한 가치를 인정하는 경영 이론(그가 'Y이론'라고 부른 것)을 옹호한 바 있다. 이 중 맥그리거는 생존, 안전, 타인으로부터의 인정, 타인과의 관계, 우정, 자존감, 지위, 존중, 창의성, 자기계발 등을 언급했다.[8]

아마도 이 시점에서 앞서 구분한 내용을 다시 한 번 강조하는 것이 좋을 것 같다. 일이란 부지런하고 인내심을 가지고 수행하는 활동을 의미할 수 있으며 또한 고용을 의미할 수도 있다. 우리가 '일'이라고 부를 수 있는 모든 부지런한 활동에는 가치가 포함되어 있지만, 위에서 설명한 가치들은 때로는 오직 고용을 통해서만 얻을 수 있다. 하지만 만약 그렇다면, 일이 그렇게 가치가 있다면, 마이크 로이코처럼 "왜 우리에게 돈을 주고 일을 시켜야 할까?"라는 질문이 나올 수 있다.

임시적인 답변을 해 보면, 어떤 일은 사람들이 거의 또는 전혀 돈을 받지 않고도 그 일을 할 정도로 많은 가치가 있을 수 있다. 어떤 일들은 그 일을 하는 사람에게 중요한 의미와 가치를 준다. 다른 일들은 상황에 따라 가치가 달라질 수 있다. 직무의 구조, 급여 및 복리후생, 특권과 책임, 고용 안정성, 제도적 환경, 사회적 지위와 같은 근무 조건은 그 일의 가치를 더하거나 떨어뜨릴 수 있다. 그러나 많은 사람들에게 일은 생계를 유지하기 위해 필요하다. 그 필요성 때문에 소득을 추구하게 되고, 다른 가치들을 얻을 수 있는 가능성은 많은 경우에 상실된다.

그렇다면 윤리적 일터의 목표는 무엇일까? 일이 여러 가지 이유로 그렇게 중요하다면, 모든 사람이 일에 대한 도덕적, 법적 권리를 가져야 할까? 모든 노동자에게 의미 있고, 보람되고, 더 높은 가치를 지닌 일자리를 제공하는 게 가능할까? 그렇지 않다면, 일을 더 의미 있게 만들기 위해 할 수 있는 것들은 무엇일까? 기업은 직원에게 의미 있는 일을 제공할 책임이 있을까? 아니면 공정한 임금을 지불하는 것으로 기업의 책임은 끝이 나는가?

REALITY CHECK:

재택근무의 유연성: 양방향의 길

직장의 요구와 개인적인 삶의 책임 사이에서 균형을 맞추는 것은 직원들이 항상 직면하는 현실이다. 일이 개인 및 가족에 대한 책임을 다하는 데 방해할 수 있지만, 가족에 대한 책임을 다하기 위해서 직장에서 제공하는 임금과 복리 후생 혜택을 받는 것이 하나의 방법일 수 있다.

앞서 본문에서 언급한 대로 1980년대와 1990년대에는 '엄마 트랙'이라고 불렸던 것에 대한 광범위한 논의가 있었다. 이 표현은 많은 여성이 직장에서 자녀 양육 책임(아마도 오늘날보다 훨씬 더 성별화된 역할)과 경력에 대한 목표와의 균형을 맞추려고 할 때, 직면하게 되는 현실에 주목하게 하였다. 많은 회사에서 육아를 담당하는 여성을 위한 별도의 경력 트랙을 만들어 재택근무, 유연 근무제, 시간제 근무를 허용했다. 언뜻 보기에는 여성에게 유익한 것처럼 보이지만, 비평가들은 그 해로운 영향에 대해서 빠르게 지적했다. 이러한 유연 근무제의 혜택을 받은 여성들은 승진, 임금 인상, 기타 직무 관련 기회 등 전일제 근무에서 얻을 수 있는 많은 경력상의 혜택을 잃게 되었다. 이 별도의 트랙은 불평등한 업무 트랙으로 전락하고 말았다.

그러나 적절한 일과 삶의 균형에 대한 갈망은 사라지지 않았고, 기술(technology)은 상황을 더 악화시킬 수 있다. 이 장의 토론 사례에서 논의했듯이, 언제나 손에 쥐고 있는 스마트폰은 고용주의 손이 닿지 않는 직원은 거의 없다는 것을 의미한다. 직원들은 언제 어디서든 연락이 닿을 수 있는 것으로 기대한다. 이러한 현실은 팬데믹 기간 동안 나타난 재택근무로의 전환 과정에서 더욱 복잡해졌다.

한편으로 일정과 근무지의 유연성은 일과 가정의 양립을 위해 노력하는 직원들에게 상당한 도움을 줄 수 있다. 앞서 '대퇴사' 기간 동안 직원들이 직장을 떠난 큰 이유 중 하나가 직무 유연성 부족이었다는 연구에 대해 설명한 바 있다. 팬데믹이 재택근무가 증가시킨 동시에 학교와 어린이집도 문을 닫게 했다는 점을 고려하면, 많은 직원들이 안정적인 일과 삶의 균형을 찾는 데 있어 더 많은 압박이 받게 되었다는 것을 알 수 있다. 일부 부모들은 낮에 육아에 시간을 쓰고, 아이들이 잠자리에 든 저녁에 일을 할 수 있는 유연함이 도움이 되었다. 반면에 이러한 유연함의 증가는 직장과 가정 사이의 경계를 모호하게 하였고, 기술 사용의 증가로 인해 그 경계는 더욱 흐르게 하였다.

일반적인 의미에서, 동료와 고객을 회의와 대화하기 위해 가상으로라도 집으로 초대하게 되면서 그 경계는 모호해졌다. 많은 사람들에게 이것은 집에 '업무 공간'을 만드는 것을 의미했다. (심지어 소셜 미디어에는 화상 통화 중에 보이는 사람들의 집 배경을 평가하는 '룸 레이터(room rater)'라는 온라인 밈도 있었다.) 그러나 낮 동안 자녀를 돌볼 수 있는 유연성은 그 부모가 '정상' 근무 시간 이후에도 일할 수 있다는 것을 기대하게 만들었다. 더 나은 균형 대신, 일부 직원들은 유연성 증가로 인해 스트레스와 불안만 더 커진다는 것을 발견했다.

어떤 직업은 일과 개인 생활의 경계를 명확하게 유지할 수 있지만, 그렇지 않은 직업도 있다. 당신이 자신의 직업에 대해 기대하는 바는 무엇인가?

이러한 질문은 현대 업무 현장의 세 가지 공통적인 측면을 생각해 볼 때 더욱 중요한 의미를 갖는다. 첫째, 소수의 노동자만이 직장에서 의미 있는 정도의 선택할 수 있는 권한을 가진다. 생계를 유지하는 수단으로서 일이 갖는 중요한 도구적 가치를 고려할 때, 자신의 일자리가 위태롭게 하는 상황을 만들려는 사람은 거의 없다. 이는 사람들이 이상적이지 않은 근무 조건 보다 더 안 좋은 조건을 받아들여야 하는 상황에 처해 있음을 의미한다.

두 가지 추가적인 점을 고려해야 하는데, 현대 경제에서 나타난 새로운 트렌드이다. 오늘날 사람들은 과거에 비해 일생 동안 여러 직업을 가질 가능성이 더 높아졌다. 직업 이동성은 우리 부모이나 조부모 세대와는 달리 오늘날 직장 생활의 일부이다. 때로는 선택의 문제이기도 하지만, 대부분 직원들이 통제할 수 없는 요인으로 인한 결과이기도 하다. 기술, 자동화, 일자리의 해외 이전은 모두 이직과 직업 이동성에 기여했다. 이는 적어도 일의 가치, 소득 안정성, 자존감 등에 있어서 과거보다 더 취약할 수 있음을 시사한다. 최근 팬데믹 이후 발생한 '대퇴사'는 이러한 직업 이동성의 현실을 더욱 역설한다.

두 번째 트렌드는 기간제 노동자의 증가이다. 오늘날에는 임시직, 파트타임 또는 제3자에게 하청을 주는 일자리가 점점 더 많아지고 있다. 일부의 경우에는 개인이 학교를 다니거나 육아를 하면서 파트타임으로 일할 수 있는 경우처럼 부가가치를 창출할 수 있다. 우버 운전기사는 이러한 기간제 노동의 한 예이다. 그러나 이는 일의 가치와 혜택이 더 조건적이고 불확실하다는 것을 의미하기도 한다. 일의 사회적 가치, 예를 들어, 동료애, 사회적 지위 등이 파트타임 및 임시직 노동자에게는 부재할 수 있다.

이와 관련하여 기업의 책임에 대한 주제로 넘어가기 전에 몇 가지 주요 일에 관한 모델 또는 관점에 대해서 살펴보기로 하겠다.

5.4 전통적인 일의 관점

저널리스트이자 사회 관찰자인 스터드 테르켈(Studs Terkel)의 1974년 저서 『Working』은 미국의 블루칼라(육체노동) 일의 실태를 기록했다. 이 책은 우리가 전통적인 일에 대한 관점으로 볼 수 있는 문장으로 시작한다.

> 이 책은 본질적으로 일에 관한 책으로, 정신뿐만 아니라 신체에 대한, 폭력에 관한 것이다. 병폐와 재해, 고성과 싸움, 신경쇠약과, 전위된 공격성에 관한 이야기이다. 그것은 무엇보다도 (또는 그 기저에) 일상적인 굴욕 또는 수치에 관한 것이다. 많은 상처 입은 사람들에게는 하루를 살아남는 것만으로도 충분한 승리이다.[9]

일은 견뎌 내야 하는 것으로 여겨진다. 일은 어렵고, 힘들고, 고된 것이다. 일(work)과 노동(labor)이라는 단어 자체에 이러한 부정적인 의미가 담고 있다. 틀림없이 이러한 전통적인 관점은 많은 사람들이 느끼는 일을 정확히 묘사하고 있을 것이다. 이 전통적인 관점의 핵심은 일은 가능하면 피해야 하고, 꼭 해야 할 때는 견뎌야 한다는 것이다.

이러한 전통적인 관점에서 두 가지 경향으로 구분할 수 있다. 하나의 관점은 고전 그리스 사상에 뿌리를 두고 있으며, 일보다 더 가치 있고 의미 있는 인간 활동(human activities)이 있다고 주장한다. 더 가치 있고 세련된 재화를 얻기 위해서 일을 피해야 한다는 것이다. 인간에게 좋은 삶이란 사색의 삶이며, 예술, 정치, 문화의 고상한 즐거움을 즐기는 삶이라는 것이다. 이러한 관점은 현대 사회에서 소비주의의 역할에 문제를 제기하는 사람들의 글에 내포되어 있다. 이 관점은 보다 단순하고 검소한 생활 방식은 사람들에게서 끝없는 일과 소비의 굴레에서 벗어나 보다 의미 있는 목표를 추구할 수 있도록 해 줄 것이라고 주장한다.

일에 대한 이러한 고전적 해석은 인간을 지적인 존재로 생각하지만, 일은 육체적인 것으로 본다. 인간은 자유로운 존재이고 일은 불가피한 것이다. 따라서 일은 인간의 본성과 인간의 잠재력을 지속적으로 축소시키는 데 영향을 준다. 고대 그리스 로마 세계에서는 일을 노예에게 맡겼다. 교양 있고 문명화된 사람들은 일을 고귀하지 않는 것으로 여겨 기피했다.

로마의 철학자 플루타르크(Plutarch)는 다음 인용문에서 이러한 고전적 관점을 묘사하고 있다.

> 신사들은 조각가의 걸작을 감상하는 것을 즐기지만, 그 자신이 망치와 끌을 들고 땀

과 먼지를 뒤집어쓰는 일은 결코 하지 않을 것이다.10

20세기 철학자 이브 시몽(Yves Simon)은 일의 상대적 가치에 대한 플루타르크의 생각에 공감한다.

> 현대사에서 노동 계급의 부상은 일을 미화하고 거의 모든 인간 활동을 일의 한 종류로 축소하는 한편, 여가를 게으름과 동일시하게 만들었다. … 일의 가치를 인정하되, 진정한 문화는 사회적 유용성과 시간을 초월하는 사색과 기쁨의 내재적 활동에서 번영한다는 것을 인식해야 한다.[11]

또 다른 20세기 철학자 한나 아렌트(Hannah Arendt)의 영향력 있는 저서인 『인간의 조건(The Human Condition)』에서도 비슷한 생각을 엿볼 수 있다.

> 현대에는 … 노동자들은 곧 노동의 속박에서 해방될 것인데, 이 사회는 더 이상 이 자유를 쟁취할 만한 더 높고 의미 있는 활동을 알지 못한다.[12]

전통적인 모델의 두 번째 관점은 현대 사회에서 훨씬 더 일반적이다. 우리가 쾌락주의적 해석이라고 일컫는 것은 일을 삶의 쾌락을 얻기 위한 필요 수단으로 이해한다. 사람은 자신을 행복하게 해 줄 것들을 사기 위해 일을 한다. 일이란 삶의 필수품과 삶을 즐겁고 즐길 수 있게 만드는 여러 가지 것을 얻기 위해 우리가 지불해야 하는 대가이다. 고전적 해석이 인간의 행복을 위한 매우 특정한 주제에 대해 옹호하는 반면, 쾌락주의적 해석은 개인이 원하는 목적을 자유롭게 선택할 수 있도록 한다. 고전적 모델의 행복은 다양한 문화 활동을 즐기는 것이지만, 쾌락주의 모델의 행복은 단순히 원하는 것을 얻는 것이다. 고전적 모델은 쾌락주의적 모델을 꿀사납다고 여길 수 있지만, 두 모델 모두 고된 일이 인간이 행복을 얻지 못하게 한다는 데 동의한다.

쾌락주의 모델은 욕구 충족으로서의 행복을 강조하기 때문에 신고전주의 경제학의 가정과 상당히 잘 맞아떨어진다. 개인은 자신이 선호하는 것을 자유롭게 선택할 수 있으며, 경제 활동의 목표는 개인이 선호한 것을 충족시키는 것이다. 개인은 만족을 얻기 위한 수단으로 시장에서 자신의 노동력을 교환한다. 대부분의 경우, 일은 단순히 목적을 달성하기 위한 수단에 불과하다. 따라서 신고전주의 경제학의 영향을 크게 받은 세상에서, 일에 대한 가장 일반적인 견해가 신고전주의 경제학의 인간 행복에 대한 가정을 공유하는 것은 전혀 놀라운 일이 아니다. 신고전주의 경제학의 원칙에 따라 구조화되고 관리되는 일터에서 직원은 단순히 임금을 벌기 위해 일하고 고용주는 직원을 생산의 목적을 위한 수단으로만 대한다. 이러한 일터는 분노와 불만의 감정을 불러일으키는 것은 당연한 일인지도 모른다. 이러한 관점에서 볼 때, 일은 그 자체로는 가치가 없으며 다른 목적을 달성하기 위해 감내해야 하는 필수적인 대가에 불과하다.

5.5 인간 충족 모델

두 번째 접근 방식은 인간 충족 학파(human fulfillment school)라고 부를 수 있다. 이 관점에 따르면 일은 사람들이 인간으로서의 잠재력을 최대한 발전시키는 주요 활동이다. 어떤 면에서는 고전적 모델과 정반대이다. 두 관점 모두 훌륭한 인생에는 인간의 잠재력을 개발하고 발현하는 것이 수반된다는 점에는 동의할 것이다. 그러나 고전적 모델에서는 일을 인간의 잠재력 개발을 방해하는 것으로 보는 반면, 인간 충족 학파에서는 일이 인간의 잠재력 개발을 위한 주요 수단으로 본다.

따라서 이 학파의 철학적 뿌리는 인간에게 타고난 잠재력, 즉 텔로스(telos, 목적인, 目的因)가 있으며 훌륭한 인생에는 그 텔로스를 개발하거나 성취하는 삶이라고 주장한 고전 그리스 철학자들에 있다. 이러한 일반적인 접근 방식을 목적론적 윤리(teleological ethics)라고 하며, 중세 시대의 위대한 기독교 철학자들을 통해 이어져 온 전통이다. 미 육군의 현대적 구호인 "당신이 될 수 있는 모든 것이 되십시오."는 동일한 윤리적 입장을 반영한다. 인간에게는 항상 실현시키지 못하는 잠재력이 있으며, 훌륭한 인생은 이 잠재력이 실현되는 삶이다. 인간 충족 학파는 일이 이러한 잠재력을 실현하는 과정이 될 수 있다고 믿는다.

그렇다면 일을 통해 실현할 수 있는 이 '잠재력'이란 무엇일까? 다시 한 번 인내, 근면, 집중력이 필요한 일반적인 활동으로서의 일(놀이가 아닌 일)과 고용으로서의 일을 구분해 보자. 또한 일을 하지 않으면 무엇을 잃게 되는지 생각해 보면서 이 질문에 접근해 보자. 먼저 인내, 근면, 집중력이 필요한 활동을 하지 않는다면 우리는 어떤 사람이 될지 생각해 보자. 그런 다음 실직하면 개인에게 어떤 일이 일어나는지 살펴보자.

앞서 언급한 골프 치는 학생의 예시를 생각해 보자. 골프를 치지만 골프 실력을 향상시키기 위해 노력하지 않는 사람은 과연 어떻게 될까? 어떤 사람들은 계속 골프를 치며 게임을 즐길 수도 있지만, 이 학생은 지루하고 좌절감을 느끼고, 결국 흥미를 잃게 될 것이라고 말하였다. 골퍼는 무관심해지고 소극적이고 무기력해지게 되어, 그에게는 골프가 더 이상 가치가 없게 될 것이다. 이 예를 일반화하면 근면, 인내, 집중이라는 덕목을 가지고 하면 어떤 재능과 능력이나 향상시킬 수 있다고 말할 수 있다. 우리가 주의를 집중하고 과제를 수행하는 데 필요한 것이 무엇인지 깊이 생각할 때 지적 능력이 향상된다. 근면, 인내, 집중력은 성격 특성이고, 2장에서 미덕으로 설명되었던 것으로 인간의 행복 향상에 기여한다. 이러한 기질로 업무에 접근할 수 있는 능력을 갖추면 인간으로서 더 나은 사람이 된다. 반대로 어떤 일도 하지 않는 이들은 게으르고 부주의하며 냉담해질 위험이 있다. 좋은 업무 습관을 기르는 것은 유능하고 능숙하며 효과적이고 숙련된 성격을 만드는 데 기여한다. 예를 들어, 부모는 자녀가 평생에 쓸 수 있는 중요한 기술을 습득할 수 있도록 좋은 습관을 심어 주려 한다. 심리학자 조지 밸리언트와 캐롤라인 밸리언트의 한 연구에서 다음과 같이 결론지었다. "어린 시절의 일할 의지와 능력은 정신 건강의 가장 중요한 선행 요인인데, 이는 타고난 지능, 사회적 계층, 가정 상황보다 더 중요합니다."[13]

그렇다면 고용으로서의 일은 어떨까? 분명히 실직은 소득 손실 이상의 비용을 초래한다. 실직의 심리적 비용에 대해서 잘 알려져 있다. 자존감 및 자기존중의 상실, 스트레스, 불안, 우울증, 고립감, 무관심 등이 일반적인 실직의 결과물이다. 실직으로 인한 사회적 비용도 만만치 않다. 대부분의 대도시 가장 가난한 지역에서 일자리가 거의 사라졌다. 만성 실업의 결과는 말 그대로 지역사회를 파괴할 수 있다.[14]

반대로, 일은 노동자에게 안정적인 정신적, 육체적 건강과 높은 자존감, 자기 존중과 같은 심리적 재화를 제공해 준다. 또한 일은 우정, 동료애, 소속감, 목적의식과 같은 사회적 재화를 노동자에게 제공한다. 인간 충족 모델은 이러한 심리적, 사회적 혜택이 단순히 주관적이고 개인적인 선호 이상의 것임을 시사한다. 이것들은 단순히 개인이 가치를 부여하기로 선택하는 재화가 아니다. 일을 통해 개발되는 인격적 특성과 달성된 목표는 충만하고 의미 있게 인간다운 삶을 사는 것과 연결된다. 이는 인간의 텔로스를 달성하는 것과도 연결된다.

인간 충족 모델은 모든 직업이 인간의 잠재력 개발에 기여하는 것은 아니라는 점을 인정한다. 하지만 올바른 형태의 일과 직장은 잠재력 개발에 기여할 수 있다. 이 모델은 또한 개인과 일이 상호 관계에 있다고 주장한다. 개인은 자신의 일에 대해 통제하고 관리할 수 있지만, 일도 또한 개인에게 영향을 미치고 인격을 빚어간다. 따라서 이 모델에서 기업 윤리의 과제는 인간의 잠재력을 최대한 개발할 수 있는 일의 유형을 명확히 하는 것이다.

이를 쾌락주의적 일의 모델과 대조해 보자. 그 관점에서는 일은 단순히 인간의 목적을 달성하기 위한 수단일 뿐이다. 일의 가치는 단지 수단일 뿐이며, 노동자의 판단 기준이 되는 질문은 "이 일이 나에게 어떤 도움이 될까?"와 같다. 인간 충족 모델은 우리에게 더 많은 질문을 던지도록 만든다. "이 일이 나에게 무엇을 해 줄 것인가? 이 일을 통해 나는 어떤 사람이 될까?" 일을 통해 좋은 것(예를 들어, 소득)을 얻게 되어도, 마찬가지로 일을 통해 안 좋은 것(예를 들어, 자존감을 떨어뜨리거나 정신적, 신체적 건강을 해치는 등)을 얻을 수 있다.[15]

경제학자 E. F. 슈마허(Schumacher)는 이 논점을 발전시키면서 일이 어떻게 노동자에게 나쁜 영향을 미칠 수 있는지 자세히 설명하고 또한 그에 상응하는 좋은 일이 무엇인지에 대해 힌트를 준다. 나쁜 일은 "기계적이고 인위적이며 자연과 분리되어 인간의 잠재적 능력 중 극히 일부분만을 활용하는 것이다. 대다수의 노동자에게 가치 있는 도전, 자아 완성을 위한 자극, 발전의 기회, 아름다움, 진실, 선함의 요소가 없는 방식으로 일생을 보내도록 선고한다. …"[16]

칼 마르크스의 소외(alienation) 개념에서 현대 노동의 성격으로 인해 인간의 잠재력(또는 고전 철학의 언어로 텔로스)이 끌어낼 수 있거나 억압될 수 있다고 한다. 일반적으로 소외는 인간의 잠재력을 충분히 개발하지 못하게 하는 일의 결과이다. 이러한 상황 속에서는 인간은 자신의 진정한 자아(잠재력)로부터 분리되거나 소외된다. 마르크스의 자본주의에 대한 비판의 일부는 자본주의 생산 시스템 하에서 노동자는 필연적으로 소외된 삶에 직면할 수밖에 없다는 주장에 기반한다. 마르크스는 노동자가 자본주의 체계 내에서 일의 결과물로부터, 일 자체의 창조적 과정으로부터, 사회적 존재로서의 본질에서 여러 유형의 소외에 직면한다고 주장했다.[17]

특히 초기 저서에서 마르크스는 인간이 노동을 통해 자신을 창조하고 표현하는 사회적 존재로 이해했다. 인간은 노동을 통해 제품을 만들 뿐만 아니라 자신이 살고 있는 사회 세계(social world)도 창출한다. 일은 본질적으로 사회적 활동이며, 인간은 사회적 존재로서 일을 통해 이러한 인간성을 표현할 수 있는 기회를 갖는다. 이러한 사회 구조는 인간의 태도, 신념, 가치관(일이 사람들에게 미치는 영향)을 형성하고 영향을 미치기 때문에 일은 우리 자신의 인격을 형성하는 데도 역할을 한다. 마르크스에 따르면 자본주의 경제 시스템, 특히 산업 자본주의의 특징인 분업, 조립 라인 생산(assembly-line production)에서 노동자는 자신의 노동의 산물, 노동 활동, 동료로부터 소외된다. 노동자(또는 현대적 표현으로 인적 자원)와 노동의 산물은 이윤을 추구를 위한 단순한 수단으로 취급된다. 노동자는 자신이 생산한 것으로부터 분리되고, 제품과 생산 활동 자체에 대한 통제권이 없으며, 커다란 기계의 한 부품에 불과한 존재로 전락한다.

1981년 가톨릭 교황 요한 바오로 2세는 회칙 「노동하는 인간(Laborem Exercens)」에서 일에 대한 유사한 관점을 제시했다.[18] 교황은 마르크스에서 발견한 몇 가지 주제를 보다 전통적인 가톨릭 신학과 통합하여 다음과 같이 주장했다. "일은 인간을 다른 피조물과 구별되는 특징 중 하나입니다. … 오직 인간만이 일할 수 있고, 인간만이 일합니다." 인간이 '하나님의 형상과 모양대로' 창조되었고 '땅을 정복하라'는 부름을 받았다는 창세기 이야기를 인용하며, 교황은 노동은 인간 본성의 필수적인 부분이라고 주장한다. 이러한 성경 구절들은 인간은 창조주 하나님의 형상대로 지음받은 공동 창조자로서 이 세상을 빚어가고, 일을 통해 이 땅에서의 삶을 유지한다는 것을 시사한다.[19]

다시 한 번, 이 관점은 인간과 일이 상호 변증법적인 관계에 있고, 양쪽이 서로 영향을 주고받으며 형성한다고 강조한다. 인간은 자신의 필요와 욕구를 충족하기 위해 일을 만들지만, 일 또한 인간을 빚어간다. 논평가 그레고리 바움(Gregory Baum)의 말을 빌리자면, "인간이 세상을 창조하는 것은 노동을 통해서이며, 어떤 의미에서는 동일한 노동을 통해 자신도 창조된다."[20] 인간은 "식량과 보금자리를 얻기 위해 노동을 통해 자연의 일부를 변형시켜야 한다. 생존 조건을 개선하기 위해 사람들은 노동의 분업, 사회 조직, 권위 체계를 발명해야 한다. 노동은 사회를 창조한다." 그러나 그 과정에서 인간은 자신을 사회화하고 그들의 의식, 태도, 신념, 가치관, 관심사를 만들어 내는 사회적, 문화적 세계를 창조한다. 이런 의미에서 노동을 통해 인간은 자신이 어떤 사람이 될지 결정함으로써 스스로를 창조하고 있다.[21]

그렇다면, 일을 통해 발휘할 수 있는 인간의 잠재력에는 어떤 것이 있을까? 다음의 짧은 논의를 통해 네 가지를 꼽을 수 있다. 일을 통해 우리는 선택과 삶을 주도할 수 있는 자유와 사율성을 행사할 수 있다. 또한 일은 재능을 개발하고 창의력을 발휘할 수 있는 기회를 제공한다. 인간은 일을 통해 자신의 사회와 문화를 창조하고 이를 통해 자신의 정체성을 만들어 간다. 마지막으로, 일은 사회적 존재로서의 인간의 본성을 표현하는 것으로, 자기중심적이고 이기적인 삶에 빠지는 것을 막아준다.[22]

철학자 알 지니(Al Gini)는 인간 충족 모델에 대해 다음과 같이 언급했다.

> 데카르트(Descartes)는 틀렸다. "나는 생각한다. 고로 존재한다(Cogito ergo sum)."가 아니라 "나는 일한다. 고로 존재한다(Laboro ergo sum)."가 맞다. 우리는 일이 필요하며, 성인으로서 자신이 하는 일을 통해 자신을 알고, 정체성을 확인한다. 이것이 진실이라면, 우리는 생계를 위해 무엇을 할지에 대해 매우 신중해야 한다. 왜냐하면 우리가 하는 일이 곧 우리가 될 것이기 때문이다. 윈스턴 처칠(Winston Churchill)의 말을 보다 쉽게 표현하면, 우리가 먼저 일을 선택하고 어떠한 형태로 만들어 가면, 그 일이 우리를 빚어간다.[23]

5.6 자유주의적 일의 모델

우리가 자유주의적 일의 모델이라고 부르는 것은 전통적인 모델과 인간 충족 학파의 중간 지점을 차지한다고 생각할 수 있다. 전통적인 모델과 마찬가지로, 자유주의자들은 개별 노동자가 여러 가지 이유로 일하기로 선택하며, 단순히 돈을 벌기 위한 수단으로 탐탁치 않은 일도 기꺼이 받아들일 수 있다고 주장한다. 자유주의자들은 원하는 유형의 일을 선택할 수 있는 자유를 소중히 여긴다. 자유주의자들은 모든 일이 제공하는 어떤 단일한 목적이 있다는 것을 부정한다.

그럼에도 불구하고 인간 충족 학파의 신봉자들과 마찬가지로, 자유주의자들은 인간이 자신의 일에 의해 상당한 영향을 받을 수 있음을 인정하고, 어떻게 일이 노동자에게 영향을 미치는지를 기준 삼아 일에 대한 윤리적 평가를 내려야 한다고 주장한다. 자유주의자들은 이러한 평가를 어떠한 근거로 내려야 하는지에 대해서 인간 충족 학파와 의견이 갈린다. 인간 충족 학파는 무엇이 선하고 의미 있는 인간의 삶을 만드는지에 대한 목적론적 비전을 바탕으로 이러한 판단을 내린다. 자유주의자들은 노동자 자신의 삶에 대해 자유롭고 자율적인 결정을 내릴 수 있는 능력에 일이 어떤 영향을 미치는지에 대한 관점에서 판단을 내린다.

철학자 노먼 보위(Norman Bowie)는 자유주의적 노동 이론의 좋은 예를 제시했다. 보위는 일의 가치를 노동자의 변덕스러운 마음에 맡겨야 한다고 생각하는 사람들과 의미 있는 일에 대한 '객관적 규범적인 정의'를 옹호하는 사람들 사이의 중간 지점으로서 의미 있는 일에 대한 자신의 칸트주의적 이론을 설명한다.[24]

> 나는 항상 회사의 도덕적 의무 중 하나는 직원들에게 의미 있는 일을 제공하는 것이라고 믿어 왔다. 하지만 무엇이 의미 있는 일인지에 대해서는 논쟁의 여지가 있다. '의미 있는 일'은 직원들이 의미 있다라고 말하는 것만으로 정의할 수 있을까? 아니면 '의미 있는 일'이라는 용어에 객관적이고 규범적으로 정의를 내려 직원들이 동의하지 않더라도 경영자가 이를 제공할 수 있도록 해야 할까? 전자의 접근 방식의 일반적인 문제점은 그것이 주관적이고 개인주의적이라는 것이다. … 왜 경영진은 각 직원이 의미 있는 일이라고 정의한 대로 그러한 일을 제공해야 할 의무가 있어야 할까? 반면에 객관적 접근법의 일반적인 문제점은 객관적 규범적인 정의에 대한 정당성을 찾기 어렵다는 점이다.[25]

보위의 주장을 살펴보자. 전통적인 모델의 쾌락주의적 관점처럼 일의 의미와 가치가 노동자가 결정하는 것이라고 결론지으면, 노동자는 의미 있는 일을 할 권리도, 경영자에게는 의미 있는 일을 제공할 의무가 있다고 말할 수 없다. 이러한 제한 없이 허용 범위가 넓은 노동자 권리 개념은 권리를 단순한 욕구와 구별하지 못하여, 그 개념을 무의미하게 만들 것이다. 또한 경영진이 다해야 하는 의무 범위가 실현 불가능할 정도로 넓어지게 됨을 의미하게 된다.

물론 이 쾌락주의 모델을 옹호하는 사람들, 특히 자유 시장에 대한 자유주의 버전에 동조하는 사람들은 이것이 노동자들이 의미 있는 일을 할 권리가 없다는 것을 의미할 뿐이라고 결론지을 것이다. 이러한 관점에서 보면 기업이 의미 있는 일을 제공해야 할 도덕적 의무가 있다는 보위의 믿음은 단순한 착각에 불과하다. 일의 의미와 가치는 다른 모든 노동조건과 마찬가지로 노동자와 고용주 간의 개별적인 교섭에서 나오는 자유로운 선택에 맡겨야 한다는 것이다. 보위의 칸트 이론과 같은 자유주의적 접근법은 이러한 관점이 인간의 자유에 대한 이해가 부족하다고 여긴다. 개인은 지루하고, 힘들고, 우울하고, 저임금이며, 심지어 위험한 일을 선택할 수도 있다. 하지만 다른 대안이 거의 없다면, 이를 '자유로운' 선택으로 인정해서는 안 된다. 보위는 더 많은 사람들이 일을 해야만 하는 상황일수록, 직장 환경을 최대한 인간답게 만들어야 할 책임이 더 커진다고 주장한다. 이러한 경우, 일의 필수성 자체가 우리가 일이 노동자에게 어떤 영향을 미치는지 조사해야 할 의무를 부과한다. 직장에서 어떤 종류의 사람들이 만들어지고 있을까?

그러나 인간 충족 모델과 달리, 자유주의자들은 모든 사람이 어떤 사람이 되어야 하는지를 결정하는 실질적이고 객관적인 규범이 있다고 믿지 않는다. 보위는 그러한 객관적 규범이 있다고 하더라도 경영자가 윤리적으로 이를 노동자에게 강요할 수는 없다고 주장한다. 사람들에게 창의적이거나 사교적이 되도록, 또는 자신의 재능과 능력을 충분히 개발하도록 강요하는 직장을 설계해야 할까? 누가 그런 문제를 결정할 수 있을까?

이러한 결론은 자유주의 정치철학이 인간의 목적(텔로스)나 공동선과 같은 개념에 대해 항상 가지고 있던 거부감을 반영한다. 자유주의 정의 이론은 개인의 자유가 사회 정의의 근본적이고 필수적인 요소라고 주장한다. 자유주의자들은 모든 사람이 살아야 할 일반적이고 구체적이며 특정한 방식을 지정하는 고전적 정치 이론을 항상 거부해 왔다. 설사 그 삶이 어떠해야 한다고 규정할 수 있다고 해도, 그것을 달성하는 유일한 방법은 개인이 선택한 삶이 아닌 다른 삶을 살도록 강요하는 것뿐이라고 생각했기 때문이다. 반면에, 대부분의 자유주의자들은 보다 자유주의적인 버전의 주관적이고 상대주의적인 의미도 거부한다. 인간이 원하는 것은 무엇이든 하는 것은 좋지 않기 때문이다. 어떤 삶의 방식은 다른 방식보다 도덕적으로 더 나은 것이 있다.

자유주의자들은 자율성, 합리성, 신체적-정신적 건강과 같은 일반적인 특성과 재화를 참조하여 이러한 긴장 관계를 해소한다. 기본 재화(primary goods)라고도 불리는 이러한 재화는 개인이 원하는 다른 재화를 얻기 위해 필요한 재화이다. 전통적인 모델의 가정과 동일하게, 일은 단순히 개인이 선택한 어떤 목적을 달성하기 위한 수단으로서의 가치만을 지닌다고 평가될 수 있다. 그러나 일의 과정에서 이러한 기본 재화가 파괴되거나 훼손되면, 개인은 다른 목적을 달성할 가능성이 거의 없게 된다. 따라서 자유주의 모델은 개인이 직장에서 특정한 권리를 가지며 이러한 권리는 어떤 핵심적이고 일차적인 재화를 보호하는 기능을 한다고 주장한다.

노동자의 권리를 통해 보호받아야 하는 이러한 재화는 무엇일까? 철학자 아디나 슈워츠(Adina Schwartz)는 고전적 자유주의적 대답을 옹호하면서, 노동자가 수동적이고 맹목적으로 타인이 정한 역할을 수행해야 하는 틀에 박힌 작업은 개인의 자율성을 존중하지 않는다고 주장한다. 이러한 일자리를 부당한 것으로 인식하지 못하는 것은

> … 정의로운 사회는 모든 구성원을 자율적인 주체로서 존중한다는 널리 알려진 견해와 근본적으로 상충된다. 우리가 모든 사회 구성원의 자유로운 발전을 중요하게 생각한다면 … 방금 설명한 종류의 일자리에 아무도 고용되지 않도록 요구해야 한다. 또한 우리는 현재의 산업 고용 방식에 대한 특정 대안을 지지하고 이러한 재배치를 위한 정부 조치를 요구해야 한다.[26]

5.7 의미 있는 일에 대한 기업의 책임

일의 본질과 가치에 관한 다양한 이론을 간략히 살펴본 것은 이제 일을 의미 있게 만들기 위한 기업의 윤리적 책임을 개념화하는 데 도움이 될 수 있다. 고전적 모델에서는 어디까지나 일은 필요하고 육체적인 부분이 있기에 일을 의미 있게 만들 수 없으며, 따라서 고용주는 일을 의미 있게 만들 책임이 거의 없다고 주장할 수 있다. 일이 어느 정도 지적이고, 여유롭고, 자유로울 수 있는 정도까지는 일은 의미 있다고 할 수 있겠지만, 고용과 임금 노동이 이러한 조건에 이르기는 어려울 것이다.

쾌락주의적 접근법은 일이 노동자의 목표를 달성하는 데 쓰일 때 의미가 있다고 주장

한다. 그러나 보위의 비판에 따르면 이러한 제한 없이 허용 범위가 넓은 목표에 대해 기업이 책임을 지는 것은 어려울 것이다. 분명히 노동자는 기업이 제공할 수 없는, 아니 제공해서는 안 되는 많은 것을 원할 수 있다. 기껏해야 쾌락주의 이론은 직원과 고용주가 근무 조건, 임금 및 복리 후생에 대해 협상하도록 장려할 것이다. 이런 계약 모델은 노동자에게 직장 내 행복을 달성할 수 있는 최선의 기회를 제공할 수 있겠지만, 아마도 기업의 책임은 계약 내에서 자유롭게 수락된 것들 뿐일 것이다.

인간 충족 학파와 자유주의 모델 사이의 영역은 의미 있는 일을 제공해야 할 책임에 대해 더 유익한 방향을 제시한다. 실제로 자유주의자들은 기업이 자율성, 선택의 자유, 합리성, 신체적-정신적 건강과 같은 기본재에서 파생되는 다양한 책임이 있다고 주장한다. 6장과 7장에서 살펴볼 직원의 권리와 책임의 범위는 고백하건대 직원의 권리와 고용주의 책임에 대한 자유주의적 개념에서 온 것이다. 여기에는 참여(투표), 적법 절차, 건강하고 안전한 근무 조건, 공정한 임금 및 복리 후생, 훈련 및 교육, 사생활 보호와 같은 권리가 포함될 수 있다. 이러한 재화는 자율적이고 합리적이며 자유로운 선택권을 행사하는데 현실적으로 필요하다는 점에서 주요하다고 할 수 있다.

보위는 이 최소한의 목록보다 더 실질적인 것은 고용주가 직원에게 원치 않는 조건을 받아들이도록 강요하는 것일 수 있다고 주장한다. 보위는 고용주가 직원을 더 나은 사람으로 만들 책임이 없으며, 특히 직원 본인의 의사와는 반하는 경우는 더욱 그렇다고 주장한다.

이제 아디나 슈워츠가 제시한 예를 생각해 보자. 노동자들이 고도로 규격화되고 도전적이지 않으며 지루한 일을 선호한다고 상상해 보자. 고용주는 그러한 일을 할 의사가 있는 직원이 있어도 그러한 일자리를 없애야 할까? 이 시점에서 자유주의자들에게는 두 가지 선택지가 있다. 아무도 직원에게 그런 일을 하도록 강요하지 않는 한, 외부의 제약이 없는 한, 고용주는 그런 일자리를 없앨 책임이 없다고 주장할 수 있다. 이러한 답변은 더 좁은 직장 내의 자유에 대한 해석으로 자유주의적 입지를 줄어들게 할 수 있다. 하지만 자유주의자들이 소중히 여기는 가장 근본적인 가치인 자율적이고 자유로운 선택을 방해하는 고용 조건의 윤리적 정당성을 인정하는 것이기도 하다. 규격화되고, 도전적이지 않으며 지루한 일의 사회적 조건은 합리적이고 자율적인 선택이라는 인간의 능력을 억압하는 경향이 있다. 반면에 자유주의자들이 고용주가 그러한 일자리를 없애야 할 책임이 있다고 주장한다면, 그들은 직원의 선택만이 윤리적 직장을 결정하는 최종 요소가 아니라는 것을 인정하게 된다. 이는 윤리적 직장을 만드는 조건이 적어도 합리적이고 자율적인 선택을 할 수 있는 능력 측면에서 이해될 때 인간의 선을 장려하고 증진하는 경향이 있는 조건이라는 것을 인정하는 것이다. 이러한 결론은 직원의 이익에 필요하거나 도움이 되는 조건에 대해 더 폭넓게 논의할 수 있게끔 한다. 이러한 조건은 직원의 권리와 고용주의 책임에 대한 자유주의 이론으로 파악할 수 있다. 6장에서는 이러한 잠재적 권리 중 몇 가지를 살펴볼 것이다.

이 장에서는 일의 본질과 가치를 이해하기 위한 다양한 모델을 살펴봤다. 이러한 모델은 직원에 대한 기업의 책임과 일자리를 제공하는 기업에 대한 직원의 권리와 책임을 평가하기 위한 틀을 제공한다. 또한 일의 본질과 가치는 민주 사회의 시민으로서 우리가 민간 기업과 정부의 직장 규제에 대해 기대할 수 있는 것에 시사점을 준다. 일은 개인에게 기본적인 필요와 욕구를 충족시킬 수 있는 수단을 제공한다. 일은 우리에게 좋은 것과 나쁜 것을 모두를 제공할 수도 있다. 하지만 일 또한 우리에게 좋은 것 또는 나쁜 것을 할 수 있다. 일터가 어떻게 구조화되고, 고용주와 직원 모두의 권리와 책임을 어떻게 이해하는지에 따라 일이 우리를 위해, 그리고 우리에게 하는 것의 윤리적 지위를 결정할 것이다. 6장과 7장에서는 직장에 존재하는 윤리적 권리와 책임에 대해 자세히 살펴볼 것이다.

토론 사례에 대한 성찰

적절한 일과 삶의 균형에 대한 논의는 종종 일과 삶 모두에 대한 가치가 내포되어 있는 가정을 전제로 한다. 이 장에서는 일이 많은 사람들에게 다양한 의미를 가질 수 있으며, 사람마다 매우 다른 가치를 지닐 수 있다는 점을 제시했다. 적절한 일과 삶의 균형이 무엇인지에 대한 하나의 기준을 제시하는 것은 상상하기조차 어렵다.

일과 일 외의 삶 사이의 가치와 요구(demands), 혜택과 비용의 균형을 고려할 때, 여러 가지 범주를 통해 이러한 생각들을 걸러내는 것이 좋다. 물론 관련된 업무 유형이 적절한 균형을 결정하는 데 중요한 역할을 할 것이다. 대학 교수의 업무 요구와 보상은 대학 운동장 관리인의 업무 요구와 보상과는 크게 다르다.

고용주와 회사의 문화도 고려해야 할 또 다른 중요한 변수이다. 이 장의 토론 사례에서 설명한 것처럼 성별도 분명 큰 역할을 한다. 특히 미국, 캐나다, 유럽연합 등 선진국 이외의 지역에 거주하는 노동자에게는 성 역할과 기대가 더 중요할 수 있다. 물론 사회적, 경제적 계층도 고려해야 할 또 다른 중요한 요소이다. 교육 수준, 소득, 재산 등과 높은 상관관계를 보이는 다양한 고용 기회를 가진 노동자는 다른 기회가 거의 없는 노동자와는 매우 다른 일과 삶의 균형 환경에 직면하게 된다. 팬데믹 기간 동안 입증된 바와 같이, '필수 노동자(essential workers)'는 종종 저임금 직종에 종사하며 선택의 여지가 적고 팬데믹 기간 동안 더 많은 업무 요구와 위험에 직면한 사람들이었다. 냉소적인 사람들은 누군가를 '필수'로 분류하는 것이 저항할 수 없는 가장 약자에게 더 많은 일을 강요하는 불과하다고 말할 수 있다.

이러한 다양한 요인을 고려할 때, 그리고 적절한 균형에 대한 단일한 모델이 없다는 점을 고려할 때, 이러한 문제를 노동자 개개인이 스스로 해결하도록 맡겨야 하지 않느냐는 생각에 솔깃할 수 있다. 특히 일과 삶의 균형을 여러 가지 고용 혜택 중 하나로만 생각한다면 이 문제를 개인이 고용주와 협상하도록 맡기고 싶은 유혹에 빠질 수 있다. 염두에 두어야 할 한 가지 윤리적 질문은 일부 노동자와 일부 업무에 업무의 요구와 업무 외적인 삶의 사회적, 건강적, 심리적, 문화적 요구 사이의 적절한 균형을 달성하지 못할 위험성이 너무 크기 때문에, 특정 노동자가 그러한 혜택에 대한 권리를 주장해야 하는지 여부이다. 이러한 관점에서 볼 때 일과 삶의 균형은 단순히 다른 혜택과 맞바꿀 수 있는 것이기보다 직원의 권리에 가깝다. 다음 장에서는 직원의 권리 개념에 대해 자세히 살펴볼 것이다.

복습 문제

1. 일이라는 단어의 세 가지 이상의 다른 의미를 설명하라. 이 의미들 중 어떤 가치 요소가 포함되어 있는가?
2. 직업(job), 경력(career), 소명(calling)을 어떻게 구별할 수 있는가?
3. 전통적인 일의 관점 내에서 두 가지 다른 경향은 무엇인가?
4. 그리스 철학의 목적(텔로스)의 개념은 인간 충족 이론과 어떤 관련이 있는가?
5. 자유주의적 일의 모델에서 일은 어떻게 의미 있게 될 수 있을까?
6. 자유주의 모델을 옹호하는 사람은 일의 인간 충족 모델을 어떻게 비판할 수 있겠는가?

미주

[1] The case was developed from the following sources: "The Power of Capitalism, "Larry Fink's Annual Letter to CEOs," https://www.blackrock.com/corporate/investor-relations/larry-fink-ceo-letter# (accessed Jan. 19, 2022). "Toxic Culture Is Driving the Great Resignation," by Donald Sull, Charles Sull, and Ben

Zweig, *MIT Sloan Management Review* (January 11, 2022). "Job Openings and Labor Turnover Survey," U.S. Bureau of Labor Statistics, accessed January 20, 2022, www.bls.gov. "For Most U.S. Workers, Real Wages Have Barely Budged in Decades," by Drew Desilver, Pew Research Center, August 7, 2018, https://www.pewresearch.org/fact-tank/2018/08/07/for-most-us-workers-real-wages-have-barely-budged-for-decades/ (accessed Jan. 20, 2022). "Quitting is Just Half the Story: The Truth behind the 'Great Resignation'," by Rashida Kamal, *The Guardian*, January 4, 2022, https://www.theguardian.com/business/2022/jan/04/great-resignation-quitting-us-unemployment-economy (accessed January 12, 2022). "Who Is Driving the Great Resignation?" by Ian Cook *Harvard Business Review*, September 15, 2021, https://hbr.org/2021/09/who-is-driving-the-great-resignation (accessed January 12, 2022).

[2]Mike Royko, "Silver Spoon Fits, Why Not Wear It?," *Chicago Tribune* (November 11, 1985), sec. 1, p. 3. Quoted in *It Comes with the Territory*, edited by A. R. Gini and T. J. Sullivan (New York: Random House, 1989).

[3]*Genesis*, 1, 28; 2, 15; 3, 17–19.

[4]Aristotle, *Politics* 1256 a 30, 1253 b 25.

[5]An interesting and helpful overview essay on work is "Work: The Process and the Person" by Gini and Sullivan, chapter 1 of *It Comes with the Territory*, op. cit., pp. 1–36. For a more in-depth treatment of the ethical and philosophical issues concerning the nature and value of work, see Al Gini, *My Job, My Self: Work and the Creation of the Modern Individual* (New York: Routledge, 2000) and Joanne Ciulla, *The Working Life: The Promise and Betrayal of Modern Work* (New York: Times Books, 2000). These insightful books provide excellent resources for further thinking about work.

[6]For Rousseau, see especially *Emile*, translated by Allan Bloom (New York: Basic Books, 1979). For Marx, compare "Estranged Labor" in *The Economic and Philosophic Manuscripts of 1844*, translated by Martin Milligan (New York: International Publishers, 1964), and "The German Ideology," edited and translated by Loyd Easten and Kurt Guddat, in *Writing of the Young Marx on Philosophy and Society* (New York: Doubleday, 1967).

[7]*Habits of the Heart: Individualism and Commitment in American Life*, by Robert Bellah, Richard Madsen, William Sullivan, Ann Swidler, and Steven Tipton (New York: Harper & Row, 1985), pp. 65–66.

[8]Douglas McGregor, "The Human Side of Enterprise," originally published in *The Management Review* 46, no. 11 (1957), reprinted in *Leadership and Motivation: Essays of Douglas McGregor* (Cambridge, MA: MIT Press, 1966).

[9]Studs Terkel, *Working* (New York: Pantheon Book, 1974), p. xi.

[10]Plutarch, *Lives* (New York: Modern Library, 1932), p. 132.

[11]Yves Simon, *Work Society, Culture*, edited by Vukan Kuic (New York: Fordham University Press, 1971), p. 78.

[12]Hannah Arendt, *The Human Condition* (Chicago: University of Chicago Press, 1958), p. 5.

[13]George E. Valliant and Caroline O. Valliant, "Natural History of Male Psychological Health: Work as a Predictor of Positive Mental Health," *American Journal of Psychiatry* 138 (1981), pp. 433–440, as quoted in Robert Lane, *The Market Experience* (Cambridge, United Kingdom: Cambridge University Press, 1992), p. 247.

[14]The downward spiral of unemployment, poverty, and crime characteristic of many cities is forcefully portrayed in William Julius Wilson, *When Work Disappears* (New York: Alfred Knopf, 1997).

[15]For two insightful discussions that rely on the distinction between what work does for and to individuals, see E. F. Schumacher, *Good Work* (New York: Harper Colophon Books, 1980), and the

American Catholic Bishops' pastoral letter, *Economic Justice for All* (Washington, DC: National Conference of Catholic Bishops, 1986).

[16] Schumacher, *Good Work*, p. 27.

[17] Karl Marx, *The Economic and Philosophical Manuscripts of 1844*, edited with an introduction by Dirk J. Struik. Translated by Martin Milligan (New York: International Publishers, 1964).

[18] *Laborem Exercens*, reprinted in Gregory Baum, *The Priority of Labor* (Ramsey, NJ: Paulist Press, 1982). I rely on Baum's excellent and extensive interpretive commentary for much of this section.

[19] *Laborem Exercens*, in Baum, pp. 95–102.

[20] Baum, p. 65.

[21] Baum, pp. 68–72.

[22] See Schumacher, *Good Work*, pp. 3–4 and Al Gini, "Work, Identity and Self: How We Are Formed by the Work We Do," *Journal of Business Ethics* 17 (1998), pp. 707–714.

[23] Gini, p. 714.

[24] Norman Bowie, "A Kantian Theory of Meaningful Work," *Journal of Business Ethics* 17 (1998), pp. 1083–1092. As will become clear, I take Bowie's "Kantian" theory, based on an overriding commitment to individual autonomy, as a clear example of a "liberal" approach.

[25] Bowie, p. 1083. Bowie's characterization of the first alternative as subjective and individualistic reasonably captures the more libertarian versions of the conventional model of work. His reference to an "objective normative definition" captures the essence of the human fulfillment model's understanding of a single human good, or telos.

[26] Adina Schwartz, "Meaningful Work," *Ethics* 92 (July 1982), pp. 634–646.

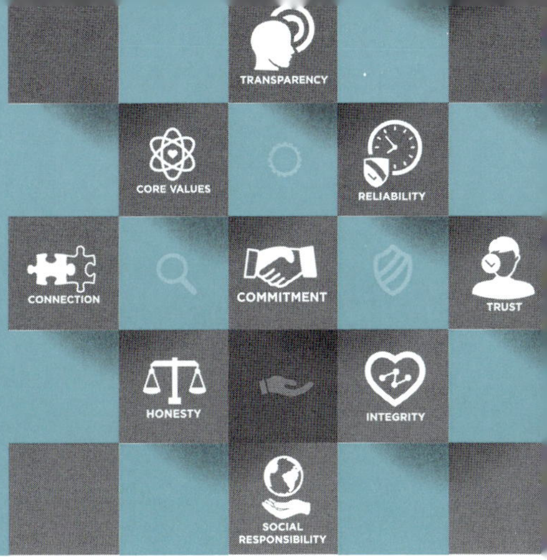

6장

직장에서의 도덕적 권리

학습 목표

이 장을 읽고 나면,

- 윤리적 권리와 법적·계약적 권리를 구별할 수 있다.
- 근로에 대한 권리의 다양한 의미를 설명하고 검토할 수 있다.
- 직원의 권리 중 하나인 정당한 절차, 참여, 건강 및 안전, 표현의 자유, 그리고 사생활을 지지하는 주장을 분석할 수 있다.
- 정당한 절차와 임의 고용을 구별할 수 있다.

토론 사례: 직장에서의 사생활 보호와 직원 모니터링

우리는 1장의 토론 사례에서 직장 내 사생활 보호에 관한 애플 CEO 팀 쿡의 의견을 알아보았다. 쿡은 애플의 iOS 운영 체제의 새로운 기능을 소개하며 다음과 같이 말했다. 소비자에게 "앱이 데이터를 수집하고 공유하는 방식에 대한 선택권을 제공합니다. 이러한 데이터는 소비자의 나이, 위치 정보, 건강 정보, 소비 습관, 검색 정보와 같은 데이터를 포함하며 이러한 수천 개의 정보 조각을 수집하여 디지털 프로필을 만들어 다른 사람들에게 판매할 수 있습니다. 이러한 정보는 보통 여러분의 동의나 인지 없이 일어나고 있습니다. 여러분의 정보가 팔 수 있는 상품이었던 것입니다. 그래서 아이폰 사용자들에게 이제 한 가지 간단한 질문을 하는 것입니다 앱이 여러분을 추적하도록 허용할 것인가요, 허용하지 않을 것인가요? 우리는 여러분이 선택할 권리가 있다고 믿습니다. 앱 추적 투명성은 여러분의 데이터를 여러분의 통제로 돌려놓는 간단한 새로운 기능입니다." 다른 인터뷰에서 쿡은 애플이 "여러분의 개인 생활에 개입하지 않을 것이라고 약속했습니다. 왜냐하면 개입은 사생활에 대한 침입을 의미하기 때문입니다. 사생활에 관한 개인 정보는 우리에게 있어 인권이며 시민의 자유입니다."라고 말했다.

소비자로서 우리는 우리의 일상이 분 단위로 기록되는 것이 익숙해질 수 있다. 그러나 쿡의 발언에서 나타나듯이, 모든 사람이 이러한 사생활 침해에 대해 익숙한 것은 아니다. 9장의 토론 사례에서 소비자 개인 정보에 대한 문제를 다시 다루겠지만, 먼저 직장에서 사생활 정보가 어떻게 다뤄지는지 고려해 보자. 우리는 소비자로서 기업이 우리의 데이터를 수집하는 것에 대해 불편해 하지 않을 수 있지만, 우리의 고용주가 우리의 활동, 위치, 그리고 우리가 소통하는 상대방까지 추적하는 것에 대해 얼마나 평정심을 유지할 수 있을까? 사생활과 같은 개인 정보가 인권이나 시민 자유라면, 고용주가 직원에 대한 개인 데이터를 수집하는 것은 우리의 권리를 침해하는 것일까?

직원 행동을 모니터링하는 것은 물론 새로운 것이 아니다. "측정할 수 없는 것은 관리할 수 없다."는 오래된 경영 격언이 있으며, 직원 활동을 측정하는 것은 경영 관리에 직접적인 영향을 미친다. 출퇴근을 기록하는 타임카드 또는 감독이 공장 생산을 관찰하는 것과 같은 간단한 도구들과 같이 직원을 모니터링하는 것은 기업 활동에 있어 일상적인 것이었다. 고용주는 직원의 행동에 대한 정보가 없으면 직원을 관리할 수 없을 것이다.

그러나 최근 몇 년 동안 전자 기기가 직장 내에서의 업무 모니터링을 전례 없이 증가시킨 이유를 제공한 것은 사실이다. 회사 컴퓨터에서 음란물이나 회사 정책이나 인사에 대한 비판적인 이메일과 같은 것들이 발견되었을 때 직원이 해고된 사례가 있다. 일부 기업은 포르노그래피, 판타지 축구, 또는 약물과 관련된 키워드를 검색하는 소프트웨어 프로그램을 활용한다. 소프트웨어는 온라인 쇼핑, 도박 또는 특정 웹사이트 및 이메일 도메인과 같은 활동을 검색하며 생산성의 측정으로 키보드 입력을 모니터링할 수 있다. 소프트웨어는 또한 이러한 금기된 활동이 감지되면 컴퓨터나 스마트폰을 원격으로 비활성화할 수 있다. 운전자가 GPS 추적 장치에서 술집에 정차했거나 긴 점심 휴식을 취하거나 목적지로 가는 가장 빠른 경로로 운전하지 않았을 때 해고된 사례가 있다.

전자 모니터링 도구가 더욱 정교해지고 직원들이 개인 기기에 더 의존하는 상황에서 잠재적인 직장 모니터링의 범위가 크게 확장되고 있다. 예를 들어, 일부 기업은 직원의 위치, 생산성, 심지어는 직원 간의 의사소통까지 모니터링하기 위해 전자 팔찌 및 기타 장치를 사용한다. 이는 직원이 누구와 얼마 동안 소통하는지까지 포함될 수 있다.

휴마나이즈(Humanyze)라는 기업은 이러한 종류의 '피플 애널리틱스'에 특화되어 있다. 이 기업은 자신의 미션을 "과학을 기반으로 한 분석과 데이터 기반의 통찰력을 통해 기업이 지속적인 개선을 이룰 수 있도록 미래의 직장을 재정의하는 것"이라고 설명한다. 이것이 어떻게 작동할 수 있는지에 대해 이코노미스트지는 다음과 같이 설명했다.

> 그 회사의 직원들은 햇볕 가득한 사무실에서 컴퓨터에 둘러싸여 있는데, 자신들의 위치와 상호 작용을 추적하는 비콘들이 또한 주위에 있습니다. 모두가 신용카드 크기에 성냥통 높이의 ID 뱃지를 착용하고 있습니다. 이 뱃지에는 상호 대화 여부를 감지하는 마이크, 자신의 위치를 모니터링하는 블루투스 및 적외선 센서, 그리고 움직임을 기록하는 가속도계가 포함되어 있습니다.

휴마나이즈의 최고 경영자인 벤 웨이버는 "비즈니스의 모든 측면이 더 많이 데이터 중심으로 전환되고 있고 사람을 관리하는 측면도 예외는 아닙니다."라고 말한다. 회사의 직원들은 고객과 마찬가지로 취급된다. 그들의 뱃지에서 나온 데이터는 이메일 및 캘린더 정보와 통합되어 어떻게 근무 시간을 보냈는지에 대한 전체적인 그림을 형성한다. 휴마나이즈의 고객 회사는 팀 수준의 통계만 볼 수 있지만, 직원들은 자신의 데이터를 살펴볼 수 있다. 이 데이터에는 동선과 소비한 시간, 활동 수준, 말하는 시간 대 듣는 시간의 비율과 같은 지표가 포함되어 있다.

말할 것도 없이, 이는 구세대에게는 충격적인 모습일 것이다. 그러나 아마도 페이스북, 구글 등에 의해 일상적인 일일 추적에 익숙한 세대에게는 그리 놀라운 것이 아닐 수도 있다. 그러나 상당수의 직원이 재택근무를 하는 시기에 직원 모니터링에 대한 중요한 질문이 제기될 수 있다. 직원들이 사무실에서 회사 컴퓨터로 작업할 때는 회사가 직원의 활동, 의사소통 및 이메일을 추적하는 것이 가능하지만, 그들이 집에서 자신의 전자 기기로 작업할 때는 상황이 많이 달라질 것이다.

재택근무하는 직원들이 기밀 정보와 독점 데이터를 보호하는 데 더 큰 우려를 초래한다고 회사는 주장할 수 있다. 회사는 회사에서 근무하는 직원들을 해킹과 온라인 공격으로부터 방지하기 위한 정교한 사이버 보안 시스템을 갖추고 있을 수 있지만, 재택근무하는 직원들에 대해서는 거의 또는 전혀 통제할 수 없어 무방비 상태일 것이다. 회사는 직장에서 컴퓨터와 파일에 접근할 수 있는 사람을 제한할 수 있지만, 재택근무자의 이러한 접근성을 제한하는 데는 한계가 있다.

토론 질문

1. 사생활 보호는 인권에 관한 문제라는 팀 쿡의 의견에 동의하는가? 우리는 어떤 것이 권리로 간주되는지를 어떻게 결정하는가?
2. 예를 들어, 언론의 자유, 종교의 자유와 같이 보호되어야 할 인권들 중 직장에서 소홀히 다루어지고 있는 인권들이 있는가?
3. 과거보다 현재 우리들은 자신의 개인 정보에 대해 덜 신경 쓰는가? 회사가 보유하고 있는 어마어마한 양의 우리의 개인 정보에 대해 괜찮다고 생각하는가?
4. 우리가 회사에서 잘못된 일은 하지 않는다면, 왜 고용주가 우리를 모니터링하는 활동에 대해 걱정해야 하는가?

6.1 서론: 직원 권리

5장에서는 일이 사람들에게 주는 다양한 가치 중 일부를 검토했다. 비난하는 사람들조차도, 일은 다른 중요한 목표를 달성하기 위한 필수 수단으로 가치가 있다고 했다. 간단히 말해서, 일은 인간에게 필수적인 재화를 얻기 위해 필요하기 때문에 대부분의 인간 활동 중에서 가장 중요하고 높이 평가된다.

그러나 일은 대부분의 사람에게 피할 수 없는 것이기 때문에, 다른 사람에 의해 통제될 가능성이 크다. 이러한 사실은 실제로 일의 취약성을 나타낸다. 일은 우리가 필요로 하고 가치를 두는 것이지만, 누군가에 의해 통제되는 것이기도 하며, 이러한 통제는 우리가 일을 할수 있을지 여부를 포함한다. 2장에서 논의했듯이 도덕적 권리의 개념은 다른 사람의 행동에 의해 우리에게 중요한 이익이 위협받을 때에만 관련이 있다. 예를 들어, 정치적 의견을 표현했다는 이유로 누군가의 직장이 위험에 처하는 경우 직원의 언론 자유 권리에 관한 문제가 제기된다. 이번 장에서는 직장에서 일어날 수 있는 다양한 도덕적 권리에 대해 알아본다.

우선 이 장에서 사용할 직장에서의 도덕적 권리 또는 직원 권리의 의미를 명확히 하자. 비즈니스에서는 직원 권리에 관한 세 가지 유형의 의미가 일반적이다. 첫째로, 입법이나 사법 판결을 기반으로 직원에게 부여된 법적 권리가 있다. 따라서 최저임금, 평등한 기회, 노동조합의 단체교섭 권리, 성희롱으로부터 자유로운 직장에 대한 권리 등이 있다. 둘째로, 직원 권리는 직원과 고용주 간의 계약에 기초한 계약적 권리가 있다. 계약적 권리에 의해 특정 직원은 건강 관리 패키지, 유급 휴가, 연금 기금 등에 대한 권리를 가질 수 있다. 마지막으로, 직원 권리는 법적이나 계약적 요소와는 독립적으로 직원들이 주장할 수 있는 권리를 나타낼 수 있다. 이러한 권리는 그들이 사람으로서 당연히 누려야 할 것으로 일반적으로 인권이라고 불린다. 이 장에서 법적 및 계약적 권리 모두가 논의에 관련이 있겠지만, 주로 법적 및 계약적 인정과 독립적인 도덕적 또는 인권으로서의 직원 권리를 이해하는 데 중점을 둘 것이다.

이해를 확장하기 위해 법적 및 계약적 권리가 어떻게 상호 작용하는지 살펴보자. 일반적으로 고용 계약의 양 당사자는 근로 조건에 대해 협상한다. 고용주는 특정 금액의 임금, 복리 후생 및 근무 조건을 제공하고, 그에 대한 보상으로 근로자의 생산성을 요구한다. 직원은 기술과 능력을 제공하고, 그에 대한 보상으로 임금과 복리 후생 혜택을 받는다. 그러나 특정 조건은 법적으로 이러한 협상에서 제외된다. 고용주는 성희롱에 대한 면책이나 법에서 정한 최저임금 아래의 임금 수용을 고용 계약의 일부로 만들 수 없다. 사실상 법적 권리는 고용 계약에서 특별한 경우를 제외하고는 협상의 대상이 아니다. 이러한 법적 권리는 비즈니스가 운영되는 기본적인 법적 프레임워크의 토대를 제공한다. 철학자들은 때로 직장에서의 도덕적 권리를 부가적 제약으로 표현하며, 고용주와 직원 양자 간의 고용 계약에서 합의될 수 있는 범위에 대한 제약 또는 한계로 작동한다고 말한다. 이는 고용주들이 비즈니스를 운영하는 데 있어 치뤄야 할 대가의 일부이다.

그러나 계약적 권리와 법적 권리 모두 계약과 법에 종속적인 권리이다. 계약이나 법으로 생성되고 보호되는 것은 마찬가지로 계약이나 법에 의해 취소될 수 있다. 결국 서로 다른 직무, 서로 다른 고용주, 서로 다른 법적 관할 지역은 서로 다른 계약적 또는 법적 권리를 유발할 것이다.

이 장에서 이해하는 직원 권리는 계약이나 법에 의존하지 않고 자체로 존재한다고 이해될 것이다. 최저임금 및 성희롱 방지와 같은 법적 권리와 마찬가지로, 직원의 도덕적 권리는 고용주와 직원 간에 발생하는 협상과는 별도이다. 그러나 최저임금과 달리 도덕적 권리는 법적이 아닌 도덕적 고려에 의해 정당화된다. 우리는 직원의 도덕적 권리를 직장 내에서 직원들이 자격 있는 권리(또는 그들이 자격 있는 일부 피해로부터의 보호)로 이해할 것이다. 이들은 고용주와 직원 간의 기본적인 윤리적 프레임워크를 설정한다.

이러한 직장 내 도덕적 권리를 포기하는 대신 일자리를 보장한다거나 복리 후생 혜택을 더 주기로 하는 것은 있을 수 없다. 직원 권리는 직원들이 이러한 기본 도덕적 권리를 포기하고 그들의 직장으로부터 특정 선택을 강요받지 않도록 하는 기능을 한다.[1] 다시 말해 토론 사례에서 예를 들면, 만약 직원이 사생활을 침해당하지 않을 도덕적 권리를 가지고 있다면 고용주는 퇴근 후 직원이 무슨 일을 하는지를 이유로 해고할 수 없을 것이다.

따라서 이 장에서 검토된 도덕적 권리는 5장에서 소개된 일의 자유주의적 모델에 맞다. 일의 많은 조건은 고용주와 직원 간의 협상에 의해 결정된다. (이는 양 당사자의 자유와 자율성을 존중하는 것이다.) 그러나 그 협상에 대한 일부의 기본적인 제약이 필요하다. 이는 직원들의 인권(예: 건강, 안전, 사생활 보호, 자유롭게 말할 권리)과 자신의 직장 사이에서 본질적으로 강제적인 선택을 강요받지 않도록 보장하기 위함이다. 이러한 제약에 의해 보호되는 종업원의 기본적인 도덕적 권리는 전통적인 자유주의에 기반한 자율, 평등, 자유를 포함한다.

6.2 일할 권리

일의 권리 중에서 모든 다른 권리에 중요한 영향을 미칠 수 있는 하나는 일자리 자체에 대한 권리이다. 의식주와 같이 인간 생존에 필수적인 재화를 확보하는 데 일이 필요하다면, 일을 할 권리는 당연히 도덕적 권리 중 하나일 것이다. 실제로 모든 사람이 일에 대한 권리를 가져야 한다고 주장하는 사람들이 많다. 특히, 이전 장에서 인간 충족 학파의 학자 대부분은 일을 인간 복지의 필수적인 부분으로 간주한다. 그러나 이와 같이 일을 할 권리란 진정으로 무엇인지에 대해서는 명확하지 않을 수 있다. 따라서 우리는 이러한 잠재적인 권리를 평가하기 위한 첫 번째 단계로 여러 가지 고려 사항을 살펴본다.

현재의 정치적 및 법적 맥락에서 일반적으로 일에 대한 권리는 지역 노동조합에 가입할 필요 없이 일할 권리를 의미한다. 미국 몇몇 주는 이러한 의미로 '**일할 권리**' 법률을 제정했다. 많은 단체협약은 노동조합은 모든 직원이 고용될 때 조합에 가입해야 한다고 규정한다. 이 요구는 '무료 탑승객'을 금지하여 조합 회원의 혜택을 누리지만 부담을 나누지 않는 사람들을 막는 핵심적인 수단으로 간주된다. 이것은 또한 고용주가 조합에 가입하지 않겠다고 약속한 직원만 고용하지 못하도록 하여 단체교섭 시스템을 보호한다. 몇몇 주에서는 이러한 고용주의 요구(즉, 노조 불가입을 전제로 하는 채용)를 금지하는 법률을 제정했으며, 이러한 법률은 일반적으로 일할 권리 법률이라고 불린다.

비록 이러한 일에 대한 권리의 의미가 우리의 주요 관심사는 아니지만(이는 철학적인 것보다는 노동법적인 문제에 가깝다), 다음과 같은 추론의 타당성을 고려해 볼 수 있다. 새로운 직원이 노동조합이 조직된 직장에 입사할 때 조합에 의무적으로 가입해야 하는 요구는 어떻게 생각해야 할까? '무료 탑승객' 주장은 공정에 대한 합리적인 이해를 기반으로 한다. 누군가 혜택을 받고 그 혜택을 받기 위해서 비용이 필수적으로 수반된다면, 그 비용 또한 일정 부분 부담하는 것이 공정하다. 특히 노동조합이 없는 회사 근로자들이 그렇지 않은 회사 근로자들보다 낮은 임금과 혜택을 받는다는 연구 결과가 있다면, 의무적인 노동조합 가입은 공정한 조치일 것이다.

두 번째 고려 사항은 노동조합의 단체교섭권과 관련된 내용이다. 일할 권리에 관한 법률은, 임금과 복리 후생 혜택은 직원과 고용주 간의 개별 협상 과정을 통해 더 적절하게 결정되는 것이 사실이나 거의 모든 개별 직원이 동등한 기반에서 고용주와 협상할 수 없기 때문에 노동조합의 단체교섭이 필요하다고 주장한다. 매우 특이한 상황을 제외하고는 고용주는 특정 직원 없이도 회사를 운영할 수 있지만 대부분의 직원들은 그렇지 못하다. (즉, 생계를 위해 회사의 요구를 거절하는 것이 쉽지 않다.) 협상은 각 당사자가 고용 조건을 수용하거나 거절할 자유가 동일할 때에만 공정하다. 이 경우에만 합의가 상호 이익적이고 최적으로 만족스러울 것이다. 그러나 단체교섭을 할 이유가 없으면 고용주는 개별 직원과 타협할 동기가 거의 또는 전혀 없다. 왜냐하면 고용주는 자신의 협상 조건을 거부하는 직원을 배제하고 다른 잠재적인 직원들과 개별적으로 계속 협상해 나가면 되기 때문이다. 이것은 단체교섭이 존재하는 산업의 개별 직원은 독자적으로 회사와 협상할 수 없기 때문에 이러한 의미에서 일할 권리를 가지고 있지 않다고 말하는 것은 타당하지 않음을 시사한다.

일할 권리에는 우리가 직업을 가질 권리가 내포되어 있다는 것이 흥미롭다. 이러한 관점에 대해 가톨릭 사회 철학의 전통에서부터 유엔 인권선언에 이르기까지 많은 옹호자가 있다.[2] 이 주장에는 두 가지 주된 근거가 있는데, 이는 노동의 중요한 가치에 대한 두 가지 주된 설명에 대응된다. 첫 번째는, 노동의 수단으로서의 가치 때문에(노동이 음식, 주거, 의류 및 의료와 같은 목적을 얻기 위한 주요 수단임) 일할 권리를 인정해야 한다는 주장이 있다. 두 번째는, 인간 충족 학파의 논리를 반영하는데, 일이 충족된 또는 충만한 인간 삶의 표현의 일부이기 때문에 각 개인은 일할 권리를 가지고 있다고 주장한다. 이러한 두 가지 근거, 즉 하나는 목적을 달성하기 위한 수단으로서의 일과, 다른 하나는 인간다운 충만한 삶의 표현으로서의 일이라는 서로 다른 일의 유형을 제시한다. 첫 번째 유형의 일은 어떤 형태의 일이든 노동자에게 생계비를 제공하는 수단을 제공한다면 그 일이 얼마든지 따분하고 반복적이든 상관없다. 후자의 경우에는 노동자를 고상하게 만들고 인간화할 수 있는 일의 유형이 필요하다.

이에 대한 반론으로 비평가들은 권리와 단지 원하는 상태 간의 구별을 언급한다. 가치 있고 강하게 원하는 것이라고 해서 모든 것을 권리로 주장할 수 있는 것은 아니다. 여기서 핵심은 권리는 권리를 주장하는 자의 상대방이 해당 권리에 대해 주장된 것을 제공할 책임이 있다는 것을 의미한다는 것이다. 만약 모든 인간이 일할 권리를 가진다면, 누군가 또는 어떤 기관이 그 일을 제공할 책임이 있어야 한다. 마찬가지로, 누군가 일을 제공할 책임이 있다면 그 누구는 그 일을 제공할 수 있는 위치에 있어야 한다. 즉, 의무는 능력을 수반해야 한다는 것이다. 우리는 합리적으로 우리가 할 수 있는 것에 대해서만 책임이 있다고 말할 수 있다. 그러면 누가 모든 사람에게 일을 제공할 책임이 있고, 또 누가 그것을 할 수 있을까?

일자리를 제공할 책임이 민간 사업주에게 있다고 주장하는 것은 경제적, 윤리적 측면에서 모두 부담스럽다고 할 수 있다. 중요한 제한 사항 없이 우리가 민간 사업주에게 일할 권리를 주장해야 한다고 하면 엄청난 경제적 혼란을 초래할 것이다. 민간 사업주는 누구든지 자신의 회사에 일자리를 지원한 사람을 고용해야 하는 의무가 있을까? 그러한 일할 권리를 주장한 사람의 자격이 중요할까? 아니면 이러한 일할 권리는 사업주의 이윤 상태에 따라 그 책임이 달라질까? 모든 사람에게 일자리를 제공하는 것은 민간 사업주가 경제적으로 살아남을 수 없는 일이기 때문에 간단하지 않다. 수익이 없는 사업체는 어떤 직원에게도 계속해서 일자리를 제공할 수 없다. 더 나아가, 사업주의 권리도 민간 사업주가 일자리를 제공할 책임이 있다는 의견에 이견을 제시한다. 사업주의 재산권(절대적이지는 않지만), 자유, 그리고 자신이 하고 싶은 일을 할 사업주의 권리와 같은 고려 사항들이 다른 사람에게 일자리를 제공할 의무에 상당한 제한을 둘 것이다.

일할 권리를 옹호하는 사람들은 이 책임을 민간 사업주가 아닌 정부에 두는 것이 옳다고 할 것이다. 정부는 일자리를 제공하기 위해 민간 사업주에게 인센티브와 보조금을 제공하거나 또는 직접 고용을 통해 일자리를 제공할 수 있다.

정부는 민간 기업보다 이러한 책임을 이행하기에 더 적절한 위치에 있다. 결국 민간 사업주가 일할 권리에 대한 책임을 지는 것보다 정부가 지는 것이 '사용자'의 권리를 덜 위협할 것이다. 정부는 민간 사업주보다 더 많이 시민에게 직접적인 책임을 가지고 있다. 그러나 이러한 정부 책임에 관한 접근도 민간이 일할 권리에 대한 책임을 진다는 접근에 대한 비판과 비슷한 맥락에서 도전에 직면할 수 있다. 직장을 원하는 어떤 시민이든 정부가 직접 일자리를 제공해야 한다면 민간 사업체에서와 마찬가지로 정부의 비효율성을 초래할 수 있다. 경제 효율성이 정부를 평가하는 주요 기준은 아니지만, 너무 많은 비효율성은 경제적 및 정치적 동요를 초래할 수 있다. 간단히 말하면 정부는 모든 시민에게 일자리를 제공할 수 없다. 정부에게 일할 권리를 주장하는 것은 (적어도 민주주의 내에서) 모든 시민에게 동등하게 적용되어야 하며, 그러나 모든 시민이 정부에 고용될 수 없기 때문에 우리는 정부에게 일자리에 대한 권리를 주장할 수 없다.

물론, 일할 권리에 대한 옹호자 중 극소수만이 정부가 모든 시민에게 일자리를 제공해야 한다고 주장할 것이다. 따라서 정부의 일할 권리에 대한 책임은 정부가 일할 능력과 자격이 있지만 민간 부문에서 일자리를 찾지 못한 사람들에게 적절한 일자리를 제공하는 것이다. 정부는 고용의 최후의 보루가 될 것이다. 이러한 정부의 역할은 적어도 20세기 후반에는 많은 산업화된 민주주의 국가에서 암묵적으로 운영되고 있는 것처럼 보인다. 1930년대 대공황에 대한 미국 연방 정부의 대응도 이러한 일할 권리에 대한 정부의 책임을 잘 보여 준다.

이러한 수정된 정부의 책임은 더 나은 윤리적 및 경제적 근거를 가지고 있다. 노동과 관련된 것보다 정부의 보호가 더 필요한 재화나 상품을 상상하기는 어렵다. 정부의 책임에 대한 경제적 도전은 원칙보다는 어느 정도의 일자리를 제공할지에 대한 문제이다. 한 쪽 극단의 주장에 의하면 정부가 정말 많은 사람들에게 일자리를 제공하면 정부 지출이 민간 시장에서의 고용에 관한 지출을 능가하고 이로 인해 경기 침체가 발생하며, 따라서 더 많은 실질적인 일자리가 사라지며, 결국 더 많은 정부 고용이 발생하고, 이는 더욱 더 경제적인 하락 사이클을 유발할 것이라고 한다. 다른 극단의 주장은 정부가 실업자에게 어떠한 경제적인 도움을 제공해서는 안 된다고 한다. 이와 같이 정부가 실업자에게 일자리를 제공해서는 안 된다고 주장하는 사람들 중에서도 정부가 실질적인 사회적 안전망을 제공할 책임이 있다는 것에는 동의하는 편이다. 이러한 정부의 실업에 대한 책임에 대한 양극단의 관점을 고려해 보건데, 우리가 답할 남아 있는 몇 가지 질문은, 첫째, 정부의 지원이 일자리의 형태로 직접 제공되는 것이 좋은지, 둘째, 민간 기업이 실업자를 고용하도록 민간 부문에 인센티브를 제공하는 형태로 제공되는 것이 좋은지, 아니면 실업 보험, 음식 쿠폰 및 실업자에 건강 보험 지급 형태로 제공되는 것이 좋은지에 대한 것이다.

이와 관련하여 서양 민주주의 국가들은(적어도 이 분야에서는) 이론적으로는 합의가 나타나고 있는 것으로 보인다. 정부는 시민 모두를 위해 재정 및 통화 정책 및 세제 혜택과 같은 방법으로 민간 부문 고용을 촉진할 책임이 있다는 것이다. 특히 실질적으로 실직 상태에 있는 경우 마지막 수단으로 정부는 시민을 위해 일자리를 제공할 책임이 있다. 따라서 이러한 제한된 의미에서 사람들이 일자리에 대한 권리를 주장하는 것이 합리적일 수 있다.

사적 부문 일자리에 대한 권리를 주장하는 데 있어 가장 중요한 윤리적 문제는 민간 사업주에게 부과할 부담이다. 우리는 민간 사업주에게 어떤 사람이든 고용하도록 요구할 수 없다. 왜냐하면 이러한 요구는 그 일자리를 제공하는 사업자의 자유와 재산권에 심각하고 중대한 제한을 가하기 때문이다. 우리는 민간 사업주가 모든 사람에게 평등한 일자리 기회를 제공하도록 요구할 수 있고, 실제로 그렇게 해야 하지만 모든 사람에게 일자리를 제공할 것을 기대하는 것은 합리적이지 않다. 이것이 본질적으로는 일에 관한 자유론에 의해 방어되는 입장일 것이다.

하지만 일할 권리에 관한 또 다른 의미가 있는데, 이는 일할 권리가 일자리에 대한 권리가 아니라, 한 번 고용된 후에 그 일을 어느 정도의 안전성을 가지고 유지할 권리라고 주장한다. 한 번 일자리를 얻으면 그 일자리를 유지할 권리, 다시 말해 공정하고 충분한 이유 없이 해고되지 않을 권리이다. 정부의 권한에 대한 법적 제한과 유사하게, 이것을 정당한 절차에 관한 권리로 정의할 수 있다.

이 장의 나머지 부분에서는 직원의 윤리적 권리를 존중하는 경우 우리의 직장이 어떤 상황이 될지 검토한다. 이러한 검토를 위한 맥락을 살펴보기 위해 우리는 직원의 권리의 유효성을 사실상 부인하는 중요한 법률 원칙을 검토하며 논의를 시작한다. 그 원칙은 바로 임의 고용의 원칙이다.

6.3 임의 고용

미국 내 많은 고용법은 경제 거래에 대한 19세기 자유주의적인 법적 시각을 기반으로 발전해 왔다. 일반적으로 법원은 관련 당사자 간에 명시적으로 합의된 것 이외의 어떠한 의무도 인정하기를 꺼렸다. 따라서 명시적인 고용 계약이 없는 한(오늘날에도 매우 이례적인 일), 모든 종업원은 임의 고용의 원칙으로 고용되었다. 임의 고용 계약은 양 당사자가 동의하는 한 유지되며, 그 반대로 양 당사자 중 어느 한 측의 재량에 따라 자유롭게 해체될 수 있는 계약이다. **임의 고용**(employment at will)은 종업원이 언제든지 어떤 이유로든 자신의 직장을 그만둘 수 있고, 고용주는 언제든지 어떤 이유로든 종업원을 해고할 수 있는 것을 의미한다. 이 전례를 확립한 초기 법원 결정의 말대로 "모든 이는 선의로, 악의로, 심지어 도덕적으로 잘못된 이유로 종업원을 임의로 해고할 수 있다."[3]

만약 임의 고용이 직장의 고용 관계를 지배한다면, 고용주는 법을 위반하지 않고도 도덕적으로 잘못된 이유로 종업원을 해고할 수 있고, 이는 적어도 법적 의미에서는 직원의 권리 개념이 무의미하게 됨을 의미한다. 직원이 직장 내에서 주장할 수 있는 권리는 직장에서 특정 이익에 대한 정당한 요구권(또는 특정 피해에 대한 보호)일 것이다. 직원이 정당한 요구권을 갖고 있다는 것은 윤리적으로 이들이 이러한 이익과 자신의 직장 사이에서 선택을 강요받지 않아야 한다는 것을 의미한다. 예를 들어, 직원이 직장에서 성희롱으로부터 보호받을 권리가 있다면 고용주는 직원에게 직장에서 일할 권리와 성희롱 양자 중 하나를 선택하라고 강요할 수 없다. 권리에 의해 보호되는 이익은 사실상 고용주와 종업원 간의 일자리 조건을 확립하는 교섭에서 제외된다. 그러나 임의 고용의 원칙이 광범위하게 받아들여진다면, 직원의 어떤 이익도 보호받을 수 없게 된다. 왜냐하면 해고는 고용 관계의 종결을 의미하고 이는 고용에 의해 파생되는 어떤 이익의 종결도 의미하기 때문이다.

그러나 심지어 미국 내에서도 임의 고용이라는 법률 원칙은 처음부터 제한되었다. 지난 몇 세기 동안 법과 비즈니스 실무 양쪽에서 이 원칙의 윤리적 결함을 인정하는 방향으로 점차적인 합의가 형성되었다. 임의 고용이 법적 원칙으로서 어떻게 퇴색되어 왔는지 간략히 살펴보면 직원의 직장 내에서의 윤리적 권리에 대한 발전의 맥락을 이해하는 데 도움이 될 것이다.

처음부터 임의 고용 원칙은 민간 부문 비계약 종업원에게만 적용되었다. 연방 및 주 헌법은 정부가 고용하는 근로자에게 다양한 권리를 부여하며, 이 경우 정부가 고용주인 셈이다. 또한 노동조합 계약 및 연방 및 주 법률에 의해 보호되는 노동조합 종업원도 임의 고용의 원칙에서 제외된다.

지난 몇 세기 동안 연방 및 주 법률 중 일부는 고용주가 종업원을 해고하는 데 제약을 가하고 있다. 예를 들어, 민권 법은 인종과 성별을 기준으로 해고되는 것을 방지한다. 또한 노조에 대한 지지, 건강 또는 안전에 대한 불만 제기, 그리고 와그너법(Wagner Act), 직업안전보건법, 그리고 미국 장애인법에 따라 장애로 인한 해고도 제한된다. 연방 및 주 법률은 또한 종업원이 고용주가 저지른 특정한 불법 또는 비윤리적 행위에 대해 고발하는 경우 해당 종업원을 보호한다.

이러한 입법적 제한 외에도 주 및 연방 법원은 임의 고용에 대한 다양한 사법 예외를 만들어 왔다. 많은 법원은 종업원의 거부 또는 비협조로 인해 중요한 공공 정책을 위반하는 경우가 발생할 때 해고를 제한하는 것을 인정하고 있다. 예를 들어, 일부 지역은 근로자가 배심원으로서 법원에 출석해야 할 때, 범죄 신고, 또는 부정한 사업 관행에 참여하지 않는 것에 대한 거부의 이유로 종업원이 해고되는 것을 제한하고 있다. 어떤 법원은 또한 '암묵적 계약 예외'를 인정하고, 종업원 설명서, 직무 기술서 및 채용 공고와 같은 고용주 문서에 암묵적으로 포함된 보호를 제공한다. 마지막으로 어떤 법원은 더 일반적인 '암묵적 선의의 계약' 예외를 만들었는데, 이는 '선의' 조건을 위반하는 고용 관행에 대한 더 개방적인 보호이다. 예를 들어, 연례 보너스 지급 회피 수단으로 종업원을 해고하는 것은 암묵적 선의의 계약을 위반하는 불법 행위로 판단되었다.

이러한 입법적 및 사법적 퇴색에도 불구하고 임의 고용 원칙은 여전히 배경 법률 원칙으로 남아 있다. 불공정하게 해고되었다고 믿는 종업원에게 법적 입증 책임의 부담이 있다. 종업원은 자신이 불법적인 이유로 해고되었음을 증명해야 하며, 이러한 증명이 없는 경우 고용주는 종업원을 임의로 해고할 수 있다. 이제 우리가 살펴볼 정당한 절차의 개념은 이 증명의 부담을 뒤집으려고 한다. 정당한 절차는 종업원이 정당한 이유로만 해고될 수 있으며, 이러한 해고의 정당성을 입증하는 부담이 고용주에게 있다고 요구한다. 그러면 우리는 앞서 설명한 일자리에 대한 권리의 세 번째 의미로 돌아간다. 일단 고용된 종업원은 자신의 직장을 유지할 권리가 있으며, 정당한 이유가 없는 한 해고당하지 않아야 한다.

6.4 직장에서의 정당한 절차

정당한 절차의 법적 원칙은 종종 대헌장(Magna Carta)의 'per legem terrae' 즉 '대지의 법에 의해' 원칙으로 거슬러 올라갈 수 있으며, 이는 왕의 권한을 제한하는 것을 확립했다. 본질적인 아이디어는 귀족들이 왕의 합법적 권위를 인정하면서 그 권위가 제한되어야 한다고 요구했다는 것이다. 정당한 절차는 권력의 임의적 사용에 대한 보호를 제공하는 제한으로 정의될 수 있다. 이 개념은 현대 법적 보장에서 심판권, 법률 대리인의 권리, 묵시적 진술권 등으로 나타난다. 이 법적 개념에 기반한 철학적 아이디어는 심판, 입법부, 경찰이 시민에 대해 합법적 권한을 가지더라도 그 권한을 특정 방식으로만 행사할 수 있다. 법원은 동전 던지기로 유죄를 결정할 수 없으며, 입법부는 투표 없이 입법을 통과할 수 없으며, 경찰은 고문이나 강압으로 자백을 얻을 수 없다.

직장에서의 정당한 절차는 종업원이 경영 권한의 자의적 사용으로부터 보호받을 권리가 있다는 것을 의미한다. 정당한 절차는 종업원이 '그럴만한 이유'가 있다면 해고될 수 있지만 '그럴만한 이유가 없거나' 아니면 '도덕적으로 옳지 못한 이유' 때문에 해고될 수 없다는 것을 의미한다. 정당한 절차 권리는 종업원의 해고가 고용주의 자의적이고 임의적인 권한의 사용으로부터 행해지지 않도록 해고를 위해 고용주가 지켜야 할 절차(즉, 과정)을 설정한다. 왜냐하면 해고를 위한 '그럴만한 이유'는 정당한 절차를 지켰을 때만 인정받을 수 있기 때문이다.

이러한 절차는 무엇을 포함할 수 있을까? 한 가지 접근 방법은 해고의 허용 가능한 이유를 명시하는 것이다. 무능한 직무 수행, 약물 등에의 중독, 과도한 결근, 도난, 사기 및 심각한 매출 감소와 같은 경영상 이유 같은 요소들이 명백한 후보일 것이다. 이 접근은 해고에 대한 정당한 이유 조건을 설정하려는 것이다. 그러나 가능한 모든 허용 가능한 이유를 명시하고 미리 부적절한 이유와 구분하는 것은 어려울 수 있다. 결과적으로 일반적인 정당한 절차 정책은 고용주가 종업원을 해고하기 전에 거쳐야 하는 절차를 개요화한다. 다음의 REALITY CHECK에서 해고에 대한 정당한 절차에 적용될 수 있는 조건을 살펴볼 수 있다.

형법에서의 미란다 권리는 정당한 근거를 보장하기 위한 절차를 만들기 위한 수단으로 발전했다. 미란다 권리는 경찰 드라마를 본 사람에게는 익숙할 텐데, 체포 시 범인에게 "침묵할 권리가 있으며, 변호사와 상담할 권리가 있다."라고 알려주는 것이다. 이 절차는 법원이 모든 종류의 부적절한 경찰 행동을 구체화하려 하지 않겠다고 결정한 대법원 판결에서 비롯되었다. 대신, 미란다 권리를 낭독하도록 경찰에게 요구하며, 이 절차가 따라지는 한 시민의 권리가 보호될 것이라 결론 내렸다.

직장에서 해고의 정당한 절차는 사전 경고, 문서화, 서면으로 작성된 성과 기준, 수습 기간, 결정에 항소할 수 있는 절차, 주장에 응답할 수 있는 기회, 위반에 비례하는 처분을 사전에 결정하는 것 등을 포함할 수 있다. 따라서 종업원은 자신에게 기대되는 것을 알아야 하고, 그 기대를 충족하지 못할 경우의 결과를 알아야 하며, 문제가 처음 인식될 때 경고를 받아야 하며, 변경하고 경고에 응답할 수 있는 기회를 가져야 하며, 어떤 결정에 대해서도 공정한 심사관에게 항소할 권리가 있어야 한다. 마찬가지로 미란다 판결과 유사하게 종업원의 정당한 절차 권리는 이러한 절차가 준수되는 한 존중받아야 한다.

종업원의 정당한 절차 권리를 가장 강력하게 지키는 것은 존경과 공정이라는 근본적인 윤리 개념에 근거한다. 이러한 정당한 절차의 권리를 존중하는 것을 이해하기 위해서는 정치 이론에서 중요한 권한과 권력 사이의 구별을 고려할 필요가 있다. 권력은 단순히 다른 사람에게 자신의 의지를 강요할 수 있는 능력으로 정의될 수 있다. 권한은 그 권력이 정당

REALITY CHECK:

줌 통화로 해고

이전 장에서 설명한 대로, 팬데믹은 고용주와 종업원 간의 관계를 변화시키고 일 자체의 본질을 급격하게 변화시켰다. 수백만 명의 종업원이 줌(Zoom) 및 기타 플랫폼을 활용하여 동료 및 고객과의 회의를 갖는 동안 수개월이나 수년 동안을 집에서 일했다. 전통적으로 대면으로 이루어졌던 많은 업무 활동이 신속하게 온라인으로 전환되었다.[4]

2021년 12월 1일, 온라인 모기지 회사 베터닷컴(Better.com)의 직원 900명은 CEO 비샬 가르그(Vishal Garg)와 함께 온라인 줌 통화에 참석하라는 요청을 받았다. 가르그는 회의를 시작하면서 "좋은 소식은 없습니다."라고 발표했다. "우리는 회사의 약 15%를 해고하려고 합니다. 시장 효율성 및 성과, 생산성 등 여러 이유로 인해 이 통화에 참여하고 있다면 당신은 해고 대상 그룹에 속합니다. 해고 대상자가 된다면 당신의 고용은 즉시 종료됩니다."

통화 직후 비디오 복사본이 소셜 미디어에서 확산되었고 가르그는 그의 행동에 대한 광범위한 비판을 받았다. 일주일 이내에 그는 남은 직원들과 공유한 사과문을 발표했다. "나는 올바른 수준의 존경과 감사를 보여 주지 못했고 그들이 베터닷컴에 기여한 데 대한 존경을 표현하지 못했습니다. 내가 그러한 정리 해고 소식을 전하는 방식이 어려운 상황을 더 어렵게 만들었다는 것을 깨달았습니다. 나는 이 상황에서 배우고 여러분이 기대하는 리더로 더 노력할 것을 약속합니다." 가르그는 900명의 종업원 중 일부를 해고하는 데 있어 "책임이 있다"고 말했지만 그러한 해고에 있어 방식을 후회한다고 밝혔다. 그는 즉시 "리더십에 있어 무엇이 잘못됐는지 반성하기 위한 시간을 갖겠습니다."고 발표했다.

한 달 뒤인 2022년 1월 18일, 베터닷컴은 가르그가 CEO로 복귀했다고 발표했다. 이사회는 그가 반성의 시간 동안 실행 코치와 협력했으며 "베터를 훌륭하게 만드는 가치들과 다시 연결할 것"을 약속하며 "그가 이 획기적인 시기에 베터에 필요한 리더십, 초점 및 비전을 제공하기 위해 헌신적으로 노력하고 있습니다."라고 자세히 설명했다.

많은 사람들은 가르그가 노동자를 해고할 권한이 있지만, 그의 방법이 옳았다고 생각하지 않았다. 여러분은 어떻게 생각하는가? 줌 통화로 직원들을 해고한 그의 방법에는 정확히 어떤 문제가 있었는가?

하거나 합법적일 때 존재한다. 강도는 당신의 돈을 가져갈 수 있는 권력을 가지고 있지만, 국세청은 그렇게 할 권한이 있다. 정당화되지 않은 채로 다른 사람에게 자기 의지를 강요하는 것은 윤리적으로 잘못이다. 왜냐하면 그것은 그 다른 사람을 자신의 목적을 위한 수단으로 취급하는 것이기 때문이다. 타인을 수단으로 취급하는 것은 그 개인의 자율성을 침해하며, 타인을 자율적인 존재로 받아들여야 하는 타인에 대한 존중을 소홀히 하는 것이다. 정당화 없이 다른 사람에게 자기 의지를 강요할 수 있는 기관들은 근본적으로 불공평하고 정의롭지 않다.

정당한 절차를 행사하는 데는 정당화되거나 허가된 것 이상을 요구하지 않는다. 회사의 상사는 부하에게 자신의 의지를 강요할 수 있는 능력을 가지고 있다. 즉, 그녀는 권력을 가지고 있다. 사회는 그 능력을 정당화할 수 있는 만큼만 그 능력을 허가해야 한다. 직장에서의 정당한 절차 권리는 그 정당화의 기준을 설정한다. 이는 정당한 이유 조건(종업원은 이유 a, b, 또는 c로 인해 해고될 수 있음)을 개요화하거나 절차적 안전장치(종업원을 해고하기 전에 고용주는 a, b 및 c를 수행해야 함)를 생성함으로써 이루어질 수 있다. 직장에서의 정당한 절차가 없으면 사회는 다른 사람에게 권력을 제한 없이 행사할 수 있는 기관(직장)을 허용하는 것과 마찬가지이다.

정당한 절차 권리에 대한 주된 반론 네 가지는 자유, 공정, 재산권, 효율성이 있다. 첫 번째 반론은 정당한 절차가 개인이 자신의 일의 조건을 설정하는 자유에 대한 불법적인 제한이라고 주장한다. 두 번째 반론은 만약 종업원이 어떤 이유로든 직장을 그만둘 자유가 있다면, 고용주도 어떤 이유로든 종업원을 해고하는 자유를 가져야 한다는 것이다. 세 번째 반론은 정당한 절차가 사업주의 재산권에 대한 불법적인 제한이라고 주장한다. 네 번째 반론은 해고의 두려움이 동기 부여로 작용하지 않을 경우 종업원이 효율적이고 생산적이지 못할 것이라고 주장한다. 이러한 반론들은 주로 자유 시장 옹호자들에 의해 제기될 것으로 예상된다.

첫 번째 주장은 이전에 기업의 사회적 책임에 대한 자유 시장 접근법을 검토한 내용에서 익숙한 주장이다. 사회 정책에 대한 자유 시장 접근법은 고용주와 종업원이 일의 조건에 대해 개별적으로 협상할 자유를 가져야 한다고 주장한다. 정당한 절차 보호를 원하는 종업원은 그에 대한 협상을 자유롭게 할 수 있어야 하며, 그에 대한 대가로 아마도 임금을 포기할 의사가 있어야 한다. 더 높은 임금을 원하는 종업원은 정당한 절차가 제공하는 직장 안정성을 포기할 자유가 있어야 한다. 경쟁력 있는 노동 시장은 결국 각 종업원이 결정하는 만큼의 직장 안정성과 임금을 얻을 수 있는 평형점을 찾게 될 것이다.

두 번째 주장도 자유에 대한 호소로 시작된다. 이는 언제든지 어떤 이유로든 종업원이 그만둘 자유를 제한하는 것은 노예에 가까울 것이라고 주장한다. 종업원이 정당한 이유 없이 그만두는 자유를 가지고 있기 때문에 공정함은 고용주도 정당한 이유 없이 해고할 수 있는 동일한 자유를 가져야 한다고 주장한다.

철학자 패트리샤 웨르하네(Patricia Werhane)는 이 두 가지 주장에 대해 종업원과 고용주 간의 중요한 불평등을 지적함으로써 답하고 있다.[5] 특이한 상황을 제외하고는 종업원이 직장을 잃을 때 고용주가 종업원을 잃을 때보다 더 큰 피해를 입는 경우가 많다. (이와 반대의 경우는 특이한 상황에서 나타날 때가 있는데, 그럴 때에는 고용주가 일반적으로 그러한 주요 종업원들과 계약을 맺고 있다.) 해고된 종업원은 이전에 해고되었다는 사실로 인해 미래의 고용 기회가 위협받아 더 큰 피해를 입게 된다. 반면에 이전 종업원이 그만둔 것이 고용주의 새로운 종업원 채용 능력에 해를 끼치는 경우는 거의 없다. 이 종업원과 고용주 간의 불평등은 종업원이 그만둘 위협보다 해고 위협이 더 강제적이기 때문에 종업원이 고용주와 협상할 때 종업원이 불리하게 되는 것이다. 이러한 불평등은 고용주의 자유를 종업원의 자유보다 더 제한하는 것이 불공평하지 않다는 것을 의미한다.

웨르하네는 정당한 절차에 대한 세 번째 반론에도 대응했다. 그녀는 직장에서의 재산권이 직원의 소유를 포함하지 않는다고 지적했다. 고용주는 물질적 재산에 대한 권리를 가질 수 있지만, 직원에 대한 유사한 권리를 가지지 않는다. 인간은 자유롭게 처분할 수 있는 자원이 아니다. 더 나아가, 재산권은 절대적이지 않으며 다른 윤리적 고려에 의해 정당하게 제한될 수 있다. 정당한 절차는 자신의 재산 사용에 대한 윤리적 제한을 명시함으로써 이러한 요소들에 정당한 고려가 되어야 한다는 간단한 요구이다.

정당한 절차에 대한 최종 반론은 임의 고용이 직장을 더 효율적인 체계로 만들 것이라 주장한다. 정당한 절차 요건은 비즈니스의 효율적인 기능을 방해하며, 고용주와 직원 모두가 가장 선호하는 것을 얻는 것을 방해하며, 무능하고 생산성이 없는 노동자를 보호하는 데만 기능할 것이라고 한다.

이에 대한 세 가지 응답이 있다. 첫째로, 우리는 이것이 공리주의적 주장이라는 것을 인식해야 한다. 효율적이라고 해서 직원 권리를 위반하는 것을 정당화하지는 않을 것이다. 예를 들어, 노예 또는 아동 노동 시스템이 대안보다 경제적으로 더 효율적일 수 있다. 그러나 그런 시스템을 채택하는 것은 비도덕적일 것이다. 따라서 정당한 절차에 대한 권리를 위반할 경제적 효율성의 비용이 직원들에 대한 존중, 자율성 및 공정성의 권리라면, 효율성을 희생해야 한다는 결론을 내리게 된다.

둘째로, 생산성 부족과 자격 부족은 직원을 해고하는 데 정당한 이유가 될 수 있는 정확한 유형의 이유이다. 정당한 절차는 모든 노동자에게 일자리에 대한 무조건적인 권리를 부여하지 않는다. 일자리를 상실하기 전에 합리적인 이유만 제시되면 된다. 사실, 정당한 절차는 자격 있는 능력 있는 직원들을 해고하는 것을 방지하여 효율성에 기여할 수 있다.

마지막으로, 효율성은 사실에 의해 검증되어야 하는 경험적 주장이다. 이 논쟁은 프레드릭 테일러의 계층적 과학적 관리 이론과 더글러스 맥그리거와 관련된 이론 Y의 관리 이론 간의 논쟁을 떠올리게 한다. 정당한 절차가 필요하다는 논거는 일자리 안정성과 정당한 절차가 제공된 노동자가 그렇지 않은 노동자보다 생산적일 수 있는 증거가 상당히 있다는 것을 인식하는 것만으로 충분하다. 제대로 된 윤리적 대우가 위협과 통제보다 효과적인 경영 도구일 수 있다.

요약하면, 직장에서 정당한 절차 권리를 인정하는 것에 대해 강력한 윤리적 주장이 있다는 것을 알 수 있다. 이러한 보호가 없으면 관리적 권력의 행사로 인해 직원이 부당한 피해를 입지 않을 것이라는 보장이 없다.

6.5 참여 권리

정치적 권한이 정당한 절차에 따라 행사되어야 하는 것과 마찬가지로, 직장에서 회사의 직원에 대한 관리 권한도 정당한 절차에 의해 제약받아야 한다면, 우리는 어디까지 이러한 제약이 적용되어야 하는지 생각해 보아야 한다. 정당한 절차에 관한 관리 권한에 대한 문제를 고려하기 위해 권력과 권한 간의 차이로 돌아가 보자. 정당한 절차에 대한 우리의 토론은 고용주 권한의 합법성을 가정하고 그 권한의 한계에 중점을 두었다. 이 절에서는 더 근본적인 질문을 제시한다. 고용주에게 직원들에 대한 단순한 권력이 아닌 권한을 부여하는 것은 무엇일까?

민주 사회 내에서 정치적 권력을 정당화하는 기준은 통치되는 자들의 동의이다. 공정한 정치 기관은 각 개인에 대한 동등한 존중을 약속한다. 이 유사성이 유효하다면, 우리는 결국 관리 권한도 근본적으로 직원들의 동의에 의해 지탱된다고 할 것이다. 그러나 정치와 비즈니스 사이의 이 유사성은 타당한가? 직장 내 민주주의는 정당한가? 즉, 회사의 모든 의사 결정을 직원의 의사를 물어보고 결정해야 할까?

회사와 정부는 모두 선택된 일부 사람들이 다른 사람들에게 명령한 대로 행동하도록 강제할 수 있는 권력을 가진 주요한 사회 기관이다. 이 강제적인 권력은 기관이 중요한 재화를 부여하거나 부여하지 않을 능력에서 비롯된다. 기관은 권력을 가진 사람과 가지지 못한 사람을 결정하는 역할을 한다. 어느 경우에나 사회 정의는 이러한 강제적인 권력이 정당화될 때 구현된다. 개인이 자유로운 의사 결정자로서 존중받는 사회에서는 권한의 정당화는 통치되는 자들의 동의에서 유래한다.

철학자 존 맥콜은 직원이 경영 결정에 참여하는 권리를 강력하게 옹호했다. 맥콜은 관리 권한도 통치되는 자, 이 경우에는 직원들의 동의에서 비롯되어야 한다고 주장한다. 맥콜은 직원이 경영 결정에 참여할 권리를 가져야 한다는 주장을 방어하기 위해 다섯 가지 주장을 제시했다. 존경과 공정의 윤리 원칙에 기초한 두 가지 주장은 직원 참여를 허용하는 것은 관리자가 반드시 지켜야 할 관리 의무를 시사한다. 나머지 세 가지 주장은 보다 실용적이며, 참여적인 관리로부터 예상되는 이익과 관련된 결과를 예측한다.[6]

맥콜은 존경받을 권리는 개인이 다른 이들에 의해 강제적 간섭 없이 자율적인 의사 결정자로서 취급되어야 한다는 것을 시사한다고 주장한다. 인간의 존엄성은 인간이 자신의 삶을 안내하고 자신의 활동을 통제할 수 있는 능력과 결합되어 있다. 인간의 존엄성이 위협받는 것은 개인을 단순한 대상과 수단으로 취급하는 대신 그들 자신의 주체와 목적으로 취급하는 것을 의미한다. 직장 내에서 이 존엄성에 대한 존경은 노동자들이 단순히 생산 과정에서 교체 가능한 자원으로 취급되는 것을 금지한다. 대신, 직원들은 자신의 일상에 중요한 영향을 미치는 모든 정책을 공동으로 결정할 권리를 가져야 한다.

두 번째 원칙의 기반은 모든 도덕의 기본 목표라고 할 수 있는 '인간 복지의 동등한 촉진'이다.[7] 모든 개인은 공평하고 공정한 대우를 받을 기본적인 권리를 갖고 있다. 결정이 내려질 때 그 결정에 영향을 받는 각 당사자의 이익은 고려되어야 한다. 각 영향을 받는 당사자가 대표되는 가장 효과적인 수단은 각 당사자가 결정에 참여함으로써 자신의 이익을 대표하도록 허용하는 것이다.

맥콜은 또한 직원 참여가 여러 가지 유용한 실용주의적 결과를 가져올 것으로 주장한다. 첫째, 참여적인 관리는 직원에게 자존감의 조건을 조성할 것이다. 직원 참여를 장려하고 존경하는 기관은 직원들 사이에서 자신감과 자존심이라는 중요한 심리적 가치를 키울 것이다. 둘째, 맥콜은 참여하고 의사 결정에 기여하는 직원들이 소외와 심각한 피로의 정신적, 신체적 피해를 덜 받을 것이라고 믿는다. 직원 참여는 직무에 의미와 가치를 불러일으키는 효과적인 수단이 될 수 있으며, 이는 신체적 및 심리적 피해를 최소화할 수 있다. 마지막으로 맥콜은 유권자의 무관심과 무관심의 정치적 위험을 언급한다. 예를 들어, 미국에서 대부분의 선거에는 선거권이 있는 투표자의 50% 미만이 참여한다. 이는 선거에서 선거권이 있는 투표자의 25%가 결정할 수 있고, 30%가 압도적인 승리를 이룰 수 있다는 것을 의미한다. 맥콜은 이 정치적 무관심에 대항하기 위한 효과적인 수단 중 하나는 개인 참여를 장려하는 사회 기관을 창출하는 것이라고 본다. 직장은 우리가 깨어 있는 시간 중 절반을 차지하고 있으므로 민주적인 직장은 정치 참여가 예외가 아닌 규칙이 되도록 하는 환경을 유도할 것으로 예상된다.

이러한 주장에 반대하는 사람들은 직원이 비즈니스 의사 결정에 참여하는 권리에 대한 제안에 세 가지 주요 반대 이유를 제시할 것이다. 고용주의 재산권, 경영 전문성, 효율성에 대한 고려는 모두 직장 내 민주주의와 병립하기 힘든 주장(가치)이다.

사업주의 재산권에 기반하여 직원의 참여 권리를 제한하여야 한다는 주장에 대해 논의하기 위해서는 개인 소유와 공개적으로 거래되는 법인 사업체를 구별하는 것이 도움이 된다. 개인 사업 소유자는 사업을 운영하고 지시하는 권리를 포함한 재산 권리를 가지고 있다. 그러나 이전에 여러 차례 언급한 바와 같이 재산 권리는 절대적이지 않으며 타인의 권리에 의해 합법적으로 제한될 수 있다. 우리는 분명히 우리의 소유물을 다른 사람에게 중대한 피해를 초래하는 방식으로 운영할 수는 없다. 예를 들어, 내 집은 나의 소유물이지만 관련 법률은 나의 집을 사업 장소나 하숙집으로 임의로 사용하는 것을 금지하며, 집의 크기, 모양 및 위치와 같은 사항을 규제한다. 마찬가지로 직원들에게 해를 끼치는 방식으로 사업 소유물을 운영하는 권리를 주장할 수 없다. 맥콜과 같은 직장 민주주의를 위한 주장이 유효하다면 소유 권리만으로는 직원들을 단순한 경제적 이익을 위해 관리되는 인적 자원으로 취급할 수 있다는 주장을 극복하기에 충분하지 않다.

법인 소유는 다른 문제를 제기한다. 일반적으로 법인 사업체의 소유주는 사업의 일상적인 운영을 지휘하고 관리할 합법적인 권리를 갖고 있지 않다. 법인 환경에서 소유주는 이미 경영에 회사 재산을 통제할 권리를 양도했다. 따라서 주주들로부터 나오는 직원 참여에 대한 반대는 소유와 관리 권리에 대한 주장이 아닌 다른 권리에 기초해야 한다. 아마도 그 주장은 사업에서 이익을 얻고자 하는 소유자의 이해일 것이다. 직원 참여가 주주의 투자에 위협이 되는 경우에만 주주 권리에 의한 직원 참여에 반대를 제기할 것으로 예상된다. 실제로 직장 민주주의가 기업 이익을 증가시키는 경우에는 이러한 소유자 이익 자체가 직원에게 경영 권한을 양도하도록 요구할 것이다. 다음으로 관리 전문성과 효율성을 기반으로 한 이의를 고려해 보자.

직원 참여에 대한 두 번째 이의는 근로자들은 경영 능력에 관해 전문성과 지식이 부족하다고 주장한다. 그러나 이는 사실에 근거하지 않은 경험적인 주장일 수 있다.[8] 또한 직원 참여의 다양한 형태를 구별해야 한다. 일부 경우에는 직원들이 의사 결정을 개선하기에 필요한 전문 지식을 가지고 있을 수 있다. 그러나 직원들이 관련 전문 지식이 부족할 수 있는 경우(재무 및 기업 전략의 세부 사항이 여기에 해당)에도 해당 전문 지식을 보유한 직원 대표가 참여하는 것을 방해하는 것은 명분이 없다. 회사의 관리자들이 재무, 회계 및 법률 전문가의 전문 지식에 의존하는 것처럼 직원 이익도 전문가에 의해 대표될 수 있다.

세 번째 이의는 직원의 회사 경영에 대한 참여가 비효율적일 것이라 주장한다. 어느 정도에서는 광범위한 참여가 의사 결정을 방해하고 지연시켜 더 높은 비용을 야기할 수 있다. 직원 참여는 또한 직원이 기업의 이익이 아닌 자신의 이익을 위해 결정을 내릴 것이기 때문에 비효율적이다. 그러나 다시 말하지만 직원 참여는 모든 직원이 모든 결정에 대해 참여하는 직접적인 민주주의를 필요로 하지는 않는다. 민주적인 비즈니스는 의사 결정자가 직원을 대표하는 한 상대적으로 계층적인 피라미드 관리 구조를 채택할 수 있다. 또한 기업의 이익과 직원의 이익 간에 이해관계 충돌이 존재할 수 있지만, 이는 직원의 참여가 기업의 이익과 관리자의 이익 간의 유사한 충돌보다 더 자주 발생할 경우에만 직원 참여에 대한 유효한 이의이다. 이해관계 충돌은 어떤 의사 결정 구조에서든 발생할 수 있지만, 회사의 관리자보다 일반 직원의 참여가 더욱 비효율적이라는 근거는 부족하다.

6.6 표현의 자유

다음의 REALITY CHECK를 통해 직장 내 직원의 또 다른 권리에 대해 생각해 보자. 이 사례는 두 가지 상황에서 직원들이 정치적 의견을 표현한 이유로 직장을 잃은 결과를 묘사하고 있다. 미국 내 직원들은 법적으로 직원은 표현의 자유를 가지고 있지 않다. 그러나 그들은 도덕적 권리를 가지고 있다. 따라서 이에 상응하는 법적 권리를 가져야 하는가?

미국을 비롯한 많은 국가에서 시민은 법적으로 표현의 자유를 보호받는다. 그러나 이러한 권리는 정부에 대한 법적인 권리이며, 이러한 권리는 정부가 시민의 정치적 의사 표명을 존중할 의무가 있다는 것을 의미한다. 그러나 직장에서는 그렇지 않다. 정부와는 달리 민간 사업주에게는 개인의 정치적 의사 표명을 존중할 의무가 없다. (다모어나 브리스크만

REALITY CHECK:

직장에서의 표현의 자유

2017년 8월 7일, 제임스 다모어(James Damore)는 구글의 엔지니어로서 직무에서 회사의 행동 강령을 위반한 이유로 해고되었다. 한 달 전에 마도어는 '구글의 이념적인 메아리 방'이라는 제목의 메모를 내부 구글 메일링 리스트로 전파했다. 이 메모는 구글의 캘리포니아 산타클라라 캠퍼스에서 다양성 및 포용에 관한 회사의 폭넓은 편견을 주장했다. 다모어는 자신의 메모가 공개되자 구글에서 해고되었다.

다모어의 메모에 따르면, 구글의 문화는 기술 전문직에서 남녀 간의 불균형을 억압적으로 받아 들이게 하고 이에 동의하지 않는 사람들을 침묵시키는 정치적 편견을 가지고 있다. 그 결과로 '메아리 방'이 형성되었으며 정치적으로 옳다고 판단되는 토론만 허용되었다. 다모어에 따르면, 이는 불공정하고 차별을 문화를 만들었다. 다모어는 "오직 사실과 이성만이 이러한 편견에 맞설 수 있지만, 다양성과 포용에 관한 구글의 편견이 반대 의견자를 침묵시켜 정치적으로 편향된 단일 문화를 만들었다"고 주장했다.

다모어의 메모는 그가 남성과 여성 간의 직장 불평등을 설명하는 데 사용된 '사실과 이성'을 인용했다. 다모어는 "남성과 여성은 여러 가지 측면에서 생물학적으로 다르다"고 주장했다. 이러한 생물학적 차이는 성격의 차이를 설명하며, 특히 소프트웨어 엔지니어링과 같은 분야에서의 직장 불평등에 가장 적합한 이유라고 하였다.

메모에 따르면 여성은 감정과 미학에 더 중점을 둔다. 그들은 "물건보다는 사람에 더 강한 관심을 가지며," 여성이 "사회적이거나 예술적인 분야의 직업을 선호하는 이유를 설명"한다. 반면에 "남성은 시스템화를 필요로 하는 코딩을 좋아할 수 있으며 소프트웨어 엔지니어링 내에서도 상대적으로 프런트 엔드와 관련된 일을 더 많이 처리한다." 다모어는 또한 여성이 남성보다 사교적이며, 남성은 더 공격적이라고 주장하며 이로 인해 "여성은 일반적으로 월급 협상, 의견 표명에 어려움을 겪을 수 있다"고 주장했다. 마지막으로 다모어는 여성이 "신경증(고스트레스 내성이 낮음)에서 높은 수준을 갖고 있다"고 주장하였다. 반면에 남성은 "더 높은 지위를 추구하는 더 높은 동기가 있어서 더 긴 근무 시간과 고스트레스 직장 환경에 더 견딜 수 있다."

구글의 CEO인 선다 피차이(Sundar Pichai)와 다니엘 브라운(Danielle Brown) 다양성 부사장은 다모어를 해고한 결정을 고용 환경에서의 평등한 기회에 대한 약속으로 변명했다. 그들은 구글이 언론의 자유와 다양한 의견을 보호하는 것에 헌신되어 있지만 모든 직원을 동등하게 대우하고 차별이 없는 직장을 제공하는 데 더 헌신되어 있다고 설명했다. 그들의 판단에 따르면 다모어의 메모는 그 약속을 위반했다.

2017년 10월 토요일 아침에 줄리 브리스크만(Juli Briskman)은 버지니아 주 집 근처에서 자전거를 타고 있었을 때 대통령 차량에 추월당했다. 대통령의 차량이 그녀를 지나갈 때 그녀는 대통령에게 손가락을 내밀어 무례한 표현을 했다. 이 행동은 대통령 차량에에 동행한 사진작가에 의해 촬영되어 곧 인터넷에 회자되었으며 거기서 바이럴이 되었다.

그녀는 그 사진을 자신의 개인 페이스북과 트위터 페이지의 배경으로 사용했으며 그녀의 고용주에 대한 언급은 없었다. 그러나 다음 주 초에 그녀는 회사 소셜 미디어 정책을 위반하여 음란하고 부적절한 콘텐츠를 금지하고 있는 회사인 아키마(Akima)에게 해고당했습니다. 아키마는 미국 정부와 광범위한 사업을 수행하고 있었으며 정부가 미래 계약을 거부함으로써 보복할 것을 우려했다. 그녀는 언론의 자유를 주장하며 2018년 4월에 아키마에 대한 부당 해고 소송을 제기했다. 이 소송은 법관에 의해 기각되었으며 사적인 고용주의 행동에 대한 직원의 제1 수정안 보호가 없다는 사실을 지적했다.

이 정부에서 일했다면 의사 표명을 이유로 해고당하지 않았을 것이다.)

이러한 상황을 어떻게 분석해야 할까? 2장에서 소개된 용어로 이러한 상황을 분석하면 각종 권리 주장 간의 충돌로 설명할 수 있다. 한편으로는 직원들이 자유롭게 의견을 표현할 권리가 있다고 주장한다. 반면에 사업주들은 사업을 자유롭게 운영할 권리가 있다고 주장한다. 이러한 권리 주장의 윤리적 기초는 무엇인가?

철학적으로 표현의 자유, 특히 정치적 의견에 적용되는 두 가지 기본적인 윤리적 기초가 있다. 첫째, 표현의 자유에 대한 존중은 각 개인의 존엄성에 대한 존경을 나타낸다. 표현의 자유는 자율적인 개인으로서 존엄성을 가진 사람이 갖추어야 할 독특한 개인적인 생각과 의견의 일부이다. 표현의 자유의 반대는 따르는 것으로서 다른 사람들이 정한 규범과 기대를 따르고 따라서 자신의 개성을 부인하는 것이다. 표현의 자유는 내 개성을 전시하고 표현하는 방법이다. 나를 개인으로서 존중한다는 것은 나의 개인적인 의견과 신념을 인정하고 표현을 허용하는 것이다.

표현의 자유는 또한 강력한 공리주의적 기반을 갖고 있다. 자유를 옹호하는 고전적인 입장에서 존 스튜어트 밀은 항상 의견의 자유를 증진시킴으로써 사회가 이익을 얻는다고 주장했다. 밀은 표현되는 의견이 참인지, 일부분이 참인지, 아니면 거짓인지 여부에 상관없이 사회는 그것을 표현하는 것 자체로 이익을 얻는다고 주장했다. 참이라면 사회는 참된 신념의 이익을 얻는다. 일부분이 참이라면 사회는 참과 거짓을 구분해야 하는 과정에서 혜택을 얻게 된다. 그러나 표현되는 의견이 거짓이라면 거짓된 신념에 대한 도전으로 인해 사회는 혜택을 얻게 된다. 상반된 신념의 도전이 없으면 밀은 참된 신념이 무관심하고 자만에 빠질 수 있다고 주장했다.

특별한 경우의 정치적 표현은 공리주의 철학으로부터 강력한 지지를 받는다. 민주주의라는 개념 자체가 각 개인이 사회 및 정치적 의사 결정에 완전히 참여할 권리와 의무가 있다는 믿음에 입각한다. 민주주의는 시민들이 자유롭게 의견을 표현할 때 번영한다. 권위주의 정부는 반대 의견을 방지하고 신문을 폐쇄하며 반대자를 구속하고 아이디어의 자유 교환을 방해함으로써 번창한다. 특히 권위주의에 비판적이고 반대되는 견해를 극히 탄압한다.

어떻게 이러한 윤리적 이유들이 직원의 표현을 제한하려는 기업의 주장을 지지하는지 살펴보자. 다모어와 브리스크만 사례를 생각해 보자. 구글은 표현의 자유가 중요한 기업 가치라고 주장하며 지지하고 있다. 그러나 이 경우에 그들은 표현된 의견이 여성 직원에게 적대적인 업무 환경을 만들었다고 판단했다. 실제로 그들은 다모어가 직원으로서 표현의 자유를 가지고 있다고 판단했지만, 그의 권리보다는 다른 직원들이 괴롭힘과 차별에서 자유로운 업무 환경을 가질 권리가 우선된다고 판단했다.

브리스크만 사례는 그녀의 고용주가 다른 사람의 권리가 아니라 사업적 고려를 근거로 결정했다는 점에서 다르다. 따라서 이 경우에는 금전적(공리주의) 결과가 직원의 권리보다 우선한다는 주장이 포함되어 있다. 브리스크만은 회사가 그녀의 행동의 결과로 금전 손실을 입을 수 있다는 고용주의 판단에 따라 해고되었다. 금전 손실이 단순히 비즈니스가 비용을 부담했다는 것을 의미한다면 그 자체로는 해고를 정당화하는 데 충분하지 않아 보인다. 결국 이게 정당한 변명이라면 어떤 비용을 부담하는 결정에서도 기업의 변명이 옹호될 수 있을 것이다. 예를 들어, 기업이 비용이 든다고 해서 성희롱을 방지하거나 평등한 기회 채용을 실시하는 의무를 무시할 수 있는 건 아니기 때문이다. 고용주의 변명은 이보다 강력해야 한다.

비슷한 경우에 어떤 직원들은 그들이 말한 내용이 아니라 비즈니스 자원(예: 이메일, 컴퓨터, 시설 또는 회사 시간에 하는 것)을 사용했기 때문에 처벌을 받은 경우도 있다. 그러나 이러한 경우는 표현의 자유가 아니라 비즈니스 자금과 자원의 잘못된 할당과 관련된 경우가 더 많다. 어쨌든 브리스크만은 비즈니스 자원을 사용하지 않았으며 아키마 직원을 드러내고 손가락 욕을 한 건 아니다. NFL 선수들의 시위는 이 점에서 다르다. 그들의 정치적 표현은 직장에서, 작업복을 입고 했기 때문에 직접 비즈니스에 영향을 미칠 수 있다는 합리적인 주장이 있을 수 있다. 따라서 여전히 아키마가 대통령에 대한 그녀의 정치적 표현으로 인해 재정적 손실을 입을까 두려워하여 그녀를 해고하는 것이 정당한지 여부는 의문이다.

권리 구제와 공리주의적 결과가 서로 대립할 때, 일반적인 철학적 주장은 모든 것이 동일한 경우에는 권리가 결과를 우선한다는 것이다. 표현의 자유를 존중하는 것은 각 개인의 존엄을 존중하는 필수 불가결한 부분이라는 강력한 철학적 추정이 있다. 심각한 해로운 결과가 표현의 자유를 제한하는 것을 정당화할 수 있지만(예: 극장에서 "불이야!"라고 외치는 경우), 자유를 제한하려는 자에게 입증의 부담이 있다. 아키마의 결정이 보복의 실제 증거가 아닌 두려움에 근거한 것이었고(실제로 이러한 증거는 정부의 불법적이고 비윤리적인 행동일 수 있으며), 그 결정이 윤리적이었는지 판단하기 어렵다.

6.7 직원 건강과 안전

직원 건강과 안전을 보호하는 것은 기업의 주요 윤리적 책임 중 하나이다. 기본적으로 직원들이 안전하고 건강한 작업 환경에서 일할 권리가 있다는 광범위한 합의가 있다. 그러나 이 문제는 더 자세히 검토하면 꽤 복잡해진다. 직장 건강과 안전의 실질적인 의미가 논란이 되는 것뿐만 아니라 건강과 안전을 보호하기 위한 가장 좋은 정책에 대한 중대한 불일치도 있다. 아마도 이러한 문제들이 코로나19 팬데믹 시기만큼 광범위하게 공개적으로 논의된 적은 없을 것이다.

작업과 마찬가지로 건강과 안전도 다른 가치 있는 목적 달성을 위한 수단으로써 그리고 그 자체가 또 목적으로서 가능한 재화이다. 건강하고 안전하면 우리는 다른 가치 있는 목표를 달성할 수 있는 가능성이 훨씬 높아진다. 건강과 안전은 매우 높은 수단적 가치를 가지고 있다. 건강과 안전은 그 자체로도 가치 있는데, 내재적인 가치도 가지고 있다.

하지만 건강이란 무엇을 의미할까? 직장이 언제 안전한가? 언제 불안전한가? 건강이 100% 수준의 신체적 및 정신적 안녕 상태를 의미한다면 누구도 완벽하게 건강하진 않다. 안전이 모든 위험에서 완전히 자유로워야 한다면 어떤 직장도 완벽하게 안전하지 않다. 건강과 안전이 이 불가능한 이상적인 이상으로 해석된다면 직원들이 건강하고 안전한 직장에서 일할 권리가 있다고 주장하는 것은 합리적이지 않을 것이다. 고용주는 이상적으로 안전하고 건강한 작업 환경을 제공할 책임이 없다.

대신 대부분의 직원 건강과 안전에 관한 논의는 근로자가 직면한 허용 가능한 수준의 직장 위험에 중점을 둘 것이다. 이 관점에서 직장은 위험이 허용 가능한 경우 안전하다. 어떤 위험이 허용 가능한지 판단하는 것은 직장 위험을 다른 위험과 비교해야 한다는 것으로 보인다. 따라서 직원 건강과 안전에 관한 논의는 종종 허용 가능한 위험과 상대적인 위험에 관한 논의로 전환된다.

예를 들어, 직원이 코로나19 바이러스에 노출되면서 직면하는 위험은 허용 가능한가? 누가 결정해야 하는가? 직무에 따라 다른가? 근무 지역에 따라 다른가? 직원의 나이나 건

REALITY CHECK:

백신 접종 여부로 인한 해고(또는 채용 거절)를 받아들이겠는가

코로나19 대유행 기간 동안 개인의 백신 접종 여부는 더 큰 정치적 논쟁의 일부가 되었다. 백신 접종을 거부하는 사람들은 다양한 이유로 자신의 선택을 방어했다. 어떤 사람들은 백신 안에 마이크로칩이 숨겨져 있다는 이상한 음모 이론을 인용했고, 또 다른 사람들은 의료 치료를 항상 선택하거나 거부할 자유를 갖춰야 한다는 일반적인 윤리 원칙을 인용했다. 이러한 문제는 직장으로 확장되었다. 고용주는 취업 조건으로 백신 접종을 요구할 권리가 있을까?

미국 법률 체계 내에서 일반적으로 그렇다. 앞서 설명한 임의 고용 원칙에 따라 고용주는 업무의 조건을 설정하는 데 큰 폭의 재량을 가지고 있다. 따라서 고용주는 채용 조건으로 백신 접종을 요구하는 법적 권리를 가지고 있다. 거부하는 사람들은 직업을 얻지 못하거나 해고될 수 있다. 물론 몇 가지 제한적인 예외 사항이 있다. 백신 정책은 차별적으로 적용되어서는 안 되며, 계약이나 노동 조항이 이를 금지할 수 있다. 어떤 주에서는 이를 제한하는 법률을 제정할 수 있다. 그러나 정책이 공정하게 적용되고 계약적으로 금지되지 않는 한 고용주는 이를 요구할 수 있다. 개인 정보의 법적 보호(예: 연방 HIPAA 기준)는 고용주가 의료 정보를 어떻게 처리할 수 있는지를 제한하지만, 고용주가 채용 조건으로 백신 접종 여부를 만들지 못하도록 하는 것은 아니다.

법률과 별개로, 우리는 여전히 백신 접종 여부에 따른 채용 결정의 윤리적 지위에 대해 물을 수 있다. 의료 윤리에서 의료 치료의 사용 또는 거부의 자유는 중요한 원칙이다. 직원의 백신 접종 거부 권리는 어떻게 되는가? 직원의 자유는 어떻게 되는가? 일반적으로 윤리적 분석은 다른 사람의 복지가 시작되는 곳에서 개인의 자유가 끝난다고 결론짓는다. 예를 들어, 나는 언어의 자유를 가지고 있지만, 내 언어를 통해 타인을 괴롭히는 데 사용할 수는 없다. 마찬가지로 나는 백신을 접종하지 않을 수 있지만, 나의 행동으로 동료들이 더 큰 위험에 놓일 것을 고용주가 허용할 것으로 기대할 수는 없다.

강 상태에 따라 다른가? 위험은 백신 자체의 위험과 비교했을 때 높거나 낮은가? 누가 결정하고 어떤 기준으로 이러한 결정을 내리는가? 코로나19와 관련된 위험으로부터 직원과 고객을 보호하기 위한 고용주의 책임은 무엇인가?

하지만 우리가 건강과 안전이 아니라 허용 가능한 위험에 중점을 둘 때 미묘하지만 중요한 변화가 일어난다. 위험은 해를 입을 확률로 정의되며 상대적 위험은 다양한 활동에 따른 해의 확률을 비교함을 의미한다. 따라서 위험과 상대적 위험은 각종 해에 관한 데이터를 편성하여 결정하고 측정할 수 있는 것이 된다. 이러한 기준에 의하면 허용 가능한 위험에 관한 특정 결론에 이르는 것은 쉬운 일이다. 특정 활동(예: 백신 맞기)에 따른 해의 확률이 다른 일반적인 활동(감염의 일반적인 배경 감염률로 인한 대중에 노출)에 따른 해의 확률보다 낮다면 해당 활동이 허용 가능한 수준의 위험에 직면하고 있다고 결론짓는 것은 쉽다. 이는 활동이 안전하다는 것(허용 가능한 수준의 위험이 포함되어 있다는 의미에서)을 전문가가 결정할 수 있다는 것을 시사한다. 실제 위험에 직면한 개인이 아니라 전문가에 의해 결정될 수 있는 것이다.

철학자 마크 세이고프(Mark Sagoff)가 제시한 예를 고려해 보자. 세이고프는 독성 폐기물 처리장 이웃들이 직면한 잠재적인 건강 위험에 관한 회의에 참석했다. 시민들은 해당 지역 거주자들이 높은 백혈병 발병률이 있다는 것을 알게 되었다. 정부와 기업 관계자들은 이 폐기물 처리장 근처에서 살면서 발생하는 위험이 흡연자들이 직면하는 위험보다 훨씬 낮다고 답했다. 사람들은 흡연과 관련된 위험을 흔히 받아들이고 있고, 전문가들이 그 위험이 더 낮다는 것을 보여 줄 수 있기 때문에 정부와 기업 전문가들은 시민들에게 허용 가능한 수준의 위험에 직면하고 있다고 확신시킬 수 있었다.[9]

이를 일반화하고 이러한 방식으로 모든 직장에서의 건강과 안전 기준을 설정한다고 상상해 보자. 이러한 접근 방식은 직장 안전에 대한 책임을 기업이나 정부 규제에 전적으로 맡기겠다는 것이다. 기업은 자사의 작업 환경이 직면한 위험을 결정하기 위해 안전 엔지니어 및 기타 전문가를 고용할 것이다. 이러한 전문가들은 사회 전체에서 이미 허용되고 있는 위험 수준을 알고 있을 것이다. 이는 자동차 운전, 고지방 음식 섭취, 흡연, 조깅 등과 관련된 위험을 포함할 수 있다. 이러한 위험을 직장에서 직면한 위험과 비교하여 안전 전문가는 위험 평가를 수행하고 일반적인 활동보다 덜 위험하다고 결론지을 수 있다. 작업 환경이 다른 흔한 활동보다 덜 위험하다면 경영진은 건강하고 안전한 작업 환경을 제공하는 책임을 이행했다고 결론지을 수 있을 것이다.

이러한 유형의 상황은 코로나19 팬데믹 동안 많은 고용주가 마스크와 백신을 필수로 지정했을 때 발생했다. 과학적 데이터는 바이러스에 노출되는 것과 관련된 위험을 확인하고 이를 마스크와 백신과 비교할 수 있었다. 이러한 위험을 돌이켜 독감과 독감 백신, 소아마비, 홍역, 유행성이하선염과 같은 질병 및 백신과 비교할 수 있었다. 직장에서 마스크와 백신을 필수로 하는 것은 윤리적이며 합리적으로 책임 있는 정책이라는 결론을 내리는 것은 쉬웠을 것이다.

그러나 고용주만이 직원이 직면할 건강과 안전 위험을 결정할 수 있는 접근 방식에는 문제가 있다. 첫째로, 이것은 직원들의 참여를 무시하여 직원을 존중하지 않는 것일 수 있다. 이러한 가부장적인 의사 결정은 사실상 직원들을 아이처럼 대우하고 중요한 결정을 대신 내린다. 둘째로, 이는 직장에서의 위험과 직원이 선택하는 다른 종류의 위험 간에 동등성을 가정하는 오류를 범할 수 있다. 일상적인 위험과 달리 직장에서 직면하는 위험은 자유롭게 선택되지 않을 수 있으며, 직장에서 직면하는 위험은 근로자들의 통제 안에 있지 않을 수 있다. 즉, 위험해도 직장에서는 생계를 위해 일을 해야 할 때가 있다. 가장 중요한 것은 일상적인 위험과는 달리 직장에서 직면하는 위험은 다른 사람들(즉, 고용주)에 의해 통제될 수 있으며 특히 이러한 위험에 직원이 처하게 함으로써 혜택을 받을 수 있는 다른 사람들에 의해 통제될 수 있다는 것이다. 즉, 내가 조깅을 할지 말지는 내가 결정하지만, 내가 직장에서 일을 할지 말지는 비록 나의 결정이지만 회사의 의지가 반영될 수밖에 없다는 것이다. 따라서 조깅을 할 때의 위험과 직장에서의 직무 수행의 위험을 등가시키는 것은 오류라는 것이다.

직장에서의 건강과 안전에 대한 또 다른 접근 방식은 고용주와 직원 간의 일반적인 계약 협상에 그 기준을 맡겨 두는 것이다. 자유 시장의 옹호자와 기업의 사회적 책임의 고전적 모델은 직원과 고용주 간의 개별 협상을 직장 건강과 안전에 대한 접근 방식으로 선호한다. 이들에 따르면 직원은 고용주와 협상하여 직면할 위험을 자유롭게 선택할 수 있다. 직원들은 자신의 위험 대비 임금 수준을 자유롭게 설정하고 다양한 임금에 대해 얼마나 많은 위험을 감수할 것인지를 스스로 결정한다. 최대의 안전을 요구하는 사람들은 아마도 낮은 임금에 만족해야 할 것이고, 더 높은 위험을 감수할 의사가 있는 사람들은 아마도 더 높은 임금을 요구할 것이다. 경쟁적이고 자유로운 노동 시장에서 이러한 개별 협상은 안전과 소득의 최적 분배로 이어질 것이다. 물론 시장 접근은 또한 고용주가 해를 일으킨 것에 대한 과실책임이 있는 경우에 손상된 근로자에 대한 보상 지급을 허용한다. 이러한 보상 지급의 위협은 고용주가 상당히 안전하고 건강한 작업 환경을 유지하기 위한 인센티브 역할을 한다.

그러나 이전에 논의한 시장 접근에 대한 도전과 마찬가지로 직장 건강과 안전에 대한 이러한 입장에는 여러 심각한 문제가 있다. 첫째로 노동 시장은 완전히 경쟁적이고 자유로운 것이 아니다. 대부분의 직원들은 최적의 만족을 얻기 위해 시장이 요구하는 자유 선택을 가지고 있지 않다. 위험한 직업은 종종 시장에서 선택권이 가장 적은 사람들에 의해 가장 낮은 임금으로 수행되는 낮은 임금 직업일 수 있다. 예를 들어, 이론적으로 서부 버지니아의 석탄 광부들은 위험하거나 건강에 해로운 광산에서 일하지 않을 선택을 할 수 있지만 실제로는 생계 등의 이유로 위험에도 불구하고 낮은 보상을 기꺼이 감수하고 그 일을 선택하지 않을 수 없는 상황에 직면할 수 있다. 더 최근에는 대유행 중 '필수 근로자'로 지정된 일부 사람들은 바이러스 노출 위험이 더 높은 낮은 임금 직업에서 일했으며 자택에서 일할 수 있는 선택권이 없었다.

둘째로, 직원들은 효율적으로 작동하는 시장에서 필요한 완벽한 정보를 거의 또는 전혀 갖고 있지 않다. 즉, 정보의 비대칭성에 때문에 직원들은 자신이 수행하는 직무에 따른 위험을 모를 수 있고, 이로 인해 적절한 임금을 위해 자유롭게 협상할 수 있는 위치에 있지 않다. 이는 직장에서 직면한 많은 위험이 명백하지 않기 때문에 특히 더 큰 문제이다. 직원은 무거운 기계나 용광로의 위험을 이해할 수 있지만 일부 직원은 직장 화학 물질, 공기 중 오염 물질 또는 바이러스의 독성이나 노출 수준을 정확히 알기 어려울 것이다.

이러한 시장 실패는 직장 건강 및 안전 문제와 관련이 있을 때 치명적인 결과를 초래할 수 있다. 물론 시장 지지자들은 시간이 지남에 따라 이러한 실패에 대한 보상이 이루어질 것이라 주장한다. 시간이 흐르면 고위험 직업에 근무할 수 있는 노동자를 고용하기가 어려워지고, 시간이 지남에 따라 종업원들은 각 직장의 위험에 대해 학습하게 될 것이다. 그러나 이로 인해 종종 제기되는 것이 '첫 번째 세대 문제'이다. 시장이 정보를 수집하는 방법은 불완전한 시장 거래에 처음 노출된 노동자들이 입은 손해를 관찰함으로써 이루어진다. 따라서 노동자들은 납에 노출되면 여성 노동자가 유산을 경험하고 그들의 자녀가 심각한 기형으로 태어날 때 납이 위험하다는 것을 알게 된다. 우리는 직장 내에서 석면, 석탄 먼지, 벤젠 또는 면 먼지에 노출될 때 위험하다는 것을 노동자가 폐 질환으로 인해 사망했을 때 알게 되었다. 실제로 시장은 안전 및 건강 위험에 대한 정보를 얻기 위해 첫 번째 세대를 희생시킨다.

개별 협상에 의한 문제점도 이전에 논의되었다. 개인의 관점에서만 문제를 접근하면 사회 정의와 공공 정책에 관한 중요한 문제가 무시된다. 우리는 3장에서 코로나19 백신을 예로 들어 이 점을 설명했다. 2021년 말 코로나19 대유행 정점에서 미국에서 백신을 접종하지 않은 개인의 사망률은 10만 명당 약 20명의 범위에 있었다. 완전히 접종된 사람들의 사망률은 10만 명당 1명 정도였다. 이 숫자를 고려할 때 특히 젊고 건강한 경우 10만 명당 1명에서 20만 명당 1명으로 줄어들기 때문에, 위험이 너무 작아 무시할 만하다고 판단할 수 있다. 사실, 젊고 건강한 사람은 코로나19으로 인해 사망할 가능성이 거의 없다고 할 수 있다.

그러나 이러한 위험을 개인적인 시각이 아니라 3억 5,000만 명의 미국 전체 인구를 고려해 보자. 접종된 사람들의 10만 명당 1명의 사망률은 3억 5,000만 명의 인구에 대해 3,500명이 사망할 것을 의미한다. 이 수치를 20배로 늘리면 접종받지 않은 경우 7만 명이 사망할 것이다. 7만 명과 3,500명 간의 차이를 좁히는 다양한 정책 옵션이 있을 수 있으며, 따라서 공중 보건 정책을 개인의 결정에 맡기는 것은 현명하지 않은 접근 방법으로 보일 것이다.

직장 내에서의 보건 정책에 대한 결정을 개인과 고용주 사이의 개별 협상만에 의존한다면 위와 같은 공공 정책에 대한 질문들은 무의미할 것이다. 코로나 바이러스 감염 수를 줄일 수 있는 최대 노출 수준과 같은 표준을 만들 수 있을까? 공공 보건 정책, 예를 들어, 마스크 착용이나 사회적 거리두기가 감염률을 줄일 수 있을까? 이러한 공중 보건 정책에 대한 질문들은 결국 인간의 삶에 영향을 미칠 것이지만, 위험한 직업에서 일할지 말지를 선택해야 하는 개인에게는 결코 의미 있는 질문이 되지 않을 것이다. 공공 정책에 관한 질문들이 진정으로 중요한 것이라면, 개인 협상에 의해 직장 내 안전을 결정해야 한다는 접근법은 올바른 접근법이 아닐 수 있다는 것이다.

이러한 우려를 고려하면 직장 보건 및 안전에 대한 정부 규제가 윤리적으로 더 적절해 보인다. 의무적인 정부 표준은 시장주의에서 제기된 대부분의 문제를 해결한다. 표준은 최고의 과학적 지식을 기반으로 설정될 수 있으며, 따라서 정보 부족으로 인한 시장 실패를 극복할 수 있다. 표준은 직장과 안전 사이에서 기본적으로 강제적인 선택을 하지 않도록 한다. 표준은 또한 예방에 중점을 두어 사후 보상이 아닌 문제에 대응한다. 마지막으로, 표준은 본질적으로 시장에서 무시된 공공 정책 문제를 다룰 수 있는 사회적 접근이다.

1970년에 미국 의회는 직업 안전 및 보건 행정청(Occupational Safety and Health Administration, OSHA)을 설립하고 직장 보건 및 안전 표준을 수립하는 책임을 부여했다. 그 이후로 직장 보건 및 안전에 관한 주요 논쟁은 이러한 공중 표준이 어떻게 설정되어야 하는지에 중점을 두었다. 주된 논점은 비용 대 편익 분석을 사용하여 건강 및 안전에 관한 표준을 설정하는 적절성에 관한 것이었다.

OSHA가 처음 설립됐을 때 정부 규제의 목표는 최대한의 안전한 표준을 만드는 것이었다. 실제로 이는 과학자와 의료 전문가가 특정 화합물의 독성 수준을 결정하는 것을 포함한다. 구체적으로 이러한 전문가들은 신체적 기능의 손상이 발생하는 노출 수준을 결정한다.

OSHA는 산업 전반에서 이러한 노출 수준을 달성하는 것이 기술적으로 가능하며 경제적으로 실현 가능한지 여부를 결정한다. 기술적으로 실현 가능하다는 것은 표준을 충족시키는 기술이 존재한다는 것을 의미한다. 경제적으로 실현 가능하다는 것은 산업 전체가 파산하지 않고도 표준을 충족시킬 수 있다는 것을 의미한다. 답이 '예'인 경우 OSHA는 이 지점에서 표준을 설정한다. 답이 '아니오'인 경우 OSHA는 기술적으로 및 경제적으로 실현 가능한 가장 낮은 수준에서 표준을 설정한다. 산업 내에서는 달성 가능한 표준이지만 특정 개별 기업이 이러한 기준을 충족할 수 없다면 해당 표준은 그래도 여전히 적용된다. 사실상 표준은 개별 기업이 사업을 하는 데 필요한 비용의 일부이기 때문에 그러한 기준을 맞출 수 없는 기업은 더 많은 비용이 소요될 것이고 이는 그 기업의 경쟁력을 시장에서 퇴출될 위험에 처하게 할 것이다.

이러한 실현 가능성 접근 방식은 OSHA가 건강과 경제 간 이해 상충을 고려 할 수 있게 하지만 그 설정된 기준이 경제적으로 불가능하다는 것을 증명할 입증 책임은 산업에 있기 때문에 경제적 이유 보다는 건강과 안전을 더욱 우선시하는 성향이 있다고 할 수 있다. 건강 및 안전에 관한 표준은 그 표준으로 인한 결과가 무엇일지에 대해 고려하지 않지만, 산업, 즉 기업은 기술적 또는 경제적 제약이 허용하는 한 설정된 표준의 상한을 달성할 의무가 있다. 이는 권리가 중요한 해로운 결과에 의해 제한될 수 있지만 이러한 결과로 권리를 제한하려는 공리주의자에게 그 입증 책임의 부담이 있다는 철학적 견해와 일치한다.

일부 비판가들은 이러한 접근 방식이 불공평하게 노동자 건강과 안전을 희생시킨다고 지적한다. 왜냐하면 안전한 작업장에서 일할 노동자 권리는 매우 중요하기 때문에 직원의 건강과 안전을 해치지 않고는 운영할 수 없는 산업(기업)은 폐쇄되어야 한다고 주장한다. 그러나 더욱 중요한 비판은 이러한 표준이 지나치게 과한 것이라고 주장했다. OSHA가 이러한 표준을 설정할 때 비용 대비 혜택 분석을 사용하도록 해야 한다고 주장했다. 기술적으로 경제적으로 그러한 표준(기준)을 충족시키는 것이 실현 가능하더라도 그러한 기준을 충족할 때의 혜택이 비용을 상회하지 않으면 여전히 비합리적이고 불공평하다고 할 것이다. 이들 비판가는 OSHA가 안전에 관한 최고 수준의 실현 가능한 수준을 설정하는 것이 아니라 비용과 혜택을 고려한 최적 수준의 실현 가능한 수준을 목표로 해야 한다고 주장한다.

표준 설정에 비용 편익 분석을 사용하는 것은 실질적으로 시장 기반 개별 협상 접근의 목표로 돌아가게 된다. 시장 접근과 마찬가지로 비용 대비 혜택 관점은 심각한 윤리적 도전에 직면하게 된다. 비용 대비 혜택 분석을 사용하여 직장 보건 및 안전 표준을 설정하는 것은 노동자 건강과 안전을 다른 상품, 다른 개인 선호도와 같이 대립시켜 교환해야 한다는 것을 의미한다. 이는 건강과 안전을 단순히 수단적 가치로만 취급하고 내재적 가치를 부인한다. 비용 대비 혜택은 경제적 가치를 개인의 생명과 신체의 완결성보다 우선시한다. 일반적으로 이는 생명을 소득 잠재력을 기반으로 가치를 매기는 보험 업계에서 사용되는 모델을 따르는 것과 같은 이치라고 할 수 있다.

이 접근 방식에서 가장 불쾌한 측면은 실행 가능성 분석에서 건강과 안전이 이미 산업의 경제적 생존 가능성과 교환되고 있기 때문에 비용-혜택으로 전환되면 건강과 안전이 이익률과 교환되고 있다는 사실이다. 실행 가능성 분석은 산업의 생존 가능성을 보장하기 위해 표준을 절충하려고 하며, 수익성은 생존 가능성의 필요 조건이기 때문에 비용-혜택은 이익률을 개선하기 위해 노력한다. 사실상 실행 가능성 분석을 비판하는 사람들은 이미 이익을 누리고 있는 산업에서 이익을 더 늘리기 위해 노동자 건강과 안전이 희생되어야 하기 때문에 기준의 실행 가능성 분석이 옳지 않다고 주장한다.

그러나 표준을 설정할 때 비용-혜택 분석을 거부하는 것이 해당 표준을 실행하는 데 비용 효과적인 전략을 거부하는 것과 같지는 않다. 비용 효과성에 대한 약속은 표준이 설정된 후에는 해당 표준을 달성하기 위해 사용 가능한 가장 저렴하고 효율적인 수단을 채택해야 한다는 것을 의미한다. 그에 비해 비용-혜택은 처음에 표준을 설정할 때 경제적 기준을 사용한다. 비용-혜택은 비용-효과적이 아닌, 윤리적으로 문제가 있는 분석이다.

미국 내에서 합의를 통해 도출된 정책은 가장 타당해 보인다. 직원들은 직장 내에서 강제적인 건강 및 안전 표준에 대한 합법적인 윤리적 권리를 갖는다. 직원들이 직장 내에서 건강과 안전에 권리가 있다는 것은 그들이 건강과 안전 표준과 직장 안정성 또는 임금 사이에 교환을 기대하지 않아야 한다는 것을 의미한다. 더 나아가 대부분의 의무적 표준이 위험을 제거하는 것이 아니라 줄이는 것임을 인식하면 직원들은 직장의 위험에 대해 알림을 받을 권리도 있어야 한다. 위험이 최소화되고 직원들이 완전히 그러한 위험에 대해 인지하고 있다면, 시민을 자주적인 의사 결정자로 존중하는 그러한 사회는 그의 의무를 다한 것이다.

6.8 직장 내 개인 정보 보호

직장 내외의 통신 기술의 엄청난 발전과 함께 최근 몇 십 년 동안 개인 정보 보호에 대한 강화된 요구가 나타났다. 그러나 사회 전반에 걸쳐 개인 정보의 성격, 범위 및 가치에 대한 폭넓은 의견 차이가 있다. 페이스북, 트위터, 인스타그램, 틱톡, 링크드인과 같은 소셜 네트워킹 사이트의 인기는 사람들이 많은 개인 정보를 다른 사람에게 공개하려는 놀라운 의지를 보여 준다. 이 장의 토론 사례에서 설명한 직원 모니터링 기술은 고용주가 직장에서 감시 기술을 사용하려는 의도가 점점 높아지고 있다는 것을 보여 준다.

미국 내에서 인정되는 것과 같은 법적인 개인 정보 보호 권리를 인정하지 않는 나라가 많으, 심지어 미국 내에서도 개인 정보 보호에 대한 중요한 의견 차이가 있다. 예를 들어, 미국 헌법은 개인 정보 보호 권리에 대한 언급이 없으며, 기본적인 개인 정보 보호 권리에 의존한 주요한 대법원 판결인 Griswold v. Connecticut 및 Roe v. Wade는 여전히 매우 논란의 중심에 있다.[10]

개인 정보 보호에 관한 법적 및 철학적 문헌에서는 두 가지 일반적인 개념에 대한 이해가 필요하다. 개인적인 고립의 의미로 '혼자 남겨질 권리'로서의 개인 정보 보호 및 '자신에 관한 정보를 통제하는 권리'로서의 개인 정보 보호. 각각의 개념은 완벽한 것은 아니지만 비즈니스에 중요한 함의를 제공한다.

프라이버시 영역과 관련된 혼자 남겨질 권리는 미국 법률 체계 내에서 가장 오랜 역사를 가지고 있다. 이 개인 정보 보호 개념은 1890년『하버드 로 리뷰』의 기사인 새뮤얼 워렌(Samuel Warren)과 루이스 브랜다이스(Louis Brandeis)의 글로 거슬러 올라간다. 워렌과 브랜다이스는 인구 증가와 기술의 발전(예: 포토저널리즘)이 개인 시민의 고립에 대한 위협을 증가시키고 있다고 주장했다. 그들의 관점에서 법은 '혼자 남겨질 권리'를 인정해야 한다. 75년 뒤인 Griswold v. Connecticut에서 미국 대법원은 비슷한 관점을 기반으로 헌법적으로 보장된 개인 정보 보호 권리를 인정했다. 이 사건에서 코네티컷 주의 피임기구 사용, 판매 및 처방을 금지하는 법률이 무효화되었다.

비평가들은 이러한 개인 정보 보호에 대한 해석이 너무 광범위하다고 주장한다. 사회적 환경에서 살고 있는 사람이 완전히 '혼자 남겨질 권리'가 있다고 기대할 수 없을 것이라는 것은 확실하다. 기본적으로 사회적이고 협력적인 활동인 직장과 같은 곳에서는 이러한 의미의 프라이버시가 큰 의미가 없을 것이다. 그러나 주요 법률 사례를 더 자세히 살펴보면 법원이 개인이 완전히 혼자 남겨져야 한다고 주장한 적이 없다는 것을 알 수 있다. 오히려 법원은 개인이 가족, 자녀 계획, 성적 취향, 가정 생활 및 생명 연장 의료 치료와 관련된 특정 매우 개인적인 결정에서만 혼자 남겨져야 한다고 결론 내렸다. 이러한 사법 결정을 합리적으로 해석하면 특정 결정이 우리 개인의 정체성을 확립하고 형성하는 데에 너무 기본적이어서 정당하게 개인 정보로 보호되어야 한다는 것을 시사한다. 그러나 심지어 이러한 경우들도 미국 내에서는 점점 더 많은 비판을 받고 있는 것이 사실이다.

'혼자 남겨질 권리'로서의 프라이버시가 너무 광범위하다는 우려로 인해 개인 정보의 통제를 포함하는 개념으로 프라이버시를 이해해야 한다고 주장하는 사람들도 있다. 이러한 관점에서 프라이버시 침해의 가장 명백한 경우는 다른 사람들이 우리에 관한 개인 정보를 알게 되는 경우이다. 즉, 직원이 당신의 이메일을 읽거나 페이스북 페이지에 접속하는 경우를 말한다. 그러나 여전히 프라이버시의 권리에 대한 이러한 해석 또한 너무 광범위할 수 있다. 왜냐하면 분명히 다른 사람들이, 특히 직장 환경에서는 우리에 관한 개인 정보조차 합법적으로 알 수 있는 많은 상황이 있을 것이기 때문이다.

철학자 조지 브랜커트(George Brenkert)는 정보 차원의 프라이버시의 의미가 A와 B라는 두 당사자와 A에 관한 개인 정보 X와 관련이 있다고 주장했다.[11] 프라이버시는 B가 X를 알게 되었을 때에만 침해되며, A와 B 간에 B가 X를 알게 된 것을 정당화할 수 있는 관계가 없을 때에만 침해된다. 따라서 내 개인 정보가 어떤 사람이나 사람들에게 알려짐에 따라 내 프라이버시가 침해되는지 여부는 그 정보를 알게 된 사람과 나와의 관계에 달려 있다. 예를 들어, 내 부동산 담보 대출 회사와의 관계는 그 회사가 내 신용 등급을 알게 하는 것을 정당화할 것이지만 나의 학생들과의 관계는 그들이 그 정보를 얻는 것을 정당화하지는 않을 것이다. 개인적인 관계를 가진 사람들에게만 개인 정보에 대한 접근을 제한하는 것은 자신의 개인적 인격과 개성을 보존하는 중요한 방법이다. 이러한 프라이버시에 대한 이해는 고용 환경에서 고용주와 직원 간의 관계를 고려할 때 도움이 될 것이다.

사생활에 대한 이러한 정의가 직장에 함의하는 것은 무엇일까? 토론 사례에서 설명된 직원 모니터링 기술에 어떤 영향을 미칠까? 이러한 질문에 답하기 위해서는 고용주와 직원 간의 관계에 대해 생각해 보아야 한다. 고용주-직원 양자 간 관계의 본질이야말로 고용주와 직원 간의 적절한 경계를 결정하고 결국 직장 내에서 합법적으로 개인의 결정 및 정보가 어떻게 개인의 권리로 남아야 하는지를 결정하는 데 도움이 될 것이다. 직원이 완전히 '자유의지'로 일하고 고용주의 요구에 완전히 복종해야 하는 경우 직장 내에서 개인 정보에 대한 합법적인 기대가 없을 수 있다. 반면에 고용 관계에 계약 모델과 유사한 접근을 채택하는 경우, 즉 고용 조건과 약관이 양측의 상호 동의와 정보에 기반하여 결정되는 경우, 개인의 사생활과 밀접한 의사 결정 및 개인 정보는 고용주가 알아야 할 이유가 없다.

이러한 계약적 관점을 요약하면, 직원 프라이버시는 다음과 같은 경우에 침해된다. (1) 고용주가 고용 계약(암묵적 또는 명시적)과 관련이 없는 개인 결정을 침해하는 경우 또는 (2) 해당 계약과 관련이 없는 개인 정보가 직원의 사전 동의 없이 수집, 저장 또는 사용되는 경우. 더욱이 이러한 경우 동의가 핵심 역할을 하기 때문에 개인 정보에 대한 침해 여부가 문제가 될 경우 고용주가 프라이버시 침해에 대해 결백하다는 것을 입증해야 하는 책임이 있다.

우리는 유효한 계약의 윤리적 조건을 통해 직장 내 프라이버시의 한계를 설정할 수 있다. 일반적으로 유효한 계약은 자발적이고 합의에 기초해야 한다. 당사자들은 자유롭게 참여해야 하며, 그것을 이해해야 하며, 그 조건에 동의해야 한다. 정보 통제 관점에서의 프라이버시에 의하면 직원의 사전 동의와 자발적 동의 없이 개인 정보가 수집 또는 사용되면 그것은 사생활 침해다. 이러한 프레임워크를 사용하여 우리는 어떤 정보가 공개 가능한지, 누가 이러한 정보에 접근할 수 있는지, 어떻게 사용될 수 있는지, 그리고 개인 정보를 수집하는 방법 중 어떤 것이 적절한지에 대한 기본적인 범위를 제공할 수 있다.

예를 들어, 입사 지원자 채용을 위해 필요한 지원자의 과거 경력, 교육 및 능력과 관련된 정보는 분명히 직무 관련 정보이다. 법률적으로 필요한 정보(예: 주민등록번호)나 건강 보험 및 보험과 같은 직원 혜택에 필요한 정보도 직무 관련 정보이다. 그러나 결혼 여부, 가족 계획, 종교 및 기타 개인적인 문제에 관한 정보는 채용과 관련 없는 개인 정보에 해당한다. 더 나아가 동의의 중요성을 감안할 때, 직원은 고용주가 그들에 대해 소유하거나 수집한 모든 정보를 검토할 수 있어야 하고 필요시 이의를 제기할 수 있어야 한다. 고용주는 직원이 동의하지 않은 목적으로 개인 정보를 사용해서는 안 된다. 예를 들어, 고용주는 직원 정보를 판매하거나 마케팅이나 경제적 목적으로 사용해서는 안 된다.

마지막으로 직원 프라이버시의 가장 흥미로운 측면은 고용주가 직원에 관한 정보를 어떻게 수집할지에 대한 방법이다. 최근 몇 년간 거짓말 탐지기 및 약물 검사, 감시, 제3자에 의한 배경 확인 및 심리 테스트는 모두 직원에 관한 정보를 얻기 위한 수단으로 사용되어 왔다. 최근에는 또한 전자 모니터링 및 감시가 직장에서 개인 정보 문제를 불러일으키고 있다. 일반적으로, 그러한 기술은 직원의 도난 행위와 같은 부정행위를 조사하는 데 사용되지만 항상 그렇지만은 않다. 더욱이 잠재적 또는 현재 일하고 있는 직원에 대한 유전학적 스크리닝은 이러한 새로운 기술이 향후 고용주 개인 정보에 관한 우려를 가중시킬 것으로 보인다.

이러한 상황에서 우리의 과제는 새로운 정보 수집 기술을 검토하고 직원 권리를 보호하기 위해 그러한 기술 사용 시 어떤 조건이 부여되어야 하는지 결정하는 것일 것이다. 먼저, 이러한 기술을 통해 얻은 정보는 직무와 관련이 있으며 고용주가 합법적으로 알 수 있는 정보여야 한다. 예를 들어, 의료 정보를 수집하여 사람들을 업무에서 제외시키려는 경우 유전자 스크리닝은 정당화되지 않을 것이다. 완전히 자발적인 동의를 보장하기 위해 이러한 방법 중 하나가 사용되기 전에 직원에게 사전 통지를 해서 동의를 미리 받아야 할 것이다. 혈액이나 소변 샘플과 같은 것들의 용도에 대해 직원이 완전히 알지 못하도록 해서는 안 된다. 이러한 방법들의 임의 또는 일괄적인 사용은 일반적으로 정당화되지 않을 것이며, 합리적인 정당 사유가 확립된 경우에만 사용되어야 한다. 예를 들어, 사고에 관여한 직원만 약물 검사하는 것이 모든 직원에게 무작위 테스트를 의무화하는 것보다 바람직한 접근일 것이다. 개인 정보 수집에 관한 적절한 조건에 관한 질문은 다음과 같을 것이다. 직원은 개인 정보 손실에 대해 완전히 정보를 받아들이고 자발적으로 동의했는가? 마지막으로, 비밀 감시 및 혈액, 소변 또는 유전자 샘플링과 같은 지극히 개인 정보 수집 방법은 마지막 수단으로만 사용되어야 하며 다른 모든 개인 정보 수집에 대한 우려가 덜할 기술이 사용되거나 거부된 경우에만 사용되어야 한다.

토론 사례에 대한 성찰

고용주가 직원을 해고할 수 있는 능력은 고용주에게 다른 사람에 대한 상당한 권한, 또는 권력이라 할 수 있는 것을 부여한다. 이 장에서 다뤄진 공정 절차에 대한 논의가 가리키는 것처럼 권한과 권력 간의 구별은 다른 사람에 대한 통제의 윤리적 정당화에 기인한다. 고용주 권한을 정당화하는 데 중요한 부분은 직원이 직장의 약관에 명시적 또는 암묵적으로 동의했다는 주장에서 나온다. 따라서 모든 직원 권리에 관한 이슈의 배경에는 정당한 절차와 참여의 윤리적 문제가 존재한다.

고용주가 직원에 대해 어떤 책임을 가져야 하는지, 직원이 고용주에게 어떤 합리적인 기대를 가질 수 있는지에 대한 철학적인 질문을 넘어 실용적인 문제가 있다. 기업이 이러한 분쟁을 예방할 수 있는 정책이나 실천 방법이 있는지가 그것이다. 직장에서 직원 모니터링이 증가함에 따라 우리는 고용주가 직원에 대해 합리적으로 기대할 수 있는 것과 그러한 기대가 어떻게 형성될 수 있는지에 대해 생각해 볼 필요가 있다. 이를 위해 이전 섹션의 처음에서 설명한 표현의 자유 사례에 이러한 질문들을 적용해 보겠다.

다모어 사건에서 구글 임원들은 차별이 없는 기회의 직장을 약속하는 기업 행동 강령을 언급했다. 따라서 구글은 다모어가 한 행동이 옳지 못하다는 것을 이미 기업 정책을 서면 통지를 통해 사전에 알고 있어야 했다고 주장할 것이다. 직장에서의 정당한 절차 정책의 요소 중 하나는 문서화된 기업 행동 강령일 것이다. 여러분은 이러한 기업 행동 강령이 다모어에게 충분한 사전 경고를 제공했다고 생각하는가?

아키마 상황은 약간 다르다. 그들의 기업 소셜 미디어 정책은 '음란' 또는 '부적절한' 콘텐츠를 금지하고 브리스크만의 제스처가 음란하거나 부적절할 수 있다는 주장이 있을 수 있다. 그러나 다모어는 자신의 메모를 구글 사무실 내에서 유포했지만 브리스크만의 게시물은 개인 페이스북 및 트위터 계정에 올라가고, 그녀는 아키마 직원으로 자신을 드러내지는 않았다. 고용주의 기업 정책을 수립하거나 직원 활동을 모니터링하는 권한은 직장 외부에서 수행된 행동까지 확장되어야 할까? 공개적인 행동과 사적인 행동 사이에 윤리적 차이가 있을까?

브리스크만의 사례를 버지니아 주 샬럿츠빌에서 열린 백인 우월주의 집회나 1월 6일 워싱턴DC에서 발생한 폭동에 참여한 사람들이 직장을 잃은 여러 사례와 비교해 보자. 이러한 경우 일부 고용주는 직원이 다른 이들이 불쾌해 하는 정치적 견해를 표현했다고 주장했다. 어떻게 이러한 사례들이 브리스크만의 사례와 유사할까? 또는 어떻게 다른가? 만약 기업이 직원에게 회사에 재정적 리스크를 불러일으키는 어떠한 행위나 정치적 입장을 취하지 말 것을 금지하는 기업 정책을 도입했다면 어떨까? 이것은 직원을 해고할 적절한 근거가 될까?

복습 문제

1. 직원의 법적, 계약 및 도덕적 권리 사이의 차이를 설명하라.
2. 일할 권리에 대한 세 가지 다른 의미를 설명하라. 이 중 어떤 것이 직원의 도덕적 권리에 포함되어야 한다고 생각하는가?
3. 임의 고용의 법적 원칙은 무엇인가? 이 원칙에 대한 세 가지 다른 입법적이거나 사법적 제한을 설명하라. 어떤 것이 불합리하다고 생각하는가?

4. 정당한 절차의 정의는 무엇인가? 이것이 정당 이유 개념과 어떻게 관련되는가?
5. 직장에서 정당한 절차 권리에 대한 네 가지 주요 반론을 설명하고 평가하라.
6. 직원이 경영 결정에 참여하는 권리를 옹호하는 가장 강력한 근거는 무엇인지 설명하라. 이러한 권리에 대한 가장 강력한 반대 주장이 무엇인지 설명하라.
7. 고용주와 직원 간의 개별 협상이 건강하고 안전한 작업 환경을 수립하는 데 있어 기업의 사회적 책임의 경제 모델에서 선호되는 방법을 설명하라. 이 접근에 대한 적어도 두 가지 반론을 설명하라.
8. 고용주-직원 관계의 성격이 직장에서의 개인 정보의 범위를 결정하는 데 어떻게 도움이 되는지 설명하라.

미주

[1] For an early version of this conception of employee rights, see "A Defense of Employee Rights" by Joseph DesJardins and John McCall, *Journal of Business Ethics* 4 (1985), pp. 367–376.

[2] For example, Article 23 of the U.N. Universal Declaration of Human Rights states: "Everyone has the right to work, to free choice of employment, to just and favourable conditions of work and to protection against unemployment." The right to work in the tradition of Catholic social teaching is discussed in *Economic Justice for All: Pastoral Letter on Catholic Social Teaching and the U.S. Economy*, U.S. Catholic Bishops, 1986; and *Pacem in Terris* (Peace on Earth), Pope John XXIII, 1963. The right to a job has always been more controversial within the United States. The closest this issue ever got to becoming policy was the Full Employment and Balanced Growth Act of 1978 (usually referred to as the Humphrey-Hawkins Act after its sponsors Senator Hubert Humphrey and Representative Augustus Hawkins), which directed that federal monetary and economic policy take full employment as one of its major objectives.

[3] *Payne v. Western & A.A.R. Co.*, 81 Tenn. 507 (1884).

[4] Elisha Fieldstadt, Ali Gostanian, and Bianca Britton, "900 Better.com employees learn their jobs are being eliminated in a Zoom call" *NBC News* (December 6, 2021), https://www.nbcnews.com/business/business-news/900-bettercom-employees-learn-jobs-are-eliminated-zoom-call-rcna7738 (accessed February 12, 2022) and "Better.com CEO apologizes after laying off 900 employees via Zoom call," *Reuters* (December 8, 2022), https://www.reuters.com/markets/deals/bettercom-ceo-apologizes-after-laying-off-900-employees-via-zoom-call-2021-12-08/ (accessed February 12, 2022).

[5] Patricia Werhane, "Individual Rights in Business," in *Just Business: New Essays in Business Ethics*, ed. Tom Regan (New York: Random House, 1984), pp. 107–126.

[6] John McCall, "An Ethical Basis for Employee Participation," in *Contemporary Issues in Business Ethics*, 4th ed., eds. DesJardins and McCall (Belmont, CA: Wadsworth Publishing, 1996), pp. 199–206.

[7] McCall, p. 200.

[8] For example, McCall cites the cases of Volvo and Donnelly Mirrors, and the legally mandated co-

determination practices in Germany, as evidence that employee participation can increase a business's competitiveness.

[9] Mark Sagoff, "At the Shrine of Our Lady of Fatima or Why Political Questions Are Not All Economic," *Arizona Law Review* 23 (1981), p. 1283.

[10] *Griswold v. Connecticut* (1965) found privacy within the "penumbra" of rights established by the First, Third, Fourth, and Fifth Amendments. Criticism of this decision as a vague, judicially created right was a major factor in the U.S. Senate's rejection of the nomination of Robert Bork to the Supreme Court. Only eight years later the Supreme Court relied on this same understanding of privacy rights in reaching the still-controversial abortion decision in *Roe v. Wade*.

[11] George Brenkert, "Privacy, Polygraphs, and Work," *Business and Professional Ethics Journal* 1, no. 1 (1981), pp. 19–35.

7장

직원의 책임

학습 목표

이 장을 읽고 나면,

- 직장 내 직원 책임의 본질과 범위를 설명할 수 있다.
- 직원 책임의 대리인 관점을 설명할 수 있다.
- 비즈니스 전문가의 문지기로서의 역할을 이해할 수 있다.
- 관리자의 책임을 설명할 수 있다.
- 이해관계자 간 충돌의 개념을 설명하고 검토할 수 있다.
- 직장에서의 신뢰와 충성에 대한 책임을 분석할 수 있다.
- 비즈니스에서 정직에 대한 책임을 분석할 수 있다.
- 내부 고발과 내부자 거래에 관한 윤리적 책임을 분석할 수 있다.

토론 사례:

비즈니스에서의 신뢰

신뢰는 변호사, 감사, 회계사 및 금융 분석가를 포함한 많은 비즈니스 전문직에서 핵심 역할을 한다. 이러한 전문가들은 종종 경제적 '문지기' 또는 '감시관'으로 작동하여 시장이 올바르게 작동하도록 보장하는 규칙을 준수하는지 확인한다. 예를 들어, 효율적이고 공정한 시장의 핵심 요구 사항 중 하나는 사기와 속임수가 없어야 한다. 이러한 조건이 충족되는지 확인하는 것은 시장 기반의 경제 시스템의 중요한 내부 요구 사항이다. 스포츠에서 심판이 어떤 역할을 하는지와 유사하게, 이러한 감시 전문가들은 규칙을 따르고 시스템이 올바르게 작동하도록 하여 시스템 자체를 보호하는 책임이 있다. 시장의 모든 참가자는 이들 전문가가 일을 잘 하리라고 믿는다.

금융 및 투자 자문사들은 투자 상품을 마케팅하려는 금융 회사와 이러한 상품을 구매하는 고객 사이에서 유사한 전문가 역할을 한다. 이러한 전문가들은 고객이 스스로 현명한 투자 결정을 내리기에는 전문 지식이 부족하므로 고객의 최선의 이익을 고려한 조언과 결정을 내려야 하는 책임이 있다. 그러나 웰스 파고 사건에서 본 것처럼 모든 투자 자문사들이 신뢰에 근거하여 전문가의 책임을 다하지는 않는다.

전문가 또는 전문 기관들의 신뢰 위반은 최근 몇 십 년간의 모든 주요 비즈니스 스캔들에서 중요한 역할을 했다. 여러 차례 변호사, 감사, 회계사, 금융 분석가 및 기술자들이 신뢰할 수 없다는 것이 증명되었다. 이러한 일이 발생한 가장 일반적인 이유는 전문가로서의 책임과 자신의 개인적 이해 간의 이해관계의 충동에 있다. 전문가들은 종종 그들의 고용주에 의해 가해진 압력으로 그 역할을 수행하지 못했다. 마치 심판이 한 팀만을 대표하여 돈을 받았다면 이해관계의 충돌에 직면하는 것처럼 전문가들은 그들이 규제하도록 설계된 사람들에게 돈을 받을 때 이해관계의 충돌에 직면한다.

예를 들어, 21세기 초반의 악명 높은 엔론 사례는 신뢰 실패의 고전적인 예이다. 엔론의 회계 회사인 아더 앤더슨은 엔론의 감사를 수행하는 동시에 엔론의 경영 컨설팅 자문회사로 활동하기 위해 고용되었다. 이러한 이중 역할은 결국 아더 앤더슨의 붕괴로 이어져서, 회계사와 변호사들이 엔론의 의심스러운 회계 관행에 대해 자문하면서 동시에 엔론의 재무 보고서의 합법성을 보장했다. 앤더슨의 감사인들은 자신들의 고용주가 엔론에게 수백만 달러를 받았고 엔론의 재무 보고서를 인증하는 데 큰 압력을 받았음을 알고 있었다. 아더 앤더슨의 감사자들을 믿은 투자자와 금융 회사들은 최종적으로 투자금을 잃게 되었다.

두 번째 사례는 서브프라임 모기지 위기로, 이는 2008년에서 2010년의 글로벌 경제 붕괴에서 주요한 역할을 한 요인이다. 글로벌 금융 시스템의 거의 완전한 붕괴, 리먼 브라더스(Lehman Brothers), 컨트리와이드 파이낸셜(Countrywide Financial), 베어스턴스(Bear Stearns), 메릴린치(Merrill Lynch) 등의 주요 금융 기관들의 붕괴가 2008년에서 2010년의 글로벌 경제 침체를 야기했다. 이러한 금융 기관들의 재정적인 문제의 많은 부분은 특히 부동산 모기지 부문에서의 위험한 대출 관행에 기인할 수 있다. 금융 분석가 및 신용 평가 기관들 간의 부패가 이러한 사건에 중요한 역할을 했다.

이 사태의 핵심에는 모기지 담보 증권이 있었다. 보통의 대출 관행은 모기지를 매우 매력적인 투자로 만든다. 대출 기관은 주택 구매를 위한 대출을 제공하고 대출은 주택 자체의 가치로 담보화되며, 대출자가 채무를 불이행하면 은행이 집을 소유한다. 대출 기관은 리스크를 감소시키고 대출의 안전성을 보장하기 위해 추가적인 단계를 필요로 한다. 20%의 계약금을 요구하거나, 대출 신청자가 안정된 소득을 제공할 것으로 예상되는 안정된 직장, 일부 저축 및 우수한 신용 등을 요구하는 것이다. 이러한 단계는 주택 담보 신청자가 의무를 불이행할 가능성을 줄이며, 심지어 불이행이 발생하더라도 20%의 계약금과 주택 자체의 안전성이 대출 기관의 추가 손실을 방지한다.

이러한 대출이 재정적으로 안전하다면 금융 기관과 투자 은행이 많은 모기지를 사들이고 투자 증권으로 포장하는 것이 가능하다. 이 과정의 중심에는 무디스(Moody's), 피치(Fitch), S&P(Standard and Poor's)와 같은 신용 평가 기관이 있는데, 이들은 이러한 투자의 위험과 안전에 대한 독립적인 평가를 제공한다. 모기지 담보 증권은 정기적으로 최고 등급인 AAA 신용 평가를 받았다.

그러나 21세기 초에 다양한 이유로 모기지 담보 증권이 점점 더 위험해진다. '서브프라임' 모기지는 이러한 금융 시장의 일반적 관행이 되었다. 이론적으로는 금융 분석가, 신용 평가 기관, 감사인 및 은행 감사원과 같은 문지기들이 자신의 역할을 충실히 수행한다면 시장은 자체적으로 규제된다. 위험한 증권은 낮은 신용 평가를 받아야 했으며, 이로 인해 그러한 증권에 투자가 감소하고 주택 붐과 부동산 시장이 둔화되어야 했다. 그러나 이러한 문지기 역할을 해야 할 많은 사람들이 신뢰하지 못할 수준이었다는 것이 밝혀졌다. 신용 평가 기관은 위험한 투자에 여전히 높은 신용 평가를 부여했으며, 이러한 위험 투자가 실패하기 시작하면서 전체 부동산 시장이 붕괴되었다.

나중에 생각해 보면, 이는 신용 평가 기관이 모기지 담보 증권을 판매하는 투자 은행과 금융 기관에 의해 고용된 경우였기 때문에 놀라운 일이 아니다. 사실, 평가 기관이 증권을 판매하는 기업에서 급여를 받는다면 투자자는 더 이상 신용 평가를 객관적이고 정확한 것으로 간주할 수 없다. 평가 기관이 투자자를 보호하기 위한 평가를 하는 것이 아니라 판매자의 이익을 보호하기 위한 것이기 때문이다. 비판자들은 이 상황이 전형적인 이해관계의 충돌이라고 주장한다. 신용 평가 기관과 그들의 분석가들은 시장이 올바르게 작동하기 위해 필요한 정확한 평가를 내놓을 책임이 있지만 그들 자신의 재정적 이익은 구매자를 지지하는 것이 아닌 판매자를 지지하는 평가를 내놓도록 기울어져 있기 때문이다. 평가 기관이 전문적인 책임을 체계적으로 수행하지 않아 그들에게 부여된 신뢰의 책임을 저버린 것이다. 그들의 인위적인 신용 평가 조작은 위험한 모기지의 채권 회수가 어려워지고 따라서 투자 은행이 붕괴되고 결국 전체 경제가 붕괴되는 결과로 나타났다.

하지만 비즈니스 내에서 일하는 전문가들만이 금융 시스템의 정직과 관련한 책임에 유일한 감시자는 아니다. 최근 몇 년 동안 정치인과 판사들이 이해관계를 넘어서 기대되는 신뢰를 저버린 실망스런 사례가 늘어나고 있다.

코로나19 팬데믹 초기 미국 몇 명의 상원 의원들의 주식 거래에 대한 비난이 한 예이다. 2020년 1월 당시 의회는 행정부로부터 코로나19 확산에 관한 정기적인 비공개 브리핑을 받고 있었다. 팬데믹 소식이 전해지자 주식 시장이 3%까지 하락하기 전에 이 브리핑에 참석한 네 명의 상원 의원은 (항공 및 호스피탈리티 산업과 같은) 팬데믹 중에 피해를 입을 것으로 예상되는 기업들의 주식을 상당량 매도하고, (제약 및 원격 회의 소프트웨어 기업과 같은) 팬데믹에서 이익을 볼 것으로 예상되는 기업들의 주식을 매입했다.

노스캐롤라이나의 리처드 버, 조지아의 켈리 로플러, 캘리포니아의 다이앤 파인스타인, 오클라호마의 제임스 인호프 세 명의 상원 의원은 내부자 거래로 보이는 행동으로 인해 대중의 비난을 받았다. 그들 또는 그들 가족 구성원은 곧 팬데믹 뉴스에 크게 영향을 받을 주식을 팔았는데, 특히 리처드 버는 당시 상원 정보위원회 위원장이었으며 FBI와 미국 법무부의 수사 대상이었다. 그는 코로나19 확산에 대한 브리핑을 받은 직후 그의 개인 주식의 상당 부분을 팔았지만 이러한 확산에 대한 정보가 시장에 공개되기 전이었다. 수사관들은 같은 날 리처드 버 동생의 배우자가 주식을 상당량 매도한 것을 발견했다. 결국 버는 범죄로 기소되지는 않았지만 위원회 의장직에서 사퇴하고 재선에 출마하지 않겠다고 발표했다.

2021년 9월, 월스트리트 저널은 그들의 조사에서 자신이나 가족이 소유한 주식이 관련된 기업의 사건을 처리한 130명 이상의 연방 판사를 확인했다. 그중 3분의 2는 해당 기업에 유리한 방향으로 판결했다. 연방법과 사법 윤리 모두 이러한 경우에는 판사가 스스로 제척해야 한다고 규정하고 있지만 130명 모두 그렇게 하지 않았다.

토론 질문

1. 일상생활에서 타인을 믿는 다양한 방식에 대해 생각해 보자. 다른 사람을 믿지 못한다면 삶이 어떻게 변할까? 어떤 기관을 믿는가? 어떤 것을 또는 누구를 믿지 않는가?
2. 게이트키퍼가 자신의 의무를 수행하지 못할 때 누가 손해를 입을까? 예를 들어, 편향된 감사로 인해 누가 손해를 입고, 누가 혜택을 받을까?
3. 전문가가 고용주의 이익과 상충되는 경우 전문가로서의 의무를 다하게 하기 위한 어떤 전략이 있을까?
4. '구매자주의' 원칙이 금융 자문 및 금융 서비스 업계의 표준이어야 하는 이유는 무엇인

가? 그렇지 않다면 그 이유는 무엇인가?

5. 선출된 공무원과 판사가 어떻게 게이트키퍼 또는 감시자로 작동할까?

7.1 서론

6장에서는 직장 내에서 직원들이 주장할 수 있는 잠재적인 권리 범위를 고려했다. 권리는 개인이 특정한 방식으로 대우받거나 특정 상품을 받을 권리가 있다고 주장하는 것으로 이해할 수 있다. 나의 권리는 남이 나에게 무엇을 빚지고 있는지를 결정한다. 이제 우리는 책임에 관한 질문으로 넘어간다. 즉, 나는 다른 사람들에게 무엇을 빚지고 있는가에 관한 것이다.

2장에서 우리는 무언가를 권리로 주장하려면 그것이 단순히 내가가 원하거나 바라는 것보다 강력한 의미여야 한다고 설명했다. 내가 권리를 주장하려면 그러한 권리가 어떻게 나의 인간으로서의 복지에 기여하는지, 그리고 그러한 나의 권리가 침해되면 나는 어떤 중요한 방식으로 고통받는지에 대한 설명을 할 수 있어야 하고 또한 이러한 주장은 윤리적 근거가 있어야 한다. 존경, 자유, 평등한 대우, 건강과 안전, 프라이버시는 권리로써 자격이 있는 핵심 이익의 예다.

마찬가지로, 우리의 의무와 책임은 다른 사람들이 우리에게 바라는 것이나 기대하는 것 이상이어야 한다. 나는 당신이 나에게 돈을 주기를 원할지도 모르지만, 당신은 나에게 그렇게 할 의무나 책임이 없다. 내가 무언가를 원하기 때문에 당신이 그것을 해야 하는 의무나 책임이 있는 것은 아니다. 의무(duty)가 되려면 의무감(sense of obligation)이 있어야 한다. 나는 당신에게 무엇인가를 팔았기 때문에 당신은 나에게 돈을 빚지고, 나는 늙었고 당신은 내 아들이기 때문에 정원 일을 도와주어야 하고, 당신이 도와주기로 약속했기 때문에 당신은 나를 도와주어야 한다.

의무와 책임은 무엇인가? 잠시 생각해 보면 이 질문이 매우 폭넓다는 것을 알 수 있다. 가장 합리적인 대답은 그것이 상황에 따라 다르다는 것이다. 이는 대부분 내가 상대방과 가지고 있는 관계에 따라 달라진다. 나의 자녀에게 가지고 있는 책임과 의무는 이웃에게 가지고 있는 책임과 의무와 다르며, 낯선 이에게 가지고 있는 책임과 의무는 더욱 다르다. 직장에서는 나의 역할이나 직무, 고용 계약에서 맡은 업무, 심지어 근무하는 회사와 산업에 따라 책임이 형성된다. 예를 들어, 나는 교수로서 내 학생들, 내 학과, 내 대학에 책임을 가지고 있을 뿐만 아니라 내 연구 분야(철학)와 내 전문 분야(어떤 이들이 '학계'에 대한 의무로 부르는 것)에도 책임을 가지고 있다.

일부 관찰자들에게는 직장에서의 책임과 의무의 성격과 정도가 충분히 간단한 것처럼 보일 수 있다. 노동자는 근로자이고, 고용 관계는 근로자가 사용자에게 어떠한 빚을 지고 있는지를 규정한다. 근로자로서 당신은 고용주가 요구하는 대로 일해야 하는 책임이 있다. 우리는 일찍이 밀턴 프리드먼(Milton Friedman)의 이전 명언을 다시 살펴볼 필요가 있다.

> 자유 기업 및 사유 재산 시스템에서 기업 임원은 고용주의 직원입니다. 그는 고용주에게 직접적인 책임이 있습니다. 이 책임은 일반적으로 사회의 기본 규칙, 즉 법과 윤리적 풍습에 명시된 것들을 준수하면서, 그들(고용주)의 욕망대로 사업을 진행하는 것입니다. 중요한 것은 기업 임원으로서 관리자가 기업을 소유한 개인들의 대리인이라는 것이며, 그(임원)의 주요 책임은 그들(고용주)에게 있다는 것입니다.[1]

하지만 앞서 토론 사례가 보여 주듯, 이러한 관점은 너무 단순하다. 비즈니스 매니저는 확실히 기업의 대리인이며 따라서 주주에게 특정한 책임이 있다. 그러나 매니저는 또한 고객, 직원, 법률 및 지역사회에 대한 책임이 있다. 매니저는 주주에 대한 책임과는 다른 기업 자체에 대한 책임도 가지고 있다. 매니저는 또한 전문가일 수 있으며(예: 엔지니어, 변호사, 의사, 감사 또는 회계사), 따라서 전문적인 책임도 가질 수 있다. 엔론의 변호사와 감사, 그리고 서브프라임 모기지 위기의 핵심에 있는 금융 전문가들은 그들의 회사의 직원뿐만 아니라 감사인, 회계사, 변호사, 준법감시 담당자 및 투자 자문가로서의 책임도 가진다.

비즈니스의 각 이해관계자는 기업 내에서 내려지는 결정에 의존한다. 모든 이해관계자는 매니저, 임원 및 전문가가 그들의 책임을 다할 것이라고 믿는다. 실제로 경제 및 금융 시스템 자체가 비즈니스 내의 사람들이 책임 있는 결정을 내릴 것이라는 신뢰에 기반한다. 상대방을 신뢰한다는 것은 아마도 비즈니스 세계에서 우리에게 주어진 가장 일반적인 책임일 것이다.

7.2 신뢰와 비즈니스

비즈니스에서 신뢰는 그 어떤 가치보다도 중요하며 광범위하게 작용한다. 실제로 신뢰는 대부분의 사회적 상호 작용에서 필수적인 요소이며 신뢰가 없는 사회를 상상하기 어렵다. 우리는 완전히 자급자족의 삶을 살 수 있는 능력도, 그리고 그것을 시도할 시간도 없기 때문에 다른 사람을 신뢰할 수밖에 없다. 비즈니스에서 신뢰는 어떤 역할을 할까?

비즈니스 상황에서 매일 우리 주위에는 신뢰가 존재한다. 앱 스토어부터 신용카드 회사, 음악 스트리밍 사이트에 이르기까지 내 금융 정보에 접근하는 모든 기업이 해당 정보를 해커로부터 보호하기 위해 엄격한 보안 및 암호화를 갖추고 있다고 우리는 믿는다. 음식 배달 서비스가 예정된 시간에 도착할 것이라고 믿는다. 트위터, 인스타그램이 내 동의 없이 내 개인 정보를 공개하지 않을 것이라고 믿는다. 내 노트북과 휴대폰의 암호화 및 바이러스 방지 소프트웨어가 이들 회사의 광고대로 작동할 것이라고 믿으며, 나를 태워 줄 우버 운전자가 조심스럽고 안전하며 신뢰할 수 있는 운전자일 것이라고 믿는다. 나는 아마존이 주문한 제품을 보냈으나 내가 불만족스러운 경우 반환을 수락할 것이라고 믿는다.

반면에 나는 아마존에서 읽은 제품 리뷰, 로튼 토마토(Rotten Tomatoes)에서 읽은 영화 리뷰, 또는 구글 검색 결과에 나타난 팝업 광고는 그다지 믿지 않는다. 페이스북 뉴스 피드에서 찾은 의료 조언이나 텔레비전에서 본 정치 광고에는 전혀 믿음이 가지 않는다.

신뢰는 이미 우리가 논의한 여러 주제와 관련이 있다. 1장에서는 사실을 결정할 때 전문가를 믿는 것의 중요성을 이야기했다. 2장에서는 논의된 윤리적 미덕 중 하나로 신뢰가 제시되었으며, 4장에서는 기업 리더와 직원 모두에게 원하는 특성 중 하나로 신뢰가 논의되었다. 신뢰는 4장에서 소개된 웰스 파고 사건의 신의 성실 의무 정의의 일부이기도 하다.

그렇다면, 신뢰란 무엇인가? 신뢰는 누군가(신뢰받는 자)에게 의존하는 것으로 생각할 수 있다. 우리가 누군가가 신뢰할 만하냐고 할 때(윤리적 덕목 중 하나), 우리는 그들을 신뢰할 만하고 의존할 이유가 있다고 말하는 것이다. 그러나 우리는 그들에게 의존하고 있기 때문에, 신뢰는 신뢰받는 자가 예상대로 행동하지 않을 경우(신뢰할 만하지 않거나 믿을 수 없다는 것) 신뢰한 사람들이 어떤 식으로든 손해를 입을 수 있는 요소도 포함하고 있다. 누군가를 신뢰할 때는 그들에게 의존하는 것이며, 따라서 신뢰는 신뢰받는 자가 신뢰할 만하지 않거나 믿을 수 없는 경우에는 취약할 수밖에 없다. 이것은 신뢰받는 자 측면에서 어떤 책임이나 의무가 포함된다는 것을 의미한다. 누군가를 신뢰하는 사람이 신뢰받는 자가 그 신뢰를 저버리면 신뢰받는 자의 행동에 상처를 받을 수밖에 없고, 신뢰받는 자는 그 신뢰를 배신하고 윤리적으로 문제가 있는 일을 한 것이다(4장에서 소개된 웰스 파고 사건에서 설명한 '신인 모델'의 일부로 이 신뢰 관계를 설명했다).

우리는 대부분의 사회 및 비즈니스 상호 작용에서 신뢰가 어떻게 발생하는지 알 수 있다. 우리는 항상 다른 사람에게 의존하고, 다른 사람들이 특정한 방식으로 행동할 것이라고 믿는다. 이러한 신뢰는 우리를 그들의 행동에 의존하게 만든다. 이는 우리가 의사, 재무 기획사, 또는 변호사처럼 우리 스스로 의학, 재정 및 법률 연구를 수행할 시간이나 능력이 없기 때문이다. 나는 맞은 편 운전자가 빨간 불에서 멈출 것이라는 믿음을 가지고 있으므로 교차로에서 계속 운전을 한다. 나는 과학자와 FDA가 안전성이 확보될 때까지 백신을 충분히 테스트할 것이라고 믿는다. 나는 주치의, 금융 자문가, 변호사의 조언을 믿는다. 나는 판사가 공정할 것이라고 믿고, 선출된 관리자들이 자신의 재정 이익보다는 대중이 그들에게 갖는 신뢰를 우선시할 것이라고 믿는다.

신뢰의 가치를 믿는 것은 이전 장에서 우리가 고려했던 몇 가지 윤리적 가치와 연관되어 있다. 신뢰할 만한 사람이 되는 것은 선한 삶을 이끌어 나가는 데 큰 역할을 할 수 있는 윤리적 덕목이다. 신뢰할 만하고 믿음직한 사람이 되면 사회적 관계가 더 쉽고 더 깊고 더 충족스러워질 것이다. 또한 신뢰는 상호적이다. 다른 사람에게 믿음직한 사람이 되면 그들도 당신에게 신뢰할 만한 사람이 될 가능성이 높다. 다른 사람에게 신뢰하고 의지할 수 있다면 모두에게 삶이 더 나아질 것이다.

비즈니스 내에서 다른 사람들에 대한 신뢰는 각자의 목표를 더 많이 달성할 수 있게 해 준다. 금융 시스템 자체에 있어서 신뢰의 존재는 효율성뿐만 아니라 공정성과 품위를 보장한다. 신뢰라는 사회적 가치를 통해 공리주의적 가치와 윤리적 원칙 모두가 지켜진다.

7.3 직장에서 종업원의 책임에 관한 좁은 시각: 대리인으로서의 종업원

만약 책임이 다른 사람과의 관계의 성격에 따라 결정된다면 직장에서의 책임을 이해하기 위해서는 직원과 고용주 간의 관계를 고려해야 한다. 이전 절에서 사용된 밀턴 프리드먼의 인용구는 직원 책임의 좁은 시각의 한 예이다. 비즈니스 매니저들은 비즈니스 소유주의 대리인이며 따라서 회사의 이익 극대화에 책임이 있다. 이러한 관점은 **대리인-주체** 간 공통법(common law concept of agent-principal) 개념에 뿌리를 두고 있으며, 우리는 이 법적 개념을 통해 직원의 윤리적 책임을 분석할 수 있다.

일반적으로 대리인은 다른 사람을 대신하여 행동하는 사람을 나타낸다. 모든 대리인이 직원은 아니다. 예를 들어, 부동산 중개인이나 투자 고문은 대리인이지만 직원은 아니다. 지역 은행에서 고용한 투자 고문은 은행의 직원 또는 대리인이 될 수 있다. 공통법 전통은 역사적으로 모든 직원을 고용주(주체)의 대리인으로 취급해왔다. 대리인으로서 직원은 특정 업무를 수행하기 위해 고용되었으며 주체를 대신하여 행동할 의무가 있다. 이러한 신탁(fiduciary) 관계는 양측 모두에게 책임을 부여하지만 주요 책임은 종업원에게 지어지는데 이러한 책임의 종류에는 충성심, 복종, 비밀유지 등의 법적 의무가 있다.

대리인 관계는 대리인이 의사 결정에서 가지는 자유도에 따라 다양하다. 법적 전통은 임원이 아닌 평직원은 직장에서 매우 적은 자유를 가진 대리인으로 간주해 왔다. 사실, 법은 일반적인 고용주-직원 관계를 주인-하인 관계로 표현해 왔다. 이러한 관계에서 고용주는 고용의 성격과 조건에 대해 많은 통제권을 가진다. 하인은 특별한 전문 지식이 없다고 인식되어 직접적이고 지속적인 감독이 필요한 존재로 간주됐다. 예를 들어, 비서나 공장 근로자는 시간당 임금이 정해진 상황에서 특정 업무를 수행하고 이러한 업무 수행은 고용주에 의해 철저히 감독된다. 하인의 책임은 고용주의 지시를 따르는 것이며 고용주의 책임은 합의된 임금을 지불하는 것이다.

관리직 직원(매니저 또는 임원)은 더 많은 재량권과 고용주의 최선의 이익을 위해 행동해야 하는 더 큰 책임을 가지고 있다. 매니저는 소유주가 의존해야 하는 특별한 전문 지식을 가졌다고 인식되어 더 큰 책임을 져야 한다. 따라서 매니저는 기업을 대표하여 행동할 법적 권한을 가지고 있다. 돈을 쓰고, 계약을 체결하고, 직원을 고용하고 해고하는 등의 결정을 내릴 수 있으며 이러한 결정을 내릴 때 높은 자율성을 갖는다. 일반적으로 매니저는 소유주의 최대의 금전적 이익을 지키기 위해 매우 높은 충성 의무가 있다고 할 수 있다. 이러한 증가된 책임은 매니저들이 소유주의 일상의 감독으로부터 조금 더 자유로워질 수 있다.

고용주-직원 관계에 관한 이러한 대리인-주체 모델의 함의는 직원의 책임 범위와 관련해 중요하다. 공통법은 직원(agent)이 고용주(principal)에게 충성, 신뢰, 복종 및 비밀 유지의 법적 의무를 가진다고 주장한다. 이러한 책임은 직장을 우선하는 개인적인 이익을 허용하지 않는다. 이것이 프리드먼이 매니저의 주요 책임은 기업 소유주에 대한 책임이라고 말하는 것과 일맥상통하는 것이다.

물론 아무도 직원이 고용주에게 복종해야 할 법적 책임이 모든 기타 윤리적 및 법적 책임에 우선한다고 주장하지는 않을 것이다. 심지어 프리드먼도 직원의 고용주에게 복종해야 할 법적 책임도 당연히 직원에 의해 이행되어야 할 책임이고 또한 직원은 다른 윤리적 풍습에도 순응해야 하는 책임도 있다는 것을 인정했다. 따라서 문제는 종업원의 고용주에게 복종해야 할 법적 책임과 윤리적 책임 중 무엇이 더 중시되느냐 하는 것이다. 좁은 관점이라고 불릴 수 있는 대리인-주체 관점에서는 기업 소유주의 이해관계에 충실해야 할, 즉 고용주에게 복종해야 할 책임보다 우선시해야 할 종업원의 책임은 극히 극소수라고 주장한다. 고용주의 일상적인 감독으로부터 평사원보다 조금 더 자유로운 매니저도 고용주의 이해관계와 일치하는 행동을 항상 해야 하는 책임이야말로 최우선인 것이다.

그러나 이러한 종업원의 책임에 관한 좁은 시각이 윤리적으로 타당한가? 왜 누군가는 직원이 고용주의 욕망보다 우선시되는 책임을 가질 수 없다고 생각할까? 이러한 질문에 두 가지 답변이 있을 수 있다. (1) 관리직 직원은 경제 시스템 내에서 특정한 역할을 하며 그 경제 시스템이 모든 이익에 도움이 되기 때문에 해당 시스템 내에서 직원들이 맡는 특별한 역할과 책임이 다른 윤리적 고려보다 우선한다. 이는 이전에 검토한 실용주의 주장의 변형이다. (2) 고용주의 사유 재산권 때문에 직원은 고용자에게 경제적 피해를 주지 말아야 한다. 그러나 우리는 또한 2장과 3장에서 본 것처럼 이 두 가지 윤리적 관점이 심각한 도전을 겪고 있다는 것을 알 수 있다. 이 문제를 더 고려하기 위해 관리직 직원과 비관리직 직원을 각각 구분하여 이 문제에 다가가 보겠다.

비관리직(하위직) 직원에 적용할 경우 좁은 시각은 직장 내 개인의 일반적인 책임은 그들이 직장의 밖으로 나서는 순간 요구할 수 없다고 할 것이다. 직장 내에서 하위직 직원은 고용주의 명령을 따르는데, 단지 명령을 따랐다는 것만으로 누군가에게서 책임을 면제하지는 않는다. (전쟁 범죄 재판의 경우가 이러한 명령을 따랐다고 그 사람을 용서할 수는 없는 사례 중 가장 극적인 예일 것이다.) 좁은 시각이 옳다고 얘기하려면 직원-고용주 관계에서 고용주의 정상적이지 못한 요구에 부응해야만 한다는 특별한 이유를 밝혀야 한다.

언뜻 보기에 좁은 시각이 논리가 있다고 보일 수 있다. 직원은 일자리를 얻을 때 고용주의 명령을 따르기로 동의한다. 그들이 일할 때 이 조건에 동의했기 때문에 그들은 고용주의 명령을 따르는 책임보다 우선시되는 다른 책임은 없어 보인다. 그러나 이러한 명제는 설득력이 없다. 첫째, 동의만으로는 다른 책임에서 면제되기에는 충분하지 않다. 예를 들어, 군복무를 자원할 때 모든 명령에 맹목적으로 복종해야 하는 것은 아니다. 모든 직원에게 무엇이든 고용주를 따를 의무를 부과하는 것은 개인 책임의 불합리한 포기이다. 직원이 고용주의 부도덕한 지시를 따를 윤리적 책임이 있다고 주장하는 것은 논리적이지 않다.

이러한 응답의 불합리성은 대부분의 직원이 고용주와 거래할 때 취약한 위치에 있다는 사실에 의해 더욱 드러난다. 일자리를 자발적으로 선택하더라도 직원이 자유로운지에 대한 문제를 살펴봐야 한다. 누군가의 명령을 따를지 아니면 일자리를 포기할지를 선택하는 것은 본질적으로 강제적인 상황이므로 그 동의는 완전히 자유로운 것이 아니다. 고용주가 직원을 해고할 권한을 가지고 있고 이 권한으로 인해 직원은 고용주의 행위에 취약해지므로 직원은 그 권한의 임의적 사용으로부터 보호받을 자격이 있다. 이는 일찍이 고용주의 임의적 권한 사용에 대한 고용 계약 및 직원의 정당한 절차 권리에 대한 토론에서 다룬 주제이다. 6장에서 다룬 정당한 절차에 관한 토론은 고용주 권한이 무한히 자의적일 수 없음을 생각하게 했다.

비관리직 직원에 대한 더 합리적인 결론은 그들이 직무와 관련이 있고 합리적이며 법적이거나 윤리적인 의무를 위반하지 않는 한 고용주의 지시를 따를 책임이 있다는 것이다. 이는 그들이 직무와 관련이 있어야 한다고 주장함으로써 고용주가 직원을 개인 하인으로 만드는 것을 방지한다. 고용주의 권한은 고용 관계 내에서만 존재하며 따라서 직무와 관련된 문제에만 적용된다. 이 조건은 예를 들어, 직원이 고용주를 위해 사적인 일을 처리할 책임이 없다는 것을 의미한다. 지시가 합리적이어야 한다는 것은 직원이 그 지시를 수행할 수 있어야 하며, 지시가 직원의 정상적인 직무 책임 범위 내에 있어야 하며 직원을 위험에 빠뜨리지 않아야 한다. 마지막으로 세 번째 조건은 고용주가 직원에게 법을 어기도록 요구하거나 누군가에게 해를 끼치도록 하거나 직원 자신의 윤리적 정직성을 위반하는 행위를 요구할 수 없다는 것을 의미한다. 직원이 비윤리적으로 행동할 윤리적 책임이 있다고 주장하는 것은 분명히 합리적이지 않다.

마지막으로 비관리직 직원이 그들의 직무 수행에 있어 고용주에게 어떤 노력을 할 책임이 있는지 고려해 보아야 한다. 직원은 고용주가 원하는 대로 최적의 수준으로 일할 책임이 있는 것일까? 고용주는 일의 양과 질에 대한 어떤 기준이든 자유롭게 설정할 수 있을까? 나는 직장에서 나에게 주어진 시간에 최대의 노력으로 일하지 않을 때 직원으로서의 책임을 위반하는 것일까?[2]

당연히 고용주는 직원이 매 순간 최상의 수준으로 일하길 원한다. 그러나 당연히 이러한 기대는 합리적이지 않다. 특히 시장이 사회 정책의 최종 중재자라고 생각하는 사람들에게는 더욱 그렇다. 효율적인 노동 시장은 직원이 직장에서 최대의 노력이 아닌 합리적인 수준의 노력을 한다고 전제한다. 효율적 경쟁 노동 시장이란 내가 받는 임금을 똑같이 받고 나보다 더 열심히 일한 사람이 있다면 나의 고용주는 나를 해고하고 그 사람을 고용할 수 있어야 하는 시장이다. 일반적으로 직원의 책임은 회사가 주는 공정한 수준의 임금에 대한 대가로 공정한 노력만 기울이면 되는 것이다.

관리 권한이 있는 관리직 직원의 경우 좁은 시각이 상정하고 있는 직원 책임은 더 타당해 보인다. 관리자는 종종 (항상은 아니지만) 기업을 대표할 권한을 가지고 있다. 이러한 권한은 관리자가 고용주가 갖지 못한 전문 지식을 갖고 있기 때문에 정당화된다. 전문 지식의 불평등과 또한 고용주를 대표하여 행동할 책임은 대리인 이론의 핵심 개념이다. 일반적으로 목표를 달성하기 위해 특별한 전문 지식이 필요하다면 대리인(예: 부동산 대리인이나 변호사)을 고용한다. 고용주 스스로 필요한 지식을 갖추지 못하고 대리인이 필요하면 고용주는 취약한 위치에 있게 된다. 이것은 비관리직 직원의 상황과 정반대로, 즉, 비관리직 직원이 고용주의 이해관계에 반하면 다른 비관리직 직원으로 대체할 수 있는 반면 관리직 직원은 그 전문 지식으로 인해 대체 가능성이 낮아 고용주의 이해관계에 반해도 어쩔 수 없는 취약성이 있음을 말한다. 6장에서 언급된 것처럼, 취약성이 있는 비관리직 직원은 자신을 보호하기 위해 그들의 권리로부터 비롯한 보호를 받을 자격이 있고 고용주는 비관리직 직원에게 특별한 책임을 져야 한다. 이러한 원칙은 취약함에 노출된 당사자가 혹시 입을 해로부터 보호하기 위함이다. 관리직 직원의 경우 그들이 가진 특별한 전문 지식으로 말미암아 고용주가 관리직 직원으로부터 당할 잠재적인 해가 있고 따라서 법은 대리인, 즉 관리직 직원은 고용주의 이익을 대변해야 할 책임이 있다고 명시한다.

이 모델은 많은 상황에서 윤리적으로 타당하다. 내가 타인에게 나의 금융 거래 내역을 보여 준다면 그러한 정보가 나의 이익에 반해 악용될 위험에 빠질 수 있다. 이렇게 타인으로부터 정보 이용을 수탁받은 사람들은 나의 이익을 위해 최선을 다해 행동할 강력한 의무가 있다. 그들의 전문성을 믿고 결국은 내가 그들과 계약을 하기로 한 것이며 나는 기꺼이 그러한 전문성에 돈을 지불한 것이다. 일반적으로 대리인(전문 경영인)들은 그들의 고용주의 최상의 이익을 위해 노력할 윤리적 책임이 있다. 그러나 심지어 프리드먼도 대리인-주체 관계에서 대리인이 주체를 대표하여 행동할 이러한 책임이 무한하지 않다고 인정한다. 정말 중요한 문제는 이러한 책임을 제약하는 조건들이 무엇인지에 중점을 둔다. 언제 그리고 어떤 조건에서 대리인(전문 경영인)의 비즈니스 대리인으서의 책임이 그들의 다른 윤리적 책임보다 우선할까?

특정 직무의 경우 그 역할 수행에 따른 의무가 일반적인 윤리적 책임보다 우선시되는 경우가 있다. 예를 들어, 의사와 변호사는 개인적인 이해를 우선하는 것보다 의무와 충성의 전문적인 책임을 지닌다. 변호사가 클라이언트의 방어 전략 세부 내용을 누설하는 것은 비윤리적이며 의사가 환자의 의료 기록을 제약 회사에 판매하는 것도 비윤리적이다. 마찬가지로 회계사는 이론적으로 적어도 일부의 경우 클라이언트에 대한 책임을 우선한다. 그러나 회사 경영은 이와 같은 특정 전문가와 동일하게 전문적 역할에 따른 책임을 가지고 있는 것으로 간주되어야 할까? 경영 관리자의 역할이 의사, 변호사 또는 감사인의 역할과 유사하게

REALITY CHECK:

'대리인 문제'를 해결할 수 있을까

현대 자본주의 경제의 핵심에는 심각한 문제가 있다고 여겨지고 있다. 현대 경제는 법적으로 '대리인(agent)'으로 알려진 개인들이 '주체(principal)'의 최선의 이익을 위해 일하는 시스템에 의존하고 있다. 시스템이 작동하려면 대리인들은 자신의 개인적 이해관계가 걸린 상황에서도 주체의 이익을 충성스럽게 대표해야 한다. 다시 말해 대리인들은 주체인 고용주의 이해관계를 자신의 이해관계 보다 우선할 의무가 있다.

예를 들어, 이사회의 구성원은 주주를 위한 대리인으로 행동할 수 있고, 경영진은 이사회를 위한 대리인으로 행동하며, 변호사와 회계사는 그들의 클라이언트를 위한 대리인으로 행동할 수 있다. 이러한 대리인-주체 모델은 개인이 자신의 이익을 접어 두고 다른 이를 대표하기 위해 충분한 동기를 부여할 수 있다고 가정한다. 그러나 이것은 현대 경제 이론의 많은 부분에서 가정되는 인간성에 관한 시각과 상반된다. 즉, 개인은 자기 이익을 추구한다는 것이 기본 전제이다. 이것이 바로 '대리인 문제'이다. 어떻게 자기 이익 중심적인 개인들을 신뢰할 수 있을까?

이 장에서 설명한 윤리적 실패 중 많은 것들이 대리인 문제의 예로 볼 수 있다. 이는 이사회가 주주의 이익을 보호하지 못한 경우, 경영진이 이사회에 봉사하지 못한 경우, 회계사, 변호사 및 금융 분석가들이 클라이언트를 위해 행동하지 못한 경우이다. 이들은 그들에게 맡겨진 책임, 즉 자신을 고용한 대리인의 이익을 위해 행동해야 할 신뢰를 저버린 상황인 것이다. 경제학자와 경영 이론가들은 대리인 문제에 관한 여러 해결책을 제시했다. 일부는 최선의 해결책은 대리인의 자기 이익을 주체의 자기 이익과 연결하는 인센티브를 만드는 것이라고 주장한다. 예를 들어, 주가에 보너스를 종속시켜 경영진 보상을 성과에 연동시키면, 경영진이 주주가 이익을 얻을 때에만 혜택을 누릴 수 있기 때문이다. 대표적으로 폭스바겐에서 디젤 스캔들 이전에 이루어진 것처럼 대규모 주주 대표를 기업 이사회에 선임하는 것도 기업 이익과 주주 이익을 조화시키기 위한 다른 접근이다.

또 다른 방법은 에이전트의 행동을 제한하는 구조와 제도를 만드는 것이다. 엄격한 법적 제약은 이 접근의 가장 명백한 버전일 것이다. 대리인은 충성, 비밀 유지 및 복종에 대한 구체적인 법적 의무가 있으며, 이러한 의무를 지키지 못하면 형사 처벌을 받을 수 있다. 직업 윤리 규정이나 기업 내 규율과 같은 자기 규제 형태도 이 접근의 다른 버전이다.

흔한 이 두 가지 답은 기본적인 특징을 공유한다. 에이전시 문제는 에이전트의 행동 동기를 주체의 자기 이익과 연결함으로써 해결할 수 있다. 첫 번째 경우, 동기는 '당근'의 형태로, 에이전트가 주체를 섬기면 혜택을 누릴 수 있다. 두 번째 경우, 동기는 '채찍'의 형태로, 대리인이 주체를 섬기지 않으면 그에게 벌을 주는 것이다.

대리인 문제에 대한 세 번째 답은 사실 인간의 동기가 반드시 자기 이익에 의해서만 발동되는 것은 아니라고 주장하여 문제가 실제로 없다고 부정하는 것이다. 이 세 번째 접근은 사람들이 충성, 신뢰 및 이타주의에 의한 동기로도 행동한다는 점을 강조한다. 인간관계는 신뢰와 신뢰성에 기반하며, 이러한 동기는 자기 이익만큼 기본적이고 흔한 것이다. 따라서 이 접근은 기업이 도덕적 성품과 기업 문화를 고려하여 올바른 일을 하려고 원하는 사람들을 유도하고 형성하고 조건을 부여하는 정책과 실천을 개발하도록 권장할 것이다.

1. 당신의 경험에서 누군가가 다른 사람의 대리인으로 일하도록 요구되거나 내가 대리인으로 참여한 경우를 생각해 볼 수 있는가? 이 특정한 경우에 대리인은 어떻게 동기부여되었나?
2. 귀하의 회사에서 대리인 문제에 대한 해결책을 제공할 정책을 설계하라는 요청을 받았다면 어디에서부터 시작하겠는가?
3. 2장에서 미덕(virtue)에 대한 섹션을 검토하고 대리인 문제가 그 관점에서 어떻게 보일지 설명하라.
4. 어떤 상황에서 또는 어떤 종류의 작업에서 대리인 문제가 가장 도전적일 것으로 생각하는가?

사회적 목적을 성취하는 데 충분히 중요한 역할을 해야 한다고 생각하는가? 이러한 일반적인 문제에 대한 답을 찾기보다는 경영 관리자가 고용주에게 가지는 구체적인 책임과 이러한 책임이 다른 책임과 충돌할 때 어떤 일이 발생하는지를 구체적으로 고려하는 것이 바람직하다.

매니저가 전문가인 경우 관리 책임 간 충돌이 있을 수 있다. 예를 들어, 변호사와 회계사는 자신의 개인적인 이해와 사업 고용주의 이익을 둘 다 우선시할 수 있는 특정한 전문적인 책임이 있다. 경영 관리자가 자신의 고용주의 재정적 이익보다 자신의 전문가로서의 책임을 우선할 수 있는지 여부에 대한 논의에 들어가기 전에, 회사에서 전문가 및 전문적인 책임에 대한 검토를 해 보자.

7.4 전문가 윤리와 게이트키퍼 역할

전문가의 의무가 일반적인 윤리적 의무보다 우선시되는 경우가 많이 있다. 예를 들어, 변호사는 고객에 대한 정보를 비밀로 유지할 의무가 있다. 다른 사람들을 속여 결국은 비윤리적 행위를 하게 되는 것일지라도 변호사는 고객이 실제로 범죄를 저질렀다는 사실을 검사에게 알리지 않을 의무가 있다. 기자는 정부의 기밀 정보를 언론에 유출한 사람을 알고 있지만 그는 고발자의 신원을 알리지 않을 의무가 있다. 가족 구성원은 환자의 질병의 성격을 알고 싶어 할 수 있지만 의사는 환자 본인이 원치 않으면 이러한 정보를 비밀로 유지할 의무가 있다. 병원의 직원으로서 간호사는 경영자의 지시에 따라야 하는 책임이 있지만 전문가로서 간호사는 병원의 재정적 이익을 희생하더라도 환자의 이익을 옹호할 책임이 있다.

이 장에서 시작한 토론에서 우리의 책임이란 우리가 다른 사람들과 가진 관계 속에서 기능함을 지적했다. 일반적으로 이러한 관계는 우리가 수행하는 역할에 따라 이해될 수 있다. 부모, 배우자, 친구, 교사 등으로서의 사회적 역할은 우리가 다른 사람들과 가진 관계의 맥락에서 결정되며, 따라서 어떤 책임은 특정 역할과 연관이 있다. 현대 사회에서는 많은 역할이 특정 직업과 관련되어 있다. 일반적으로 우리는 의사, 간호사, 기술자 및 변호사와 같은 전문가들을 하나의 직업으로 생각한다. 비즈니스 맥락에서는 회계 감사인, 회계사, 금융 분석가, 투자 자문가 및 보험 중개인이 종종 전문가로 간주된다.

전문가는 다른 일반적인 직업과 구별되는데, 그 이유는 전문 영역은 매우 특수한 지식이나 전문 기술(예: 법, 의학, 공학)이 포함되어 있다는 점이다. 일반적으로 이러한 특수 지식은 공공 이익에 기여하는 지식이며, 정기적으로 전문가로서의 업무는 공공 기관에 의해 인증된 전문가는 특정한 법적 또는 사회적 특권을 즐길 수 있으며(예: 의사만이 처방전을 쓸 수 있고, 변호사만이 법을 실제로 실행할 수 있으며, 공학자만이 건물 계획을 인증할 수 있음), 종종 그들은 그에 따른 괜찮은 보상을 받는다. 따라서 전문가는 특별한 의무와 책임이 있다고 볼 수 있다.

일반적으로 전문가의 의무는 그들이 가진 특별한 지식이나 전문 기술에서 발생한다고 생각할 수 있다. 이러한 특별한 전문 지식은 공공 이익에 기여하며, 이러한 지식이 없는 다른 사람들보다 전문가는 혜택을 누리기 때문에 사회는 전문가에게 특별한 책임을 부여한다. 보통 직원은 고용주의 재정적 이익을 손상시키지 않을 책임이 있다.

비즈니스 및 경제 맥락에서 어떤 직업들은 경제 시스템 자체에서 매우 중요한 기능을 수행하도록 발전해 왔다. 시장은 법 내에서 작동하고 완전한 정보를 가정하며 사기와 속임수로부터 자유로워야 한다는 것은 보편적으로 인정받는 사실이다. 이러한 조건이 충족되도록 하는 것은 시장 기반의 경제 시스템에 대한 중요한 내부 기능이다. 예를 들어, 변호사, 감사인, 회계사 및 금융 분석가와 같은 몇 가지 중요한 비즈니스 직업들이 이렇게 기능한다. 이러한 직업들을 '게이트키퍼(gatekeepr)' 또는 '와치독(watchdog)'이라 한다. 그들의 역할은 시장에 참여하는 사람들이 규칙을 준수하고 시장이 정상적으로 작동하는 것을 보장하는 것이다. 이러한 직업들은 시장 내에서 각종 당사자들 간 중개자 역할을 한다. 감사인은 기업의 재무제표를 확인하여 투자자의 결정을 사기와 속임수로부터 보호한다. 재무 분석가는 기업의 재무 전망이나 신용도를 평가하여 은행과 투자자가 정보에 기반한 결정을 할 수 있도록 한다. 변호사는 당사자 간 거래가 법에 준수하도록 한다. 기업의 이사회도 같은 역할을 한다고 볼 수 있다. 이사회는 회사의 주주와 경영진 사이를 중재하는데 이러한 중재는 경영진이 주주의 이해관계에 부합하도록 행동하도록 하는 역할을 한다.

불행하게도, 이 장의 토론 사례에서 보았듯이 많은 전문 중개자들은 그들이 감시하는 회사로부터 보수를 받는다. 전문가의 책임과 그들의 금전적 이해 간에는 실제 갈등이 발생할 수 있다. 공인 회계사는 대중에 대한 전문적 책임이 있다. 그러나 그들은 종종 자신이 감사하는 회사 재무 정보의 완전하고 정확하며 독립적인 공개가 그 회사의 이해관계에 부합하지 않을 수 있는 있다. 따라서 전문가의 의무와 전문가 자신의 이해 간에 실제로 갈등이 존재한다.

어떤 의미에서는 이러한 전문적 책임에 관한 윤리적 문제는 명확하다. 전문적 게이트키퍼의 의무는 경제적 정당성을 위한 필요 조건이기 때문에, 그들이 책임져야 할 그 어떤 것보다 우선해야 한다. 클라이언트의 이익을 최대화하기 위해 위험 수준이 높은 투자 상품을 마케팅하는 데 있어 고객의 이익을 위한 의무가 기업의 이익에 반할 수 있다. 그러나 자신의 의무를 알고 있는 것과 그 의무를 이행하기 위해 실제로 행동하는 것은 별개의 문제이다.

이 점을 설명할 때, 철학자들은 때로 무언가를 하기 위한 이유에 대한 두 가지 다른 의미를 구별한다. 한 의미에서 이유는 특정한 방식으로 행동하는 근거 또는 정당화를 나타낸다. 이 의미에서 이유가 있다는 것은 특정한 행동을 정당화할 수 있다는 것이다. 이 의미에서 이유가 있다는 것은 무언가를 특정한 방식으로 행동하도록 동기를 부여받았다는 것과 비슷한 이야기다. 이러한 의미에서의 이유는 논리적 문제보다는 심리적 문제이다. 이 엔지니어들은 행동할 이유가 있었지만, 그들이 그렇게 하지 않을 이유도 많았다.

철학적 윤리학의 많은 부분은 설명적 의미보다는 이유의 정당화된 의미에 관련되어 있다. 그러나 여전히 윤리학에서는 윤리적 정당화가 있음에도 불구하고 엔지니어들이 해야 할 일을 왜 하지 않았는지에 대한 질문에 답하고 싶어한다. 이러한 질문에 답하기 위해 우리는 1장과 2장의 개인 도덕, 사회 윤리, 덕목에 관한 토론을 생각해 볼 필요가 있다.

개인 도덕의 측면에서, 원칙에 따라 행동하는 것은 때로 진정한 용기, 통제력 또는 의지가 필요할 수 있다는 점을 인정해야 한다. 이것이 바로 미덕 윤리(virtue ethics)가 우리가 윤리적으로 옳다고 알고 있는 방식으로 행동하는 것을 더 쉽게 만들기 위해 개인의 습관과 성품을 끊임없이 개발하도록 권장하는 이유이다. 웰스 파고의 직원들이 사기적인 고객 계정을 만들기로 합의했을 때, 그들은 아마도 자신의 신념에 대한 용기가 부족했을 것이며, 아마도 자신의 직장을 두려워했을 것이거나, 아니면 그들은 간단히 자신의 책임에 대해 신경 쓰지 않았을 것이다. 용기, 두려움, 관심은 모두 성품의 문제이다. 내부 고발자에 대한 우리의 윤리적 판단은 그들이 뭘 알고 뭘 모르는지보다는 그들의 성품의 문제인 것에 가깝다. 엔지니어들이 사기가 잘못되었다는 것을 모르는 것은 아니었다. 그들은 그것이 잘못된 것을 알고 있었지만, 그에 따라 행동할 동기와 성품이 부족했던 것이다.

우리 각자는 자신의 성격에 대해 기본적 책임이 있지만, 미덕 윤리는 동시에 도덕적 발전과 도덕 교육의 중요성도 강조한다. 우리의 습관은 시간이 지남에 따라 형성되며 주변 환경에 크게 영향을 받는다. 따라서 이러한 측면에서 우리가 얻을 수 있는 한 가지 교훈은 기업은 직원들이 근무하는 문화와 환경의 중요성을 고려해야 한다는 것이다. 만약 폭스바겐이나 웰스 파고가 원칙이 존중되고 개인이 윤리적으로 행동할 것을 촉구하는 기업 문화를 가졌다면, 그들의 직원들이 전문적 의무에 따라 행동할 가능성이 높았을지도 모른다.

이러한 논리는 사회 윤리에 대한 함의도 가지고 있다. 게이트키퍼 기능이 시장 경제의 원활한 작동에 필수적이라고 인식하고, 또한 개인이 게이트키퍼로서의 의무를 이행하는 것이 어려울 수 있다는 점을 고려한다면, 한 단계 더 높은 사회 수준에서 변화를 이뤄 내야 할 책임이 있다. 예를 들어, 회계사가 보고하는 클라이언트로부터 그들의 용역 대가를 받는 한, 회계사의 의무와 자신의 금전적 이익 사이에 명백한 이해관계의 충돌이 항상 존재할 것이다. 이는 회계사가 일하는 방식에 구조적인 변경을 가해야 하는 좋은 이유가 된다. 어쩌면 경영진이 아닌 이사회가 회계사를 고용하고 협력해야 하는 것이 좋을지도 모른다. 어쩌면 공익적인 회계 감사에 대한 보수는 공공 수수료에 의해 지불되어야 하는지도 모른다. 어쩌면 회계 감사를 하는 회계사가 그 감사의 대상인 회사로부터 용역 대가를 받는 것을 법으로 금지해야 하는지도 모른다. 어쩌면 회계 법인이 감사를 수행한 기업에 컨설턴트로서 고용되어 일하게 하는 것을 법으로 금지해야 할지도 모른다. 최근 몇 년간의 회계 스캔들에 대한 대응으로 개인적 도덕에 기대를 하는 것이 아니라 사회 윤리의 관점에서 구조적 변화가 더 적절한 것으로 보인다.

지금까지의 논의는 전문가로서의 경영진이 직면하는 전문가로서의 책임과 경영자의 책임 간 서로 상충하는 책임이 있다는 것을 보여 주었다. 이제 우리는 전문 가로서의 경영자가 전문가가 아닌 개인으로서 직면할 수 있는 조금 더 일반적인 윤리적 책임에 관한 이야기로 전환하고자 한다.

7.5 경영 책임과 이해관계의 충돌

경영진은 그들의 고용주에게 어떤 구체적인 책임이 있는 걸까? 이 질문에 답하기 위해서는 먼저 비즈니스 주체의 이익을 고려해봐야 한다. 이는 소유주, 고용주, 투자자, 주주 또는 기업 자체 등 여러 용어로 표현된다. 이러한 다양한 용어는 이 문제가 처음에 보이는 것만큼 간단하지 않을 수 있다는 것을 시사한다. 몇 가지 명백한 경우는 있을 것이다. 부동산 대리인을 고용했다면 나의 이익은 내 부동산이 최고 가격에 최단 시간 내에 자격 있는 구매자에게 팔리는 것이다. 그러나 기업 매니저는 어떤 이익을 추구해야 할까? (밀턴 프리드먼이 대표하는) 매니저 책임의 좁은 시각은 '소유주의 욕망을 따라 사업을 수행하는 것'이고, 이는 '가능한 한 많은 돈을 벌어들이는 것'이다.

이러한 답은 간단하지만 사실 많은 이슈가 숨겨져 있다. 기업 환경에서 '소유주'는 수천 명의 개인 및 기관을 대표하는 기관 투자자부터 주식 가격의 소소한 변동(상승 또는 하락)에서 빠른 이윤을 찾는 데이 트레이더까지 다양하다. 당신이 어떤 대기업의 소유주라고 상상해 보자. 수천 명의 개인 투자자 외에도 회사의 주식은 401(k) 퇴직 계획을 통해 종업원들, 고위 경영진, 상장 기업, IRA, 여러 주 및 기관의 퇴직 및 연금 계획 및 은행 및 보험 회사와 같은 다양한 기관 투자자들에 의해 소유될 수 있다. 또한 주식은 대출 및 다양한 파트너를 포함한 다른 사업 기회에 대한 담보로 사용되기도 한다.

이렇게 다양한 주주들은 동등하게 다양한 욕망을 가지고 있다. 일부 개인 투자자들은 회사와 그 제품을 믿기 때문에 주식을 사고 일부는 단기 이익을 위해 주식을 산다. 일부는 자신의 주식 소유를 회사와 그 기술에 대한 투자로 보고 일부는 개인 퇴직과 안전을 위한 장기 투자로 보고 일부는 단기 이익을 위한 게임으로 본다. 일부는 단기 수익을 위해 더 큰 리스크를 감수할 의향이 있고 다른 사람들은 더 적은 리스크와 장기적인 수익을 선호한다. 이러한 다양성을 감안할 때 소유주의 욕망은 충돌할 수 있고 실제로 충돌한다. 가장 명백하게 말하면 기업의 장기 재정 안정성은 관리자가 기업 자체에 현명하게 재투자할 때에만 달성될 수 있다. 그러나 자본, 노동 및 연구 및 개발에 재투자하면 최소한 단기적으로는 주주에게 더 낮은 수익을 가져다 준다. 반면에 주가 상승만을 고려하여 비즈니스를 운영하면 기업의 안전성을 약화시킬 수 있다. 포춘지는 이를 '주주의 숭배(cult of the shareholder)'라고 부르며 이를 엔론 및 아서 앤더슨과 같은 주요 회계 스캔들의 '가장 큰 이유'로 꼽았다.[3]

소유주-관리자 간의 더 적절한 모델을 위해 3장에서 논의된 이해관계자 이론을 생각해 볼 수 있다. 그 논의에서는 소유주와 투자자를 구분하고 관리자는 다양한 이해관계자에게 책임이 있다고 결론 내렸다. 기업은 단순히 소유주의 개인적 재산이 아니라 다양한 개인 및 기관 이해관계자들에게 서비스를 제공하는 사회적 기관이다. 이러한 관점에서 비즈니스 관리자는 투자자의 재정적 욕망뿐만 아니라 회사의 최선의 이익을 대표할 책임이 있다. 일반적으로 회사의 최대 이해관계는 재정적으로 안정성을 가지며 생존하는 것이다. 이러한 생존 과정에서 소비자에게 상품 및 서비스를 제공하고, 종업원에게 임금과 혜택을 제공하며, 공급 업체와 은행에게 사업 기회를 제공하며, 주주에게 투자의 경쟁력 있는 이익률을 제공한다.

이러한 모델의 반대의 예로 4장의 토론 케이스에서 나온 웰스 파고의 전환을 생각해 보자. 한때 웰스 파고 은행은 고객의 이익을 최우선으로 하는 의무 모델을 따랐다. 그러나 시간이 지남에 따라 자신의 이익을 극대화하기 위해 고객의 이익을 희생할 수 있는 모델로 전환했다. 모든 비용을 들여 이익을 극대화하기 위한 원칙에 굴복함으로써 웰스 파고는 부패되었고 그 정직성을 잃어 버렸다.

이러한 문제를 약간 다른 용어로 고려해 보자. 사업 관리자가 내리는 모든 결정은 누군가에게 비용을 초래한다. 모든 경제 교과서가 제안하는 대로 비용은 기회 손실, 포기된 것으로 이해할 수 있다. 결정이란 다른 대안 중 일부를 택하고 다른 것을 포기하는 것이다. 즉, 모든 사업 결정은 비용을 초래하는 것이다. 윤리적이고 능숙한 관리자는 재정적으로 안정된 기업을 유지하기 위한 목적을 달성하는 결정을 내리게 될 것이다. 책임 있는 관리자는 이를 위해 다양한 이해관계자 간의 경쟁적인 요구를 균형있게 조율할 것이다. 이것이 관리자가 비즈니스에 가져다 주는 전문 지식이며, 이러한 전문 지식이 특정 그룹의 이해관계만을 위해 사용된다면 불행한 일일 것이다. 관리 결정은 때로는 주주/투자자뿐만 아니라 종종 직원, 소비자 및 기타 이해관계자에게 원하지 않는 비용을 부과할 것이다. 그러나 이러한 결정은 회사 자체의 최선의 이익을 위해 내리는 것이므로 좁은 의견의 관리 책임이 주장하는

REALITY CHECK:

선도적인 CEO들은 주주 중심주의를 어떻게 생각할까

2019년 8월, 세계 최대 기업들의 CEO로 구성된 비즈니스 라운드테이블이 기업의 목적에 관한 성명을 발표했다. 이전 20년 동안 비즈니스 라운드테이블은 주주 중심주의를 기업의 근본적인 목적으로 지지해 왔다. 물론 주주 중심주의는 이 장에서 소개한 CSR 또는 관리자적 자본주의의 경제 모델로 나타낼 수 있는 관점이다. 밀턴 프리드먼의 인용에서 나타난 것처럼 이 관점은 기업의 주요 목적이 이익을 극대화하여 주주에게 봉사하는 것이라고 주장한다.

수정된 기업 목적은 이 관점에서 큰 변화를 보여 준다. 새로운 성명은 주주 중심주의를 모든 이해관계자에 대한 '근본적인 헌신'으로 대체했다. 새로운 성명은 기업의 목적이 고객, 직원, 공급 업체 및 지역사회를 포함한 모든 이해관계자에게 가치를 창출하는 것임을 확언한다. 물론 주주는 모든 이해관계자 중 하나에 포함되지만 더 이상 기업 책임의 주요 초점이 아니다. 성명은 모든 이해관계자가 기업의 존속에 필수적이며, 따라서 기업 경영자는 모든 이해관계자에게 동등한 책임이 있다고 인정한다.

성명은 기업 리더가 고객에게 '기대치를 충족하고 초과하는' 것, 직원에게 '공정한 임금과 혜택, 적절한 교육, 다양하고 존중받는 작업 환경을 제공하는 것', 공급 업체에게 '공정하고 윤리적으로 대우하는' 것, 지역사회에게 환경을 보호하고 지속 가능한 실천을 하는 것, 주주에게 장기 가치와 투명한 소통을 하는 것을 약속한다.

성명은 '자유 시장 체제'에 대한 헌신을 재확인했지만, 비즈니스는 자유 시장 체제가 전체 사회를 섬길 수 있도록 보장하는 데 중추적인 역할을 해야 한다고 인정했다. 성명을 발표할 때 비즈니스 라운드테이블 의장이자 JP모건체이스의 CEO 인 제이미 디먼은 "이 현대화된 원칙들은 비즈니스 공동체가 모든 미국인을 섬기기 위해 계속 노력할 결의를 반영합니다."라고 말했다.

이 성명은 아마존의 제프 베이조스, 애플의 팀 쿡 등 181개 세계 최대 기업의 CEO들에 의해 서명되었다. GM, 포드, 베스트바이(Best Buy), 타겟(Target), 월마트, 3M, 제록스, 비자, 마스터카드, UPS 및 IBM과 같은 중요 기업들도 포함되어 있다.

Source: Business Roundtable, "Business Roundtable Redefines the Purpose of a Corporation to Promote 'An Economy That Serves All Americans,'" press release (August 19, 2019), https://www.businessroundtable.org/business-roundtable-redefines-the-purpose-of-acorporation-to-promote-an-economy-that-serves-all-americans.

것과는 달리 윤리적으로 책임 있는 결정이다.

물론 관리자가 주주(및 기타 이해관계자)에게 비윤리적으로 비용을 치루게 할 수 있다. 이해관계자의 개인적인 이익이 관리자의 전문적인 판단을 방해할 때 이해관계 충돌이 발생한다. 관리자의 주요 책임이 전문적인 판단을 성실하게 행사하는 것이기 때문에 개인적인 이해관계가 그 판단을 방해할 때 비윤리적인 이해관계 충돌이 발생한다. 사실상 주체-대리인 관계의 취약성이 대리인의 개인적 이익을 위해 악용된다.

이해관계 충돌의 또 다른 명확한 사례는 킥백(kickback)의 경우이다. 킥백은 돈을 받는 사람이 받은 돈의 일부를 돈을 지불한 사람에게 다시 지불하는 불법 지불이다. 예를 들어, 건설 회사에게 용역을 주는 특정 회사의 관리자가 해당 건설사로부터 그 계약에 대한 대가로 돈이나 다른 혜택을 받는 것을 말한다. 이러한 개인적 이익이 관리자의 결정에 부적절하게 영향을 미치므로 킥백은 비윤리적인 이해관계 충돌의 명백한 경우라 할 수 있다.

예를 들어, 증권 산업에서 소프트 머니로 알려진 것을 고려해 보자. 비판가들에 따르면 증권 산업에서의 이러한 일반적인 관행은 본질적으로 체계적인 킥백에 불과하다고 할 수 있다. 소프트 머니는 금융 자문가가 클라이언트를 위한 연구 및 분석 서비스에 사용되어야 할 금액의 일부를 증권 회사로부터 받는 경우이다. 만약 이러한 소프트 머니가 자문가가 클라이언트에게 제공하는 조언을 개선하는 데 사용된다면 클라이언트에게 혜택이 될 수 있다. 그러나 이 돈이 자문가의 개인 이익을 위해 사용될 때, 이러한 관행은 비윤리적인 이해관계 충돌이 된다. 1998년 증권 거래 위원회는 소프트 머니의 광범위한 남용을 보여 주는 보고서를 발표했다. 보고서에는 사무실 임대 및 정비, 개인 여행 및 휴가, 시설 클럽 회원 자격 및 자동차 경비에 사용된 금액이 포함되었다. 이러한 경우 클라이언트가 더 이상 자문가의 전문적인 판단의 진실성을 신뢰할 수 없게 된다.

이러한 예는 다시 한번 사업 관리자와 다양한 이해관계자들 간의 신뢰의 중요성을 강조한다. 신뢰는 계약 관계의 중요한 측면이다(나는 내가 당신으로부터 구입한 물건을 나에게 제공할 것을 신뢰한다). 그러나 특히 주체-대리인 관계와 같이 한 당사자가 다른 당사자의 행위에 취약한 경우에 특히 중요하다. 관리자가 사업을 수행하며 수많은 법적 의무에 관한 의사 결정을 할 경우 해당 비즈니스의 이해관계자는 그 관리자의 판단을 신뢰할 수 있어야 한다. 이해관계자들은 관리자가 자신의 개인적인 이익보다 회사의 이익을 우선시할 것이라고 신뢰할 수 있어야 한다. 법적으로 말하면 관리자가 자신의 이익이 손해를 입을 수 있는 경우에도 회사에 충성할 것이라고 신뢰할 수 있어야 한다. 이제 직장에서의 충성에 관한 문제를 생각해 보자.

7.6 직장에서의 신뢰와 충성

이 장의 많은 부분에서 신뢰가 사업에서 어떤 중심적인 역할을 하는지 암묵적으로 다뤄졌다. 변호사, 회계사, 감사인과 같은 전문가들의 게이트키퍼 및 감시자 역할은 이러한 전문가들에 대해 우리가 얼마나 많이 신뢰하는지를 보여 준다. 고용주는 자신의 직원을 신뢰해야 하며, 사용자는 대리인을 신뢰해야 하며, 주주는 경영진을 신뢰하고, 고객은 기업의 제품을 신뢰해야 한다. 신뢰는 사업에서 중요하고 광범위한 역할을 하는 몇 안 되는 가치 중 하나라고 말할 수 있다. 사실 신뢰는 모든 사회적 상호 작용에서 본질적인 요소이며, 신뢰가 없는 사회를 상상하기는 어렵다. 우리는 다른 이들을 신뢰한다. 왜냐하면 아무도 혼자 완전히 자립적인 삶을 살 수 있는 능력이나 시간이 없기 때문이다.

그러면 **신뢰**란 무엇일까? 신뢰는 누군가(수탁자)에게 의존하는 것으로 생각할 수 있다. 우리가 누군가를 신뢰한다고 할 때(윤리적 덕목으로), 우리는 그들이 신뢰할 수 있고(신뢰할 만하다는 의미) 우리(신뢰자)는 그들에게 의존할 이유가 있다는 것을 의미한다. 그러나 내가 그들에게 의존할 이유가 있기 때문에 신뢰는 수탁자가 기대한 대로 행동하지 않는다면(그들이 믿을 만하지 않거나 신뢰할 수 없다면) 그들을 신뢰한 사람들은 어떤 식으로든 손해를 입을 수 있다는 의미에서 위험의 요소도 포함하고 있다. 누군가를 신뢰한다는 것은 그들에게 의존함을 의미하며, 따라서 신뢰는 만약 그들이 믿을 만하지 않거나 신뢰할 수 없는 경우에는 우리가 취약해질 수밖에 없다. 이는 수탁자에게 어떤 책임이나 의무가 포함된다는 것을 의미한다. 신뢰자는 수탁자의 행동에 취약하며 만약 그 신뢰가 위배된다면 수탁자는 그 신뢰를 배신하고 무언가 불륜한 일을 행한 것이다(이는 웰스 파고 사례에서 설명한 '신인 모델'의 일환으로 기술되었다).

이제 우리는 대부분의 사회적 상호 작용에서 어떻게 신뢰가 발생하는지를 볼 수 있다. 우리는 다른 사람들에게 항상 의존하며, 우리는 다른 사람들이 특정한 방식으로 행동할 것이라고 믿기 때문에 그들을 신뢰한다. 이는 나의 의사, 재무 기획사, 변호사가 하는 것과 비슷하게 내 스스로 훌륭한 의료, 금융 및 법률 연구를 수행할 능력이나 시간이 없기 때문이다. 나는 다가오는 운전자가 빨간 신호에 정지할 것을 믿기 때문에 나는 교차로로 계속 진행한다. 나는 과학자들과 FDA가 백신을 충분히 테스트할 것을 믿는다. 나는 나의 주치의, 재무 자문가, 변호사의 조언을 믿는다. 나는 판사가 공정할 것을 믿고 선출된 관료들이 자신의 금융 이익보다는 공공의 이익을 우선시할 것을 믿는다.

일상적인 비즈니스 상황에서 신뢰는 우리 주변에 존재한다. 나는 앱스토어, 신용카드 회사, 음악 스트리밍 사이트와 같은 내 금융 정보에 접근할 수 있는 모든 회사가 해당 정보를 해커로부터 보호하기 위해 엄격한 보안 및 암호화를 갖추고 있을 것이라 믿는다. 나는 음식 배송 서비스가 예약된 시간에 도착할 것을 믿는다. 나는 페이스북, 트위터, 인스타그램 등이 내 동의 없이 내 개인 정보를 공개하지 않을 것을 믿는다. 나는 내 노트북과 휴대폰의 암호화 및 바이러스 방지 소프트웨어가 광고대로 작동할 것을 믿고, 나를 태운 우버 운전자가 진실하고 안전하며 신뢰할 수 있는 운전자일 것이라 믿는다. 나는 아마존이 내가 주문한 제품을 보내고 만족스럽지 않으면 반품을 수락할 것이라 믿는다.

그러나 다른 사람들에 대한 의존은 무한하지 않다. 나는 아마존에서 읽은 제품 리뷰, 로튼 토마토에서 읽은 영화 리뷰 또는 구글 검색 결과에 나타난 팝업 광고에 대해 무한히 신뢰하지는 않는다. 나는 페이스북 뉴스 피드에서 찾은 의료 조언, 텔레비전에서 본 정치 광고, 그리고 벨라루스에서 복권에 당첨되었다는 이메일에 대해 불신을 품고 있다.

신뢰는 이미 다룬 여러 주제와 관련이 있다. 1장에서 사실을 결정할 때 전문가를 신뢰하는 것에 대한 중요성을 고려했다. 2장에서는 윤리적 덕목 중 하나로 신뢰가 나열되었으며, 4장에서 논의된 기업 리더와 직원의 특성 중 하나로도 언급됐다. 신뢰는 4장에서 소개된 위임책임의 정의에도 포함되어 있다.

신뢰에 대한 윤리적 사례들은 우리가 이 책에서 이전에 고려했던 여러 가치를 포함할 것이다. 윤리적 덕목으로 신뢰할 만한 습관을 기르는 것은 선한 삶을 살아가는 데 중요한 역할을 한다. 신뢰할 수 있는 사람이 되면 사회적 관계가 더 쉬워지고 깊어지며 더욱 풍부해진다. 또한 신뢰는 상호적이다. 다른 사람에게 신뢰할 만한 사람이 되면 그들도 당신에게 더 신뢰할 만한 사람이 될 것이다. 다른 사람을 신뢰하고 의존할 수 있다면 모두의 삶이 더 나아질 것이다.

비즈니스 내에서 다른 사람들에 대한 신뢰는 각자의 목표를 더 많이 달성할 수 있도록 한다. 금융 시스템 자체에 있어서 신뢰의 존재는 효율성뿐만 아니라 시스템 전체에서 공정성과 신뢰성을 보장한다. 신뢰는 공리주의와 윤리 원칙 모두에 근간이 된다.

이러한 신뢰와 관련된 직장에서의 책임은 충성의 의무이다. **충성**은 조직의 이익을 위해 개인적 희생을 기꺼이 하는 의지로 이해할 수 있다. 에이전트가 법적 충성 의무를 가지는 에이전시 법 모델과 일관성 있게, 모든 직원은 윤리적으로 충성스러운 직원이어야 한다는 주장이 있다.

직원들은 회사를 위해 얼마나 많은 개인적 희생을 기꺼이 해야 할까? 직원들은 이해관계의 충돌에 있어 충성의 의무를 가지고 있다고 볼 수 있다. 나의 개인적 이해관계보다 기업의 이익을 우선시해야 하는 것이 법적으로 직원이 가져야 할 충성으로 해석하는 경우가 많다.

충성과 비충성을 이해하기 위한 수단으로 다음 사례를 고려해 보자. 매년 초 여름에 대형 은행은 신입 대학 졸업생 몇 십 명을 신용 분석가로 고용한다. 이러한 신입 직원들은 몇 개월 동안 집중 교육을 받는다. 은행은 유명한 대학의 몇몇 금융 및 회계 교수들을 고용하여 이 신입 직원들에게 전문적인 고급 과목을 가르치게 한다. 은행은 이 신입 직원들에게 급여를 주어 가면서 금융 및 은행에 대한 최신 교육을 받게 한 것이다. 이 교육을 마친 이 직원들은 지역 은행 업계에서 높은 시장 가치를 가질 수 있다. 이러한 교육생 중 일부는 곧 경쟁 은행에서 원래 은행에서 벌던 급여보다 훨씬 높은 급여로 일자리를 제안받는다. 이 직원들은 자신의 훈련비를 지불한 은행에 대한 충성 의무가 있을까? 그들은 충성스러워지기 위해 자신의 개인적 이해관계를 희생해야 하는 의무가 있을까? 이들 직원이 경쟁 은행에서 일자리를 얻기 위해 사임한다면 그들은 비충성적인 것인가?

철학자 로널드 듀스카(Ronald Duska)는 직원들이 고용주에 대한 충성의 책임이 없다고 주장한다.[4] 듀스카는 충성을 상호 이해관계의 극대화에 기반한 희생할 의지로 특징지을 수 있다고 했다. 이러한 의미에서 충성은 공공선을 증대하는 프로젝트에 참여하는 경우에만 가능하다고 듀스카는 주장한다. 그의 견해에 따르면 고용 관계는 단순히 양 당사자의 개인적 이익을 위한 계약적 협정일 뿐이다. 비즈니스의 우선 목표가 이익이기 때문에 회사는 충성의 대상이 될 수 있는 유형이 아닌 것이다. 그러므로 직원들은 계약의 의무를 이행하는 것에만 책임이 있으며 그 이상의 희생을 해야 할 책임은 없는 것이다. 위 은행의 대학 졸업생 교육의 예에서 교육생들이 원래 은행과의 계약적 의무가 없다면 경쟁 은행으로 이직할 자유가 있는 것이다. 충성 또는 불충성은 양측이 자신의 이익을 추구하는 상황에서는 성립될 수 없는 것이다.

듀스카는 특히 비즈니스에서 충성이 종종 일방 통행이라고 우려한다. '충성적인' 직원들은 회사를 위해 희생할 것으로 기대되지만 회사가 직원을 위해 희생할 의사는 거의 없다. 은행이 성적이 나쁜 연수생을 해고할 의사가 있는 것처럼 직원들은 급여를 높이기 위해 직장을 떠날 자유가 있어야 한다. 고용주와 그 직원들 간의 상호 호혜의 원칙이 성립되지 않는 상황 때문에 듀스카는 회사가 충성의 대상이 되기에 부적절하다고 주장한다.

듀스카의 충성 정의에 대해 이의를 제기할 수 있다. 아마도 그는 희생 개념을 지나치게 강조하는 것일지도 모른다. 희생의 의지는 충성의 일부일 수 있지만, 공동 목표에 대한 헌신과 신의는 충성에 더 필수적이며 반드시 희생의 의지를 전제로 설명되어야 하는 것은 아니다. 아마도 듀스카는 회사도 직원들의 이익을 위해 헌신되어 있을 수 있다는 가능성을 과소평가하고 있을지도 모른다. 마지막으로 듀스카는 회사가 직원을 위해 희생할 의사를 과소평가하고 있는지도 모른다. 사례의 은행은 교육생들을 위해 기꺼이 교육을 제공하는 어떤 희생을 했다는 점도 지적할 수 있다. 그러나 듀스카의 일반적인 주장은 타당하다고 할 수 있다.[5] 충성을 주장하는 것은 때로는 직원들의 희생할 의지를 이용하는 위장된 방법에 불과할 수 있다. 2008-2009년 금융 위기 동안 붕괴한 많은 기업에서 일어난 것처럼 비지니스에서 비참한 일 중 하나는 장기간 충성과 헌신적인 직원들이 잘못된 경영 의사 결정으로 직업을 잃는 것이다. 충성은 관리자가 아닌 직원에게는 위험한 것일 수 있다. 회사가 직원을 위해 대신 희생할 의사를 명백히 보여 주지 않는 한 직원들이 회사에 충성을 표현할 이유는 거의 없다.

그러나 다시 한번 말하지만, 관리자의 경우 상황은 다를 수 있다. 결국, 관리자는 기업의 이익과 자신의 이익을 동일한 것으로 취급한다. 기업과 그 모든 이해관계자는 관리자가 그들의 이익을 보호하기를 기대하고 있다. 따라서 그 이익에 충실하고 그 목표를 위해 관리자의 개인적 이익을 희생할 의지가 있는 것은 관리자가 일반 직원의 경우보다 적절해 보인다. 그러나 그렇다고 관리자들이 회사에 완전히 헌신할 책임이 있다는 뜻은 아니다. 기업의 이익 그 자체는 항상 다른 윤리적 고려 사항과 균형을 이루어야 한다.

한 회사의 CEO가 그 회사를 위한 주요 계약을 협상 중인데 다른 회사에서 더 유리한 위치를 제안받는 경우를 생각해 보자. 위의 주요 계약이 그 회사에 매우 중요해서 여러 해 동안 그 회사의 재정 안정성에 영향을 미치고 그러한 계약 성사 여부는 CEO의 협상 기술 및 효과적인 관리자로서의 능력과 평판에 크게 의존한다고 가정해 보자. 지금 이 CEO가 회사를 떠나면 거래가 무산되고 기업이 상당한 피해를 입을 가능성이 있다. 이 CEO는 회사에 충성을 유지하고 다른 회사에서 제안한 위치를 포기해야 할 책임이 있을까? 듀스카의 견해에 따르면, 그렇지 않다. 이것은 단순히 직원의 자기 이익이 회사의 자기 이익과 충돌하는 경우일 뿐이며 어떤 특별한 희생 의무도 없다. 회사는 CEO에게 충성을 통해 자신의 이익(수익성)을 희생할 의사가 없을 것이기 때문에 CEO도 자신의 이익을 희생할 책임이 없는 것이다.

그러나 위의 예는 윤리적으로 문제가 있다. 회사와 그와 관련된 많은 이해관계자는 그 CEO의 행동을 신뢰하고 CEO만이 방지할 수 있는 피해가 있을 수 있다. 엔론 사건과는 달리, 이는 회사가 부당하게 입을 피해이며 CEO가 최소화하거나 방지할 것을 기대할 수 있는 피해이다. 이는 최소한 묵시적으로 CEO가 그렇게 하기로 약속했기 때문에 기대할 수 있는 것이다.

이것을 통해 우리는 직원 충성에 대한 합리적인 결론에 도달할 수 있다. 만약 충성이란 개인의 이익을 희생하고 일반적인 직원 책임을 넘어서 노력하는 의지라면, 듀스카가 제안한 대로 직원 충성에 대한 요구에 대해 의심해야 한다. 그러나 우리는 또한 일부 직원이 비즈니스의 법적 대리인으로 행동하기로 동의할 때 이러한 희생을 하기로 했다는 점을 인정해야 한다. 이러한 관점에서 직장에 대한 충성은 자신의 약속에 충실하려는 의지로 이해될 수 있다. 회사는 직원이 약속을 지키리라고 믿을 수 있어야 하지만 직원에게 기대 이상으로 희생을 기대할 윤리적 근거는 없다.

7.7 제3자에 대한 책임: 정직, 내부 고발, 그리고 내부자거래

지금까지 우리는 직원의 기업에 대한 책임을 다뤘다. 그러나 이것이 직원 책임의 전부는 아니다. 모든 사람이 가지고 있는 일반적인 책임과 직원으로서 우리가 가진 책임 이외에도 직원은 직장 외부의 제3자에 대한 책임을 가질 수 있다. 직원이 고용주 이외의 당사자에게 책임을 지는 세 가지 주제에 관해 살펴보자.

정직

직원이 정직해야 한다는 윤리적 책임이 있다는 주장은 명백해 보일 수 있다. 그러나 비즈니스에는 모든 경우에 정직이 필요하지는 않고 최소한의 정직도 인정되는 경우가 많다고 생각하는 사람들이 있다. 광고 및 마케팅에서의 이러한 사례는 다음 장에서 자세히 다룰 것이다. 우리는 회사에서 일하는 사람이 동료, 고객, 경쟁사, 고용주에게 솔직하지 않을 경우가 많다는 것도 알고 있다. 따라서 우리는 비즈니스에서 블러핑(bluffing)이 윤리적으로 허용된다고 주장하는 사람들의 논거를 알아보겠다.

비즈니스 윤리의 고전으로 여겨지는 에세이를 작성한 앨버트 카(Albert Car)는 속임과 블러핑이 비즈니스 내에서 허용되는 전략이라고 주장했다.[6] 그는 비즈니스가 포커와 같은 게임의 특성을 갖고 있으며 포커와 같이 비즈니스에도 자체의 규칙과 표준이 있다고 주장했다. 그에 따르면 블러핑, 거짓말, 속임, 그리고 조작은 모두 성공적인 비즈니스 전략의 일부이며 비즈니스 내에서 완전히 허용되는 것이다. 그의 주장은 유추적 주장이다. 비즈니스는 포커와 관련이 있으며 포커 게임이 도덕의 평범한 요구 사항에서 제외되는 것처럼 비즈니스도 그렇다 라고 주장하는 것이다.

> 포커 게임에서의 윤리는 문명화된 인간관계의 도덕적 이상과는 다르다. 게임은 상대에 대한 불신을 요구한다. 우정이라는 것도 헛된 것이다. 포커에서 기민한 속임과 의도의 숨김은 중요하다. 누구도 그것 때문에 포커를 나쁘게 생각하지 않는다. 따라서 비즈니스 게임도 포커처럼 사회의 도덕적 전통에서 생각하는 옳고 그름에 대한 기준과 다르다면, 비즈니스 게임을 나쁘게 생각할 필요는 없는 것이다.[7]

이러한 카의 주장에 대해 우리는 중요하고 설득력 있는 반박을 제기할 수 있다. 예를 들어, 그는 비즈니스 내에서 부정직함의 보편성과 허용 가능성을 과대평가한다. 또한 비즈니스를 포커와 같은 게임과 같은 것으로 유추한 것에 대한 반박을 피할 수 없는 것이다. 마지막으로, 비즈니스가 자체의 윤리적 규칙을 가졌다 하더라도 그 사실만으로 비즈니스를 평범한 윤리적 평가에서 제외할 수는 없다. 물론 비즈니스에서 부정직함이 흔하고 분명히 허용되는 상황도 있을 수 있다. 계약 협상 중 흔히 발견되는 블러핑의 경우를 생각해 보자. 한 당사자가 다른 당사자에게 사실이 아닌 것을 믿게 만드는 경우를 우리는 비즈니스에서 쉽게 볼 수 있다(내가 제안한 것을 개선하지 않으면 다른 직장으로 이직하겠다, 급여를 높이지 않으면 파업할 것이다, 오늘 판매에 동의하지 않으면 다른 고객에게 이 제품을 팔 것이다). 이러한 블러핑이 비윤리적인가?

이를 설명하는 데는 2장에서 제시된 세 가지 주요 윤리적 전통에 해당하는 세 가지 일반적인 이유가 일반적으로 인용된다. 공리주의적 근거는 부정직함이 사람들의 의사소통 능력을 약화시키며 따라서 부정적인 사회적 결과를 초래할 것이라고 결론짓는다. 정직성과 그것이 창출하는 신뢰는 모든 협력적 사회 활동의 필수적인 선행 조건이다. 원칙 기반 칸트의 윤리주의 전통은 부정직함이 다른 사람들을 우리 자신의 목적을 위한 수단으로 취급하며 따라서 다른 사람들의 존엄성을 존중하지 않는다고 주장한다. 미덕 윤리 전통에서 비롯된 세 번째 관점은 부정직함이 다른 사람에게 미치는 영향이 아닌 부정직한 행동이 부정직한 사람에게 미치는 영향에 주목한다. 부정직한 사람은 두 가지 정체성을 유지해야 한다. (1) 부정직함의 피해자에게 보여지는 정체성 및 (2) 속임을 수행하고 자신의 진짜 정체성과 다른 정체성을 피해자로부터 유지해야 하는 정체성. 그러나 특히 습관적으로 행해지는 블러핑은 사람의 자기 정직성을 훼손시킨다. 정직성은 도덕적 안전성, 신뢰성 및 일관성을 포함한다. 정직성은 자신의 정체성 및 자아 가치를 확립하는 데 중요한 역할을 한다. 부정직

한 사람은 필연적으로 두 가지 정체성을 유지하기 때문에 정직성이라는 미덕의 덕을 갖추지 못한다.[8]

지금까지 정직의 가치에 대한 세 가지 주요 설명이라면, 비즈니스에서의 부정직함과 블러핑은 이러한 우려에 충분히 대응하는 경우에만 윤리적일 수 있다. 특정의 부정직한 행위는 기본적인 사회적 안정성을 위협하지 않고 더욱이 사회에 유익한 결과를 가져올 수 있다고 주장하는 것은 타당할 수 있다. 그러나 일상적인 부정직함이 사회 협력에 필수적인 신뢰를 침해하지 않을 것이라 주장하는 것은 받아들이기 힘들 것이다. 앨버트 카의 주장은 칸트 도덕론에 맞설 수 있을 것이다. 그는 "모든 관계자가 그것에 대해 알 때 거짓말은 거짓말이 아니게 된다"고 말하며 이는 일부 부정직한 행위가 다른 사람을 조종하거나 사람을 단순한 수단으로 취급하지 않을 것이라는 것을 시사한다. 그러나 이것은 피해자가 블러핑 되고 있다는 사실을 알고 있으며 이 실천에 참여할 것에 동의했다는 가정을 전제로 한다. 이러한 양가적 가정이 가끔 어떤 비즈니스 상황에서는 사실이 될 수 있지만, 일반적으로 발생하는 것은 아니다. 블러핑은 사람이 그것이 사실임을 믿을 때만 작동할 수 있다. 즉, 그 사람이 속은 경우에만 가능하다. 또한 포커 게임과 달리 개인은 종종 비즈니스에 참여하기 싫어도 참여할 수밖에 없는, 즉 선택권이 없을 수 있다. 마지막으로 가끔씩 어떤 부정직한 행위가 자신의 정직성을 위협하지 않을지라도, 부정직함을 장려하고 지지하는 사회적 관행은 분명히 개인의 정직성을 위협할 것이다.

2008년 금융 위기 초기에 많은 금융 분석가들이 공표한 공식적인 평가를 고려해 보자. 골드만삭스, 컨트리와이드 파이낸셜, 리먼 브라더스 등과 같은 일부 금융 기관은 가격 하락의 위험을 감소시키는 내용의 발표문을 발표했다. 한편으로는 이러한 행동을 앨버트 카가 주장한 블러핑 비즈니스 전략으로 해석할 수 있을 것이다. 많은 사람들이 이러한 블러핑 때문에 그들의 투자가 위험하지 않다고 믿고 그들의 주식을 파는 것을 멈춘다면 시장은 안정되고 투자자와 투자 기관 모두 결국 회복될 것이다. 다른 한편으로는 이것을 개별 기업이 나쁜 결정에 대한 책임을 면하기 위한 전략으로 해석할 수도 있다. 이러한 블러핑은 정당한 것인가?

의심할 여지 없이 일부는 정당하다고 주장할 것이다. 서브프라임 모기지 시장의 붕괴는 결국 많은 사람들에게 피해를 끼치기 때문에 기업들이 망하지 않게 하기 위한 블러핑은 '더 큰 선(greater good)'을 선사할 것이라고 주장한다. 그러나 이것은 최대 다수의 최대 행복을 표방하는 공리주의를 잘못 응용한 것일 수 있다. 블러핑으로 인해 이러한 모기지 채권을 구매하거나 보유한 사람은 최소한 자신이 믿었던 것보다 훨씬 더 큰 리스크를 감수하게 될 것이다. 이 경우 성공적인 블러핑은 몇몇(예: 골드만삭스 자체와 같은 이 채권을 판매하려는 사람들)에게 큰 이익을 가져올 수 있었지만 다른 많은 사람들에게는 많은 비용을 치루게 한 것이다.

내부 고발

내부 고발자는 회사나 기관에서 벌어지는 불법, 해로운 또는 부도덕한 활동에 대해 대중이나 정부 기관에 알리는 직원 또는 기타 내부 관계자를 말한다. 비즈니스 세계에서 벌어지는 많은 심각한 윤리적 사건들이 드러난 결정적 이유는 내부 폭로자 덕분이었다.

엔론 사건의 전말은 셰론 왓킨스의 행동이 없었다면 알려지지 않았을 것이다. 왓킨스는 처음에 '그림자 회계 관행'에 주의를 기울이고 CEO에게 '붕괴가 다가오고 있다'고 경고했다. 또한 웰스 파고 직원들은 언론에 은행에서 일어나고 있는 사기적 행위를 밝혀냈다. 또 다른 예로는 소프트웨어 엔지니어인 크리스토퍼 와일리의 사례가 있다. 와일리는 케임브리지 애널리티카가 페이스북 데이터를 이용하여 2015년 '브렉시트' 투표와 2016년 미국 대통령 선거에 영향을 미치려고 했다고 미국과 영국 당국에 폭로했다.

폭로와 관련된 최근의 사례 중 하나는 페이스북과 관련이 있다. 1장의 토론 사례에서 설명한 대로 페이스북 내부 고발자 프랜시스 하우겐은 페이스북에서 목격한 부패에 대한 관심을 불러일으키기 위해 수천 건의 문서를 미국 증권거래위원회와 월스트리트 저널에 폭로했다. 하우겐은 나중에 미국 의회, 영국 의회 및 EU 의회에서 진술했다.

'내부 고발(whistle-blowing)'이라는 용어는 스포츠에서 비롯된 것으로, 심판이나 주심이 비정상적이거나 부적절한 행위에 대해 경고하고 경기를 중단시키기 위해 휘슬을 분다는 개념에서 나온 것이다. 일부 사람들은 회사에서의 내부 고발은 스포츠의 중립적인 주심과 달리 직원들은 팀의 구성원이기 때문에 내부 고발을 하면 안 된다고 주장한다. 프랜시스 하우겐의 경우, 그녀는 수천 건의 페이스북 문서를 폭로하여 기밀 유지 의무를 위반했을 가능성이 있다. 업무와 관련된 문서는 고용주에게 속해 있기 때문에 그녀는 고용주에게 도난 행위에 대한 혐의를 받을 수 있었다. 미국 연방법은 증권거래위원회와 같은 정부 기관에 정보를 폭로한 폭로자에게 법적인 보호를 제공하지만 이 법은 신문이나 텔레비전 뉴스에 문서를 폭로하는 경우에는 적용되지 않는다. 따라서 폭로는 직원의 고용주에 대한 책임을 방기하는 대신 제3자(비즈니스의 활동으로 피해를 입을 수 있는 자)에 대한 책임을 우선하는 문제가 있다.

내부 고발은 고발자를 위험에 빠뜨릴 수 있기 때문에 자기 자신과 자녀에 대한 직원의 책임을 소홀히 하는 것이 아니냐는 비판에 직면할 수 있다. 따라서 폭로하는 사람이 감당해야 할 여러 유형의 책임에 대해 균형을 어떻게 맞추냐 하는 것이 윤리적 이슈가 된다. 폭로의 윤리적 문제는 그 허용 여부와 그 의무 여부를 모두 포함한다. 즉, 직원이 고용주를 폭로하는 것이 허용되는가? 그것이 윤리적으로 의무적인 경우가 있을까?

철학자 리처드 드조지(Richard DeGeorge)는 내부 고발에 관련된 윤리에 대한 설득력 있는 분석을 개발했다.[9] 드조지는 내부 고발이 윤리적으로 허용될 수 있으려면 세 가지 조건이 충족되어야 한다고 주장했다. 첫째, 내부 고발이 심각한 피해를 야기할 가능성이 높은 실제 위협을 방지할 수 있어야 한다. 내부 고발 행위 자체가 기업과 그의 다른 직원들에게 피해를 일으킬 수 있으므로, 내부 고발이 방지하려는 피해는 그것이 일으키는 피해를 우선해야 한다. 둘째, 내부 고발자는 먼저 기업 내부 채널을 통해 피해를 더 즉각적으로 방지하도록 노력해야 한다. 이 조건은 피해를 방지하는 가장 효율적인 수단을 찾아내면서 그로 인해 발생할 수 있는 다른 피해를 최소화하는 것이다. 셋째, 가능한 경우 내부 고발자는 피해를 방지하기 위한 모든 내부 절차를 다해야 한다. 드조지는 내부 메커니즘이 부적절한 경우가 있을 수 있다고 인정하지만, 일반적으로 잠재적인 내부 고발자는 회사 내에서 선량한 노력을 다해야 한다. 이러한 노력을 다했다면 잠재적인 피해가 실제로 발생하면 폭로는 윤리적으로 허용된다.

드조지는 내부 고발이 윤리적으로 의무가 되려면 두 가지 추가 조건이 충족되어야 한다고 주장한다. 첫째, 내부 고발자는 회사의 피해를 일으킨 당사자에 중립적인 관찰자를 설득할 문서화된 증거를 갖고 있어야 한다. 이러한 증거 없이는 직원이 내부 고발에 내재된 위험을 감수할 의무가 없다. 마지막으로 내부 고발자는 내부 고발이 피해를 방지할 이유가 있어야 한다. 즉, 의문의 혜택을 얻기 위해 중대한 위험을 감수할 윤리적인 의무를 가질 수는 없는 것이다.

프랜시스 하우겐의 내부 고발 사례를 고려해 보자. 하우겐은 회사 내 문제를 내부 수단을 통해 해결하려 여러 노력을 기울였다. 그녀는 문제를 해결하기 위해 내부 메커니즘을 사용하기 위해 수차례 노력했다. 그녀가 증언한 대로 "페이스북에서 반복해서 본 것은 공공의 이익과 페이스북에게 좋은 것 사이에 이해관계가 있었고, 페이스북은 계속해서 돈을 더 많이 벌기 위해 자신의 이익을 최적화하기로 선택했다." 드조지의 기준을 사용하면 하우겐이 고용주를 폭로하는 것이 정당화되고 심지어 의무가 있다고 결론지을 수 있다. 첫째, 하우겐이 문제를 해결하기 위해 내부 수단을 사용하려 했으나 그것은 역부족이었음을 보여 준다. 그녀는 문제를 해결하기 위해 내부 메커니즘을 사용하는 데 많은 노력을 기울였다. 그녀가 증언한 대로 "페이스북에서 반복해서 본 것은 공공의 이익과 페이스북에게 좋은 것 사이에 이해관계가 있었고, 페이스북은 계속해서 돈을 더 많이 벌기 위해 자신의 이익을 최적화하기로 선택했다"고 말했다.

둘째, 그녀는 자신의 주장을 지원하고 그 주장의 심각성을 다수의 제3자에게 설득하기에 충분한 문서를 제공했다. 마지막으로, 문서들은 페이스북이 성매매, 마약 카르텔, 선거 간섭, 코로나바이러스 정보 부정, 백신 정보 부정, 혐오 발언 및 어린이에 대한 해로운 영향과 같은 문제에 대한 지식과 조치를 보여 주었다. 결론적으로 드조지의 근거를 토대로 하우겐은 페이스북의 활동에 대한 폭로 의무가 있었다고 할 수 있다.

내부자거래

내부자거래는 일반적으로 '내부자'로서 얻은 비공개 정보를 기반으로 유가증권(주식 및 채권)을 매매하는 행위를 말한다. 가장 명백한 예는 비즈니스 매니저나 이사가 내부 정보를 기반으로 회사의 주식을 대량으로 매수 또는 매도하는 경우이다. 정보가 공개되기 전에 주식을 시장이 요구하는 가격보다 낮게(또는 높게) 매수(또는 매도)함으로써, 내부자는 내부 정보로부터 부적절하게 혜택을 얻은 것으로 보인다. 그 내부자는 법적으로 불법을 저질렀다고 말할 수 있으며 대부분의 사람들이 비윤리적이라고 생각하는 방식으로 내부 정보를 이용해 개인적인 이익을 얻은 것이다. 내부자거래는 회사, 주주 및 금융 시장에 대한 책임에 관한 흥미로운 윤리적인 문제를 제기한다.

한 최근 사례가 내부자거래 문제의 중요성을 보여 준다. 2017년 9월 초, 신용 평가 기관 중 하나인 에퀴팩스(Equifax)는 그들의 컴퓨터 시스템이 해킹되었다고 발표했다. 결과적으로 1억 2,000만 명 이상의 소비자에 대한 신용 정보, 사회 보장 번호 및 운전면허 번호와 같은 정보가 유출되었다. 이 발표 하루 전, 에퀴팩스 주식은 주당 140달러 이상에 거래되었지만 일주일 뒤에 주식 가치는 90달러로 떨어졌다.

에퀴팩스는 당연히 해킹 당했다는 공개 발표 몇 주 전에 이미 해킹 사실을 알았다. 해킹 사실 공개 전에 몇 명의 에퀴팩스 임원들이 대량의 주식을 팔았다. 정보 관리 부문 대표책임자인 준잉(Jun Ying)은 발표 전주에 100만 달러 이상의 에퀴팩스 주식을 판매했으며, 이로써 수십만 달러에 이르는 잠재적인 손실을 피했다. 2018년 3월, 준잉은 내부자거래의 연방 범죄로 기소되었다.

최근에는 일론 머스크도 내부자거래 의혹 사례에 연루되었다. 2021년 11월, 머스크의 동생 킴벌이 자신의 테슬라 주식을 주당 1,229달러에 1억 8,000만 달러 이상 팔았다. 그 다음 날, 일론 머스크는 8,200만 명의 팔로워에게 트위터로 테슬라 주식 일부를 판매할 계획이 있으며 그의 판매 여부는 온라인 투표 결과에 따라 결정될 것이라고 밝혔다. 투표 결과가 나오자마자 주식 가격이 하락하기 시작했고, 며칠 후 머스크는 최종적으로 테슬라 주식 160억 달러를 팔았다. 이 주식은 2022년 초까지 800달러 초반으로 하락했다.

일론 머스크 형제 모두에 대한 증권 거래위원회의 조사가 시작되었지만, 내부자거래의 법적 기준은 상당히 높으며 일론 머스크가 기소될 가능성은 낮아 보인다. 이와 관련된 법적 문제는 주식을 매도하는 데 있어 근거한 결정이 개인 정보인지(이 경우 내부자거래가 아님) 회사 정보인지(이 경우 가능성이 있음)에 대한 문제가 핵심이다. 그러나 일론 머스크 형제 케이스에서 주식 가격이 조작되었는지 여부는 여전히 미해결인 상태이다.

내부자거래의 다른 사례 중 하나는 코로나19 팬데믹 초기에 주식 거래를 비판받았던 여러 미국 상원 의원들에 관한 것이다. 2020년 1월 당시 의회는 코로나19 확산에 관한 행정부의 비밀 브리핑을 정기적으로 받고 있었다. 팬데믹 소식이 알려지자마자 주식 시장이 30% 이상 하락하기 전에 이 브리핑에 참여했던 네 명의 상원 의원은 상당량의 주식을 팔았다. 노스캐롤라이나 주의 리처드 버, 조지아 주의 켈리 로플러, 캘리포니아 주의 다이앤 페이너스타인 및 오클라호마 주의 제임스 인호프는 내부자거래로 보이는 행동에 대해 공개적으로 비판을 받았다. 그들 또는 그들의 가족 구성원은 팬데믹 소식에 영향을 받을 것으로 예상되는 주식을 팔았고 혜택을 받을 것으로 예상되는 주식은 구매했다.

내부자거래가 비윤리적이라는 주장에도 불구하고 일부 전문가들은 그것이 윤리적으로 적절하다고 주장한다. 이러한 주장은 일반적으로 시장 중심이며, 내부자거래가 정확한 정보를 효율적으로 전파하는 수단이며, 이에 따라 주식 가격이 실제 가치를 반영하는 지점으로 빨리 움직이도록 하는 효율적인 방법이라고 주장한다. 내부자의 주식 대규모 매수(또는 매도)는 금융 시장에 신속하게 균형의 방향으로 반응할 수 있도록 정확한 정보를 제공한다. 내부자의 주식 매도는 시장에 올바른 메시지를 보내고 다른 사람들에게 이러한 결정을 따르는 좋은 이유를 제공한다. 해당 주식의 가격은 신속하게 실제 가치를 정확하게 반영하는 균형을 찾을 수 있는 것이다. 다른 사람들은 내부자거래를 허용하면 내부자가 기업에 이익을 가져오도록 노력하는 강력한 동기를 제공할 것이라고 주장한다.[10]

그러나 이러한 주장 중 어느 것도 윤리적으로 설득력이 있다고 말하기는 어렵다. 비판자들은 내부자거래가 금융 시장을 효율적으로 움직이게 한다 하더라도, 이는 공정하지 않고 윤리적으로 부적절한 수단에 의해 수행된다고 지적한다. 준잉과 그의 동료들이 판매한

에퀴팩스 주식을 구매한 사람은 명백하게 사기를 당한 것이다. 마찬가지로, 의회 구성원 중 일부가 이 주식이 다가올 대유행 소식에 의해 손해를 볼 것으로 이미 알고 있는 상황에서 해당 주식을 판매한 경우, 사람들은 정당하게 속은 것으로 느낄 것이다. 비판자들은 또한 내부자가 좋은 소식 뿐만 아니라 나쁜 소식에 대한 거래에서 혜택을 얻을 수 있으며, 따라서 기업의 최선의 이익에 반하는 방향으로 일할 동기가 있을 수 있다고 지적한다. 다시 말하면, 에퀴팩스 사례가 명백히 보여 주듯이 직원들은 내부 정보를 사용하여 나쁜 소식이 공개되기 전에 주식을 판매할 수 있다.

내부자거래에 대한 윤리적 비판과 관련해 직원 책임을 바탕으로 하는 세 가지 주장이 있다. 어떤 사람들은 내부자거래가 시장에서 동일한 정보가 없는 다른 증권 거래자에게 불공평하다고 주장하며, 그러므로 이러한 외부인들은 시장에서 불공평하게 손해를 입는다고 주장한다. 두 번째 비판은 내부자거래에 사용된 정보가 기업의 소유물이라는 주장이다. 따라서 내부자가 허가 없이 이를 사용하고 다른 주주에게 해를 끼치는 방식으로 사용하면 그 행동은 윤리적으로 부적절하다고 주장한다. 세 번째 주장은 내부자거래가 기업과 그 직원 간의 신임 관계에서 함축되는 신뢰를 위반한다고 주장한다.

불공평성 주장은 처음에는 설득력이 있어 보일 수 있다. 개인 투자자로서 나는 확실히 가격이 하락(또는 상승)할 것으로 미리 알고 있는 상태에서 해당 가격에 주식을 사거나 팔면 나는 내부 거래자에게 이용당한 것으로 느낄 것이다. 그러나 나는 정말 불공평한 대우를 받은 것일까? 상대방은 나에게 그가 가진 정보를 공개할 책임이 있는가? 아마 그렇지 않을 것이다. 정보의 불평등 자체는 불공평하지 않다. 다른 사람이 나보다 더 성실하고 철저한 연구를 했고 그 결과로 나는 그에 비해 불이익을 받게 되었다면, 그들은 그 불평등한 정보를 이용하여 주식 거래에서 이익을 얻는 데 윤리적 문제가 없다고 할 수 있다. 불공평성 주장은 내가 내부자들이 가진 동등하고 공정한 접근 권한을 갖지 못한 상태에서 불이익을 받았을 때 더 설득력이 있어 보인다.

그럼 내부자는 다른 거래자들에게 내부 정보에 대한 동등한 접근 권한을 제공할 책임이 있을까? 내부자는 누구에게 책임을 지고 있을까? 준잉과 같은 내부자가 내부 정보를 기반으로 거래할 때, 피해를 입은 것으로 주장할 수 있는 두 가지 종류의 투자자가 있다. 하나는 내부 정보가 있다면 내부자거래만큼 혜택을 얻을 수 있었다고 주장하는 사람이다. 따라서 그들은 가능한 이익을 거부당한 셈이므로 피해를 입었다고 주장할 수 있다. 그러나 이 사람은 실제로 얻지 못한 것에 대한 윤리적 권리를 거의 가지고 있지 않다. 내부인이나 외부인 모두 다른 이들을 이용하는 주식 판매에서 얻은 이익에 대한 합법적인 권리를 갖고 있지 않다.

두 번째 유형의 투자자, 여기서는 실제 투자자라고 부르겠다. 이 투자자는 내부자가 알고 있는 것을 모른 채 내 주식을 (또는 미래에 해로운 정보의 경우에는 주식을 사는) 내부자에게 판매한다. 이 경우 주식 거래는 상쇄 게임이며 한 사람의 이익은 다른 사람의 손실이다. 이 거래는 더 문제가 있으며 사기 사건과 매우 닮아 보인다.

다시, 에퀴팩스 사례를 고려해 보자. 고위 경영진은 데이터 침해 사건이 공개될 예정임을 알고 이 소식을 예상하여 대규모 주식 판매(또는 옵션 행사)를 시작했다. 그 이후 몇 주 동안 주가는 붕괴하고 그들은 그에 따라 혜택을 입었다. 동등한 기회를 가지지 못한 잠재적 투자자(또는 판매자)는 어떠한 합법적인 권리도 침해받았다고 주장할 수 없다. 내부자는 이러한 잠재적 투자자를 윤리적으로 바람직하지 않게 다룬 것으로 보이지는 않는다. 그러나 실제 투자자, 내부자로부터 주식을 구매한 사람은 현실적인 피해를 입었다. 구체적으로, 이 피해는 대부분 주주가 자신을 위해 행동할 책임이 있는 사람인 기업 내부자들에게서 피해를 입은 사실에서 비롯된다.

따라서 내부자거래는 직원인 대리인이 사측인 주체에 대한 책임을 위반하는 것이며, 이것이 내부자거래에 대한 윤리적 비판이 재산권과 신뢰 의무와 관련이 있다는 것을 시사하는 것이다. 내부 정보는 정의상 공개되지 않은 정보이다. 그것은 기업에게 정당하게 속한 비공개 정보이다. 경영진(대리인)은 기업에 해를 끼치지 않기 위해 개인적인 이익을 얻는 것을 금지하는 기업에 대한 신뢰 의무가 있다. 내부자거래는 기업의 투자자들에게 해를 끼치면서 개인적인 이익을 위해 비공개 자원을 무단으로 도용하는 것을 포함한다. 투자자들은 자신의 이익을 대표하기 위해 관리자들에게 의존하므로, 내부자거래를 하는 내부자들은 그 신뢰를 위반하고 대표할 책임이 있는 사람들을 속이고 있는 것이다. 앞으로 언제 어떤 투자자들이 내부자거래로 인해 더 효율적이고 정확한 주가를 경험할지 알 수 없지만, 실제 투자자들은 합법적인 윤리적 권리가 있었던 혜택을 받지 못하고 있는 것이다.

토론 사례에 대한 성찰

이 장은 비즈니스에서 개인이 실제로 이해관계 갈등에 직면할 수 있는 일이 얼마나 흔한지를 상기시켜 준다. 한편으로 비즈니스 내에서 무수히 많은 개인은 다른 이들을 대표해 행동해야 하는 의무를 가지고 있다. 매니저나 임원으로서, 또는 전문 변호사, 감사인, 회계사, 엔지니어, 금융 분석가로 일하는 경우, 많은 사람들은 자신의 이익을 제쳐두어야 하는 의무를 가지고 있다. 반면에 회사에서 개인은 급여 및 혜택, 직장 승진 또는 자부심, 자존심, 권력과 같은 모호하지만 현실적인 동기로 인해 혜택을 얻을 수 있는 여러 기회를 가진다. 이러한 상반된 이익 사이의 균형은 개인, 조직 및 법률에 대한 지속적인 도전이다.

2001년에 무너진 엔론은 기업의 탐욕과 부패의 대명사가 되었다. 그러나 이 사건은 기업 및 회계 부정의 일부로 이어진 일련의 사기 사건의 시작에 불과했다. 엔론은 대중의 관심과 비판의 중심이었으며, 그 계열사인 아서 앤더슨의 붕괴가 비즈니스에서 윤리적 행동의 중요성에 대해 또한 더 중요한 교훈을 제공했다. 이는 2008년부터 2010년까지의 경제 붕괴는 재무 및 회계 전문가들 자신의 본연의 의무를 방기하는 것으로부터 시작되었다는 교훈을 준다.

회계 감사인은 정기적으로 이해관계 갈등이 많은 위치에 놓이게 된다. 그들의 전문적 의무는 독립적이고 정확한 재무 현황을 작성하는 것이다. 그러나 그들은 완전하고 정확한 공개를 원하지 않을 수 있는 회사로부터 돈을 받고 임원에게 고용되기도 한다. 임원 보상이 주가에 기반한 보너스에 연결되어 있으며 주가가 나쁜 재무 소식과 함께 하락할 때 임원의 이익에 영향을 미치기 때문에 회사 감사에서 어떤 정보가 포함될지를 통제하려는 것이 분명하다.

이러한 이해관계 갈등 사건을 고찰할 때 단일한 원인을 찾으려는 유혹이 있을 수 있다. 그것은 개인의 탐욕이었을까? 사람들은 그들이 하는 일을 이해하지 못했을까? 옳고 그른 것을 알지 못했을까? 정부 감독의 실패였을까? 관리적 리더십의 부재였을까? 원인을 찾으면 이러한 일이 다시 일어나지 않도록 할 수 있다는 희망이 있다.

기업 사기 사건의 원인을 확인하고 이를 예방하기 위한 전략을 만드는 것은 기업 윤리의 중요한 부분이다. 1장에서 설명한 대로 철학적 윤리는 개인 도덕과 사회적 윤리의 문제를 모두 다룬다. 이러한 프레임워크를 사용하여 기업 사기 사건을 세 가지 수준에서 평가할 수 있다. 즉, 개인 수준, 조직 구조 및 실천, 정부 및 사회 기관 수준이다.

개인의 관점에서 이러한 문제는 여러 가지 질문을 제기하게 한다. 일부 질문은 윤리적 정당화와 관련이 있다. 금융 기관에서 고위험 모기지를 적극적으로 마케팅하는 상황에서 회계사 또는 금융 분석가로 일했다면 어떻게 했을 것인가? 실제 상황에서 실제 사람들이 했던 행동과 다르게 당신은 행동했을까? 개인적 동기에 관한 것도 포함되어 있을 수 있다. 그 사람들은 왜 그렇게 행동했을까? 그들은 어떻게 다르게 행동할 수 있었을까? 금전의 유혹에 빠지는 사람과 그에 저항하는 사람들 간의 차이를 어떻게 설명할 수 있을까?

기관(조직) 관점에서 이러한 사기 사건은 기업 내에서 중요한 활동을 촉발시켰다. 인사 부서는 이제 엔론과 2008년 금융 붕괴 이전에는 결코 심각하게 여기지 않았던 윤리 교육을 신중하게 진행한다. 많은 기업이 이제 윤리 담당자와 업무 감독관을 고용하여 직원들이 책임감 있게 행동하도록 장려하고 비윤리적인 활동을 신고할 기회를 제공한다. 기업 문화에 관한 주제는 높은 윤리 기대치를 설정하여 윤리적 행동을 촉진하려는 관리자들에게 상당한 관심을 불러일으켰다. 이러한 사기 사건에 연루된 기관은 조직으로서 어떤 잘못을 저질렀나? 서브프라임 모기지 위기나 내부자거래를 예방할 수 있었던 어떤 구조적 변화가 있을까? 직원들은 회사의 규범과 가치를 어떻게 배울까? 고유한 윤리 기준을 이론에서 실천으로 어떻게 전달할 수 있을까?

다른 시각에서 전문 단체와 감독 협회의 역할은 무엇인가? 전문가 자체는 자격증 단체와 전문 기관을 통해 더 엄격한 기준과 처벌을 마련해야 할까? 회계 전문가나 금융 서비스 산업은 정부 감독 기관보다 높은 기준을 정해야 할까?

마지막으로, 정부 시각에서 최근 스캔들은 중요한 법적 조치로 이어졌다. 엔론 붕괴 이후, 미국 의회는 2002년 사베인스-옥슬리법(Sarbanes-Oxley Act)을 제정했다. 이 법의 주요 내용으로는 기업의 CEO와 CFO가 재무 보고서를 인증해야 하는 의무, 임원 및 이사에 대한 개인 대출 금지, 내부자에 의한 거래의 신속한 보고, 연금 기금 블랙아웃 기간 동안의 내부자 거래 금지, 그리고 재무 보고서를 거짓으로 진술한 기업 임원에 대한 형사 및 민사 처벌이 포함되어 있다.

복습 문제

1. 어떻게 책임이 다른 사람들과의 관계에 따라 달라질 수 있는지 설명하라.
2. 개인과 부동산 중개인 또는 변호사 간의 관계가 고용주와 종업원 간의 관계와 어떻게 유사한가? 어떻게 다른가?
3. 직원 책임의 좁은 시각이 윤리적으로 어떻게 변호될 수 있을까? 그것의 단점은 무엇인가?
4. 이해관계의 충돌은 무엇이며 언제 어떤 조건에서 윤리적이지 않을까? 금융 기관 및 금융 자문가의 직원의 이중 역할이 윤리적으로 부적절한 이해관계의 충돌로 간주될 수 있는가?
5. 신뢰와 충성을 정의하라. 모든 직원은 신뢰할 책임이 있는가? 충성해야 하는가? 듀스카

가 직장에서의 충성이 부적절하다고 생각한 이유는 무엇인가?

6. 비즈니스가 포커와 어떻게 닮아 있는가? 어떤 점에서 다른가?
7. 드조지는 어떤 조건이 내부 고발을 윤리적으로 허용 가능하게 만든다고 하였는가? 언제 윤리적으로 필요한가?
8. 내부자거래에 대한 최소한 두 가지 윤리적 반대 이의를 설명하라. 정확히 어떤 부분이 (있는 경우) 에퀴팩스 주식 판매에 문제가 있었는가?

미주

[1] Milton Friedman, "The Social Responsibility of Business Is to Increase Its Profits," *New York Times Magazine*, September 13, 1970.

[2] Such a view is used by those who claim, for example, that employers have a right to test employees for drug use. Drug use presumably prevents an employee from performing at an optimal level. Because, from this perspective, employers have a legitimate expectation that employees do perform at such levels, they have a legitimate claim to know about and prevent employee drug use. See Joseph DesJardins and Ronald Duska, "Drug Testing in Employment," *Business and Professional Ethics Journal* 6, no, 3 (1987), for a refutation of this claim.

[3] Readers should review the discussion of the classical model of corporate social responsibility from chapter 3 for a fuller analysis of this issue. The perspective emerging from this chapter parallels the emergence of stakeholder theory described in chapter 3. See also, "Dirty Numbers," *Fortune*, February 18, 2002, pp. 75–84.

[4] Ronald Duska, "Whistle-blowing and Employee Loyalty," originally published in Joseph DesJardins and John McCall, eds., *Contemporary Issues in Business Ethics*, 2nd ed. (Belmont, CA: Wadsworth, 1990), pp. 142–146.

[5] This banking case is based on a situation with which I was personally familiar. Interestingly, a bank manager explained that the bank saw the training simply as an investment. They knew in advance that only a certain percentage of the trainees would remain with the bank long term and that these losses were already built into the salaries and training expenses. He didn't see the training expenses as a sacrifice and was unwilling to characterize those who left as disloyal.

[6] Albert Z. Carr, "Is Business Bluffing Ethical?" *Harvard Business Review* 46 (January–February, 1968).

[7] Ibid., p. 9.

[8] See Joseph Kupfer, "The Moral Presumption against Lying," *Review of Metaphysics* 36 (1982), for an insightful discussion of the harmful effects lying has on the liar's own character.

[9] Richard DeGeorge, *Business Ethics*, 5th ed. (Upper Saddle River, NJ: Prentice Hall, 151999), ch. 10.

[10] For good summaries of the arguments for and against insider trading, see Jennifer Moore, "What Is Really Unethical about Insider Trading?" *Journal of Business Ethics* 9 (1990), pp. 171–182; and Patricia Werhane, "The Ethics of Insider Trading," *Journal of Business Ethics* 8 (1989), pp. 841–845.

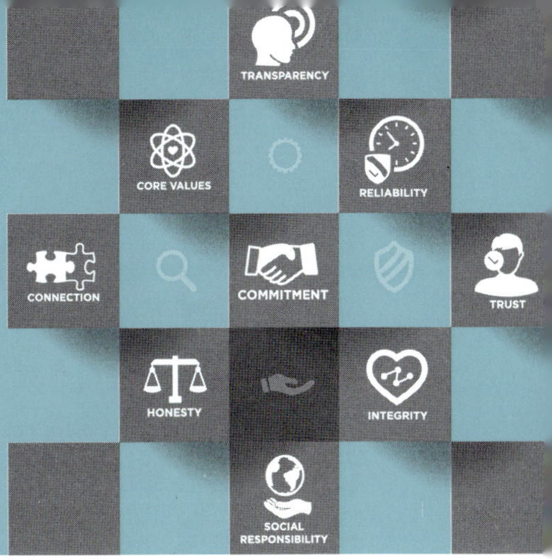

8장

마케팅 윤리: 제품 안전과 가격

학습 목표

이 장을 읽고 나면,

- 마케팅에서 발생하는 다양한 윤리적 문제를 이해할 수 있다.
- 마케팅 윤리를 평가하기 위한 윤리적 틀을 적용할 수 있다.
- '구매자 위험 부담 원칙'에서부터 '엄격한 제품 책임'에 이르기까지 제품 책임법의 윤리적 차원을 설명할 수 있다.
- 과실의 개념과 관련된 윤리적 문제를 설명할 수 있다.
- 엄격한 제품 책임에 대한 윤리적 분석을 제공할 수 있다.
- 제품 가격 책정과 관련된 윤리적 문제를 설명할 수 있다.

토론 사례: 사회적 해악: 비만과 오피오이드

일반적인 제품 책임 사례는 과실 설계, 검사 또는 제조된 제품으로 인해 소비자가 피해를 입는 경우를 포함한다. 이러한 경우, 소비자가 제품 결함이나 제조사의 과실로 인해 피해를 입었다는 사실을 입증할 수 있으며 기업은 손해 배상 책임을 질 수 있다. 최근 사례로, 2018년 이후 독일 기업 바이엘(Bayer)이 소유한 몬산토(Monsanto)사는 자사의 제초제 라운드업(Roundup)으로 인한 비호지킨 림프종(일종의 암) 발병 책임을 인정받았다. 또 다른 사례로, 존슨앤존슨(Johnson & Johnson)은 자사의 베이비 파우더에 포함된 미량의 석면으로 인해 발생한 피해에 대해 손해 배상 책임을 지게 되었다.

이러한 제품 책임 사례에 대한 법적 및 윤리적 분석은 잘 발전되어 있으며, 이번 장에서는 이러한 문제를 좀 더 깊이 있게 다룰 것이다. 그러나 소비자의 피해와 제품 또는 기업의 행위 간의 연관성이 덜 직접적인 경우, 기업의 책임에 대한 문제는 더 복잡하다. 비만 유행과 오피오이드 중독의 사례가 바로 그 예이다.

미국 질병통제예방센터(CDC)에 따르면, 미국 성인의 42% 이상이 비만을 겪고 있다. 아동 비만율은 1970년대 이후 세 배 이상 증가했다. 이러한 비율은 세계에서 가장 높으며, 미국 역사상 최고치이다. 전 세계적으로 비만율은 인구의 약 30%에 달하며, 이는 20억 명 이상의 사람들을 의미한다. 또한, 미국에서 2~19세의 청소년 중 19% 이상, 즉 1,400만 명 이상의 청소년이 비만 상태이다. 비만율은 2000년 이후 미국 내에서 30% 이상 증가했으며, 비만을 억제하기 위한 정부와 공공의 다양한 노력에도 불구하고 이러한 증가세는 계속되고 있다.

비만은 심장병, 뇌졸중, 당뇨병, 고혈압, 고콜레스테롤, 골관절염, 정신 질환, 우울증, 일부 암 등 다양한 심각한 건강 위험과 높은 상관관계를 보인다. 비만율이 급증하면서 이러한 관련 질병도 비례적으로 증가했다. CDC는 비만이 코로나19 바이러스에 감염된 사람들의 입원 위험을 세 배로 높였다고 추정했다. 이로 인해 비만은 미국에서 예방 가능한 사망의 가장 주요한 원인으로 자리 잡았다. CDC는 비만으로 인해 미국이 매년 1,700억 달러 이상의 의료비를 부담하고 있다고 추정하고 있다. 이러한 사실은 많은 보건 옹호자들이 이 상황을 '비만 유행'이라고 규정하게 만들었다.

비만의 원인은 매우 다양하다. 유전적 요인, 영양 불균형, 특히 고지방 및 고당분 음식의 과도한 섭취, 일부 질병, 운동 부족, 그리고 좌식 생활 방식 등이 비만에 기여한다. 가장 일반적으로, 비만의 원인은 섭취한 칼로리 양이 운동 및 활동을 통해 소모된 칼로리보다 많은 것이다. 따라서 비만 원인에 대한 깊이 있는 분석은 섭취된 음식의 양과 질을 모두 고려해야 한다. 무엇이 칼로리 섭취량 증가로 이어지는가? 사람들은 왜 그들이 섭취하는 양과 종류의 음식을 선택하는가?

이러한 질문들은 일부 관찰자들로 하여금 패스트푸드 산업을 포함한 식음료 산업이 비만율 증가와 그에 따른 비만 관련 건강 문제에 중요한 역할을 하고 있다고 결론짓게 했다. 비판자들은 식음료 산업이 비만 유행을 일으킨 데에 있어 그들의 역할에 대해 책임을 져야 한다고 주장한다.

영양 전문가들은 일반적인 성인 여성의 하루 권장 칼로리 섭취량을 약 2,000칼로리, 남성은 2,500칼로리, 청소년과 십대는 1,500칼로리로 권장하고 있다. 성인의 하루 권장 최대 설탕 섭취량은 25그램이며, 십대는 15그램이다. 일반적인 성인 여성의 하루 권장 총 지방 섭취량은 65그램이며, 그중 포화지방은 20그램을 넘지 않아야 한다. 남성의 경우 총 지방 섭취량은 80그램, 포화지방은 25그램으로 권장되며, 십대의 경우 총 지방 섭취량은 50그램, 그중 포화지방은 20그램을 넘지 않는 것이 좋다.

영양학자들은 종종 건강한 식단의 일부로 제공되는 칼로리와 영양상의 이점이 없는 '빈 칼로리'를 구분한다. 예를 들어, 과일과 채소에 자연적으로 함유된 설탕은 다양한 중요한 영양소를 제공하는 식품에 포함되어 있다. 반면, 가공 식품과 음료에 인공적으로 첨가된 설탕은 영양상의 이점을 제공하지 않으면서 일일 칼로리 섭취량만 증가시킨다.

한 연구에 따르면, 슈퍼마켓에서 판매되는 식품의 거의 75%는 신선한 과일, 채소, 유제품, 고기를 제외한 대부분의 식품에 첨가된 당이 포함되어 있다. 이러한 당은 다양한 형태로 존재하며, 고과당 옥수수 시럽, 옥수수 감미료, 덱스트로스, 과당, 과일 주스 등의 이름으로 라벨에 표시된다. 예를 들어, 12온스(약 355ml) 소프트 드링크 한 캔에는 최대 46그램, 즉 11티스푼에 해당하는 설탕이 들어 있을 수 있다. 특정 건포도 시리얼의 1컵 분량에도 '자연 성분'과 '고과당 옥수수 시럽 무첨가'라는 라벨에도 불구하고 20그램, 즉 5티스푼의 첨가당이 들어 있다. 이와 유사한 예시는 어느 식료품점에서도 쉽게 찾을 수 있다. 학생들은 인터넷 검색을 하거나 자신이 구매하는 식품의 라벨을 읽어 일반적인 식품에 포함된 첨가당에 대해 더 많이 배울 것을 권장받고 있다.

패스트푸드 산업은 고칼로리, 저영양 식품의 또 다른 많은 예시를 제공한다. 패스트푸드점에서의 일반적인 식사는 쉽게 하루 권장 영양 기준치를 충족하거나 초과할 수 있다. 예를 들어, 맥도날드에서 치즈가 들어간 쿼터 파운더 버거, 감자튀김, 중간 사이즈 콜라로 구성된 식사는 1,200칼로리 이상, 총 지방 55그램, 포화지방 22그램, 설탕 67그램을 포함하고 있다. 이 식사를 한 청소년은 하루 권장 칼로리의 거의 전부를 섭취했을 뿐만 아니라, 권장 지방 및 포화지방 섭취량을 초과하고, 하루 권장 설탕 섭취량을 4배 이상 초과하게 된다. 많은 패스트푸드점에서는 이보다 훨씬 더 높은 수치를 가진 메뉴도 제공한다. 소닉, 버거킹, 웬디스, 아비스, 치폴레 등의 레스토랑에서는 2,000칼로리가 넘는 식사도 쉽게 찾을 수 있다. 게다가, 패스트푸드점에서는 특히 높은 이윤이 나는 감자튀김과 소프트 드링크에 대해 저렴한 '슈퍼 사이즈' 옵션을 적극적으로 홍보하여 칼로리, 지방, 설탕 함량을 더욱 증가시키는 경우도 흔하다.

비판자들은 식음료 산업이 판매하는 음식과 음료의 성분뿐만 아니라, 이러한 식품이 마케팅되고 홍보되는 방식에도 문제를 제기한다. 첨가당, 고지방, 고칼로리, 고염 음식이 비만과 기타 건강 문제를 일으킨다는 사실을 알면서도, 기업들은 여전히 이러한 제품을 소비자에게 적극적으로 홍보하고 있으며, 특히 젊은 소비자를 대상으로 광고를 집중적으로 진행하는 경우가 많다.

또 다른 건강 유행병으로 식별된 사회적 문제는 오피오이드 남용이다. 2017년, 미국 보건복지부는 오피오이드 사용을 국가 공중 보건 비상사태로 선언했다. 미국 국립약물남용연구소(National Institute of Drug Abuse)에 따르면, 2018년 5월 기준으로 미국에서는 매일 115명 이상이 오피오이드 과다 복용으로 사망했다. 헤로인과 같은 불법 약물이 이 유행병에서 중요한 역할을 하지만, 펜타닐, 하이드로코돈, 옥시코돈, 코데인, 모르핀과 같은 처방약이 더 큰 역할을 하고 있다. 과다 복용으로 인한 사망의 절반 이상이 일반적으로 처방되는 오피오이드 약물로 인한 것이다.

오피오이드 중독의 급증은 1990년대로 거슬러 올라갈 수 있다. 이 시기 동안 제약 회사들은 옥시콘틴(OxyContin)과 바이코딘(Vicodin)과 같은 새로운 옥시코돈과 하이드로코돈 약물을 적극적으로 홍보했으며, 이 약물들이 중독성이 없다고 의료 처방자들에게 알렸다. 의료 전문가들은 수술, 치과 치료, 부상, 일부 암과 같은 다양한 의학적 상태와 관련된 통증 완화를 위해 이러한 약물을 처방했다. 또한 1990년대에는 미국 연방 정부가 규제를 완화하여 처방약에 대한 소비자 직접 광고를 허용하기도 했다.

2013년까지 미국에서 발행된 오피오이드 처방전은 2억 5,000만 건을 넘어섰으며, 이는 거의 모든 미국인에게 하나씩 처방된 것과 같은 수치이다. 오피오이드 처방율이 높은 주는 앨라배마, 테네시, 웨스트버지니아, 켄터키, 오클라호마이며, 낮은 주는 하와이, 뉴욕, 캘리포니아, 미네소타, 뉴저지이다.

제약 산업은 세 가지 유형의 회사로 구성된다. 제약 회사는 약물을 설계, 마케팅, 제조하며, 유통 회사는 제조사에서 약국 및 의료 기관으로 약물을 전달하는 중개 역할을 한다. 이 약국과 의료 기관이 최종적으로 소비자에게 약물을 직접 판매한다. 미국 내에서 주요 유통 회사인 카디널 헬스(Cardinal Health), 맥케슨(McKesson), 아메리소스버겐(AmerisourceBergen) 세 회사가 전체 의약품 유통 시장의 90% 이상을 차지하고 있다.

실제 처방을 작성하는 의료 전문가들은 약물 사용을 제한하고 의료적 필요가 입증된 환자에게만 약물을 공급하는 문지기 역할을 해야 할 책임이 있다. 물론, 처음에는 합법적이고 윤리적으로 얻어진 많은 오피오이드가 도난 또는 불법 판매를 통해 불법적으로 사용되는 경우도 있다. 그럼에도 불구하고, 비판자들은 제약 회사와 유통 회사 모두가 오피오이드 사용 및 남용의 급증에 중요한 역할을 했다고 지적한다.

제약 회사들은 의료 제공자뿐만 아니라, 1990년대 연방법이 개정되어 허용된 이후로는 소비자에게도 직접적으로 약물을 적극적으로 마케팅해 왔다. 증거에 따르면, 제약 산업은 신약 연구 및 개발보다 약물 마케팅에 더 많은 돈을 쓴다고 한다. 이들 회사는 또한 새로운 세대의 오피오이드가 모르핀과 같은 다른 오피오이드보다 부작용이 적고 중독성이 덜하다고 홍보했다.

유통 회사들 역시 오피오이드를 약국에 직접 마케팅하고 있다. 이들은 법적으로 오피오이드 구매량이 비정상적으로 높은 약국이나 의료 제공자를 보고해야 할 책임이 있지만, 이러한 보고 의무가 느슨하게 운영되었다는 증거가 있다. 예를 들어, 의회 조사는 2008년에서 2015년 사이에 제약 유통 업체들이 인구 3,000명의 작은 마을에 위치한 서로 네 블록 떨어진 두 약국에 2,000만 개 이상의 옥시코돈과 하이드로코돈 알약을 보냈다는 사실을 밝혀냈다. 또 다른 웨스트버지니아 주의 작은 마을인 커밋(Kermit)에서는, 2007년과 2008년에 유통 업체들이 인구 392명의 이 마을의 한 약국에 거의 900만 개의 하이드로코돈 알약을 보냈다. 한 웨스트버지니아 지역 신문은 "6년 동안 의약품 도매 업체들은 주에 7억 8,000만 개의 하이드로코돈과 옥시코돈 알약을 쏟아부었고, 그동안 웨스트버지니아 주민 1,728명이 이 두 진통제로 인해 치명적인 과다 복용으로 사망했다."고 보도했다.[1]

비만과 오피오이드 유행은 매년 수십억 달러의 수익을 창출하는 제품들로 인해 심각한 사회적 해악이 발생하는 사례이다. 그러나 이러한 상황은 보다 일반적인 제품 책임 사례와는 차이가 있다. 첫째, 당뇨병이나 뇌졸중과 같은 비만 관련 건강 피해를 특정 음식이나 음료와 직접적으로 연관 짓는 것은 거의 불가능하다. 특정 오피오이드 관련 과다 복용을 특정 처방과 연관시키는 것은 가능성이 조금 더 있긴 하지만 여전히 매우 어렵다. 또한, 기업들은 소비자의 사용 및 남용에 대한 결정이 비만과 오피오이드 중독의 결정적인 요인이라고 주장할 수 있다. 기업들은 적절하게 사용하고 절제한다면, 건강에 해로운 음식이나 오피오이드 그 자체가 비만이나 오피오이드 중독과 같은 사회적 해악을 일으키지 않는다고 주장한다. 마지막으로, 비만과 오피오이드로 인해 피해를 입는 개인이 많아지지만, 더 넓은 사회도 특히 증가된 의료 비용 측면에서 피해를 보고 있으며, 오피오이드의 경우에는 법 집행 및 형사 기소와 관련된 비용 증가로도 사회가 피해를 입고 있다.

그러나 비판자들은 이러한 사례들이 과거 석면과 담배와 관련된 제품 책임 사례와 본질적으로 유사하다고 주장한다. 석면 사례에서는 석면 먼지를 흡입한 피해자들이 자신의 질병을 특정 석면 관련 기업과 연결할 방법이 없었다. 그럼에도 불구하고 법원은 피해자들이 석면 산업 전체로부터 손해 배상을 받을 수 있도록 허용했다. 유명한 담배 사례에서는 담배 회사들이 소비자가 담배와 관련된 위험을 스스로 감수했다는 사실을 근거로 자신들을 변호했다. 그러나 법원은 담배의 중독성 특성과 담배 회사들이 흡연을 장려하고 담배의 해로운 영향을 최소화하려는 마케팅을 감안하여 이러한 변호를 납득하지 않았다.

토론 질문

1. 소비자를 해로운 제품으로부터 보호하기 위한 가장 합리적인 공공 정책 접근법은 무엇일까? 정부는 고당, 고지방 음식과 음료의 판매를 규제해야 할까? 시장과 경제적 힘이 소비자를 보호하는 데 어떤 역할을 할 수 있을까?
2. 패스트푸드점과 탄산음료 제조업체는 그들이 판매하는 음식과 음료의 품질에 대해 어떤 책임을 지고 있는가? 이들은 비만 유행에 대한 책임이 있는가? 왜 그렇다고 생각하는가, 또는 왜 그렇지 않은가? 이러한 음식들이 비만을 '유발'하는가?
3. 비만과 오피오이드 중독은 건강에 해로운 음식을 먹거나 오피오이드를 사용하는 것을 선택한 개인의 전적인 책임인가? 왜 그렇다고 혹은 왜 그렇지 않다고 생각하는가?
4. 제약 회사, 의약품 유통 회사, 약국은 오피오이드 유행에 대해 어떤 책임을 지고 있는가? 이러한 회사들은 오피오이드 남용에 대해 알고 있으며, 따라서 이를 방지하기 위한 조치를 취해야 할 책임이 있는가?
5. 법적 조사의 오래된 격언 중 하나는 "돈의 흐름을 따라가라."는 것이다. 이는 재정적 이익을 얻는 주체가 결국 문제의 원인이라는 것을 의미한다. 많은 식음료 기업이 고칼로리, 건강에 해로운 음식과 음료로 이익을 얻고 있으며, 제약 부문의 많은 기업이 오피오이드 판매의 급증으로 큰 수익을 얻었다. 기업이 사회적 문제로부터 재정적 이익을 얻는다는 사실이 그 문제를 해결할 책임을 발생시키는가? 왜 그렇다고 또는 왜 그렇지 않다고 생각하는가?

8.1 마케팅에서의 윤리적 문제: 개요

8장과 9장은 마케팅 윤리 문제로 전환한다. 마케팅은 경영 내에서 주요 하위 분야이며, 다양한 활동을 포함한다. 전통적인 정의에 따르면 마케팅은 '4P', 즉 제품, 가격, 홍보, 유통에 중점을 둔다. 이번 장에서는 제품의 안전성과 책임, 그리고 그 제품의 가격 책정과 관련된 윤리적 문제를 살펴볼 것이다. 9장에서는 제품이 어떻게 홍보되고 광고되며 특정 시장을 대상으로 하는지에 관한 다양한 문제를 다룰 것이다.

우리는 개인 간의 단일 거래 모델을 마케팅 윤리에 대한 윤리적 틀을 도입하는 유용한 방법으로 사용할 수 있다. 두 당사자가 자유롭게 거래에 동의하는 단순한 상황은 표면적으로 윤리적으로 정당하다고 볼 수 있다. 공리주의 전통에서는 그들의 동의를 각자가 거래 이전보다 더 나아졌다는 증거로 받아들여, 그 거래로 인해 전반적인 행복이 증가했다고 결론지을 것이다. 칸트 윤리학의 원칙 기반 전통에서는 이를 자율적 행위자로서 자신의 목적을 추구할 수 있는 개인에 대한 존중을 유지하는 것으로 간주할 것이다.

이 평가는 표면적으로만 윤리적인데, 이는 모든 합의와 마찬가지로 실제로 상호 이익이 달성되었거나 자율성이 존중되었다고 결론짓기 전에 특정 조건이 충족되어야 하기 때문이다. 예를 들어, 그 합의가 충분한 정보에 근거한 자발적인 동의에 의해 이루어졌으며, 사기나 기만, 강압이 없었는지를 확인해야 한다. 이러한 조건이 위반되면 상호 이익은 달성되지 않으며 자율성도 존중되지 않는다. 더 나아가, 이러한 조건이 충족되더라도 다른 가치가 개인이 상호 이익을 위한 계약을 체결할 자유를 무효화할 수 있다. 예를 들어, 마약 판매상이 상호 동의된 목적을 추구할 자유는 사회가 법과 질서를 유지하려는 관심에 의해 제한된다.

따라서 일반적으로, 마케팅에서 어떤 윤리적 문제를 다룰 때 세 가지 우려를 염두에 두는 것이 도움이 될 것이다. 첫째, 거래가 모든 당사자에게 단순히 겉으로만 이익을 주는 것이 아니라 실제로 얼마나 많은 이익을 제공하는가? 둘째, 시장 참가자들이 단순히 판매를 위한 수단으로 취급되는 것이 아니라 자유롭고 자율적인 행위자로서 얼마나 존중받는가? 셋째, 이 거래에서 또 다른 어떤 가치가 걸려 있을 수 있는가? 이제 이 세 가지 문제를 좀 더 자세히 살펴보겠다.

첫 번째 윤리적 문제는 시장 교환을 통해 얻는 것으로 주장되는 이익을 살펴보는 것이다. 경제학 교과서에서는 흔히 소비자의 선호가 시장에서 충족될 때 소비자가 이익을 얻는다고 가정한다. 이는 사람들이 교환에서 원하는 것을 얻으면 더 나아진다는 가정이다. 그러나 이 가정은 면밀히 검토하면 그다지 타당하지 않다. 많은 구매가 실제 이익으로 이어지지 않는 경우가 많다. 예를 들어, 충동 구매와 이를 촉진하는 다양한 마케팅 기법은 소비자의 이익을 충족시킨다는 이유로 정당화될 수 없다. 개인 파산 건수가 점점 증가하는 것은 소비자가 구매를 통해 행복을 얻을 수 없다는 것을 시사한다. 실증적 연구는 더 많은 소비가 오히려 불행을 초래할 수 있음을 보여 주며, 이를 '어플루엔자(affluenza)'라고 부르기도 한다.[2] 또한 비만과 오피오이드 중독 사례를 생각해 보자. 이러한 경우, 소비자들이 자신의 욕구를 충족시켰을 때 이익을 얻는 것이 아니라 오히려 해를 입으며, 사람들이 건강에 해로운 음식이나 약물을 선택할 때 사회 전체의 이익도 해를 입는다. 따라서 단순한 소비자 만족이 시장 교환의 이익을 측정하는 결정적인 척도가 아니라면, 항상 마케팅의 목적을 물어야 한다. 이 제품이나 서비스를 성공적으로 마케팅함으로써 어떤 이익이 달성되는가? 이 제품이 개인과 사회에 어떤 방식으로 이익을 주는가?

두 번째 윤리적 문제는 소비자의 자율성이다. 마케팅 상황에서 누군가가 존중받고 있는지 여부를 판단하는 것이 항상 쉬운 일은 아니다. 우선, 우리는 두 가지 조건을 제시할 수 있다. 첫째, 거래에 대해 자유롭게 동의해야 한다. 하지만 '자유'는 얼마나 자유로운가? 강압의 위협 아래 이루어진 거래는 분명 자발적이지 않으며, 따라서 비윤리적이다. 그러나 자발성에도 여러 단계가 있다. 예를 들어, 생명을 위협하는 질병이나 극심한 통증을 겪고 있는 소비자는 부작용이 심각한 약물을 선택할 수 있지만, 건강한 사람이라면 그러한 선택을 받아들이기 어려울 수 있다. 의사로부터 오피오이드 처방을 받는 환자는 비오피오이드 진통제를 요청할 여지가 없을 수 있다. 이러한 관점에서 보면, 소비자가 어떤 제품을 필요로 할수록 선택의 자유는 줄어들며, 따라서 더 많은 보호가 필요하다. 이는 안전하지 않은 제품이나 부도덕한 제조업체로부터 더 큰 보호를 받아야 한다는 것을 의미한다. 처방약 규제의 역사는 이 사실을 증명하고 있다. 소득이 제한적이거나 음식 선택권이 부족한 사람은 편리한 포장 식품이나 패스트푸드를 선택할 수 있지만, 실제로는 다른 선택지가 거의 없을 수 있다.

또한 질병이나 의학적 상태에 수반되는 불안과 스트레스를 생각해 보자. 마케팅 관행이 이러한 불안을 이용해 불필요한 약물을 판매하거나 잠재적 부작용을 경시할 때, 소비자가 완전히 자발적인 선택을 했다고 보기 어렵다. 가격 폭리, 가격 담합, 독점적 가격 책정과 같은 더 극적인 사례는 마케팅에서의 자유 문제를 명확히 제기한다. 2장에서 설명한 에피펜(EpiPen) 사례는 일부 의약품의 가격이 소비자의 수요에 미치는 영향을 고려하지 않고도 쉽게 인상될 수 있음을 보여 준다. 아동이나 노인 등 취약 계층을 대상으로 한 관행 역시 자발성에 대한 의문을 제기한다. 따라서 마케팅 윤리를 적절히 분석하기 위해서는 소비자의 선택이 완전히 자발적이지 않은 다양한 방식을 민감하게 인식할 필요가 있다.

존중의 두 번째 측면은 동의가 자발적일 뿐만 아니라 충분한 정보에 기반해야 한다는 것이다. 의료 윤리 문헌에서 충분한 정보에 기반한 동의는 많은 주목을 받아왔으며, 환자들이 의료 전문가와의 상황에서 정보적 불리함을 겪는다는 점을 보여 준다. 마케팅 상황에서도 이와 유사한 불리함이 발생할 수 있다. 노골적인 사기와 기만은 분명 이 조건을 위반하며 비윤리적이다. 그러나 더 미묘한 기만과 오해를 유발하는 마케팅 관행도 존재할 수 있다. 많은 소비재 및 서비스의 복잡성으로 인해 소비자들이 자신이 구매하는 상품에 대해 충분히 이해하지 못하는 경우도 있다.

예를 들어, 소비자가 포화지방이나 고과당 옥수수 시럽의 건강한 하루 섭취량을 결정하는 데 필요한 모든 정보를 고려해야 한다고 상상해 보자. 또는 수학적 능력이 매우 약한 사람들이 많다는 점을 생각해 보자. 그런 사람이 종신보험과 정기보험 중 경제적 이익을 결정하거나, 48개월 자동차 리스와 5년 할부 구매 대출(2.9% 금리)을 비교해 선택해야 한다고 상상해 보자. 일반적으로 일부 기업들은 '정보에 밝은 소비자가 최고의 고객'이라고 주장하지만, 그 외 많은 기업은 정보가 부족한 소비자가 빠른 이익을 얻기 위한 쉬운 표적이 될 수 있다는 사실을 인식하고 있다.[3] 마케팅 관행이 소비자에게 충분한 정보를 제공하지 않거나, 소비자가 관련 정보나 이해가 부족하다는 사실에 의존할 때는 심각한 윤리적 질문이 제기되어야 한다.

마케팅의 윤리적 분석에서 고려해야 할 세 번째 요인은 거래 자체로는 충족되지 않는 다른 가치들이다. 공정성, 정의, 건강, 안전과 같은 주요 사회적 가치들은 일부 마케팅 관행에 의해 위협받을 수 있다. 예를 들어, 은행이 부유한 지역에서는 더 낮은 주택 담보대출 금리를 제공하면서 도심 지역에서는 더 높은 금리를 제공하는 경우, 이러한 거래가 상호 이익이 되는 계약일 수 있지만, 이는 평등한 대우와 공정성이라는 중요한 사회적 규범을 위반하게 된다. 코뿔소 뿔이나 멸종 위기 종과 같은 것들에 대한 매우 강한 시장이 존재할 수 있다. 불행히도, 아동을 대상으로 한 시장도 존재한다. 하지만 누군가가 무언가를 사고 싶어 하고 다른 누군가가 그것을 팔고 싶어 한다고 해서 그 거래가 윤리적으로 정당하다는 의미는 아니다. 적절한 마케팅 윤리 분석은 해당 거래에 관여한 두 당사자 외에 또 누가 그 거래에 의해 영향을 받을 수 있는지를 물어야 한다. 그들의 이익은 어떻게, 그리고 어느 정도로 반영되고 있는가? 이 제품을 마케팅함으로써 어떤 사회적 이익이 촉진되며, 어떤 이익이 위협받는가?

생산의 실제 비용에 대해서도 물어봐야 한다. 마케팅에 대한 적절한 윤리적 분석은 외부 효과, 즉 구매자와 판매자 간의 교환에 포함되지 않은 비용들을 고려해야 한다. 외부 효과는 교환 당사자 모두가 실제로 이익을 얻었다고 하더라도, 교환 외부에 있는 다른 사람들이 부정적인 영향을 받을 수 있음을 보여 준다. 예를 들어, SUV, 살충제, 담배와 같은 제품을 마케팅할 때 환경적 또는 건강상의 영향은 단순한 소비자 간 교환 모델에서는 무시될 수 있는 중요한 사회적 비용의 사례이다. 건강에 해로운 음식과 오피오이드 또한 교환 외부의 사람들이 피해를 입을 수 있는 다른 제품들이다. 이러한 문제들을 염두에 두고, 이번 장에서는 마케팅 윤리의 두 가지 주요 측면, 즉 제품 안전과 가격 책정에 대한 책임을 좀 더 자세

ETHICAL ISSUES IN MARKETING:
프레임워크

시장 교환은 두 가지 윤리적 고려 사항에 따라 표면적으로 윤리적으로 정당하다.

- 개인의 자율성/자유에 대한 존중
- 교환 당사자들 간의 상호 이익

그러나 이러한 윤리적 판단은 조건부이다.

- 거래는 진정으로 자발적이어야 한다.
- 각 당사자의 충분한 정보에 기반한 동의가 필요하다.
- 이익이 반드시 발생하지 않을 수 있다.
- 다른 가치들과 충돌할 수 있다.

따라서 이 네 가지 조건은 각각 여러 요인을 고려해야 하는 다음의 네 가지 질문을 암시한다.

1. 교환이 '자발적'인가?
   - 소비자는 실제로 대안적인 선택을 할 수 있어야 한다.
   - 일부 구매 상황에서의 불안과 스트레스
   - 가격 담합, 독점, 가격 폭리 등
   - 취약한 소비자를 대상으로 한 마케팅
2. 교환에 대한 동의가 진정으로 '충분한 정보에 기반'한 것인가?
   - 정보 부족
   - 기만
   - 복잡한 정보
3. 사람들이 진정으로 이익을 얻고 있는가?
   - 충동 구매, 소비주의
   - 부상, 불안전한 제품
   - '의도된' 욕구
4. 상충하는 가치들이 우선되는가?
   - 정의 — 예: 주택 담보 대출의 '레드라인'
   - 다른 사람에게 해를 끼치는 시장 실패 (외부 효과)

히 살펴볼 것이다. 9장에서는 마케팅 윤리의 추가적인 두 가지 영역, 즉 기업이 제품을 마케팅하고 홍보하는 방식에 대한 책임, 특히 디지털 마케팅 시대에서의 책임을 다룰 것이다.

8.2 제품에 대한 윤리적 책임: 구매자 위험 부담에서 과실까지

기업이 시장에 내놓은 제품으로 인해 발생한 피해에 대해 어떤 책임을 져야 하는가? 역사적으로, 미국 법은 해로운 제품에 대해 두 가지 일반적인 접근 방식을 취해 왔다. 첫째, 책임이 있는 기업이 손해 배상금을 지급하도록 강제하는 것이며, 둘째, 피해가 발생하지 않도록 규제를 설정하는 것이다. 제품 책임법은 제품으로 인해 피해를 입은 소비자에게 보상을 제공하는 수단을 제공하며, 기업의 행동이 특히 악의적이거나 무모할 경우 징벌적 손해 배상도 가능하게 한다. 정부 규제는 처음부터 피해가 발생하지 않도록 최소화하거나 예방하기 위한 기준을 제공한다.

7장에서 자세히 설명한 바와 같이, 책임이라는 개념은 윤리적 논의에서 중요한 역할을 하지만, 이는 명확하고 일관된 개념이 아니다. 기업의 제품에 대한 책임을 검토할 때 관련이 있는 책임의 세 가지 일반적인 사용법이 있다. 그것은 원인으로서의 책임, 책임으로서의 배상, 그리고 책무로서의 책임이다. '누가 책임이 있는가?'라는 질문을 할 때 무엇을 묻고 있는지 생각해 보자.

SUV가 도랑에 굴러떨어진 교통사고 현장을 목격했다고 상상해 보자. 옆에 서 있는 사람들에게 "무슨 일이 있었나요? 무엇이 원인인가요?"라고 묻는다면, 첫 번째 의미에서 당신은 사고의 원인에 대해 묻고 있는 것이다. 즉, 이 사고를 일으킨 원인은 누구 또는 무엇인가? 원인적 책임의 의미에서 운전자가 이렇게 대답할 수 있을 것이다. "결함이 있는 에어백이 이 사고를 일으켰습니다. 운전 중 에어백이 갑자기 작동하면서 통제력을 잃고 사고가 났습니다."

책임의 두 번째 의미는 비난이나 과실을 할당하는 것과 관련이 있다. 이 경우 "누가 책임이 있는가?"라고 묻는 것은 피해에 대한 책임을 물을 대상을 찾는 것이다. 예를 들어, 사고가 빙판길 때문에 발생했다면 얼음이 원인이라고 할 수 있지만, 얼음이 잘못됐다고 말하는 것은 큰 의미가 없다. 이처럼 어떤 것이 잘못된 일을 초래할 수는 있지만, 그것이 책임이나 과실을 지지 않는 경우도 있다. 반면, 운전자가 휴대전화를 걸기 위해 도로에서 시선을 떼고 통제력을 잃어 사고를 일으켰다면, 우리는 그를 원인 제공자이자 과실이 있는 책임자로 볼 것이다.

책임에 대한 세 번째 의미는 원인이나 과실과는 관련이 없으며, '돌보다' 또는 '책임을 지다'에 더 가까운 의미를 가진다. 예를 들어, 우리는 자녀의 학비를 책임진다거나 노부모의 의료비를 책임진다고 말한다. 누군가가 특정한 집안일을 맡거나, 책임감 있는 사람으로 묘사되기도 한다. 수업의 그룹 프로젝트에서는 한 학생이 조사를 맡고, 다른 학생이 타이핑을 하고, 또 다른 학생이 반에서 발표를 담당한다. 이러한 책임의 의미는 누군가가 잘못을 했거나 비난받을 필요 없이도 책임을 지는 경우가 있음을 보여 준다.

이러한 책임의 각 의미는 제품 안전과 마케팅 윤리 문제와 관련이 있다. 비만 위기나 오피오이드 유행을 살펴볼 때, 우리는 세 가지 책임의 버전을 모두 물을 수 있다. "무엇이 원인인가?" "누가 또는 무엇이 잘못했는가?" "누가 책임을 져야 하는가?"

제품 안전과 관련된 첫 번째이자 어려운 질문 중 하나는 피해의 원인을 규명하는 것이다. 예를 들어, 2013년부터 에어백이 예기치 않게 폭발하여 부상과 사망을 초래한 사례가 널리 보고되었다. 혼다 자동차는 이 문제를 겪은 차량 중 하나였으며, 에어백 제조사인 다카타와 혼다는 폭발의 원인이 무엇인지 규명해야 했다. 다카타의 설계나 제조 과정에서의 문제로 인해 폭발이 발생했는가? 혼다의 제조 과정에서 에어백 설치에 문제가 있었는가? 혹은 설계와 설치의 결합에 문제가 있었는가? 또는 다른 원인이 있었는가? 초기 다카타 보고서는 과도한 습기와 습도가 원인이라고 지적했다.

원인이 규명되면 법적 과정은 과실의 문제로 전환된다. 과실이라는 개념은 윤리적이면서도 법적인 개념으로, 윤리적 또는 법적 책임을 할당하는 주요 기준이다(고의적 또는 무모하게 피해를 초래하는 것도 다른 방식으로 책임을 묻는 방법이다). 따라서 제품을 시장에 내보내기 전에 충분히 검사하지 않거나, 충분한 테스트 없이 서둘러 출시한 제조업체는 이 과실로 인해 발생한 피해에 대해 책임(과실)을 질 수 있다. 예를 들어, 2016년에 삼성 갤럭시 노트 7 휴대폰에서 화재와 폭발 사고가 다수 발생했다. 원인은 과열된 배터리로 밝혀졌고, 결국 삼성은 부실한 설계와 설치가 과열 문제를 야기한 과실을 인정했다.

대부분의 제품 책임 법적 소송은 과실이라는 개념을 중심으로 과실을 입증하는 데 초점을 맞춘다. 이러한 소송은 원인으로서의 책임과 과실 또는 책임으로서의 책임을 모두 포함한다. 두 번째 개념인 엄격한 제품 책임(strict product liability)은 과실이 없는 책임을 묻는 원칙에 가깝다. 이 경우, 제조업체가 과실이 없더라도 피해에 대해 손해 배상 책임을 질 수 있다. 제품 안전에 대한 기업의 책임에 대한 많은 논의는 제품으로 인한 피해에 대해 과실을 할당하는 데 중점을 둔다. 엄격한 제품 책임이라는 법적 원칙은 기업이 과실이 없더라도 손해 배상 책임을 져야 한다는 점에서 윤리적으로 논란이 된다.

비만과 오피오이드 남용의 사례는 두 가지 유형의 책임에 대한 의문을 제기한다. 가공식품 회사나 패스트푸드점이 비만을 유발할 수 있는 제품을 마케팅할 때, 그로 인해 발생하는 피해에 대해 과실이 있는가? 과실이 없더라도 이들은 손해 배상 책임을 져야 하는가? 제약 유통 업체가 웨스트버지니아의 작은 마을에 있는 작은 약국에 수백만 개의 알약을 판매할 때, 오피오이드 남용에 대한 책임이 있는가? 과실이 없더라도 책임을 져야 하는가? 다음 절에서는 엄격한 제품 책임에 대한 사례를 더 자세히 살펴볼 것이다. 그러나 먼저 구매자 위험 부담 원칙과 과실 기준을 통해 제품으로 인한 피해에 대한 책임을 어떻게 결정하는지 살펴보자.

구매자 위험 부담 원칙

구매자 위험 부담 원칙은 시장 기반 윤리와 정책과 관련된 접근 방식으로, 마케팅을 구매자와 판매자 간의 계약적 교환으로 이해한다. 이 관점에서 기업은 합의된 가격에 따라 제품이나 서비스를 제공함으로써 자신의 계약적 의무만을 다하면 된다. 판매자가 명시적으로 제품의 안전을 보장하지 않는 한, 즉 다른 방식으로 약속하지 않는 한 구매자가 입은 피해에 대한 책임은 구매자에게 있다. 모든 구매는 구매자의 충분한 정보에 기반한 동의를 포함하는 것으로 간주되었으며, 따라서 윤리적으로 정당하다고 여겨졌다. 그러므로 구매자 위험 부담 원칙에 따르면, 건강에 해로운 음식을 선택하거나 오피오이드를 사용하는 소비자는 그로 인해 발생하는 피해에 대해 스스로 책임을 져야 한다는 결론이 강하게 도출된다.

그러나 고지방 음식과 처방약 두 사례에서 알 수 있듯이, 구매자 위험 부담 원칙에는 문제가 있었다. 이 원칙은 부분적으로 소비자가 제품을 충분히 이해하고 판단하여 스스로를 보호할 수 있을 것이라는 가정을 기반으로 한다. 그러나 이 장의 시작에서 언급된 시장 윤리 개요에서 제시된 바와 같이, 소비자들은 항상 제품을 완벽하게 이해하지 못하며, 때로는 특정 제품을 구매하지 않을 선택의 자유도 갖지 못한다.

1960년대부터 몇몇 중요한 법적 사례들이 기업과 소비자 간의 계약 모델에서 벗어나 다른 방향으로 주목하기 시작했다. 이러한 변화는 소비자가 동의한 내용에서 벗어나, 생산자가 암묵적으로 약속하는 것으로 책임을 전환시켰다. 법은 상품과 서비스를 시상에 내놓는다는 것은 생산자가 그 제품이 정상적인 사용에서 안전하다는 것을 암묵적으로 보장하는 것이라고 가정하기 시작했다. 이 결정의 윤리적 근거는 소비자가 정상적으로 제품을 사용할 때 피해를 입을 것이라는 이유를 알게 된다면 그 제품을 구매하는 데 동의하지 않았을 것이라는 가정에 있다.

그러나 마케팅 관계가 계약 모델로 이해되는 한, 제조업체는 책임을 쉽게 회피할 수 있었다. 법원이 소비자가 암묵적으로 안전 보증을 받았다고 가정할 경우, 제조업체는 명시적으로 보증을 제한하거나 부인함으로써 책임을 피할 수 있었다. 따라서 제한적 보증 또는 명시적 보증은 제조업체를 제품에 대한 법적 책임에서 보호할 수 있었다. 소비자는 제조업체가 제시한 조건에 따라야만 손해 배상을 받을 수 있었다. 이러한 제한 사항은 판매 계약서 하단의 작은 글씨로 설명되며, 대개는 변호사들만 이해할 수 있는 복잡한 언어로 작성되어 있다. 따라서 소비자가 이러한 제한에 동의한 것처럼 보일지라도 보다 공정하고 정확한 해석은 이러한 일방적인 계약이 진정으로 충분한 정보에 기반한 동의 기준을 충족하지 못한다는 것이다.

과실

과실은 불법행위법(torts)으로 알려진 법적 영역에서 유래한 개념으로, 소비자가 제조업체에게 그들의 제품에 대한 책임을 물을 수 있는 두 번째 경로를 제공한다. 계약법과 불법행위법의 구분은 윤리적 의무를 이해하는 두 가지 다른 방식을 보여 준다. 계약 모델에 따르면, 한 사람이 져야 할 의무는 다른 당사자에게 명시적으로 약속된 의무에 한정된다. 예를 들어, 나는 특정 행위를 하겠다고 동의하거나 약속했기 때문에 주택 담보대출 회사에 의무를 지게 된다. 때로는 사회계약 윤리 모델이라고 불리는 이 모델에서는 자발적으로 수락한 의무만이 우리의 의무가 된다. 그 외에는 누구에게도 아무런 의무가 없다.

불법행위법의 윤리적 관점은 우리가 명시적으로 자발적으로 수락하지 않았더라도, 타인에게 일반적인 의무를 지고 있다는 것이다. 구체적으로는, 나는 다른 사람들을 불필요하고 피할 수 있는 위험에 빠뜨리지 않을 일반적인 의무를 지고 있다. 따라서 내가 누구에게도 명시적으로 조심해서 운전하겠다고 약속한 적이 없더라도, 무모하게 운전하지 않을 윤리적 의무가 있는 것이다.

과실은 불법행위법의 핵심 요소이다. 이 단어가 암시하듯, 과실책임은 윤리적 태만의 한 유형을 포함하며, 이는 특히 타인에게 해를 끼치지 않도록 합리적인 주의를 기울여야 할 의무를 소홀히 하는 것을 의미한다. 제조업체의 제품 책임과 관련된 많은 윤리적 및 법적 문제는 그들의 설계, 생산 및 판매 과정에서 무엇이 과실로 간주되는지를 구체화하려는 시도로 이해할 수 있다. 제조업체는 소비자에게 정확히 어떤 의무를 지는가?

이 질문에 대한 가능한 답변은 하나의 연속선상에서 생각해 볼 수 있다. 한쪽 극단에는 계약주의적 관점이 있다. 이 관점에 따르면 제조업체는 판매 계약에서 소비자에게 약속한 것만을 이행할 의무가 있다. 반대쪽 극단에는 엄격 책임에 가까운 관점이 있으며, 이 관점은 제조업체가 자사 제품으로 인해 발생한 모든 피해에 대해 소비자에게 보상할 의무가 있다고 본다. 이 두 극단 사이에는 과실에 대한 다양한 해석에 따라 달라지는 여러 답변이 존재한다. 이미 언급했듯이, 엄격한 계약주의적 접근 방식은 설득력이 부족하다. 다음 절에서는 엄격한 제품 책임의 장단점을 살펴볼 것이다. 이 절의 나머지 부분에서는 과실책임이라는 중요한 개념을 다룰 것이다.

과실은 합리적인 주의나 통상적인 경계를 기울이지 않아 타인에게 피해를 초래하는 것으로 정의될 수 있다. 여러 면에서 과실책임은 두 가지 근본적인 윤리적 원칙을 체계화한 것이다. '타인에게 해를 입히지 말아야 한다'와 '해야 한다는 것은 할 수 있다는 것을 의미한다'는 원칙이다(즉, 할 수 없는 일을 누군가에게 합리적으로 요구할 수 없다는 뜻이다). 사람들이 타인에게 해를 입히면서, 합리적으로 피할 수 있었던 방식으로 그러한 해를 초래했다면, 이는 윤리적 잘못을 저지른 것이다. 과실책임은 행위와 부작위를 모두 포함한다. 사람이 하지 말아야 할 일을 해서(예: 학교 구역에서 과속) 과실이 발생할 수 있고, 해야 할 일을 하지 않음으로써(예: 제품을 시장에 내놓기 전에 검사를 소홀히 함) 과실이 발생할 수도 있다.

몇 년 전 언론의 많은 관심을 받은 한 사례를 고려해 보자. 1992년, 70세의 여성이 맥도날드 드라이브스루에서 구입한 커피가 무릎 위로 쏟아져 심각한 화상을 입었다. 그녀는 커피 컵을 다리 사이에 끼운 채 뚜껑을 열려고 하다가 사고가 발생한 것으로 보인다. 커피는 섭씨 85도(185도 화씨)로 매우 뜨거워 3도 화상을 입게 되었으며, 그녀는 피부 이식 수술과 지속적인 의료 치료가 필요했다. 배심원단은 맥도날드가 이 피해에 대해 책임이 있다고 판단했으며, 이 여성에게 총 286만 달러의 배상금을 지급하라는 판결을 내렸다. 이 중 16만 달러는 보상적 손해 배상금이었으며, 270만 달러는 징벌적 손해 배상금이었다. 맥도날드는 이러한 부상에 대해 책임을 져야 하는가? 드라이브스루에서 이처럼 뜨거운 커피를 제공한 것이 과실이었는가? 소비자의 행동 자체도 과실이 있었는가?

과실은 우리의 행동이 초래할 결과를 예측할 수 있음에도 불구하고, 그러한 예상 가능한 피해를 피하기 위한 조치를 취하지 않는 것을 의미한다. 그러나 예견 가능성 기준은 흥미로운 과제를 제기한다. 하나의 기준은 사람들이 실제로 예견한 피해에 대해서만 책임을 지도록 하는 것이다(실제 예견 가능성). 예를 들어, 유명한 포드 핀토(Ford Pinto) 사건에서처럼, 자동차 제조사가 엔지니어링 테스트를 통해 뒷차축 뒤에 위치한 연료 탱크가 시속 30마일 이하의 충돌 시 펑크가 나고 폭발할 것이라는 결론을 내렸음에도 불구하고 차량을 시장에 출시했다면, 이는 과실이 있는 행동으로 간주될 것이다.

그러나 실제 예견 가능성 기준은 지나치게 제한적이다. 만약 누군가가 자신의 행동으로 인해 피해가 발생할 가능성이 있다고 생각하면서도 계속 행동했다면, 이는 심각한 잘못을 저지른 것이며, 엄격한 처벌을 받아 마땅하다. 이러한 경우는 과실보다는 무모함이나 심지어 의도적 피해에 더 가까워 보인다. 또한 이 기준은 생각 없는 사람들이 과실책임을 피할 수 있다는 의미를 내포한다. 즉, 자신의 행동 결과를 실제로 생각하지 않음으로써 책임을 피할 수 있는 것이다. 만약 이 과실 기준을 적용한다면, "그건 생각해 보지 못했습니다."라는 변명이 충분한 방어가 될 수 있을 것이다. 그러나 분명 이것은 우리가 과실 개념을 통해 추구하는 부분 중 하나이다. 우리는 사람들에게 신중하게 행동하도록 권장하고, 그렇지 않을 때 책임을 묻고자 한다.

보다 적절한 기준은 합리적 예견 가능성으로, 이는 사람들이 실제로 생각하지 않았더라도 합리적이었다면 생각했어야 할 피해를 피하도록 요구하는 것이다. 예를 들어, 아마도 맥도날드는 고객이 커피로 심각한 화상을 입을 것이라고 실제로 생각하지 않았을 것이다. 그러나 커피를 제공받은 고객이 차량을 운전할 때 어떻게 컵을 들고 있을지를 생각했다면 커피가 쏟아질 가능성을 예견할 수 있었을 것이다. 맥도날드가 이미 700건 이상의 커피 화상 관련 청구를 받았다는 사실은 합리적인 사람이 이 상황을 위험한 관행이라고 결론지었을 가능성을 시사한다. 이 합리적 사람 기준은 법적 소송에서 가장 자주 사용되는 기준이며, 과실 개념의 윤리적 목표를 더 잘 반영하는 것 같다. 사람들은 합리적으로 행동할 것으로 기대되며, 그렇지 않을 경우 책임을 지게 된다.

그러나 합리적 사람 기준도 다양한 방식으로 해석될 수 있다. 한편으로는, 사람들은 일반적이거나 평균적인 방식으로 행동할 것이라고 기대한다. (다음 장에서 디지털 마케팅의 합리적 소비자 기준에 관한 유사한 상황을 다룬 '디지털 원주민'에 대한 REALITY CHECK를 참고하라.) 합리적 사람은 우리가 일반적이고 평균적인 사람이 할 것이라고 기대할 수 있는 행동을 한다. 그러나 이 기준을 소비자와 생산자의 행동에 적용할 때는 문제가 발생할 수 있다. 평균적 소비자가 우리가 기대하는 만큼 똑똑하지 않을 수 있다. 예를 들어, 평균적인 사람은 경고 라벨을 항상 읽거나 이해하지 않는다. 합리적 소비자는 36그램의 포화지방이라는 라벨 설명이 무엇을 의미하는지 이해할 수 있지만, 평균 소비자는 그렇지 않을 수 있다. 일반적이고 평균적인 사람은 뜨거운 커피를 다리 사이에 끼운 채 주차장을 나가 교통 흐름에 합류할 수도 있다. 소비자에게 평균적 사람 기준을 적용하면, 많은 소비자들이 자신의 행동에 대한 책임을 면제받을 위험이 있다. 반면 생산자에게 이 기준을 적용하면, 기준이 너무 낮게 설정된다. 제품을 설계하고 제조하며 판매하는 사람에게는 평균적이고 평범한 경계심 이상을 기대할 수 있다. 평균적인 사람은 포화지방의 건강한 수준을 이해하지 못할 수 있지만, 그러한 제품을 만드는 식품 생산자는 당연히 이해해야 한다.

이러한 이유들로 인해 우리는 합리적 사람 기준을 기술적인 의미보다는 더 규범적으로 해석할 수 있다. 이 의미에서 합리적 사람은 신중하고 성찰적이며 사려 깊은 의사 결정을 내리는 사람을 의미한다. 물론, 이렇게 해석할 경우 평균적 소비자에게 그들이 감당할 수 있는 것보다 더 많은 것을 요구하게 될 수 있다. 특히, 사회적 약자나 취약 계층이 더 큰 보호를 받아야 한다고 생각할 때, 이는 소비자 행동에 적용하기에는 너무 엄격한 기준일 수 있다. 반면, 생산자가 평균적인 사람보다 더 많은 전문 지식을 가지고 있다는 사실을 고려할 때, 이 강한 기준은 소비자보다 생산자에게 적용하는 것이 더 적절해 보인다.

8.3 엄격한 제품 책임

앞서 설명한 바와 같이, 과실 기준은 관련된 사람들의 행동에 초점을 맞춘다. 구체적으로는 소비자와 생산자 중 한쪽 또는 양쪽 모두 과실이 있는 경우 책임을 질 수 있다. 예를 들어, 맥도날드 커피 사건에서 배심원단은 소비자가 뜨거운 커피를 무릎 위에 올려놓고 운전하면서 합리적인 주의를 기울이지 않았기 때문에 자신의 부상에 대해 부분적인 책임이 있다고 결론 내렸다. 또한 맥도날드 자체도 쉽게 예견할 수 있는 사고를 예방하기 위한 조치를 취했어야 했으므로 과실이 있었다고 판단되었다.

반면에 엄격한 제품 책임은 관련된 사람들의 행동이 아니라 제품 자체의 성능에 중점을 둔다. 일부 피해는 그야말로 사고로 설명될 수밖에 없는 방식으로 발생한다. 즉, 누구도 그 피해를 막기 위해 할 수 있는 일이 없었던 경우이다. 이때 생산자나 소비자 모두 과실이 없지만, 소비자가 여전히 피해를 입을 수 있다. 그럴 경우, 과실이 없는 상황에서 누가 책임을 지고, 손해 배상을 해야 하는가? 엄격한 제품 책임 기준은 이 책임을 생산자에게 부여한다.

엄격한 제품 책임에서 중요한 점은 '제품 책임'이라는 용어에도 불구하고, 이 경우들은 비난이나 과실을 할당하는 문제가 아니라는 것이다. 만약 누군가가 과실이 있었다면, 이는 과실책임의 사례가 될 것이며, 그 기준이 적용되었을 것이다. 그러나 이러한 경우에는 누구도 과실이 없으며, 누구도 합리적으로 다른 방식으로 행동할 수 있었을 것이라고 기대할 수 없다. 그럼에도 불구하고 피해가 발생했으며, 이러한 손해에 대한 책임(책임을 지는 의미에서)은 누군가가 져야 한다. 이런 의미에서 법적 용어인 '제품 책임' 대신 '제품 책임성'이라는 표현이 더 적합할 수도 있다.

이 경우, 실질적으로 세 가지 선택지가 있다. 첫째, 소비자가 자신의 피해에 대해 책임을 지는 경우이다. 둘째, 사회가 그 책임을 지는 경우이다. 셋째, 제품 제조업체가 책임을 지는 경우이다. 소비자가 책임을 지는 것은, 때때로 불운 기준(tough luck standard)이라고 불리며, 지나치게 가혹해 보인다. 소비자는 단순히 부상 자체를 입는 것뿐만 아니라, 그로 인한 재정적 부담도 함께 져야 한다. 이러한 이중적인 고통을 소비자에게 지우는 것은 잔인하게 느껴지며, 특히 이 경우에서는 부상의 원인을 알고 있으며, 소비자가 구매한 제품으로 인해 다른 사람들이 혜택을 누렸다는 사실도 분명하기 때문에 더욱 그러하다.

사회가 책임을 지는 선택도 가능하지만, 이는 더 사회화된 보험 제도를 채택해야 한다는 의미가 된다. 만약 우리가 소비재로 인해 발생한 부상과 질병에 대해 사회가 책임을 져야 한다고 한다면, 모든 부상과 질병에 대해 사회적 책임을 부정하기는 어려워질 것이다. (왜 제품으로 인한 피해만을 우대해야 하는가?)

이러한 고려 사항으로 인해 많은 사람들은 제조업체 책임이 유일한 합리적 선택이라고 결론짓는다. 이는 현재 미국에서 시행 중인 엄격한 책임 기준이다. 그러나 비판자들은 이 시스템이 불공정하고, 비용이 많이 들며, 사회적으로 지혜롭지 못하다고 주장한다. 이 시스템이 불공정한 이유는 제조업체가 통제할 수 없는 일들에 대해 책임을 지기 때문이다(과실이 없었기 때문에 제조업체가 달리 할 수 있는 일이 없었다). 비용이 많이 드는 이유는 모든 소비재에 상당한 숨은 비용을 추가하며, 국내 제조업체가 외국 기업과의 경쟁에서 불리한 위치에 놓이게 만들기 때문이다. 또한 사회적으로 지혜롭지 못한 이유는 제품 혁신을 저해하고, 불필요하고 비싼 소송을 부추기기 때문이다.[4]

그러나 이러한 비판은 설득력이 부족하다. 철학자 존 맥콜(John McCall)은 엄격한 책임이 부상을 입은 소비자에게 책임을 묻는 것보다 더 불공정하지 않다고 주장한다.[5] 맥콜은, 만약 기업이 자신의 통제 밖에서 발생한 피해에 대해 처벌받아서는 안 된다면, 소비자 또한 자신이 막을 수 없었던 피해에 대해 처벌받아서는 안 된다고 말한다. 따라서 소비자 책임이 같은 이유로 불공정하다면, 엄격한 책임이 불공정하다는 주장은 성립하지 않는다. 또한 맥콜은 실증적 증거가 엄격한 책임 기준이 비판자들이 주장하는 것만큼 비용이 많이 들거나 불필요한 소송을 촉발하지 않는다는 점을 시사한다고 주장한다.[6]

맥콜은 결함 있는 제품으로 인한 부상의 비용을 부상당한 소비자나 전체 사회에 부과하는 것보다, 그 제품의 다른 소비자들과 회사 주주들에게 부과하는 것이 더 적절하다고 주장한다. 제조업체에 책임을 물으면 그 비용은 일반적으로 증가된 책임 보험 비용을 통해 제품의 혜택을 받는 사람들(즉, 제품 사용자와 주주)에게 전가된다. 이것이 공정한 이유는 제품의 전체 비용(즉, 제품의 생산과 판매 과정에서 발생한 모든 기회 비용)을 관련 당사자들이 부담한다는 의미이기 때문이다. 부상당한 소비자는 제품을 구매할 때 그 부상을 자발적으로 비용의 일부로 받아들인 것이 아니므로, 이러한 방식이 공정하다는 것이다.

이러한 부상은 공정성을 위해 거래 내에서 내부화되어야 하는 외부 효과이다. 즉, 부상은 거래로부터 혜택을 얻는 사람들, 즉 제품의 다른 사용자와 회사 주주들이 부담해야 한다는 것이다. 맥콜은 엄격한 책임을 과실이나 비난을 할당하는 의미의 책임보다는, 정당하지 않은 피해에 대한 보상 과정으로 이해한다. 한쪽 당사자가 정당하지 않게 부상을 당한 거래에서 혜택을 얻은 당사자들은 부상당한 사람에게 보상할 의무가 있다는 것이다.

이 분석을 이 장의 토론 사례에 어떻게 적용할 수 있을지 생각해 보자. 비만과 오피오이드 남용으로 인한 사회적 해악은 상당하다. 이러한 해악에 대해 누가 책임을 져야 하는가? 비만과 오피오이드 남용에 따른 막대한 의료비를 포함한 관련 비용은 누가 부담해야 하는가? 일부는 비만과 약물 남용으로 피해를 입은 개인들이 자신이 겪는 모든 피해와 그로 인한 사회적·의료적 비용을 책임져야 한다고 주장할 수 있다. 이에 대한 반론 중 하나는 이러한 '불운 기준'이 불필요하게 가혹하다는 것이다. 특히, 그러한 개인은 이미 심각한 건강 관련 피해를 겪고 있기 때문이다. 또 다른 반론은 비만과 오피오이드 중독을 겪는 사람들의 인구통계를 조사하여, 이 해악의 분포가 사회 정의와 관련된 중대한 의문을 제기한다고 주장할 수 있다. 소득, 교육 수준, 인종, 민족성 등은 비만과 오피오이드 중독을 겪는 사람을 결정하는 데 통계적으로 유의미한 요소이다. 윤리적으로 볼 때, 이는 개인에게 전적인 책임을 지우는 것이 정당한지에 대한 심각한 도전 과제를 제기한다.

두 번째 관점은 이러한 사회적 비용을 전부 사회가 부담하게 하는 것이다. 이러한 대안에 대해 공리주의적 입장에서 강력한 주장을 펼칠 수 있다. 사회적 해악의 비용을 광범위하게 분산시키면, 특정 개인이 겪는 피해가 최소화되기 때문이다. 그러나 이는 모든 피해에 대해 사회화된 보험 접근 방식을 지지하는 것이며, 이는 많은 사람들에게 과도하다고 여겨질 수 있다. 더 나아가, 비만 관련 건강 문제나 오피오이드 중독과 같은 해악의 비용을 부담하는 사회는 실제로 해당 지역사회, 지역의 응급 대응자, 지역 병원 등 직접적인 돌봄을 제공하는 기관들이다. 안타깝게도, 이러한 사회적 기관들은 종종 적절한 돌봄을 제공할 자원이 부족한 경우가 많다.

맥콜의 견해에 따르면, 건강에 해로운 음식과 오피오이드를 마케팅하는 기업들에게 책임을 묻는 것이 더 공정한 비용 분배를 제공한다. 이러한 시장의 기업들은 이 제품들로부터 상당한 이익을 얻을 뿐만 아니라, 이러한 비용을 해당 제품을 선택하는 모든 소비자에게 전가할 수 있는 가장 좋은 위치에 있다. 이 대안은 해당 제품으로부터 혜택을 얻는 시장 전체에 위험을 분배하지만 그 범위를 넘어서지는 않는다. 또한, 생산자가 가격을 인상하게 될 경우 따라오는 비용 증가가 경제학자들의 분석대로라면 해당 제품에 대한 사용을 억제하는 효과를 가져와, 그 사용과 관련 비용을 줄이는 결과를 낳을 것이다.

8.4 윤리와 가격

윤리적으로 정당한 가격을 결정하는 데 어떤 가치들이 고려되어야 하는가? 이 장에서 마케팅 윤리와 관련된 문제를 개괄할 때, 세 가지 일반적인 윤리적 우려가 지침 원칙으로 제시되었다. 그것은 관련 당사자들에게 실제적인 이익 제공, 개인의 자율성 존중, 그리고 교환 자체 외에 다른 가치들이었다. 이 세 가지 우려 사항은 윤리와 가격 책정에 있어서도 중요한 초점이 된다.

겉으로 보기에 공정한 가격이란 교환 당사자들이 모두 동의한 가격이다. 따라서 자율성과 상호 이익이라는 가치가 가격 책정 윤리의 기초가 된다. 그러나 제품의 가격은 경쟁에서 밀려날 수 있는 경쟁자들이나, 제조업체의 기업 가격 정책을 따라야 하는 소매업자들과 같은 제3자에게도 영향을 미칠 수 있다. 따라서 공정성과 동등한 기회와 같은 가치도 가격 윤리와 밀접한 관련이 있다.

간단한 사례로 하나의 구매자와 하나의 판매자의 경우를 생각해 보자. 공정한 가격이란 양측이 모두 동의한 가격이며, 각 당사자의 동의는 상대방이 기대할 수 있는 범위를 설정한다. 경쟁 시장에서는 구매자와 판매자 모두 다른 구매자와 판매자의 존재로 인해 보호받으며, 이로 인해 가격은 양측에 공정하다고 여겨지는 균형점으로 수렴하게 된다. 판매자는 더 낮은 가격에 판매하려는 경쟁자가 있는 한 가격을 지나치게 올릴 수 없고, 구매자는 더 높은 가격을 지불하려는 다른 구매자가 있는 한 가격을 지나치게 낮출 수 없다.

그러나 현실 세계는 이상적인 시장과는 거의 일치하지 않으며, 실제 시장이 이러한 이상에 미치지 못하는 방식은 공정한 가격 책정을 생각하는 데 도움이 된다. 소비자는 물론 항상 완전한 정보를 가진 상태이거나 완전한 자유를 누리며 시장에 참여하지 않는다. 따라서 자율성 존중을 위한 필수 조건인 충분한 정보에 기반한 동의가 가격 책정 상황에서 누락될 수 있다. 예를 들어, 처방약이나 의료 제품과 같은 것들은 소비자들이 완전히 이해하지 못하거나 대안이 거의 없는 경우가 많다.

가격 설정과 관련된 주요 윤리적 문제는 시장이 공정한 가격을 보장하지 못하는 상황에서 발생한다. 가격 폭리, 독점 가격 책정, 그리고 가격 담합은 모두 소비자들이 공정한 시장 가격을 보장받기 위해 필요한 협상의 자유를 가지지 못하는 경우이다. 가격 폭리는 구매자가 최소한 일시적으로 필요한 제품을 구매할 선택지가 거의 없을 때, 판매자가 이 상황을 이용해 가격을 크게 인상하는 경우 발생한다. 예를 들어, 허리케인 이후 지역 철물점이 휴대용 발전기의 가격을 두 배로 인상하는 것은 소비자의 필요를 부당하게 악용한 사례이다.

세계무역센터와 펜타곤에 대한 비극적인 공격이 발생한 밤, 휘발유를 사기 위해 몰려든 일부 소비자들이 거의 공황 상태에 빠졌을 때, 주유소들이 가격을 두 배, 세 배로 인상한 사례가 많이 보고되었다. 2장에서 다룬 에피펜 사례도 이와 유사한 가격 폭리 문제를 제기한다. 이러한 경우들에서 판매자는 소비자의 자유 부족을 악용해 터무니없이 높은 가격을 요구한다. 이러한 관행은 거래에 대한 동의가 근본적으로 자유롭지 않으며, 판매자가 구매자의 한계를 악용하고 있기 때문에 비윤리적이다.

독점적 가격 책정과 가격 담합도 이와 유사한 비윤리적 관행이다. 이러한 경우, 개별 기업이나 공모한 기업들이 시장 지배력을 이용하여, 경쟁이 존재했을 때보다 더 높은 가격을 소비자에게 강요한다. 마이크로소프트의 윈도우 운영 체제, 휘발유, 항공 여행, 신용카드 이자율 등은 모두 독점적 가격 책정 또는 가격 담합 혐의를 받은 사례이다. 일반적으로 가격이 소비자에게 공정한지 판단할 때 두 가지 요소를 고려해야 한다. 첫째, 소비자의 자유가 얼마나 보장되는가. 소비자가 제품을 포기할 자유가 클수록 판매자가 불공정한 가격을 설정할 가능성은 적어진다. 둘째, 시장 내 경쟁의 정도이다. 시장 내 경쟁이 치열할수록 불공정한 가격 책정이 일어날 가능성은 낮다. 소비자에게 대체 선택지가 있다면, 불공정한 가격이 설정될 가능성은 줄어든다. 물론, 한 산업 내에서 가격의 균일성이 클수록 실질적인 경쟁이 존재할 가능성은 낮다. 예를 들어, 신용카드 이자율, 처방약, 항공 여행 등이 그러하다.

이러한 가격 책정 문제는 모두 소비자의 자율성 존중과 그들이 가격을 받아들이는 상대적 자유와 관련된 가치에 중점을 두고 있다. 그러나 가격 책정과 관련된 또 다른 공리주의적 가치는 소비자가 가격을 통해 실제로 얻는 이익과 관련이 있다. 이러한 측면에서 윤리적 문제가 존재할 수 있다는 주장은 다소 놀랍게 들릴 수 있다. 결국, 낮은 가격은 소비자에게 이익이 되는 것처럼 보이며, 따라서 공리주의적 관점에서 유일한 윤리적 문제는 낮은 가격이 소비자에게 주는 이익과 높은 가격이 판매자에게 주는 이익을 어떻게 균형 있게 맞출 것이냐는 문제로 보일 수 있다. 즉, 시장 논리에 따르면 상호 합의된 가격은 모든 당사자에게 최적으로 만족을 주는 가격이라고 할 수 있다.

그러나 소비자가 더 높은 가격을 지불할 수 있음에도 불구하고 그로부터 이익을 얻을 수 있는 경우가 있을까? 대형 전국 체인점이 작은 지역사회에서 운영을 시작할 때 발생할 수 있는 상황을 생각해 보자. 월마트, 홈디포(Home Depot), 그리고 온라인 자동차 중개업체와 같은 대형 기업은 잘 알려진 예시이지만, 레스토랑 체인, 식료품점, 의류점, 패스트푸드점도 유사한 상황을 제공한다. 많은 경우, 소비자에게 즉각적인 이익은 더 낮은 가격이다. 대형 전국 체인들은 여러 명백한 이유(또한 명백하지 않은 이유들도 포함하여)로 인해 종종 소규모 지역 업체보다 동일한 제품을 더 저렴한 가격에 판매할 수 있다. 그러나 이러한 상황에서 발생하는 시장 통합을 비판하는 사람들은, 소비자들이 이들 기업이 제공하는 더 낮은 가격으로 인해 실질적으로 이익을 얻지 못한다고 주장한다.

일부 경제적 증거는 지역 사업체에 지출된 자금이 국가적 소매업체에 지출된 자금보다 더 많은 경제 성장을 창출하면서 지역사회에 남는다고 시사한다. 지역 소유의 사업체들은 지역사회에 재투자하고, 지역 주민을 고용하며, 지역 공급 업체에 의존하고, 은행 업무, 법률 자문, 회계 서비스, 광고 대행사와 같은 지역 전문 서비스를 더 많이 이용할 가능성이 크다. 또한, 지역 사업체들은 맞춤형 서비스를 제공하고, 지역 자선단체나 지역 행사에 기여를 할 가능성이 더 높다. 지역사회에 대한 충성심을 유지할 가능성도 더 크다. 소비자는 월마트에서 우유 한 갤런을 더 저렴하게 살 수 있어 즉각적인 이익을 얻을 수 있지만, 시민으로서 지역 가족이 운영하는 식료품점에서 더 많은 돈을 지불함으로써 지역사회를 지원하는 더 큰 이익을 얻을 수 있다. 또한, 패스트푸드점에서 저렴한 식품 가격으로 이익을 얻는 소비자들이 더 높은 의료비를 부담하게 될 수도 있다. 낮은 가격을 지불하면 언제나 더 나아진다고 하는 경제 모델은 경제적이고 윤리적인 측면에서 너무 단순한 분석일 수 있다.

가격에 대한 윤리적 분석은 교환에 관여한 두 당사자를 넘어서야 한다. 윤리적 문제는 교환 외부의 당사자와 관련해서도 발생할 수 있으며, 특히 이는 경쟁자, 공급 업체나 소매업체와 같은 유통 채널의 파트너, 그리고 가격으로 인해 시장에서 배제될 수 있는 잠재 소비자에게 영향을 미친다. 이러한 경우에 공정성과 동등한 기회라는 가치는 다른 기업들이 경험하는 중요한 요소이다. 또한, 비만과 오피오이드 위기로 인해 발생한 외부 효과는 식품과 처방약에 부과된 가격에 반영되지 않으며, 따라서 이 가격은 공리주의적 비용과 이익을 충분히 반영하지 못한다.

기업들은 가격, 품질, 서비스를 포함한 여러 방식으로 경쟁한다. 더 중요한 점은, 이들은 공정하게 또는 불공정하게 경쟁할 수 있다는 것이다. 불공정한 가격 경쟁은 여러 방식으로 발생할 수 있다. 약탈적 가격 책정은 경쟁자를 시장에서 몰아내기 위해 실제 비용 이하로 제품 가격을 일시적으로 책정하는 경우를 말한다. 예를 들어, 대형 전국 체인이 우유 한 갤런을 원가 이하로 충분히 오랜 기간 판매할 수 있다면, 소규모 가족 운영 식료품점들을 시장에서 퇴출시킬 수 있다. 대형 체인은 손실을 감당할 수 있는 규모를 갖추고 있어, 소규모 상점이 할 수 없는 방식으로 손실을 흡수할 수 있다. 소비자들은 더 낮은 가격으로 혜택을 볼 수 있지만, 지역사회는 선택의 감소와 경쟁 상실로 인해 피해를 입을 수 있다.

이러한 관행은 어려운 윤리적 질문을 제기한다. 한편으로는, 일부 사람들은 이러한 경쟁에 대해 불공정한 점이 없다고 주장할 것이다. 대형 매장이 일부 제품을 원가 이하로 판매할 수 있다면, 이는 소비자에게 더 좋은 일이라는 것이다. 대형 소매업체의 모든 효율성 혜택은 소비자에게 전가되어야 하며, 소규모 상점들이 경쟁할 수 없다면 그것은 비윤리적이지 않다. 결국, 경쟁 시장은 가격을 낮춤으로써 경쟁력이 없는 기업을 퇴출시키는 것이 당연하다는 주장이다. 그러나 반대로, 경쟁이 윤리적으로 정당하려면 공정해야 하며, 부당한 피해를 초래하지 않아야 한다는 점을 인식해야 한다. 또한 경제적 효율성과 소비자 선호 외에도 중요한 가치들이 걸려 있을 수 있다. 경제적 효율성의 '대가'는 지역사회 전체에 미치는 사회적 및 정치적 비용을 포함할 수 있다.

여기서 한 가지 우려는 앞서 언급한 공리주의적이고 경제적인 문제이다. 더 낮은 가격은 경쟁자를 몰아내기 위한 전술일 수 있으며, 장기적으로는 결국 더 높은 가격으로 이어질 수 있다. 따라서 장기적인 소비자 이익은 단기적인 낮은 가격을 제한함으로써 더 잘 보호될 수 있다. 그러나 장기적으로 가격을 낮게 유지할 수 있어 소비자들이 장기적으로 혜택을 본다고 하더라도, 낮은 가격은 보다 일반적인 불공정 경쟁의 일환일 수 있다. 사회는 일반적으로 가격 경쟁을 통해 경제적 이익을 얻는다. 그러나 경쟁의 일부 당사자들이 동등한 경쟁 기회를 부당하게 박탈당하는 경우도 있을 수 있다. 두 가지 예를 고려해 보자.

일부 자동차 제조업체는 오랫동안 자동차 유통 시스템을 통합하고자 했으며, 경우에 따라 직접 소매점을 소유하고 운영하려는 시도도 있었다. 대부분의 자동차 대리점은 제조업체의 프랜차이즈로 운영되는 개인 소유 사업체이다. 또한 대부분의 자동차 제조업체는 가격 인센티브와 리베이트를 일관되게 사용하여 판매를 촉진한다. 이러한 리베이트는 특정 판매 목표와 연결되는 경우가 많다. 예를 들어, 스텝 프로그램에서는 첫 10대의 자동차 판매 시 대리점당 200달러 리베이트를 제공하고, 다음 10대의 경우 차량당 500달러의 리베이트를 제공하는 식으로 이루어진다. 그 결과, 대형 소매업체는 소형 소매업체보다 단위당 낮은 가격을 효과적으로 지불하게 된다. 아마 우연은 아니겠지만, 그로 인해 소형 대리점은 더 큰 경쟁에 직면하고 시장에서 퇴출되며, 이는 많은 제조업체가 원하는 유통 지점의 통합으로 이어진다. 여기에는 중대한 윤리적 의문이 제기된다. 이러한 가격 차별이 소매업체 간 불공정한 경쟁을 구성하는가? 소비자가 더 낮은 가격의 혜택을 보더라도, 그 혜택이 소형 사업체에 부당한 피해를 초래함으로써 이루어진 것일 수 있다.

정부 보조금이 가격에 영향을 미치는 사례도 고려해 보자. 예를 들어, 미국 연방 정부는 핵발전 산업에 막대한 보조금을 지급하고 있으며, 이는 사고 발생 시 산업이 직면할 책임을 제한함으로써 이루어진다. 연방 정부는 또한 석탄, 천연가스, 석유 산업에 대해 연방 토지에 대한 접근권을 시장가 이하로 제공하거나, 파이프라인 건설에 대한 세금 지원 및 해외 석유 공급 보호를 위한 군사적 보호를 통해 보조금을 지급하고 있다. 그 결과, 미국 소비자들은 완전히 자유롭고 경쟁적인 시장에서 책정된 가격보다 더 낮은 에너지 가격을 지불하고 있다. 또 다른 결과로는 대체 에너지 산업이 가격 경쟁에서 더 어려움을 겪는다는 점이다.

이와 같은 문제는 글로벌 차원에서도 나타날 수 있다. 최근 글로벌 자유 무역, 국가 관세, 국제 무역 협정에 관한 논쟁은 공정한 가격 책정, 동등한 기회, 자유롭고 공정한 무역, 그리고 상호 이익이라는 동일한 이슈를 중심으로 진행되고 있다. 일부는 글로벌 자유 무역이 저렴한 가격을 통해 전체적인 이익을 제공하는 최선의 방법이라고 주장한다. 반면에, 숨겨진 보조금, 낮은 안전 기준, 고용 및 환경 기준이 전체 비용을 반영하지 않는 가격을 초래한다고 주장하는 사람들도 있다. 또 다른 이들은 글로벌 시장이 모든 중요한 가치를 반영하지 못한다고 주장하며, 국가 안보, 시민의 일자리와 임금과 같은 중요한 요소들이 최저 가격 추구로 인해 위협받고 있다고 경고한다.

이러한 사례들로부터 얻을 수 있는 중요한 교훈은 비난이나 칭찬을 할당하는 것이 아니다. 어느 쪽을 지지하든, 서로 합의된 최저 가격만으로는 가격 정책의 윤리적 정당성을 판단하기에 불충분하다는 점을 인정해야 한다. 대체 에너지 산업을 지지하는 사람들은 소비자가 에너지를 저렴하게 지불하더라도, 그 가격을 형성하는 경쟁이 불공정하다고 말할 것이다. 반면 핵에너지와 화석연료 산업에 대한 보조금을 지지하는 사람들은 경제 성장, 에너지 독립과 같은 다른 사회적 가치들이 너무 중요하여, 일부 상품의 가격을 자유 시장에 맡겨서는 안 된다고 주장할 가능성이 크다. 또한, 글로벌 자유 무역을 지지하는 사람들은 일자리 상실과 같은 전체적인 비용을 인정해야 한다.

마지막으로 중요한 우려는 이 지점에서 출발한다. 낮고 상호 합의된 가격은 경제 시스템에서 중요한 역할을 한다. 그러나 이 책에서 여러 번 언급된 바와 같이, 경제 시스템 자체도 더 넓은 사회적 및 정치적 시스템의 일부이다. 사회적 및 정치적 가치는 때때로 낮은 가격을 윤리적으로 거부하도록 이끌 수 있다. 앞서 언급된 예시를 생각해 보자. 대출 기관이 고소득, 주로 백인 지역에서 더 낮은 주택 담보대출 이자율을 제공하고, 저소득, 주로 아프리카계 미국인 지역에서 더 높은 이자율을 제공하는 결정을 내릴 수 있다. 부의 불평등을 고려할 때, 이는 재정적 관점에서 신중한 결정이라고 주장할 수 있다. 그러나 이러한 차별적 가격 책정은 윤리적으로 용납될 수 없는 것으로 판단될 것이다. 또는 공공 토지, 국립공원, 야생동물과 같은 공공재의 가격 책정을 고려해 보자. 소비자의 지불 의사에 기반한 진정한 시장 가격은 국립공원이 개발 회사에 매각되고, 멸종 위기 종이 사냥꾼에게 팔리는 결과를 초래할 수 있다. 시장 가격만으로는 이러한 것들의 진정한 가치를 충분히 반영하지 못할 것이다. 거래에서 사회적 비용이 포함되는데도 두 당사자 간 합의된 가격에 반영되지 않는다면, 그 가격은 공정하지도, 사회적으로 유익하지도 않을 것이다.

이 장에서는 제품 안전과 가격과 관련된 다양한 윤리적 문제들을 다루었다. 9장에서는 마케팅 윤리의 두 가지 핵심 주제인 광고와 타깃 마케팅을 살펴볼 것이다.

토론 사례에 대한 성찰

기업이 새로운 제품을 시장에 출시하기 전에 답해야 할 몇 가지 기본적인 질문을 고려해 보자. 이 제품은 우리의 사업 계획에 적합한가? 이 제품에 대한 시장이 존재하는가? 만약 그렇지 않다면, 마케팅을 통해 충분한 시장을 창출할 수 있는가? 이 제품은 소비자를 만족시키면서도 수익을 낼 수 있는 가격이 얼마여야 하는가? 제품 설계는 어떻게 해야 하는가? 생산 과정에서 사용할 재료나 성분은 무엇으로 해야 하는가? 이 제품은 어디에서 생산되어야 하는가? 제품의 유통은 어떻게 이루어져야 하는가?

비만과 오피오이드 사례는 모든 제품에 대해 추가적인 질문을 던져야 함을 시사한다.

비록 그 제품에 대한 시장이 존재한다고 하더라도, 그것이 소비자나 사회 전체에 실제로 이익을 제공하는지 고려해야 한다. 어떤 제품에 시장이 존재한다는 사실만으로 그 제품이 좋은 것임을 의미하지는 않는다. 고지방, 고당, 고나트륨 식품에 대한 시장이 존재하는가? 분명히 존재한다, 특히 그것이 강력하게 홍보되고 저렴한 가격에 제공된다면 더욱 그렇다. 그러나 책임감 있는 기업은 예측 가능한 장기적이고 사회적 영향을 함께 고려해야 한다. 이러한 질문을 던지지 않거나, 그 결과에 대한 예측에도 불구하고 행동하는 기업은 훗날 사회가 그 회사에 대해 해로운 결과에 대한 책임을 묻는다고 해도 놀라지 않아야 할 것이다.

식음료 산업은 현대 경제에서 고도로 발달하고 성숙한 산업의 일부분이다. 이 산업에 종사하는 기업들은 영양학, 인체 생리학, 신경심리학, 화학 분야의 전문가들을 고용하고 있다. 이들은 지방, 설탕, 나트륨이 인간의 식욕과 욕구에 어떻게, 그리고 어느 정도 영향을 미치는지 잘 알고 있다. 또한 광고와 제품 홍보에도 능숙하다. 이러한 지식과 이 산업에서 이루어지는 명확하고 의도적인 결정들을 고려할 때, 식음료 산업이 건강에 해로운 식단과 관련된 피해에 대한 책임에 대해 실질적인 질문을 던질 수 있다. 고지방, 고칼로리, 고당, 고나트륨 식품을 마케팅한 결과로 이 전문가들이 예측할 수 있는 피해는 무엇인가?

제약 산업은 오피오이드 제품이 중독성을 가진다는 사실을 알고 있다. 제약 제조업체, 유통 업체, 의료 전문가, 약국 등은 모두 오피오이드를 통제할 책임을 지는 문지기 역할을 하며, 오피오이드 통제를 위한 강한 직업적 의무를 가지고 있다. 그럼에도 불구하고, 이들 기업은 오피오이드 판매로부터 이익을 얻고 있으며, 현재의 약물 위기의 심각성을 잘 알고 있다. 오피오이드 판매로 이익을 얻었고, 그럼에도 불구하고 남용이 계속되고 있으며 이를 통제하려는 광범위한 노력이 있음에도 불구하고 상황이 개선되지 않는 점을 고려할 때, 이 기업들이 오피오이드 위기의 일부 비용에 대해 책임을 져야 한다는 주장이 제기될 수 있다.

복습 문제

1. 마케팅 윤리에서 제기되어야 할 세 가지 일반적인 윤리적 우려를 설명하라.
2. 소비자가 제품 선택에 있어 완전히 자유롭지 않은 여러 가지 방법을 설명하라.
3. 구매자 위험 부담 원칙이 자유 시장 경제 이론에서 윤리적으로 선호되는 제품 안전 접근 방식인 이유를 설명하라.
4. 과실책임의 개념을 설명하고, 의약품 제조업체가 테스트나 생산 과정에서 과실이 있을

경우 책임을 져야 한다는 주장의 윤리적 근거를 제시하시오.

5. 제조업체가 그들의 제품으로 인해 발생한 피해에 대해 어느 정도까지 책임을 져야 하는지 설명하라.
6. 엄격한 제품 책임 정책을 정당화하는 세 가지 윤리적 주장을 평가하라.
7. 최저 가격이 윤리적으로 최선의 가격이 아닐 수 있는 세 가지 이유를 설명하라.

미주

[1] The quotation is taken from "Drug firms poured 780M painkillers into WV amid rise of overdoses," https://www.wvgazettemail.com/users/profile/Eric%20Eyre By Eric Eyre, West Virginia Gazette Mail, Dec 17, 2016. Other sources used in this case are: Sugar Science Institute at the University California at San Francisco, http://sugarscience.ucsf.edu/hidden-in-plain-sight/#.WvRKVUxFyM8 (accessed May 10, 2018); Center for Disease Control, "Opioid Use" https://www.cdc.gov/drugoverdose/opioids/prescribed.html (accessed May 10, 2018); Understanding the Opioid Crisis, U.S. Department of Health and Human Services, https://www.hhs.gov/opioids/about-the-epidemic/ (accessed May 10, 2018).

[2] See, for example, *Affluenza: The All-Consuming Epidemic* by John de Graaf, David Wann, and Thomas Naylor (San Francisco: Berrett-Koehler Publishers, 2001). A 1997 PBS television show of the same title, produced by KTCS Television and Oregon Public Television, is a useful classroom tool and is available in videotape format from Bullfrog Films.

[3] An informal Internet search found over a hundred companies advertising with this slogan. They ranged from real estate companies to antique dealers, and from long-distance phone providers to water filtration systems dealers. Presumably those who disagree do not advertise that fact.

[4] For a detailed development of these and other criticisms of the strict products liability standard, see Peter W. Huber, *Liability: The Legal Revolution and Its Consequences* (New York: Basic Books, 1988).

[5] John McCall, "Fairness, Strict Liability, and Public Policy," in *Contemporary Issues in Business Ethics*, 4th ed., edited by Joseph DesJardins and John McCall (Belmont, CA: Wadsworth Publishing, 2000), pp. 328–329.

[6] See "Assessing Product Liability Alternatives," Introduction to chapter 10 in *Contemporary Issues in Business Ethics*, pp. 308–310.

9장

마케팅 윤리: 광고와 디지털 마케팅

학습 목표

이 장을 읽고 나면,

- 마케팅과 판매에서 발생하는 조작과 기만의 윤리를 분석할 수 있다.
- 광고를 규제하는 기준을 설명할 수 있다.
- 소비자 자율성을 침해하는 마케팅에 관한 논쟁을 분석할 수 있다.
- 소비자 프라이버시와 데이터 기록의 윤리를 평가할 수 있다.
- 타깃 마케팅의 윤리를 설명할 수 있다.
- 취약 계층 및 취약 인구를 대상으로 하는 마케팅의 윤리를 분석할 수 있다.

토론 사례:

디지털 마케팅과 '다크 패턴'

최근 몇 년 동안 디지털 기술의 발달로 인해 마케팅 방식에 극적인 변화가 있었다. 특히 두 가지 요인이 이러한 변화를 주도했다. 첫째, 모바일 기기, 스마트폰, 태블릿의 급증이다. 이러한 기기들은 마케터에게 세 가지 중요한 가치를 제공한다. 첫째, 일반적으로 개인과 연동된다. 둘째, 이동성 덕분에 사용자가 하루 종일 지속적으로 사용한다. 셋째, 앱에 크게 의존하는데, 이 앱들은 소비자를 기업에 연결하고, 광고를 소비자에게 전달하는 데 있어 탁월한 효과를 입증한 바 있다.

두 번째 요인은 구글과 같은 검색 엔진과 페이스북, 인스타그램, 트위터 등의 소셜 네트워크의 세계적 인기이다. 불과 몇 년 전만 해도 상상할 수 없었던 양의 개인 정보가 이제는 누구나 접근할 수 있게 되었다. 이러한 정보를 수집하는 목적은 단순하다. 이 정보는 구매 및 판매를 통해 수익화할 수 있는 상품으로 간주되기 때문이다. 구글과 페이스북 같은 검색 엔진과 소셜 네트워크는 이용자에 대한 정보를 광고주 및 기타 비용을 지불할 의사가 있는 이들에게 판매함으로써 수익을 창출한다.

디지털 마케팅의 시대에 전통적인 마케팅 기법을 평가하는 데 적합했던 윤리적 원칙과 지침이 여전히 적용 가능한지를 물을 필요가 있다. 전통적인 광고와 마케팅 기법에 대해 제기된 가장 일반적인 우려는 기만, 조작, 불공정성 및 프라이버시 침해이다. 이러한 우려가 다음과 같은 디지털 마케팅 활동에 어떻게 적용될 수 있는지 생각해 보자.

2022년 1월 24일, 미국의 세 개 주와 워싱턴DC의 법무장관들은 구글을 상대로 소송을 제기하였다. 소송 내용은 구글이 '다크 패턴'을 사용하여 소비자를 기만, 조작하고, 프라이버시를 침해할 수 있다는 것이다. '**다크 패턴**'이란, 사용자가 의도하지 않은 행동을 하도록 유도하는 웹페이지 디자인 기능을 말한다. 이 용어는 IT 컨설턴트 해리 브리그눌(Harry Brignull)이 10여 년 전에 처음 만든 것으로, 사용자가 보험을 구매하거나 자동 청구 구독에 가입하도록 유도하는 사용자 인터페이스를 가리킨다.

마케팅 초기부터 일부 디자인 요소가 다른 것들보다 더 많은 관심을 끌고 행동에 영향을 미칠 수 있다는 사실은 항상 인식되어 왔다. 인간 심리에는 밝은 색상, 큰 글씨체, 더 큰 소리, 그리고 신뢰할 수 있는 출처의 안심이 효과적인 마케팅 도구가 될 수 있다. 때로는 이러한 요소들이 소비자에게 유용한 정보를 제공하고 그들이 필요로 하거나 원하는 정보로 이끌어 주는 데 도움이 될 수 있다. 그러나 같은 요소들이 소비자를 기만하거나 조작하는 방식으로 사용될 수도 있다.

다크 패턴의 예는 웹사이트에서 메일링 리스트 구독 해지나 의약품의 유해 부작용에 대한 정보를 얻는 링크에 아주 작은 글씨를 사용하는 것과 같이 단순한 요소일 수 있다. 다른 예로는 전통적인 마케팅 기법에서 흔히 사용되는 기만적인 기술을 모방한 것들이 있다. 예를 들어, '낚시 후 전환'은 소비자가 한 제품에 관심을 보였으나 과정 중에 다른 제품으로 전환되는 경우를 말한다. 윈도우 팝업 창에서 사용자가 윈도우 7 소프트웨어를 업데이트하라는 메시지를 클릭하자, 새롭고 비싼 윈도우 10 소프트웨어 구매 페이지로 안내된 사례가 그러하다. 숨겨진 비용도 전통적 마케팅에서 흔히 볼 수 있는 것처럼 디지털 마케팅에서도 자주 나타난다. 사용자는 특정 가격으로 제품을 주문했으나, 나중에야 배송비, 세금, 추가 수수료 등 추가 비용이 발생한다는 사실을 알게 된다.

또 다른 다크 패턴의 사례는 온라인 및 디지털 광고에서 특히 자주 발생할 수 있다. 강제적 연속성(forced continuity)은 마케터가 '일정 기간 동안 무료 구독'과 같이 관계를 시작하는 것은 매우 쉽게 만들지만, 유료 구독이 특정한 절차를 따르지 않으면 계속 진행된다는 사실을 숨기는 경우이다. 비슷하게, 로치 모텔(Roach Motel) 기법은 입장은 쉽게 하지만, 나가기는 어렵게 만드는 방식이다. 예를 들어, 한 번의 클릭으로 무료 온라인 구독을 시작하게 하지만, 구독 취소는 여러 단계를 거치거나 전화 통화가 필요한 경우처럼 취소 절차를 복잡하게 만든다.

모호하고 기만적이거나 오해를 불러일으킬 수 있는 체크박스는 다크 패턴에서 흔히 볼 수 있는 예시로, 주로 '옵트인(opt-in)' 및 '옵트아웃(opt-out)' 선택과 관련이 있다. 소비자는 '향상된' '더 개인화된' '개선된' 경험을 위해 옵트인해야 한다고 안내받거나, 그렇지 않으면 웹사이트가 제대로 작동하지 않을 수 있다는 경고를 받는다. 여기서 말하는 향상된 기능이란 결국 더 맞춤화된 광고와 개인 정보가 회사와 더 많이 공유됨을 의미한다. 일부 웹사이트는 모호한 언어와 이중 부정 표현을 사용해 소비자들을 혼란스럽게 만든다. 예를 들어, 사용자가 구독을 취소하려 할 때, 팝업 상자가 나타나 "정말 취소하시겠습니까?"라는 질문을 던지고, '선택을 확인'하라는 옵션(이는 구독 취소를 계속 진행하라는 뜻)과 '취소'라는 옵션(이는 구독 취소 절차를 중단하라는 뜻)을 제공하는 경우가 있다. 또 다른 예로는 초기 애플 운영체제(iOS6)에서 광고 추적을 옵트아웃할 수 있는 선택이 주어졌을 때 발생했다. 사용자는 설정 > 일반 > 정보 > 광고로 이동한 후, '광고 추적 제한' 항목에서 기본값으로 '끔(off)' 설정을 볼 수 있었다. 그러나 이때 '끔'은 추적 자체를 끄는 것이 아니라, 추적을 제한하는 기능을 끄는 것이었다. 많은 사용자가 이를 오해하기 쉽다.

2022년 소송에서 구글은 다크 패턴을 사용하여 사용자들을 기만하고 조작했다는 혐의를 받았다. 해당 주의 법무장관들은, 사용자가 위치 공유 기능을 옵트아웃했거나 옵트아웃했다고 생각했음에도 불구하고, 구글이 여전히 사용자의 위치 데이터를 추적, 수집, 저장하며 판매하고 있다고 주장했다. 이들은 구글 계정에서 위치 기록 옵션을 비활성화한 후에도 유튜브나 구글 지도와 같은 구글 관련 앱들이 데이터를 수집하고 있다는 사실이 소비자를 기만할 수 있다고 주장했다.

일부 관측자들은 이 소송이 어려운 도전에 직면할 것이라고 생각했다. 특히 애리조나에서 진행된 유사한 소송에서 판사가 내린 의견을 고려할 때 그러했다. 이전 사건에서 판사는 "합리적이거나 심지어 정보에 밝지 않은 소비자도 위치 기록 기능이 활성화되지 않더라도 자신의 위치 정보가 어떤 방식으로든 수집되거나 사용되고 있다는 결론에 도달할 수 있다"고 말하며 이 사건에 대한 회의적인 입장을 표명했다.

토론 질문

1. '다크 패턴' 마케팅 기법을 피싱 및 기타 온라인 또는 로보콜 사기와 비교해 보라. 이들 사이에는 어떤 공통점이 있는가? 어떤 차이점이 있는가? 모든 경우에 동일한 윤리적 결론에 도달하는가?
2. 법원은 종종 프라이버시 기대를 정부의 감시를 제한하는 기준으로 사용한다. 예를 들어, 경찰은 공공장소에서는 영장 없이 행동을 감시할 수 있지만, 전화 통화 중일 때는 불가능하다. 인터넷 서핑을 하거나 구글 또는 페이스북을 사용할 때, 아마존 또는 넷플릭스에서 무언가를 주문할 때, 어떤 프라이버시 기대를 가지고 있는가?
3. 물리적으로 누군가를 스토킹하는 것은 범죄가 될 수 있다. 그렇다면 누군가의 온라인 활동 및 위치를 정기적으로 모니터링하는 것과 물리적 스토킹 간에는 어떤 차이가 있는가? 이 둘은 어떻게 유사하며, 어떤 점에서 다른가?
4. 대부분의 온라인 추적은 쿠키를 사용하여 이루어진다. 쿠키는 과거의 검색 기록에 대한 정보를 제공하는 작은 파일로, 컴퓨터나 모바일 기기에 저장된다. 소비자에게 옵트아웃할 권리가 주어져야 하는가, 아니면 쿠키가 설치되기 전에 명시적인 동의가 필요해야 하는가?
5. 위에서 언급된 구글 사건에서 인용된 판사는 "심지어 정보에 밝지 않은 소비자조차 구글 앱에 의해 추적되고 있다는 사실을 알 것"이라고 생각했다. 이 의견이 맞다고 생각하는가? 소비자가 정보에 밝은가 혹은 정보에 밝지 않은가가 중요한가?
6. 개인 정보가 다수 구매 가능하다는 사실에 대해 우려하는가? 기업이 수집한 개인 정보가 상품으로서 판매될 수 있어야 한다고 생각하는가? 그 이유는 무엇인가?
7. 사람들이 디지털 기술에 중독될 수 있다고 믿는가? 온라인 및 디지털 행동이 통제될 수 있다고 생각하는가? 마케터는 항상 인간 행동에 영향을 미치기 위해 심리학적 통찰에 의존해 왔다. 그렇다면 디지털 마케팅에서 심리학과 신경과학을 사용하는 것은 어떻게 다른가?
8. 누군가가 더 많은 정보를 가지고 있을수록, 그들이 행동을 더 잘 예측할 수 있다고 동의하는가? 예측할 수 있다면, 행동을 통제할 수 있다고 생각하는가?

9.1 서론

이 장에서는 광고와 디지털 마케팅의 윤리를 살펴본다. 지난 수십 년 동안 마케팅은 혁명적인 변화를 겪어 왔다고 해도 과언이 아니다. 과거에는 마케터가 청중에게 도달하는 주요 매체가 텔레비전, 라디오, 신문과 잡지, 직접 우편, 그리고 광고판이었다. 이러한 기법은 간접 마케팅으로 분류되었는데, 이는 잠재 고객을 포함할 가능성이 있는 대중에게 도달하기 위해 대중 매체에 의존했기 때문이다. 청중이 일반 대중이었기 때문에 광고 내용 역시 비교적 일반적일 수밖에 없었다. 마케팅 분야가 점점 더 정교해짐에 따라, 광고주는 더 직접적인 마케팅 기법을 통해 잠재 고객을 더 잘 식별할 수 있었고, 그들에게 더 타깃팅된 구체적인 광고를 전달할 수 있게 되었다.

매스 마케팅은 가능한 한 많은 청중에게 제품을 홍보하려 하며, 광고에 노출된 사람의 수에 비례하여 판매가 증가할 것이라는 가정에 기반을 둔다. 20세기 초에 인쇄 매체가 등장하면서 마케터들은 처음으로 국내외 넓은 청중에게 도달할 수 있게 되었다. 이후 1920년대 라디오의 등장과 1950년대 텔레비전의 부상은 최초의 진정한 대중 매체를 탄생시켰고, 이는 광고와 마케팅 산업에 혁신을 가져왔다. 처음으로 하나의 광고가 수백만 명의 사람에게 도달할 수 있는 가능성이 생겼다. 비슷한 혁명이 최근 수십 년 동안 디지털 마케팅의 등장으로 다시 일어났다.

매스 마케팅의 배경 속에서, 기업은 이미 특정 제품에 관심이 있는 소규모 시장을 대상으로 하는 디이렉트 마케팅이 구매자에게 도달하는 훨씬 더 효율적인 방법이라는 것을 항상 인식해 왔다. 따라서 매스 미디어 내에서도 광고는 특정 잡지, 라디오 방송국, 텔레비전 프로그램에 맞추어 타깃팅되었다. 동시에, 미디어 회사들은 청중에 대한 인구통계학적 연구를 통해 자신들의 플랫폼을 특정 광고주들에게 더 매력적으로 만들면서 자신들의 서비스를 마케팅할 수 있었다. 오늘날, 디지털 기술은 마케터들에게 개별 소비자 수준으로 시장을 세분화할 수 있는 능력을 제공한다.

휴대전화 회사, 검색 엔진, 인터넷 서비스 제공자(ISP), 케이블 제공자, 그리고 소셜 네트워크는 소비자 행동에 대한 막대한 양의 정보를 수집한다. 이들은 어떤 전화가 걸리고, 어떤 웹사이트가 방문되었는지, 각 웹사이트 방문의 시간과 활동은 무엇인지, 어떤 제품이 조회되었으며, 어떤 프로그램이 시청되고 있는지 등을 알고 있다. 많은 경우, 이러한 정보는 단순히 총체적인 데이터로 집계되지만, 다른 경우에는 개별화된 데이터로 수집되어 특정 모바일 기기, 컴퓨터, 또는 소셜 네트워크 계정과 연결될 수 있다. 일반적으로 이러한 추적은 익명으로 이루어지기 때문에 소비자들은 자신이 추적되고 있다는 사실을 잘 알지 못하며, 수집된 정보가 무엇인지, 그리고 그 정보가 어떻게 사용되는지에 대한 이해가 부족하다.

이처럼 마케터들이 사용할 수 있는 개인 정보의 폭발적 증가에는 두 가지 주요 요인이 기여했다. 먼저 모바일 기기, 스마트폰, 태블릿의 급격한 증가이다. 이러한 기기들은 마케터에게 세 가지 중요한 가치를 제공한다. 첫째, 이 기기들은 보통 하나의 특정 개인과 연결되어 있다. 둘째, 이동성이 뛰어나기 때문에 사용자들이 밤낮없이 지속적으로 사용한다. 셋째, 이 기기들은 앱에 크게 의존하는데, 이 앱들은 소비자를 비즈니스로 유도하고 광고를 소비자에게 전달하며, 동시에 소비자 정보를 수집하는 데 탁월한 역할을 한다는 점에서 독보적인 존재로 입증되었다.

둘째, 그리고 관련된 요인은 페이스북, 트위터, 인스타그램, 틱톡, 링크드인과 같은 소셜 네트워크의 세계적인 인기에 있다. 수억 명의 사람들이 개인 소셜 미디어 계정을 통해 기업에 개인 정보를 스스로 제공하고 있다. 소셜 네트워킹 덕분에 타인이 접근할 수 있는 개인 정보의 양은 불과 몇 년 전만 해도 상상할 수 없을 정도로 증가했다.

이 정보는 잠재 고객을 타깃팅하는 데 사용될 뿐만 아니라, 많은 기업들이 이미 깨달았듯이, 이 정보 자체가 상품화되어 구매와 판매가 가능한 재화로 전환되었다. 이 과정을 '수익화'라고 부른다. 구글, 빙, 야후의 제품이 검색 엔진이고, 페이스북의 제품이 소셜 네트워크라고 보일 수 있지만, 사실 검색 서비스는 무료이며 페이스북 가입도 무료이다. 그러나 영리 기업인 검색 엔진(예: 구글)이나 소셜 네트워크(예: 페이스북)는 수집한 막대한 정보를 광고주 및 그 정보에 대한 접근을 원하는 사람들에게 판매함으로써 수익을 창출한다. (예를 들어, 아마존과 같은 쇼핑 사이트에서 특정 제품을 일정 시간 동안 조회한 후, 관련이 없는 여러 웹사이트를 무작위로 서핑하거나 검색을 해 보라. 얼마 지나지 않아 쇼핑한 제품의 광고가 방문한 페이지에 나타나는 것을 확인할 수 있을 것이다.)

디지털 마케팅은 전통 광고에서 제기된 윤리적 질문들과 유사한 많은 윤리적 문제를 제기한다. 전통적인 광고 기법을 평가하는 데 적합한 윤리적 원칙과 지침은 디지털 마케팅 시대에도 여전히 유효하다. 기만, 조작, 불공정성은 전통적인 광고와 마케팅에 대해 흔히 제기되는 우려 사항이며, 이러한 문제는 디지털 마케팅 윤리에서도 여전히 중요한 쟁점으로 남아 있다.

예를 들어, 기만적이거나 오해를 불러일으킬 수 있는 제품 추천은 항상 마케팅에서 우려의 대상이었다. 배우가 의사를 연기하며 건강 보조제의 효능을 주장하거나 특정 브랜드의 아세트아미노펜을 다른 브랜드보다 더 선호하는 상황이 그렇다. 오늘날에는 트립어드바이저나 아마존과 같은 인터넷 사이트의 사용자 리뷰, 페이스북과 같은 소셜 미디어의 '좋아요', 혹은 블로그, 트윗, 게시판에서 찾아볼 수 있는 리뷰에서 비슷한 문제가 소비자들에게 다가오고 있다. 잘못된 또는 가짜 제품 리뷰는 전통적인 매스 미디어보다 디지털 사이트에서 더 쉽게 존재할 수 있지만, 윤리적 문제는 동일하다. 특정 제품을 홍보하기 위해 고용된 디지털 마케팅 회사는 가짜 사용자 리뷰를 통해 기만적인 제품 추천을 할 수 있으며, 이는 배우를 고용해 의사 역할을 맡긴 전통적인 마케팅 회사와 마찬가지다.

검색 엔진 최적화도 기만적일 수 있다. 소비자들은 검색 결과의 첫 번째 항목이 무작위로 나타나거나 단순히 가장 인기 있는 결과를 보여 준다고 생각할 수 있다. 그러나 기업은 광고를 삽입하여 소비자가 검색 엔진을 사용할 때마다 자사 광고가 노출되도록 하거나, 소비자가 제품 또는 경쟁사의 사이트를 검색할 때 자사 웹사이트가 가장 먼저 나타나도록 할 수 있다. 실제로, 브라우저 기반 추적 쿠키는 소비자의 검색 기록을 실시간으로 파악하여 마케팅 회사들 간의 경매에 즉시 반영되고, 몇 밀리초 만에 경매 승자에게 최상위 배너 광고가 배정될 수 있다. 이처럼 기만적이거나 오해를 불러일으킬 수 있는 관행은 디지털 기술에서 다르게 나타날 수 있지만, 근본적인 윤리적 문제는 여전히 유사하다.

그러나 디지털 마케팅에서 발생하는 일부 윤리적 우려는 불과 몇 년 전만 해도 상상할 수 없었던 수준에 이르고 있다. 특히, 일부 디지털 마케팅 관행은 개인 프라이버시와 조작에 대한 우려를 제기하는데, 이는 전통적인 마케팅 기법으로는 불가능했던 수준이다. 먼저 개인 프라이버시 문제를 고려해 보자.

디지털 기술은 수집되는 정보의 양, 수집되는 정보의 종류, 그 정보가 어떻게 그리고 누가 사용하는지, 정보 수집 방식에서 전통적인 마케팅 방식과 크게 다르다. 전통적인 마케팅은 나이, 성별, 소득 등과 같은 요소를 바탕으로 일반적인 인구통계 정보에 접근할 수 있었으며, 특히 회사가 고객과 기존에 관계를 맺고 있었다면 이름, 주소, 전화번호와 같은 구체적인 신상 정보도 보유할 수 있었다. 예를 들어, 이미 2012년경에는 타깃이 고객의 구매 기록을 기반으로 해당 고객이 임신했는지 예측할 수 있었다.

오늘날의 디지털 마케팅은 전통적인 인구통계 정보뿐만 아니라 다음과 같은 추가 정보에도 접근할 수 있다. 사용자의 현재 위치, 검색 기록, 팝업 광고를 클릭한 빈도, 읽은 블로그와 팔로우하는 트위터 피드, 사용자와 인구통계적으로 유사한 사람들이 현재 가장 많이 방문하는 웹사이트, 이메일 권유나 로보콜에 대한 응답 빈도와 시간, 이 웹사이트에 도달하기 위해 클릭한 웹사이트나 광고, 과거 쇼핑 검색 및 구매 내역, 그리고 온라인 구매 후 제품 반품 빈도까지 포함된다. 심지어 개인의 유전 정보도 온라인에서 이용 가능하다.

REALITY CHECK:
기업은 당신의 디지털 정보를 어떻게 사용하는가

2012년 포브스(Forbes) 잡지는 타겟(Target)이 고객 데이터를 분석하는 방법에 대한 기사를 게재하였다. 포브스에 따르면, 타겟의 분석가들은 25개의 특정 제품 구매 내역을 기반으로 임신 예측 점수를 만들어 고객이 임신 중인지를 예측할 수 있을 뿐만 아니라, 출산 예정일도 상당히 정확하게 추정할 수 있었다고 한다. 이러한 예측을 바탕으로 타겟은 임신 및 유아용 제품에 대한 쿠폰과 세일 프로모션을 예측 점수가 높은 고객에게 발송하였다. 포브스 기사에는 한 아버지가 타겟에 항의하면서 딸의 임신 사실을 처음 알게 된 일화가 포함되어 있었다. 해당 아버지는 딸에게 발송된 임신 및 유아용 제품 광고 메일을 보고 불만을 제기했으나, 그 메일이 10대 딸이 임신 중이라는 사실을 예고한 것임을 나중에 알게 된 것이다. 포브스에 따르면, 타겟은 고객이 회사가 자신의 개인 정보를 사용하는 것에 불편함을 느낄 수 있다는 점을 인지하였다. 그 결과, 타겟은 임신 및 유아용 제품 광고를 더 일반적인 프로모션 속에 포함시켜, 회사가 해당 고객의 임신 사실을 알고 있다는 사실을 숨기려 하였다.

많은 영리 및 비영리 조직이 개인이 자신의 조상에 대해 알 수 있도록 DNA 추적 정보를 제공하고 있다. DNA 샘플을 제출하거나 DNA 프로필을 업로드함으로써 개인은 가족 계보와 연결될 수 있으며, 유전적으로 관련된 사람들에 대한 연락처 정보를 받을 수 있다. 이러한 모든 조직은 방대한 DNA 데이터베이스를 유지하고 있으며, 영리 조직의 비즈니스 모델은 이 정보에 대한 접근을 판매하는 데 기반을 두고 있다.

2018년 4월, 캘리포니아 경찰은 1974년부터 1986년 사이에 캘리포니아에서 50건 이상의 강간과 12건의 살인을 저지른 것으로 의심되는 연쇄 살인범이자 강간범인 '골든 스테이트 킬러'로 추정되는 남성을 체포했다고 발표했다. 경찰은 이 30년 된 사건을 해결하는 데 가계 조사 웹사이트에서 제공된 DNA 프로필을 활용했다고 확인했다. 경찰이 범행 현장에서 수집한 DNA 샘플과 일치하는 사람이 피의자의 먼 친척으로, 이 친척이 해당 웹사이트를 사용한 덕분에 신원이 확인되었다. 경찰은 오픈 액세스 웹사이트를 사용해 용의자를 추적했으며, 이 데이터베이스 검색을 영장 없이 수행할 수 있었음을 인정했다.

일부 소매점은 '비콘(beacon)'이라고 불리는 위치 기반 서비스를 사용하여 특정 고객이 매장에 들어왔을 때 이를 인식한다. 비콘 기술은 몇 백 피트 내에서 감지할 수 있는 저전력 블루투스 신호를 기반으로 한다. 흔히 사용되는 방법은 이 기술을 회사의 앱에 설치하는 것이다. 대부분의 앱처럼, 이 앱도 소비자의 검색 및 쇼핑 정보를 정기적으로 수집한다. 소비자가 해당 소매점 근처에 있을 때, 과거 온라인 행동을 기반으로 한 맞춤형 광고와 유혹적인 프로모션이 즉시 소비자의 모바일 기기로 전송된다. 이러한 관행은 얼굴 인식 소프트웨어의 사용으로 한층 진화했다. 이 소프트웨어는 매장에 들어오는 고객을 식별하고, 매장 내에서의 쇼핑 습관을 추적 및 기록하며, 즉시 프로모션 정보를 스마트폰으로 전송할 수 있게 한다. 물론, 같은 기술은 매장의 보안 시스템의 일부로도 사용된다.[1]

좀 더 일반적인 관점에서, 당신에 대한 정보가 디지털 형식으로 얼마나 존재하는지 잠시 생각해 보라. (어쩌면 더 어려운 질문은 디지털 형식으로 존재하지 않는 정보가 무엇인지 생각해 보는 것일지도 모른다!) 이제, 그 정보 중 얼마나 많은 부분이 개인의 통제 밖에 존재하는지 생각해 보라. 디지털 기기, 학교, 은행, 병원과 의료 기관, 검색 엔진, 전화 회사, 소셜 미디어 사이트, 온라인 쇼핑 사이트, 정부 기관, 그리고 클라우드에 저장된 수많은 정보가 있다.

REALITY CHECK의 여러 예를 통해 정보와 이를 통제하는 제3자 간의 관계를 고려해 보자. 그들은 왜 이 정보를 가지고 있는가? 어떻게 이 정보를 얻었는가? 개인이 직접 이 정보들을 제3자에게 제공했는가? 그렇다면 자발적이고, 의식적이며, 의도적으로 그렇게 했는가? 개인은 어떤 목적으로 이 정보를 제공했는가? 만약 제공하지 않았다면, 정보는 어떻게, 그리고 어떤 목적으로 수집되었는가? 이 정보는 어떻게 사용되고 있는가? 개인 정보를 통제하는 주체가 그 정보를 다른 사람들과 공유할 때 어떤 동기와 억제 요인이 있는가? 자신의 정보가 다른 사람에게 판매된 적이 있는지 알고 있는가? 그렇다면, 어떤 목적으로 사용되었는가?

개인 정보 문제를 넘어서, 디지털 기술은 소비자의 자율성과 조작에 대한 윤리적 문제도 제기한다. 디지털 중독 문제는 기술 기업들이 소비자를 온라인에 더 오래 머물게 하려는 조작적인 활동을 시사한다. 물론 디지털 참여와 수익 간에는 직접적인 상관관계가 있다. 사람들이 특정 사이트를 방문하는 횟수가 많아지고, 온라인에 머무는 시간이 길어질수록 온라인 광고를 통해 더 많은 수익이 창출된다. 따라서 온라인 플랫폼, 소셜 미디어 회사, 검색 엔진, 그리고 이러한 기술을 마케팅에 활용하는 모든 기업은 사람들이 온라인에 오래 머무를수록 이익을 얻는다. 즉, 디지털 중독을 통해 수익을 창출할 수 있다.

다음 절에서는 전통 마케팅과 디지털 마케팅 모두에서 제기된 조작과 기만의 윤리적 문제들을 다룰 것이다. 그 다음 프라이버시와 자율성 문제로 넘어가며, 특히 디지털 마케팅 시대에 중요한 윤리적 우려들을 살펴본다.

9.2 조작과 기만의 윤리

모든 마케팅의 목표는 판매, 즉 마케터와 소비자 간의 최종 거래이며, 마케팅 기능의 주요 목적은 구매자가 구매를 완료하도록 영향을 미치는 것이다. 그러나 다른 사람에게 영향을 미치는 데에는 윤리적으로 좋은 방법과 나쁜 방법이 있다. 마케터들은 항상 알고 있듯이, 잠재 고객에 대해 더 많이 알수록 고객의 결정을 더 잘 영향을 미칠 수 있는 위치에 서게 된다. 예를 들어, 여성은 남성보다 자동차 구매 시 안전 문제를 더 강조하는 경향이 있고, 반면 남성은 여성보다 성능이나 속도를 더 중시하는 경향이 있다. 이러한 일반적인 정보를 바탕으로 자동차 영업 사원은 여성 고객과 대화할 때는 안전성을 강조하고, 남성 고객과 대화할 때는 마력을 강조할 것이다.

디지털 기술 시대에서 이 상황이 어떻게 달라지는지 생각해 보자. 예를 들어, 자동차 매장은 현재 웹사이트에 방문 중인 잠재 고객이 경쟁사 웹사이트에서 여러 대의 2만 달러대의 중고차를 확인했고, 특히 2015년형 모델에 가장 많은 시간을 할애했다는 사실을 알 수 있다. 다양한 디지털 기술을 통해 해당 업체는 즉시 웹사이트를 개인화된 페이지로 재구성하여 그 고객에게 유사한 가격대의 중고차 재고를 강조하고, 경쟁사의 모델보다 더 저렴한 모델을 소개하는 광고를 띄울 수 있다. 또한, 고객이 뒤로 가기 버튼을 클릭하거나 페이지를 닫으려 할 때, 오늘 바로 그 차를 구매하면 할인을 제공하는 팝업이 뜬다고 상상해 보라. 혹은, 고객이 다시 검색 엔진으로 돌아가 처음 방문한 매장과 차량을 찾으려 할 때, 두 번째 매장에서 더 저렴한 차량을 소개하는 광고가 첫 번째 검색 결과 상단에 나타난다고 상상해 보자. 많은 경우, 마케팅과 판매 담당자는 개인 자신보다 더 많은 정보를 알고 있을 수 있다. (한번 생각해 보라. 아마존에서 마지막으로 제품을 검색하기 전에 어떤 웹사이트를 방문했는지 기억하는가? 아마 당신은 기억하지 못하겠지만, 아마존은 알고 있을 것이다.)

이처럼 사람들의 구매 결정에 영향을 미칠 수 있는 능력이 점점 커짐에 따라, 그 영향력이 윤리적으로 허용 가능한 범위를 넘어섰는지에 대한 질문이 제기된다. 디지털 기술의 사용이 마케터들에게 고객을 조작할 수 있는 능력을 제공하는가? 이 장에서 다루는 윤리적 문제의 핵심은 조작의 개념과 그 하위 개념인 기만이다. 토론 사례에서 설명된 '다크 패턴' 기술의 예를 다시 검토해 보라. 그중 어떤 기술이 조작적인가? 또한 그중 어떤 기술이 비윤리적인 방식으로 소비자를 조작하고 있는가?

어떤 것을 조작한다는 것은 그것의 행동을 유도하거나 지시하는 것을 의미한다. 조작은 반드시 완전한 통제를 포함하지 않으며, 오히려 은밀한 유도나 관리 과정을 나타내는 경우가 많다. 사람을 조작하는 것은 뒤에서 그들의 행동을 유도하면서 명시적인 동의나 의식적인 이해 없이 행동을 조정하는 것을 의미한다. 예를 들어, 임신했다고 추정되는 사람에게 임신이나 유아용 제품에 대한 프로모션을 보내면서, 그 사실을 숨기기 위해 더 일반적인 광고 안에 해당 내용을 포함시키는 것은 조작적이라고 할 수 있다.

조작은 설득이나 다른 형태의 이성적이고 자율성을 존중하는 영향과 대조된다. 내가 누군가를 조작할 때는, 그들의 이성적 판단에 의존하여 행동을 유도하지 않는다. 대신에, 나는 그들의 자율성을 우회하려고 한다. (물론, 성공적인 조작은 조작된 사람들이 스스로 판단하여 행동했다고 믿을 때 더욱 강화될 수 있다.)

우리가 누군가를 조작하는 방법 중 하나는 기만을 통해서이며, 그중 한 가지 형태는 노골적인 거짓말이다. 당신을 조작하기 위해 반드시 기만할 필요는 없지만, 당신이 조작되지 않았다고 잘못 믿는다면 나는 기뻐할 것이다. 우리는 기만 없이도 사람을 조작할 수 있다. 예를 들어, 내가 아들에게 가족 책임을 다하지 않는다는 죄책감을 느끼게 하여 잔디를 깎게 만드는 경우처럼 말이다. 또는 학생들에게 다음 수업에 퀴즈가 있을 수 있다고 암시하여 더 열심히 공부하도록 유도할 수도 있다. 이러한 예는 매우 중요한 점을 제기하는데, 내가 당신의 심리·동기, 관심사, 욕망, 신념, 성향 등을 더 많이 알수록, 당신의 행동을 조작할 수 있는 능력이 더 커진다는 점을 시사한다. 죄책감, 연민, 인정받고자 하는 욕구, 불안, 두려움, 낮은 자존감, 자부심, 그리고 동조심은 모두 강력한 동기 부여 요인이 될 수 있다. 마케터들은 이러한 요소들을 활용하여 제품을 홍보한다. 다른 사람에 대해 이러한 사실을 아는 것은 그들의 행동을 조작하는 효과적인 도구가 된다.

이러한 점이 마케팅 윤리와 어떻게 관련이 있는지 알 수 있다. 비판자들은 많은 마케팅 관행이 소비자를 조작한다고 주장한다. 분명히, 일부 광고는 명백히 기만적이며, 일부는 노골적인 거짓말이다. 하지만 더 미묘한 방식으로 조작이 이루어질 수 있으며, 이는 마케팅 조사가 중요한 역할을 한다. 고객의 심리에 대해 더 많이 알수록 그들의 욕구와 동기를 더 잘 이해하게 되며, 결과적으로 그들의 행동을 조작할 능력이 더 커진다. 비판자들은 또한 일부 마케팅 관행이 특히 조작과 기만에 취약한 인구층을 대상으로 한다고 비난한다. 의료 상태로 고통받는 소비자들은 치료, 통증 완화, 또는 기타 치유 효과를 암시하는 광고에 특히 취약할 수 있다. 어린이, 노인, 그리고 저소득층을 대상으로 하는 광고는 이들 집단의 취약성을 이용하려는 목적을 가진 경우가 많다.

하지만 이러한 문제들의 윤리성에 대해서는 논란이 있다. 거짓말과 기만에 대한 강력한 윤리적 반대가 제기될 수 있지만, 모든 조작이 윤리적으로 잘못된 것이라고 단정하기는 어렵다. 아들이 잔디를 깎도록 하기 위해 그의 죄책감을 이용하는 것이 윤리적으로 잘못된 것일까? 내가 누군가의 동기를 자극할 때마다 그 사람을 조작하는 것일까? 예를 들어, 남성의 자존심을 자극하여 탈모 방지 제품을 판매하는 것이 조작일까? 또한, 조작의 경계를 정하는 것은 매우 어려운 일이다. 내가 학생들에게 읽기 과제가 시험에 나올 수 있다고 암시하는 것이 그들을 조작하는 것일까? 재정적으로 어려운 대학생들에게 고이율 신용카드를 홍보하는 것이 소비자를 조작하는 것일까? 언제, 그리고 어떤 조건에서 조작이 비윤리적일까? 사람들의 관심사에 호소하여 그들을 설득하는 것(예: 좋은 성적을 받으려면 공부해야 해)과 조작하는 것의 차이는 무엇일까?

이 질문들 중 많은 부분은 이후에 다루게 될 것이다. 지금은 앞서 소개된 윤리적 주제들로 다시 돌아가는 것이 도움이 될 것이다. 8장에서 논의된 바와 같이, 칸트 윤리 전통은 조작과 기만에 대해 가장 강력한 반대를 제기한다. 개인의 자율성과 자유를 존중하는 시장 거래는 윤리적으로 책임 있는 관행이며, 자율성을 침해하는 거래는 비윤리적이다. 설득, 요청, 정보 제공, 조언은 자율성을 존중하며 타인에게 영향을 미치는 수단이다. 이러한 모든 설득 방법은 타인의 합리적 의사 결정 능력에 호소한다. 반면, 위협, 강압, 기만, 조작, 거짓말은 비윤리적인 수단으로 간주되며, 이는 자율성을 침해하기 때문이다. 이러한 수단은 개인의 의사 결정 과정을 우회한다. 내가 누군가를 조작하거나 기만할 때, 그들을 자율적인 인간으로 대하지 않고, 내 목적을 위한 수단으로 취급하는 것이다. 조작은 개인을 존중하지 않는 전형적인 사례로, 그들의 합리적 의사 결정을 무시하기 때문이다. 의도가 타인을 수단으로 사용하는 데 있다는 점에서, 심지어 성공하지 못한 조작조차도 윤리적으로 잘못된 행위로 간주된다.

예상할 수 있듯이, 공리주의 전통에서는 조작과 기만에 대해 결과에 따라 보다 조건부적인 비판을 제기할 것이다. 누군가의 이익을 위해 그 사람을 조작하거나 기만하는 온정주의적 조작의 경우도 분명히 존재할 수 있다. 그러나 그러한 경우에도 예기치 못한 해악이 발생할 수 있다. 조작은 사람들 간의 신뢰와 존중의 유대를 약화시키는 경향이 있으며, 이는 조작된 사람의 자신감을 약화시키고, 책임 있는 선택의 발전을 저해할 수 있다. 일반적으로, 대부분의 조작은 조작자가 자신의 목적을 달성하기 위해 상대방을 희생하는 방식으로 이루어지기 때문에, 공리주의자들은 조작이 전체적인 행복을 감소시킨다고 생각할 가능성이 높다.

시장 환경에서 조작과 기만은 시장 거래가 상호 이익으로 이어질 가능성을 저해한다.

따라서 공리주의적 관점에서 볼 때, 조작과 기만은 시장이 본래의 윤리적 목적을 달성하는 것을 방해한다. 비판자들이 주장하듯이, 많은 판매 관행에서 발생하는 조작이나 기만의 일반적인 행위는, 오히려 판매의 평판을 낮춤으로써 사회적 관행(예: 판매)을 약화시킬 수 있다. 중고차 판매나 방문 판매는 기만으로 인해 평판이 나빠지면서 자신의 효율성을 저해하는 대표적인 사례이다.

특히 악질적인 조작의 형태는 취약한 사람들을 대상으로 한 악용에서 발생한다. 최근 몇 년간 큰 비판을 받아온 예로는 어린이를 대상으로 한 담배 광고가 있다. 보험(특히 메디케어 보충 보험), 카지노 및 도박, 요양원, 장례식과 같은 상품과 서비스를 노년층을 대상으로 하는 마케팅 관행도 유사한 비판을 받아왔다. 또한, 질병이나 만성 통증으로 고통받는 사람들을 대상으로 하거나, 의료 질환을 앓고 있는 자녀를 둔 부모를 대상으로 하는 제약 마케팅 역시 특히 문제가 많은 사례로 보인다.

다음과 같은 윤리적 마케팅에 대한 일반적인 지침을 제안할 수 있다. 이미 자발적으로 제품 구매 성향을 보이는 소비자를 발견하려는 마케팅 관행은 윤리적으로 정당하다. 예를 들어, 자동차 딜러가 제조사의 마케팅 부서로부터, 해당 차의 일반적인 구매자가 대졸이며 야외 활동을 즐기고, 연봉이 4만 달러 이상인 여성이라는 정보를 얻었다고 가정하자. 이러한 기준에 맞는 사람들에게 타깃형 다이렉트 메일을 보내는 것은 윤리적으로 정당한 마케팅 관행으로 보인다. 반면, 조작에 쉽게 영향을 받는 인구를 식별하여 타깃으로 삼는 마케팅은 윤리적이지 않다. 두려움, 불안 또는 기타 비합리적인 동기에 호소하는 판매 및 마케팅은 윤리적으로 부적절하다. 예를 들어, 미혼이거나 과부인 여성이 구매에 대한 불안을 느끼고 있다는 사실을 알고, 이 불안감을 이용해 확장 보증 보험, 장애 보험, 도난 방지 상품 등을 판매하려는 자동차 딜러의 행위는 비윤리적이다.

마케팅 조사는 잠재 고객의 심리에 대해 알아내려 한다. 그러나 모든 심리적 범주가 동일한 것은 아니다. 일부는 더 인지적이고 합리적인 반면, 다른 것들은 그렇지 않다. 소비자의 신중하고 합리적인 욕구를 타깃으로 삼는 것과, 그들의 두려움, 불안, 변덕을 겨냥하는 것은 전혀 다른 문제다.

9.3 기만적이고 불공정한 광고에 대한 정부 규제

"작년에 병원들은 타이레놀을 다음 네 가지 브랜드를 합친 것보다 10배 더 많이 처방했습니다." "병원에서는 아나신-3에 들어 있는 아스피린 없는 진통제인 아세트아미노펜을 다른 어떤 진통제보다 많이 추천합니다." 이 두 가지 광고 문구는 타이레놀과 아나신-3를 위한 고전적인 마케팅 캠페인에서 널리 사용될 당시에는 사실이었다. 그러나 이 문구들이 기만적이었을까? 타이레놀 광고에서 언급되지 않은 사실은, 타이레놀의 제조사인 존슨앤드존슨이 병원에 타이레놀을 매우 낮은 비용으로 공급했거나 의사에게 무료 샘플로 제공했다는 것이다. 아나신-3의 제조사인 아메리칸 홈 프로덕츠는 병원에서 타이레놀을 가장 많이 추천했다는 사실을 광고에서 밝히지 않았다.

미국에서 연방거래위원회(FTC)는 기만적이고 불공정한 마케팅 관행을 규제하는 역할을 맡고 있다. 1944년으로 거슬러 올라가면, FTC는 아스피린 제품 제조사들을 대상으로 기만적인 판매 관행을 조사하고 있었다. 다양한 아스피린, 아세트아미노펜, 이부프로펜(세 가지 주요 비처방 진통제) 브랜드 간에는 화학적 차이도 의학적 차이도 없기 때문에, 제조사들은 가격 또는 마케팅을 통해 경쟁할 수밖에 없다. 이 제품들의 제네릭 브랜드가 널리 유통되면서 저렴하게 판매될 수 있음을 보여 준다. 하지만 많은 소비자들이 제네릭 브랜드를 구입하지 않으려는 소극적인 태도와 브랜드 제품의 높은 가격은 광고의 효과를 여실히 보여 준다.

비판자들은 이러한 제품들에 대한 마케팅 캠페인의 역사가 조작적이고 기만적인 관행으로 가득 차 있다고 주장한다. 아나신의 "고도로 입증된 활성 성분의 조합"은 단순히 아스피린과 카페인이었으며, 그러한 주장에는 근거가 없었다. 아나신은 "빠른 완화"를 제공한다고 주장했으며, 버퍼린은 "아스피린보다 두 배 더 빠르다", 세인트 조셉 아스피린은 "다른 주요 진통제보다 더 빠르다", 바이엘은 "가장 빠른 통증 완화"를 제공한다고 광고했다. 그러나 이 모든 제품의 유일한 활성 성분은 아스피린이었고, 아스피린 브랜드 간에 화학적 차이는 없었다. 따라서 효과성이나 속도의 증가에 대한 이러한 주장은 단순히 거짓이었다.

FTC의 역할은 기만적이거나 불공정한 마케팅 관행을 규제하는 것이다. 이 규제 입장은 두 가지 기준이 어떻게 연결되는지를 보여 주는 데 유용하다. 타이레놀이 병원에서 비정상적으로 많은 타이레놀이 처방된다는 주장을 한 이유를 생각해 보자. 그들의 의도는 무엇일까? 이는 타이레놀에 대한 단순한 사실을 말하는 것일 수 있다. 하지만 그들이 제품에 대해 할 수 있었던 수백 가지 사실 중에서 왜 이 하나만을 선택했을까? 분명히 병원들이 대폭 할인된 가격으로 타이레놀을 제공받고 있다는 사실에 주의를 환기시키기 위해 이러한 주장을 한 것은 아닐 것이다. 이 마케팅 캠페인에 대한 유일한 설명은, 타이레놀이 병원의 추천을 받은 것처럼 보이게 하여 소비자들이 영향을 받도록 의도했다는 것이다. 그들은 소비자들이 병원들이 타이레놀을 대량으로 처방하는 이유가 의료계가 타이레놀(그리고 다른 아세트아미노펜 브랜드가 아닌)을 최고의 진통제라고 믿기 때문이라고 생각하길 바랐다. 즉, 타이레놀은 소비자들이 사실이 아닌 것을 믿도록 의도하고, 이를 통해 존슨앤드존슨은 소비자들을 기만하고 조작하려고 했던 것이다.

소비자는 기만적인 광고로 인해 원래는 구매하지 않았을 제품을 구입하게 될 때, 그리고 종종 더 높은 가격을 지불하게 될 때 피해를 입는다. (생산자가 가격이 아닌 마케팅을 통해 경쟁하기로 선택했으므로, 소비자들이 원래 지불했어야 할 가격보다 더 높은 가격을 지불했을 가능성이 있다.) 이러한 상업적 및 경제적 피해는 조작되고 다른 사람의 목적을 위한 수단으로 이용되는 윤리적 해악의 결과이다. 그러나 소비자가 기만당할 때, 경쟁자들은 공정하게 경쟁할 기회를 박탈당한다. 기만적 관행이 성공할 때, 경쟁자는 손해를 본다. 소비자를 기만하는 모든 마케팅 관행은, 그 자체로 경쟁자에게도 불공정하다. FTC의 기만과 불공정성에 대한 기준은 동전의 양면처럼 서로 맞물린 비윤리적 행위인 것이다.

사회는 법적 및 윤리적 기준을 통해 기만적이고 불공정한 마케팅 관행을 금지해야 할 매우 정당한 이유를 가지고 있다. 소비자가 금전적 피해를 입지 않도록 보호하고, 시장 내 공정 경쟁의 무결성을 지키는 것은 기만 행위에 대한 사회적 제재를 촉진하는 강력한 동기이다. 하지만 기만적 마케팅 관행이 잘못되었다는 데는 거의 보편적인 동의가 있는 반면, 기만의 정확한 기준을 정의하고 이를 가장 효과적으로 규제하는 것은 더 어려운 과제이다.

기만적 관행에 대한 우리의 윤리적 분석은 기만의 주된 윤리적 잘못이 기만자의 의도에 있음을 지적했다. 사람들을 기만하여 그들의 구매 행동을 조작하려는 의도는 그들을 단순히 자신의 목적을 위한 수단으로 취급하는 것이다. 이러한 관점에서, 기만을 규제하는 한 가지 접근법은 기만할 의도를 가진 마케팅 관행을 겨냥할 수 있다. 우리의 윤리적 분석은 또한 기만적 관행이 초래하는 윤리적 잘못이 소비자, 경쟁자, 그리고 전체 시장 효율성에 미치는 해로운 결과에 있음을 시사했다. 따라서 기만을 규제하는 또 다른 접근법은 실제로 소비자를 기만하는 마케팅 관행에 초점을 맞추며, 이는 의도보다는 결과에 중점을 둔다.

두 가지 접근 방식에는 각각 장단점이 있다. 의도적인 기만을 규제하기 위해서는 FTC가 마케터의 심리 상태를 파악해야 한다. 실질적으로 이는 FTC가 예상되는 기만에 대한 관행을 평가하는 방식으로, 기만을 의도했는지 여부를 해당 관행에서 합리적으로 예측될 수 있는 결과로 판단하는 것이다. 예를 들어, 존슨앤드존슨이 타이레놀 광고가 소비자를 기만할 가능성이 있다고 판단하여 기만 의도가 있었다고 결론 내릴 수 있다. 비판자들은 이러한 접근 방식이 실제로 발생한 행위가 아닌, 관료적 판단에 의해 벌어질 가능성이 있는 결과를 근거로 기업을 처벌할 수 있는 바람직하지 않은 결과를 초래한다고 지적한다.[2] 반면 옹호자들은 정부가 피해가 발생한 후에만 규제하는 것보다, 기만적인 관행을 미리 방지하는 것이 더 낫다고 주장한다.

한편, 실제로 소비자를 기만하는 마케팅 관행을 규제하는 것은 기준이 너무 강하거나 너무 약할 수 있다. 기준이 너무 강할 수 있는 이유는 소비자들이 상대적으로 사소한 마케팅 관행에 의해 기만당하는 경우가 많을 수 있기 때문이다. 마케팅 학자인 이반 프레스턴은 소비자가 기만적이라고 느낀 맥주 광고에 대해 소송을 제기하겠다고 위협한 사례를 이야기했다.[3] 그 광고는 Old Frothingslosh라는 휴일용 맥주로, 거품이 아래에 있는 유일한 맥주라고 묘사되었지만, 실제로는 거품이 위로 올라가는 맥주였다. 최근 몇 년 동안, 한 고령의 남성은 잡지 경품 행사에서 "이미 100만 달러를 획득했다"는 대형 문구(소형 문구로는 "당신의 번호가 당첨 번호와 일치할 경우")를 보고 두 번이나 전국을 횡단하며 여행했다. 이처럼 더 많은 소비자가 기만당할 가능성이 있음을 보여 준다. 반면, 기만의 실제 기준이 너무 약할 수 있는 이유는 소비자에게 책임을 지우고, 기만을 증명하기 위해 소비자가 직접 나서야 한다는 부담을 주기 때문이다. 물론, 이것이 비현실적인 이유는 많다. 그중 하나는 성공적인 기만은 소비자에게 드러나지 않기 때문이다. 많은 소비자들은 기만당했음을 전혀 인식하지 못할 수 있다. 왜냐하면 기만의 필수 조건 중 하나는 기만당하는 순간에는 자신이 기만당하고 있다는 사실을 모르는 것이기 때문이다.

이 두 가지 기만 기준 해석 외에도, 규제 기준과 관련한 또 다른 논쟁이 있다. 이미 언급했듯이, 조작되거나 기만당할 가능성은 개인의 심리, 즉 욕구, 동기, 사고력, 신념 등에 따라 달라진다. 이는 일부 사람들이 다른 사람들보다 더 쉽게 조작되거나 기만당할 수 있다는 것을 의미한다. 앞서 언급한 Old Frothingslosh의 사례는 일부 사람들이 상당히 사소한 정보로도 기만당할 수 있음을 보여 준다. 반면, 자동차나 주택과 같은 복잡한 제품의 금융 또는 보험에 관한 기만을 피하려면 상당한 분석 능력이 필요할 수 있다. 기만적 관행을 규제하는 것은 소비자를 합리적인 존재로 가정할 것인지, 아니면 상대적으로 무지한 존재로 가정할 것인지에 따라 달라질 것이다.

다시 말하지만, 두 가지 대안에는 각각 장단점이 있다. 합리적인 소비자 기준을 채택하는 것이 가장 공정하고 합리적인 방법으로 보인다. 이 기준은 소비자에 대해 긍정적인 가정을 하고, 마케터에게 과도하거나 어려운 기준을 요구하지 않는다. 하지만 이 접근 방식의 단

REALITY CHECK DIGITAL NATIVES:

합리적인 소비자? 세련된 소비자?

'디지털 네이티브'란 정보화 시대에 성장하여 평생 디지털 기술에 익숙해져 온 사람을 말한다. 디지털 마케팅에 대한 윤리적 판단 기준이 사용자가 디지털 네이티브인지 아닌지에 따라 달라져야 할까? 예를 들어, 기만적인 디지털 마케팅에 대한 기준이 디지털 네이티브와 그들의 부모 세대에게 다르게 적용되어야 할까?

이 장의 토론 사례에서 구글이 행한 자사 플랫폼(예: 안드로이드, 구글 검색, 지메일, 구글 지도, 유튜브)에서 위치 추적과 관련된 사례를 논의했다. 이 사례의 일부분은 구글 계정에서 위치 기록을 비활성화한 사용자들이 포함되었다. 문제는 위치 기록이 비활성화되었음에도 불구하고, 구글이 웹 앱 및 활동이라는 다른 기능을 사용해 이들의 온라인 활동과 위치에 대한 데이터를 수집하고 저장했다는 사실에 대해 사용자들이 기만당했는지 여부였다.

이 법적 분쟁은 부분적으로 소비자에 대한 가정에 따라 달려 있었다. 한 사람 ― 예를 들어, 디지털 네이티브 ― 을 기만하는 것이 다른 사람 ― 예를 들어, 그들의 부모 ― 에게는 기만이 아닐 수 있다. 이러한 경우, 법은 '합리적인' 소비자의 개념에 의존해 왔다. 만약 광고가 합리적인 소비자를 기만한다면, 그것은 기만적으로 판단된다. 그러나 합리적인 소비자를 기만하지 않는다면, 실제로 미숙한 소비자가 기만당하더라도 기만적으로 판단되지 않는다.

토론 사례에서 언급된 구글에 대한 이전 소송에서, 한 판사는 구글에 대한 혐의에 대해 회의적인 견해를 표명하며, "합리적인 소비자, 심지어 미숙한 소비자조차도 자신의 위치 정보가 위치 기록이 활성화되지 않았더라도 어떤 방식으로든 수집되거나 사용되고 있다고 결론지을 수 있습니다."라고 말했다.

1. 모든 웹사이트에서 개인 정보가 수집된다고 생각하는 것이 합리적인가? 또한, 해당 플랫폼의 위치 기록 또는 추적 데이터 기능을 비활성화했음에도 불구하고 이 사실이 여전히 유효한가?
2. 미숙한 사용자라도 이러한 점을 알고 있어야 하는가?
3. 디지털 마케팅 기법에 대해, 본인은 합리적인 사용자라고 생각하는가, 아니면 미숙한 사용자라고 생각하는가? 부모나 조부모의 경우는 어떠한가? 이러한 차이가 중요한가?

점은 가장 취약하고 기만에 취약한 소비자들, 즉 보호가 가장 필요한 소비자들을 보호하지 못한다는 점이다.

이 두 가지 대안을 결합하면 다양한 기준을 만들 수 있다. 가장 엄격한 기준은 무지한 소비자가 기만당할 가능성이 있는 경우로, 이는 마케팅에 대한 가장 높은 기준을 요구하지만 소비자에게 가장 큰 보호를 제공한다. 반면, 합리적인 소비자를 대상으로 한 입증된 기만만 규제하는 것은 가장 느슨한 기준이다. 제품, 마케팅 관행, 타깃 시장에 따라 다양한 기준을 적용하는 것이 가장 합리적일 수 있다.

9.4 디지털 마케팅과 소비자 개인 정보

이제 개인 정보에 대해 논의해 보자. 이는 디지털 기술의 발전과 함께 부상한 중요한 윤리적 문제이다. 이 장의 서론에서 설명한 바와 같이, 디지털 기술은 마케터가 소비자에 대해 수집할 수 있는 정보의 양을 상상할 수 없을 정도로 증가시켰으며, 그 정보를 수집하고 분석하며 활용하는 속도, 그리고 소비자가 누구인지와 그들의 행동과 심리에 대한 세부 사항을 파악하는 능력을 크게 향상시켰다. 이 디지털 혁명은 또한 개인 정보라는 새로운 상품을 중심으로 한 거대한 시장과 새로운 산업을 창출했다. 이러한 새로운 시장과 산업은 개인 정보에 대한 중요한 새로운 질문들도 제기했다.

6장에서 직원 개인 정보와 관련된 유사한 윤리적 문제를 다루었다. 그 논의에서 개인 정보는 개인 정보를 통제할 권리로 설명되었고, 직원의 개인 정보 권리의 함의를 분석하는 데 도움이 되는 프레임워크가 제시되었다. 이 프레임워크는 소비자 개인 정보를 분석하는 데도 유용하다. 개인 정보는 A라는 사람, B라는 다른 사람, 그리고 A에 관한 정보 X를 포함하는 것으로 설명되었다는 것을 기억해야 한다. 그 논의에서, A가 정보 X를 통제할 권리는 A와 B 사이의 관계에 따라 달라진다고 제안했다. 6장의 예시에서는, 내 모기지 회사와 내 학생들과의 관계가 나의 개인 재정 정보를 알고 있는 것을 정당화하는 방식이 다르다는 것을 보여 주었다. 이와 같은 맥락에서, 소비자와 기업 간의 관계와 그 관계에서 발생하는 개인 정보 권리에 관한 질문들이 다루어진다.

우선, 소비자와 기업 간의 관계는 상업적 관계로 가장 잘 설명될 수 있다. 양측은 상호 이익을 위해 자발적으로 이 관계에 들어가며, 소비자는 상품과 서비스를 제공받는 것으로,

기업은 대가를 받는 것으로 이익을 얻는다. 이 관계의 윤리적 기반은 자율성 존중이라는 원칙 기반의 윤리와 전체적인 행복 증진이라는 공리주의 윤리에 근거한다. 이러한 프레임워크를 바탕으로, 우리는 이 윤리적 분석을 네 가지 질문으로 정리할 수 있다. 어떤 정보가 알려질 수 있는가? 그 정보는 어떻게 사용될 수 있는가? 그 정보는 어떻게 수집될 수 있는가? 그 정보는 얼마나 오래 그리고 어떤 보안 조건에서 보관될 수 있는가?

자율성의 윤리적 가치는 첫 번째 질문에 대해 소비자가 기업에 자발적으로 공개한 정보로 답해야 한다고 제안한다. 따라서 소비자가 페이스북에 상당한 양의 개인 정보를 공개하는 것은 페이스북이 그 정보를 보유하는 데 동의한 것으로 간주된다. 마찬가지로, 검색 엔진을 사용할 때 공개하는 정보는 구글이나 빙이 적절히 알고 있어야 할 정보로서, 이는 자발적으로 공개된 정보로 간주된다. 이 프레임워크 내에서 암묵적으로 포함된 가정은 개인 정보가 상업적 거래를 원활히 하기 위해 공개된다는 것이다. 예를 들어, 나는 자동차 대출이나 신용카드를 받기 위해 금융 정보를 은행에 공개한다.

하지만 디지털 기술의 시대에는 두 가지 중요한 문제가 제기된다. 첫째, 소비자가 단순한 상업적 거래에 필요한 범위를 넘는 상당한 양의 개인 정보를 자발적으로 공개하는 경우가 많다는 것이다. 둘째, 이 정보를 수집하는 기업들이 이를 소비자가 의도하지 않았거나 알지 못하는 목적으로 사용한다는 점이다.

소셜 미디어 플랫폼에서 사람들이 자발적으로 공개하는 개인 정보의 양을 고려해 보자. 사람들은 몇 년 전만 해도 상상할 수 없었던 양과 세부 정보를 페이스의 '친구'들, 트위터의 트윗, 스냅챗(Snapchat), 틱톡(TikTok), 인스타그램과 같은 플랫폼에서 메시지와 사진으로 정기적으로 자발적으로 공유하고 있다. 이 정보가 자발적으로 공유되기 때문에, 개인이 이 정보를 비공개로 유지할 권리를 포기한 것으로 보일 수 있다. 예를 들어, 미국 법률 시스템에서는 개인 정보 기대 기준을 사용하여 개인 정보 권리가 침해되었는지를 판단하는 경우가 많다. 그래서 전화 도청은 개인 정보 침해에 해당되지만, 공공 버스에서 옆자리에 앉은 사람이 전화 통화를 엿듣는 것은 개인 정보 침해가 아니다.

하지만 개인 정보 공개의 목적과 의도에 대한 우려는 여전히 남아 있다. 이는 소비자 개인 정보에 대한 두 번째 중요한 질문을 제기한다. 기업이 수집한 정보를 어떻게 사용할 수 있는가? 가장 일반적으로, 기업이 사업 거래에서 수집한 소비자 정보를 상품으로 판매하는 것이 정당한가? 물론, 이는 일상적으로 발생하는 일이다. 페이스북은 광고주에게 사용자 정보를 판매하고, 구글은 사용자의 검색 기록을 마케터에게 판매한다. 신용 조사 기관은 기업이 배경 조사를 수행할 때 금융 데이터를 판매한다. 그러나 이것이 윤리적인가? 소비자와 그들이 직접 관계를 맺고 있는 기업 간의 관계와, 원래의 기업에서 정보를 구매하는 2차 시장의 기업 간의 관계는 매우 다르다. 이러한 관찰에서 어떠한 윤리적 함의가 도출될 수 있는가?

이 질문은 이론적으로는 아니더라도 실질적으로는 이미 해결된 것처럼 보일 수 있다. 이러한 일은 일상적으로 발생하며, 그 규모가 매우 크기 때문에 이제는 되돌리기에는 너무 늦었다고 여겨질 수 있다. 디지털 시대에서 개인 정보 기대는 느슨해졌거나 포기된 것처럼 보인다. 그러나 디지털 정보와 관련이 없는 예시를 생각해 보자. 예를 들어, 어떤 회사가 고용 조건으로 약물 검사나 건강 검진을 요구한다고 가정해 보자. 개인 의료 정보에 대한 2차 시장은 매우 크다. 보험 회사와 잠재적인 고용주는 이 정보에 대한 접근 권한을 구매할 수 있는 기업 중 일부이다. 그 회사가 이 정보를 제3자에게 판매하는 것이 윤리적인가? 또는 앞서 REALITY CHECK '기업은 당신의 디지털 정보를 어떻게 사용하는가'에서 언급된 DNA 사례를 고려해 보자. 조상 추적을 돕기 위해 DNA 샘플을 수집하는 회사가 보험 회사에 이 데이터베이스 접근 권한을 판매하는 것이 윤리적인가? 페이스북이 사용자의 데이터를 판매하여 정치적 견해에 영향을 미치려는 조직에 접근 권한을 제공하는 것이 윤리적인가? 이러한 모든 질문을 해결할 명확하고 타당한 기준을 찾는 것은 어렵다. 이미 다양한 형식과 다양한 장소에 존재하는 개인 정보를 완전히 통제하거나 되찾는 것은 불가능해 보인다.

그러나 이러한 우려 중 일부는 세 번째 질문에서 해결될 수 있을 것이다. 개인 정보는 어떻게 수집될 수 있는가? 기업이 소비자에 대한 정보를 얻는 데 적용해야 할 윤리적 기준은 무엇인가? 위에서 논의된 바와 같이, 이러한 질문은 개인 정보를 처음으로 수집하는 회사(예: 페이스북, 구글, 인터넷 서비스 제공자(ISP), 전화 회사)와 이 정보를 제공받는 제3자 모두에게 적용될 수 있다. 이전의 논의를 바탕으로 우리는 근본적인 윤리적 기준이 개인의 동의에 달려 있다고 주장할 수 있다. 동의를 얻어 수집된 정보는 정당하게 수집된 정보이며, 반면에 동의 없이 수집된 정보는 적어도 겉보기에는 의심스러운 정보일 수 있다.

이 판단은 겉보기에 타당하지만, 소비자 동의를 얻는 데 있어 실제적인 어려움이 있을 수 있다. 그러나 여기에 합리적인 타협점이 존재한다. 우리는 개인 정보를 처음 수집할 때 소비자는 반드시 알림을 받고, 기업은 소비자의 동의를 받아야 한다고 주장할 수 있다. 이때 소비자는 다음과 같은 사항을 알림받아야 한다. (a) 정보가 수집되고 저장될 것, (b) 어떻게 사용될 것인지, (c) 언제, 어떻게, 어떤 상황에서 제3자와 공유될 것인지, (d) 정보가 어떻게 보호될 것인지. 이러한 투명성 요구는 이미 일부 프라이버시 알림의 법적 요구 사항으로 존재하지만, 기업은 동의를 얻는 과정에서 더 명확하고 구체적이어야 한다. 또한, 옵트아웃(자동 참여 후 거부하는 방식) 대신 옵트인(사전 동의를 요구하는 방식) 기준을 적용하면 소비자에게 추가적인 보호를 제공할 수 있다. 기업은 소비자에게 수집된 개인 정보를 원래의 목적 외 다른 용도로 사용하기 전에 소비자의 명시적인 동의를 반드시 얻어야 하며, 소비자가 거부하지 않는 한 동의를 얻은 것으로 간주하는 방식은 지양해야 한다.

소비자 개인 정보와 관련된 마지막 질문은 데이터 보안 문제를 제기한다. 이 장 토론 사례에서 설명된 주요 데이터 유출 사건들이 보여 주었듯이, 수십억 명의 사람이 기업의 데이터베이스 해킹을 통해 개인 정보가 유출되어 피해를 입었다. 기업이 이러한 보안 침해와 그로 인한 피해를 예방할 윤리적 의무가 있다는 강력한 주장이 제기될 수 있다. 이는 명백한 사실이며, 대부분의 기업은 데이터를 보호하기 위해 합리적인 조치를 취하고 있지만, 일부 기업은 최고 수준의 암호화 및 보안 기술을 사용하지 않고 있다. 더욱이, 최선을 다해 예방하려 해도 보안 침해가 발생할 수 있다는 점을 인지한 기업은 침해가 발생했을 때 즉시 소비자에게 알리고, 피해를 최소화하기 위한 조치를 안내할 의무를 갖는다. 또한, 개인 정보 판매로 이익을 얻는 기업은, 자체적인 잘못이 없더라도 데이터 유출로 인해 소비자가 입은 피해에 대해 비용을 부담해야 할 엄격한 제품 책임과 유사한 논리에 따라 책임을 질 의무가 있을 수 있다.

9.5 마케팅 윤리와 소비자 자율성

광고 옹호자들은 기만적 관행이 존재함에도 불구하고, 전반적으로 광고가 경제에 많은 기여를 하고 있다고 주장한다. 대부분의 광고는 소비자에게 정보를 제공하며, 이는 경제 시장이 효율적으로 작동하는 데 기여한다는 것이다. 이들은 시간이 지남에 따라 시장 세력이 기만적 광고와 관행을 제거할 것이라고 주장한다. 또한, 기만적 광고에 대한 가장 효과적인 대응은 경쟁자의 광고가 그 기만성을 지적하는 것이라고 강조한다.[4]

이 질문을 넘어서는 두 번째 중요한 윤리적 질문은, 광고가 사람들에게 무엇을 해 주는지뿐만 아니라, 광고 자체와 마케팅 전반이 사람들에게 어떤 영향을 미치는가를 묻는다.[5] 기업의 마케팅은 개인에게 분명 이익을 줄 수 있다. 사람들은 필요하거나 원하는 제품에 대해 배우고, 책임감 있는 선택을 할 수 있도록 돕는 정보를 얻으며, 때로는 광고를 통해 즐거움도 얻는다. 그러나 마케팅은 문화 형성에도 영향을 미치며, 일부는 그 영향이 매우 크다고 주장한다. 또한, 그 문화 속에서 발달하고 사회화되는 개인들에게도 영향을 미친다. 마케팅은 우리가 어떤 사람이 되는지에 대해 직간접적으로 영향을 줄 수 있으며, 그 과정에서 우리가 어떤 사람이 되는가는 근본적인 윤리적 중요성을 가진다. 이러한 주장에 대해 비판자들은 마케팅이 그러한 영향을 미칠 수 없다고 부정하거나, 마케팅이 그 자체로 문화의 일부분을 반영하는 것일 뿐이라고 주장한다.

이 논쟁에서 최초의 제안은 경제학자 존 케네스 갤브레이스(John Kenneth Galbraith)가 1958년에 출간한 『풍요한 사회(The Affluent Society)』에서 제시한 것이다. 갤브레이스는 광고와 마케팅이 생산이 충족시키려는 소비자 수요를 창출하고 있다고 주장했다. 이는 의존 효과(dependence effect)로 불리며, 소비자 수요가 생산자가 판매하려는 것에 의존한다는 주장이었다. 이 사실은 세 가지 중요한, 그리고 바람직하지 않은 함축을 내포하고 있다. 첫째, 광고는 수요와 공급의 법칙을 뒤집는다. 공급이 수요의 함수가 아니라, 수요가 공급의 함수가 된다는 것이다. 둘째, 광고와 마케팅은 비합리적이고 사소한 소비자 욕구를 창출하여 경제 전체를 왜곡시킨다. 소비재와 편안함으로 가득 찬 '풍요로운' 사회가 이른바 미개발 경제보다 더 나쁘다는 주장이다. 왜냐하면 허구의 사적 소비재에 전념한 자원이 더 중요한 공공재와 소비자 필요에 부여되지 않기 때문이다. 예를 들어, 빈곤층 아이들에게 백신과 최소한의 의료서비스를 보장하지 못하는 사회가 매년 수백만 달러를 젊음을 유지하려는 미용 수술에, 그리고 탈모 방지, 발기부전 치료, 체중 감량, 과식으로 인한 속쓰림 완화용 약품에 수십억 달러를 소비하는 것이다. 셋째, 소비자 욕구를 창출함으로써 광고와 마케팅은 소비자의 자율성을 침해하고 있다. 자신이 원하는 것을 살 수 있기 때문에 스스로 자유롭다고 생각하는 소비자들은 실제로 그 욕구가 마케팅에 의해 만들어진 것이라면 자유롭지 않다는 것이다. 요약하자면, 소비자들은 광고에 의해 조종되고 있다는 주장이다.

이 주장이 사실이라면, 이는 압도적인 윤리적 함축을 갖게 된다. 개인의 자율성, 즉 칸트적 인간 존중의 중심 요소는 욕구의 창출에 의해 침해될 것이다. 소비자들이 사소하고 조작된 제품을 추구하도록 조작된다면, 시장 교환은 겉으로는 만족도를 높이는 것처럼 보이지만 실제로는 그렇지 않다. 수요와 공급의 법칙이 역전된다면, 시장의 민주적 성격과 소비자 수요가 자본 소유자의 권력을 제한하는 능력은 환상에 불과하다. 공급이 수요를 따른다는 주장은 자본주의 경제 옹호자들이 시장의 민주적 성격을 설명할 때 사용된다(즉, 그들은 단지 소비자에게 '원하는 것을 제공한다'고 주장한다). 또한, 생산 자본의 소유자가 소비자 수요에 부응하지 않으면 투자 손실을 볼 것이기 때문에 소수의 손에 자본이 집중되는 것이 위험하지 않다는 주장에도 사용된다. 하지만 갤브레이스가 옳다면, 이 두 가지 주요 정치적 논리는 불합리하다는 것이 입증된다. 의존 효과는 매우 중요한 문제임이 틀림없다.

윤리적으로 중요한 점은 광고가 소비자의 자율성을 침해한다는 주장이다. 수요와 공급의 법칙이 역전되고, 부유한 사회의 경제가 인위적이고 왜곡된다는 주장은 소비자의 자율성이 침해되고, 광고가 욕구를 창출함으로써 소비자를 조작할 수 있을 때만 성립한다. 하지만 마케팅이 소비자의 자율성을 침해할 수 있을까? 그리고 그것이 실제로 발생하는가? 광고와 마케팅은 개인과 사회에 어떤 영향을 미칠 수 있는가?

이 논쟁에서 처음 제기된 논제는 광고가 소비자 행동을 통제한다는 주장이다. 자율성은 이성적이고 자발적인 선택을 하는 것을 의미하며, 광고가 자율성을 침해한다는 주장은 광고가 소비자의 선택을 통제할 수 있다는 의미일 수 있다. 예를 들어, 심리학적 행동주의자와 잠재의식 광고에 비판적인 사람들은 광고가 이러한 방식으로 소비자 행동을 통제할 수 있다고 주장할 것이다.[6] 앞서 논의된 디지털 기술과 디지털 중독에 대한 내용은 현대적 맥락에서 이 점을 제기하고 있다.

그러나 행동을 통제할 수 있다는 주장은 경험적 주장으로 보이며, 증거는 혼재된 결과를 나타낸다. 예를 들어, 시장에 새로 출시된 제품의 절반 이상이 실패한다는 연구 결과가 있다. 만약 마케팅이 소비자 행동을 완벽히 통제할 수 있었다면, 이러한 실패는 발생하지 않았을 것이다. 그러나 소비자 자율성이 침해되는 더 미묘한 방식이 존재할 수 있다. 행동을 통제하는 것이 아니라, 소비자가 행동하는 기반이 되는 욕구와 바람을 마케팅이 창출할 수 있다는 것이다. 이 관찰은 자율적 행동보다는 자율적 욕구의 개념에 초점을 맞추며, 이는 갤브레이스와 광고에 대한 다른 비평가들의 초기 주장과 더 가깝다. 소비자 자율성은 소비자가 원하지 않는 행동을 하게 될 때가 아니라, 원하는 대로 행동하지만 그 욕구 자체가 조작되었을 때 침해된다는 것이다.

예를 들어, 2016년 대통령 선거에서 러시아 요원이 선거에 영향을 미치려 했다는 사실이 공개된 이후, 정치적 논쟁은 주로 그로 인해 실제로 표가 바뀌었는가에 초점이 맞춰졌다. 도널드 트럼프 전 대통령의 지지자들은 러시아의 개입이 유권자들의 행동이나 표를 바꾸었다는 증거는 없었다고 주장했다. 시민들이 여전히 트럼프에게 투표한 것은 그들이 원했기 때문이라는 것이다. 그러나 비자율적 욕구의 개념으로 시각을 전환하면, 유권자들의 행동의 기반이 되는 믿음과 욕구가 조작되었고, 따라서 완전히 자율적이지 않았을 가능성을 제기할 수 있다. 페이스북에 게시된 가짜 뉴스(예를 들어, 무슬림, 블랙 라이브즈 매터 운동, 힐러리 클린턴에 관한 이야기들)는 누구에게 특정한 방식으로 행동하라고 강요하지 않았지만, 비자율적 욕구의 개념은 그들의 욕구가 조작되었을 가능성을 시사한다.

욕구가 비자율적일 수 있다는 개념을 이해하기 위한 유용한 연습 중 하나는 사람들이 왜 특정한 물건을 구매하고, 왜 그들이 소비하며, 왜 일반적으로 쇼핑을 하는지에 대해 생각해 보는 것이다. 이러한 질문들은 5장에서 언급된, 사람들이 왜 일을 하는지에 대한 문제와 연관이 있다. 기본적인 필요가 충족된 이후에도 사람들이 왜 그렇게 소비하는지에 대해 진정한 의문이 생길 수 있다. 사람들은 유행에 민감해 보이기 위해, 지위를 얻기 위해, 기분이 좋아지기 위해, 다른 사람들이 구매하니까 등 다양한 이유로 물건을 구매한다. 여기서 철학적으로 흥미로운 질문은 "이러한 욕구들은 어디에서 기원했는가? 그리고 이러한 필수적이지 않은 구매에 얼마나 마케팅이 영향을 미쳤는가?"이다.

물론, 비자율적 욕구라는 것이 존재할 수 있다. 이는 자발적이지 않은 욕구, 우리가 자유롭게 선택하지 않은 욕구를 의미한다. 예를 들어, 마약 중독자가 더 많은 헤로인을 갈망하는 것은 비자율적 욕구의 전형적인 예이다. 이와 마찬가지로, 스마트폰 없이 불안과 우울을 느끼는 디지털 중독자도 이에 해당할 수 있다. 가장 명확한 비자율적 욕구의 예는 중독에서 찾아볼 수 있다. 예를 들어, 알코올 중독자가 또 한 잔을 '원하는' 경우가 그렇다. 이것은 그들이 욕망하는 것이지만, 그 욕망은 자유롭고 이성적으로 선택된 것은 아니다.

이 점을 더 잘 이해하기 위해 일차적 욕구와 이차적 욕구의 개념을 도입할 수 있다. 일차적 욕구는 내가 특정한 순간에 단순히 갖게 되는 욕망을 의미한다. 그러나 인간은 이성적이고 의식적인 존재로서, 자신의 욕구로부터 물러서서 이성적으로 성찰할 수 있는 능력을 갖고 있다. 이렇게 물러서서,"내가 왜 이것을 원하는가?" "내가 정말 이것을 원하는가?"와 같은 이차적 질문을 던질 수 있다. 이러한 성찰 능력은 자율성의 핵심 요소이며, 이는 이성적 의사 결정의 필수적인 부분이기도 하다. 결국 내가 원래 가지고 있던 욕구(일차적 욕구)가 성찰을 통해 더 이상 내가 원하지 않는 욕구(이차적 욕구)일 수 있음을 깨달을 수 있다. 예를 들어, 알코올 중독자는 또 한 잔을 원할지 모르지만, 중독이 아니었다면 그 욕구를 부정했을 것이다.

첫 번째 접근으로, 자율적인 욕구는 이성적 성찰 후 거부되거나 부정되지 않는 욕구라고 말할 수 있다. 즉, 자율적 욕구란 이차적 욕구에 의해 부정되지 않으며, 이와 일치하는 일차적 욕구를 의미한다. 그렇다면, 마케팅이 비자율적인 일차적 욕구를 만들어냄으로써 소비자의 자율성을 침해할 수 있을까? 철학자 로버트 애링턴(Robert Arrington)은 그렇지 않다고 주장한다.[7] 애링턴은 마케팅이 기존의 독립적인 욕구에 호소함으로써 우리에게 영향을 미친다고 설명한다. 마케팅이 소비자가 이러한 욕구를 부정하는 것을 막지 않으므로, 우리는 이 욕구들이 자율적이라고 가정해야 하며, 따라서 마케팅이 소비자의 자율성을 침해하

REALITY CHECK:
뇌 해킹

2017년 4월, CBS 뉴스 프로그램 「60 Minutes」에서 '뇌 해킹'에 관한 이야기가 방송되었다. 여기서 기자 앤더슨 쿠퍼는 구글의 전 엔지니어와 인터뷰를 진행했는데, 그는 구글과 다른 기술 회사들이 스마트폰과 소프트웨어를 어떻게 프로그래밍하여 중독을 유발하는지 설명했다.

구글의 전 엔지니어인 트리스탄 해리스는 스마트폰을 카지노 슬롯머신에 비유하며, 스마트폰의 소프트웨어가 사용자에게 재미와 매력을 제공하고 중독성을 유발하도록 설계되었다고 설명했다. 슬롯머신처럼 스마트폰도 플레이 중에 벨소리, 휘파람 소리, 음악, 만화 캐릭터 등이 사용자에게 즐거움을 준다. 그러나 더 중요한 것은 보상이며, 이러한 보상들이 일정한 주기로 제공되어 사용자가 계속해서 돌아오게 만들고, 스마트폰을 떠나지 못하게 한다는 점이다.

카지노에서 보상은 동전이나 토큰의 형태로 제공되지만, 스마트폰에서는 '좋아요', 이모티콘, 리트윗, 새로운 트윗, 새로운 동영상, 새로운 팔로워, 친구나 팔로워로부터의 메시지와 같은 보상이 제공된다. 또한, 사용자가 스마트폰에 집중하고 있지 않을 때에도 알림음, 음악, 자신이 선택한 벨소리, 진동과 같은 형태로 주의를 끌어당긴다.

슬롯머신과 마찬가지로, 스마트폰도 보상 일정의 심리학에 대해 알고 있다. 보상이 너무 늦게 주어지면 사용자는 지루해져서 떠날 수 있다. 보상이 너무 자주 주어지면 그 보상의 의미가 희석된다. 보상이 규칙적으로 주어지면 사용자는 그 보상 시기에 맞춰 다시 돌아오게 된다. 따라서 보상이 행동을 조건화하고 중독을 유발하는 방식은 보상을 불규칙한 간격으로 제공하는 것이다. 언제 슬롯머신이 시각적 효과, 음악, 그리고 동전이 떨어지는 소리로 폭발할지 알 수 없지만, 그것이 충분히 자주 일어나야 사용자가 떠나지 않게 된다.

스마트폰과 사용 중인 앱도 마찬가지이다. 누군가가 당신의 게시물, 트윗 또는 동영상을 '좋아요' 할 때마다, 혹은 누군가가 메시지를 보낼 때마다 알림이 오지는 않는다. 대신 소프트웨어는 일부 보상을 잠시 보류한 후, 당신이 계속 확인하고 돌아오게 만들 보상 일정에 따라 그것을 풀어 준다. 어떻게 그럴 수 있을까? 바로 당신의 행동에서 학습하기 때문이다.

「60 Minutes」의 앤더슨 쿠퍼는 사용자를 계속해서 돌아오게 하는 컴퓨터 코드를 작성하는 다른 엔지니어 램지 브라운과도 인터뷰했다. 브라운은 컴퓨터 코드가 신경학적 반응을 자극하여 사용자가 다시 돌아오도록 보상을 설계하는 방법을 설명했다. 예를 들어, 갑작스러운 '좋아요'나 알림의 폭발적인 수신을 통해 보상을 제공하는 것이다. 브라운은 이 전략을 다음과 같이 설명했다. "그들은 일부 보상을 나중에 큰 폭발로 한꺼번에 제공하기 위해 보류하고 있다가 이렇게 말하는 거죠. '잠시 동안 언급하지 않은 30개의 좋아요가 있습니다.' 왜 그 순간일까요? 그것은 어딘가에 있는 알고리즘이 이 사용자, 즉 실험 231의 실험 대상 79B3에 대해 '지금 이 시점에 이 사용자에게 이러한 방식으로 보상을 제공하면 그의 행동에 긍정적인 변화를 가져올 수 있을 것'이라고 예측했기 때문입니다."

카지노의 목표가 사람들이 계속해서 기계에 동전을 넣게 하는 것이라면, 이러한 기술 회사들의 목표는 단순히 사람들의 주의를 끌고 그것을 유지하는 것이다. 바로 여기서 현대 신경과학이 중요한 역할을 한다. 예를 들어, 이 모든 프로그램이 연속 스크롤 기능에 의존하는 사실은 사용자의 주의를 어떻게 끌 수 있는지에 대한 지식에서 비롯된 것이다. 보다 일반적으로, 소프트웨어 코드는 개인의 활동으로부터 학습하도록 프로그래밍되어 있다. 즉, 온라인 활동에서 형성된 습관을 그대로 이용하는 것이다.[8]

지 않는다고 결론지을 수 있다는 것이다.

디지털 중독을 하나의 예로 들어보자. 비판자들은 도착한 문자 메시지의 알림 소리가 나의 자율성을 침해한다고 주장할 수 있다. 그 이유는 그것이 내가 즉시 스마트폰을 꺼내 화면을 보게 만든다는 것이다. 하지만 애링턴은 이 행위가 여전히 자율적이라고 주장할 것이다. 친구의 메시지를 확인하고자 하는 욕구는 나의 독립적인 욕구이기 때문이다. 알림 소리는 단순히 내가 이미 가지고 있던 욕구를 스마트폰을 확인하는 행위와 연결해 주는 역할을 한다. 알코올 중독자가 술에 대한 욕구를 후회하고 거부하듯이, 내가 친구들과 지속적으로 연락을 유지하고자 하는 욕구를 후회하거나 거부하지 않는 한 나는 자율적으로 행동한 것이다.

자세히 살펴보면 이 문제가 더 복잡하다는 것을 알 수 있다. 여러 비판자들은 욕구를 포기하지 않는 것만으로는 그 욕구가 자율적임을 증명하기에 충분하지 않다고 지적한다. 철학자 제럴드 드워킨(Gerald Dworkin)은 자율적 욕구에 대한 더 완전한 설명을 제시한다.[9] 드워킨은 자율성에 두 가지 조건을 제시하는데, 첫 번째는 욕구를 포기하는 것에 관한 애링턴의 논의와 유사하게, 드워킨이 '진정성'이라고 부르는 것이다. 욕구가 진정성을 갖는다면, 그 욕구를 가진 사람이 그것을 포기하거나 거부하지 않은 경우에 해당한다. 즉, 내 친구들과 계속 연락을 유지하고 싶은 나의 욕구는 진정한 것이다. 다시 말해, 일차적 욕구가 진정성을 갖는 것은 그것을 부정하는 이차적 욕구가 없는 한 그렇다.

그러나 드워킨은 욕구가 완전히 자율적이 되려면 해당 욕구가 개인에 의해 독립적으로 수용되어야 한다고 주장한다. 개인이 일차적 욕구에 대해 합리적으로 반성하지 못하거나 할 수 없다면 그 욕구가 자율적이라는 것을 증명하는 데에는 결정적인 증거가 아니다. 예를 들어, 나는 텍스트 메시지를 확인하려는 강한 동기에 대해 침착하고 신중한 방식으로 스마트폰 사용에 대해 생각해 보지 않은 것일 수 있다. 완전히 자율적이기 위해서는 일차적 욕구에 대해 비판적으로 반성해야 한다. 드워킨의 용어로 말하자면 다음과 같다.

> 자율성은 사람들이 일차적 선호, 욕망, 희망 등을 비판적으로 성찰하고, 더 높은 차원의 선호나 가치에 비추어 이를 수용하거나 변화시키려고 시도할 수 있는 이차적 능력으로 이해된다.[10]

이 분석을 마케팅에 더 직접적으로 적용해 보자. 드워킨에 따르면, 일차적 소비자의 욕구가 자율적이기 위해서는 두 가지 조건이 충족되어야 한다. 첫째, 소비자가 실제로 구매를 포기하거나 거부하지 않는 경우이다. 이러한 조건은 소비자가 일방적으로 판매 계약을 철회할 수 있도록 2~3일의 숙려 기간을 허용하는 여러 주의 법률에 대한 합리적 근거를 설명해 준다. 소비자가 구매 계약에 압박을 받거나 조작될 수 있음을 인식하여, 많은 주에서는 소비자가 숙고 끝에 계약서에 명시된 욕구를 철회하기로 결정한 경우 계약을 취소할 수 있도록 허용하고 있다.

자율적 욕구에 대한 두 번째 조건은 소비자가 그 욕구에 대해 비판적으로 성찰하고 그것을 자신의 것으로 받아들일 수 있는 능력을 갖추고 있어야 한다는 것이다. 예를 들어, 사람들이 기분을 나아지게 하거나 우울증에 대한 반응으로, 혹은 단순히 오락으로 쇼핑을 하는 '치유 쇼핑(therapeutic shopping)'이라는 현상을 고려해 보자. 이러한 상황에서 소비자는 기분이 좋아지거나 그 물건이 마음에 들어서 무언가를 구매한다. 물론 마케팅은 쇼핑을 오락이나 치유 행위로 규정하는 데 중요한 역할을 한다. 애링턴의 관점에서는 소비자가 구매를 후회하지 않고, 알코올 중독자가 숙취에서 깨어나 다시는 술을 마시지 않겠다고 다짐하는 것처럼 그 욕구를 철회하지 않는 한, '기분이 좋아지고 싶다'는 욕구는 자율적이다. 그러나 드워킨은 소비자가 그 욕구에 대해 비판적으로 성찰하지 않는다면 그 욕구는 완전히 자율적이지 않다고 주장할 것이다. 완전 자율성을 가진 소비자는 '왜 나는 기분을 좋게 하기 위해 쇼핑을 하는가?' '또 다른 소비가 정말로 나를 행복하게 해 줄 것인가?'와 같은 질문을 던져야 한다. 이러한 질문을 하지 않는다면, 무언가를 구매하려는 일차적 욕구는 완전히 자신의 것이 아니며, 따라서 완전 자율적이라고 할 수 없다.

물론 광고와 마케팅의 옹호자들은 이 분석이 옳고 일부 소비자의 선택이 완전히 자율적이지 않다고 해도, 광고와 마케팅이 자율성을 침해하는 데 책임이 있다는 것을 보여 주는 것은 아무것도 없다고 지적할 것이다. 단지 일부 소비자가 항상 완전히 자각하고 반성적인 방식으로 행동하지 않음을 보여 주었을 뿐이다. 이러한 점이 마케팅 윤리와는 어떤 관련이 있을까?

두 가지 사항이 있다. 첫째, 일부 비판자들은 마케팅이 일부 소비자가 이러한 욕구를 비판적으로 성찰하는 것을 불가능하게 만드는 데 부분적으로 책임이 있다고 주장하고 있다. 둘째, 일부 마케팅 관행은 완전 자율적인 선택을 할 수 있는 능력이 없거나 그 능력이 감소한 소비자를 겨냥하고 착취하는 것으로 보인다. 다음 절에서는 취약한 계층을 겨냥한 타깃 마케팅의 문제를 살펴본다.

9.6 취약 계층 타깃팅: 마케팅과 판매

이 장의 시작 부분에서는 사람들에게 영향을 미치는 윤리적 및 비윤리적 방법에 대해 일반적인 용어로 언급하였다. 비윤리적인 영향력은 개인의 자율성과 자발적인 의사 결정 과정을 우회하려고 한다. 에이전트의 자율성을 우회하는 한 가지 방법은 두려움이나 죄책감과 같은 심리적 동기에 호소하는 것이다. 이 절에서는 타깃 마케팅의 윤리적 및 비윤리적 방법에 대해서도 언급한다. 기존의 사전 고려된 욕구를 디테일 마케팅은 윤리적으로 적절하다고 판단되었다. 반면, 소비자의 두려움, 불안 또는 변덕을 기반으로 잠재 고객을 디테일 마케팅은 소비자를 조작하려고 시도하는 것이므로 윤리적이지 않다. 이 절에서는 취약한 계층을 디테일 마케팅에 대해 더 자세히 살펴볼 것이다.

타깃 마케팅의 두 가지 예를 고려해 보자. 첫 번째 경우, 제조업체가 제공한 시장 조사에 따라 한 자동차 판매자는 특정 모델의 전형적인 고객이 35세 이하의 대학 졸업자이며 연 소득이 50,000~60,000달러이고 야외 스포츠와 레크리에이션을 즐기는 미혼 여성이라는 사실을 알게 되었다. 이러한 정보를 바탕으로 판매자는 이 대상을 겨냥해 광고를 진행하고 다이렉트 메일을 발송한다. 광고는 브랜드 자동차를 운전하며 야외 활동을 즐기는 활동적인 젊은 사람들을 묘사한다. 두 번째 타깃 캠페인은 혼자 사는 노인 과부에게 긴급 호출 장치를 판매하는 것을 목표로 한다. 이 마케팅 캠페인은 계단 아래에서 "내가 넘어졌는데 일어날 수가 없어!"라고 외치는 노인 여성을 묘사한다. 이러한 광고는 노인 여성과 그 가족을 대상으로 하고 있다. 이러한 마케팅 캠페인은 윤리적으로 동등한 입장에 있는 것일까?

첫 번째 마케팅 전략은 소비자가 인생을 통해 합의에 도달했을 것으로 보이는 고려된 판단에 호소한다. 비슷한 배경을 가진 사람들은 비슷한 신념, 욕구, 가치를 가지며, 소비 구매에 대한 유사한 판단을 내리는 경향이 있다. 우리는 그들의 소비 구매가 자신의 이익에 대한 고려된 판단 이외의 동기에 의해 이루어진다고 믿을 이유가 없다. 이러한 의미에서의 타깃 마케팅은 공통된 신념과 가치를 바탕으로 가능성이 있는 고객을 식별하는 수단에 불과하다. 반면, 두 번째 경우에는 윤리적으로 불쾌감을 주는 요소가 있는 것처럼 보인다. 그러한 장치에 대한 정당한 시장이 존재할 수 있지만, 노인 여성에게 향하는 마케팅이 본질적으로 비윤리적인 것은 아니다. 이 캠페인은 많은 노인이 겪는 실질적인 두려움과 불안을 이용해 제품을 판매하는 것을 목표로 한다. 이 마케팅 전략은 명확하게 두려움이나 불안과 같은 비합리적인 요소에 호소하여 사람들을 조작하려고 시도하며, 단순한 정보 제공 광고에 의존하지 않는다.

그러나 특정 소비자가 착취되거나 조작된다고 보기 어려운 점도 지적될 수 있다. 각 개인 소비자는 광고를 무시하고 제품을 구매하지 않을 자유가 있기 때문이다. 또한, 이러한 유형의 마케팅을 옹호하는 사람들은 혼자 사는 것에 대한, 낙상에 대한 두려움이 젊은 여성이 매끄럽고 스포티한 자동차를 운전하고자 하는 욕망보다 더 비합리적이지 않다고 주장할 수 있다. 혼자 사는 노인 여성이 젊은 여성보다 더 취약하다는 주장과 이러한 취약성이 마케터에게 더 큰 책임을 부여한다는 주장은 어떤 의미가 있을까? 일반적으로 마케터는 취약한 계층에 대해 특별한 책임이 있는가?

이 질문에 답하기 위해 우리는 먼저 취약성의 개념을 고려해야 한다. 취약하다는 것은 어떤 해를 입기 쉬운 상태를 의미한다. 사람들은 여러 방식으로 취약할 수 있다. 고혈압은 심장마비나 뇌졸중에 취약하게 만들 수 있다. 자동차에 열쇠를 두고 나가면 자동차 도둑에게 취약해진다. 일반적으로 어떤 개인이 다른 사람보다 해를 입을 위험이 더 큰 요인이 있을 경우, 그 사람은 취약하다고 할 수 있다. 어떤 요인이 사람을 취약하게 만드는지를 결정하는 것은 경험적이면서 개념적인 질문이다. 예를 들어, 어떤 집단의 구성원이 심장마비에 가장 취약한지를 알아보기 위해, 심장마비와 가장 높은 상관관계를 가진 요인을 찾기 위한 경험적 연구를 수행할 수 있다. 그러나 이러한 경험적 질문을 넘어, 우리는 또한 누군가를 특별히 해를 입기 쉬운 사람으로 식별하는 것이 무엇을 의미하는지를 설명하는 개념적 질문에 답해야 한다.

우리의 사례로 돌아가서, 혼자 사는 노인들은 특히 취약한가? 이 질문에 대한 답은 '특히 취약하다'는 의미에 따라 달라진다. 한 측면에서, 어떤 개인은 특정한 신체적, 심리적, 또는 재정적 해를 입기 쉬울 때 취약하다고 할 수 있다. 혼자 사는 노인들은 낙상으로 인한 부상, 의료 응급 상황, 비싼 의료비, 그리고 외로움에 취약하다. 알코올 중독자는 알코올 남용에 취약하고, 가난한 사람은 파산에 취약하며, 밤에 혼자 걷는 여성은 성폭행에 취약하고, 사고 피해자는 높은 의료비와 소득 손실에 취약하다. 이러한 일반적 취약성은 누군가가 비정상적인 위험에 직면할 때 발생한다. 제약 마케팅은 거의 정의상으로 이 의미에서 취약한 사람들에게 약물을 홍보하는 것을 포함한다.

두 번째로, 취약성의 또 다른 의미는 소비자가 시장 교환에 완전히 정보에 입각한 자발적 참여자로서 참여할 수 없는 경우를 말한다. 유효한 시장 교환은 참여자들에 대해 몇 가지 가정을 한다. 즉, 그들은 자신이 무엇을 하고 있는지 이해하고, 선택을 숙고했으며, 자유롭게 결정할 수 있다는 것이다. 우리가 소비자 취약성이라고 부를 수 있는 상황은 소비자가 시장 교환에 대해 정보에 입각한 동의를 내릴 능력이 손상되었을 때 발생한다. 취약한 소비자는 정보에 입각하고 숙고된 소비자 판단을 내릴 지적 능력, 심리적 능력 또는 성숙함이 부족하다. 소비자 취약성의 전형적인 예는 아동일 것이다. 이러한 사람들은 자신의 소비 욕구를 충족시키지 못하거나 재정적으로 손실을 입는 해를 입을 가능성이 있다. 혼자 사는 노인들은 반드시 이러한 의미에서 취약한 것은 아니다.

이로부터 우리는 취약한 계층을 대상으로 하는 두 가지 유형의 마케팅이 있음을 알 수 있다. 일부 마케팅 관행은 정보에 입각하지 못하고 소비자로서 취약한 소비자를 대상으로 할 수 있다. 예를 들어, 아동을 대상으로 하는 마케팅은 신중하고 정보에 입각한 소비자 결정을 내릴 수 없는 고객에게 제품을 판매하려는 것이다. 다른 마케팅 관행은 일반적인 의미에서 취약한 계층을 대상으로 할 수 있는데, 예를 들어, 보험 회사가 강 범람 지역에 거주하는 주택 소유자에게 홍수 보험을 판매하는 경우가 해당된다. 이러한 타깃팅 예시 중 하나 또는 둘 다 윤리적으로 정당한가?

초기 판단으로, 소비자로서 취약한 개인을 대상으로 한 마케팅은 비윤리적이라고 말해야 한다. 이는 누군가의 약점을 이용하여 자신의 이익을 위해 조작하는 경우에 해당한다. 분명히, 일부 마케팅과 판매는 소비자로서 취약한 사람들을 목표로 하고 있다. 이러한 관행은 명백히 잘못된 것이다. 그러나 제약 회사가 고혈압 환자에게 약을 판매하는 것처럼, 다른 의미에서 취약한 사람들을 대상으로 하는 마케팅은 비윤리적이지 않다.

물론 이러한 의미에서 누가 취약한지를 결정하는 데는 어려움이 있다. 대부분의 마케팅 활동은 개인이 아니라 집단을 대상으로 하며, 아동을 제외하고 본질적으로 취약한 집단을 식별하기는 어렵다. 예를 들어, 가난한 사람들 또는 특정 민족 집단이 소비자로서 취약하다는 주장은 그들이 가난하거나 히스패닉계 또는 아프리카계 미국인이라는 이유로 취약하다고 보는 것은 모욕적이고 후견적인 데다가, 명백히 경험적으로도 사실이 아니다. 그럼에도 불구하고 특정 집단을 대상으로 할 때 그 집단의 일부가 소비자로서 특히 취약할 것이라는 이유가 있다면, 이는 윤리적으로 의심스러울 수밖에 없다. 좋은 기준 질문으로는 '왜 이 집단을 대상으로 하는가?' '이들이 이 제품의 잠재적 소비자일 것이라고 생각하는 이유는 무엇인가?'가 있다. 빈곤한 지역에서 고도수 맥주와 같은 알코올 음료를 마케팅하는 것은 좋은 사례가 될 수 있다. 평균적으로 가난하고 사회적 영향력과 권력의 대부분에서 소외된 사람들을 고도수 알코올 음료의 좋은 시장으로 여기는 이유는 무엇일까? 마케터들이 그러한 상황에 처한 많은 사람들이 절망을 술로 달래려 한다는 사실을 인식하고 있다는 것 외에 다른 답변을 상상하기는 어렵다.[11]

이 문제는 두 가지 측면에서 모두 취약한 집단과 관련될 수 있다. 종종 사람들은 더 일반적인 의미에서 취약하기 때문에 소비자로서도 취약해질 수 있다. 많은 노인이 부상이나 질병에 대해 가지는 취약성은 두려움이나 죄책감을 바탕으로 소비 선택을 하게 만들 수 있다. 사랑하는 사람의 죽음에 대해 슬퍼하는 가족 구성원은 숙고된 판단보다는 죄책감이나 슬픔에 기반해 장례 서비스를 구매하는 결정을 내릴 수 있다. 의학적 상태나 질병을 가진 사람은 취약하며, 이 취약성과 관련된 불안이나 두려움은 정보에 근거하지 않은 소비 결정을 내리게 할 수 있다. 빈곤하고 교육을 받지 못하며 만성적으로 실직 상태에 있는 도심 거주자는 알코올 음료 선택의 모든 결과를 신중하게 따져볼 가능성이 낮다.

여러 마케팅 캠페인이 이 모델에 맞는 것처럼 보인다. 가장 혐오스럽고(그리고 전형적인) 예는 개인 상해 소송을 위해 의뢰인을 찾는 '앰뷸런스를 쫓는 변호사'이다. 사고 피해자는 많은 해악에 취약하며, 이러한 상황에서 겪는 스트레스로 인해 법적 대리인을 선택하는 데 있어 완전히 정보에 입각한 결정을 내리기 어렵다. 보충 의료 보험, 생명 보험, 긴급 호출 장치, 장례 서비스 및 보험과 같은 제품을 노인들을 대상으로 하는 마케팅 캠페인은 종종 많은 노인이 겪는 두려움, 불안, 죄책감을 겨냥한다.

그러나 소비자로서 취약하기 때문에 다른 해악에 취약해지는 사람들이 있는 것처럼, 다른 해악에 취약하기 때문에 소비자로서 취약해지는 경우도 있을 수 있다. 아마도 이것이 가장 혐오스러운 비윤리적 마케팅의 사례일 것이다. 특정 제품, 특히 담배와 알코올은 가장 명백한 예로, 개인을 광범위한 건강 위험에 노출시킬 수 있다. 이러한 제품의 마케팅 캠페인이 소비자로서 취약한 사람들을 대상으로 할 때, 이는 윤리적으로 혐오스럽게 보인다. 이는 젊은이를 대상으로 한 담배 회사에 대한 대중의 분노를 설명하는 데 도움이 된다. 또한 빈곤한 도심 지역에서의 알코올 음료 마케팅을 특징지을 수 있다. 맥주, 강화 와인 및 기타 알코올 음료를 빈곤 지역에 마케팅하는 것은 그러한 상황에 있는 많은 사람들이 완전히 자율적인 소비자가 아니라는 점을 인정해야 한다. (이는 젊은이들, 특히 대학 캠퍼스에서의 알코올 마케팅을 생각해 볼 수도 있다.) 많은 사람들이 이러한 상황에서 술을 마시는 것은 취하도록 하기 위해서다. 그들은 도피하기 위해 마시며, 알코올 중독자이기 때문에 마신다.

지금까지의 논의는 일반적인 마케팅 관행에 관한 것이다. 마케팅을 옹호하는 사람들은 마케팅이 개개인이 아닌 집단을 대상으로 한다고 지적할 수 있다. 이는 마케터가 특정 개인이 내린 구매 결정에 대해 책임을 질 수 없다는 것을 의미한다. 왜냐하면 어떤 개인이든 마케팅된 제품을 사지 않을 선택을 할 수 있기 때문이다. 옹호자들은 마케팅 캠페인과 개별 소비자의 제품 구매 결정 사이에 직접적인 인과 관계를 인정하기가 어렵다는 점을 지적할 것이다. 마케팅이 구매를 유발했다는 것을 '증명'할 수 없기 때문에 마케팅에 책임을 물을 수 없다는 주장이다.

분명히, 이러한 주장은 기만적일 것이다. 만약 마케터들이 마케팅이 소비자의 선택에 영향을 미치지 않는다고 진정으로 믿는다면, 그들은 자신의 경력을 스스로 무너뜨리는 셈이다. 그들이 정말로 그렇게 믿는다면, 기업에 자신의 서비스를 판매하는 것은 명백한 사기 행위가 될 것이다. 마케터들이 기업에 제공하는 서비스가 효과가 있거나 없거나 둘 중 하나이다. 만약 효과가 있다면, 즉 마케팅이 실제로 소비자의 선택에 영향을 미칠 수 있다면, 마케팅은 그 선택의 결과에 대한 윤리적 책임을 부인할 수 없다. 반면, 만약 효과가 없고 마케터들이 그 사실을 알고 있다면, 마케팅 전문가들은 그들의 서비스를 구매하는 모든 사람에게 사기를 저지르는 것이다. 그러나 마케터들이 개별 소비자를 대상으로 하지 않기 때문에 소비자가 내리는 개별 선택에 대한 책임이 없다는 주장에 어느 정도 진실이 있다고 하더라도, 판매에 있어서는 이러한 방어 논리가 적용되지 않는다.

판매 상황에서는 개별 판매원이 일반 대중이 아닌 개별 고객을 상대한다. 따라서 고객의 선택과 판매 활동 사이의 인과 관계는 매스 마케팅 사례보다 훨씬 더 직접적으로 평가될 수 있다. 예를 들어, 판매원이 두려움이나 불안에 호소하는 전략에 의존하는 상황을 발견한다면, 이는 해당 고객을 구매로 유도하려는 의도로 볼 수밖에 없다. 판매원은 다양한 판매 전술과 전략을 사용할 수 있으며, 보통 개별 고객과 직접 거래하므로, 특정 고객에게 무엇이 효과적일지를 판단해 판매 전략을 선택한다고 가정할 수 있다.

일반적인 마케팅 활동과 달리, 판매는 우리가 피드백 상황이라고 부를 수 있는 상황에서 이루어진다. 개인과 거래할 때, 판매원은 (대인 교류에 관여하는 모든 사람처럼) 잠재 고객으로부터 직접적이고 암묵적인 피드백을 지속적으로 받는다. 그 피드백에 따라, 판매원은 (그리고 판매에 능숙하다면 실제로) 판매 전략을 조정할 수 있다. 판매원들은 이를 명확히 훈련받고 있다.

이 논점은 마케팅에서 사용할 수 있는 비윤리적 조작에 대한 방어가 판매에서는 적용되지 않는다는 것이다. 마케터는 발생한 기만이 의도적이지 않았다고 주장할 수 있다. 마케팅은 일반 대중을 대상으로 하며, 발생한 기만은 의도하지 않은 (비록 예측 가능했을지라도) 결과라고 주장할 수 있다. 그러나 기만에 의존하거나 고객의 비합리적인 두려움, 욕망, 성향에 호소하는 판매 관행은 이러한 주장조차 할 수 없다. 판매원은 고객이 결정을 내리는 데 있어 완전히 자율적이지 않다고 합리적으로 믿는 경우, 판매를 중단할 선택권을 가지고 있다. 그들은 기만과 조작을 피할 수 있는 더 나은 위치에 있으며, 만약 이를 하지 못한다면 그 결정에 대한 책임을 져야 한다.

토론 사례에 대한 성찰

처음 보기에는 모두 개별 소비자와 그들의 개인 정보를 보유한 기업이라는 두 당사자만이 개입된 것처럼 보였다. 그러나 이러한 사례들은 중요한 공공정책 문제도 포함하고 있으며, 따라서 세 번째 당사자인 정부도 관련된다. 앞서 설명한 바와 같이, 소비자가 기업 활동으로 인한 해를 입을 위협을 받을 때, 정부가 취할 수 있는 두 가지 주요 접근 방식이 있다. 정부는 기대되는 기업 행위 수준을 설정하는 법적 및 규제적 기준을 마련할 수 있다. 우리는 직원 안전을 위한 OSHA 규정, 소비자 제품 안전 기준 또는 식품 의약품 안전 기준과 같은 표준을 논의한 바 있다. 두 번째 정부 접근 방식은 피해가 발생한 경우 민사 또는 형사 사법적 구제를 통해 문제를 해결하는 것이다. 일반적으로, 표준 접근 방식은 피해가 발생하는 것을 예방하는 데 중점을 두며, 민사 및 형사 사법적 구제는 피해 발생 후 보상하거나 처벌하는 것을 목표로 한다. (물론, 민사 또는 형사 처벌의 위협은 해를 예방하는 억제 효과를 가질 수 있다.)

이 장의 서두에서 제시된 사례들과 전체 장에서 논의된 예들을 반영하여, 근본적인 문제를 해결하기 위해 어떤 정부 정책이 사용되어야 하는지, 또는 사용되어야 할 것이 있는지를 고려해 보자. 또한 이러한 문제를 해결할 수 있는 시장의 힘이 있는지, 그리고 그것이 어떤 것인지를 생각해 보자. 경쟁, 주가, 또는 시장 수요가 소비자 데이터의 남용을 억제하는 데 효과적인 역할을 할 수 있을까?

규제와 민사법 선례에 기반한 한 가지 접근 방식은 사용자 계약과 개인 정보 보호 고지를 통해 사용자가 기업과의 관계를 시작할 때 그들이 들어가는 관계에 대한 세부 정보를 제공하는 것이다. 이러한 문서는 소비자의 권리를 설명할 뿐만 아니라, 기업의 권리도 상세히 기술하며 향후 제기될 수 있는 청구로부터 기업을 보호하는 역할을 한다. 대부분의 경우, 소비자는 링크를 클릭하여 계약 조건에 동의해야만 회사의 웹사이트나 디지털 제품에 접근할 수 있다.

페이스북의 사용자 계약은 2018년 4월 마크 저커버그 CEO가 미국 상원에서 증언할 때 뉴스에 올랐다. 공화당 상원 의원 존 케네디는 페이스북의 투명성 부족을 비판하며 저커버그에게 "당신의 사용자 계약은 형편없습니다. 사용자 계약의 목적은 페이스북을 보호하는 것이지, 사용자의 권리를 알리는 것이 아닙니다. 제가 제안하는 것은 집에 가서 계약을 다시 쓰고, 시간당 1,200달러를 받는 변호사에게 일반 미국 사용자가 이해할 수 있도록 영어로 작성해 달라고 말하는 겁니다."라고 말했다. 이에 대해 저커버그는 대부분의 사용자가 계약서를 읽지 않는다는 점을 인정하며, "하지만 누구나 읽을 기회가 있고 동의합니다."라고 결론지었다.

이러한 사용자 계약과 사전 동의 양식이 소비자의 개인 정보와 권리를 보호하는 데 효과적인 방법인가? 이를 대체할 수 있는 다른 정부 기준이 있는가? 소비자에게 더 큰 보호를 제공할 수 있는 다른 공공 정책 전략이 있는가?

복습 문제

1. 조작, 기만, 거짓말의 차이점은 무엇인가? 이러한 행위들의 윤리적 문제는 주로 결과에 의존하는가, 아니면 의도에 의존하는가?
2. 다른 사람에게 영향을 미치는 윤리적으로 수용 가능한 방법과 윤리적으로 부적절한 방법을 구분하라. 이 답변을 처방약 광고의 사례에 적용하라.

3. FDA의 기만 및 불공정성 기준은 어떻게 연관되는가? 광고가 기만적이면서 불공정할 수 있는 이유는 무엇인가?
4. 광고는 소비자에게 무엇을 하는가? 광고는 소비자에게 어떤 영향을 미치는가? 광고가 당신에게 어떠한 영향을 미친 적이 있는가?
5. 소비자 개인 정보의 개념을 설명하라. 기업이 고객에 대해 합법적으로 알 수 있는 정보는 무엇인가? 기업은 이 정보를 어떻게 사용할 수 있는가?
6. 자율적 행동과 비자율적 행동의 차이를 구분하라. 자율적 욕구와 비자율적 욕구의 차이를 설명하라. 당신에게 비자율적이라고 할 수 있는 욕구가 있는가? 일차적 욕구와 이차적 욕구의 차이는 무엇인가?
7. 현대 마케팅이 비합리적이고 사소한 소비자 수요가 개인적 및 사회적 필요를 대체한 기능 장애의 부유 경제를 만들었다고 생각하는가?
8. 소비자를 취약하다고 설명할 수 있는 두 가지 방법을 설명하라. 각 방식에서 어떤 요소가 사람을 취약하게 만들 수 있는가? 취약한 사람들을 대상으로 한 마케팅의 윤리적 문제는 무엇인가?

미주

[1] Information on the Target case can be found in "How Target Figured Out a Teenage Girl Was Pregnant Before Her Father Did," by Kashmir Hill, *Forbes*, February 16, 2012. A discussion of how face recognition software is being used in retail stores can be found in "Revealed: How face recognition has invaded shops, and your privacy" by Chris Frey, *The Guardian*, March 3, 2016, https://www.theguardian.com/cities/2016/mar/03/revealed-facial-recognition-software-infiltrating-cities-saks-toronto (accessed June 3, 2018).

[2] See, for example, James Miller, one-time FTC Commissioner, "Why FTC Curbs Are Needed" in *Advertising Age*, March 1982.

[3] See Ivan Preston, *The Great American Blow-Up* (Madison, WI: The University of Wisconsin Press, 1975).

[4] For a well-known statement of this view, see Theodore Levitt, "The Morality (?) of Advertising," *Harvard Business Review* 48 (1970), 84–92.

[5] I adopt here the phrase used by the U.S. Catholic Bishops in their pastoral letter on the American economy, *Economic Justice for All* (Washington, DC: 1986). "Every perspective on economic life that is human, moral, and Christian must be shaped by three questions: What does the economy do for people? What does it do to people? And how do people participate in it?" p. 1.

[6] See, for example, Vance Packard, *The Hidden Persuaders* (New York: Pocket Books, 1958), and B. F. Skinner, *Beyond Freedom and Dignity* (New York: Alfred Knopf, 1971).

[7] Robert Arrington, "Advertising and Behavior Control," Journal of Business Ethics I (1982), pp. 3–12.

[8]What is "brain hacking"? Tech insiders on why you should care, by Anderson Cooper June 11, 2017. https://www.cbsnews.com/news/what-is-brain-hacking-tech-insiders-on-why-you-should-care/ (accessed January 25, 2021).

[9]Gerald Dworkin, "Autonomy and Behavior Control," in DesJardins and McCall, *Contemporary Issues in Business Ethics* (Belmont, CA: Wadsworth Publishing, 1985), pp. 159–166. Dworkin's views are developed more fully in his *The Theory and Practice of Autonomy* (Cambridge, United Kingdom: Cambridge University Press, 1988).

[10]Dworkin, *Theory and Practice of Autonomy*, p. 20.

[11]This account of vulnerability differs from, but owes much to, George Brenkert's analysis in "Marketing and the Vulnerable," *Business Ethics Quarterly*, The Ruffin Series Special Issue No. 1, 1998, pp. 7–20. For an insightful analysis of marketing alcohol in the inner city, see George Brenkert, "Marketing to Inner-City Blacks: Powermaster and Moral Responsibility," *Business Ethics Quarterly* 8, no. 1, pp. 1–18. Readers familiar with Brenkert's writings will recognize how much of the present chapter has benefited from his work.

10장

지속 가능성과 자연환경

학습 목표

이 장을 읽고 나면,

- 기업의 환경적 책임에 대한 기본적인 사항을 설명할 수 있다.
- 지속 가능한 경제와 지속 가능한 개발의 개념을 설명할 수 있다.
- 표준 경제 모델과 지속 가능한 경제 모델을 비교하고 대조할 수 있다.
- 환경 문제에 대한 시장 기반의 해결책을 제시할 수 있다.
- 지속 가능한 비즈니스 모델을 뒷받침하는 논거를 분석할 수 있다.
- 자연 자본주의의 비즈니스 모델을 설명할 수 있다.
- 자연 자본주의가 현대 비즈니스에 미치는 영향에 대해 설명할 수 있다.

토론 사례:

비즈니스와 지속 가능성

경영, 마케팅, 투자, 회계, 전략, 운영 등 거의 모든 사업 부문에서 지속 가능한 모델과 실무가 개발되면서 '지속 가능성'은 비즈니스에서 보편화되고 있다. 연간 지속 가능성 보고서를 발행하지 않는 대기업을 찾기가 어려울 정도로, 250대 글로벌 기업 중 95%가 연간 지속 가능성 보고서를 발행하고 있다. 기업 안팎의 많은 사람들에게 지속 가능성은 기업의 환경적 책임과 동의어가 되었다.

지속 가능성이라는 개념이 너무 흔해져서 더 이상 기업에 의미 있는 지침이 되지 못하는 것은 아닌지 자문해 볼 필요가 있다.

지속 가능성으로의 전환에 대한 기원은 1987년 유엔환경개발회의(이하 '브룬틀란 위원회(Brundtland Commission)')의 「우리 공동의 미래(Our Common Future)」 보고서로 거슬러 올라갈 수 있다. 이 보고서는 '지속 가능한 발전'이라는 특징을 가진 새로운 글로벌 경제 발전 모델을 요구했고, 이를 "미래 세대가 그들 자신의 필요를 충족시킬 있는 능력을 손상시키지 않으면서 현재의 필요를 충족하는 것"으로 정의했다. 따라서 지속 가능성이라는 개념은 거시 경제적 개념, 즉 이를 수행하기 위한 자원을 공급하는 자연환경의 장기적 능력을 위태롭게 하지 않으면서 인간의 필요를 충족시키는 데 중점을 둔 글로벌 경제 활동 모델에서 출발했다.

지속 가능한 개발이라는 개념은 당시 글로벌 경제 발전이 GDP 성장으로 이해되던 시점에서, 그러한 성장의 기반이 된 생태계가 생물물리학적인 관점에서 한계에 다다를 수 있다는 증거가 쌓여 갈 때 등장하였다. 브룬틀란 위원회는 수억 명의 실제 필요를 해결하지 못하면서 동시에 장기적인 환경 생산성을 위험에 빠뜨리고 있었기 때문에 이러한 성장 기반 경제 발전 모델을 받아드리지 않았다.

브룬틀란 위원회 모델의 독창성은 경제를 사회 정의와 자연환경에 연결시켰다는 점이다. 브룬틀란은 글로벌 개발에는 필연적으로 세 가지 주요 구성 요소가 있으며, 이는 시간이 지남에 따라 '지속 가능성의 세 기둥'으로 알려지게 되었다. 물론 개발에는 경제적 측면도 있었지만, 브룬틀란은 윤리적 측면과 환경적 측면을 모두 추가했다. 경제 활동은 현재와 미래 세대의 인간의 필요를 충족시키는 윤리적 목표에 초점을 맞춰야 하며(현재의 소비자 수요 충족만을 목표로 하는 것이 아니라), 인간의 필요를 충족시키는 지구의 능력에는 생물물리학적 한계가 있음을 인정해야 한다.

기업은 브룬틀란의 지속 가능한 발전 모델에서 비롯된 다양한 사회적, 환경적 책임을 지게 된다. 아마도 가장 중요한 것은 기업은 자연 및 환경 자원이 장기적으로 현재와 같이 동일하게 쓸 수 있을 정도의 비율로만 자원을 사용해야 한다. 에너지 자원 즉 화석연료에 대한 의존도를 대체하는 태양열, 풍력, 수소와 같은 재생 에너지가 이러한 핵심 구성 요소가 될 것이다. 기업에 중요한 또 다른 중요한 천연자원은 온실가스 및 기타 오염 물질과 같은 경제적 부산물을 완화시킬 수 있는 지구의 능력이다. 하지만 지속 가능한 개발이라는 원래 개념은 이제 서로 호환 가능하지 않은 다양한 개념으로 변모하였다. 오늘날 '지속 가능한'이라는 형용사는 종종 '개발'에서 분리되어 'A'(농업 및 건축agriculture and architecture)에서 'Z'(구역 설정 및 동물원zoning and zoos)에 이르기까지 무수히 많은 독특하고 다양한 활동을 수식하는 데 자주 사용된다. 마찬가지로 '지속 가능성'이라는 명사로 사용될 때 일반적인 독립형 개념이 되었으며, 경제적, 환경적, 사회적, 생태적, 기업의, 재정적, 글로벌의, 인간적,

조직적과 같은 다양한 형용사가 '지속 가능성'을 일반적으로 수식한다.

'지속 가능성'이라는 개념은 단독으로 사용될 때, 장기적으로 계속할 수 있는 능력을 의미할 뿐이다. 이러한 기술적인 의미(descriptive sense)에서 지속 가능하다는 것은 단순히 오랜 기간 동안 계속할 수 있다는 의미이다. 예를 들어, 지속 가능성에 대해서 이야기할 때, 약탈적 대출, 폰지 사기, 과도한 임원 보상 또는 음모론에 기반한 정치적 이득의 지속 가능성을 이야기할 수 있다.

이러한 모호성은 지속 가능성의 현재 인기에 관련된 주요 문제점을 인식하는 데 도움을 준다. 많은 기업에게 지속 가능성이 매력적인 이유는 이러한 기술적인 의미로 해석하여, 단지 생존을 위한 위험 관리 전략으로 간주하기 때문이다. 이러한 기술적인 의미에서 지속 가능한 기업은 단순히 장기적으로 지속될 수 있는 기업을 의미한다. 하지만 이는 브룬틀란이 생각했던 과는 거리가 먼 것이다.

이러한 사례는 비즈니스 맥락에서도 많이 찾아볼 수 있다. 예를 들어, 언스트앤영(Ernst and Young)은 '평판 향상', '자본 접근성', '효율성 향상', '환경 및 사회적 위험 방지 및 완화'를 내세워 지속 가능성 컨설팅을 홍보하고 있다. 또 다른 예로 다우존스 지속 가능성 지수는 이와 관련하여 훨씬 더 명시적이다.

"기업의 지속 가능성은 경제, 환경, 사회 발전에서 비롯되는 기회를 포착하고 위험을 관리함으로써 장기적인 주주 가치를 창출하는 비즈니스 접근 방식이다. 현대의 기업은 기후 변화에서 자원 고갈에 이르는 다양한 환경적 위험과, 노동 공급에서 공급망 내의 부패에 이르는 사회적 위험에 직면해 있다. 리스크 관리는 모든 기업의 과제이며, 유능한 관리자는 기업이 직면한 환경적, 사회적 위험요소를 분석한다."

그러나 장기적인 재정적 성공 가능성을 높이기 위한 리스크 관리는 브룬틀란 위원회가 구상한 것과는 전혀 다른 차원의 것이다. 기업과 그 활동에 따라 장기적이고 경제적으로 살아남는 것이 브룬틀란의 윤리적 의미에서 지속 가능한 발전에 기여할 수도 있고 그렇지 않을 수도 있다. 표현된 지속 가능한 비즈니스는 미래의 필요를 충족하기 위해 지속적인 환경 생산성을 손상시키지 않으면서 필요를 충족시켜야 한다는 지속 가능한 개발의 윤리적 규범에 부합할 수도 있고 부합하지 않을 수도 있다. 이러한 의미에서 지속 가능한 비즈니스는 자연환경을 지속 가능한 방식으로 다룰 수도 있고 그렇지 않을 수도 있다. 따라서 지속 가능성을 리스크 관리 전략으로 취급하는 것은 기업에게 지속 가능한 발전의 윤리적 목적을 달성하는 데 아주 적은 노력만을 기울여도 된다고 하는 것이다.

그러나 동시에 브룬틀란 권고안의 본래의 윤리적 토대는 '사회적' 책임을 위한 훨씬 더 일반적인 처방으로 변형되었다. 지속 가능성이라는 명목하에 이러한 관점은 기업에게 너무 많은 것을 요구할 수 있다. 모든 사회적 책임 행위(또는 모든 환경적 책임 행위)가 브룬틀란 지속 가능성 의제에 포함되는 것은 아니다. 실제로 많은 주류 환경주의자들의 의제와 지속 가능한 개발의 목표 사이에는 해결되지 않은 실제의 긴장 관계가 존재한다.

이러한 예들이 어떤 이에겐 아주 치우친 예라고 할 수 있지만, 글로벌 리포팅 이니셔티브(GRI)에서 나온 사례를 생각해 보자. GRI는 기업의 지속 가능성 리포팅을 가장 앞장서서 옹호하는 단체로, 다양한 유엔 프로그램과 긴밀히 협력하여 지속 가능성을 측정할 수 있는 도구를 만들고 있다. GRI의 지속 가능성 리포팅 프레임워크(Sustainability Reporting Framework)는 지속 가능성 관련 영향과 성과를 측정하고 보고하기 위한 지표를 제공함으로써 기업에게 도움을 주는 것을 목표로 한다.

GRI는 지속 가능성을 경제적, 환경적, 윤리적 차원의 '세 개의 기둥'으로 구분하는 일반적인 관례를 채택했다. 그러나 GRI에 따르면, 지속 가능성의 윤리적 차원에는 유엔의 '세계 인권선언(Universal Declaration of Human Rights)', '시민적 및 정치적 권리에 관한 국제 규약(International Covenant on Civil and Political Rights)', '경제적, 사회적 및 문화적 권리에 관한 국제 규약(International Covenant on Economic, Social, and Cultural Rights)'이 포함된다. 또한 지속 가능성의 윤리적 차원에는 다양한 국제노동기구(ILO)의 직장에서의 권리 선언, 지역사회 참여에 대한 책임, 부패 및 반경쟁적 행동에 대한 맞서는 이니셔티브, 제품 안전에 관한 윤리적 마케팅 및 윤리적 소싱에 대한 약속이 포함된다. 말할 필요도 없이, 이는 기존 브룬틀란 모델에 포함되었던 것보다 훨씬 더 광범위한 개념이다.

이 개념은 얼마나 광범위할까? 유엔 인권옹호자 선언(The U.N. Declaration of Human Rights)에는 '휴식과 여가'에 대한 권리, '예술을 향유할 권리' 등이 포함되며, 경제적, 사회적 및 문화적 권리에 관한 국제 규약에는 '노동조합을 결성하고 가입할 수 있 권리', '파업할 수 있는 권리', '무상 교육', '사회 보장', '유급 육아 휴직' 등이 포함된다. 요컨대, GRI에서 설명한 윤리적 차원은 기업의 사회적 책임에 대한 일반적인 이론이라고 할 수 있으며, 이 책에서 다루는 주제 범위와 매우 유사하다.

더 나아가, 모든 환경 목표를 지속 가능한 개발의 개념에 포함시킬 수 있는 것은 아니다. 지속 가능한 개발의 환경적으로 핵심이 되는 것은 본질적으로 자연 세계를 인간의 목적을 위한 수단으로 취급하는 환경보호주의에 기반한다. 비록 그 목적이 중요하지만, 결국에는 그것은 인간의 목적일 뿐이다.

모든 환경주의자가 이에 동의하는 것은 아니다. 동물의 도덕적 지위, 야생 지역의 미적 또는 영적 가치, 종의 다양성 등 자연계에 내재적 가치가 있다고 믿는 환경 보호론자들(environmental preservationists)은 자연을 인간의 목적을 위한 수단으로만 여기는 보존주의적(conservationist) 접근 방식을 거부한다. 따라서 기업은 브룬틀란이 구상한 지속 가능한 개발의 목표를 충분히 달성할 수 있지만, 동시에 멸종 위기 종, 자연 보호 구역, 경치 좋은 땅을 보존해야 할 책임은 외면할 수 있다.

중요한 것은 브룬틀란 접근법을 보다 일반적인 환경 지속 가능성으로 축소시키면 비즈니스에 중대한 영향을 미칠 수 있는 상당한 갈등이 가릴 수 있다. 이러한 갈등은 생물의 다양성 및 서식지 보존, 사냥 및 야생지 보존, 농업/양식/어업에서 유전자 변형 농산물(GMO) 식품에 이르기까지 다양한 이슈에서 볼 수 있다.

지속 가능한 개발의 윤리적 차원과 광범위한 환경주의 사이의 이러한 긴장은 특히 식량과 농업을 둘러싸고 두드러지게 나타난다. 예를 들어, 식량과 물의 생산, 유통, 접근성, 식품 유형(육류? 소고기? 유기농? 현지산? 가공품?), 유전자 변형 생물, 합성 생물학, 합성 비료 및 살충제 사용과 같은 기술에 대한 논란을 들 수 있다. 현재와 미래의 인간의 필요를 충족하려면 야생지를 농경지로, 개방 수역을 양식장 및 기타 양식 활동으로 전환해야 할 수도 있다. 또한 화석연료, 합성 비료, 살충제에 대해 지속적 또는 더욱 더 의존하게 될 수도 있다.[1]

토론 질문

1. 브룬틀란 위원회의 지속 가능한 개발에 대한 정의에는 미래 세대에 대한 현세대의 책임이 포함되어 있다. 우리에게 미래 세대에 대한 책임이 있다면, 그 책임은 무엇일까? 이러한 책임이 현대 비즈니스를 어떻게 변화시킬 수 있을까? 현세대의 비즈니스 관리자의 결정에 미래 세대도 이해관계자가 될 수 있을까?
2. 지속 가능한 경제 발전의 일부가 될 수 없거나 되어서는 안 되는 사업이나 산업이 있는가? 석유 회사는 어떤 방식으로 지속 가능할 수 있을까? 어떤 방식으로는 지속 가능하지 않을까?
3. 유전자 변형 식품이 지속 가능한 발전을 위한 운동의 일부가 되어야 한다고 생각하는가? 합성 살충제와 비료도 그러한 미래의 일부라고 생각하는가?
4. 다음 중 지속 가능한 투자와 지속 가능한 농업에 대해 얼마나 이해하고 있는가?

10.1 서론: 비즈니스, 환경, 그리고 지속 가능성

오랫동안 환경 문제는 비즈니스 운영과 관련하여 중요하지 않는 문제로 여겨졌다. 기껏해야 기업이 할 수 있는 일과 그 운영 방식을 제한하는 외부 제약 조건 정도로 이해되었다. 천연자원은 일반적으로 무제한으로 존재하고, 추출 및 처리 비용에 의해서만 제한되는 것으로 여겨졌다. 쓰레기 처리나 대기 또는 하천으로 배출되는 폐수 등 폐기물을 처리할 수 있는 지구의 능력은 비즈니스 계산에 거의 포함되지 않았다. 1970년대부터 대기 및 수질 오염에 대한 정부 규제가 만들어지기 시작했지만, 기업이 법으로 정한 한도 내에서 운영하기만 하면, 더 이상 자연환경을 거의 고려하지 않고 자유롭게 운영할 수 있었다.

지난 20년 동안 이러한 사고방식은 근본적으로 변화되었다. 지속 가능성이라는 개념은 기업의 환경적 책임을 이해하는 데 주요 모델로 자리잡았다. 서두의 토론 사례에서 설명한 것처럼, 지속 가능한 비즈니스의 개념은 당시 노르웨이의 그로 브룬틀란(Gro Brundtland) 총리가 작성한 유엔 보고서에서 유래했다. 이 보고서는 지속 가능한 발전을 "미래 세대가 자신들의 필요를 충족시킬 수 있는 능력을 훼손하지 않으면서 현재의 필요를 충족시키는 발전"으로 정의했다. 근본적인 생각은 경제 활동이 이루어지는 환경적 맥락을 무시한다면 그 어떤 경제 활동도 지속될 수 없다는 것이었다. 브룬틀란 위원회는 경제 성장이 이미 자연 세계에 의해 설정된 생물물리학적 한계에 부딪히고 있는 수많은 사례를 보여 줬다.[2]

1990년대에는 지속 가능성이라는 개념은 기업의 주류와는 거리가 멀었다. **지속 가능한 비즈니스**는 기껏해야 소수의 실무자에게만 유행처럼 여겨졌고, 주요 기업들은 전혀 관심이 없었다. 2022년, 현재에는 지속 가능성에 관여하지 않고, 연간 기업 지속 가능성 보고서를 발행하지 않는 주요 기업을 찾아 볼 수 없다. 현대 비즈니스에서 일어나고 있는 현상을 지속 가능성 혁명이라고 표현해도 과언이 아닐 것이다.

아웃도어 용품, 장비 및 의류 회사인 파타고니아(Patagonia)는 지속 가능한 비즈니스 운동의 진정한 리더 중 하나이다. 파타고니아는 지속 가능성을 그들의 기업의 미션과 전략적 비전의 중요한 부분으로 삼고 있기 때문에, 3장에서 설명한 기업의 사회적 책임의 전략적 모델을 보여 주는 훌륭한 예이기도 하다. 그들에게 수익성과 지속 가능성은 상충되는 것이 아니라 융합되는 것이다.

등산 장비와 의류를 판매하는 회사로 시작한 파타고니아는 곧 하이킹, 스키, 서핑, 패들링, 러닝 등 다양한 아웃도어 스포츠와 활동을 아우르는 회사로 성장했다. 파타고니아를 설립한 사람들, 파타고니아가 서비스를 제공하는 고객, 파타고니아가 사업을 운영하는 시장은 모두 파타고니아를 세계에서 가장 지속 가능한 기업으로 만드는 데 도움을 주었다. 등산, 하이킹, 패들링, 서핑과 같은 스포츠는 파타고니아의 사명 선언문에 따르면 참가자들을 자연과 긴밀하게 연결해 주는 '조용한 스포츠(silent sports)'이다. 파타고니아의 사명 선언문은 다음과 같이 이어진다. "파타고니아에서 우리에게는 야생의 아름다운 장소를 사랑한다는 것은 이를 보호하기 위해 피나는 노력을 하고, 지구의 전반적으로 나빠진 환경 상태를 다시 좋은 상태로 되돌리기 위한 싸움에 참여하는 것이다."[3]

지속 가능한 비즈니스 실천을 위한 파타고니아의 헌신은 제품 제작에 쓰이는 소재에서부터 시작된다. 의류 라인에는 재활용 합성 섬유와 무농약 유기농 목화를 사용한다. 또한 수익의 최소 1%를 환경 운동에 기부한다. 파타고니아의 '함께 해요 캠페인(common thread initiative)'는 '소비를 줄이고 지구의 중요한 자원에 쉼을 주기 위한 파타고니아와 고객 간의 파트너십'으로 설명된다. 이 서약은 자원 사용을 줄이고, 제품을 수리하여 수명을 연장하고, 제품을 재판매하거나 다른 사람에게 기증하여 재사용하고, 수리하거나 재사용할 수 없는 제품은 재활용하는 것을 추구하여, 인간이 자연과 조화롭게 살아가는 세상을 재구성하는 것을 목표로 한다.

파타고니아의 지속 가능성을 위한 헌신에서 가장 선구적인 것 중 하나는 그들의 '발자국 연대기(footprint chronicles)'라는 광범위한 CSR 프로젝트로, 공급망 운영이 완전한 투명성을 목표로 하는 것이다. 이런 노력에는 파타고니아 제품을 만드는 데 사용되는 모든 공장과 생산 공장에 대한 정보를 온라인에 공개하는 것이 포함되었다. 이 대화형 웹사이트를 통해 파타고니아 웹사이트를 방문하는 사람은 누구나 모든 공장과 제조 공장을 확인할 수 있는 세계 지도를 이용할 수 있다. 이 사이트를 클릭하면 해당 공장 사진을 볼 수 있으며, 거기에서 어떤 제품이 생산되는지, 고용된 직원 수, 사용되는 언어, 남녀 노동자의 비율, 시설의 최근 사회 감사(social audits)에 대한 업데이트된 정보 등을 확인할 수 있다.

윤리적 관점에서, 파타고니아와 같은 기업을 윤리적 요구 사항과 의무 밖의 일을 하는 것으로 볼 것인지, 아니면 모든 기업에게 윤리적으로 따라야 하는 모델로 볼 것인가 하는 질문을 가질 수 있다. 환경 지속 가능성을 향한 전환은 윤리적 의무일까, 아니면 개별 기업의 결정에 맡겨도 되는 것일까? 자동차 업계에서 연비 향상을 의무화하는 것과 같은 방식으로 탄소 중립과 같은 지속 가능성 목표를 의무화해야 될까?

10.2 기업의 사회적 책임과 환경

기업의 환경적 책임에 대한 분석을 시작하는 데 도움이 되는 방법은 3장에서 설명한 기업의 사회적 책임 모델로 되돌아보는 것이다. 기업의 사회적 책임에 대한 경제적 모델이 기업의 환경적 책임을 어떻게 설명할 수 있는지 생각해 보자. 경제적 모델에서는 기업의 유일한 책임은 법이 허용하는 범위 내에서 이윤을 극대화하는 것이다. 이를 통해 기업은 시장 시스템 내에서 자신의 소임을 다하여, 결과적으로 소비자의 선호를 최선으로 충족시키고 (즉, 보다 많은 사람들이 원하는 것을 더 많이 얻게 됨), 사업주의 재산권을 존중하는 전체적인 (공리주의적) 선에 기여하게 된다.

이러한 기업의 사회적 책임에 대한 협소한 관점이 도전받는 것은 이젠 특별한 일이 아니다. 시장 실패의 다양한 예 중 잘 알려진 많은 사례가 환경 문제와 관련되어 있으며, 시장의 해결책이 부적절했음을 보여 준다. 한 가지 예로 환경 오염의 전형적인 사례인 온실가스 배출과 같은 외부 효과(externalities)를 들 수 있다. 온실가스 배출, 대기 오염, 지하수 오염 및 고갈, 토양 침식, 핵폐기물 처리 등에 따르는 '비용'은 일반적으로 경제 교환의 '외부'에 있는 당사자(예: 바람이 불어오는 방향에 위치한 사람, 이웃, 미래 세대)가 부담하기 때문에, 자유시장에서의 교환은 최적의 결과를 보장할 수는 없다.

두 번째 유형의 시장 실패는 중요한 사회적 재화에 대한 가격을 형성할 시장이 존재하지 않을 때 발생한다. 멸종 위기에 처한 종, 아름다운 경관, 희귀 동식물, 생물의 다양성은 일반적으로 공개 시장(open markets)에서 거래되지 않는 환경 재화이다. (거래되는 경우에도, 코뿔소 뿔, 호랑이 발톱, 코끼리 상아, 마호가니 나무가 암시장에서 판매되는 것처럼 그 생존을 심각하게 위협하는 방식으로 거래되는 경우가 많다.) 안정적인 기후, 깨끗한 공기, 해양 어업과 같은 공공재 역시 정해진 시장 가격이 없다. 교환 가치가 정해져 있지 않기 때문에, 시장 접근(market approach) 방식은 소비자 수요를 적절히 충족시킨다는 자체 목표조차 달성할 수 없다. 시장만으로는 이러한 중요한 공공재의 보존과 보호를 보장할 수 없다.

시장 실패가 심각한 환경 피해를 초래할 수 있는 세 번째 방식은 개인의 결정과 집단의 결과를 구분짓는 것과 관련이 있다. 정책 결정을 개인 결정의 결과에만 맡기면 중요한 윤리적, 정책적 문제를 놓칠 수 있다. 3장에서는 이러한 시장 실패의 대표적인 예로 개인의 선택과 SUV 구매 사례를 제시했다. (6장에서는 작업장에서의 화학물질 노출과 같은 건강 문제에 대한 시장의 해결책에 대해서도 비슷한 문제가 제기되었다.) 이 사례는 개인적인 계산이 끼치는 전체 사회적 결과가 공해와 천식 및 알레르기와 같은 공해 관련 질병을 크게 증가시킬 수 있음을 보여 주었다. 공해와 공해 관련 질병을 해결할 수 있는 여러 대안 정책(예: SUV 판매 제한, 휘발유에 대한 세금 인상, 기업 평균 연비 규제([CAFE] 기준 계산 시 SUV를 경트럭 대신 자동차로 취급)은 시장에만 맡겨두었다면 전혀 고려되지 않았을 것이다. 이러한 것들은 중요한 윤리적 문제이고, 시장 거래에서는 묻히는 문제이기 때문에 우리는 시장이 전체 사회적 선에 대한 접근 방식은 (최선의 경우라도) 불완전하다는 결론을 내릴 수밖에 없다.

다시 말해, 개인에게 선하고 합리적인 것들의 집합이 반드시 사회에도 선하고 합리적인 것은 아니라는 것이다. 물론 기업의 사회적 책임에 대한 좁은 관점과 그것의 경제 이론을 옹호하는 사람들은 이러한 도전에 대해 대응할 수 있다. 외부 비용을 내부화하고 야생종과 같은 소유권이 없는 재화에 재산권을 부여하는 것이 시장 실패에 대한 두 가지 대응책이다. 그러나 시장 실패를 만회하려는 이러한 임시방편적 시도가 환경적으로 부적절하다고 생각할 만한 충분한 이유가 있다. 한 가지 중요한 이유는 이전에 소위 1세대 문제라고 불렸던 것들이다. 시장은 시장 실패로 인해 제공하는 정보를 통해서만 피해를 예방할 수 있다. 예를 들어, 북대서양의 어류 개체군이 붕괴되었을 때 비로소 우리는 소유권이 없는 어류 자원에 대한 전 세계 수산업계의 자유롭고 개방적인 경쟁이 대구, 황새치, 대서양 연어, 랍스터 개체군의 멸종을 막는 데 실패했다는 사실을 알게 되었다. 즉, 우리는 시장 실패에 대해 배워서 미래의 피해를 예방할 수 있다. 하지만 1세대가 희생되어야만 이러한 정보를 얻게 된다. 공공 정책에 멸종 위기 종, 희귀 야생 지역, 공중 보건 및 안전과 같은 대체 불가능한 공공재가 포함될 경우, 이러한 반응적 전략은 적절하지 않다.

이러한 고려 사항은 브룬틀란 위원회가 미래 세대에 대한 책임을 강조한 배경이 되었다. 미래의 사람들은 현재의 시장에 참여할 수 없기 때문에 시장 경제만으로는 미래의 사람들의 이익을 충분히 대변할 수 없다. 시장은 미래 사람들의 복지를 계산하지 못한다.

이 모델에 대한 일반적인 대안은 일부 재화는 매우 중요하기 때문에 시장 내에서 발생하는 선호도 최적화 교환 거래(preference-optimizing trade-offs)에서 제외되어야 한다고 주장한다. 현재와 미래의 사람들의 필요는 시장 교환 거래에서 보호되어야 한다. 우리는 이전에 직원 권리와 소비자 안전에 대한 논의에서 이러한 접근 방식을 보았다. 이 대안은 기업의 경제적 목표를 일반적으로 정부 규제의 형태로 제한하는 데 지지한다. 이제 기업의 환경적 책임에 대한 이러한 규제적 접근 방식(regulatory approach)을 살펴보려 한다.

REALITY CHECK:
시장 실패로서의 기후 변화

기후 변화만큼 개인, 조직, 사회적 행동이 복잡하게 상호 작용하는 문제도 드물다. 개별 소비자는 환경에 유익한 선택을 할 수 없는 경우가 많으며, 설사 선택이 가능하다고 하더라도 그들의 개인적 행동이 큰 영향을 미치지 못한다. 그러나 소비자의 요구가 없다면, 기업에게는 환경적으로 더 책임감 있는 행동을 해야 할 동기가 줄어든다. 정부의 조치는 당파성 정치에 의해 마비된 것처럼 보이게 되는데, 특히 과학과 사실이 무시당할 수 있는 시대에 더욱 그러하다.

온실가스 배출과 그로 인한 기후 변화는 경제학자들이 공유지의 비극(commons problem 또는 the tragedy of the commons)이라고 부르는 전형적인 예이다. 이러한 문제는 공유 자원을 모두가 사용할 수 있을 때, 각 개인의 편협한 이기심으로 인해 모든 사람에게 해를 끼치는 방식으로 그 자원을 이용하게 될 때 발생한다. 공유지의 비극은 개인이 할 수 있는 행동을 그룹이 공동으로 제한할 때만 해결된다. 온실가스를 대기 중으로 배출하는 데 즉각적인 비용이 발생하지 않는 한, 개인과 개별 기업은 화석연료 사용을 제한할 동기가 거의 없다.

그러나 이 책의 여러 곳에서 보여 주었듯이, 개인과 기업이 모두 편협한 이기심의 경제 모델에서 규정하는 것과는 다른 방식으로 행동하는 경우가 꽤 있다. 전기 자동차는 덜 편리할 수 있고 가솔린 자동차보다 더 비쌀 수 있다. 그럼에도 불구하고 여전히 많은 사람이 전기차를 구입한다.

그럼에도 불구하고, 경제적 자기 이익의 추구는 특히 기업에게 강력한 동기 부여 요인이 되며, 많은 환경적 이니셔티브도 변화하는 경제 현실에서 비롯된다. 석탄 산업의 쇠퇴는 환경운동가나 과잉 규제 때문이 아니라 청정 연소 천연가스가 더 풍부해져 가격이 저렴해졌기 때문이다. 수소, 풍력, 태양열과 같은 대체 에너지원의 가격이 수요 증가와 생산량 증가에 따른 효율성 향상으로 인해 계속 하락함에 따라 더 많은 기업이 가스를 대체 에너지원으로 대체할 것으로 예상된다. 하지만 문제는 이러한 변화가 기후 변화로 인한 지속적인 피해를 막을 수 있을 만큼 충분히 빨리, 그리고 광범위하게 이루어질 수 있을까 하는 것이다.

수년 동안 공공 정책은 공유지의 비극에 대한 명백한 해결책이었다. 자연 및 사회과학이 밝혀낸 사실에 근거하여 정책 입안자들은 개인의 행동을 관리하고 집단적 피해를 피하기 위한 인센티브, 규제, 목표를 만들 수 있었다. 2015년에 174개국이 지지한 파리기후협정(Paris Climate Agreement)의 기본 가정은 바로 이러한 것이었다. 이 협정은 배출량 및 기타 목표를 설정하고 개별 국가가 전 세계 온실가스 감축을 달성하기 위한 최선의 전략을 스스로 결정할 수 있도록 큰 재량권을 주었다. 2017년에 도널드 트럼프 대통령은 '미국 우선주의(put America first)'를 내세우며 미국이 이 협정에서 탈퇴할 계획을 발표했다. 이 계획은 2020년 11월 4일에 공식화되었다. 조 바이든(Joe Biden) 대통령은 취임 후 4개월도 채 지나지 않아 이 결정을 뒤집고 미국을 다시 글로벌 협약에 참여시켰다.

10.3 기업의 환경 규제로서의 책임

1970년대 미국에서는 규제되지 않은 시장이 환경 문제를 다루기에는 부적합하다는 것에 광범위한 공감대가 형성되었다. 대신에 정부 규제로 환경 문제에 대응하는 데 더 낫다고 여겨졌다. 미국에서 가장 중요한 환경 관련 법안의 대부분은 1970년대에 제정되었다. 1970년에 제정된 대기오염방지법(The Clean Air Act, 1977년 개정 및 갱신), 1972년의 연방수질오염방지법(Federal Water Pollution Act, 1977년 청정수법(Clean Water Act)으로 개정 및 갱신), 1973년의 멸종위기종보호법(Endangered Species Act)은 환경 문제 해결을 위한 이러한 국가적 합의의 일부였다. 각 법안은 원래 민주당 주도의 의회에서 제정되었고 공화당의 대통령에 의해 법으로 서명되었다.

이 법들은 환경 문제에 대한 공통된 접근 방식을 가지고 있다. 이 법이 제정되기 전에는 환경 문제를 해결하기 위한 주요 법적 수단은 불법행위법(tort law)이었다. 오염으로 인해 피해를 입었다는 사실을 증명할 수 있는 개인만이 대기 및 수질 오염에 대해 법적으로 이의를 제기할 수 있었다. 이러한 법적 접근 방식은 피해를 입은 사람에게 부담을 지웠고, 잘해야 사후에 피해에 대한 보상을 받을 수 있게 했다. 배상에 대한 책임을 지우는 것을 제외하면, 미국 정책은 오염을 사전에 예방하는 데 거의 도움이 되지 않았다. 과실에 대한 증거가 없는 한, 공공 정책은 시장에 환경 정책을 맡겼다. 멸종 위기 종 자체는 법적 지위가 없었기 때문에 동식물에 대한 직접적인 피해는 법적 관심사가 아니었고, 이전 정책들은 동식물에 대한 피해를 방지하는 데 거의 도움이 되지 않았다.

1970년대에 제정된 법률은 피해를 입을 위험이 있는 사람들로부터 피해를 줄 사람들에게 부담을 효과적으로 전환하는 기준이 되었다. 정부는 사후 보상보다는 오염이나 종의 멸종을 예방하기 위한 규제 기준을 마련했다. 이러한 법들은 대기 및 수질과 종 보존을 보장하기 위한 최소한의 기준을 설정한 것으로 생각할 수 있다. 기업은 이러한 최소 기준이 정한 부수적인 제약 조건을 준수하는 한 자유롭게 자신의 목표를 추구할 수 있었다. 사회가 기업의 환경적 책임을 확립할 수 있는 두 가지 기회를 가졌다는 것에 의견 일치가 있었다. 소비자로서 개인은 시장에서 환경 친화적인 제품을 요구할 수 있다. 시민으로서 개인은 환경 관련 법안을 지지할 수 있다. 기업이 시장에 반응하고 법을 준수하는 한, 기업은 환경적 책임을 다한 것이다. 소비자가 연료를 많이 소비하는 대형 SUV와 같이 환경적으로 좋지 않을 거라 의심되는 제품을 요구하고, 그러한 제품이 법적으로 허용된다면, 기업이 그러한 제품을 마케팅하여 얻을 수 있는 재정적 기회를 포기할 것이라고 기대할 수는 없다.

이 접근 방식은 시장 거래에서 일부 환경 목표를 면제받을 수 있는 정당성을 인정한다는 점에서 편협한 관점보다 개선된 것이다. 시민으로서 우리는 우리(소비자로서)가 원하는 것을 규제하고 제한하는 법을 만들 수 있다. 우리의 신념과 가치는 법과 소비자 선택을 통해 표현되며, 이를 통해 윤리적 환경을 만드는데, 그 안에서 우리는 경제적 목표를 추구할 수 있다. 따라서 이 접근법은 시민들이 환경 목표를 수립하기 위해 민주적 절차를 따라야 한다고 주장한다. 또한 시민들은 소비자로서의 힘을 사용하여 기업에게 환경 친화적인 상품과 서비스를 제공하도록 요구할 수 있다. 그러나 법이나 소비자의 요구가 없다면, 기업은 환경에 대해 특별한 책임이 없게 된다.

이러한 접근 방식은 장기적인 측면에서 불충분함을 보여 주는 몇 가지 문제가 있다. 첫째, 기업이 법 제정에 미칠 수 있는 영향력을 과소평가한다는 점이다. 앞서 언급한 CAFE 표준은 이런 일이 어떻게 발생할 수 있는지를 보여 주는 좋은 예이다. 이 법에 대한 합리적인 설명은 대중이 자동차 연비 목표를 개선하여 자동차 배출 가스를 줄임으로써 대기 질을 개선하려는 정치적 목표를 매우 명확하게 표현했다는 것이다. 그러나 자동차 업계는 로비 활동을 통해 경트럭과 SUV를 이러한 기준에서 제외시킬 수 있었다. 당시 경트럭과 SUV가 자동차 산업에서 가장 많이 팔리고 수익성이 높은 부문이었다는 사실은 놀라운 일이 아니다.

둘째, 이러한 접근 방식은 또한 기업이 소비자의 선택에 미치는 영향을 과소평가한다. 소비자의 환경에 대한 요구에 부응할 때, 기업의 환경적 책임을 다했다고 말하는 것은 기업이 여론 형성에 미칠 수 있는 역할을 과소평가한 것이다. 광고는 미국에서만 연간 2,000억 달러 규모의 산업이다. 9장에서 마케팅이 소비자 수요를 형성하는 데 얼마나 효과적일 수 있는지 살펴보았다. 기업이 소비자의 욕구에 수동적으로 반응하고 소비자가 기업이 전달하는 메시지에 영향을 받지 않는다고 주장하는 것은 분명 잘못된 생각이다. 기업이 제품 광고나 정부 로비를 멈추지 않는다고 가정할 때, 이러한 기업의 환경 책임 모델은 자연환경을 보호하는 데 부족하다.

셋째, 환경 보호를 위해 법에 의존한다면 환경 보호는 법이 미치는 범위 내에서만 이루어질 것이다. 그러나 대부분의 환경 문제, 특히 공해 문제는 법적 관할권이 준수되지 않는다. 뉴욕주는 공장 굴뚝에서 배출되는 오염 물질에 대한 엄격한 규제를 가할 수 있지만, 발전소가 오하이오주나 더 서쪽에 있는 다코타주나 와이오밍주에 있다면 뉴욕주는 계속해서 오염의 영향을 받게 될 것이다. 마찬가지로 국내 규제가 국제적인 환경 문제에는 효과적이지 않을 것이다. 국제 협약이 글로벌 환경 문제를 방지하는 데 도움이 될 수 있다는 희망을 가질 수 있지만, 이러한 생각이 파리기후협약과 같은 국제적인 기후 변화 협약의 실패를 볼 때, 지나치게 낙관적일 수 있음을 시사한다.

마지막으로, 아마도 환경적 관점에서 가장 문제가 되는 것은 이러한 규제 모델이 경제 성장이 환경적으로나 윤리적으로 무해하다고 가정한다는 것이다. 규제는 기업의 이윤 추구에 부수적인 제약을 설정하고, 기업이 이러한 제약 조건 내에 있다면 경영진이 어떠한 방식으로 수익을 내든지 윤리적으로 합법적인 것으로 받아들인다. 이러한 논의에서 종종 놓치게 되는 매우 중요한 사실은 법의 부수적인 제약 내에서 이윤을 추구하는 방법이 매우 다양하다는 것이다. 이윤 추구를 향한 서로 다른 경로는 매우 다른 환경적 결과를 초래할 수 있다. 기업의 환경적 책임에 대한 최근의 접근 방식은 경제적 목표와 환경적 목표를 더 잘 연결시키려고 한다.

10.4 비즈니스 윤리와 지속 가능한 경제

경제학자 허먼 데일리(Herman Daly)를 비롯한 지속 가능한 개발 및 생태 경제학 분야의 여러 경제학자는 연구를 통해 시장이 합리적인 환경 정책을 수립할 수 있는 능력에 대해 보다 포괄적인 문제 제기를 하였다. 데일리는 일반적인 경제 성장의 기준을 뛰어넘는 경제 발전에 대한 이해의 필요성을 설득력 있게 제시했다.[4] 데일리는 성장에는 생물학적, 물리적, 윤리적 한계가 있으며, 현재 세계 경제는 이미 그 한계에 근접해(한계를 초과하지 않았다면) 있다고 주장했다. 경제 활동에 대한 우리의 이해도를 크게 바꾸지 않고, 말 그대로 비즈니스를 하는 방식을 바꾸지 않는다면, 우리는 아주 기본적인 윤리적, 환경적 의무를 다하지 못하게 될 것이다. 데일리에 따르면, 우리는 경제 활동을 이해하는 방식에 대한 큰 패러다임의 전환이 필요하다.

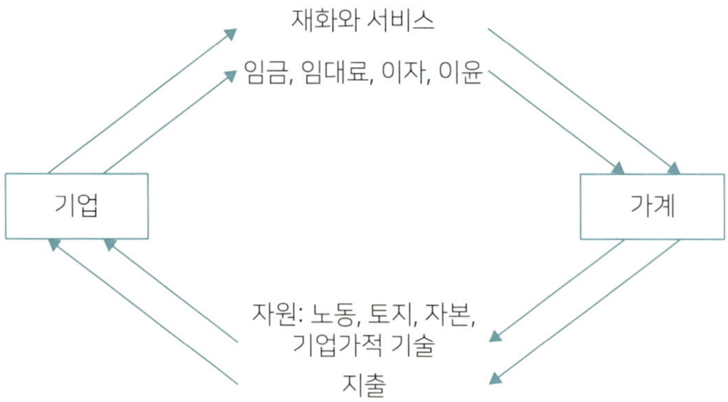

그림 10-1

거의 모든 경제학 교과서에 나오는 경제 활동과 경제 성장에 대한 기본적인 이해부터 시작할 수 있다. 경제 순환 모델(그림 10-1)은 기업에서 가계로의 자원이 이동한다는 관점에서 경제 거래의 본질을 설명한다. 기업은 가계의 시장 수요에 대응하여 재화와 서비스를 생산한다. 이러한 재화와 서비스는 가정에서 소비되고, 가정은 그 대가로 기업에 돈을 지불한다. 이러한 가계의 지출은 다시 임금, 급여, 임대료, 이윤, 이자 등의 형태로 가계로 전달된다. 이것은 기업이 재화와 서비스를 생산하는 데 사용한 노동, 토지, 자본, 기업가적 기술에 대한 대가로 가계가 받는 것이다.

두 가지 사항에 주목할 필요가 있다. 첫째, 천연자원은 다른 생산 요소와 구분되지 않는다. 이 모델에서는 자원의 발단이 설명되지 않는다. 자원이 단순히 노동, 자본, 기업가적 기술과 마찬가지로 가정이 소유하고 있으며, 이를 기업이 구입할 수 있다. 줄리안 사이먼(Julian Simon)의 말을 빌리자면, "경제학자나 소비자로서 우리는 자원 자체가 아니라 자원을 통해 생산된 특정 서비스에 관심이 있다."[5] 이러한 서비스는 다양한 방법으로, 그리고 다른 생산 요소를 대체함으로써 제공될 수 있다. 사이먼의 용어로는 자원을 '무한한' 것으로 취급할 수 있다.

두 번째 특징은 이 모델이 경제 성장을 모든 사회적 병폐에 대한 해결책일 뿐만 아니라 무한한 것으로 간주한다는 것이다. 인구 증가에 따라 경제는 성장해야 한다. 더 높은 생활 수준을 영위하기 위해서 경제가 성장해야 한다. 빈곤, 기아, 질병을 완화하려면 경제가 성장해야 한다. 경제가 무한정 성장할 수 없다는 것은 이 모델에서 고려되지 않는다.

이 모델이 가까운 장래에 직면하게 될 도전을 세 가지로 요약할 수 있다. 첫째, 오늘날 전 세계 인구의 상당수가 극심한 빈곤한 상태로 살아가고 있다. 최근 조사된 것에 따르면 전 세계 인구의 약 8%인 6억 명 이상이 절대 빈곤 속에 살고 있다고 한다. 1억 5,000만 명 이상이 어린이를 포함하여, 8억 명 이상의 사람들이 영양실조로 고통받고 있다. 확실히 현재의 경제 체제로는 수억 명의 기본적인 필요를 충족시키지 못하고 있다. 합리적인 추정치를 통해 선진국에 거주하는 전 세계 인구의 25%가 전 세계 자원의 80%를 소비하고 있음을 알 수 있다. 현재의 경제 패러다임은 개발도상국의 경제 성장을 촉진함으로써 이 문제를 해결하려고 한다. 그러나 앞으로 수십 년 동안 세계는 세계 인구의 나머지 75%의 기본적인 필요를 충족시키기 위해 상당한 경제 성장을 필요할 것이다. 일부 추정에 따르면, 현재 개발도상국 인구의 생활 수준을 선진국의 생활 수준에 끌어올리려면 향후 50년 동안 5배에서 10배까지 성장해야 한다고 한다.[6]

둘째, 이 기간 동안 세계 인구는 특히 가장 가난하고 이미 인구 밀도가 높은 지역에서 계속 크게 증가할 것이다. 성장률이 감소한다고 가정하더라도, 향후 50년 동안 전 세계 인구는 약 110억 명으로 두 배가 될 가능성이 높다. 따라서 가까운 미래에 전 세계 인구의 기본적인 필요를 충족시키기 위해서는 경제 활동도 그에 비례하여 증가해야 한다.

마지막으로, 이 모든 경제 활동의 유일한 원천은 지구의 천연자원이다. 깨끗한 공기와 식수, 비옥한 토양, 식량 등 이러한 자원의 대부분은 다른 생산 요소로 대체될 수 없다. 우리는 노동력, 자본, 기업가적 기술만으로는 숨을 쉬거나 마시거나 먹거나, 농산물을 재배할 수 없다. 현재의 경제 활동으로 인해 환경이 이미 신음하고 있기 때문에, 큰 변화가 일어나지 않는 한 미래는 암울해 보인다. 이러한 현실을 감안할 때, 우리는 환경을 파괴하지 않으면서도 세계 인구의 필요를 충족시킬 수 있는 경제 시스템을 만들어야 한다. 일부에서는 이것이 바로 지속 가능한 경제와 지속 가능한 개발의 역할이라고 말한다.

데일리는 경제 정책의 목표로 경제 성장을 강조하는 신고전주의 경제학은 경제가 지구 생물권(biosphere) 내의 하위 시스템에 불과하다는 점을 인식하지 않는 한 이러한 도전에 대응하지 못할 것이라고 주장한다. 경제 활동은 이 생물권 내에서 이루어지며 생명을 유지할 수 있는 그 용량을 넘어서 확장할 수 없다. 천연자원, 자본, 기업가적 기술, 노동력 등 생산에 투입되는 모든 요소는 궁극적으로 지구의 생산 능력에서 비롯된다. 이러한 점을 고려할 때, 지구의 생산 능력이나 생산 과정에서 발생하는 폐기물과 부산물을 흡수하는 지구의 능력을 능가하는 속도로 자원이 이 시스템을 통해 쓰인다면 고전적 모델 전체는 불안정해질 것이다. 따라서 우리는 장기적으로 지속 가능한 속도로만 자원을 사용하고 생산 과정의 부산물과 제품 자체를 재활용하거나 재사용하는 경제 시스템을 개발해야 한다. 데일리의 연구를 바탕으로 한 이러한 시스템의 모델은 그림 10-2와 같다.

그림 10-2는 그림 10-1과 몇 가지 중요한 차이가 있다. 첫째, 경제가 지구 표면을 둘러싼

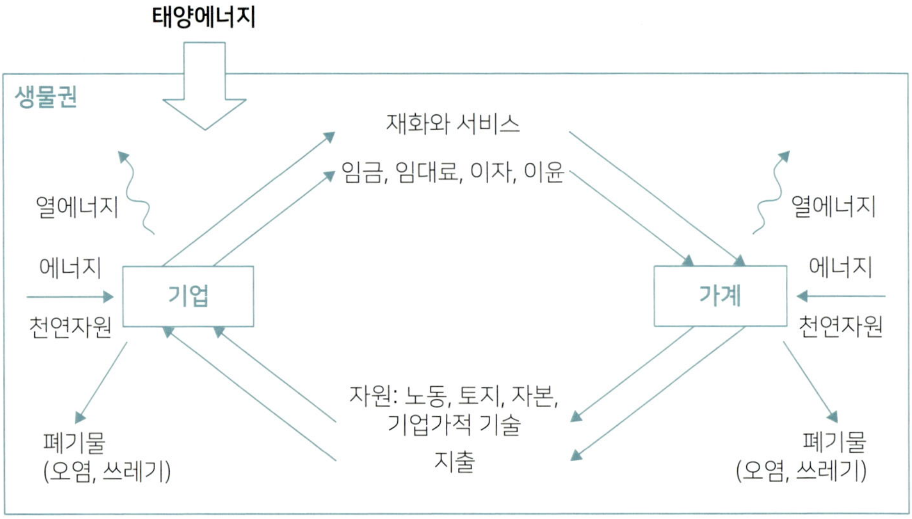

그림 10-2

몇 마일 너비의 밴드에 불과한 유한한 생물권 내에 존재한다는 것을 인정한다. 열역학 제1법칙(물질/에너지 보존)을 통해 우리는 물질이나 에너지는 실제로 생성될 수 없으며 한 형태에서 다른 형태로만 변할 수 있을 뿐이라는 사실을 알고 있다. 둘째, 에너지는 경제 활동의 모든 단계에서 손실된다. 열역학 제2법칙(닫힌 시스템 내에서 엔트로피의 증가)에 따라 사용 가능한 에너지의 양은 시간이 지남에 따라 감소한다. '폐기물 에너지(waste energy)'는 경제 시스템에서 지속적으로 빠져나가므로 새로운 저엔트로피(low-entropy) 에너지가 지속적으로 시스템으로 유입되어야 한다. 궁극적으로 저엔트로피 에너지의 유일한 원천은 태양뿐이다. 셋째, 천연자원은 더 이상 가정에서 나오는 구분되지 않고 설명되지 않는 생산 요소로 취급되지 않는다. 천연자원은 생물권에서 나오며 무(無)에서 창조될 수 없다. 마지막으로, 경제 활동의 각 단계에서 폐기물이 발생하고 이러한 폐기물은 다시 생물권으로 버려진다.

이 새로운 모델에서 도출할 수 있는 결론은 비교적 간단하다. 장기적으로 생물권이 자원과 에너지를 대체하거나 흡수할 수 없는 속도, 즉 인간의 생명을 유지하는 능력을 위태롭게 할 정도로 자원과 에너지를 사용하거나 폐기물을 생성해서는 안 된다. 이를 데일리는 '성장의 생물물리학적 한계'라고 부른다.[7] 생물권이 자원을 무한정 생산할 수 있고 폐기물을 무한정 흡수할 수 있지만, 그것은 특정 속도와 특정 유형의 경제 활동에서만 가능한 것이다. 이것이 바로 지속 가능한 개발의 목표이다. 이러한 속도과 유형의 경제 활동을 찾아 지속 가능한 비즈니스 관행을 만드는 것이야말로 기업의 궁극적인 환경적 책임이다.

그림 10-2는 앞서 제시한 환경 합의의 네 가지 정책 영역을 해석하기 위한 모델도 제공

한다. 오염 및 폐기물 제거, 신중하게 자원을 사용, 환경적으로 민감한 지역 보존, 생물 다양성에 대한 일치된 의견은 경제 기관이 생물권 내에서 지속 가능한 방식으로 운영되어야 함을 의미한다.

10.5 지속 가능한 개발 시대의 기업 윤리

지속 가능성의 세 가지 기준 ― 지속 가능성의 세가지 기둥 ― 은 지속 가능한 실천(sustainable practices)을 판단하는 데 자주 사용된다. 지속 가능한 개발은 경제적, 환경적, 사회적으로 적절해야 한다. 경제적으로 지속 가능한 실천은 브룬틀란 위원회의 말에 따르면 "미래 세대가 그들 자신의 필요를 충족시킬 있는 능력을 손상시키지 않으면서 현재의 필요를 충족하는 것"이다. 환경적으로는 장기적으로 생명을 유지할 수 있는 생물권의 능력을 해치지 않으면서도 그렇게 할 수 있어야 한다. 사회적으로는 특히 충분한 식량, 물, 그리고 기타 필수품이 부족한 수억 명의 사람들의 실제 필요를 다루어야 한다. 기업의 환경적 책임 모델을 평가하는 데 세 가지 유사한 기준을 사용할 수 있다. 기업은 사회의 경제적 기대(예: 일자리, 소득, 재화 및 서비스)를 효율적인 방식으로 충족시킬 수 있도록 조직되어야 한다. 기업은 또한 장기적으로 특히 생물권이 인간의 삶뿐만 아니라 생명체를 유지할 수 있는 능력을 저하시키지 않고 지원하는 방식으로 조직되어야 한다. 또한 기업은 사회 정의에 대한 최소한의 요구를 해결할 수 있는 방식으로 조직되어야 한다.

환경적 책임을 다하기 위해 기업이 어떻게 재구성되어야 하는지 고려할 때 앞서 언급한 점을 상기할 필요가 있다. 경영진의 재량권의 범위를 과소평가해서는 안 된다. 기업의 경영자는 정당하게 광범위한 의사 결정 재량권을 누릴 수 있다. 환경적 책임을 이윤 추구에 대한 부수적인 제약으로 보고, 이윤 추구에는 오직 한 가지 방법만이 있으며 윤리적 책임이 이를 가로막는 장애물인 것처럼 여기는 시각에서 벗어나야 한다. 오히려 수익성을 추구하는 방법 중에는 환경적으로 위험한 방법도 있고, 환경적으로 조심성 있고 합리적인 방법도 있다는 점을 인식해야 한다. 다행히도 환경적으로 지속 가능한 비즈니스 실천을 위한 몇 가지 좋은 모델이 있다.

『자연 자본주의(Natural Capitalism)』의 서자 폴 호큰(Paul Hawken), 에이미리 로빈스(Amory Lovins), 헌터 로빈스(Hunter Lovins)는 지속 가능한 비즈니스 실천을 위한 개념적 모델과 수많은 사례를 제시했다.[8] 이들의 연구를 따라 환경적으로 책임 있는 비즈니스 모델의 몇 가지 구체적인 내용을 기술해 보려고 한다.

자연 자본주의는 비즈니스를 재설계하기 위한 네 가지 기본 원칙을 제시한다. 첫째, 천연자원의 생산성을 획기적으로 향상시켜야 하고 또 향상될 수 있다. 이는 종종 환경경제효율성(ecoefficiency)이라고 불리는 것을 더욱 발전시킨 것이다. 생체모방(biomimicry) 또는 폐쇄루프 설계(closed-loop design)라고 하는 두 번째 원칙은 생물학적 프로세스를 모델링하여 비즈니스를 재설계해야 한다는 것이다. 이전에는 폐기물과 오염으로 버려졌던 부산물을 제거하거나 생산 공정에 재통합하거나 생물권에 무해하거나 또는 유익한 제품으로 변환시켜야 한다. 셋째, 상품의 생산자로서의 전통적인 비즈니스 모델을 서비스 제공자로서의 비즈니스 모델로 대체해야 한다. 소비자의 수요는 실제로 서비스(예: 조명, 바닥재)에 초점을 맞추고 있을 때, 기존 경제는 재화 생산(예: 전구, 카펫)에 중점을 두고 있다. 이러한 변화는 앞의 두 가지 목표를 달성하는 데 상당한 인센티브를 제공할 수 있다. 마지막으로, 기업은 자연 자본에 재투자해야 한다. 경제학이나 재무학 입문 교과서에서 가르치는 것처럼, 책임감 있는 비즈니스 경영은 생산적 자본에 대한 재투자를 필요로 한다. 전통적인 경제 모델은 자연 자본의 원천을 무시했기 때문에 자연 자본에 대한 재투자를 신중한 비즈니스 실천(prudent business practice)의 일부로 고려하지 않았다. 환경적으로 책임 있는 비즈니스는 이러한 단점을 해결해야 한다.

환경경제효율성과 생체모방은 모두 그림 10-2의 관점에서 이해될 수 있다. 환경경제효율적 관리는 천연자원이 경제 시스템을 통해 흘러가는 속도를 줄일 수 있는 방법을 찾아낸다. 자연 자본주의에는 제품과 생산 방식의 디자인에 관한 경영상의 결정이 자원 효율성을 5배, 10배, 경우에 따라서는 100배까지 증가시킨 수많은 사례가 있다. 경제 개발의 표준 성장 모델에 따르면 경제 성장률을 5배에서 10배까지 높이면 전 세계 인구의 가장 가난한 75%의 필요를 충족시킬 수 있다고 한다. 환경경제효율적 비즈니스 실천(ecoefficient business practices)은 효율성을 높여 자원 사용을 5배에서 10배까지 줄임으로써 동일한 목표를 지향한다.

환경경제효율성의 예는 비즈니스 운영의 여러 영역에서 찾아볼 수 있다. 기업 경영자는 더 적은 자원으로 소비자의 수요를 충족시킬 수 있는 방법을 찾아야 한다. 간단한 예로, 주택 개발 업체가 기존의 천편일률적인 개발 패턴 대신 집합 주택, 녹지 공간, 서식지 통로(habitat corridors), 자전거 도로를 갖춘 동네를 설계하는 것을 들 수 있다. 각 개발 패턴은 수익성이 있을 수 있지만, 어느 한 패턴이 다른 패턴보다 더 환경 파괴적일 수 있다. 에너지 수요는 이러한 책임에 대한 또 다른 적절한 예일 수 있다. 자연 자본주의 도서에서는 카펫 제조업체 인터페이스 코퍼레이션(Interface Corporation)의 산업용 펌프 시스템을 재설계한 예를 언급했다. 에너지 수요를 줄이기 위해 더 크고 곧은 파이프로 재설계한 결과 92%, 즉 12배의 에너지를 절약할 수 있었다. 모든 건물을 설계하고 개선할 때 에너지 효율적인 창문, 조명, 모터, 단열재를 사용하면 전체 에너지 사용량을 크게 줄이면서도 현재의 생산 목표를 달성할 수 있다.

환경경제효율성은 해결책의 일부에 불과하다. 생체모방 원리는 환경경제효율적인 생산 공정에서도 발생하는 폐기물을 제거하려고 시도한다. 기업 경영자들은 이전의 폐기물을 생산 시스템에 다시 통합시키거나, 폐기물을 생물학적으로 유익한 성분으로 변환시키거나, 최소한 생물권이 폐기물을 흡수할 수 있는 속도 이상으로 빠르게 폐기물을 생산하지 않는 방법을 모색할 책임이 있다.

생체모방의 궁극적인 목표는 폐기물을 줄이는 것이 아니라 완전히 제거하는 것이다. 생물학적 과정을 진정으로 모방한다면, 한 과정의 최종 결과물(예: 광합성을 통해 생성된 잎과 산소)은 궁극적으로 태양 에너지만 추가된 다른 과정(식물 성장)의 생산 자원(예: 토양과 물)으로 재사용된다.

생체모방을 향한 비즈니스 전략의 진화는 연속적인 흐름으로 이해할 수 있다. 가장 초기 단계는 '취하기(take) — 만들기(make) — 버리기(waste)'로 설명될 수 있다. 기업은 자원을 가져와서 제품을 만들고 남은 것은 버린다. 두 번째 단계에서는 기업이 '요람에서 무덤까지' 제품에 대한 책임을 지는 것이다. 수명 주기 책임(life cycle responsibility)이라고도 하는 이 접근 방식은 이미 산업계와 규제 당국의 사고방식에 자리 잡았다. 요람에서 무덤까지, 즉 수명 주기 책임에 따르면 기업은 판매 후에도 최종적으로 폐기 처분하는 것을 포함하여 제품의 전체 수명에 대해 책임진다는 것을 의미한다. 예를 들어, 요람에서 무덤까지의 모델은 제품이 매립장에 묻힌 지 수년이 지난 후에 발생하는 지하수 오염에 대해서도 기업이 책임을 져야 한다는 것이다.

요람에서 요람까지의 책임(cradle-to-cradle responsibility)은 이 개념을 더욱 확장하여 기업이 제품의 최종 결과물을 생산 주기에 다시 통합해야 할 책임이 있다고 주장한다. 이러한 책임감은 제품을 효율적이고 쉽게 재활용할 수 있도록 제품을 재설계하려는 인센티브를 만들어 낸다. 건축가 윌리엄 맥도너(William McDonough)와 화학자 미하엘 브라운가르트(Michael Braungart)가 설립한 환경 디자인 회사 맥도너 앤 브라운가르트는 기업이 지속 가능성을 달성하기 위해 비즈니스 실천(관행)을 재개념화하고 재설계하도록 돕는 데 앞장서 왔다. 이들의 저서인 『요람에서 요람까지(Cradle to Cradle)』는 여러 제품의 수명 주기를 추적하여, 기업이 제품의 전체 수명 주기를 책임질 때 얻을 수 있는 경제적, 환경적 이점에 대한 사례 연구를 제시한다. 그들의 프로젝트 중에는 포드 자동차(Ford Motor Company)의 루지 강(Rouge River) 제조 공장을 재설계한 사례도 있다. 20억 달러가 투입되는 이 재설계 프로젝트는 세계적인 대규모 산업 단지 중 하나인 이곳에 지속 가능한 원칙을 도입할 것이다. 생산적 자본에 재투자하는 것은 모든 비즈니스 경영자의 기본적인 경제적 책임이라 할 수 있다. 경제적 문제뿐만 아니라 환경 및 사회적 문제를 해결하는 방식으로 그렇게 하는 것은 포드가 의도한 방식인데, 이것은 모든 비즈니스 경영자의 윤리적 책임 중 하나라고 할 수 있다.

지속 가능한 비즈니스 실천의 세 번째 원칙은 비즈니스 관리에서 더 큰 패러다임 전환이 필요할 수 있다. 전통적인 제조업은 상품 생산을 목표로 하지만, 이 새로운 모델은 서비스 제공으로 목표의 방향을 전환한다. 자연 자본주의에 따르면 이러한 변화는 환경경제효율성과 생체모방이라는 두 가지 원칙을 강화할 것이다. 전통적인 경제 및 경영 모델은 소비자 수요를 제품(예: 세탁기, 카펫, 조명, 가전제품, 에어컨, 자동차, 컴퓨터 등)에 대한 수요로 해석한다. 서비스 기반 경제는 소비자 수요를 서비스(예: 옷 세탁, 바닥재, 조명, 엔터테인먼트, 시원한 공기, 운송, 워드 프로세싱)에 대한 수요로 해석한다. 자연 자본주의에서는 이러한 각 산업에서 이러한 변화를 일으킨 기업의 사례를 제공한다. 이러한 변화는 더 내구성 있고 쉽게 재활용할 수 있는 제품을 만들어 내는 제품 재설계에 위한 인센티브를 만들어 낸다.

카펫 업계에서 지속 가능한 관행의 모델인 인터페이스 코퍼레이션(Interface Corporation)은 이 분야에서 잘 알려진 혁신 기업이다. 인터페이스는 카펫 판매에서 바닥 커버 임대 서비스(leasing floor-covering services)로 전환했다. 기존 모델에서는 카펫을 소비자에게 판매하고, 소비자는 색상이나 스타일에 불만족하거나 카펫이 낡으면 카펫을 폐기한다. 여기에는 오래 지속되거나 재활용이 쉬운 카펫을 생산해야 할 인센티브가 거의 없다. 인터페이스가 바닥 커버 임대 서비스 모델로 전환한 후, 오래 지속되고 쉽게 교체할 수 있으며 재활용 가능한 카펫을 생산할 동기가 생겼다. 이에 따라 인터페이스는 판매하는 제품의 전체 수명 주기(life cycle of the product)에 대한 책임을 진다. 카펫을 소유하고 유지·보수를 책임지기 때문에 인터페이스는 이제 전체가 아닌 부분적으로 쉽게 교체할 수 있고 내구성이 뛰어나며 결국에는 재생산할 수 있는 카펫을 생산한다. 카펫을 다시 디자인하고 서비스 임대 모델로 전환함으로써 생산 효율성이 향상되고 재료 및 에너지 비용도 크게 절감되었다. 소비자는 더 낮은 비용과 적은 부담으로 진정으로 원하는 것을 얻게 되었다.

마지막으로, 기업의 경영자는 경제 및 재무 분석에서 전통적으로 무시되어 온 생산 요소인 자연 자본에 재투자해야 할 책임이 있다. 이 원칙은 간단하지만 이를 실행하는 것은 어려운 일이다. 이 원칙은 기업은 생물권에서 원래처럼 복원될 수 있는 속도보다 빠른 속도로 자원을 사용하지 않을 책임이 있으며, 특히 생물권 자체의 생산 능력을 파괴해서는 안 된다는 것이다. 재무적으로 유사한 상황을 들자면, 기업이 운영비를 마련하기 위해 자본을 청산하거나, 가계가 저축을 소득으로 소비하는 것을 의미한다. 신중하고 책임 있는 결정은 자본으로 생성된 소득은 생활비로 사용하고 자본 자체는 장기적인 측면에서 보존하는 것이다. 자연 자본도 마찬가지이다. 우리는 이 자본이 스스로 재생될 수 있는 속도에 맞춰서만 사용해야 한다.

생물권의 생산 능력은 진정한 공공재이며, 많은 시장 실패와 이러한 경우 개인이 무책임하게 행동할 동기 요인이 있기 때문에, 자연 자본에 대한 재투자는 특히 정부 규제 조치의 대상이 되어야 하는 기업의 책임 중 하나라고 할 수 있다. 기업의 경영자는 그렇게 해야 하지만, 경쟁 시장 내에서 활동하는 개인으로서 그렇게 할 것으로 기대하기는 어렵다. 이러한 투자를 장려하기 위한 세금 인센티브와 보상 없는 자원 추출에 대한 세금 불이익은 한 가지 옵션일 수 있다.

포드의 루즈 공장의 지붕은 자연에 대한 재투자한 하나의 예시로 들 수 있다. 이 지붕은 담쟁이덩굴 같은 식물로 덮여 있어 빗물의 배출을 줄이고 단열 가치를 더할 뿐만 아니라 모든 식물과 마찬가지로 이산화탄소(주요 자동차 배출 오염 물질)를 산소로 전환한다. 이러한 결정에 대한 세금 보조금을 주는 것이, 특히 이를 실행하는 데 단기적으로 경제적으로 불이익이 있는 경우에는 합리적인 정책으로 보인다. 이미 고속도로 건설 및 보수에 관한 휘발유 세금에서 이러한 모델을 찾아볼 수 있다. 자연 자본을 소득으로 취급하는 여러 산업에 대해 유사한 세금을 부과하고, 이를 자연 자본에 대한 재투자에 사용하지 않을 이유가 없다.

10.6 지속 가능성에 대한 사업 타당성 평가

지속 가능성은 전 세계 모든 비즈니스 부문에서 기업 활동의 전략적 핵심으로 자리 잡았다. 3장에서 기업의 사회적 책임에 대한 전략적 모델의 기본 원칙으로 지속 가능성을 소개했을 때에 이 개념에 대해서 고찰했다. 지속 가능성은 12장에서 살펴볼 세계화 주제와 관련된 핵심 개념이다.

일부 사람들은 지속 가능성을 기업 경영의 최신 유행으로 보기도 하지만, 지속 가능성이 이미 진행 중인 비즈니스 혁명을 의미한다고 보는 시각도 있다. 유니레버(Unilever)의 최고경영자인 패트릭 세스카우(Patrick Cescau)는 2007년 연설에서 다음과 같이 말했다.

> 오늘날 사회적 책임과 환경적 지속 가능성은 부수적인 활동이 아니라 핵심 비즈니스 역량입니다. 자유 시장 경제학의 대부 밀턴 프리드먼(Milton Friedman)이 기업이 사회에 대한 유일한 의무는 "이윤을 창출하고 세금을 내는 것"이라고 당당하게 선언한 1980년대 초부터 우리는 먼 길을 걸어왔습니다.[9]

아마도 이러한 발전의 핵심은 지속 가능한 비즈니스 모델이 환경적 책임과 재무적 책임을 구분하지 않는다는 사실일 것이다. 이러한 관점에서 지속 가능한 정책, 실천 및 제품을 추구하는 것은 재정적으로도 합리적이다. 실제로 지속 가능성은 많은 기업가적이고 창의적인 기업이 이미 추구하고 있는 미래 비즈니스의 비전을 제시한다. 많은 전문가들은 지속 가능한 미래를 향한 움직임에 대한 설득력 있는 경제적, 재정적 사례를 제시할 수 있다고 주장한다. 지속 가능한 실천을 추구하는 사업 타당성 평가에 대해 다음과 주장을 고려해 보자. 첫째, 지속 가능성은 현명한 장기 전략이다. 인류의 삶을 유지하는 데 필요한 자원의 공급이 감소하고 전 세계 인구와 소비가 증가하면서 이러한 자원에 대한 수요가 증가함에 따라 기업은 장기적인 생존을 위해 지속 가능한 실천을 채택해야 할 것이다. 자원의 가용성 감소와 수요 증가라는 교차점에서 적응하지 못하는 기업들은 생존 자체가 위태로워질 수 있다. 원양어업을 예로 들 수 있다.

둘째, 전 세계 개발도상국에서 아직 활용되지 않은 거대한 시장 잠재력은 지속 가능한 방식으로만 충족될 수 있다. 경제적 재화와 서비스를 필요로 하고 요구하고 있는 수십억 명의 사람들이 있기에 엄청난 비즈니스 기회가 존재한다. 경제 피라미드의 밑부분은 인류 역사상 가장 크고 빠르게 성장하는 경제 시장을 나타낸다. 그러나 19세기와 20세기의 환경 파괴적인 산업 관행으로는 이러한 시장의 규모의 수요를 충족할 수 없다. 예를 들어, 중국이 미국과 같은 비율로 석유를 소비한다면 중국만으로도 전 세계 일일 생산량보다 더 많은 석유를 소비하고 대기 중 이산화탄소 배출량을 3배 이상 늘릴 것이다. 중국의 수요를 충족하기 위해서는 지속 가능한 새로운 기술과 제품이 필요하다는 것은 명백하다.

셋째, 지속 가능한 실행을 통해 상당한 비용을 절감할 수 있다. 기업은 환경경제효율성을 지향하는 과정에서 상당한 비용을 절감할 수 있다. 에너지 사용 절약과 자재 절감은 환경 폐기물뿐만 아니라 낭비되는 지출도 줄일 수 있다. 폐기물을 최소화하는 것은 환경적 측

REALITY CHECK TRIPLE BOTTOM LINE:

비즈니스 도구인가 트로이 목마인가

브룬틀란 위원회의 획기적인 통찰은 경제 활동은 그것이 이루어지는 자연환경과 분리될 수 없으며, 경제 활동의 목적은 최소한 인간의 필요를 충족시키는 데 있다는 것이었다. 이러한 경제, 환경, 윤리의 연결은 곧 '지속 가능성의 세 가지 기둥'이라는 비유로 표현되었다.

시간이 지남에 따라 '세 가지 기둥'은 지속 가능한 개발의 경제적, 환경적, 윤리적 목표를 달성하는 데 있어 비즈니스의 성공을 측정하는 지표인 '트리플 바텀 라인(triple bottom line, TBL)'과 연관되어 사용되기 시작했다. 그러나 이 TBL이 어떻게 발전해 왔는지에 대한 정당성에 대한 의문이 제기되고 있다.

TBL은 존 엘킹턴(John Elkington)이 1994년 그의 저서 『포크를 든 야만인(Cannibals with Forks)』에서 처음 사용한 용어이다. 최근 몇 년 동안 엘킹턴은 의도했든 의도하지 않든 비즈니스에 TBL에 대한 의구심을 갖게 하였다. 최근 하버드 비즈니스 리뷰에 기고한 에세이에서 엘킹턴은 TBL이 "회계사와 컨설턴트에 의해 장악되고 희석되었다"고 주장했다. 그의 의견에 따르면, TBL은 더 이상 현대 경제학을 변혁시킬 광범위한 '시스템 변화'라는 원래의 목표를 의미하지 않는다고 하였다. 따라서 TBL은 재고되고 회수되어야 한다고 주장한다. 사실상 그는 TBL이 회계사와 기업 경영진에 의해 너무 좁게 적용되어 비즈니스 실천에 적절한 환경 및 윤리적 지침이 되지 못한다고 주장한다.

그러나 TBL을 얼마나 좁게 또는 넓게 적용해야 하는지에 대한 논쟁은 TBL 보고 개념의 기원으로 거슬러 올라간다. 2008년 잡지 마더 존스(Mother Jones)와의 인터뷰에서 엘킹턴은 TBL의 아이디어를 어떻게 개발했는지에 대한 질문에 이렇게 답했다.

"상당수의 다국적 기업, 특히 미국 기업들은 사회적 의제에 겁을 먹고 적극적으로 피하고 있다고 생각합니다. 그래서 '트리플 바텀 라인'은 매우 의식적으로 비즈니스적인 언어로, 사업가들의 경계심을 풀기 위해 사용되었습니다. 마치 트로이 목마처럼 비즈니스맨들에게 '이걸 가지고 놀고 싶고 지지하고 싶다'는 느낌을 주려고 한 것이죠. 일단 그들이 이 언어를 사용하고 어느 정도 받아드리기 시작하면, 우리는 그들의 상상력을 조금 더 확장할 수 있는 방식으로 이 언어를 정의할 수 있었습니다. 그렇게 진행된거죠."

다시 말해, 명시되지 않고 숨겨진 사회적 의제를 추구하는 것이 더 큰 선을 위한 것이라면, 비즈니스를 오도하고 조작하는 것이 정당화될 수 있다는 것이다. 그의 주장하듯이 비즈니스가 TBL 리포팅의 원래 의도와 벗어났다면, 아마도 이 원래 아이디어 자체에 결함이 있었기 때문일 것이다.[10]

면 뿐만 아니라 재정적 측면에서도 의미가 있다.

넷째, 지속 가능한 기업에는 경쟁 우위가 있다. 지속 가능성을 앞서가는 기업은 환경 의식이 높은 소비자에게 서비스를 제공하는 데 우위를 점하고, 뿐만 아니라 진보적인 기업에서 일하는 것에 자부심과 만족감을 느끼는 직원을 유치하는 데 있어 경쟁 우위를 누릴 수 있다.

마지막으로, 지속 가능성은 좋은 리스크 관리 전략이다. 지속 가능성을 향해 나아가지 않으면, 혁신적인 기업이 피할 수 있는 많은 어려움을 겪게 된다. 향후 정부 규제를 피할 수 있다는 것은 분명한 이점 중 하나이다. 또한 지속 가능성을 향해 나아가는 데 앞장서는 기업은 해당 분야의 모범 사례의 표준을 제시하는 기업이 될 가능성이 높다. 따라서 규제가 도입되면, 이러한 기업들은 규제의 내용을 결정하는 데 중요한 역할을 할 가능성이 높다. 지속 가능하지 않는 제품에 대한 법적 책임을 피할 수 있는 것도 또 다른 잠재적 이점이다. 사회적 의식이 변화함에 따라, 법 시스템은 지속 불가능한 관행으로 인한 피해를 예측하지 못한 기업을 처벌하기 시작할 수 있다. 지속 가능하지 않은 기업에 대한 소비자 불매운동도 피할 수 없는 리스크이다.

월마트, 유니레버, 나이키 등 다양한 기업이 지속 가능성을 비즈니스 모델의 핵심으로 삼고 있는 지금, 더 이상 지속 가능성을 비즈니스 활동의 변방에 있는 개념으로 간주할 수 없다. 경제적, 환경적, 윤리적 성과를 통합하는 지속 가능성은 미래를 위한 모델을 제시한다.

토론 사례에 대한 성찰

지속 가능성이 처음에는 당시 주류였던 비차별적 경제 성장 모델에 대한 거시 경제학적 대안으로 도입되었다는 점을 기억하는 것이 유익하다. 이 맥락에서 지속되어야 할 것은 글로벌 경제 활동이었다. 시간이 지남에 따라 지속 가능성의 개념은 현대 비즈니스 환경에서 널리 퍼져 있기 때문에 이러한 맥락을 벗어나서 적용될 때마다 주의를 기울일 필요가 있다. 지속 가능성에 대한 모든 논의에서 우리는 항상 무엇이 지속되어야 하는지를 물어야 한다.

원래 브룬틀란에서 '지속 가능한'이라는 단어는 '개발'이라는 명사를 수식하는 역할을 했다. 지속 가능한 개발의 윤리적 무게는 '지속 가능한'이라는 수식어에서 나오는 것이 아니라 '개발'에서 비롯된다. 예를 들어, 빈곤이나 영양실조 비율이 지속 가능한지 궁금해 할 수 있다. 무언가를 지속한다는 것은 단순히 그것을 유지한다는 의미이다. 윤리적 질문은 무엇이 지속되어야 하는지를 다루어야 하며, 그 질문에 답하기 전까지는 지속 가능성 자체는 좋거나 나쁜 윤리적 목표가 아니다.

지속 가능성이 널리 받아들여지고 찬사를 받는 목표가 된 이유 중 하나는 이 단어가 명사로 바뀌고 특정 맥락에서 분리될 때 지속 가능성이 누구에게나 거의 무엇이든 원하는 의미로 해석될 수 있기 때문이다. 예를 들어, 많은 사람들이 지속 가능성에 대해 이야기할 때, 쉽게 현상 유지를 의미할 수 있다. 지금 하고 있는 일을 계속하되 오랜 기간 동안 계속하는 것이다. 하지만 브룬틀란 위원회가 주장한 것처럼 현상 유지가 우리를 잘못된 길로 이끄는 것이라면, 현상 유지는 지속될 수 없는 것이다.

이것을 비즈니스에 적용하면 모든 비즈니스와 모든 산업이 지속 가능한 경제에서 역할을 할 수 있는지 질문해야 한다. 모든 비즈니스가 지속 가능할 수 있을까? 예를 들어, 석유 및 가스 산업은 지속 가능한 미래의 일부가 될 수 있을까? 현재의 경제 활동 방식이 웰빙을 위협하는 환경 문제를 야기시킨다면 현재의 비즈니스 활동은 변화해야 할 것이다. 지속 가능성이 대세가 되면서 일부 사람들은 브룬틀란이 의도했던 것과는 다른 방식으로 사용되고 있다고 의심하게 되었다.

지속 가능성의 명시되지 않은 목표가 많은 기업에게 매력적으로 느껴지는 이유는, 지속 가능하기 위해서는 단지 기업이 생존 전략을 추구하기만 하면 된다는 생각 때문일 수 있다. 이런 식으로 지속 가능성은 환경적 이니셔티브라기보다는 리스크 관리 전략에 가깝게 된다. 분명 브룬틀란이 내린 결론 중 하나는 환경 개선이 위험관리와 지속적인 생존을 위해 필요하다는 것이었다. 그러나 그 목표를 달성하기 위해서는 환경 개선 외에도 다른 전략이 있다. 기업이나 산업이 환경 목표를 달성하지 못하면서도 재정적으로 지속 가능한 상태를 유지하기 위한 방법으로 환경 규제를 완화하거나 파리 기후 협약과 같은 환경 협약에서 탈퇴하도록 하는 로비 활동을 생각해 볼 수 있다.

마지막으로, 윤리적인 문제와 관련된 모든 환경 문제가 환경 지속 가능성 범주에 속하는 것은 아니다. 브룬틀란이 해석한 환경 지속 가능성은 자연환경을 인간의 경제 및 사회 발전에 필요한 자원으로 간주한다. 환경주의(environmentalism) 내에서 이러한 관점은 인간 중심주의적 보존(anthropocentric conservation)으로 알려져 있으며, 자연은 인간이 사용하는 자원이지만, 장기적으로 자원을 제공할 수 있도록 신중하게 사용되어야 한다.

인간 중심적 보존은 널리 지지되고 존중받는 환경 철학이다. 예를 들어, 대부분의 사냥 및 낚시 규제의 근간이 되는 환경 철학이기도 하다. 하지만 자연환경을 둘러싼 윤리적 문제를 모두 다루지는 않는다. 많은 환경운동가들은 일부 자연물은 그 자체로 윤리적 가치를 지니고 있으며 단순히 인간이 사용하기 위한 자원으로 사용하거나 가치를 평가해서는 안 된다고 주장한다. 이러한 접근 방식은 보존(conservation)보다는 보호(preservation)를 강조한다. 다른 환경주의자들은 일부 지역은 자연 그대로의 야생 지역으로 보존되어야 하며 인간의 사용을 위해 개발되어서는 안 된다고 주장한다. 또 다른 사람들은 일부 동물은 이용해야 할 자원이 아니라 존중받아야 할 권리가 있는 존재라고 주장한다. 예를 들어, 멸종 위기에 처한 종이 인간의 경제 및 사회 발전에 중요하지 않은 경우, 종의 멸종에 대한 우려는 지속 가능성의 범주에 쉽게 포함되지 않는다.

지속 가능성을 향한 운동은 동물 복지나 야생지 보존과 같은 문제에 대해 기업이 특정 조치를 취하도록 요구하지 않는다. 우리는 자연 지역의 보존이나 동물 복지 보호에 전념하지 않으면서도 경제적, 사회적으로 지속 가능한 사회를 상상할 수 있다. 이것이 기업이 이러한 분야에서 윤리적 책임이 없다는 뜻은 아니며, 단지 그 책임이 환경 지속 가능성 이외의 다른 측면에서 정당화되어야 한다는 의미이다.

복습 문제

1. 지속 가능한 비즈니스를 어떻게 정의하겠는가? 지속 가능성의 세 가지 기둥은 무엇인가?
2. 시장 실패의 사례를 최소 두 가지 제시하고, 그것이 기업의 환경적 책임에 대한 자유시장 관점에 어떻게 도전이 되는지 설명하라.
3. 경제 순환 모델이란 무엇인가? 이 모델이 허먼 데일리의 지속 가능한 경제 모델과 어떻게 다른지 설명하라.
4. 로빈스, 로빈스, 호큰이 개발한 자연 자본주의의 네 가지 기본 원칙에 대해 설명하라.

미주

[1] For a more complete examination of this discussion case, and for sources of quotations, see my essay "Is It Time to Jump Off the Sustainability Bandwagon?" *Business Ethics Quarterly* 26, no. 1 (January 2016).

[2] World Commission on Environment and Development, *Our Common Future* (Oxford: Oxford University Press, 1987).

[3] Patagonia Mission Statement, http://www.patagonia.com/company-info.html (Retrieved June 12, 2018).

[4] Herman Daly, *Beyond Growth* (Boston: Beacon Press, 1996).

[5] Julian Simon, *The Ultimate Resource* (Princeton, NJ: Princeton University Press, 1981), p. 12.

[6] The poverty information is taken from the Brookings Institute, https://www.brookings.edu/blog/future-development/2017/11/07/global-poverty-is-declining-but-not-fast-enough/ (Retrieved June 12, 2018). Malnutrition data are from World Food Program, https://www.wfp.org/news/news-release/world-hunger-again-rise-driven-conflict-and-climate-change-new-un-report-says (Retrieved June 12, 2018). For recent use estimates, see John Bongaarts, "Population: Ignoring Its Impact," in *Scientific American*, January 2002, pp. 67–69.

[7] Daly, op. cit., pp. 33–35.

[8] Hawken, Paul, Lovins, Amory, and Lovins, Hunter, *Natural Capitalism* (Boston: Little, Brown and Company, 1999).

[9] "Beyond Corporate Responsibility," by Patrick Cescau, in *Business Ethics: Decision Making for Personal Integrity and Social Responsibility*, edited by Laura Hartman, Joseph DesJardins, and Christopher MacDonald (New York: McGraw-Hill, 2018) pp. 482–489.

[10] The reality check is based on the following sources: John Elkington, "25 Years Ago I Coined the Phrase 'Triple Bottom Line.' Here's Why It's Time to Rethink It," *Harvard Business Review* (June 25, 2018). Retrieved October 11, 2019. "The social capitalist behind the phrase 'triple bottom line' talks about why some greenwashing is good," by Jesse Finfrock, *Mother Jones*, November/December 2008.

11장

직장 내 다양성과 차별

학습 목표

이 장을 읽고 나면,

- 다양한 직원 구성에서 제기되는 다양한 윤리적 문제를 설명할 수 있다.
- 직장 내 차별에 대해 설명할 수 있다.
- 기회 균등, 적극적 고용 개선 조치 및 특별 우대를 구분할 수 있다.
- 기회 균등과 적극적 고용 개선 조치의 윤리적 근거를 설명할 수 있다.
- 직장 내 특별 우대에 대한 찬반 윤리적 논거를 분석할 수 있다.
- 직장 내 성희롱 이슈에 대해 설명할 수 있다.

토론 사례: 성희롱과 양성평등

1964년 제정된 미국 연방민권법(U.S. Civil Rights Act of 1964)은 고용주가 '개인의 인종, 피부색, 종교, 성별 또는 출신 국가'를 이유로 개인을 차별하는 것을 불법으로 규정하고 있다. 2017년 10월, 당시 미국 법무부 장관 제프 세션스(Jeff Sessions)는 성차별(sex discrimination)에 대한 이러한 법적 보호가 성별(gender)에 따른 차별에는 적용되지 않는다는 판결을 내렸다. 세션스 장관은 "통상적으로 정의된 대로" "성(sex)"이라는 단어는 "생물학적으로 남성 또는 여성"을 의미하기 때문에 "성에 따른(because of sex)" 차별을 금지하는 법이 성차별(gender discrimination)에는 적용되지 않는다고 주장했다. 법무부 장관의 결정에 따르면 이 법은 "트랜스젠더 신분을 포함한 성 정체성 자체에 근거한 차별"에 대해서는 보호하지 않는다고 결론지었다.

이러한 분쟁은 민권법 제정 초기부터 혼란을 야기해 온 "성을 이유로(because of sex)"라는 문구의 모호함 때문이다. 1974년 반스 대 트레인(Barnes v. Train) 사건에서 한 법원은 직원이 상사와의 성관계를 거부했다는 이유로 상사가 직장 내에서 불평등한 대우를 한 것은 법을 위반한 것이 아니라고 결론지었다. 이 판사는 2017년 법무장관 세션스의 논리와 유사하게 '성(sex)'을 남성과 여성이라는 생물학적 범주를 의미하는 것으로 해석했다. 따라서 그는 이 직원이 "[생물학적] 여성이기 때문에" 학대를 당한 것이 아니라 "상사의 성적 요구를 거부했기 때문에" 부당한 대우를 받았다고 결론지었다. 법원은 그러한 행동이 "용납할 수 없는" 것이기는 하지만 민권법에서 금지하는 불법적인 차별 유형은 아니라고 결론지었다.

그러나 대부분의 법원은 이러한 해석에 동의하지 않았다. 1980년대에 이르러 미국 연방 평등고용기회위원회(Equal Employment Opportunity Commission, EEOC)는 성희롱을 성(sex)에 따른 차별의 한 형태로 정의하는 법적 지침을 마련했다. EEOC는 직장 내 성희롱이 직장 내 동등한 기회(equal opportunity)를 박탈하는 효과가 있으므로 "성(sex)을 이유로 한" 차별이라고 결론지었다.

EEOC 가이드라인은 그 이후로 직장 내 차별 금지법에 적용된 두 가지 유형의 불법 성희롱을 명문화했다. 고용을 조건으로 성적 호의에 굴복할 것을 요구할 때 대가성 성희롱(quid pro quo harassment)이 발생한다. 적대적 근무 환경(hostile work environment)은 직장 내 성희롱과 협박이 만연하여, 여성에게 불공정한 장벽을 조성할 때 발생한다.

2017년 가을에 주목받기 시작한 미투(MeToo) 운동은 대가성 성희롱과 적대적 근무 환경 두 가지 형태의 성희롱을 주된 문제로 삼았다. 이 운동은 여성들이 직장에서 매일 직면하는 만연한 성희롱과 성폭행에 대해 대중의 관심을 집중시켰다. 대중 매체와 소셜 미디어의 보도는 대부분 유명인이나 정치인과 관련된 사건에 초점을 맞췄지만, 미투 운동의 핵심 메시지는 성희롱과 성폭행이 사회 전반에 걸쳐 광범위하게 퍼져 있다는 것이었다. 이러한 것들, 즉 대가성 성희롱과 적대적 근무 환경에서의 성희롱은 많은 여성에게 너무 흔하게 겪은 일이며, '나에게도(Me Too)' 발생했던 일이라고 인식되었다.

그러나 특히 성별(gender) 역할과 정체성과 관련하여 모호한 부분이 여전히 남아 있다. 1989년의 한 사례에서, 한 여성이 한 회계 법인의 파트너로 승진하지 못한 이유가 자신이 고용주가 생각하는 여성의 모습과 행동 방식에 맞지 않는다는 이유 때문이었다고 주장하였다. 그녀는 충분히 '여성적'이지 않다는 것이었다. 또 다른 사례에서 건설 현장에서 일하는 한 여성은 동료들이 여성을 건설 현장의 리더십 역할로 받아들이지 않아 승진하지 못했다.

목수, 전기 기사, 배관공 등으로 일하는 그녀의 동료들은 여성이 '남성적'이라고 여겨지는 건설 직종에 어울리지 않는다고 생각했다. 그 결과, 그녀는 특별히 성적인 것은 아니지만 저속하고 거친 제스처와 언어로 지속적으로 괴롭힘을 당했다.

6장에서 설명한 제임스 다모어(James Damore)와 구글의 사례를 떠올려 보자. 다모어는 메모에서 고위 기술직 및 리더십 직위에서 여성이 불균등하게 대표되는 것은 생물학적 및 호르몬 차이에서 비롯될 수 있다고 주장했다. 이러한 생물학적 차이는 서로 다른 선호도와 능력을 낳으며, 이 차이는 모든 문화권에서 보편적으로 발견할 수 있다고 다모어는 주장했다. 다모어는 남성이 더 공격적이고 자기 주장이 강하며 체계적인 사고를 하고, 지위에 대한 욕구가 더 높다고 주장했다. 여성은 더 개방적이고 외향적이며 사물보다 사람에 더 관심이 많고 신경이 더 예민하다고 했다. 따라서 다모어가 관점에서 하이테크 기업의 직장 내 차별은 실제로 존재하는(생물학적으로 기반한) 능력과 기질의 차이에 근거하기 때문에 놀라운 일이 아니다.

생물학적 성(sex)이나 성적 취향(sexuality)이 아닌 성별 고정관념(gender stereotypes)에 의해 나뉘는 일부 직장이 있는데, 건설업과 소프트웨어 엔지니어링이 그 두 가지 예이다. 미국 법무부는 세션스 장관의 2017년 메모를 근거로 성별 차별(gender discrimination)이 성별(gender)에 근거한 것이 아니며 남성과 여성의 생물학적 범주가 아니기 때문에 민권법에 따라 불법이 아니라고 주장할 수 있다.1

토론 질문

1. 세션스 법무부 장관은 민권법이 남성과 여성이라는 생물학적 범주에 근거한 차별을 금지하고 있다고 주장했다. 왜 이러한 범주가 정부 규정의 대상이 되어야 하나? 다른 생물학적(또는 유전적) 범주에 근거한 차별도 불법이어야 한다고 생각하는가?
2. 고용주는 항상 입사 지원자와 직원을 차별한다. 예를 들어, 고용주는 성적, 출신 대학, 복장, 태도, 면접 스킬 등을 이유로 자주 차별을 한다. '성(sex)이 다르기 때문에' 일어난 직장 내 차별은 윤리적으로 정확히 무엇이 문제일까? '성(또는 인종, 종교)'이 다르기 때문에 일어난 차별은 성적, 출신 대학 등의 차별과 무엇이 다를까?
3. 적대적 환경의 직장은 많은 직원들에게 삶의 현실이다. 상사가 비열하거나, 까다롭거나, 화를 잘 내거나, 괴팍하거나, 성질이 나쁠 수 있다. 적대적인 근무 환경을 금지하는 법은 없다. 성(sex)에 기반한 적대적인 근무 환경과 고용주의 성격(personality)에 기반한 적대적인 근무 환경이 다른 이유는 무엇인가?

4. 일부 고용주는 직원들이 원하는 대로 행동하도록 위협을 사용한다. 예를 들어, 직원이 무언가를 하지 않으면 해고될 것이라는 위협을 받을 수 있다. 대가성 성희롱은 이러한 위협들과 어떻게 다른가?
5. 성별(gender)에 따른 차별은 성(sex)에 따른 차별과 어떻게 다르고, 또 어떻게 유사한가? 세션스 법무부 장관이 채택한 "성(sex) 때문에"라는 해석을 바탕으로, 제임스 다모어의 논리를 평가하라. 이러한 차별은 고용주가 "성(sex) 때문에" 차별해서는 안 된다는 원칙을 위반한 것일까?
6. 성소수자(LGBTQ) 입사 지원자에 대한 차별은 '성(sex)'으로 인한 차별인가? 트랜스젠더 입사 지원자에 대한 차별은 '성(sex)'으로 인한 차별인가?

11.1 서론: 다양성과 평등

앞서 언급한 토론 사례에서 설명한 바와 같이, 2017년 당시 법무부 장관 제프 세션스의 판결은 성(sex)에 따른 차별을 금지하는 법률을 협소하게 해석하였다. 세션스 장관의 판결은 앞서 트럼프 행정부 법무부가 민권법이 성적 지향(sexual orientation)에 따른 직장 내 차별을 금지하지 않는다고 주장한 결정을 뒤 이은 것이다. 당시 법무부는 "성(sex) 때문에"라는 문구는 '성적 지향'을 포함하지 않는 것으로 좁게 해석해야 한다고 판단했다. 따라서 이 주장에 따르면 성소수자 노동자를 차별하는 것은 민권법 위반이 되지 않는다.

세션스 법무부 장관의 결정은 "성(sex) 때문에"라는 문구를 성별(gender)을 포함하는 것으로 해석하고 모든 성소수자에 대한 시민권 보호를 확대하는 것으로 해석한 오바마 행정부 법무장관의 이전 판결을 뒤집은 것이다. 2021년 1월 20일 조 바이든이 미국 대통령으로 취임하던 날, 그는 세션스 법무장관의 결정을 뒤집는 행정명령을 발표했다. 바이든의 행정명령은 "모든 사람은 성 정체성이나 성적 지향에 관계없이 법에 따라 동등한 대우를 받아야 한다"고 결론지었다.

성소수자에 대한 직장 내 평등을 위한 법적 보호가 어느 정당이 대통령직을 장악하느냐에 따라 달라진다는 사실은 앞서 이 글에서 설명한 결론을 더욱 강화한다. 법을 준수하는 것만으로는 윤리적 책임을 다할 수 없다. 법은 해마다 바뀔 수 있지만, 윤리적 요구 사항은 변하지 않는다. 따라서 우리는 개인으로서뿐만 아니라 시민으로서도 직장 내 다양성과 포용(workplace diversity and inclusion)의 윤리에 대해 스스로 윤리적 결정을 내려야 하는 과제를 안고 있다.

2020년 미국 인구조사 데이터는 미국의 노동 인구가 점점 더 다양해지고 있다는 것을 보여 주었다. 미국 노동통계국에 따르면 오늘날의 노동 인구는 더 고령화되고, 인종과 민족이 더 다양해졌으며, 더 많은 여성으로 구성되어 있고, 이러한 추세는 수십 년 동안 지속되어 왔다. 백인 남성은 1970년대 이후 미국 노동 인구의 다수를 차지하지 않고 있다. 노동통계국은 2020년 인구조사 데이터를 바탕으로 백인 남성 이외의 모든 인종과 민족의 미국 노동력에서 차지하는 비율이 가까운 미래에 증가할 것으로 예상했다.[2] 민간 노동 인구 중 여성의 수는 48%로 증가하여 역사상 가장 높은 비율을 기록했다. (여성의 노동 참여율은 남성보다 높은 비율로 직장을 떠났던 코로나19 팬데믹 이후 몇 년 동안 다소 둔화되었다.) 여성은 전체 사업체의 40%를 소유하고 있으며, 미국 내 임원, 행정직, 관리직의 43%를 차지하고 있는데, 이것은 미국 역사상 가장 높은 비율이다.

그러나 점점 더 다양해지는 인구가 권위 있는 직책, 임금과 복지의 평등, 그리고 권력과 명성의 위치에서의 다양성 증가로 이어지지는 않았다. 전반적으로 여성의 평균 소득은 비슷한 연령대의 남성 노동자의 82%에 불과하며, 이는 1980년대 이후 거의 변하지 않았다. 여성과 소수자의 경제적 기회를 확대하기 위한 수십 년간의 법적, 정치적 노력에도 불구하고 여전히 심각한 불평등이 존재한다. 기업은 이러한 불평등을 해결하기 위한 주요 자원이다.

평등(equality)이라는 윤리적 가치와 법에 따른 평등한 대우라는 법적 가치는 직장 내 다양성에 대한 윤리적 분석의 중심에 있다. 서양 철학의 초기부터 평등은 정의의 기본 원칙으로 이해되어 왔다. 아리스토텔레스에 따르면 평등하게 대우하는 것은 윤리와 마찬가지로 논리학의 기본 원칙이기도 했다. 유대-기독교 전통에서 '하나님의 형상대로' 창조되었다는 것은 모든 개인이 태어나면서부터 동등하고 불가침의 존엄성을 지니고 있다는 의미로 해석된다. 17세기와 18세기의 군주제에 반대하는 위대한 민주주의 운동은 모든 사람이 평등하게 창조되었다고 주장했다.

물론 철학적으로 법적 평등의 원칙을 고수하는 사회 내에서도 불평등이 일상화된 경우가 많다. "동등한 자는 동등하게 다루어야 한다(Treat equals equally)"는 원칙을 지키기 위해서는 누가 '동등한 자'인지 파악해야 한다. 예를 들어, 미국에서 아프리카계 미국인과 여성은 능력의 차이가 있다는 주장에 따라 20세기까지 법적으로 평등한 대우를 받지 못했다. 히스패닉계, 아시아계, 아일랜드계, 유대인, 무슬림 등 다른 집단도 특히 직장에서 불평등한 대우를 받아 왔다. 동등한 시민권을 위한 노력의 중심에는 평등한 대우라는 근본적인 윤리적 원칙이 자리하고 있었다.

그러나 직장 내 책무를 평가할 때, 평등의 역할과 관련하여 명백한 딜레마가 있다. 한편으로는 직장 내 다양성을 확대하기 위한 이니셔티브는 대부분 평등을 근거로 정당화된다. 통계에 따르면 여성, 유색 인종, 성소수자는 직장 내에서 동등한 지위를 누리지 못하고 있는 것으로 나타났다. 소득, 직무 권한, 고용률과 같은 주요 지표에서 여성과 유색 인종은 항상 백인 남성보다 뒤처져 있다. 이러한 증거는 여성과 유색 인종이 직장에서 평등하게 대우받지 못하고 있음을 시사한다. 따라서 다양성 이니셔티브는 직장을 현재보다 더 평등한 곳으로 만드는 것을 목표로 한다.

다른 한편으로는, 다양성 이니셔티브는 직장을 더 다양하게 만들기 위해 기본적인 평등을 무시해야 하는 것처럼 보일 수 있다. 다양성을 높이기 위해 유일한 방법은 아니더라도 가장 효과적인 방법은 채용이나 승진의 기준으로 성(sex), 성별(gender), 인종(race) 또는 민족적 배경(ethnicity)을 의식적으로 사용하는 것일 수 있다. 비평가들이 종종 주장하듯이, 이는 백인 남성에게 동등한 기회를 부여하지 않고 성, 성별, 인종, 민족적 배경에 따라 특별한 배려를 함으로써 평등을 위반하는 것이다. 따라서 윤리적 문제는 채용, 승진 및 직장 내 기대치를 결정할 때 성, 성별, 인종 및 민족 범주를 사용하는 것에 초점을 맞추고 있다.

여성의 직장 내 평등에 대한 엇갈린 기록을 고려해 보자. 여성은 많은 전문직에서 상당한 진전을 이루었다. 1970년부터 2021년 사이에 여성 의사의 비율은 7.6%에서 36%로 증가했다. 1973년부터 2020년까지 여성 변호사와 판사의 비율은 5.8%에서 37%로, 공학 분야의 여성 비율은 1.3%에서 14%로 증가했다.[3] 그럼에도 불구하고 여성들은 여전히 저임금과 지위가 낮은 직종에 집중되어 있고 고임금, 블루칼라, 관리직에는 상대적으로 적으며 남성보다 낮은 임금을 받고 있다. 2016년 포춘 500대 기업의 CEO 중 96% 이상이 남성이었다. 미국 노동통계국에서 '행정 지원'과 '서비스'로 분류하는 직종에 종사하는 미국 태생의 여성 노동자는 40%인 반면, 남성 노동자는 16% 미만이 이런 직종에 종사하고 있다. 민간 기업에서는 백인 남성이 관리직의 65%, 백인 여성이 25%, 소수민족 남성이 6.5%, 소수민족 여성이 4% 미만을 차지하고 있다. 일반적으로 여성은 주요 기업에서 전체 고위직의 5% 미만을 차지하고 있다.[4]

성별과 인종에 따른 임금 격차도 여전히 지속되고 있다. 미국 노동통계국에 따르면 2020년 여성 임금은 평균적으로 남성 임금의 82%에 불과했다(1979년 63센트에서 증가했지만 지난 20년 동안 거의 변하지 않았다). 1993년 백인 여성은 백인 남성의 70.8%, 흑인 여성과 히스패닉 여성은 각각 백인 남성의 급여의 63.7%와 53.9%의 급여를 받았다. 전반적으로

REALITY CHECK:
다양성, 포용성, 그리고 조직 문화

4장에서는 기업 문화를 조직 내 행동을 영향을 주는 신념, 기대, 의미의 공유된 패턴이라고 설명했다. 조직 문화는 높은 윤리적 기준과 기대치를 설정함으로써 이점이 될 수도 있지만, 웰스파고의 경우처럼 공유된 기대치가 윤리적 기준에 부합하지 않을 경우 문제를 야기할 수도 있다.

대부분의 미국 역사에서 기업 문화를 형성한 공유된 신념과 기대는 거의 전적으로 백인 남성으로 구성된 기업 경영진에 의해 확립된 것이었다. 최근 수십 년 동안 노동 인구의 다양성이 증가함에 따라 이와 같은 경영진이 만든 문화적 기준과 이를 준수해야 하는 노동자 간의 차이는 현대 비즈니스에 문제와 기회를 동시에 만들어 냈다.

이 책의 여러 부분에서 설명된 윤리적 문제 중 일부는 조직의 규범과 다양한 배경을 가진 노동자들의 기대치 사이의 차이에서 비롯된다. 이 장에서 언급된 사례에는 전통적으로 남성 중심인 건설 직종에서 일하는 여성이 거칠고 저속하며 성적인 발언에 시달리는 경우가 있었다. 한 전문직 여성은 '충분히 여성적'이지 않다는 평가를 받았다. 하이테크 회사에 다니는 여성들은 충분히 공격적이거나 단호하지 않다고 여겨져 '신경증적'이라는 평가를 받았다. 남성들만 있는 건설 현장에서 최초의 여성 감독관, 회사 사무실의 첫 흑인 관리자, 시골 사업장의 첫 성소수자 직원이 되었다고 상상해 보자.

이 장에서 설명한 바와 같이 **직장 내 다양성**이 증가하는 것은 현재와 미래의 미국 인구통계의 현실을 보여 준다. 그러나 직장의 다양성을 높이는 것은 이야기의 일부에 불과하다. 다양한 배경의 인력을 조직 문화에 통합하고 그 문화를 더욱 다양한 인력에 맞게 조정하려면 추가적인 조치가 필요하다. 직장 내 다양성은 인력의 인종, 민족, 성별, 종교, 세대, 문화적 특성의 다양성을 의미한다. 다양성의 목표는 직장에서 다양한 관점과 경험의 폭을 넓히는 것이다. 포용성은 다양한 인력을 소중히 여기고 존중하며, 그들이 직장 내에서 목소리를 낼 수 있도록 보장할 수 있도록 하는 노력 또는 접근을 말한다. 포용적인 직장은 다양한 노동자가 있을 뿐만 아니라, 이들이 온전히 동등한 참여자가 될 수 있도록 권한을 부여한다.

관리자에게는 이러한 새로운 현실에 대응하여 조직 문화를 발전시키는 동시에 포용의 가치를 추구하는 것이 과제이다.

동일한 경력과 학력을 갖춘 여성은 남성보다 적은 임금을 받았다. 아무리 높은 학력을 가진 여성도 곧 같은 학력을 가진 남성보다 뒤처지게 된다.

소수 인종 노동자들의 상황은 2008~2010년 경기 침체로 인해 더 악화되었다. 1940년 흑인 남성은 백인 남성이 1달러를 벌 때, 평균 40센트만을 벌었다. 1990년에는 흑인 남성의 임금이 백인 남성의 임금의 약 75%까지 올랐고, 1998년에는 76%까지 상승했다. 그러나 최근 몇 년간 백인과 흑인 노동자의 임금 격차가 다시 벌어졌다. 또한 고용률이 상당히 높은 시기에도 흑인 남성의 실업률은 백인 남성의 2배 이상이며, 노동 참여율은 백인에 비해 크게 뒤처져 있다. 2022년에는 흑인의 실업률이 일반적으로 백인의 두 배에 달했다.

현실에서 이러한 불평등을 고려할 때, 사회적 및 윤리적 과제는 평등 대우의 원칙을 존중하면서 이러한 불평등을 해소하는 것이다. 미국 내에서는 기회 균등(equal opportunity), 적극적 고용 개선 조치(affirmative action), 특별 우대(preferential treatment) 정책의 발전에 따라 이 문제에 대한 다양한 접근 방식이 나타났다. 이러한 논쟁을 살펴보기 전에 다음 절에서는 현대 직장에서 불평등의 한 형태로서 나타내는 성희롱 문제를 살펴보기로 한다.

11.2 직장 내 성희롱

2017년에 일어난 #미투 운동은 성차별과 성희롱이 과거의 유물이 아니라는 점을 분명히 일깨워 주었다. 많이 알려진 사건들은 고위직 남성들이 권력을 남용한 사례들이었지만, '미투' 운동이 전 세계 여성들에게 공감을 불러일으킨 근본적인 이유는 이러한 사건들이 많은 여성이 직장에서 매일 겪고 있는 현실을 반영하고 있기 때문이다.

성희롱 관련 법의 법적 근거는 1964년 제정된 민권법이다. 이 법은 고용주가 다음을 하는 것을 불법으로 규정했다.

> (1) 개인의 인종, 피부색, 종교, 성 또는 출신 국가를 이유로 고용을 거부하거나 해고하거나, 보상, 고용 조건 또는 고용 특권과 관련하여 개인을 차별하는 행위, 또는 (2) 개인의 인종, 피부색, 종교, 성 또는 출신 국가를 이유로 고용 기회를 박탈하거나 박탈하려는 방식으로 직원 또는 입사 지원자를 제한, 분리, 또는 분류하거나, 직원으로서의 지위에 부정적인 영향을 미치는 행위.

어떤 면에서 이 법은 평등이라는 윤리적 원칙이 고용에 미치는 영향에 대해 매우 명시적으로 표현하였다. 개인은 인종, 피부색, 종교, 성별, 또는 출신 국가와 같은 업무와 무관한 요인에 따라 동등한 고용 기회를 박탈당해서는 안 된다. 이 법이 통과된 지 불과 몇 년 만에 성희롱으로 규정된 행동은 법적으로나 철학적으로나 평등한 기회를 박탈하는 것으로 이해되기 시작했다. 표면적으로는 합리적이고 적절해 보인다. 여성이 직장에서 괴롭힘을 당해 업무 수행 능력에 지장을 받게 된다면, 성희롱은 그녀의 평등한 업무 기회를 박탈하는 것이므로 부당한 성차별에 해당한다. 그러나 그 이면에는 여러 가지 복잡한 윤리적, 개념적 문제가 숨어 있다.

이 장의 토론 사례에서는 두 가지 형태의 성희롱, 즉 대가성 성희롱과 적대적인 근무 환경에 대해 소개했다. 대가성 성희롱은 '나와 성관계를 맺지 않으면 승진시켜주지 않겠다'는 위협이나 '나와 성관계를 맺으면 너의 경력을 도와줄 수 있다'는 제안의 형태를 취할 수 있다. 적대적 근무 환경 형태의 성희롱은 직장이 성적인 분위기로 가득 차 여성들이 제대로 일할 수 없는 상황이 발생할 때 일어난다.

미투 운동에서 악명 높은 사례들은 대가성 성희롱 형태였다. 성적 관계와 직장 내 혜택을 거래하려는 위협과 제안은 모두 강압 또는 갈취의 형태로 볼 수 있다. 가장 명백한 사례는 한 개인이 원치 않는 동료로부터 성적 호의(sexual favors)를 얻기 위해 직장 내 권위를 악용하는 경우이다. 영화 제작자 하비 와인스틴(Harvey Weinstein)에 대한 혐의는 이러한 형태의 성희롱에 해당한다. 피해자들은 와인스틴이 자신의 성적 요구를 거부할 경우 경력을 해치겠다고 위협하며 괴롭혔다고 주장했다.

하지만 강압적인 위협과 제안은 직장 내에서 매우 자주 발생한다. 관리자들은 종종 '내 말대로 하지 않으면 해고될 것'이라는 위협이나 '이 일을 완수하면 보너스를 받을 것'이라는 제안을 사용하여 직원들을 동기 부여한다. 그렇다면 성적 위협이나 제안을 특별히 주목해야 하는 이유는 무엇일까? 성희롱이 정확히 어떤 경우에 성차별로 간주될 수 있을까?

법적인 맥락에서 법원은 1970년대와 1980년대에 걸쳐 이 문제를 놓고 씨름했다. 대가성 성희롱은 성희롱이 "성 때문에(because of sex)" 발생할 때, 성차별이 된다. 따라서 토론 사례에서 언급된 이전 사례에서 판사는 불평등하고 유해한 대우가 성 때문이 아니라, 직원이 상사와의 성적 관계를 거부했기 때문에 발생한 것으로 보아 불법적인 차별이 아니라고 결론지었다. 이 여성 직원은 '여성이라는 이유로' 부당한 대우를 받은 것이 아니라, 상사의 성적 요구를 거부했기 때문이다.

앞서 언급된 성차별에 관한 세션스 법무장관의 판결은 "성 때문에(because of sex)"라는 문구의 모호함이 성(sex) 및 성별(gender) 차별에 관한 현대의 많은 논쟁의 근간이 됨을 지적한 것이다. 법무장관 세션스가 언급한 의미에서 '성(sex)'은 남성과 여성이라는 생물학적 범주를 의미한다. 또 다른 의미에서는 성적 취향(sexuality)과 성적 관계(sexual relations)를 의미한다. 세 번째 의미에서는 남성과 여성의 적절한 사회적 역할에 대한 문화적으로 정의된 규범을 의미하는 성별(gender)을 뜻한다.

이러한 모호성으로 인해 법원과 고용주 모두 여러 가지 어려운 문제에 직면했다. 모든 성적인 성격의 괴롭힘이 부당한 차별이라고 단정할 수는 없지만, 최소한 논의의 여지는 있다. 무심한 성적 농담이나 플러팅(flirtation)은 때때로 불쾌하거나 저속할 수 있지만, 반드시 차별적이라고 할 수는 없다. 또는 관리자가 동성애자 직원을 괴롭히는 경우, 이는 성적(sexual)이지 않더라도 성별(gender)에 기반한 괴롭힘의 사례일 수 있다. 심각한 강압이나 강요는 비윤리적이며 때로는 불법일 수 있지만, 반드시 성(sex)에 기반한 것은 아니다.

반면, 직장에서 성적인 요소가 개입되지 않은 경우에도 여성들에게는 여전히 심각한 장벽이 존재할 수 있다. 성적 욕망보다는 여성에 대한 적대감에 기반한 차별적 대우가 부당한 차별의 전형적인 사례여야 하지만, 이는 대가성 성희롱 모델에는 포함되지 않는다. 건설업계의 사례와 앞서 설명한 구글 직원의 사례는 모두 '성적인 성격(sexual nature)'이 아닌 성별(gender)에 기반한 차별의 사례이다.

대가성 성희롱 모델의 이러한 한계를 보완하고 또 다른 범주의 차별 사례를 설명하기 위해, 학자들과 법원은 적대적 근무 환경 모델을 인정하고 있다. EEOC 가이드라인을 주의 깊게 살펴보면, 적대적 근무 환경이 대가성 성희롱의 일반화된 버전에 불과하다는 것을 알 수 있다.

> 원치 않는 성적 요구, 성적 호의에 대한 요청, **기타 성적인 언어나 신체적 행위**는 … 그러한 행위가 개인의 업무 수행을 부당하게 방해하거나 위협적이고, 적대적이며, 불쾌한 업무 환경을 조성할 목적이나 효과를 가질 경우 성희롱에 해당한다[강조 추가].

따라서 노골적인 성적 요구나 위협의 형태가 아니더라도 특정한 '성적인 언어나 신체적 행위'는 여성의 업무 능력을 방해하여 직장 내 차별로 간주될 수 있다. 그러나 안타깝게도 이는 윤리적이거나 법적으로 매우 명확한 가이드라인이 아니다. 이러한 기준은 부당한 성차별의 범주에 속하는 사례를 너무 많이 또는 너무 적게 포함시킬 가능성이 있다.

이 가이드라인은 비교적 무해하고 순진한 농담이나 플러팅을 부당하고 불법적인 차별로 취급할 수 있기 때문에, 너무 많은 사례를 허용하는 것처럼 보인다. 불법이 되기 위해서는 여성의 업무 능력을 방해하려는 '목적'이 없어도, 실제 효과만 있으면 된다. 그러나 이는 불법 행위가 공적이고 객관적인 기준이 아니라 피해를 주장하는 개인의 주관적인 인식에 따라 결정될 수 있음을 의미한다. 따라서 젊은 남성과 여성이 무난하다고 생각하는 언어나 행동에 대해 상대적으로 점잖고 나이 든 여성이 심한 불쾌감을 느낄 수 있다. 이러한 경우, 이 가이드라인은 여성이 동료의 행동이 자신의 업무에 방해가 될 정도로 불쾌하다고 생각하는 한, 의도 여부와 관계없이 그것을 괴롭힘으로 간주할 수 있다고 해석될 수 있다. 이러한 기준은 여성 직원이 괴롭힘을 당했다고 느낄 때마다 고용주에게 법적 책임을 묻는다면, 분명 고용주에게 불공평할 것이다.

이 문제를 해결하기 위해 법원은 전통적으로 합리적인 남성 기준(reasonable man standard)이라는 개념에 의존해 왔다. 이 기준에 따르면, 가이드라인에서 제시하는 '합리성(reasonableness)'이라는 표현을 강조하여, 해당 행위가 업무를 '불합리하게 방해(unreasonably interfering)'하는 효과가 있어야 한다. 이 기준은 피해자의 인식만으로 괴롭힘 여부를 판단하는 것을 방지해 준다. 이 기준에 따르면, 합리적인 남성이 업무에 지장을 줄 만큼 심각하다고 판단할 때만 불법적인 괴롭힘이라고 간주한다. 물론, 최근 수십 년 동안 법조계에서는 합리적인 남성이라는 표현 대신 합리적인 사람 기준(reasonable person standard)을 사용하기 시작했지만, 여기에는 여전히 해결해야 할 과제가 남아 있다.

성적인 측면에서 부적절한 행동에 대한 남성과 여성의 기준이 다를까? 만약 그렇다면, 합리적인 여성 기준과 합리적인 남성 기준이 다를 수 있는 경우, 괴롭힘의 심각성을 판단하는 데 어떤 기준을 사용해야 할까? 또한, 10장에서 논의했듯이 합리적인 사람 기준 자체가 모호하다. 때로는 이를 사람들이 합리적이라면(즉, 관련 사실을 알고 문제를 객관적이고 신중하게 고려하는 등) 채택할 만한 규범적이거나 객관적인 기준으로 해석하기도 한다. 다른 경우에는 평균적이거나 일반적인 사람 기준으로 해석되는데, 이는 사람들이 실제로 그리고 평균적으로 항상 신중하고 정보에 입각하여 합리적으로 행동하는 것은 아니라는 점을 인정하는 해석이다. 따라서 이 합리적 기준을 네 가지 범주로 나누어 생각해 볼 수 있다. 이상적으로 합리적인 사람, 평균적으로 합리적인 사람, 이상적으로 합리적인 여성, 평균적으로 합리적인 여성. 직장 내 괴롭힘의 심각성을 판단할 때 어떤 기준을 사용해야 할까?

사람(person)에서 여성(woman)으로 기준을 바꿔야 하는 데에는 두 가지 중요한 이유가 있다. 첫째, '사람' 기준이 얼마 전까지만 해도 '남성' 기준이었다는 사실을 고려할 때, '사람'이라는 표현이 단순히 '남성'의 위장된 버전[5]일 가능성을 경계해야 한다. 여전히 매우 남성 중심적인 사회, 특히 직장에서는 합리적인 사람 기준이 단순히 현상 유지를 하는 역할을 할 수 있다. 예를 들어, 합리적인 사람이 건설 현장에서 거친 행동과 저속한 언어 외에 무엇을 기대할 수 있을까? 그러한 행동이 정상적인 것이라면, 그곳에서 일하려는 합리적인 사람은 다른 것을 기대해서는 안 된다는 결론에 이를 수 있다.

이 관점은 라비듀 대 오세올라 정유회사(Rabidue v. Osceola Refining Co.) 사건에서 한 판사가 반대 의견으로 제시한 것이다. 이 판사는 "합리적인 여성의 관점을 채택하지 않는다면, 피고는 물론 법원도 가해자, 즉 이 경우 남성들이 만들어 낸 뿌리 깊은 합리적 행동의 개념을 계속 유지하게 될 것"이라고 주장했다. 편견이나 차별이 만연한 상황에서 행동을 판단하기 위해 '정상적인(normal)' 기준을 적용하는 것은 부당함을 충분히 해결하기 어려울 수 있다.

물론 이러한 우려는 합리성에 대한 '이상적인' 해석보다는 '평균적인' 해석에 더 불리하게 작용할 수 있다. 그러나 두 번째 우려는 두 가지 모두에 불리하게 작용하는 것처럼 보인다. 이 기준을 채택해야 하는 두 번째 이유는 사실로 보이는 것에 근거한다. 성적 취향과 성관계에 있어서, 여성과 남성은 성적인 경험을 다르게 인식하는 것으로 보인다. 인종이나 민족에 따라 인종적 또는 민족적 모욕적인 표현이 다르게 인식되는 것처럼, 성적인 언어 및 신체적 행위도 다르게 인식되는 것 같다. 만약 그렇다면, 사회는 소외된 집단이 '평균적인' 사람들이 '정상적'이라고 생각하는 행동으로 인해 피해를 입을 수 있다는 사실을 인정해야만 차별적 괴롭힘을 해결할 수 있을 것이다. (예를 들어, 1950년대 미국 남부의 남단 지역(특히 조지아, 앨라배마, 미시시피, 루이지애나, 사우스캐롤라이나 주)에서 적용된 '합리적인 남성' 기준이 흑인 남성을 '소년'이라고 부르는 행위의 불쾌감을 어떻게 인식했을지 생각해 보자.) '합리적'이라는 것이 평균적인 모델이 아닌 이상적인 모델로 해석된다면, 우리는 사람들이 자신의 행동이 다른 사람들에게 어떻게 해석될지를 실제로 알지 못했더라도 알았어야 할 것에 대해 책임을 물을 수 있다.

하지만 합리적인 여성 기준으로의 전환에 대해 주저할 이유도 있다. 첫째, 우리가 거부해야 할 성적 고정관념과 온정주의를 강화할 수 있다. 여성은 남성보다 더 민감하고, 연약하며, 섬세하다고 인식되어, 거친 직장에서 더 많은 보호를 받아야 한다고 여겨질 수 있다. 이는 직장에서 여성에게 딜레마를 초래할 수 있다. 한편으로는 여성이 보호가 필요한 연약한 사람으로 인식되어 건설 현장이나 기업 이사회 같은 거친 남성 중심의 직장에 어울리지 않는다고 생각될 수 있다. 반면에, 직장에서 적응하고 어울리려 노력하는 경우에는 '남자들 중 하나' 또는 덜 '여성적인' 사람으로 인식되어, 괴롭힘으로부터 보호받을 자격이 없거나 보호가 필요하지 않은 것으로 여겨질 수 있다.

합리적인 여성 기준으로의 전환을 주저하는 두 번째 이유는 남성에게 불공평한 상황을 초래할 수 있기 때문이다. 여성과 남성이 성적인 상황을 다르게 인식하고, 평균적인 남성이 괴롭힘 상황을 괴롭힘으로 인식하지 못한다면, 의도하지 않았거나 오해받은 행동에 대해 남성에게 책임을 묻는 것은 불공평하게 보일 수 있다. 만약 서로 다른 관점 사이의 간극이 메워질 수 없을 정도로 크다면, 즉 남성이 여성의 관점에서 이해하지 못할 뿐만 아니라 이해할 수도 없다면, 남성과 고용주에게 그들이 괴롭힘으로 인식하지 않은 행동에 대해 책임을 묻는 것은 분명 불공평할 것이다. 그러나 그 격차를 해소할 수 있다면, 남성과 고용주에게 책임을 묻는 것이 더 합리적일 것이다. 하지만 다시 말하자면, 이러한 비판은 이상적이고 규범적인 합리성 기준보다는 평균적 또는 정상적 기준에 더 불리하다. 이상적인 기준에서는 남성이 자신의 괴롭힘 행위를 완전히 이해하지 못하더라도, 그들이 신중히 성찰했다면 알았어야 했기 때문에 책임을 물을 수 있다.

이러한 점들을 고려할 때, 합리적인 사람 기준의 적어도 한 가지 버전은 옹호될 수 있음을 시사한다. 남성이든 여성이든 모든 사람이 행동하기 전에 생각하고 판단해야 하는 이상적인 기준으로 해석된다면, 합리적인 사람 기준은 적절해 보일 수 있다.

11.3 차별, 평등한 기회, 그리고 적극적 고용 개선 조치

점점 더 다양해지는 직장은 현대 기업에 기회와 도전 모두를 제공한다. 채용 후보군의 다양성이 높아진 것은 경영진에게 다양한 재능, 경험, 능력을 갖춘 직원을 발굴하여 직원의 역량을 강화할 수 있는 기회를 제공한다. 또한 직장 내 다양성이 높아짐에 따라, 고용주는 각기 다른 직원들의 다양한 관점과 통찰력을 통해 더 많은 이점을 얻을 수 있다. 창의적이고 혁신적인 아이디어와 '틀을 벗어난' 사고를 장려하는 좋은 방법은 기존의 틀에 얽매이지 않는 사람들을 고용하는 것이다. 마지막으로, 이러한 직원을 발굴, 채용, 고용 및 유지하고, 고객의 언어를 구사하여 시장에 더 나은 서비스를 제공할 수 있는 직원을 보유한 기업은 시장에서 많은 경쟁 우위를 확보할 수 있다. (다음의 REALITY CHECK '다양성과 포용성의 사업 타당성 평가'를 참조하라.)

그럼에도 불구하고, 직장 안팎의 인구가 점점 더 다양해지면서 기업은 새로운 도전 과제에 직면하게 된다. 다양한 인력은 성별, 인종, 민족, 문화의 차이로 인해 효율적이고 평화로운 직장을 구축하는 데 장애가 될 수 있는 상황을 자주 겪을 수 있다. 더 나아가, 직장은 더

REALITY CHECK:
다양성과 포용성의 사업 타당성 평가

이 장에서는 직장 내 다양성과 포용성을 증진하기 위한 실천과 정책의 윤리적 근거에 대해 많은 논의하고 있다. 그러나 많은 이들이 다양성과 포용성을 위한 강력한 사업적 타당성이 존재한다고 주장한다. 이러한 사례에는 다음과 같은 내용이 포함된다.

채용 및 유지. 노동력 풀이 확대되면 더 우수한 인력을 채용할 수 있는 능력이 향상되며, 반대로 그 풀이 제한되면 기업이 채용할 수 있는 인력의 질도 제한될 수 있다. 이는 다양한 노동력 풀에서 적극적으로 채용하는 기업이 더 나은 인력을 확보할 수 있다는 것을 의미하며, 또한 다양한 배경의 인력을 보유하고 있다는 사실 자체가 채용의 중요한 도구가 될 수 있음을 시사한다. 많은 노동자들, 특히 이제 막 노동 시장에 진입한 젊은 세대는 다양한 배경의 동료들과 함께 일하는 것을 선호한다는 증거가 있다. 다양한 인력을 채용하는 것뿐만 아니라, 다양한 인력 구성이 더 의미 있는 직장을 만들고, 다양한 배경을 가진 직원을 더 잘 유지할 수 있다는 증거도 있다. 이는 또한 점점 더 다양해지는 노동력의 현실에 대비하는 데 중요한 도움이 될 것이다.

혁신과 창의성. 다양하고 역량 있는 인력은 새로운 아이디어를 창출하고 문제 해결 과정에서 더 큰 창의성을 발휘할 수 있다. 다양한 관점을 모아 '틀 밖의 사고'를 하는 것은 정체, 배타적 사고, 편협한 사고를 피하고, 독창성과 혁신을 촉진하는 데 매우 효과적이다. 다양성과 포용성이 있는 직장은 모든 직원이 상호 학습을 통해 혜택을 누리고 성장할 수 있는 환경을 조성하여 큰 성과를 거둘 수 있다.

고객 서비스 및 평판 관리. 다양한 배경을 가진 직원들은 점점 더 다양해지는 고객과 클라이언트에게 최상의 서비스를 제공할 수 있다. 인구통계학적 자료에 따르면, 인력뿐만 아니라 전체 인구도 점점 더 다양해지고 있다. 다양한 배경을 가진 직원들의 지원은 기업이 다양한 고객 커뮤니티에서 시장 기회를 더 잘 포착할 수 있도록 준비시키며, 그 커뮤니티 내에서 신뢰와 브랜드 충성도를 구축하는 데 도움이 될 수 있다.

리스크 관리. 여성, 유색 인종, LGBTQ+ 직원이 관리직과 임원직에 광범위하게 포진된 회사에서는 괴롭힘과 차별에 대한 소송 가능성이 낮을 뿐만 아니라, 직장 내 형평성에 대한 기타 장벽이 발생할 가능성도 적다. 다양성과 포용의 조직 문화는 실제로 괴롭힘과 차별을 방지하는 강력한 장벽이 될 수 있다.

재무 성과. 다양성과 포용성이 기업의 재무 성과에 중요한 요소임을 보여 주는 수많은 연구가 있다. 위에서 설명한 요인들로 인해, 경영진과 이사회의 구성에서 다양성을 확대하는 등 다양한 인력을 적극적으로 지원하고 장려하는 기업은 그렇지 않은 기업보다 더 높은 투자 수익률을 기록한다.

넓은 사회의 일부분에 불과하며, 평등과 차별에 관한 사회적 문제는 직장 밖에서와 마찬가지로 직장 내에서도 동일하게 나타날 수 있다.

직장 내 다양성은 윤리적 관점에서도 여러 질문을 제기할 수 있다. 고용주는 의도적으로 인력의 다양성을 높이기 위해 노력할 책임이 있는가? 다양성을 추구하는 것이 단순히 인력 풀을 개선하고 고객에게 더 나은 서비스를 제공하기 위한 비즈니스 측면의 문제일까, 아니면 그렇게 해야 할 윤리적 의무도 있는 것일까? 고용주는 고용주와 다른 배경을 가진 직원에 대해 어떤 윤리적 책임을 져야 하는가? 예를 들어, 고용주의 의료 보험 혜택에 가족 보장이 포함되어 있다면, 그것이 동성 결혼에도 적용되어야 하는가? 고용주는 다양한 사람들을 직장에서 배제할 수 있는 자유를 가져야 하는가?

인종, 성, 민족 차별과 같은 고질적인 사회 문제에 대해 기업에 책임을 묻는 것은 불공평하거나 불합리하다고 생각하는 사람도 있을 것이다. 이러한 관점에서 보면, 기업은 고용 차별을 금지하는 법을 준수할 책임만 있을 뿐, 그 이상의 것을 요구하는 것은 결국 경제 기관인 기업에게 지나친 요구일 수 있다. 따라서 기업이 평등한 대우와 기회 균등을 부정하지 않는 한, 고용 및 상거래에서의 차별에 관한 법적 및 윤리적 책임을 다한 것이다. 이러한 일반적인 견해는 한 번쯤 생각해 볼 가치가 있다.

가장 먼저 주목할 점은 이러한 관점이 평등이라는 가정된 가치에 기반하고 있다는 것이다. 이것만으로도 법적, 윤리적 논쟁이 불과 몇십 년 만에 얼마나 크게 발전했는지를 보여주는 증거다. 1960년대까지만 해도 많은 주(州) 법은 공공장소와 학교에서 인종 분리를 허용했을 뿐만 아니라 실제로 의무화했다. 또한, 여성은 1920년 투표권을 얻은 후에도 수십 년 동안 많은 일자리, 전문 직업, 학교에서 배제되었다. 21세기의 학생들이 이 사실을 알고 있었는지는 모르겠지만, 민권법은 정치적으로 매우 논란이 많은 조치였고, 이로 인해 직장과 상업 분야를 포함한 미국 사회 전반에 걸쳐 상당한 변화가 요구되었다. 이 장의 토론 사례는 현대 직장에서도 다른 형태의 차별이 여전히 지속되고 있음을 상기시켜 준다. 성 정체성과 성적 지향에 따른 평등은 미국 법무부에서도 여전히 논란이 되는 주제이다.

그럼에도 불구하고, 각 개인에게 평등한 대우와 동등한 경제적 기회를 제공하겠다는 의지는 적어도 북아메리카, 유럽 등 전 세계 대부분의 지역에서 존재하는 윤리적 합의만큼이나 강력하다. 이러한 합의의 윤리적 근거는 모든 주요 윤리 이론의 근본적인 교리에서 찾을 수 있으며, 이는 도덕성 자체의 근본적인 가정으로 볼 수 있다. 모든 개인은 동등한 도덕적 지위를 누릴 자격이 있다.

차별에 대한 기업의 윤리적 책임(비록 법적 책임은 아닐지라도)에 대한 첫 번째 접근으로, 평등한 대우에 대한 헌신은 기업이 모든 활동에서 차별을 하지 않을 것을 요구한다고 할 수 있다. 이러한 책임은 때때로 소극적 차별 금지 정책을 요구하는 것으로 언급된다. 기업은 성별, 인종, 민족 등을 이유로 차별하지 않는 한, 즉 윤리적으로 금지된 행위를 하지 않는 한 이 책임을 다하는 것이다. 이제 남은 문제는, 기업이 차별의 영향을 상쇄하기 위해 긍정적, 즉 '적극적(affirmative)' 조치를 취할 책임이 있는지 여부이다. 질문은 다음과 같다. 흔히 공식적인 기회 균등이라고 불리는 법적 접근성만으로 차별 문제를 적절히 해결할 수 있을까? 윤리는 단지 기업이 차별하지 않는 것만을 요구하는가? 이 질문에 답하기 위해 우리는 이 문제가 정확히 무엇인지 더 자세히 살펴볼 필요가 있다.

먼저, 차별 자체가 반드시 나쁜 것은 아니라는 점에 주목해야 한다. 평등한 대우가 동일한 대우를 의미하는 것은 아니다. 평등에 대한 윤리적 헌신은 개인을 똑같이 대우할 것을 요구하지 않는다. 차별은 예를 들어, 음식이나 음악에 대한 안목이 뛰어난 사람을 묘사할 때처럼, 일반적으로 구별할 수 있는 능력을 의미한다. 우리는 직장에서 고용주가 채용할 사람과 그렇지 않은 사람, 승진할 사람과 그렇지 않은 사람 사이에 차이를 두는 것이 합리적이라고 기대한다. 윤리적 문제는 이러한 차별을 위한 기준이 비윤리적이거나 불공정할 때에만 발생한다.

예를 들어, 내 사업을 위한 웹사이트를 만들고 유지·관리할 직원을 채용한다고 가정해 보자. 컴퓨터 활용 능력과 웹사이트 작업 경험에 따라 지원자를 구별하는 것은 당연한 일이다. 직무와 관련된 기준에 따라 차별을 한다면, 윤리적으로 책임감 있게 행동한 것으로 보일 것이다. 모든 지원자에게 동등한 지원 기회를 제공하지만, 가장 적합한 사람만 채용하는 것이다.

이제 약간 다른 예를 생각해 보자. 이 직책에 대한 자격을 갖춘 후보자 풀이 있고 동등한 자격을 갖춘 사람들을 차별해야 한다고 가정해 보자. 또한 후보자 중 한 명이 나의 모교를 졸업했다고 가정해 보자. 나는 충성스러운 동문으로서 모교를 생각해 그 후보자에게 일자리를 제안한다고 가정해 보겠다. 나는 이 후보자가 나의 모교를 다녔기 때문에 더 자격이 있다고 주장하지는 않지만, 학교 동문에 대한 개인적인 선호가 있을 뿐이다. 직무와 관련한 기준이 아닌 개인적인 선호도에 따라 구분하는 것이 잘못된 행위일까?

이제 이 예를 약간 바꿔 보자. 내가 모교 졸업생을 채용하기를 선호하는 것이 아니라 백인 남성을 채용하기를 선호한다고 가정해 보자. 채용에 있어 모교 출신을 선호하는 것과 백인 남성을 선호하는 것 사이에는 어떤 차이가 있을까? 또는 종종 행해지는 것처럼, 회사가 현직 직원의 가족에게 채용 특혜를 준다고 가정해 보자. 충성스러운 현직 직원에게 보답하려는 이 회사의 바람이 평등 기회를 침해하는 것일까? 또는 서두에 언급된 토론 사례를 생각해 보자. 회사가 이성애자(heterosexuals)만 채용하기로 결정했다면 무엇이 잘못된 것일까?

이전 장의 논의를 되돌아보며, 이 문제에 대한 몇 가지 일반적인 윤리적 관점을 검토해 볼 수 있다. 경제적 효율성을 중시하는 공리주의적 관점은 고용 자격에 대한 좁은 시각을 지지할 것이다. 관리자는 무엇보다도 직무 수행 능력과 기술을 기반으로 채용을 결정해야 한다. 그러나 모든 공리주의적 계산에서 다른 결과들(예: 채용 시 직원 가족을 우대하는 장기 근속자에 대한 선의)도 고려해야 한다. 재산권과 관리자의 특권을 강조하는 자유주의적 접근 방식은 채용에 있어 관리자의 재량권을 더 많이 인정하는 주장에 지지할 것이다. 그러나 정의에 대한 공통된 우려는 모든 개인이 공정하고 평등하게 대우받도록 하기 위해 두 가지 접근 방식을 모두 제한할 것이다.

동문 채용과 같은 결정이 종종 내려진다는 점을 인정한다면, 다른 모든 자격 요건이 동등하다면 고용주는 채용 결정을 내릴 때 폭넓은 재량권을 가져야 한다고 말할 수 있다. 물론 관리자의 재량권의 범위는 결정을 내리는 사람이 개인 소유 사업주인지, 아니면 상장 기업 내 인사 관리자인지에 따라 달라질 수 있다. 또한 이러한 재량권은 해당 직책이 어떻게 광고되고 서술되었는지에 따라서도 달라져야 한다. 현 고용주의 가족을 우대한다는 내용이 명시된 채용 공고는 지원자들 사이에 오해를 불러일으키지 않을 것이다. 그럼에도 불구하고 다른 지원자들이 비슷한 위치에 채용될 수 있는 동등한 기회를 가졌고, 지원 과정에서 오해를 받지 않았다면, 명백하게 불공정한 일이 발생했다고 보기는 어려울 것이다.

반면, 다른 대학 출신 지원자들은 직무와 관련된 자격이 아닌 광고되지 않은 개인적 선호에 따라 채용하는 것이 불공평하다고 주장할 수 있다. 이들은 채용 과정에서 숨겨진 의제가 있었다고 주장할 수 있으며, 법적으로는 동등한 기회가 주어졌지만 실제로는 공정한 기회를 받지 못했다고 주장할 수도 있다. 내 학교 동문이라는 숨겨진 이점을 극복하기 위해서는 다른 지원자들이 채용된 사람보다 더 뛰어난 자격을 갖춰야 했을 것이다. 따라서 사실상 더 높은 기준을 적용받았기 때문에 형식적으로는 기회가 동등해 보일지라도 실제로는 동등한 대우를 받지 못한 셈이다.

일부 사람들은 백인 남성이 직장에서 불균형적으로 높은 위치에 있기 때문에, 백인 남성 구직자가 예시에서 채용 담당자와 같은 학교를 졸업한 사람과 같은 유리한 위치에 있다고 주장할 수 있다. 때로는 의식적이든 무의식적이든 자신과 비슷한 사람을 고용하려는 개인적인 선호가 존재한다. 따라서 법적인 접근만으로는 여성이나 유색 인종이 백인 또는 남성 위주의 직장에서 성공할 수 있는 공정한 기회를 얻기에 충분하지 않을 수 있다. 이는 백인 남성을 선호하는 결정이 의식적이고 의도적인 편견의 결과라는 의미는 아니다. 그러나 개인적 선호(예: 특정 학교 졸업생 선호)나 '동료 간의 협력 가능성' 또는 '잘 적응할 수 있는지' 여부와 같은 기준이 이미 '정상적'으로 확립된 것에 대해 숨겨진 편견을 초래할 수 있다. 흔히 인맥 네트워크(old boys' network)라고 불리는 것이 이러한 상황을 보여 주는 좋은 예이다. 회사 내 인맥이 있는지, 가족이나 친구의 추천을 받았는지, 좋은 학교를 다녔는지 등 취업에서 중립적으로 보이는 요소들이 실제로는 현상 유지를 강화하는 매우 보수적인 편견으로 작용할 수 있으며, 이는 여성과 유색 인종에게 불리하게 작용할 수 있다.

단순한 법적인 접근과 소극적인 차별 금지가 불충분하다고 여겨지는 가장 분명한 이유는, 민권법이 통과된 지 60년이 지났음에도 불구하고 경제 전반에 여전히 불평등한 대우가 만연해 있기 때문일 것이다. 기회 균등만으로는 이 법이 해결하려던 많은 문제를 여전히 해결하지 못했다고 해도 과언이 아니다. 앞서 설명한 불평등의 현실을 감안할 때, 선택지는 두 가지뿐인 것 같다. 사회와 기업이 기회 균등과 차별 금지에 계속 의존하여 여성과 유색 인종이 완전한 평등을 계속 기다려야 하거나, 사회와 기업이 사회적·경제적 불평등을 해결하기 위해 보다 적극적인 조치를 취하는 것이다.

적극적 고용 개선 조치는 단순한 법적 접근성이나 소극적 차별 금지를 넘어 더 평등한 직장을 확보하기 위한 모든 행동을 의미하며, 고용 기준이나 자격을 변경하지 않는다. 따라서 적극적 고용 개선 조치 정책은 이전에 불이익을 받았던 그룹에 긍정적인(적극적) 혜택을 제공하지만, 자격을 변경하거나 낮추지 않는 방식으로 이루어진다.

이 주제를 논하기에 앞서, 이 논쟁에서 사용되는 언어를 되짚어볼 필요가 있다. 기회 균등, 적극적 고용 개선 조치, 특별 우대(preferential treatment), 역차별(reverse discrimination)의 개념은 사회적 논쟁과 토론에서 매우 모호하게 사용된다. 우대 정책을 옹호하는 사람들은 우대 정책을 단순히 기회 균등이나 적극적 고용 개선 조치로 정의하는 경향이 있으며, 비교적 온건한 의미로 인해 혜택을 얻는다. 반면, 우대 정책을 비판하는 사람들은 이를 역차별이라고 부르며, 적극적 고용 개선 조치와 구별하지 않고 취급하여 기회 균등 이외의 모든 것을 비윤리적 차별로 간주하는 경향이 있다. 명확성을 위해, 적어도 수사적으로 문제를 속단하지 않도록 몇 가지 정의를 제시할 수 있다.

기회 균등(equal opportunity) — 분리와 반대되는 개념 — 은 성별, 인종, 민족적 배경에 관계없이 법적 접근성을 보장하는 것을 의미한다. 이를 소극적 차별 금지라고 한다. 컬러 블라인드(color-blind) 또는 젠더 블라인드(gender-blind)로 설명되는 정책은 기회 균등 정책의 대표적인 예이다. 기회 균등은 모든 주요 윤리적 전통과 현대 정치철학에서 보편적으로 지지받고 있다.

적극적 고용 개선 조치(affirmative action)란 소극적인 차별 금지 수준을 넘어 불평등한 대우를 완화하기 위해 취하는 모든 긍정적인 조치를 말한다. 명확성을 위해 우리는 적극적 고용 개선 조치 정책을 기존의 기준이나 자격을 변경하지 않는 것으로 한정한다. 예를 들어, 지원자 풀의 다양성을 높이기 위해 여성과 소수계 지원자를 모집하고, 이들이 회사에 지원하도록 장려하며, 여성이나 소수자에게 어필할 수 있는 매체에 광고를 하고, 채용된 여성이나 유색 인종에게 지원을 제공하는 것은 적극적 고용 개선 조치의 일환이다. 남성보다 여성에게 더 많은 안전을 제공하기 위한 이러한 조치는 적극적 고용 개선 조치의 간단한 예일 것이다. 아마도 가장 흔한 적극적 고용 개선 조치의 예는 자격을 갖춘 여성과 소수계 지원자를 널리 모집하는 것이다. 이는 백인 남성을 위한 조치가 아니라 여성과 소수계 지원자에게 혜택을 주기 위해 취하는 조치이므로, 단순한 기회 균등을 넘어서는 긍정적인 '적극적' 조치이다.

한편, 이러한 조치들이 백인 남성을 고용주가 이러한 조치를 취하지 않았을 때에 비해 상대적으로 불리한 위치에 놓이게 한다는 점에 유의해야 한다. 지원자 풀이 더 많아지므로 백인 남성이 채용될 확률이 낮아진다. 그러나 백인 남성이 정당한 윤리적 권리를 침해당한 것이 아니기 때문에, 이를 윤리적으로 피해를 입었다고 생각하는 사람은 거의 없을 것이다. 고용주가 지원자 풀을 늘리려는 노력은 누구의 권리도 침해하지 않는다. 실제로 채용 공고와 광고에서 자신을 '기회 균등/적극적 고용 개선 조치'의 고용주라고 설명하는 경우를 흔히 볼 수 있다. 이러한 공고의 빈도는 적극적 고용 개선 조치 정책을 둘러싼 전반적인 사회적 합의를 입증해 준다.

윤리적으로나 정치적으로 더 논란이 되는 것은, 이전에 불리했던 그룹에 혜택을 주기 위해 지원 자격을 변경하여 여성이나 유색 인종을 우대하는 정책들이다. 우리는 '**특별 우대**(preferential treatment)'라는 표현을 더 많은 여성과 유색 인종을 고용하기 위해 채용 기준을 변경함으로써 적극적 고용 개선 조치를 넘어서는 정책을 뜻하는 것으로 남겨두도록 하겠다. 이러한 조치를 비판하는 사람들은 이를 역차별이라고 부르는 경향이 있으며, 실제로 역차별인지 여부는 논란의 여지가 있으므로 우리는 보다 중립적인 '특별 우대'라는 표현을 사용하고자 한다. 이러한 정책을 옹호하는 사람들은 위에서 설명한 '약한' 정책과 구별하기 위해 이를 적극적 고용 개선 조치, 더 구체적으로는 강력한 적극적 고용 개선 조치라고 부르는 경향이 있다. 이제 논란이 많은 이러한 정책에 대해 자세히 살펴보도록 하겠다.

11.4 고용에서의 특별 우대 정책

표면적으로 보았을 때, 어떤 지원자를 '우대'하는 것은 평등한 대우에 대한 윤리적 약속을 위반하는 것처럼 보인다. 그러나 앞서 본 사례에서 알 수 있듯이, 채용 시 모든 우대가 비윤리적인 것은 아니다. 또한, 다른 윤리적 책임을 다하기 위한 수단으로 우대를 제공하는 경우, 요구 사항이 아니더라도 윤리적으로 칭찬받을 만할 수 있다. 채용에서의 우대에 대한 찬반 논거를 살펴보기 전에, 먼저 우대의 다양한 형태를 구분해 보겠다.

적극적 고용 개선 조치와 가장 유사한 우대 정책은 동등한 자격을 갖춘 지원자들 중에서 사회적으로 소외된 집단의 지원자를 우대하는 것이다. 이는 앞서 설명한 모교 졸업생을 우대하는 경우와 유사하다. 이러한 상황에서는 개인적인 선호나 무작위 절차에 의존하는 것이 아니라, 동등한 자격을 갖춘 지원자 사이에서 사회적 불평등을 해소하는 방식으로 결정이 이루어진다. 적극적 고용 개선 조치 정책은 자격을 갖춘 지원자 풀을 늘리고, 가장 자격이 있는 여성과 유색 인종이 고용될 것이라고 가정한다. 이 초기 유형의 우대 정책은 한 걸음 더 나아가, 동등하지만 반드시 더 높은 자격을 가지지는 않는 여성과 유색 인종을 고용하는 것이다.

두 번째 유형의 우대 정책은 자격을 갖춘 지원자 풀에서 이전에 불이익을 받았던 그룹의 구성원을 식별하여, 더 자격을 갖춘 다른 지원자(일반적으로 백인 남성)가 있더라도 채용 결정에서 우선권을 부여하는 것이다. 이 상황에서는 취약 계층에 속해 있다는 사실 자체가 해당 직무에 대한 자격으로 간주된다.

세 번째 유형의 우대 정책은 자격을 최소한으로 고려하면서, 취약 계층의 구성원을 채용하도록 요구하는 것이다. 사실상, 이는 여성과 유색 인종에 대한 고용 할당제를 지지하는 사람들이 선호하는 정책이다. 예를 들어, 여성 고용 할당제가 있는 인사 부서는 남성 지원자의 수나 자격과 상관없이 일정 비율의 여성을 채용하려고 할 것이다.

이 중 첫 번째 정책이 가장 덜 심각한 윤리적 문제를 제기하는 것으로 보인다. 동문 졸업자 사례에서와 마찬가지로, 첫 번째 정책으로 인해 채용에 탈락한 지원자는 자신이 특혜를 받은 사람보다 암묵적으로 더 높은 기준을 적용받았다고 주장할 수 있다. 이와 같은 사례에서 불공정하다고 여길 만한 합당한 이유가 있을 수 있다. 또한, 이러한 정책은 여성과 유색 인종이 직장에서 겪는 불평등한 대우를 효과적으로 해결할 가능성이 가장 낮다는 점도 주목해야 한다. 이러한 정책은 적극적 고용 개선 조치보다 약간 더 나아간 것에 불과하며, 지난 50년 동안 적극적 고용 개선 조치가 평등을 크게 진전시키지 못한 것을 고려할 때,

이러한 정책이 사회적, 경제적 불평등을 눈에 띄게 변화시킬 가능성은 낮다.

두 번째와 세 번째 유형의 우대 정책은 불평등에 눈에 띄는 영향을 미칠 가능성이 더 크다. 실제로 할당제는 고용 결과에서 평등을 의무화함으로써 즉각적인 영향을 미칠 수 있다. 모든 고용주가 일반 인구의 여성 및 소수자 비율에 맞춰 여성 및 소수자 고용 할당량을 충족해야 한다면, 고용 평등이 즉시 실현될 것이다. 그러나 이러한 유형의 정책은 가장 심각한 윤리적 문제를 제기할 수 있다. 두 정책 모두 백인 남성의 평등한 대우와 기회 균등에 대한 권리를 침해하는 것으로 보인다. 따라서 우대 정책에 대한 분석에서는 두 가지 근본적인 윤리적 질문을 반드시 다루어야 한다. 첫째, 우대 정책이 실제로 백인 남성의 권리를 침해하는가? 둘째, 만약 실제로 침해가 발생했다면, 이 침해를 정당화할 만한 다른 윤리적 고려 사항이 있는가?

2003년 7월, 미국 대법원은 이러한 여러 문제를 다루는 판결을 발표했다. 대학의 입학 정책과 관련된 상황을 검토한 이 사건은 기업과 관련된 적극적 고용 개선 조치와 우대 정책에 대한 선례를 마련했다. 법원의 판결은 첫 번째와 두 번째 유형의 우대 정책을 허용하는 것으로 보인다. 이 판결에서는 인종, 민족, 또는 성별이 하나의 자격으로 간주될 수 있으며, 따라서 다른 모든 요소가 동일할 경우, 결과에 영향을 미칠 수 있다고 판시했다.

법원에 제기된 사건은 미시간 대학교 로스쿨과 관련된 것이었으며, 이 학교는 각 지원자가 학교의 사회적, 지적 생활에 기여할 수 있는 능력을 고려하는 입학 정책을 시행하고 있었다. 이 기준의 일환으로, 학교는 다양한 학생 구성이 로스쿨의 목표에 기여할 수 있으며, 이러한 목표를 달성하기 위해서는 소수 학생들의 적정 규모가 필요하다고 판단하여 지원자의 인종을 고려했다. 따라서 입학 허가를 내릴 때 주로 LSAT 시험 점수, 학부 성적, 추천서 및 기타 전통적인 요소들이 사용되었지만, 지원자의 인종도 중요한 요소였다. 입학이 거부된 두 명의 백인 여성은 성적과 시험 점수가 낮은 소수계 학생들의 입학이 자신들의 평등한 대우를 받을 권리를 침해한다고 주장하며 소송을 제기했다.

이 사건은 대학 교육계뿐만 아니라 기업 부문에서도 큰 관심을 끌었다. 제너럴 모터스(General Motors)는 로스쿨의 입학 정책을 지지하기 위해 법정 조언자(amicus curiae) 의견서를 제출했다. 이를 통해 GM은 막대한 비용을 들여 이해관계자로서 인정받고, 적극적 고용 개선 조치를 지지하는 공개적인 입장을 밝혔다. GM은 의견서에서 인종적, 민족적으로 다양한 학생 구성원을 확보해야 할 필요성이 적극적 고용 개선 조치를 지지해야 하는 강력한 이유라고 주장했다. 또한 GM은 "미국 비즈니스의 미래와 어느 정도 미국 경제의 미래가 여기에 달려 있다"고 강조했다.

앞서 언급한 REALITY CHECK 박스에서 제기된 주장을 반영하여, GM은 자사의 비즈니스 경험을 바탕으로 "다양한 인종, 민족, 종교, 문화적 배경을 가진 사람들과 생산적이고 창의적으로 협력하는 방법을 배운, 잘 교육된 다양한 인력만이 점점 더 다양해지고 상호 연결된 세계 경제에서 미국의 경쟁력을 유지할 수 있다"고 주장했다. 또한, 적극적 고용 개선 조치를 금지하면 "미국 기업들이 관리직 인력에서 다양성의 많은 혜택을 얻을 수 있는 고용 후보자 풀에서 인종과 민족의 다양성이 감소할 가능성이 높다"고 하였다.[6]

대법원은 다양성이 주립 교육 기관 입학에 있어 중요한 국가적 이익이 될 수 있다고 판결했다. 민간 기업은 이 점에서 주립 기관보다 덜 엄격한 기준을 적용받기 때문에, 이 판결은 민간 부문의 채용 정책에도 선례가 될 수 있다. 그러나 대법원은 이러한 목표를 달성하기 위한 특정 입학 정책에 대해서는 더 모호한 판단을 내렸다. 대법원은 5 대 4의 표결로, 각 개인 지원자를 고려하고, 다양성이 이루어지지 않는다는 증거가 있을 때만 인종 중립적 근거에서 벗어난 미시간 로스쿨의 정책을 승인했다. 그러나 동시에 대법원은 미시간 대학 학부 프로그램의 입학 정책에 대해서도 5 대 4로 반대 결정을 내렸다. 그 정책은 소수 대표 계층에 속하는 지원자에게 최대 150점 중 20점을 부여하는 점수 시스템을 기반으로 입학을 허용하는 것이었다. 이에 비해 학업적 요소는 최대 100점, 미시간 거주자는 10점, 동문 자녀는 4점, 주목할 만한 개인적 성취는 5점이 주어졌다. 대법원은 20점이 거의 합격을 보장하는 점수이므로 소수계가 아닌 지원자의 평등권을 침해한다고 판결했다.

따라서 미시간 사건에서 대법원은 더 다양한 학생 집단을 만들기 위한 적극적 우대 조치 프로그램을 허용하지만, 이를 의무화하지는 않았다. 대법원은 민간 고용주가 유사한 프로그램을 사용할 수 있는지 여부에 대해서는 명시적으로 언급하지 않았다. 그러나 민간 고용주가 직장 내 다양성을 고용주의 중요한 사회적 목표와 연결시킨다면, 법원은 이러한 프로그램도 허용할 것으로 보인다. 다양한 인력의 가치에 대한 GM의 주장과 앞에 나온 '다양성과 포용성의 사업 타당성 평가'에서 설명된 내용이 아마도 이런 사례에 해당할 것이다.

미시간 사건 이후로 법적 상황은 대부분 변하지 않았다. 2016년 텍사스 대학교와 관련된 사건에서는 인종을 여러 요소 중 하나로 사용하는 것이 평등이라는 법적 원칙에 부합한다는 점이 재확인되었다. 그러나 2022년 초, 대법원은 이번에는 하버드와 노스캐롤라이나 대학교가 관련된 또 다른 특혜 입학 정책에 이의를 제기하는 소송을 심리하기로 합의했다. 이 사건에 대한 판결은 2023년에야 내려질 예정이다.

다시 한 번 강조하자면, 법적 근거가 모호한 경우에는 윤리적 근거를 찬성과 반대의 입장에서 면밀히 검토하는 것이 특히 중요하다. 우대 채용의 윤리적 정당성을 지지하거나 반박하기 위해 다양한 철학적 논거가 제시되어 왔다. 일부는 권리, 의무, 정의, 공정성과 같은 원칙에 기반한 개념에 호소한다. 예를 들어, 일부는 우대 정책이 백인 남성의 권리를 침해하기 때문에 부당하다고 주장한다. 반면 다른 사람들은 우대 정책이 사람들이 겪은 피해를 보상하기 위한 의무적인 수단이라고 주장한다. 또 다른 주장은 결과론적이고 공리주의적인 입장을 취하며, 전반적으로 우대 정책이 유익하거나 해로운 결과를 초래한다고 주장한다. 예를 들어, 일부는 젊은 여성과 유색 인종에게 더 많은 롤모델을 제공하는 수단으로 우대 채용을 옹호하기도 한다. 반면에 다른 사람들은 이러한 정책이 성별이나 인종적 선호에 대한 반발로 인해 더 많은 차별을 야기할 수 있다고 반대한다. 편의를 위해, 다음 절에서는 찬성 또는 반대의 의무론적 논거만을 살펴볼 것이다. 이러한 주장이 타당하다면, 예를 들어, 권리를 침해하거나 보상적 정의에 의해 요구되는 경우라면, 유익하거나 해로운 결과는 정당하게 무시될 수 있다.

백인 남성이 자신의 권리가 침해되었다는 주장을 뒷받침하기 위해 제기할 수 있는 두 가지 일반적인 원칙 기반의 주장이 있는 것 같다. 첫 번째는 능력주의 주장으로, 우대 정책이 자격 요건을 무시하거나 무효화함으로써 능력에 따라 채용 결정을 받아야 할 백인 남성의 권리를 침해한다고 주장한다. 이 견해에 따르면, 가장 자격이 갖추어진 사람이 일자리를 얻을 권리를 가졌으며, 이를 부정하는 것은 능력주의 원칙을 위반하는 것이다. 두 번째 주장은 우대 정책이 백인 남성이 동등한 존중을 받고 동등한 기회를 제공받을 권리를 침해한다고 주장한다. 이러한 관점에서 우대 정책은 명백한 역차별의 사례로 간주된다.

마찬가지로, 우대 정책을 지지하는 두 가지 주요 원칙 기반의 주장이 있다. 첫 번째 주장은 과거의 피해에 대해 여성과 유색 인종에게 보상하기 위해 우대가 필요하다는 것이다. 과거의 차별을 보상하지 않고 방치하는 것은 불공정하고 부당하다고 주장한다. 두 번째 주요 논거는, 평등과 동등한 대우에 대한 헌신이 제대로 이해된다면, 직장에서의 실질적인 평등을 확보하기 위한 수단으로 현재 불이익을 받고 있는 사람들에게 우대를 부여해야 한다는 것이다.

11.5 우대 채용에 대한 반대 의견

능력주의 논거는 채용이 직무에 대한 자격 요건 이외의 요소에 의해 결정되는 것이 불공정하다고 주장한다. 이 관점에 따르면 가장 자격 있는 지원자는 일자리를 얻을 자격이 있으며, 이를 부정하는 것은 부당하다. 우대 채용 정책은 이러한 능력주의 원칙에 위배되므로 부당하다고 본다.

이 주장이 타당한지 판단하기 위해서는 네 가지 문제를 검토해야 한다. 첫째, 실제로 그러한 능력주의 원칙이 정의의 합당한 요건인지 판단해야 한다. 둘째, 능력을 인정하는 데 사용되는 자격 자체가 공정하고 모두에게 오픈되어 있어야 한다. 셋째, 현실적으로 자격을 판단하고 측정할 수 있는 합리적인 방법이 있어야 누가 가장 자격이 있는지 결정할 수 있다. 마지막으로, 다양한 인종 또는 성별 배경이 그 자체로 직무 자격이 될 수 있는지 고려해야 한다.

첫 번째 문제에 대해, 공정하고 객관적으로 자격을 판단할 수 있어 해당 직무에 '가장 적합한' 사람을 명확히 파악할 수 있다고 가정해 보자. 이 사람이 일자리를 얻을 자격이 있다고 말할 수 있을까? 만약 이 사람이 그 직무를 얻지 못한다면, 부당한 일이 발생했다고 할 수 있을까? 일부 논거의 수정 없이 이러한 결론을 내리기는 어려울 것이다. 모든 지원자가 고용 결정이 오로지 자격 요건만을 기반으로 해야 한다는 정당한 기대를 가지고 있을까? 이에 대한 답은 그러한 기대가 어디에서 비롯되었는지에 따라 달라질 수 있다. 자격 요건이 명시되어 공개적으로 광고된 직책은 그렇지 않은 직책보다 능력주의 원칙에 더 얽매일 수밖에 없다. 앞서 언급했듯이, 개인 소유 기업과 상장 기업을 구분할 필요가 있다. 예를 들어, 아들이나 딸을 고용하는 개인 사업주는 더 자격을 갖춘 지원자를 무시하는 것이 정당하다고 볼 수 있다. 하지만 모교 출신 지원자를 채용하는 위에 언급된 사례는 어떨까? 능력주의 원칙에 따르면 그러한 결정은 불공정한 것이며, 그로 인해 경제 전반에 걸쳐 불공정이 만연하다는 결론에 도달할 수 있다.

가장 자격을 갖춘 후보자가 일자리에 대해 정당한 윤리적 권리를 가지고 있다고 결론짓는 것은, 일자리를 사업주의 사유 재산으로서 그들이 원하는 대로 배분할 수 있는 것이 아니라, 공정성에 따라 분배되어야 하는 사회적 재화로 취급하는 것이다. 2장과 3장의 논의는 우리로 하여금 이것이 합리적인 결론이라고 생각하게 할 수 있지만, 보다 자유지상주의적 기업 사회적 책임 관점에서는 이를 받아들이기 꺼려할 수 있다. 반면, 보다 공리주의적인 시장 및 경제적 책임 관점에서는 다른 사회적 결과들도 고려해야 하지만, 능력주의 원칙을 선호하는 경향이 있다.

이러한 사항을 고려할 때, 구직자의 관점에서 자격이란 직업을 얻기 위해 과거에 달성한 성취(예: 교육과 성적)를 의미한다. 반면, 기업의 관점에서 자격은 지원자가 해당 직무를 성공적으로 수행할 가능성을 보여 주는 보다 미래 지향적인 지표이다. 첫 번째 경우는 입사 지원자에게 고용 조건에 대한 통제권을 지나치게 많이 부여하는 것처럼 보인다. 특정 성취가 일자리로 이어진다는 명시적인 약속이 없는 한(성적이 가장 높은 사람이 최고의 일자리를 얻게 될 것이라고 누가 약속한 적이 있는가?), 구직자의 사전 기대치는 누가 일자리를 얻어야 하는지를 결정할 수 없다. 두 번째 경우는 기업이 해당 직무를 통해 달성하고자 하는 바에 따라 자격 요건을 결정할 때 더 큰 재량권을 가진다는 것을 시사한다. 일반적으로, 자격 요건이 공정하고 객관적이라는 전제하에, 자격 요건이 공개적으로 사전에 광고된 직책에 대해서만 가장 적합한 지원자가 우선적으로 채용될 정당한 권리를 가진다는 결론을 내릴 수 있다.

하지만 직책에 대한 자격 요건은 어느 정도까지 공정하고 모두에게 열려 있을까? 이에 대한 답은 모호하다. 직무에 필요한 자격 요건으로 작용하는 다양한 요소들을 쉽게 나열할 수 있다. 직무에 따라 최소한의 자격 요건(예: 임시 농업 노동자)부터 매우 높은 자격 요건(예: 대기업의 최고 재무 책임자)까지 다양하다. 다양한 직업을 선택하여 해당 직업에 적합한 자격 요건 목록을 작성해 보는 것은 유용한 연습이 될 수 있다. 각 요소에 대해 모든 지원자가 그 자격을 평등하고 공정하게 획득할 기회가 있는지 생각해 보자. 이러한 자격들 중 얼마나 많은 것이 '스스로 획득한' 것이며, 얼마나 많은 것이 운이나 우연의 결과일까? 우리는 이미 자격 요건으로 간주되지만 의심스러울 수 있는 여러 특성에 대해 논의했다. '적합한' 학교를 졸업하거나, 적절한 '인맥'을 갖고 있으며, 유용한 소개서나 추천서를 가지고 있고, 현재 직원들과 잘 어울려 좋은 동료가 될 수 있는 등의 요소들이다. 이러한 사항은 자격 요건의 개념을 신중하게 다뤄야 함을 시사한다.

이것은 우리를 세 번째 문제로 이끈다. 자격 요건을 공정하고 합리적이며 객관적으로 결정할 수 있는 방법이 있을까? 관련 요소의 목록을 작성해 보면, 그것들이 몇 가지 일반적인 범주로 나뉜다는 것을 발견할 수 있을 것이다. 회사 내 경력이나 근속 연수와 같이 우리가 자격 요건이라고 여기는 일부 요소들은 과거의 성취로서 그 직책을 '얻은' 것이다. 많은 다른 요소들은 미래의 성공을 예측하는 지표이다. 또 다른 요소들, 예를 들어, 현재 직원과의 친인척 관계와 같은 것들은 특정 지원자나 직무와는 거의 관련이 없고, 오히려 회사의 다른 목표와 목적과 더 관련이 있을 수 있다. 이 경우, 기업은 현재 직원의 충성도를 보상하기 위한 수단으로 일자리를 활용하는 것이다. 이는 특정 직무에서 '가장 적합한' 후보자를 결정하는 엄격한 알고리즘적 방식이 존재하지 않을 가능성을 시사한다.

기업의 정보 기술 및 컴퓨터 부서에서 직원을 채용하는 경우를 생각해 보자. 컴퓨터 과학 전공 및 교육 과정에서 남성이 여성보다 약 두 배 많다는 것으로 나타났다. 따라서 일반적으로 남성 지원자가 여성보다 많을 가능성이 높으며, 남성이 컴퓨터 기술 분야에서 더 많은 경험을 쌓았을 가능성이 있다. 또한 빠르게 변화하는 이 분야에서는 직원의 경력 기간 동안 상당한 양의 직장 내 현장 교육(on-the-job training)이 이루어진다. 이 경우 무엇이 자격 요건으로 인정될까? 한 가지 관점에서 볼 때, 수업과 프로그래밍에서의 과거 경험이 해당 직무에 대한 '자격'을 갖추게 한다. 따라서 어떤 의미에서는 이 분야에 대한 경험과 교육을 받은 남성이 더 많기 때문에 일반적으로 남성이 여성보다 해당 직무에 '더 적합한' 자격을 갖추고 있다. 그러나 기업의 관점에서 볼 때 과거 경험은 유연성과 빠르고 쉽게 배울 수 있는 능력보다 덜 중요하다. 기업 관리자가 이전에 교육을 받은 사람은 정보 기술에 대한 특정 접근 방식에 얽매여 있을 가능성이 높기 때문에 유연성이 떨어지고 새로운 접근 방식을 배우려 하지 않을 수 있다고 믿는다고 가정해 보자. 이러한 경우 가장 적합한 사람은 누구일까?

이것은 우리를 최종 문제로 이끈다. 구직자의 성별이나 인종적 배경이 그 자체로 직무 자격 요건이 될 수 있을까? 예를 들어, 나는 가톨릭계 여자 대학에서 가르쳤다. 이 학교가 가톨릭 신자와 여성에게 채용 우대를 주는 것이 정당할까? 한 의료 기관이 여성 산부인과 의사를 우대하는 것이 정당할까? 새로운 소수 민족을 대상으로 비즈니스를 유치하려는 회사가 소수 민족 출신 직원 채용을 우대하는 것이 정당할까? 더 일반적으로, 다양한 인력 구성을 통해 얻을 수 있는 이점을 고려할 때, 기업이 성별 및 인종적 다양성이 직장에 긍정적인 기여를 하기 때문에 그것이 자격 요건 자체가 될 수 있다고 주장할 수 있을까?

이는 답하기 어려운 질문들이다. 특혜를 다룬 최초의 주요 미국 대법원 판례인 바키 대 캘리포니아 대학교 이사회(Bakke v. Regents of the University of California) 소송에서, 대법원은 인종이 대학 입학의 여러 자격 중 하나로 사용될 수 있다고 판결했다. 그러나 이 장의 도입부에서 논의된 사례를 되돌아보면, 우리는 건설 회사가 남성이 건설 환경에서 일하기에 더 적합하다고 주장하는 것을 받아들이지 않을 것이다. 또한, 백인 남성이기 때문에 남성만으로 구성된 법률 회사에서 더 적합하며, 그 환경에서 적응하고 성공할 가능성이 더 높다는 주장도 받아들이지 않을 것이다.

합리적인 결론은 여성이나 유색 인종이 직장에서 긍정적인 기여를 할 수 있다는 가능성을 인정하되, 그러한 주장을 하는 사람이 그 근거를 입증해야 한다는 것이다. 즉, 기본적으로 성별이나 인종을 고려하지 않는 평등한 정책이 우선되어야 한다. 백인과 남성이 이미 누리고 있는 불평등한 경제적 지위를 감안할 때, 백인과 남성 지원자를 우대하는 모든 채용 결정은 특히 면밀히 검토되어야 한다. 만약 고용주가 여성이나 유색 인종 지원자를 선호할 타당한 이유가 있다면(그리고 다음 절에서 살펴볼 논거들이 이를 뒷받침함) 구직자의 성별이나 인종적 배경이 채용 자격 요건이 될 수 있을 것이다.

여성이나 유색 인종을 우대하는 정책에 반대하는 두 번째 주요 논거는 평등 대우의 원칙에 기초한다. 앞서 말했듯이, 지원자들 간의 차별이 그 자체로 부당한 것은 아니다. 차별은 직무와 관련 없는 기준에 근거하여 이루어지거나, 불리한 입장에 놓인 지원자에게 동등한 고려와 존중을 부여하지 않을 때에만 부당하다. 이 주장에 따르면, 우대 정책은 백인 남성에게 그들이 마땅히 받아야 할 동등한 존중과 고려를 거부하는 것이다. 이 주장은 우대 채용 정책을 역차별로 보는 관점의 핵심에 있다.

여성과 유색 인종을 우대하는 정책이 같은 직책을 놓고 경쟁하는 백인 남성의 평등한 대우를 받을 권리를 침해하는가? 이 질문에 대한 솔직한 대답은 상황에 따라 다르다는 것이다. 첫째, 여성과 유색 인종을 우대하는 채용 정책은 성별, 인종 또는 민족적 배경에 따른 차별을 포함하지만, 백인과 남성을 우대하는 유사한 정책과는 윤리적으로 다르다. 과거 여성과 유색 인종에 대한 차별은 명시적 혹은 암묵적인 열등감과 적대감을 수반하여 조직적으로 평등한 대우를 거부하는 것이었다. 여성과 유색 인종이 동등한 기회를 박탈당한 이유는 그들이 열등하고 무가치한 존재로 여겨졌기 때문이다. 직장에서의 불평등한 대우는 여성과 소수 인종 또는 소수 민족에 대한 조직적인 비하의 일환이었다. 여성과 유색 인종을 우대하는 정책의 다른 측면이 무엇이든, 백인 남성은 현재도 그렇고 앞으로도 이와 유사한 조직적인 학대의 피해자가 될 가능성은 없다. 가까운 미래에 여성이 1달러를 벌 때 남성이 80센트 미만을 벌거나, 백인 실업률이 흑인 실업률의 두 배에 달할 가능성은 거의 없다. 백인 남성에게 동등한 기회를 부여하지 않는 이유는 과거의 차별과는 윤리적으로 다른 근거에 기초한다.

그럼에도 불구하고, 성별, 인종, 민족 등 구직자가 통제할 수 없고 직무와 무관해 보이는 요인들로 인해 동등한 기회를 거부당하는 경우가 있다. 이는 겉보기에는 평등한 대우를 받을 권리를 침해하는 것이며, 윤리적으로도 매우 의심스러운 행위다. 그러나 두 가지 고려 사항이 필요하다. 첫째, 앞서 언급했듯이, 성별, 인종 또는 민족적 다양성이 직무 성과에 기여할 수 있고, 따라서 직무와 관련된 특성이 될 수 있는 경우가 있을 수 있다. 이러한 경우, 백인 남성에 대한 차별은 모든 관련 자격 요건을 갖추지 못한 사람에 대한 차별과 마찬가지로 부당하지 않다. 둘째, 이 반대 의견의 타당성은 시행 중인 우대 정책의 유형에 따라 달라질 수 있다. 백인 남성을 전혀 고려하지 않는 할당제를 위한 채용은, 다른 모든 자격 요건이 동등하다고 판단되는 경우에만 우대를 제공하는 프로그램보다 더 불공평할 수 있다.

평등에 대한 논쟁의 마지막 고려 사항은 다음 절로의 전환을 제공하며, 여기서는 우대 채용을 지지하는 주장을 검토할 것이다. 우대 정책을 옹호하는 일부 사람들은 이러한 정책이 백인 남성의 평등한 대우를 부정한다는 사실을 인정한다. 그러나 이들은 일반적으로 누군가의 권리를 침해하는 것과 더 시급한 윤리적 목표를 위해 그 권리를 우선시하는 것을 구별한다. 따라서 백인 남성이 동등한 대우를 받을 권리가 거부되더라도, 그 거부가 다른 윤리적 의무를 해결하기 위한 수단이라면 윤리적으로 문제가 되지 않을 수 있다. 다음 절에서는 우대 정책을 뒷받침하는 윤리적 이유를 살펴보고, 그러한 목표가 백인 남성의 기회 균등보다 정당하게 우선할 수 있는지를 고려할 것이다.

11.6 우대 채용을 지지하는 주장

우대 채용을 지지하는 주요 논거 중 하나는 이러한 정책이 사람들이 입은 피해에 대해 보상하기 위한 윤리적으로 타당한 수단이라는 것이다. 과실로 잘못 설계된 제품으로 인해 피해를 입은 소비자가 보상을 받아야 한다는 보상적 정의 원칙과 마찬가지로, 차별적인 채용 절차로 인해 피해를 입은 개인 또한 그 피해에 대한 보상을 받아야 한다는 원칙이 적용되어야 한다. 보상을 하지 않는 것은 차별의 피해자에게는 부당한 불이익을, 불공정하게 제한된 일자리 풀에서 경쟁하는 백인 남성에게는 부당한 이익을 지속하게 만드는 결과를 초래한다.

이 주장을 적절히 평가하기 위해서는 세 가지 문제가 해결되어야 한다. 보상적 정의는 보상이 피해에 비례해야 하고, 보상을 지급하는 당사자가 피해에 대한 책임이 있으며, 보상을 받는 당사자가 피해를 입은 당사자이어야 한다. 보상 논거의 윤리적 타당성은 우대 채용 정책이 이 세 가지 요건을 어떻게 충족하는지에 따라 달라진다.

언뜻 보기에 보상적 고용 관행은 비교적 간단하고 비례적인 방식으로 피해를 보상하는 것처럼 보인다. 여성과 유색 인종은 직장에서 동등한 기회를 박탈당해 왔으므로(이 장의 도입부에서 설명한 인구조사 데이터를 참조), 채용과 승진에서 우대를 통해 그 피해를 보상하는 것이 합리적으로 보인다. 채용에서의 '우대'는 최초 피해가 발생한 후에야 이 문제를 살펴본 결과로 나타나는 것일 뿐이다. 보다 장기적인 관점에서 보면, 우대는 상황을 평등하게 만들고 원래 차별이 발생하지 않았을 경우의 상황으로 되돌리는 역할을 할 뿐이다.

유사한 상황으로, 누군가가 1,000달러를 사기당한 상황을 생각해 보자. 보상적 정의는 그 사람에게 1,000달러를 돌려주는 것을 요구할 것이다(물론, 다른 정의의 측면에서는 처벌로서 추가적인 벌금을 요구할 수도 있다). 보상 시점에서의 상황만 보면, 피해 당사자에게 일방적인 혜택이 주어지는 것처럼 보일 수 있다. 그러나 원래 사기가 발생한 맥락에서 상황을 고려하면, 보상은 정의의 저울을 균형 상태로 되돌리는 것이다. 물론, 우대 채용은 여성과 유색 인종이 겪었을 수 있는 다른 피해(예: 노예 제도에 대한 보상은 아님)에 대한 보상은 아니다. 하지만 직장에서 발생한 부당한 피해에 대해서는 합리적인 보상을 제공한다.

보상적 정의의 두 번째 조건은 더욱 논란이 된다. 특히 평등한 기회를 거부당한 젊은 백인 남성들에게는, 자신들이 피해를 입힌 당사자가 아님에도 불구하고 피해 보상을 하는 것처럼 보인다. 왜냐하면 과거 직장에서 여성과 유색 인종을 차별한 사람들은 현재 세대의 젊은 백인 남성이 아니기 때문이다. 그들이 피해에 대한 책임이 없으므로, 그들에게 그 대가로 피해를 입히는 것은 불공평하다는 주장이다. 보상 논리를 옹호하는 사람들은 젊은 백인 남성들이 보상을 하고 있는 것이 아니라고 반박한다. 보상은 민간 기업이나 사회가 지불하고 있으며, 둘 다 과거 차별에 대해 일정한 윤리적 책임을 지고 있다. 이러한 보상 과정에서 젊은 백인 남성은 이전에 누렸던 경쟁 우위를 박탈당하고 피해를 입는 것처럼 보일 수 있다. 그러나 그들은 본래 마땅히 누리지 말아야 할 것(즉, 불공정한 경쟁 우위)을 박탈당한 것에 불과하다.

비평가들은 사회가 기회 균등 정책을 채택할 경우, 젊은 백인 남성들이 이 부당한 경쟁 우위를 상실하게 될 것이라고 주장한다. 실제 우대 조치는 더 나아가 이들에게 더욱 심각한 것, 즉 평등한 고용 기회를 박탈한다고 한다. 이에 대해 옹호자들은 젊은 백인 남성들이 과거의 피해에 대한 책임이 없을지라도 그 피해로부터 혜택을 받았음을 지적한다. 따라서 그들이 피해를 초래한 책임은 없으나, 그로 인한 혜택을 계속 기대할 수도 없다는 것이다. 반면, 비평가들은 만약 과거의 차별로 인해 부당한 혜택을 받은 이들이 있다면, 그것은 이미 고용되고 승진한 나이 든 백인 남성들이라고 주장한다. 진정한 보상적 정의는 이들이 그 피해를 보상해야 함을 요구하는 것처럼 보인다.

보상적 정의의 마지막 측면은 보상금을 받는 사람이 부상을 입은 당사자와 동일한 사람이어야 한다는 것이다. 예를 들어, 교통사고로 인한 부상에 대한 보상금을 다치지 않은 구경꾼에게 지급하는 것은 이치에 맞지 않는다. 비평가들은 보상 수단으로서 제공된 특혜가 실제 피해자들에게 보상을 제공하지 않는다고 주장한다. 이 비판은 세 가지 방식으로 제기된다. 첫째, 비평가들은 차별의 진정한 피해자는 과거 세대의 여성과 유색 인종이라고 주장한다. 현재의 우대 정책이 현세대에 혜택을 주기 때문에, 실제로 차별로 인해 피해를 입은 과거 세대의 사람들에게는 보상이 이루어지지 않는다는 것이다. 둘째, 차별이 여전히 현세대에게 피해를 주고 있다고 할 때, 우대 채용 정책은 해당 집단 내에서 가장 자격이 없는 구성원에게 혜택을 준다고 주장한다. 과거와 현재의 차별로 가장 큰 고통을 받는 사람은 가난하고, 교육을 받지 못했으며, 권리를 박탈당한 여성이나 유색 인종이다. 반면, 취업 시장에서 우대를 받을 가능성이 가장 높은 사람은 이미 경쟁에서 유리한 위치에 있는, 즉 교육받고 훈련된 유능한 사람이다. 마지막으로, 비평가들은 성별, 인종, 민족이 우대 정책을 결정하는 데 부적절한 기준이 될 수 있다고 설명한다. 이러한 관점에서 볼 때, 경제적·사회적 계층이 더 적절한 기준이 될 수 있다.

다음 상황을 생각해 보자. 과거의 불공정에 대한 보상을 받기에 가장 적합한 사람은 부유하고 교육받은 가정에서 자란 젊은 히스패닉 여성인가, 아니면 가난한 도심 지역에서 편모 슬하에 자란 젊은 백인 남성인가? 모든 여성과 유색 인종에게 우대를 제공하는 것은 실증적으로 잘못된 것(모든 개인이 차별로 인한 부정적 영향을 받은 것은 아니기 때문)이고, 윤리적으로도 잘못된 것(각 사람을 고유한 개인이 아닌 집단의 구성원으로만 취급하기 때문)이다.

일반적으로 보상 논리를 옹호하는 사람들은 보상해야 할 피해가 과거 세대가 입은 피해보다는 현재 세대의 구직자들이 입은 피해라고 인정한다. 다시 말해, 인구조사 데이터에서 볼 수 있듯이 차별적 대우는 여전히 경제 전반에 걸쳐 광범위하게 퍼져 있다. 또한 다른 사람들이 더 큰 피해를 입었다고 해서 일부에게 제공된 우대 채용이 부당하다는 의미는 아니라고 지적한다. 이는 단지 다른 형태의 보상적 정의(아마도 배상?)도 필요하다는 의미일 뿐이다. 마지막으로, 이들은 전체적인 차별(예: 남성의 소득 1달러당 여성이 80센트 미만을 받는 사실)을 보상할 수 있는 유일한 방법은 채용과 승진에서 개별 여성을 우선적으로 고려하는 것이라고 주장한다.

이는 보상 논리에 대한 보다 일반적인 우려를 반영한다. 차별로 인한 지속적인 피해가 특정 그룹의 구성원이기 때문에(예: 여성이거나 아프리카계 미국인 등) 개인에게 영향을 미치는 것으로 보인다. 그러나 그 그룹의 모든 구성원이 동일한 피해를 입은 것은 아니다(예: 많은 여성이 부와 지위, 권위를 누리는 삶을 살아왔다). 비평가들은 피해 여부와 상관없이 모든 그룹 구성원에게 특혜의 형태로 보상이 주어진다면, 다른 사람들의 평등한 기회를 희생시키면서 부당한 혜택이 주어질 것이라고 주장한다. 반면에, 그룹 소속 외의 기준을 사용하여 보상적 특혜를 할당한다면, 마찬가지로 자격이 있는 백인 남성 중 일부가 보상적 특혜에서 부당하게 간과될 수 있다는 것이다.

특별 우대 조치를 지지하는 두 번째 주장은 평등을 올바르게 이해하면, 사실 평등 대우 원칙이 우대를 금지하는 것이 아니라 오히려 이를 요구한다고 주장한다. 그렇다면 동등한 대우를 받을 권리가 정확히 무엇을 요구하는 것일까? 앞서 차별에 대한 논의에서 살펴본 것처럼, 평등은 반드시 동일한 대우를 의미하지 않는다. 제가 더 자격 있는 후보자를 채용함으로써 여러분에게 차별을 두어도, 여전히 평등한 대우를 제공한 것이다. 여기서 중요한 점은, 여러분이 동등한 배려와 존중을 받을 자격이 있다는 것이며, 관련된 차이점이 있다면 그에 따라 다른 대우를 하는 것이 정당화될 수 있다는 것이다. 가장 기본적인 의미에서 평등은 유사한 것들을 유사하게 대우하는 것을 의미한다. 그렇다면 채용 정책에서 동등한 배려와 존중은 무엇을 의미할까?

이러한 평등 논리는 실질적이고 공정한 기회 균등을 위해서는 개인이 부당하고 불공정한 불이익을 겪지 않아야 한다고 주장한다. 그러한 불이익을 무시하고 형식적인 평등 또는 동일한 대우의 원칙을 고수하는 것은 동등하지 않은 사람들을 동일하게 대우하는 것이며, 이는 곧 평등을 침해하는 것이다. 이러한 주장은 종종 유추를 통해 설명된다. 두 명의 주자 간의 공정하고 평등한 경주를 약속했다고 상상해 보자. 한 명은 자신의 잘못이 아님에도 경주 내내 추가적인 무게를 짊어져야 한다. 이러한 불공정한 부담을 없애겠다는 공식적인 약속에도 불구하고, 현재 그 무게는 여전히 남아 있다. 또한 추가적인 무게가 미치는 영향을 연구한 결과, 평균적으로 추가 무게를 짊어진 주자는 경주의 75%만 완주할 수 있다는 사실을 알게 되었다고 가정해 보자. 이 논리를 적용하면, 불공평하게 짐을 진 주자에게 레이스 시작 시 25% 정도 앞선 위치에서 출발하게 하는 것은 단지 공정한 기회 균등을 존중하는 것일 뿐이다.[7] 불공정한 불이익을 무시하고 두 주자가 동일한 장소와 시간에 출발하도록 요구하는 것은 오히려 불평등을 지속시키는 것이다.

이는 채용 및 승진 정책에서도 마찬가지일 것이다. 자신의 잘못이 아닌 이유로, 여성과 유색 인종은 직장에서 불공정한 불이익을 겪는다. 성별과 인종을 고려하지 않는 평등이라는 명목으로 이러한 불이익을 무시하는 채용 및 승진 정책은 불평등한 기회 관행을 지속시킬 뿐이다. 과정의 각 단계에서 우대를 허용하면, 직업과 고용에 따른 모든 혜택에 대한 경쟁이 진정으로 공정하고 평등해질 수 있다.

토론 사례에 대한 성찰

미국 민권법은 "개인의 인종, 피부색, 종교, 성별 또는 출신 국가를 이유로 한" 차별을 금지하고 있다. 이 토론 사례는 '성(sex)'의 의미와 관련된 문제들을 다룬다. 세션스 법무장관은 "통상적인 의미"가 남성과 여성이라는 생물학적 범주를 지칭한다고 주장한다. 이 단어를 대체하면 법은 생물학적으로 남성이나 여성인 개인에 대한 차별이 법적 및 윤리적으로 잘못되었다는 뜻이 될 것이다. 하지만 이것이 진정한 문제일까? 생물학적으로 여성 또는 남성이라는 이유로 동등한 대우를 받지 못한 사람이 누구일까? 흥미롭게도 가장 먼저 떠오르는 사례는 성 정체성이 생물학적 성별과 일치하지 않는다는 이유로 평등을 거부당한 트랜스젠더의 경우일 것이다. 그 사람은 생물학적 성 때문에 차별을 받게 되는 셈이다. 아마도 법무장관이 제외하고자 했던 사례가 바로 이런 경우일 것이다. 그러나 여성이 여러 세대에 걸쳐 겪은 차별의 경우, 생물학적 성별이 그 차별의 근거가 아니었으며, 남성의 생물학적 특성이 그들이 유리한 위치를 차지하게 된 이유도 아니었다.

이 토론 사례에서 중요한 배경 질문은 인종, 피부색, 종교, 성, 그리고 출신 국가라는 범주에 주목하는 것이다. 왜 이 범주들이고 다른 범주들은 아닐까? 왜 연방법, 특히 매우 논란이 되었던 법이 이러한 범주를 특별한 법적 보호가 필요한 것으로 규정했을까? 머리 색깔, 눈 색깔, 키, 혹은 몸무게를 이유로 차별하는 것을 불법으로 만들지 않은 이유는 무엇일까? 원래 법에는 나이에 따른 차별이 포함되지 않았지만, 나중에 이 범주가 추가되었다. 왜 이러한 범주들이 윤리적으로 관련이 있고 중요한 것일까?

이러한 각 보호 계층이 광범위하고 조직적인 차별의 기반이 되어 온 역사적 사실과 연결되지 않는 대답을 생각하기는 어렵다. 즉, 인종, 피부색, 종교, 성 또는 출신 국가를 이유로 한 개인에 대한 과거와 현재의 편견이 차별을 금지하는 법적 조치를 정당화한 것이다. 이러한 범주에 근거한 편견은 개인의 동등한 인간으로서의 지위, 동등한 존엄성, 그리고 동등한 존중을 받을 자격을 부정하는 것이었다.

이 토론 사례는 성 정체성과 성적 지향이 이러한 범주에 포함되어야 하는지에 대한 의문을 제기한다. 세션스 법무장관은 그렇지 않다고 주장한다. 2017년까지도 연방 법원은 게이와 레즈비언이 이 법의 보호를 받을 수 있는지 여부에 대해 이견이 있었다. 개인이 성 정체성이나 성적 지향 때문에 동등한 존엄성을 지닌 인간으로서 동등한 존중을 받을 자격을 박탈당하고 있나? 그들은 법적 보호를 받을 자격이 있을까?

복습 문제

1. 의도적인 차별 외에 임금, 고용, 지위의 불평등을 설명할 수 있는 요인으로 어떤 것이 있나?
2. 기회 균등, 적극적 고용 개선 조치 및 특별 우대를 구분하라.
3. 직장 내 차별은 언제 정당화될 수 있는가? 성별이나 인종에 따른 차별이 정당화될 수 있는가?
4. 성별 괴롭힘과 성희롱을 어떻게 구분할 수 있는가?
5. 직장 내 괴롭힘의 심각성은 오로지 피해자의 관점에서만 결정되어야 하는가? 이는 괴롭힘을 가한 가해자에게도 공정한가?
6. 합리적인 여성과 합리적인 남성 사이에는 차이가 있는가?

미주

[1] This case was developed from the following sources: *Memorandum: Revised Treatment of Transgender Employment Discrimination Claims Under Title VII of the Civil Rights Act of 1964*. Attorney General Jeff Sessions, October 24, 2017. "Justice Department Says Rights Law Does Not Protect Gays," by Alan Feuer, *The New York Times*, July 27, 2017, https://www.nytimes.com/2017/07/27/nyregion/justice-department-gays-workplace.html (accessed June 18, 2018); *Barnes v. Train*, 13 Fair Empl. Prac. Cas. (BNA) 123 (D.D.C. 1974); *Price Waterhouse v. Hopkins* (1989); *Reynolds v. Atlantic City Convention Center* (1991).

[2] Labor Force Statistics from the Current Population Survey, U.S. Department of Labor, https://www.bls.gov/cps/demographics.htm (Retrieved May 11, 2022).

[3] See "Women in Medicine," American Medical Association 1993, and Bureau of Labor Statistics, "Current Population Survey—1963–1993." "U.S. Share of Lawyers by Gender," https://www.statista.com/statistics/1086790/share-lawyers-united-states-gender/. "Women in Medical Schools," https://www.ama-assn.org/education/medical-school-diversity/women-medical-schools-dig-latest-record-breaking-numbers.

[4] Report on "the American Workforce 2016," published by the Bureau of Labor Statistics, U.S. Department of Labor; Equal Employment Opportunity Commission, "Job Patterns for Minorities and Women in Private Industry," 1991; Glass Ceiling Commission, "Good Business: Making Full Use of the Nation's Capital," March 1995.

[5] A version of this argument can be found in Debra A. DeBruin, "Identifying Sexual Harassment: The Reasonable Women Standard," in *Violence Against Women: Philosophical Perspectives*, edited by Stanley French, Wanda Teays, and Laura Purdy (Ithaca, NY: Cornell University Press, 1998), pp. 107–122.

[6] "Amicus Curiae Brief in Support of the University of Michigan," General Motors Corporation, July 17, 2000, in *Grutter/Gratz v. The Regents of University of Michigan*.

[7] Something very close to this, in fact, occurs in automotive drag racing. Based on past performances and ability, one car is given a head start in the race. Thus, to make the race fair, an initial disadvantage is offset by granting one an extra advantage. What appears to be an unfair head start is, in actuality, a requirement of equal opportunity.

12장

국제 비즈니스와 세계화

학습 목표

이 장을 읽고 나면,

- 글로벌 비즈니스 맥락에서 발생하는 윤리적 문제의 범위를 설명할 수 있다.
- 글로벌 환경에서 윤리적 상대주의 문제를 분석할 수 있다.
- 국제 비즈니스에 대한 인권의 적용을 설명할 수 있다.
- 세계화와 관련된 윤리적 문제를 설명할 수 있다.
- 점점 더 글로벌화되는 경제에서 기업의 역할과 윤리적 책임을 설명할 수 있다.

토론 사례:

글로벌 환경에서의 기업 윤리

"로마에 가면 로마법을 따르라"는 옛 격언이 있다. 우리가 살고 있는 지역의 문화적 관행에 적응해야 한다는 제안이다. 40년 이상 동안 이 속담의 윤리적 의미는 외국에서 사업을 하는 기업에 항상 존재해 왔다. 비즈니스는 그것이 무엇이든 단순히 현지 관행을 따라야 하는가, 아니면 회사가 어디에서 사업을 하든 유지해야 하는 윤리적 가치가 있는가?

이러한 질문에 대해 다양한 철학적 관점을 취할 수 있다. 한 가지 관점은 '로마에 가면'의 속담을 완전히 채택하고 기업이 무엇을 요구하든 현지 관행과 기대에 따르도록 지시한다. 이 관점은 우리 책 1장에서 살펴본 윤리적 상대주의 세계관에 부합한다. 두 번째 관점은 기업이 지역사회에서 허가한 어떤 수단으로든 이익을 추구할 자유가 있지만 모든 문화에서 기업 활동을 지배하는 최소한의 가치가 있다고 주장한다. 이 관점은 이 책 2장과 3장에서 설명한 밀튼 프리드먼과 관련된 자유 시장 이론을 채택하고 기업은 자유롭고 공정한 경쟁과 관련된 가치를 포함한 경쟁 시장의 규칙에 따라야 한다고 주장한다. 세 번째 관점은 문화 전반에 적용되고 위치에 관계없이 모든 기업의 책임을 확립하는 몇 가지 기본적인 윤리적 가치가 있다고 주장한다.

이러한 관점은 지난 50년간 잘 알려진 여러 사례에 적용될 수 있다. 예를 들어, 1970년대 초에는 일부 미국 기업이 외국에서 부정직한 사업 관행에 연루되어 있다는 우려가 널리 퍼져 있었다. 1977년 미국의 해외부패방지법은 미국 기업이 사업상의 이익을 얻거나 증진하기 위해 외국 공무원에게 뇌물 제공에 참여하는 것을 불법으로 규정했다. 이 문제는 2017년 월마트 경영진이 지난 10년 동안 멕시코에서 광범위한 뇌물 수수 활동에 가담했음을 인정하면서 재검토되었다.

뇌물 수수는 많은 문화적 환경에서 현실이 되었다. '로마에 있을 때'라는 격언의 상대주의적 관점에서는 현지 공무원에게 뇌물을 주어 협조를 구하는 것이 윤리적으로 합법적이라는 결론을 내릴 수 있다. 시장의 관점에서는 뇌물 수수를 시장의 효율적인 운영을 저해하는 불공정 경쟁 관행으로 간주한다. 다른 사람들은 단순히 뇌물 수수가 원칙적으로 부패하다고 주장할 수도 있다.

1990년대와 2000년대에도 제품을 생산하고 유통하는 전체 공급망에 대한 기업의 책임에 관해 유사한 논쟁이 벌어졌다. 나이키는 노동 착취에 의존했다는 비난을 받은 초기 주요 기업 중 하나였다. 나이키는 나이키가 해당 회사를 소유하거나 운영하지 않았음에도 불구하고 나이키 운동화를 생산하는 외국 공장의 근로자 학대에 대한 책임을 결국 받아들였다. 2000년대 초반 구글이 중국에서 사업을 시작한 직후, 회사는 구글에 대한 액세스, 즉 더 넓은 인터넷에 대한 액세스가 중국 검열관에 의해 통제되고 있다는 사실을 알게 되었다. 이러한 조치가 구글 자체의 기업 가치를 침해하는 반면, 구글은 중국에 계속 참여하는 것이 더 나은 방향으로 정책을 변경하는 데 실용적인 접근 방식을 제공할 것이라는 근거로 중국에서 사업을 계속하기로 결정했다. 2006년부터 2010년까지 구글은 중국의 검열 정책을 준수했다. 2009년 구글과 다른 기업의 보안을 침해한 사이버 공격이 중국에서 발생한 것으로 추적되자 구글은 해당 국가에서 사업을 철수했다.

지난 10년 동안 미국 주요 기업의 해외 공급 공장 근로 조건을 둘러싼 이슈가 중국 폭스콘 제조 공장에서 다시 불거졌다. 폭스콘 기술 그룹(Foxconn Technology Group)은 세계 최대의 전자 제품 제조업체이자 중국의 대규모 민간 고용주 중 하나이다. 중국 전역의 폭스콘 공장에서 일하는 사람은 100만 명이 넘는 것으로 추산된다. 폭스콘은 13개 중국 공장에서 아이패드, 아이폰, 킨들(Kindle) 태블릿, 엑스박스(Xbox)와 같은 소비자 제품을 제조한다. 심지어 도시 규모라고 불릴 법한 그들의 가장 큰 시설은 중국의 선전 지방에 위치하고 있으며 벽으로 둘러싸인 산업 단지 내의 기숙사 스타일 주택에 거주하는 수십만 명의 근로자를 고용하고 있다.

2012년 1월 초 언론 보도에 따르면 폭스콘 우한 공장의 중국인 근로자 150명이 공장 옥상에서 뛰어내려 집단 자살하겠다고 위협했다. 노동자들은 내려오기로 동의하기 전까지 3일 동안 옥상에 머물렀다. 이 사건은 2010년 폭스콘에서 무려 14명의 실제 자살이 발생한 데 이어졌다. 실제 자살과 위협 자살 모두 폭스콘 공장의 근무 조건에 대한 항의의 표시였다.

애플과 다른 회사들은 폭스콘 및 공정 무역 협회와 협력하여 이러한 문제를 해결하기 위해 신속하게 움직여 이러한 시설의 근무 조건을 개선하고 확인했다. 폭스콘은 곧 주당 근무 시간을 48~60시간으로 줄이고 급여를 인상하며 근무 및 생활 조건을 개선하기로 약속했다.

2013년 4월 24일 방글라데시 다카의 8층짜리 섬유 및 의류 제조 센터인 라나 플라자(Rana Plaza)가 붕괴되면서 1,100명 이상의 근로자가 사망하고 2,000명 이상이 부상당했다. 조사 결과 해당 건물은 이전 늪지대에 건설되었으며 중공업 기계를 수용하도록 설계되지 않은 것으로 나타났다. 원래 건물에 몇 개 층이 불법적으로 추가되었으며 안전 기능이 거의 없었다. 붕괴가 일어나기 불과 며칠 전, 근로자들은 기초가 갈라지고 기타 안전하지 않은 작업 환경에 대해 불만을 토로했다. 지역 검사관은 건물이 안전하지 않다고 판단했지만 고용주는 불만을 제기한 사람들을 해고하겠다고 위협했다. 건물은 현지 기업이 소유하고 운영하는 반면, 라나 플라자에서 생산된 의류는 베네통(Benetton), 본카르슈(Boncarche), 월마트, 프라이마크(Primark) 등 유명 브랜드를 통해 미국 내에서 판매되었다.

이러한 과거 사례 중 상당수는 주요 기업이 기업 자체나 본국의 윤리적 기대와 규범에 미치지 못하는 현지 조건에 직면한 상황과 관련이 있다. 이 모든 경우의 딜레마는 더 높은 윤리적 기준이 이익과 현지 기준 모두에 반하는 것처럼 보인다는 것이다. 최근 일부 사례에서는 이를 회사 표준과 미국 표준보다 현지 표준이 더 까다로운 상황으로 전환되었다.

2017년 유럽연합(EU)은 반경쟁적 관행을 이유로 구글에 27억 달러의 벌금을 부과한다고 발표했다. EU는 구글이 검색 결과 페이지에서 자사 광고를 우선시하는 관행이 불공정한 사업 관행이라고 판단했다. 미국에서는 검색 엔진 최적화의 일반적인 관행으로 보일 수 있는 것이 EU에서는 비윤리적인 비즈니스 관행으로 판단되었다.

이 사건은 개인의 '잊혀질 권리'가 개인이 구글과 (어떤 다른 회사 중에서도) 페이스북의 데이터베이스와 검색 결과에서 해당 개인에 대한 개인 정보를 삭제하도록 요구할 수 있다는 것을 의미한다는 2014년 유럽사법재판소의 판결에 따른 것이다. 법원은 개인에 관한 '오래되고' '관련 없는' 정보를 요청 시 삭제해야 한다고 판결했다.

최근에 EU는 개인 정보를 수집하고 저장하는 회사로부터 EU 국가의 시민에게 더 큰 보호를 제공하는 일반 데이터 보호 규정(GDPR)이라는 새로운 데이터 개인 정보 보호법을 제정했다. 2018년 5월 발효된 이 규정은 주로 명시적인 동의를 요구하는 등 개인 정보 취득에 대해 더 큰 제한을 두고 있으며, 시민에게 해당 동의를 철회하고 회사가 보유하고 있는 모든 개인 정보의 사본을 얻을 수 있는 권리를 부여한다. GDPR은 EU 국가 시민에게만 적용되지만 인터넷과 온라인 데이터베이스의 통합 특성으로 인해 이러한 표준이 구글 및 페이스북과 같은 사이트의 모든 사용자에게 적용될 가능성이 높다.

토론 질문

1. "로마에 가면 로마법을 따르라"는 옛말이 있다. 기업이 사업을 운영하는 국가의 비즈니스 및 문화적 관행을 따라야 한다고 생각하는가, 아니면 모국의 가치를 채택하고 그대로 유지해야 한다고 생각하는가? 멕시코에서 뇌물이 허용된다면 월마트가 지역 공무원에게 뇌물을 주어서는 안되는 이유는 무엇인가?
2. 애플, 페이스북, 구글은 어떤 의미에서 '미국 회사'인가? 기업은 자신이 설립된 국가에 대해 특별한 충성심을 가져야 하는가? 그렇다면 혹은 그렇지 않다면, 그 이유는 무엇인가?
3. 나이키는 자신이 제조업체가 아닌 마케팅 회사이므로 나이키가 판매하는 상품을 생산하는 다른 회사의 행위에 대해 책임을 질 수 없다는, 유명한 주장을 한 적이 있다. 애플은 중국에서 폭스콘의 행동에 대해 어느 정도 책임을 져야 하는가? 폭스콘은 독립 보안 회사에 경비원을 고용할 때 공장 경비원의 행동에 대해 어느 정도 책임을 져야 하는가?
4. 소비재를 생산하는 제조 공장에서 근로자를 대우하는 방식에 대해 소비자가 어느 정도 책임을 져야 하는가? 근로자들이 주 80시간 근무하고 다른 근로자들이 처우에 항의하기 위해 자살하는 공장에서 아이패드가 제조되었다는 사실을 알게 된다면 여러분은 아이패드를 사고 싶지 않게 되는가?

12.1 서론

21세기 비즈니스의 경제적 현실이 자리잡으면서, 국제 비즈니스에서 윤리적 문제는 우발적인 문제라기보다는 비즈니스를 수행하는 데 훨씬 더 일반적인 상태가 되었다. 이러한 현실은 2022년 2월 러시아의 우크라이나 침공의 여파로 부각되었다. 침공 직후, 미국 정부는 몇 가지 예외를 제외하고 러시아에 대한 일련의 정치적, 경제적 제재를 발표했다. 동시에 전 세계 기업들은 러시아에서 또는 러시아와 계속 사업을 할 것인지 여부를 결정해야 했다. 거의 모든 주요 글로벌 기업이 러시아에서의 사업을 중단하기로 결정했다. 이러한 회사에는 맥도날드(MacDonald's), 코카콜라(Coca-Cola), 이케아(Ikea), 유니레버(Unilever), 스타벅스(Starbucks) 및 나이키와 같은 주요 소매 브랜드가 포함되었다. BP, 엑손-모빌(Exxon-Mobil), 셸(Shell) 등 주요 에너지 기업, 아메리칸 익스프레스(American Express), 시티그룹, 마스터 카드 및 비자와 같은 금융 회사, 넷플릭스(Netflix), 구글, 아마존, 월트 디즈니(Walt Disney), 애플, 마이크로소프트와 같은 기술 및 미디어 회사가 포함된다. 본질적으로 러시아와의 사업을 종료하는 모든 기업은 이러한 정치적, 윤리적 결정의 결과로 수익을 잃었다.

국제 관계와 관련된 윤리적 문제로 인해 비즈니스가 영향을 받은 것은 이번이 처음이 아니다. 1970년대부터 극적이고 널리 알려진 수많은 사례가 전 세계적으로 헤드라인을 장식했다. 1970년대 초, 미국에 본부를 둔 ITT는 민주적으로 선출된 칠레의 살바도르 알렌데(Salvador Allende)의 마르크스주의 정부를 약화시키려는 광범위한 노력을 했다는 비난을 받았다. 1970년대 후반에 네슬레(Nestle)는 세계 저개발 지역에서 유아용 조제 분유를 사용한 의심스러운 마케팅 관행으로 인해 전 세계적으로 보이콧에 직면했다. 1970년대와 1980년대에 걸쳐 서구, 특히 미국의 기업들은 인종차별적인 아파르트헤이트 정부에 항의하여 남아프리카공화국에서 철수하라는 압력을 받았다. 1990년대에는 K-마트에서 판매되는 의류와 나이키에서 만든 신발 제조에 사용되는 국제 착취 공장과 아동 노동에 대한 대규모 시위가 목격되었다. 2001년에 제약 회사에 대한 전 세계적인 시위로 인해 아프리카에서 에이즈 약품이 판매되고 판매되는 방식이 바뀌었다. 2000년대 초반 시애틀, 워싱턴DC, 제노바, 프라하에서 일어난 대규모 폭력적인 거리 시위는 시위대에 따르면 다국적 기업의 이익을 보호하면서도 덜 개발된 국가의 노동자와 환경을 착취하는 세계은행, 국제통화기금(IMF), G7 국가의 경제 정책에 항의하는 시위였다. 2010년대에는 덜 개발된 국가의 나이키, 애플, 월마트와 같은 주요 글로벌 브랜드에 제품을 공급하는 공장의 위험한 근무 환경에 대중의 관심이 집중되었다. 이러한 문제는 2013년 방글라데시의 라나 플라자 의류 공장이 붕괴되면서 정점에 달했고, 1,100명 이상의 노동자가 사망했다.

이 장에서는 국제 비즈니스를 수행하는 기업이 직면하는 다양한 윤리적 문제를 검토한다. 단순화를 위해 이러한 문제는 두 그룹으로 구성된다. 외국에서 자신의 윤리 기준을 적용할지 여부를 결정해야 하는 기업 및 기업 관리자 수준에서 일부 윤리적 문제가 발생한다. 의류 산업의 뇌물 수수 및 공급망 책임 사례와 마찬가지로 이러한 문제는 윤리적 상대주의와 문화 간 윤리적 가치에 대한 질문을 제기한다. 두 번째 윤리적 우려 사항은 **세계화**라는 용어로 분류된 다양한 주제와 관련이 있다. 이러한 거시적 수준의 우려는 개별 기업과 관리자뿐만 아니라 문자 그대로 전 세계 모든 국가의 모든 시민에게 발생한다.

12.2 윤리적 상대주의와 문화 간 가치

아마도 외국에서 사업을 하는 관리자들이 직면하는 가장 일반적인 문제는 서로 다른 문화가 흔히 상당히 다른 가치 체계를 가지고 있다는 인식에서 비롯될 것이다. 이러한 가치 체계가 충돌하는 경우 기업은 '본국'의 가치를 따를지, 아니면 현지 가치 및 관행을 따를지 선택해야 한다. 여성과 소수 민족의 평등, 근로자의 건강 및 안전 기준, 소비자 개인 정보 보호, 뇌물 및 리베이트 허용, 환경 기준 등 다양한 문제에 대한 국제 기준은 전 세계적으로 크게 다르다. 현지의 윤리적 관행을 따르면 상당한 금전적 이익을 얻을 수 있다는 점을 고려하면, 기업은 문화적 상대주의에서 윤리적 상대주의로 한 발 더 나아가고 싶은 유혹을 받는다. 문화마다 가치관이 다르기 때문에 특정 가치 체계가 다른 가치 체계보다 더 정당하다고 생각할 이유가 없다. 그러므로 외국 땅에 있을 때 현지 관습에 따르는 것이 좋으며, 그 말은 성별이나 인종에 따른 차별, 아동 노동, 뇌물 수수를 받아들이는 것을 의미할 수도 있다. 윤리적 상대주의에 대한 도전은 국제 비즈니스에서 매우 실질적인 측면에서 발생하는 것 같다.

그러나 이 책의 1장에서 설명한 **윤리적 상대주의**의 도전 과제는 면밀한 분석을 거치면 타당하지 않다. 문화가 서로 다른 가치를 갖는다는 사실(문화 상대주의) 자체가 충돌하는 가치 사이를 결정하는 데 객관적인 기준이 없다는 것을 의미하는 것은 아니다(윤리적 상대주의). 1장에서 검토한 윤리적 상대주의에 대한 보다 일반적인 반대 의견 중 몇 가지를 이 문제와 연관시킬 수 있다.

첫째, 우리는 다양한 문화가 실제로 다양한 윤리적 가치를 지니고 있다고 너무 성급하게 결론을 내리지 않도록 주의해야 한다. 수하르토(Suharto) 대통령 정권 시절 인도네시아에서 사업을 했던 악명 높은 사례를 생각해 보자. 1998년 수하르토 정권이 무너지기 전까지 회사는 인도네시아에서 사업을 하기 위해서는 현지 인도네시아 기업과 파트너십을 맺어야 했다. 그러한 파트너십을 맺은 인도네시아 기업의 대부분은 수하르토의 가까운 동료나 가족이 소유하거나 통제했다. 뇌물, 리베이트, 강탈이 흔한 일이었다. 여기서 질문을 던져 보자. 어떤 의미에서 이러한 관행이 인도네시아에서 '수용'되었는가? 그것은 널리 퍼져 있었고 일반적으로 알려져 있었지만, 그것을 받아들여졌다고 부르는 것은 확실히 잘못된 것이다. 강력한 엘리트에 속하지 않은 인도네시아인들은 불찬성과 반대가 폭력적이고 때로는 치명적인 반응에 직면할 수 있다는 사실하에서 이러한 부패를 받아들였다. 수하르토의 타도 이후에 이루어진 반부패 개혁은 인도네시아인들이 서구와 많은 가치를 공유하고 있다는 증거이다. 마찬가지로 최근 사건에서 월마트는 멕시코에서 광범위한 뇌물 수수 계획에 가담한 혐의로 기소되었다. 2019년 월마트는 2억 8,200만 달러의 벌금을 지불하여 소송을 해결했다. 일부 월마트 관계자가 원래 변호에서 말한 내용에도 불구하고 뇌물 수수는 일부 지역에서 널리 퍼져 있더라도 멕시코에서는 윤리적으로나 법적으로 허용되지 않는다.

자세히 살펴보면 가치관의 겉보기 다양성이 사라지는 경우도 많다. 일본과 이탈리아 정부를 무너뜨린 부패 스캔들은 뇌물 수수와 리베이트가 일부 사람들이 생각했던 것만큼 널리 퍼지지도, 받아들여지지도 않았음을 보여 준다. 정치 및 경제 엘리트들이 부패하고 비윤리적인 행위를 용인한다는 사실은, 특히 그들이 그러한 행위로부터 이익을 얻을 수 있는 경우에, 우리가 비윤리적인 것으로 간주하는 것이 다른 나라에서도 윤리적으로 허용된다는 주장을 뒷받침하는 증거가 아니다.

두 번째 문제는 윤리적 원칙과 그 원칙의 적용 사이의 구분에 주의를 환기시킨다. 다른 상황에서는 어떤 맥락에서 비난받거나 용서받을 수 있는 행동이 다른 맥락에서는 비난받거나 용서받지 못할 수도 있다. 하지만 이 사실이 윤리적 상대주의를 지지하는 근거가 되는 것은, 우리가 계획적인 살인과 과실치사 사이에 구별을 두는 사실과 마찬가지로 적절하지 않다. 부패한 정권에서 운영되는 지역 사업주와 같은 장소에서 사업을 하는 미국 기반 다국적 기업 사이의 다른 상황을 고려해 보라.

국영 전화 회사와 사업을 하기 위해 뇌물을 주고 전화를 설치해야 한다고 가정해 보자. 지불하지 않으면 전화 서비스를 받는 데 오랜 시간이 걸릴 수 있다. 지역 기업의 경우 뇌물을 제공하지 않으면 문자 그대로 사업이 종료될 수 있다. 현지 기업은 일반적으로 다른 선택의 여지가 거의 없으므로 이러한 상황에서는 뇌물 지급을 면제하는 것이 합리적일 수 있다. 그러나 비윤리적인 행동을 변명하는 것은 그것을 정당화하는 것과는 다르다는 점에 유의하자. 우리는 뇌물 수수나 강탈이 정당하거나 용납된다고 말하지 않는다. 다만 그러한 상황에서 뇌물을 제공하는 것은 이해될 수 있고 아마도 변명될 수 있다. 그러나 다국적 기업들은 다양한 현지에서의 다양한 상황에 처해 있다는 점을 생각하면 그런 그들의 유사한 행동을 변명하는 것은 합리적이지 않다. 무자국 기업은 지역 기업이 선택할 수 있는 것보다 더 많은 선택권을 갖고 있으며, 그중 가장 작은 것은 비윤리적 관행을 바꾸기 위해 경제적 협상력을 사용하는 것이다.

저임금과 노동 착취 공장의 열악한 근무 조건에 대해서도 비슷한 사례가 있을 수 있다. 스스로 생계비만 벌고 농장 노동자들에게 낮은 임금을 지급하는 지역 농민과 비슷한 임금을 지급하는 다국적 농업 기업 사이에는 중요한 차이가 있다. 방글라데시의 라나 플라자 공장에서 일어난 것처럼 산업화된 세계에서는 용납할 수 없다고 판단하는 근로 조건을 현지 주민들이 용납한다는 사실이 해당 외국 땅에서 사업을 할 때 그러한 조건이 윤리적으로 정당하다는 것을 의미하지는 않는다.

국제 윤리의 세 번째 문제는 청렴의 미덕에 관한 것이다. 지역 문화가 어떤 개인과 다른 가치관을 갖고 있는 경우에도 그 개인의 청렴성을 위해서 그는 그의 가치관을 포기하지 않아야 한다.[1] 청렴성은 개인의 정체성과 성격을 유지하는 미덕이며 자기 자신의 핵심을 보존한다. 불일치나 다양성에 직면하여 자신의 가치를 포기하는 것은 자신의 청렴성을 훼손하는 것이다.

여성을 2등 시민으로 대하는 문화에서 사업을 하는 것을 생각해 보자. 이 나라에서 사업을 하는 조건으로, 여성을 가장 하찮은 직업 외에는 고용할 수 없고, 여성 직원은 현지 회사와의 협상에 참여할 수 없으며, 남성 호위 없이는 대중 앞에 나갈 수 없고, 머리와 얼굴을 가리지 않은 채 출근할 수도 없다. 이런 상황에서 우리는 선택권이 있는 것처럼 보인다. 자신의 원칙을 포기하거나, 자신의 원칙을 고수하고 이 문화권에서 사업을 포기하는 것이다. 청렴성은 이런 상황에서 자신의 원칙을 포기하는 것에 반대한다.

다양한 가치를 결코 타협하거나 용납해서는 안 된다는 뜻은 아니다. 그러나 청렴성은 그러한 문제가 결과주의적, 공리주의적, 경제적 근거만으로 결정되어서는 안 된다는 점을 시사한다. 때때로 윤리는 우리가 원칙에 따라 행동할 것을 요구한다. 그러한 원칙은 그 사람이 어떤 사람인지를 확립하는 데 큰 도움이 된다.

마지막으로, 국제 비즈니스에서 문화적 상대주의에 대한 많은 논의에서 비윤리적이라고 여겨지는 가치는 '다른' 문화의 가치라는 사실에 주목해 보자. 산업화된 서구 민주주의의 윤리가 주어진 것으로 가정할 때, 남은 유일한 질문은 이러한 가치가 지역 문화의 가치와 충돌할 때 타협해야 하는지 여부이다. 이제 이 가정을 뒤집어서 다국적 기업이 도입한 가치와 충돌할 때 지역 문화가 어떻게 타협해야 할지 고려해 보자. 이는 이 장의 뒷부분에서 이 문제를 더 자세히 살펴볼 것이다. 지금은 이것이 가치 상대주의 문제와 어떻게 관련되어 있는지만 고려해 보자. 다국적 기업이 현지 관행을 따르기 위해 시장 및 이익 원칙을 포기해야 하는 상황에서 현지 관행을 따르기 위해 자신의 가치를 포기하는 문제가 얼마나 자주 발생하는가? 이런 일이 발생할 수 있는 여러 가지 상황을 생각해 볼 수 있다. 스페인의 몬드라곤 지역과 유럽의 다른 많은 지역은 노동자 소유, 노동자 협동조합, 작업장 민주주의의 오랜 전통을 갖고 있다. 아시아의 많은 지역에는 평생 고용의 전통이 있다. 전 세계의 많은 농업 지역에서는 오랫동안 지속 가능한 농업 및 임업 기술을 실천해 왔다. 전 세계의 많은 문화권에서는 공동체주의적인 사회 복지 구조를 매우 중요하게 생각한다. EU는 최근 소비자에 대한 강력한 개인 정보 보호 권리를 주장했다. 그러나 다국적 기업이 현지 문화 관행에 더 잘 적응하기 위해 비즈니스 모델을 포기하는 경우는 거의 없다.

이는 최소한 현지 가치와 관습에 호소하여 비윤리적 행위를 정당화하거나 변명하려는 다국적 기업에 대한 이야기를 들을 때 건전한 회의론을 암시한다. 그러한 호소가 수익에 기여할 때만 제기될 때, 우리는 그것을 있는 그대로 받아들일 수 있다. 이는 윤리적 책임이 자기 이익을 제한하는 또 다른 사례이다. 이 사실 하나만으로도 가치관의 불일치에도 불구하고 윤리를 포기하지 말아야 할 타당한 이유가 된다.

12.3 문화 간 가치, 인권, 러기 원칙

윤리적 상대주의가 일관된 철학적 입장이 아니라면 질문은 남는다. 문화 전반에 걸쳐 합리적으로 적용될 수 있는 가치가 있는가? 비상대주의자들은 그렇다고 대답한다. 예를 들어, 톰 도널드슨(Tom Donaldson)은 이 질문에 대한 '최소주의'와 '최대주의' 답변을 모두 설명한다. 우리는 도널드슨의 프레임워크를 따라 이 문제를 조사할 것이다.[2]

도널드슨에 따르면 최소주의 접근 방식은 특정 최소한의 저작인격권이 침해되지 않는 한 기업은 경제적 이익을 자유롭게 추구할 수 있다고 주장한다. 이 책 3장에서 설명한 기업의 사회적 책임에 대한 도덕적 최소 접근 방식을 연상시키는 최소주의는 '부정적인 의무'만 인정하여 해를 끼치지 않는다. 이러한 최소한의 조건이 충족되면 기업은 소비자, 직원 및 주주를 위해 상품, 서비스, 일자리 및 이익을 생산한다는 경제적 목표를 달성함으로써 윤리적 책임을 이행한다. 최대주의적 접근 방식은 다국적 기업이 누리는 영향력, 권력, 자원을 고려할 때 그들이 운영하는 지역사회에 긍정적인 혜택과 지원을 제공할 책임이 있다고 믿는다. 두 가지 견해 모두 다문화적으로 적용될 수 있는 윤리적 기준이 있다는 데 동의한다. 최소주의는 이러한 가치가 최소한의 소극적인 의무라고 결론지었다. 최대주의자들은 보다 광범위한 긍정적 책임을 주장한다.

UN 인권위원회는 매우 영향력 있는 최소주의 전략 중 하나를 채택했다. 2005년에 유엔 위원회는 "인권과 관련하여 기업의 책임과 다국적 기업 및 기타 기업의 책임에 대한 기준을 식별하고 명확히" 하기 위한 그룹을 창설했다. 이 연구에서 나온 것은 이 연구를 주도하도록 임명된 하버드 케네디 행정대학원 교수 존 러기(John Ruggie)의 이름을 딴 '러기 프레임워크'로 알려져 있다.[3]

러기 프레임워크는 '보호, 존중, 구제'로 요약된다. 권리를 보호하고 확보해야 하는 적극적인 의무는 정부에 부여된다. 비즈니스 기관에는 권리를 존중하고 해를 끼치지 않는다는 소극적인 의무만 부여된다. 이러한 관점에서 볼 때, 기업은 권리를 확보할 책임이 없으며 선을 행하거나 타인으로 인해 발생한 피해를 개선해야 하는 적극적인 의무도 없다. 마지막으로 러기 프레임워크는 피해를 입은 모든 피해자는 자신에게 가해진 피해를 구제할 권리가 있어야 한다고 주장한다.

따라서 예를 들어, 라나 플라자의 경우 건축 법규를 제정하고 시행하여 건강과 안전을 보호하는 것이 정부의 적극적인 의무가 될 것이다. 기업의 유일한 의무는 직장의 건강이나 안전에 해를 끼치지 않는 것이다. 또는 아동 노동의 경우 최소 연령법을 통해 아동을 보호하는 것이 정부의 의무이며 나이키와 같은 기업은 아동의 권리를 존중할 의무만 진다.

이러한 예에서 알 수 있듯이 러기 프레임워크는 문제가 있을 수 있다. 첫째, 해를 끼치지 않는다는 소극적 의무와 상품을 선을 제공해야 한다는 적극적 의무 사이의 경계가 프레임워크에서 제시하는 것만큼 명확하지 않다. 러시아가 우크라이나에서 대규모 인권 침해를 저지르고 있는 상황에서 러시아와 계속 사업을 한다면 기업은 권리를 존중하지 못하는 것인가? 공급망 계약 업체가 안전하지 않은 제조 공장을 운영하도록 허용하는 회사는 직원의 권리를 존중해야 하는 의무를 위반하는 것인가? 회사가 권리를 침해하는 국가에서 사업을 한다면, 그 회사는 권리를 존중하지 않는 것인가? 그 권리 자체를 침해하는 것인가?

둘째, 이 프레임워크는 정부가 권리를 보호하고 보장하기 위해 무엇을 하는지 결정하

REALITY CHECK:
우크라이나 침공 이후 러시아에서 사업하기

2022년 2월, 러시아는 이유도 없고 정당하지도 않은 우크라이나 침공을 시작했다. 당시 수많은 글로벌 기업들이 러시아와 사업을 하고 있었다. 러시아에 적용되는 광범위한 정부 제재에 직면하여 이들 회사는 러시아와 계속 협력할 것인지 결정해야 했다. 대부분은 그렇게 하지 않기로 결정했다. 이 결정은 윤리적으로 의무적인 것이었는가, 아니면 그냥 권장되는 것이었는가? 좋은 사업 결정이었는가?

러기 프레임워크는 약간의 지침만 제공한다. 우크라이나 침공으로 인해 대규모 인권 침해가 발생했지만 이들 글로벌 기업은 그러한 침해를 유발하는 데 아무런 역할도 하지 않았다. 결국 러기 원칙은 그러한 권리를 보호하는 것이 기업의 역할이 아니라 정부의 역할이라고 결론지었다.

그렇다면 회사가 전쟁에 책임이 없고 사업이 수익성이 있다면 왜 러시아에서 사업을 중단해야 할까? 침공 후 몇 주 동안 다양한 답변이 제공되었다. 일부 기업은 정부 제재 대상 산업에 종사했기 때문에 러시아에서의 운영을 중단할 수 있는 선택의 여지가 거의 없었다. 일부는 자신들을 더 큰 경제 제재의 일부로 여겼고 따라서 전쟁을 끝내거나 제한하기 위해 무언가를 하고 있다고 여겼다. 많은 기업들에게 이는 청렴성의 문제였으며 단순히 침략에 연루되기를 원하지 않았다. 많은 기업이 투자자, 직원, 고객의 요구에 부응하고 있었다. 일부에서는 러시아의 단기 및 장기 재정 전망이 모두 어두웠기 때문에 이를 현명한 사업 결정으로 보았다. 대부분의 기업에서는 의심할 바 없이 이러한 모든 요소가 중요한 역할을 했다.

만약 여러분이 침공 이후에도 러시아에서 사업을 계속하는 것에 대해 고위 간부들에게 조언할 수 있는 위치에 있다면 여러분의 추론은 무엇인가? 러시아 사업이 수익성이 있다고 가정할 때 무엇을 조언하겠는가? 그 이유는 무엇인가? 여러분의 조언은 사업의 성격에 따라 달라지는가? 왜 그런가?

는 데 있어 기업이 할 수 있는 역할을 경시한다. 특히 저개발 경제에서 사업을 하는 주요 초국적 기업이 관련된 상황에서는 정부 기관의 의지와 능력이 통제되지는 않더라도 사업에 의해 큰 영향을 받을 수 있다. 정부가 임금, 건강 또는 안전 보호 조치를 확립하고 시행하기로 선택하는지 여부는 회사가 상황에 어떤 기대를 가져오는지에 따라 많은 영향을 받는다.

자신의 글에서 도널드슨은 최소주의 입장의 좋은 예를 제공한다. 도널드슨은 기본적 인권이 기업에 대한 국제적 책임 목록의 기초를 제공할 수 있다고 주장한다. UN의 세계 인권선언과 같은 국제 문서를 인용하면서 도널드슨은 실제로 다양한 문화 간, 보편적 가치에 대한 광범위한 합의가 존재한다고 제안한다. 이러한 보편적 권리는 국제 비즈니스의 윤리적 책임에 대한 틀을 제공한다. 도널드슨이 설명하는 권리는 다음과 같다.

1. 신체적 이동의 자유에 대한 권리
2. 재산 소유권
3. 고문으로부터 자유로울 권리
4. 공정한 재판을 받을 권리
5. 차별 없는 대우를 받을 권리
6. 물리적 보안에 대한 권리
7. 언론 및 결사의 자유에 대한 권리
8. 최소한의 교육을 받을 권리
9. 정치적 참여에 대한 권리
10. 생존권

도널드슨은 적용 세부 사항이나 그러한 권리의 범위에 관해 분쟁의 여지가 있음을 인정한다. 그럼에도 불구하고 그러한 권리는 다른 사람(개인, 기업, 정부)이 그러한 권리를 존중할 의무를 갖게 한다. 우리에게 유용한 활동은 이 장의 시작 부분에서 언급된 국제 윤리 논쟁 중 일부를 검토하고 그러한 권리를 인정하는 것이 이러한 문제를 분석하는 데 도움이 될지 고려하는 것이다. 다국적 기업이 그러한 국제 인권을 존중한다면 다르게 행동했을까?

그러나 이러한 최소주의적 접근 방식에는 여전히 과제가 남아 있다. 왜 이러한 권리와 관련된 책임이 다국적 기업의 어깨에 있어야 하는가? 이러한 의무 중 상당수는 민간 기업이 아닌 정부에 속하는 것이 더 적절해 보인다. 더욱이, 이러한 권리가 항상 실제로는 아니지만 이론적으로 이미 문화 간 인정을 받고 있다는 사실을 고려하면, 최소한의 접근 방식은 문화적 가치가 충돌할 때 별로 도움이 되지 않는 것 같다. 국제 기업 윤리는 모국의 가치가 현지 국가의 가치와 충돌할 때 비즈니스 관리자에게 지침을 제공해야 한다. 이러한 이유와 기타 이유로 인해 일부 관찰자는 국제 비즈니스 책임에 대한 보다 광범위하고 구체적인 목록을 옹호한다.

철학자 리차드 드조지(Richard DeGeorge)는 문화 간 적용이 가능하다고 생각하는 열 가지 윤리적 지침을 제시했다.[4] 드조지의 분석에 따르면 다국적 기업은 다음을 수행해야 한다.

1. 의도적으로 직접적인 피해를 입히지 말아야 한다.
2. 현지 국가에 해로움보다 이로움을 더 많이 생산해야 한다.
3. 그들의 활동을 통해 현지 국가의 발전에 기여해야 한다.
4. 직원의 인권을 존중해야 한다.
5. 지역 문화를 존중하고 이에 반대하지 말고 함께 일해야 한다.
6. 공정한 세금을 납부해야 한다.
7. 지방 정부와 협력하여 배경 기관의 개발 및 시행을 촉진해야 한다.
8. 기업의 다수 통제에는 기업의 행동과 실패에 대한 윤리적 책임이 따른다는 점을 인식해야 한다.
9. 위험 공장이 안전한지 확인하고 안전하게 운영해야 한다.
10. 위험한 기술을 저개발국에 이전하는 경우, 해당 기술이 해당 국가에서 안전하게 관리될 수 있도록 재설계하는 책임을 져야 한다.

현지 국가에 대한 그러한 긍정적인 책임 목록을 해석하고 정당화하는 일반적인 방법에는 두 가지가 있는 것 같다. 그러한 목록은 단순히 보다 일반적인 최소한의 의무를 적용한 것이라고 주장할 수도 있다. 예를 들어, 물리적 보안에 대한 권리에서 비롯되는 의무에는 위험 물질이나 기술을 다루는 기업이 그러한 위험으로부터 사람들을 보호하기 위한 조치를 취해야 하는 책임이 수반된다. 이러한 관점에서 최소주의 접근 방식은 일반적인 권리와 책임을 설명한다. 최대주의 전략은 이러한 권리와 의무가 국제적으로 운영되는 기업에 미치는 영향을 더 자세히 지정하는 것이다. 이러한 접근 방식은 비즈니스에 대한 보다 구체적인 몇 가지 국제적 책임에 적용되는 것으로 보인다.

이러한 최대주의적 책임에 대한 두 번째 해석은 이러한 책임이 다국적 기업과 호스트 국가 간의 암묵적인 사회적 계약에서 파생되는 것으로 이해한다. 그러한 책임은 묵시적인 계약의 일부로 발생한다. 모든 계약에서와 마찬가지로 당사자들은 해당 계약으로 인해 이익을 얻을 것으로 합리적으로 기대할 수 있는 경우에만 계약을 체결한다. 다국적 기업은 그러한 이동으로 인해 순 이익을 얻을 것이라고 믿고 현지 국가에서도 비슷한 기대를 하는 경우에만 외국에 진출한다. 다국적 기업은 해당 국가가 해당 계약으로 인해 해로움보다 이익이 더 클 것으로 기대할 수 있는 경우에만 해당 국가에서 사업을 운영할 수 있다. 다시 한번, 이 해석은 많은 극대주의자들의 책임 목록에 의미가 있는 것 같다.

12.4 세계화와 국제 비즈니스

이제 기업의 국제적 책임에 대한 보다 거시적인 분석으로 시선을 전환해 보자. 세계화를 둘러싼 윤리적 문제는 지난 수십 년 동안 국제 관계 논의의 중심에 올랐다. 이러한 윤리적 문제는 무엇이며, 이러한 문제에서 다국적 기업은 어떤 역할과 책임을 가지고 있는가?

세계화와 국제 무역에 대한 논의는 기업 윤리에 관한 책에서 이례적이라고 생각할 수도 있다. 국제 관계는 전통적으로 국가 간의 관계로만 이해되어 왔으며 이러한 문제는 경영보다는 정치학과 거시 경제학에서 더 중요했다. 이러한 접근 방식은 21세기에는 더 이상 적합하지 않다. 기업 내에서 내리는 결정이 정부 내에서 내리는 결정만큼 국제 문제에 큰 영향을 미칠 수 있다는 것이 분명해졌기 때문이다.

사실, 세계화에 대한 많은 비판은 이것을 세계적인 경제 통합의 핵심 문제 중 하나로 꼽는다. 일부 비평가들의 견해에 따르면, 이익과 자기 이익을 동기로 하는 선출되지 않은 기업 관료들이 내리는 결정은 적어도 민주 국가에서는 시민의 최선의 이익을 동기로 삼아야 하는 정치 관료들의 결정을 대체했다.

세계화란 무엇인가? 시애틀에서 프라하, 제노바에 이르는 거리 시위에서 알 수 있듯이 이 용어는 강력한 정치적, 윤리적 의미를 담고 있다. 가장 직접적인 의미에서 세계화는 국제 경제 통합 과정을 의미한다. 국가가 존재하는 한 국제 무역과 협력이 존재해 왔지만, 이러한 국제 경제 통합 과정은 1990년대와 2000년대에 점점 더 일반화되었고 가속화되었다. 관세 및 무역에 관한 일반 협정(GATT), 북미자유 무역 협정(NAFTA)과 같은 국제 무역 협정은 자유 무역의 국경을 열었다. 2002년부터 단일 통화(유로)를 채택하는 등 유럽연합 내 지속적인 통합으로 인해 유럽은 본질적으로 단일 경제로 변모했다. 세계은행의 국제 대출은 전 세계의 주요 개발 프로젝트를 지원해 왔다. IMF가 수립한 통화 정책으로 인해 국가 간 자본 흐름이 점점 더 쉬워졌다.

아마도 덜 느린 속도이긴 하지만 이민 정책은 사람과 노동의 국제적 흐름을 더 쉽게 만들었다. 최근 일본과 미국의 경제 불황, 멕시코와 아르헨티나의 통화 평가 절하, 그리스, 스페인, 아일랜드, 이탈리아의 주요 국가 부채 위기, 러시아의 우크라이나 침공 등은 세계 경제가 얼마나 상호 의존적인지를 입증한다.

그러나 국경을 넘는 노동, 자본, 기술, 무역의 자유로운 이동은 최근 몇 년간 급격한 변화를 겪었다. EU, 특히 그리스와 이탈리아 같은 남부 유럽 국가는 전쟁과 경제적 격변으로 황폐화된 아프리카와 중동 지역에서 이민자와 난민이 많이 유입되는 상황에 직면했다. 이민에 대한 반대와 그에 따른 경제적 주권 상실로 인해 2020년 영국의 EU 탈퇴인 브렉시트가 초래되었다. 가장 극적인 것은 트럼프 행정부가 미국을 국제 경제 협력에서 탈퇴시키는 광범위한 결정을 내렸다는 것이다. 이로 인해 이민 제한에 대한 압력이 증가했다.

자유 무역과 국제 경제 협력에 대한 윤리적 주장은 제2차 세계대전 이후 정부, 산업계, 경제학자들에 의해 널리 받아들여졌다. 찬성하는 주요 주장은 이 책 2장과 3장에서 살펴본 시장 주장을 보다 일반화한 버전이다. 자유롭고 개방적인 경쟁을 보장하는 사회적, 경제적 제도 내에서 이윤을 추구하면 자원을 가장 가치 있는 용도에 할당하고 이러한 자원을 분배하게 된다. 최대 다수의 사람들에게 최대의 이익을 제공하는 방식으로 말이다. 세계화는 이러한 자유롭고 공개적인 경쟁을 국경을 넘어 확장하는 과정이다. 노동, 일자리, 상품 및 서비스, 천연자원, 자본을 위한 국제 경쟁은 시간이 지남에 따라 모든 사람의 전반적인 복지를 향상시킬 것이다.

이 견해에 대한 두 가지 결과는 언급할 가치가 있다. 첫째, 보다 자유롭고 개방적인 무역에서 비롯되는 경제 성장과 발전은 세계에서 가장 빈곤한 사람들의 복지를 향상시키는 가장 효과적인 방법으로 여겨진다. 세계화 옹호자들에 따르면, 국제 경제 통합은 세계 경제 성장의 필수적인 단계이며, 이러한 성장만이 세계 빈곤과 결핍을 적절하게 해결할 수 있다. 둘째, 이 과정을 옹호하는 사람들은 경제 통합이 갈등의 주요 장애물이라고 주장한다. 더 많은 국가가 경제적으로 협력할수록 군사적으로 싸울 가능성은 줄어든다. 따라서 세계화는 빈곤과 전쟁 가능성을 줄이는 주요 단계로 간주된다.[5]

그러나 다양한 공익 단체들은 이러한 주장에 전혀 동의하지 않았으며 2000년대 후반에는 세계화에 반대하는 시위를 벌이기 위해 기꺼이 거리로 나섰다. 노동조합, 환경주의, 인권 단체, 좌파 민주화 단체의 옹호자들은 지속적인 국제 경제 통합의 윤리적 정당성을 거부한다. 영국, 이탈리아, 미국에서 발생한 정치적 우파의 반대는 자유 국제 무역으로 인한 주권 상실과 국내 이익의 상실에 반대한다. 이러한 주장을 분석하는 데 도움이 되도록 우리는 이를 네 가지 주제로 정리할 수 있다. (1) 세계화는 가난한 사람들에게 이익이 되기보다는 해를 끼친다. (2) 세계화는 환경, 건강, 안전 및 작업장 규제의 '바닥을 향한 경쟁'을 장려한다. (3) 세계화는 평등한 권리와 자결권을 지지하기는커녕 훼손한다. (4) 세계화는 국가 충성 의무를 위반한다.

12.5 세계화와 빈곤층

시장 기반 주장의 일반적인 개요는 이제 우리에게 익숙할 것이다. 자유롭고 경쟁적이며 개방적인 국제 시장은 경제 상품과 서비스의 보다 효율적이고 최적의 분배로 이어질 것이다. 더 많은 사람들이 자신이 가장 원하는 것을 더 많이 얻게 될 것이며, 따라서 더 많은 사람들이 다른 것보다 더 나은 삶을 살게 될 것이다. 우리는 이 본문 전반에 걸쳐 여러 지점에서 이 주장의 버전을 보았다. 그것은 건전한 주장인가?

이 주장을 분석하는 데 있어 어려움의 일부는 그것이 경험적, 개념적/윤리적 질문을 모두 포함한다는 인식에서 비롯된다. 실증적 질문은 특히 가난하고 저개발 국가의 생활 수준이 국제 경제 통합 조건에서 향상되는지 여부를 묻는다. 개념적, 윤리적 질문은 사람들이 경제 성장을 통해 '더 나아진다'고 생각되는 의미를 조사한다.

경험적 질문에 대한 대답은 모호하다. 이론이 노동 시장에서 어떤 일이 일어날 것이라고 예측하는지 생각해 보자. 일자리는 노동력이 덜 비싼 나라로 수출되어야 한다. 선진국에서는 이는 최저임금 근로자의 일자리가 사라질 가능성이 가장 높다는 것을 의미한다(빈곤한 국가에서 일자리를 찾는 숙련되고 전문적인 근로자가 과잉일 가능성은 낮다). 결과적으로 이는 산업화된 국가, 특히 최저임금 근로자의 임금을 하락시키는 경향이 있다. 이론에 따르면, 실업자 또는 불완전 고용 근로자는 소비자로서 일자리가 수출된 국가에서 수입하는 상품과 서비스의 가격이 낮아지는 혜택도 누릴 수 있다. 또한 시간이 지남에 따라 가난한 나라의 경제 성장 증가로 인해 산업재에 대한 수요가 증가하여 선진국에서 일자리가 다시 창출될 것이라고 예측할 수도 있다. 그 동안 해고된 노동자들은 분명 고통을 겪을 것이다.

앞서 살펴보았듯이 시장 주장은 공리주의적이다. 유익한 결과를 받는 사람은 집합적인 '최대 인원'이며, 이는 그 과정에서 개인에게 가해지는 피해를 무시할 수 있다. 이론적인 '전반적인' 이익이 발생하더라도 그 과정에서 실제 개인과 가족이 피해를 입을 수 있는 경우가 많다. 경험적으로 볼 때, 자국 밖으로의 일자리 이동으로 인해 피해를 입은 특정 식별 가능한 근로자가 있다는 것은 의심의 여지가 없다. 이론적인 질문은 국내 다른 곳에서 창출된 새로운 일자리로 다른 근로자들이 혜택을 받았는지 여부이다. 윤리적인 문제는 그러한 이익이 해로움보다 더 큰지 여부이다.

가난한 나라의 노동자들은 어떠한가? 그들은 자유 무역으로 창출된 일자리로부터 혜택을 받지 않는가? 고향에 남아서 전혀 소득을 얻지 못하는 상황에서 폭스콘 공장이나 라나 플라자의 노동자들은 주 80시간 근무의 혜택을 받지 않았는가? 이 질문에 대한 대답은 적어도 경험적인 것만큼이나 개념적이고 윤리적이다. 자유 무역 옹호자들은 가난한 나라의 노동자들이 새로운 일자리를 통해 이전보다 더 나은 삶을 누릴 수 있기 때문에 혜택을 받는다고 주장한다. 비평가들은 수출된 많은 일자리가 겨우 생계비만 지불하고 노동 착취 환경을 조성한다고 비난한다. 이 도전은 개인 및 국가 차원 모두에서 개념적 질문을 제기한다.

시장 이론에 따르면 새로 고용된 근로자는 이러한 직업을 선택했기 때문에 더 나은 삶을 살게 되며, 개인은 이익보다 피해가 더 크다면 어떤 일도 하지 않을 것이라고 간주한다. 상대적인 의미에서는 이것이 사실인 것 같다. 극심한 가난이나 노동 착취 환경에서 생활임금을 받는 장시간 노동을 선택하는 사람들은 일을 선택할 가능성이 높다. 그들은 그렇지 않은 경우보다 더 나은 생활을 누리고 있다. 비평가들은 그러한 조건에서 일하기로 한 선택은 기업의 강탈과 착취에 불과하다고 반응한다. '당신의 돈이냐 당신의 생명이냐'도 선택이지만 국제 기업이 모방해야 할 것은 아니다. 자신의 돈을 무장 강도에게 넘겨주기로 선택한 사람도 그렇지 않은 경우보다 상대적으로 더 나은 생활을 누리게 되지만, 이 사실이 강도의 행동을 정당화하지는 않는다.

그렇다면 현지 국가의 직원에 대한 국제 비즈니스의 윤리적 책임은 무엇인가? 일반적으로 우리는 이것이 모국의 직원에 대한 책임과 유사하다고 결론을 내려야 한다. 분명히, 현지 국가의 임금과 혜택이 매우 유사하다면 애초에 일자리를 수출할 인센티브가 없을 것이다. 이는 자유 무역의 목적을 무너뜨릴 뿐만 아니라, 현지 국가의 근로자들이 전혀 혜택을 받지 못한다는 것을 의미한다. 다른 한편, 우리는 인간이 단지 노동 시장에 의해 그 가치가 결정되는 '생산 요소'가 아니라는 점을 인식할 필요가 있다. 본국에서 지급되는 임금과 현지 국가에서 일할 수 있는 최저임금 사이의 임금과 혜택이 필요한 것으로 보인다. 한 가지 제안은 본국과 현지 국가 간의 생활 수준이 다르다는 점을 감안하여 본국에서 지불하는 임금과 비슷한 수준으로 임금을 지불하는 것이다.

예를 들어, 독립적인 경제 지표를 사용하여 본국의 최저임금이 현지 국가의 경제에 어떻게 반영되는지 결정할 수 있다. 공정한 임금은 노동 시장에만 맡기지 않고 비교적 비슷하게 결정될 것이다. 미국에서 빈곤 수준보다 약간 높은 4인 가족을 부양하기 위해 최저임금을 받는 두 사람이 필요하다면, 현지 국가의 최저임금도 비슷하게 결정될 것이다. 이러한 접근 방식은 더 낮은 비용으로 직원을 확보하면서도 해당 직원에게 공정한 임금을 지급함으로써 비즈니스에 이익이 될 것이다.

실제로 많은 국제 기업은 현지 국가에서 근로자를 직접 고용하지 않는다. 많은 기업이 현지 기업과 독립 계약 업체에 인력을 공급하고 있다. 이를 수행하는 데에는 여러 가지 이유가 있으며 일부는 다른 것보다 덜 윤리적이다. 옷이나 신발을 재봉하도록 개인을 고용하고 품목별로 '독립 계약자'로 급여를 지급하는 것은 공정한 임금과 혜택에 대한 책임을 회피하기 위한 연막에 불과할 수 있다. 독립 계약자로서 그들은 자신의 고용 조건에 대해 책임을 져야 한다. 합리적인 원칙은 국제 기업이 비용이 덜 드는 현지 노동력의 혜택을 받기를 원한다면 해당 근로자를 대우하는 방법에 대해 전적이고 직접적인 책임을 져야 한다는 것이다. 이를 수행하는 가장 확실한 방법은 이러한 사람들을 직접 고용하는 것이다.

좀 더 일반적인 질문으로 돌아가서, 국제 비즈니스의 도래로 인해 현지 국가의 지역 국가 경제가 전반적으로 피해를 입거나 이익을 얻는가? 더욱이, 세계 여러 지역의 압도적인 빈곤을 고려할 때, 자유 무역과 추가적인 경제 통합의 대안이 빈곤과 경제적 박탈을 완화하는데 그만큼 효과적일 가능성이 있는가?

모든 경우에 이러한 질문에 대한 구체적이고 제한되지 않은 답변이 가능하거나 합리적일 가능성은 거의 없다. 이 책 10장의 환경적 책임에 대한 설명에서 설명된 지속 가능한 경제 발전 유형이 하나의 출발점이 될 것이다. 일반적으로 시장 경제는 가난한 나라에서 엄청난 경제 성장을 창출할 수 있는 잠재력을 가지고 있다. 윤리적 책임은 그러한 성장으로부터 이익을 얻으려는 기업이 현지 국가의 인적 및 천연자원을 착취함으로써 그렇게 해서는 안 된다는 것을 요구한다.

그러나 이러한 질문의 배경에는 중요한 개념적 문제가 있다. 자유 무역과 더 큰 국제 경제 통합이 자유 무역과 자유 시장 정책을 채택하는 국가의 경제적 복지를 향상시킬 수 있다는 것이 사실이라 할지라도 이러한 정책이 모든 국가의 경제적 복지를 향상시킬 수 있는 것은 아니다. 논리학자들은 부분에 대해 참인 것에서 그것이 전체에도 참이라는 결론에 이르는 추론을 구성의 오류라고 부른다.

가난한 나라가 수출을 통해 경제를 개선할 수 있다고 해서 모든 가난한 국가가 수출을 통해 경제적으로 개선될 수 있는 것은 아니다. 예를 들어, 모든 가난한 나라가 저임금 일자리를 수입하고 수출을 늘리려고 한다면, 둘 다의 수요와 가격은 하락할 것이다. 개별적으로 채택될 때 개별 국가에 이익이 될 수 있는 정책은 동시에 이를 채택하는 모든 국가에 해를 끼치는 효과를 가질 수 있다.

12.6 '바닥을 향한 경주'

세계 경제 활동에 대한 두 번째 일련의 윤리적 도전은 자유 무역과 경제 통합이 환경, 노동, 보건 및 안전 규정을 약화시키거나 폐지하려는 인센티브를 창출한다는 것이다. 이러한 규제는 '무역 장벽'을 구성하며 경제 성장을 위한 경쟁을 고려할 때 국가는 다국적 기업에 규제와 제한을 덜 제공하려는 강력한 인센티브를 갖게 된다. 비평가들이 자주 사용하는 용어로, 규제는 '바닥을 향한 경쟁'이 될 것이다.

GATT 또는 NAFTA와 같은 자유 무역 협정 위반으로 인해 경쟁 국가가 현지 환경 또는 노동 기준에 성공적으로 도전한 사례가 많이 있다.[6] 예를 들어, OSHA에서 요구하고 이 책 6장에서 검토한 직장 건강 및 안전 규정의 유형을 고려해 보라. 이러한 규정은 미국에서 사업을 수행하는 데 드는 비용을 증가시킨다. 이는 기업이 미국에서 그러한 보호가 없는 국가로 일자리를 이전하려는 인센티브를 창출한다. 전통적으로 이러한 상황에 처한 국가는 규제로 인한 높은 현지 가격을 상쇄하기 위한 수단으로 상대국으로부터의 수입품에 관세를 부과할 수 있다. WTO가 시행하는 자유 무역 협정에 따르면 그러한 관세는 더 이상 허용되지 않는다. 그 결과, 본국은 자국 산업이 자유 무역 규칙에서 보다 효과적으로 경쟁할 수 있도록 보건 및 안전 규제를 철폐해야 하는 경쟁적 압력에 직면하게 되었다. 현지 규정은 현지 기업이 세계 무역에서 경쟁하는 데 장애가 된다. (이전 장에서 설명한 일자리 수출과 같은 고려 사항은 노동 단체가 세계화 시위의 최전선에 있었던 이유를 설명하는 데 큰 도움이 된다.)

또한 환경 규제가 어떻게 자유 무역에 장벽을 만드는지 생각해 보자. 1992년 미국 의회는 돌고래를 보호하는 방법으로 어획되지 않은 참치의 판매를 금지하는 법안을 통과시켰다. 돌고래가 없는 참치 그물도 이용 가능하지만 비용이 많이 든다. 1999년 WTO는 이 법이 참치 수입에 불공정한 장벽을 조성했다는 이유로 미국이 이 법을 집행하는 것을 금지했다. 또 다른 예는 호르몬 처리 쇠고기 수입을 금지하려는 유럽연합의 시도와 관련이 있다. 미국은 이 결정이 자유 무역에 대한 불공정한 장벽이라며 WTO에 항소했다. EU는 이제 이 금지 조치를 거부할 경우 무역 제재의 위협에 직면하게 된다.

요점은 환경, 근로자, 가족 농장, 국내 산업 또는 소비자를 보호하기 위한 윤리적 이유로 경제 활동에 대한 규제가 자유 무역에 대한 장벽으로 판단될 가능성이 높다는 것이다. 자유 무역 협정에 대한 전 세계적인 약속을 고려할 때 이러한 규정을 포기할 강력한 동기가 존재한다. 이것이 이론적으로 어떻게 발생하고 발생해야 하는지를 이해하는 것은 쉽다.

잘 알려진 사례는 실제로 어떻게 발생하는지에 대한 예를 제공하지만 실증적 증거는 덜 명확하다.[7] 최근 수십 년간의 경향, 즉 세계화가 이제 막 성장하기 시작한 시기에 환경, 작업장 및 소비자 규제는 부유한 국가와 가난한 국가 모두에서 감소하기보다는 오히려 증가해 왔다.[8] 공정한 평가는 지역 환경, 노동 및 소비자 규제에 반대하는 강력한 인센티브가 있고 앞으로도 그럴 것이라는 것이다. 자유 무역 협정(FTA)과 WTO는 이러한 규제 완화의 주요 동력이 될 것이다. 그럼에도 불구하고, 그러한 가치에 대한 전 세계의 강력한 정치적 합의는 그러한 가치에 불리하게 작용한다.

아마도 국제 자유 무역에 있어 책임 있는 유일한 입장은 국경 내 시장에 가해지는 친숙한 윤리적 제한과 유사한 입장일 것이다. 진공 상태의 경제 시장은 존재하지 않는다. 이론적으로도 시장이 기능하려면 광범위한 배경 조건(자유롭고 공개적인 경쟁, 완벽한 정보, 법적으로 집행 가능하고 거래 가능한 재산권, 합리적으로 이기적인 행위자 등)이 필요하다. 물론 실제로 실제 시장은 이론이 설명하는 완벽함을 결코 달성하지 못한다. 이를 인식하여 세계은행, WTO, IMF와 같은 비정부 기관과 이를 지원하는 정부는 '자유' 시장과 '자유' 무역이 공정성과 사회 정의를 고려하여 규제되어야 한다는 것을 인정해야 한다.

환경, 노동, 소비자 및 기타 윤리적 규정은 시장 경쟁이 시작될 수 있는 도덕적 최소값을 설정한다. 몬트리올 의정서(대기 오존층 보호를 위해 염화불화탄소 제조 제한)와 교토 협정(아직 미국이 승인하지 않음)에서 알 수 있듯이 그러한 규제에 대한 광범위한 국제 협약이 가능하다. 그러한 규정은 보편적으로 수용되고 승인된다면 공정하고 공개적인 경쟁에 대한 장벽이 되지 않는다. 그들은 시장이 작동되도록 남겨질 수 있는 맥락을 확립한다.

여기에서 따르는 기업에 대한 윤리적 책임은 노만 보위가 옹호하고 이 책 3장에서 논의한 기업의 사회적 책임 모델을 반영한다. 사회 규제가 시장 거래에 대해 최소한으로 수용 가능한 조건을 설정하고 이러한 규제가 시민의 윤리적 합의를 정확하게 반영하는 것이라면 기업은 그러한 정책에 영향을 미치려는 노력을 자제해야 한다. 사회는 정치 기관을 통해 기업 운영에 허용되는 윤리적, 법적 지침을 설정해야 한다. 이는 국내 뿐만 아니라 국제적으로도 발생할 수 있다.

12.7 민주주의, 문화적 완전성, 인권

또 다른 비판은 글로벌 경제 통합의 증가가 뿌리 깊은 비경제적 가치를 위협한다는 것이다. 비평가들은 WTO, 세계은행, IMF와 같은 기관 자체가 가난한 국가와 산업화된 국가 모두에서 민주주의와 자결의 정치적 가치를 위협하는 비민주적인 관료주의라고 비난한다. 이에 대한 결과는 종종 민간 다국적 기업이 진정한 국제 의사 결정자로서 합법적인 정부를 대체하고 있다는 것이다. 더욱이, 자사 제품의 세계 시장 확대를 추구하는 다국적 기업에 의해 촉진된 세계 시장 자본주의는 지역 문화와 전통을 위협하는 문화적 동질화를 만들어 낸다.

세계은행과 IMF를 비판하는 사람들은 그들의 경제 정책이 국제 금융 지원을 구하는 가난한 나라의 자결권을 약화시킨다는 문제를 자주 제기한다. 가난한 국가에 대한 재정적 지원은 항상 해당 국가가 경제적 안정과 성장을 촉진하기 위한 다양한 정책을 수용하는 것에 달려 있다. 뉴욕 타임즈의 칼럼니스트이자 베스트셀러 『렉서스와 올리브 나무(The Lexus and the Olive Tree)』의 저자인 토마스 프리드먼(Thomas Friedman)은 이러한 정책을 황금 구속복(Golden Straitjacket)이라고 부른다.[9] 프리드먼에 따르면 세계은행과 IMF가 요구하는 정책은 매우 동일한 정책이다. 국가가 '번영을 선택'하면 스스로 따르기로 선택할 수 있다는 것이다. 이러한 정책에는 다음이 포함된다.

> 민간 부문을 경제 성장의 주요 동력으로 삼습니다. … 주 관료제의 규모를 축소하고 가능한 한 균형 잡힌 예산에 가깝게 유지합니다. … 수입품에 대한 관세 철폐 및 인하, 외국인 투자 제한 철폐, 쿼터 및 국내 독점 철폐, 수출 증대, 국유 산업 및 유틸리티 민영화 … 통화를 변환 가능하게 만들고 [그리고] … 산업, 주식, 채권 시장이 외국인 소유와 투자를 유도합니다.[10]

결과적으로 프리드먼에 따르면 두 가지 일이 발생한다.

> 경제는 성장하고 정치는 위축됩니다. … 황금 구속복은 권력을 가진 사람들의 정치적, 경제적 선택을 상대적으로 엄격한 기준으로 좁힙니다. 그래서 요즘 황금 구속복을 입은 나라들에서 여야의 실질적인 차이를 찾아보기가 점점 더 어려워지고 있습니다. 귀하의 국가가 황금 구속복을 입으면 정치적 선택은 펩시나 코카콜라로 축소됩니다. 정책의 약간의 차이로 말입니다. … 그러나 핵심 황금률에서 크게 벗어나지는 않

습니다.[11]

WTO를 비판하는 사람들은 종종 국제 무역 협정이 가난한 국가와 선진국 모두에 미치는 영향에 대해 비슷한 결론에 도달한다. '바닥을 향한 경쟁' 주장에서 보았듯이, 무역 협정은 지역적 의사 결정보다 우선하여 자결권과 민주주의를 훼손하는 것처럼 보인다.

비평가들은 또한 세계은행, IMF, WTO와 같은 기관들 자체가 비민주적이고 비밀스럽다고 비난한다. 결정은 선출되지 않은 관료(일반적으로 경제학자, 은행가, 전직 기업 관료)에 의해 이루어지며 이들의 토론은 공개되지 않으며 공공 선거구에 응답하지 않는다. 이러한 결정은 다국적 기업에 이익이 되는 효과가 있는 경우가 많기 때문에 다국적 기업이 이러한 결정을 배후에서 통제하고 있다는 추론이 가능하다.

황금 구속복 정책이 지방 통제와 자결권을 약화시킨다는 비난에 대해 프리드먼과 같은 옹호자들은 국가가 빈곤보다 번영을 선택한다면 이러한 정책은 단순히 합리적인 요구 사항일 뿐이라고 주장한다. 국가가 투자를 재정적으로 건전하게 만드는 정책을 마련하지 않은 경우, 세계은행이나 민간 투자자로부터 외국인 투자를 기대할 수 없다. 이러한 관점에서 금융 및 경제 규범은 사회과학자들이 발견한 과학적 법칙과 유사하다. 경제 성장과 번영을 선택한다면 과거의 관행은 그런 일을 해야 한다고 조언하다. 황금 구속복은 이러한 '이런저런' 규칙의 개요에 지나지 않는다. 가난한 나라들은 이 구속복을 자유롭게 거부할 수 있지만, 그렇게 한다면 대체 정책을 통해 경제적 번영이 뒤따를 것이라고 합리적으로 기대할 수 없다. 옹호자들은 세계화가 선진국 내 민주주의를 훼손한다는 비난에 대해 두 가지 답변을 제시한다. 첫째, '바닥을 향한 경주' 주장의 분석에서 제시된 것처럼, 이 주장에 대한 실증적 증거는 적어도 모호하다. 환경, 근로자, 소비자 보호 등의 목표를 위한 정치적 규제는 선진국에서는 감소하기보다는 증가하는 것으로 보인다. 세계은행, IMF, WTO와 같은 글로벌 기관이 국가 주권을 훼손하고 있다면 선진국에서는 규제가 줄어들기보다는 규제가 줄어들 것으로 예상된다.

적절한 사례로서, 옹호자들은 역사적으로 권위주의 정부가 자유 시장 정책을 가장 회피했던 정부였다는 점을 상기시켜 준다. 최근 역사에서 동독과 구소련, 그리고 현재 북한과 같은 국가들은 국경을 폐쇄함으로써 시민들이 자신이 선호하는 정치적, 경제적 방식을 스스로 선택하는 것을 막았다. 역사를 보면 민주주의 국가는 보다 자유로운 시장과 보다 자유로운 무역을 선호하는 경향이 있다.

두 번째 답변은 이러한 모든 기관(예: 세계은행, IMF, WTO)이 개별 국가의 결정에 의해 창설되었으며 그 결정에 따라 계속 존재해야 한다는 점을 지적한다. 이러한 기관은 국가가 권위를 가지고 존재하도록 동의했기 때문에 존재하고 권위를 갖는다. 정치적으로 합법적인 정부가 이러한 국제 금융 기관을 만들고 통제하는 협정을 자유롭게 체결했다는 점을 고려하면 비판자들이 비민주적 정책을 지지한다고 비난하는 것이 더 합리적으로 보일 것이다. 옹호자들은 환경, 노동, 기타 특수 이익 집단이 자신들의 총선에서 승리할 수 없었던 것을 이제 거리 시위와 시위를 통해 달성하려고 한다고 주장할 수 있다. 이러한 논쟁에서 불법성의 위기가 있다면 그것은 정당하게 구성된 기관이 아니라 시위자들에게 달려 있다.

마지막 도전은 세계은행이나 WTO 같은 조직이 비밀스럽고 비민주적이라는 주장이다. 결정은 일반적으로 비공개로 이루어지며 대중은 정책이 발표될 때만 이에 대해 알게 된다. 누구도 이 직위를 맡는 사람들을 선출하지 않았을 뿐만 아니라, 동의하지 않을 수 있는 외부인의 입김 없이 결정이 내려진다. (이 책 6장에서 존 맥콜이 주장한 것처럼) 영향을 받는 모든 사람이 이러한 결정에 참여할 수 있는 권리는 공정성의 기본 요구 사항인 것 같다.

이러한 기관을 옹호하는 사람들은 이러한 기관의 적절한 모델은 입법부가 아니라 사법부라고 주장한다. 대부분의 결정에는 갈등 해결, 협상, 타협이 포함된다. WTO는 공공 정책을 수립하는 입법자라기보다는 당사자들의 불일치 해결을 돕는 중재자처럼 행동한다. 이러한 환경에서는 개인 정보 보호와 비밀 유지로 인해 상호 수용 가능한 결정을 내리는 것이 더 쉬워지는 경우가 많다. 대중의 주목을 받는 가운데 이러한 논의를 진행하는 것은 국가와 지도자들이 아이디어를 내고, 타협을 고려하고, 마음을 바꾸는 것을 더 어렵게 만들 수 있다.

의심할 바 없이 세계은행, IMF, WTO와 같은 국제기구의 영향력과 정책에 대한 많은 정당한 우려가 있다. 토마스 프리드먼이 설명한 황금 구속복은 때때로 주권 국가에 바람직하지 않은 제한을 가한다. 이러한 정책은 적어도 단기적으로는 이미 상대적으로 안정된 재정 상태에 있는 현지 국가 내의 사람과 기업, 그리고 이미 세계 부의 대부분을 소유하고 있는 외부인에게 유리한 것으로 보인다. 시장 자본주의와 소비주의는 이들 집단이 강요하는 사회 구조인 것으로 보이며, 그러한 변화는 확실히 많은 토착 문화와 관습의 온전성을 위협한다.

반면에, 전 세계적인 빈곤, 그에 따른 모든 사회적 질병, 증가하는 전 세계 인구 급증은 강력한 대응을 요구한다. 산업화된 세계의 부의 상당 부분이 개발도상국의 자원과 시장에 달려 있다는 사실을 인식할 때, 우리는 빈곤을 구제하기 위한 조치를 취하는 것이 자선 행위 이상의 것임을 인정해야 한다. 행동하는 것은 산업화된 세계의 시민과 기업의 윤리적 의무이다. 산업화되고 부유한 국가들이 빈곤의 영향을 완화하도록 도울 의무가 있다고 믿는다면, 우리는 이를 위한 적절한 수단을 고려해야 한다. 많은 경우에 단기적으로 재정 지원과 식량 및 물품을 직접 지원하는 것은 의심할 여지없이 효과적인 장기 전략이 아닌 것 같다. 가장 큰 우려는 그러한 기부가 지역 시장에 경쟁을 촉발시켜 지역 농업 및 산업 기반을 약화시킬 수 있다는 것이다.

세계은행, IMF, WTO의 정책은 경제 성장이 안정적인 자급자족의 길이라고 가정한다. 그들의 정책은 지역 경제, 자유 무역 및 안정적인 통화에 대한 외국인 투자를 지원한다. 암묵적인 주장은 이러한 정책이 지역 경제에 가장 도움이 될 가능성이 높다는 것이다. 이러한 접근 방식의 문제점을 인식하는 사람들의 과제는 지역사회에 이익이 될 가능성이 있는 대안을 지정하거나 외국 기업 및 자본의 유입으로 인해 발생하는 피해를 방지하거나 최소화하는 제한 및 규정을 식별하는 것이다. 이러한 사건에 관련된 기업에게는 후자의 책임이 가장 필수적인 것 같다.

12.8 국제 사업과 국가적 충성의 의무

최근 몇 년 동안, 자국에 대한 일차적인 의무를 주장하는 정치 운동에서 세계 경제 통합에 대한 다양한 비판이 제기되었다. 영국, 미국, 이탈리아 등의 정치 지도자들은 국내 비즈니스와 국내 일자리 보호를 목표로 하는 정책을 선호하고 글로벌 자유 무역을 제한하는 정책을 옹호해 왔다. 이러한 정책이 비즈니스에 미치는 영향은 심오하다.

미국 내에서 트럼프 행정부는 '미국 생산 제품을 사고 미국인을 고용하라'는 정책을 지지했다. 2016년 대선 캠페인에서 도널드 트럼프는 미국 기업들이 제조업 일자리를 해외로 이전하는 것에 대해 널리 비난했다. 특히 포드사는 멕시코에서 자동차를 생산하기로 한 결정 때문에 비판의 대상이 되었다. 애플은 미국에서 컴퓨터와 휴대폰을 만들라는 비난과 도전을 받았다. 트럼프 대통령은 당선 직후 석유 및 가스 파이프라인 건설과 관련된 회사들에게 프로젝트를 위해 미국 철강을 구매하도록 지시하는 행정 명령을 발표했다. 2021년 바이든 행정부는 '미국 생산품 구매'를 위한 정부 노력을 강화하기로 약속했다.

이러한 사례는 2016년 선거 기간 동안 플랫폼에서의 러시아 활동에 관한 페이스북과 트위터의 결정에 대한 이 책 3장의 논의를 상기시킨다. 3장에서는 기업이 이윤 증대를 위해 일반적인 재정적 책임을 넘어 사회적 책임을 갖고 있는지 물었다. 그러나 이러한 사례는 '미국산 구매, 미국산 고용' 정책에도 반영된 보다 구체적인 질문을 제기할 수도 있다. 기업이 단순한 경제적 이익보다 모국에 충성할 의무가 있는가?

이러한 관점을 뒷받침하는 주요 윤리적 주장은 사회계약 주장이 될 것이다. 이는 기업이 자신이 운영되는 사회로부터 혜택을 받기 때문에 그 대가로 사회에 일정한 의무를 져야 한다고 주장한다. 예를 들어, 미국에서는 기업이 법적 권리를 갖는 것으로 인정되기 때문에 그에 따른 책임도 져야 한다. 이러한 의무에는 법을 준수하고 세금을 납부하는 명백한 법적 의무 뿐만 아니라 구매 및 고용과 관련된 결정에서 본국을 우선시해야 하는 의무도 포함된다. 이 견해에 반대하는 네 가지 일반적인 주장이 제기된다. 첫째, 친숙한 경제적, 공리주의적 주장에서는 이 정책이 가격을 인상하여 상품과 서비스가 더 비싸짐에 따라 전반적인 행복이 감소할 것이라고 주장한다. 예를 들어, 미국 상공회의소는 미국 기업이 '미국산 제품을 구매'해야 한다는 발의에 공개적으로 반대했다. 이는 모두의 비용을 증가시키고 전반적인 경제에 해를 끼칠 것이라는 이유로 말이다. 이러한 반응은 광범위한 CSR 운동에 대한 비판을 위해 경제적 관점에 의존한 것과 다르지 않다.

역시 시장 경제학에 뿌리를 둔 두 번째 비판은 기업이 특정 국가가 요구하는 것이 무엇인지 어떻게 알 수 있는지에 대한 의문이다. 행정부는 왔다갔다 하며, 한 행정부는 자유무역을 억제하는 반면, 다른 행정부는 자유 무역 협정을 약속하고 외국인 투자를 장려한다. 선출된 특정 행정부가 사업 운영을 지시하도록 허용하고 미국산 철강을 구매하거나 제소 공장을 미국으로 이전하도록 지시하는 것은 모든 행정부의 변덕에 따라 사업 결정을 내리므로 기업에 불공평하다. 또한 소비자가 아닌 정부가 시장에서 승자와 패자를 선택하는 위치에 놓이게 된다. 이러한 비판적 관점은 특정 사회가 무엇을 기대하는지 아는 가장 좋은 방법은 시장에서 요구되는 것을 따르는 것이라고 주장한다. 이러한 관점에서 볼 때, 회사가 운영되는 국가의 국민에 대한 모든 회사의 주요 책임은 경쟁력 있는 가격으로 상품과 서비스를 제공하는 것이다.

세 번째 비판은 초국적 기업이 개별 시민과 마찬가지로 특정 국가에 속하거나 그 국가의 구성원으로 간주되어야 한다는 생각에 도전하는 것이다. 처음에는 포드는 미국 회사, 도요타는 일본 회사, 메르세데스는 독일 회사라는 것이 그럴듯해 보일 수도 있다. 결국, 이들 기업은 모두 미국의 특정 주 내에 법인이 설립되어 있다. 하지만 단지 본사가 어디에 있느냐의 문제인가? 아니면 어디에 법인이 설립되었는가? 아니면 어디서 사업을 하는가? 모든 주요 다국적 기업은 다른 여러 국가에 주요 사업부와 주요 사업장을 두고 있다.

우리가 기업체에서 기업의 제품과 서비스로 관심을 돌릴 때 특히 그러하다. 일부 포드 차종은 캐나다와 멕시코에서 조립되고, 일부 메르세데스는 앨라배마에서, BMW는 사우스캐롤라이나에서, 도요타는 켄터키에서 생산된다. 또한 제품이 조립되는 위치에도 불구하고 공급망은 전 세계에 분산되어 있다. 마찬가지로, 아이폰은 중국에서 조립되고, 맥 노트북은 미국에서 조립되는 반면, 애플의 공급망은 수십 개국의 사업체에 의존하고 있다. 따라서 이 비판은 목표가 일자리와 경제 발전이라면 기업 본사의 위치는 운영 및 공급망의 위치보다 훨씬 덜 중요하다고 주장한다. '미국산 제품 구입'을 원하는 소비자가 남미에서 제조된 BMW, 테네시에서 제조된 폭스바겐, 캐나다에서 제조된 포드 자동차나 멕시코에서 제조된 포드 트럭을 구입하면 미국에서의 일자리에 도움이 되는가? 아니면 도움이 되지 않는가? 마지막으로, 네 번째 비판은 이러한 접근 방식이 일반화되고 모든 회사가 자국 내에서 구매 및 고용을 일차적인 의무로 하게 될 경우 발생할 수 있는 사회적, 경제적 혼란을 지적한다. 어떤 국가도 자국의 상품과 서비스를 생산하거나 시장을 찾는 데 자급자족할 수 없다. 예를 들어, 모든 미국인이 미국 농산물만 구매하겠다고 약속하더라도 미국 농민과 식품 산업을 계속 유지할 만큼 수요가 충분하지 않을 것이다. 또한 미국 시장이 외국 기업에 대해 폐쇄적이라면 외국도 미국 기업에 대해 시장을 폐쇄할 것으로 예상해야 한다. 이 관점에 따르면 유일한 현실적인 선택은 시장을 개방하고 기업이 자유롭고 개방적인 경쟁에서 나오는 효율성 증대를 찾아 대중에게 봉사하도록 하는 것이다.

토론 사례에 대한 성찰

이 장은 이 책을 열었던 주요 문제 중 하나를 되돌아볼 수 있는 여러 기회를 제공한다. 우리는 자유 시장 기반 관점에서 기업의 정체성과 사명 자체에 사회적 책임이 내재되어 있다는 관점까지 연속적으로 CSR에 관한 논의를 진행했다. 토론 사례에 설명된 예는 이러한 문제 중 일부를 글로벌 규모로 재구성한다. 기업이 법과 윤리적 관습(밀튼 프리드먼이 주장한 것처럼)을 준수해야 하는 일차적인 사회적 책임이 있다면, 현지 법률과 관습이 회사의 모국과 다를 경우 어떻게 될까? 뇌물 수수, 차별, 환경 오염, 아동 노동이 합법이고 관례라면 기업이 이익을 추구하기 위해 이러한 기준을 준수해야 할 책임이 있는가? 그렇지 않다면, 선진국의 초국적 기업이 그러한 환경에 도입한 가치와 기준은 원주민에게 외부 가치를 부과하는 문화 제국주의 사례에 지나지 않는 것일까? 아니면 아동 노동 금지, 차별, 부정행위, 사기 금지 등 모든 문화에 걸쳐 적용되는 윤리적 가치가 합법적이라고 인정되는가?

이 장은 또한 윤리적 문제가 개인이나 심지어 조직의 결정과 행동에 국한될 수 없다는 점을 상기시켜 준다. 윤리는 중소기업, 국가 또는 글로벌 커뮤니티 등 개인으로서 그리고 지역사회의 구성원으로서 우리가 어떻게 삶을 살아야 하는지와 관련이 있다. 이는 또한 경제적 결정이 더 넓은 사회적, 정치적 문제와 분리될 수 없다는 점을 상기시켜 준다.

마지막으로 이 장은 현대 기업, 특히 이 책 전반에 걸쳐 언급된 대규모 다국적 기업(페이스북, 구글, 애플, 마이크로소프트, 나이키, 월마트, 포드, 엑손-모빌)이 오늘날 세계에서 엄청난 힘을 갖고 있음을 상기시켜 준다. 어떤 경우에는 이런 기업들은 그들이 활동하는 국가보다 더 많은 권력을 가지고 있다. 그 사실만으로도 기업 윤리를 연구할 가치가 있는 이유를 기억하기에 충분한 이유가 된다.

복습 문제

1. 문화 간 합법적으로 적용될 수 있는 윤리적 가치를 식별할 수 있는가?
2. "로마에 가면 로마법을 따르라"는 원칙이 국제 비즈니스에 어디까지 확장되어야 하는가?
3. 미국 기업이 개발도상국에서 아동 노동을 고용할 수 있는 조건이 있는가?
4. 세계화 추세에 반대하는 세 가지 주장은 무엇인가? 세계화 옹호자들은 각각에 어떻게 대응할 것인가?
5. '바닥을 향한 경주'란 무엇을 의미하는가?
6. 나머지 세계가 미국과 동등한 소비자 생활 방식을 사는 것이 가능한가? 이것이 좋은 일인가? 이것을 누가 결정해야 하는가?
7. 법을 준수하고 세금을 납부하는 것 외에 기업이 사업을 운영하는 국가에 대해 특별한 의무가 있는가?

미주

[1] This point has been made by Richard DeGeorge among others. See his "International Business Ethics,"

in *A Companion to Business Ethics*, edited by Robert Frederick (Oxford: Blackwell Publishers, 1999), pp. 233–242, and his *Competing with Integrity in International Business* (New York: Oxford University Press, 1993). I owe much of my thinking on these issues to DeGeorge's work.

[2] Donaldson introduces this distinction most clearly in "International Business Ethics" in *Encyclopedic Dictionary of Business Ethics*, edited by Patricia Werhane and R. Edward Freeman (Oxford: Blackwell Publishers, 1997), pp. 346–348. But, see also his "Rights in the Global Market" in *Business Ethics: The State of the Art*, edited by R. Edward Freeman (New York: Oxford University Press, 1991), pp. 139–162, and *The Ethics of International Business* (New York: Oxford University Press, 1989).

[3] "Guiding Principles on Business and Human Rights," United Nations Office of the High Commissioner of Human Rights, New York, 2011, https://www.ohchr.org/Documents/Publications/GuidingPrinciplesBusinessHR_EN.pdf (accessed June 26, 2018).

[4] Richard DeGeorge, *Competing with Integrity in International Business* (New York: Oxford University Press, 1993).

[5] A very helpful review of many of the debates on globalization from a source generally sympathetic to it can be found in "Globalization and Its Critics," a special section of *The Economist*, September 29, 2001.

[6] See, for example, Hilary French, "GATT: Menace or Ally?" in *Worldwatch* 6, no. 5 (September/October 1993); David Korten, *When Corporations Rule the World* (West Hartford, CT: Kumarian Press, 1995); Frederick Frommer, "Caught in the Net," Animal Watch (Fall 1999); and *Public Citizen News* 19, no. 4 (January/February 1999).

[7] For a review of the research on this and other questions concerning justice and free trade from an economic scholar who has an admitted sympathy for the poor and for environmental protection, see Daniel Finn, *Just Trading* (Peabody, MA: Abington Press, 1996). Finn seems to conclude that regulated and well-monitored international trade remains an effective means for alleviating poverty and protecting the environment.

[8] See both "Globalization and Its Critics," op. cit., and *Just Trade*, ibid., for some evidence of this.

[9] Thomas Friedman, *The Lexus and the Olive Tree* (New York: Farrar, Straus, and Giroux, 1999).

[10] Ibid., pp. 86–87.

[11] Ibid., pp. 87–88.

찾아보기

역자 소개

이환우 hlee33@knu.ac.kr
경북대학교 경영학부 교수

서강대학교에서 사회학 학사 과정을 마친 후, 미국 University of Minnesota에서 인사관리 및 노사관계(HRIR) 석사 학위를 취득하였고, University of Houston에서 인사관리를 전공으로 경영학 박사 학위를 받았다. 현재 경북대학교 학부, 대학원에서 인적자원관리, 기업윤리, 고용관계론, 조직행위론 등의 과목을 강의하고 있다.

주요 연구 분야는 모집, 선발, 기본급, 성과급, 복리후생, 전략적인사관리 등이다.

박준형 joonpark77@kw.ac.kr
광운대학교 경영학부 교수

국민대학교에서 경영학 학사 과정을 마친 후, 고려대학교에서 경영관리 석사 학위를 취득하였고, University of Houston에서 조직행동을 전공으로 경영학 박사 학위를 받았다. 이후 영국대학교 University of Nottingham의 중국 닝보 캠퍼스에서 조교수, 부교수를 역임하였다. 현재 광운대학교 교수로 노사관계, 조직행동, 인적자원관리, 피플애널리틱스 등을 가르치고 있다.

주요 연구 분야는 직장내 괴롭힘, 비인격적 감독, 소명의식, 일-가정 등이다.

최혜란 drchoi@cau.ac.kr
중앙대학교 경영학부 교수

연세대학교에서 경영학 학사 과정을 마친 후, 미국 University of Minnesota에서 인사관리 및 노사관계(HRIR) 석사 학위를 취득하였고, University of Illinois at Urbana-Champaign에서 조직행동학을 전공으로 경영학 박사 학위를 받았다. 이후 미국 Columbus State University에서 조교수를 역임하였다. 현재 중앙대학교 학부, 대학원에서 인적자원관리, 조직행동 세미나, 협상과 전략적 관계론 등의 과목을 강의하고 있다.

최근 연구 관심사는 협상, 인적 자본, 창의성, AI가 일터에 미치는 영향 등이다.

저자 소개

저자 **Joe DesJardins**는 미국 미네소타에 소재한 College of St. Benedict and St. John's University의 경영과 인문학부의 학부장을 역임했으며 현재 명예교수이다. 저자는 기업윤리협회의 회장과 최고 임원이었고 기업 윤리, 환경 윤리, 지속 가능성 분야에서 많은 논문을 게재하였고 수많은 강의를 하였다. 저자가 집필한 기업 윤리 분야의 또 다른 교과서로 『Environmental Ethics: An Introduction to Environmental Philosophy와 Business, Ethics, and the Environment』가 있다. 또한 Laura Hartman과 Chris MacDonald와 공저한 『Business Ethics: Decision Making for Personal Integrity and Social Responsibility』 그리고 John McCall과 공동 편집한 『An Introduction to Environmental Philosophy: Contemporary Issues in Business Ethics』이 있다. 저자는 Southern Connecticut State University에서 학부를 졸업하고 University of Notre Dame에서 석사와 박사 학위를 받았다.

기업 윤리

역자 이환우·박준형·최혜란

발행일 2025년 3월 1일

발행처 **한경사**

발행인 이계남

등록사항 제10-1951호 2000년 4월 14일

주소 서울시 마포구 신수로 59-1 (3층)

전화 02_717_7264~5

팩스 02_717_7226

홈페이지 hankyungsa.co.kr

이메일 hankyungsa@hanmail.net

ISBN 978-89-6844-512-5 93320

가격 35,000원